湖北省学术著作出版专项资金资助项目

国统区抗战文学钩沉（上）

Guotongqu Kangzhan Wenxue Gouchen

宋致新／编著

武汉出版社
WUHAN PUBLISHING HOUSE

(鄂)新登字 08 号
图书在版编目(CIP)数据
国统区抗战文学钩沉:上、下册/宋致新编著.
—武汉:武汉出版社,2016.12
ISBN 978-7-5582-0768-6
Ⅰ.①国… Ⅱ.①宋… Ⅲ.①中国文学-现代文学-作品总合集
Ⅳ.①I216.1
中国版本图书馆 CIP 数据核字(2016)第 236830 号

编　　著:宋致新
责任编辑:廖国放
装帧设计:刘福珊
出　　版:武汉出版社
社　　址:武汉市江汉区新华路 490 号　　邮　　编:430015
电　　话:(027)85606403　85600625
http://www.whcbs.com　　E-mail:zbs@whcbs.com
印　　刷:武汉中科兴业印务有限公司　　经　　销:新华书店
开　　本:787mm×1092mm　1/16
印　　张:55.625　　字　　数:828 千字
版　　次:2016 年 12 月第 1 版　　2016 年 12 月第 1 次印刷
定　　价:98.00 元(上、下册)

Guotongqu
Kangzhan Wenxue
Gouchen

国统区抗战文学钩沉

目录

（上）

1

目录（上）

目录（上）

折戟沉沙铁未销（代序）

宋致新

从 1937 年到 1945 年，积贫积弱的中国，在抗战中拖住超过 155 万余人的日本侵略军，从而消耗日军的力量，使之无法投向其他战区。中国抗战时间最长，所作出的牺牲最大，对世界反法西斯战争的贡献也是最大的。据统计，抗日战争期间，中国人民伤亡 3120 万余人，中国军队伤亡 380 万人，总计伤亡 3500 万余人，8000 多万人被迫流亡。直接经济损失 1000 亿美元，间接经济损失 5000 亿美元。中国人民为反法西斯战争作出如此巨大的牺牲和不可磨灭的历史贡献，理应得到世界反法西斯战争、爱好和平国家更多的承认和更高的赞誉。

然而，抗战胜利后不久，国民党政权倒塌。政权的更迭，使中国的抗战史，尤其是国统区的抗战文化，长期得不到应有的收集整理，如今许多史料已湮没不彰，这无疑妨碍了今天的人们以“世界眼光”去公正客观地评价中国抗战业绩。近 20 年多来，挖掘整理国统区抗战史料的工作，正在大陆全面展开。国统区大量抗战时期“文物”破土而出，为真实展现当时的社会面貌，提供了可靠依据。

这一挖掘抗战史料的潮流，也促使编者对 75 年前一家国统区报纸的文艺副刊——洛阳《阵中日报·军人魂》钩沉的兴趣。编者期望通过对其中一部分“原件”的钩沉，以及对作品背景、作者生平的考证与介绍，使今天的人们“穿越”75 年的时空隧道，身临其境地走入抗战时期的真实生活，获得新的认识与发现。

1. 关于洛阳《阵中日报》（北战线）

洛阳，是中国抗战中一座不可不知的名城。

1932年，洛阳便被国民政府定为“行都”。国民政府虽然在搬到洛阳10个月后重返南京，但“行都”的称呼却一直保留下来。1937年抗战全面爆发后，国民政府西迁重庆，洛阳作为通过西北大后方的要道，战略地位再次凸现。这里筑有坚固的军事工事，是第一战区司令部所在地。虽然它遭受过日本飞机数百次狂轰滥炸，却在抗战中巍然屹立了近7年时光。

1944年4月，日军为了打通平汉线，发起“豫湘桂作战”，国民党军队在38天丢掉了豫中30多个县，此役被称为国民政府军抗战史上“最大的耻辱”，但洛阳守军15军武庭麟部却进行了3个星期顽强抵抗，洛阳沦陷时已成火海，武庭麟部虽败犹荣（见《大河报》2015年5月25日载）。

洛阳老百姓说，“洛阳”，就是“落阳”。日军的“太阳旗”，打到洛阳，离“落”就不远了。

果然，洛阳沦陷仅一年多，1945年8月，日本投降。不久中国内战爆发，1949年国民党逃往台湾，洛阳成为全国最早的解放区之一。

时代的沧桑巨变，使洛阳在抗战中发生的许多惊心动魄往事，被岁月的逝水冲刷殆尽。

…………

《阵中日报》，对于今天的读者，可能是一个十分陌生的报纸，而在抗战时期，却有很高的知名度。它是由国民党军事委员会主办、责令各大战区承办、以供前线将士阅读的一份战地军报。

据河南老报人陈承铮在《河南新闻事业简史》中记载：

> “八一三”淞沪抗战发生后，蒋介石写了一个手谕，略称：军事委员会政训处应在苏州、石家庄、太原分别出版东战线、北战线、西战线《阵中日报》供前线将士阅读，借以鼓舞士气。在内容方面，以报道战况为主，多载我胜敌败之消息；国际新闻方面，尽量刊登于我有利之消息。社会新闻一律不登。文字必须通俗易懂，免费发行，着运输部门逐日运往前线，并通令各司令部予以协助，不得有误。
>
> 当时，东战线《阵中日报》只出版了一个多月，就因国民党军队溃败而夭亡；西战线《阵中日报》也因日军后来进犯山西而未能开办；唯有北

战线《阵中日报》，虽然北方正面战场溃败，石家庄失守，但总算迁到郑州出版存在下来了。

《阵中日报》为四开四版。报头由蒋介石题写。初期下刊“北战线”三字，不署社址，以示保密。报头下方为“总裁训词”栏，每日刊登蒋介石的言论。报纸内容一版为要闻，以抗日战讯为主，遇胜利喜讯，则套红印刷。每日一篇社论，星期日为“每周一论”，邀请学者名流撰写，郭沫若、陈独秀等都为该报写过文章。一版下方辟有“地名辞典”栏，对战讯中新出现的地名加以注释。二版为国内政治新闻和专栏文章，如战地通讯、将领访问记等。三版上半版为国际新闻，下半版为“军人服务”专栏。四版为“军人魂”副刊。

1938 年 4 月豫东吃紧，该报迁至信阳，后又迁往西安。1939 年 7 月，该报改归第一战区长官部政治部指导，再迁回洛阳出版。1940 年改出四开两大版，版面也有所调整。1944 年洛阳沦陷时，人员星散，未见再出。（见陈承铮《河南新闻事业简史》，第 40-41 页，河南人民出版社，1994 年 12 月版）

这段文字对《阵中日报》的源起、性质、栏目等有较为详细的描述。由此可知，《阵中日报》由蒋介石亲自题写报名。它本有“东战线”“西战线”和“北战线”三种，但因战事的发展，“东战线”“西战线”没办成，唯有《阵中日报》“北战线”，从郑州迁到信阳、西安，1939 年 7 月又迁到洛阳，终于得以出版。

目前国家图书馆收藏的洛阳《阵中日报》，时间上从 1937 年 10 月 26 日起，一直到 1944 年初为止，虽然其间有休刊，有缺失，但总体说，出报时间几乎贯穿了整个抗战阶段。

近年来，对《阵中日报》的研究又有了新的信息。

有报道称，《阵中日报》“东战线”不止出版 1 个月，而是 3 个月。它是由冯玉祥的第三战区军委会在抗战爆发后不久主办的，1937 年 10 月 13 日，战火威胁苏州时，《阵中日报》东战线停办（见 1987 年 12 月《新闻记者》之《东战线阵中日报发行始末》）。

而《阵中日报》“西战线”呢，由阎锡山的第二战区于 1938 年元旦时在临汾开办，几经迁徙，一直坚持到 1945 年 9 月 25 日抗战胜利（见张原《试论抗战时期的阵中日报》，山西高等学校《社会科学学报》，

2006年第7期）。

此外，自1940年1月26日，李宗仁在老河口第五战区也办起了《阵中日报》，一直坚持到到1942年7月。报头为李宗仁题字，副刊为“台儿庄”。（2015年4月，当地文史委已将所收藏的该报复印，还成立了“老河口《阵中日报》研究会”，见杨菲《阵中日报与老河口》一文，2015年4月14日《襄阳晚报》）。

至此，已知的《阵中日报》便有了第一战区、第二战区、第五战区三种。而据张治中在1942年10月在陪都文化界国民月会上的发言说，“各战区有11个《阵中日报》班”（见军事委员会政治部编印《抗战五年》，转引自张中良《抗战文学与正面战场》，社会科学文献出版社，2014年3月版，第25页），可见，《阵中日报》在抗战时期正面战场上是覆盖面大、影响甚广的一块重要的文化阵地。

抗战初期，前线不仅物资匮乏，斗争艰苦，而且消息闭塞，缺乏精神食粮。1938年春，据国民政府军31师战地记者盛成从台儿庄前线采访后报道，前线将士“并无书读，也没有报纸看；并闷时向村落里借来《西游记》《施公案》《七侠五义》种种小说来消遣。”（见盛成《台儿庄纪事》，北京语言大学出版社，2007年10月版，第21页），而日本侵略者却在抗战初期就派出了他们的“笔部队”，美化侵略战争，宣传“皇道乐土”。为了鼓舞抗日将士的士气，粉碎敌人的文化侵略，军事委员会责令各战区创办《阵中日报》，作为正面战场的主要舆论渠道，宣传抗日，粉碎敌人的阴谋，而它的文艺副刊，也是国统区抗战文化的一块重要园地。

蓝海（田仲济）写于1944年、出版于1947年的《中国抗战文艺史》，是我国第一部抗战文学史，也成为新中国成立后抗战文学史一直援引承袭的范本。诚如作者所言，他做了战时收集史料的“有心人”，及时总结了抗战文艺的成果，但他在书中说：“惟以文艺中心城市的相继沦陷，中心文坛的转移，文艺中心由集中而分散，以及交通不便等许多原因，这一阶段的抗战文艺史料最易失散，最难以保存，这是关心文艺史的一个遗憾。”“我们对报章上的作品和作者提得少了些，是个很大

的不足。”（注，引自蓝海《中国抗战文艺史》，第 474 页、第 158 页，山东文艺出版社，1984 年版）

但是，几十年来时代风云的变幻，使得这些本应得到继续收集整理和加强研究的有关国统区正面战场的文学，一度成为被抗战文学史“遗忘的角落”。不仅在阶级斗争扩大化的年代被视为“禁区”，从未再版，即使到了 20 世纪 80 年代，许多作者在回顾其创作生涯时，仍然有意无意地回避它们，极少有作家将它们收入自己的文集。拿洛阳《阵中日报》来说，如今仅有少数图书馆馆藏，已经成为濒临灭绝的“历史文物”，如果再不及时抢救，将会永远消失。

在纪念抗战胜利 70 周年之际，编者对洛阳《阵中日报》“军人魂”（1939—1940）发表的文学作品作一番“钩沉”，意在填补抗战文学史的一块空白，同时对国统区正面战场的历史进行再认识与再评价。

2.“军人魂”（1939—1940）的编辑

1937 年“七七事变”不久，平津沦陷，一大批平津流亡的大中学校学生，分散到全国各地，成为宣传抗日的“火种”。他们中不少人受过“一二·九”运动的洗礼，在国共合作、共同抗战的时代，他们或奔赴延安，或参加各战区的战地工作团、服务队、救护队等，这些充满了生机活力和爱国精神的青年知识分子，起到了民族解放先锋队的作用。

从 1939 年到 1940 年，洛阳《阵中日报》副刊“军人魂”这个战地的文化平台，就是由一群爱国青年知识分子搭建的。他们之中，有北京大学学生魏伯、燕京大学学生赵荣声、北方左联青年作家碧野，和河南大学青年作家李蕤等。他们或是这个副刊的编辑、作者，或对于搭建这个副刊起到或隐或显的保护作用。

1939 年初，国民政府军的“五虎将军”之一卫立煌被调到洛阳，任第一战区司令长官，在此之前，他在山西坚持抗战。在 1937 年 10 月的忻口会战和 1938 年的晋东南抗战中，卫立煌作为第二战区副司令长官（司令长官为阎锡山）兼前敌总指挥，与八路军并肩作战，建立了友好关系。1938 年阴历春节，他带着 14 军的军长，专程到八路军总部拜年；1938 年 4 月 17 日，他去西安开会途中取道延安，与毛泽东畅谈，并下令拨发给八路军大批军用装备；1938 年 4 月中旬晋东南日寇“九路围攻”中，他与朱德、彭德怀统一指挥，运用游击战术，粉碎了日军的围攻，创造了国共协同作战的成功范例（见赵荣声《回忆卫立煌先生》一书，文史资料出版社，1985 年版）。

赵荣声是卫立煌的机要秘书，笔名任天马，1935 年考入燕京大学社会学系，中共地下党员。1937 年冬他已奔赴延安，参加丁玲领导的“西北战地服务团”，1938 年春节，卫立煌拜访八路军总部时，欣赏赵荣声的才华，加之同乡关系，指名要赵到他司令部工作。为了搞好统战关系，经林伯渠、刘少奇等领导亲自批准，赵荣声到卫立煌司令部任秘书，并招募进步流亡学生，组织了“战地工作团”，到晋东南前线宣传抗日。1938 年底，卫立煌因受蒋介石疑忌，“战地工作团”被解散，工作团员劳燕分飞。1939 年初，卫立煌被调到洛阳任第一战区司令长官，赵荣声仍随行，担任“同少校秘书”。

魏伯，本名王经川，河南汜水人，1932 年就读于河南省立第一师范，1935 年考入北京大学西语系，是北大“一二·九”运动的学生领袖，1936 年与谷牧等在北平创办左联刊物《泡沫》《浪花》，是“民先”成员，中共地下党员。

抗战初期，魏伯回到家乡，组织“汜水救亡剧团”，他富有号召力，碧野、于黑丁、曾克等，都是救亡剧团成员。1938 年 3 月，魏伯化名穆毅，参加了卫立煌的“战地工作团”，同年 6 月被派遣到独立第五旅任宣传队长。不久碧野到晋东南找到魏伯，随他一起到战地采访。1938 年底，“战地工作团”被解散，魏伯奔赴延安，进鲁艺学习，1942 年任米脂县委副主任。

碧野是魏伯在北平办《泡沫》《浪花》时结识的青年作家，赵荣声是魏伯在卫立煌“战地工作团”的同事，李蕤是魏伯的同乡、同学兼挚友。魏伯如一块磁石，介绍赵荣声、碧野与李蕤相识，成为这些志同道合青年之间友谊的纽带。

1939 年 1 月，国民党五届五中全会制定了《限制异党活动》办法，对国民党内的亲共分子加以排斥。卫立煌奉命从山西调到洛阳，以及他招募的“战地工作团”被解散，都与他的“亲共”倾向有关。尽管如此，国共合作、共同抗日的大局仍在维持着，“摩擦”只是在暗中进行。

《阵中日报》迁洛后，由于新闻版面一律转发“中央社”新闻，编辑难度不大，但文学副刊需要专门人才，为此，报社公开招聘“军人魂”编辑，23 岁的碧野，已是青年作家，通过公开考核，加上赵荣声等的暗中相助，成为《阵中日报·军人魂》的编辑。

碧野，本名黄潮洋，广东大埔县人，出身城市贫民家庭。1933 年因在故乡中学闹学潮，受校方通缉，离开家乡，逃往北平。1935 年碧野在“左联”机关刊物《浪花》上发表以父亲为原型的短篇小说《窑工》，经谷牧、魏伯介绍，参加了北方“左联”，1935 年他又参加了“一二·九”运动。抗战爆发后，他勇上战场，写下了《滹沱河夜战》《北方的原野》等报告文学，被茅盾称赞为“从前方带回来的礼物”（见《碧野文集》，长江文艺出版社，1993 年 4 月版，第 2 卷，第 43 页）。

1938 年春，碧野在武汉一连出版了《北方的原野》《太行山边》和《在北线》三个反映前线生活的报告文学集，并参加了“中华文艺界抗敌协会”（简称“文协”）。武汉沦陷之前，他到晋东南垣曲找到任独立第五旅宣传队长的魏伯，在晋东南前线采访，写下了《五行山血曲》《被凌辱了的十字架》等力作，发表在《抗战文艺》，以及西安《阵中日报·军人魂》等报刊上。

1938 年底，“战地工作团”被解散后，魏伯和碧野一起拿着赵荣声的介绍信，搭乘《冀东日报》的汽车，准备奔赴延安。车到三原，碧野病倒了，滞留三原数月，魏伯便独自到了延安（见魏穆紫等编《魏伯文集》，五洲传播出版社，2014 年版，第 435 页）。碧野病愈后，无路可走，又从西安回到洛阳，进了《阵中日报》社。

《阵中日报》是国民党体制内的军报，像碧野这样有着左翼作家身份的人，能到《阵中日报》工作，是与抗战初期国共合作的特殊历史背景分不开的。卫立煌是较为开明的战区司令长官、赵荣声又是他的机要秘书，这些对碧野起到一定的保护作用。但《阵中日报》并不直属第一战区司令部，而是属于第一战区政治部（政治部又直属军委会政治部），

第一战区政治部“干训处”处长吴渤海，是国民党中的顽固派，他知道卫立煌在山西“亲共”，所以处处与之作对（见赵荣声《回忆卫立煌先生》，文史资料出版社，1985年1月版，第170页），这种矛盾也表现为《阵中日报》内部的尖锐斗争。

1939年春，碧野因为“退过第一战区政治部少将秘书长的旧体诗，又不肯去给干训团政治处少将处长吴渤海的夫人生日拜寿”，得罪了顶头上司吴渤海，不久便被吴渤海找了个借口，押进军营监牢（见《碧野文集》第4卷《人生的花与果》，第232页），直到这年7月中旬，重庆王礼锡即将率领“作家战地访问团”到洛阳来，赵荣声乘机给卫立煌透风：“洛阳还关着一个作家呢”，卫立煌正准备隆重欢迎“作家访问团”，觉得此事影响不好，亲自下令，把碧野释放了（注：见赵荣声《回忆卫立煌先生》，第238页）。碧野还与关押他的吴渤海一起参加了迎送“作家战地访问团”的仪式，访问团的成员大多是“文协”成员，和碧野很熟，谈笑风生，使吴渤海十分尴尬（见《碧野文集》第4卷《人生的花与果》第236页）。

碧野出狱后，为了加强报社的进步力量，就把魏伯的同乡同学兼好老友李蕤，介绍到报社国际新闻版任编辑，接着，李蕤又介绍了孙良田、王绍祖等朋友到报社。这一群充满热情和理想的青年的到来，给《阵中日报》带来了生机活力。

李蕤，本名赵悔深。1932年就读于开封第一师范时，就和同学魏伯一起创办文学副刊。30年代初就在各大报刊发表文章。1935年，李蕤考入河南大学文史系，与魏伯保持紧密联系。北平学生发起了“一二·九”游行，李蕤在开封写文章声援；1936年，李蕤由孙席珍、魏伯介绍参加了北方“左联”（注，李蕤参加北方“左联”一事，可见《中国文学史资料全编》现代卷，第51集《左联回忆录》孙席珍的信，知识产权出版社，2010年版，第665页）；1937年抗战爆发，李蕤放弃河大学业，到郑州《大刚报》当了战地记者（见黄邦和编著《大刚报史》，中国文史出版社，1999年5月版，第6页），到豫北前线、台儿庄等地采访。1938年夏，李蕤在武汉参加了范长江领导的“中国青年记者学会”（简称“青记”），并为《徐州突围》一书撰稿；1938 年秋，李蕤夫妇在南阳新婚后，到迁往镇平的河南大学续读；1939 年 5 月“新唐事变”后，他携老母妻子回到故乡。此时，他恰好接到碧野邀请，就欣然到《阵中日报》工作了。

李蕤到报社一年多，除编国际新闻外，以“萧云”“流萤”“梅梁”“华弓”“赵悔深”等名，在“军人魂”上发表小说、散文、杂文、评论等 16 篇，同时他还帮碧野审稿，商量如何办好副刊。据他回忆，编辑部的一批青年，“当时都还不是共产党员，但倾向性是明显的，即对国民党的腐败无能，从上到下吹吹拍拍的作风十分厌恶，对共产党领导的八路军、新四军，以及他们艰苦作风，从内心同情”，他们刊登的稿件“多是激发人民的抗战热情，反对黑暗，追求光明的”（见李蕤《我在洛阳的跋涉足迹》，《李蕤文集》第 2 卷，武汉出版社，1999 年版，第 467—468 页）。碧野和李蕤还利用各自在“文协”“青记”的人脉，广泛向全国各地作家、记者征稿，并定期召集洛阳作者开会，培养战地通讯员。由于《阵中日报》新闻版都是照搬“中央社”的，而副刊“军人魂”却办得生动活泼，故而《阵中日报》被当时读者称为“半拉报”，认为新闻版没有独立价值，而“军人魂”却使人耳目一新。

树欲静而风不止。1940 年春，碧野又得到洛阳集中营要逮捕他的消息。碧野感到“荆棘丛中非久栖之地”，决心逃离第一战区。此前重庆“文协”的孔罗荪，从“作家访问团”那里得知碧野的艰难处境，曾写信叮嘱碧野，说他弟弟孔柯嘉在一战区苏联军事顾问室任翻译，如果有难，可找他弟弟求援。于是碧野找了孔柯嘉，请他帮助自己离开第一战区。刚巧苏联军事顾问柯留耶夫要到湖北老河口第五战区去，孔柯嘉让碧野扮作随行人员，跟着苏联军事顾问的卡车，远走高飞到老河口第五战区去了。

碧野临走前，把准备逃走的消息告诉了李蕤，并劝李蕤也尽早离开这个凶险之地。当时，《大公报·文艺》的编辑萧乾准备到英国讲学，他是李蕤的文友，力荐李蕤去香港接替他编《大公报·文艺》副刊。李蕤因家有老母和怀孕的妻子，加之他自 1940 年 6 月担任了“国新社”洛阳站站长，肩负重任，不愿离开洛阳。

碧野走后，1940 年 6 月—7 月，“军人魂”一度出现无专人管理而空缺的现象，李蕤不忍心这块文艺园的荒芜，决心重振旗鼓，兼顾起副刊编辑的责任。

1940 年 8 月日，李蕤在“军人魂”《编者的话》中说：“两月以来，因为没有专人负责，不可讳言的，许多事都堆积下来，读者和作者与编者之间也失去了密切的联系，这是使我很疚心的一点……”他重新调整了栏目，广泛联系作者，1940 年 8 月起，“军人魂”一度回黄转绿，又出现了短暂繁荣。

可惜好景不长，1940 年 10 月 10 日，李蕤也因“共党嫌疑”罪，被洛阳三青团大队长王采芹逮捕，关进洛阳西工的“劳动营”，与他同时被捕的还有 4 名报社记者，李蕤被关数月，经过多次审讯，后经妻子宋映雪四处奔走，通过范长江的关系，找到原“国新社”成员、时任河南财政厅长曹仲植保释，才得以出狱。

李蕤出狱后，遂被《阵中日报》开除，携一家老小又回故乡去了。而孙良田、王绍祖等青年编辑，也相继离开了报社（参见李蕤《我在洛阳的跋涉足迹》，《李蕤文集》第 2 卷，第 470—473 页）。

1941 年 1 月“皖南事变”后，国统区文化环境日益恶化，连较为开明的第五战区也对臧克家、碧野、田涛等进步文化人发出了“逐客令”。国统区前线的文化人转入大后方，“暴露黑暗”也成为越来越多文艺学创作的倾向。

从 1939 年秋到 1940 年秋，碧野和李蕤这两个年轻的左翼作家，在国共合作的特殊环境下，勇敢地站到国民党第一战区军报副刊“军人魂”这块宣传抗战的前沿文化阵地上，虽然他们相继受到国民党顽固派迫害，承受了被捕入狱的惨重代价，但他们在办报时把握了“坚持抗战，反对投降；坚持团结，反对分裂；坚持进步，反对倒退”的大方向，靠着辛勤的耕耘，把“军人魂”办得有声有色，给国统区广大抗日将士和民众送去了急需的精神食粮，这一段“军人魂”上的文章，也是国统区抗战文学中一道亮色，为今天人们认识抗战中期社会生活留下了珍贵史料。

3. “军人魂”（1939—1940）的作者

抗战初期，是国共合作最好的时期，也是中国文化界精诚团结的时期。尤其是在平津沪相继沦陷后，中国人民压抑在心中的怒火，已形成火山爆发之势。时代向文化人发出了召唤，文化人也没有辜负伟大的时代。

1938 年 3 月 27 日，“中华全国文艺界抗敌协会”（简称“文协”）在汉口成立；参加者 400 多人，不分党派地聚集在抗日大旗下。“文协”在《告全世界的文艺家书》中宣告说：“从卢沟桥的第一响枪声起，我们已经各自站上了自己的岗位，为一个目标一个信念而执行战斗的任务；现在我们更在一个大组织之内，广泛地、有计划地来发挥我们战斗的力量。”（引自《中华全国文艺界抗敌协会史料选编》，四川省社会科学出版社，1983 年 12 月版，第 15 页）“文协”有组织，有纲领，有会刊，团结了全国的文化人。武汉失陷后，“文协”迁到重庆，老舍作为总务主任，提出“文章下乡，文章入伍”“文艺大众化”等主张；许多作家参加“战地访问团”“战地慰劳团”等等，以“笔游击”自称，站在抗日斗争前线。

1938 年 3 月 30 日，范长江、陆诒等领导的“中国青年记者学会”（简称“青记”）也在汉口成立，当时有 60 多名成员，到 1938 年底，已发展到 600 多人（见《范长江与青记》，北京工艺美术出版社，2008 年 3 月版，第 220 页），1940 年 1 月，又在桂林成立了“国际新闻社”（简称“国新社”）。“青记”“国新社”在各地均有分会。上千名青年记者勇上前线，及时传递战地消息，有些人乃至献出生命。

抗战初期，急速反映社会变化的报告文学，成为“时代的宠儿”，“青记”“国新社”的记者们，有组织地奔赴前线，对抗战时期报告文学的写作，是卓有贡献的。

洛阳《阵中日报》副刊“军人魂” 1939 年—1940 年，在组稿方面是十分幸运的。因为这一时期文化空前开放，文人之间空前团结，加之洛阳特殊的战略地位，使它受到格外关注。1939 年 7 月 13 日重庆王礼锡率领的“作家战地访问团”从洛阳经过，几天后老舍参加的“北路慰问团”也经过洛阳。“军人魂”因“天时、地利、人和”，吸引了全国许多著名作家和记者为副刊撰稿。

碧野是“文协”成员，李蕤是“青记”“国新社”成员，他们身后有着强大的文化援军。据不完全统计，在1939年—1940年这一年中，“军人魂”上发表文章的全国知名作家的文章30余篇，如郭沫若、茅盾、老舍、沈从文、臧克家、碧野、田涛、姚雪垠、萧乾、李蕤、张天翼、靳以、欧阳山、陈荒煤、李广田、王亚平、曾克、萧乾、安娥、王礼锡、陆晶清、严辰（厂民）、芦焚（师陀）、丽尼、力扬、吕亮耕、倪受乾、谢冰莹，陈纪滢、孙陵、胡秋原等，如果再加上“军人魂”各地作家联系的“作家书简”，所涉及的还有于黑丁、蒋弼、梅林、端木蕻良、穆木天、沙雁、林英强、杨刚、郁达夫、戴望舒、胡风……共有40多位，展示了当时名流如云、蔚为大观的作家阵容。

1940年初夏，李蕤受范长江委托，在洛阳成立了“青记”、“国新社”洛阳分会，自任站长，而《阵中日报》的青年编辑，“无一例外地参加‘青记’，支持‘青记’的公开活动”（见李蕤《我在洛阳的跋涉足迹》,《李蕤文集》第2卷）。在本书所收“军人魂”文章中，刊登了20多位“青记”“国新社”成员的37篇文章，包括子冈、史坚、一轻、彭世桢、曹弃疾、藜青（藜野）、高天、戴广德、轰振、张高峰、蒋莱、王礼锡、田涛、王亚平、邝华嘉、曾克、李蕤、白克、白菲、刘尊祺、高咏等。高咏，这个才华横溢的诗人，在1942年5月日军对山西辽县八路军总部“大扫荡”时，献出了年仅22岁的生命，被誉为“太行新闻烈士”。（注，“青记”和“国新社”成员名单，见范苏苏、王大龙所编《范长江与青记》一书，北京工艺美术出版社，2008年版，第394页）

在这些作者中，有人既是“文协”成员，又是“青记”“国新社”成员。如李蕤、田涛、曾克、王亚平等便是如此。

“军人魂”有一些身份特殊的作者。如赵荣声，化名“明明”，发表了《各个击破》《侯马车站》等一系列反映卫立煌在晋东南指挥抗战的纪实文学；方之中将军是参加过北伐战争的老干部，在国共合作时期是一位带领学生兵到豫北抗战的指挥员，他的《第一步跨过黄河》《踏进游区》等纪实散文，记证了国共团结，共同御敌，到华北前线和太行山区的情景；魏伯，在晋东南抗战中写过《多多河》《五行山血曲》等名篇，后来奔赴延安，走上领导岗位；曹聚仁是“中央社”著名记者，他的《访问蒋经国先生》一文，也是“军人魂”的重要收获。

此外，“军人魂”还发表了一些不知名作者的文章，他们或是前线战士，或是沦陷区的民众，使用“藉名”“一戎卒”等笔名，从社会基层反映抗战时期的生活。

4. 全民抗战大视野

由于本书所收的文章，是发表在与时推移、篇制短小的“军人魂”文学副刊上，故而内容丰富，形式多样。若要一言以蔽之，堪称为：全民抗战大视野。

1939 年—1940 年，抗战进入持久阶段的时期，有许多重大事件在洛阳汇集、碰撞，通过《阵中日报·军人魂》这个特殊的“观察点”，我们可以看到抗战中期的几个重大战役和国统区、根据地、沦陷区的不同社会生活。

“军人魂”发表的文章，涵盖的地域广阔、内容丰富。从地域上说，包括了国统区、八路军抗日根据地、沦陷区等；从内容上说，既有军事、政治、经济等方面的大事，也有各民众团体、普通民众在战时的日常生活小事；既有前方将士的浴血奋战，也有后方的农工商学、妇女、儿童等支援前线的感人事迹；既有日寇对中国人民的残酷杀戮，汉奸的丑恶嘴脸，也有中国人民不屈不挠的反抗斗争。可以毫不夸张地说，它所展现的是全民抗战大视野。

山西抗战，是在中国抗战中值得大书特书的一笔。抗战爆发后，日军狂妄叫嚣“三个月灭亡中国”，从攻陷平津，到沿津浦、平汉、平绥路南下西进，迅速将战火烧到了山西，抗战的重心随即转到了山西。山西是国民政府军队的主战场之一，从忻口战役、太原会战，到中条山游击战，卫立煌与朱德、彭德怀等在山西协同作战，多次粉碎日军“围剿”，创造了国共团结抗战的范例。

本书所选文章，不少描写山西抗战的重大战役，突出的有赵荣声的

《各个击破》4 篇，作者作为卫立煌的机要秘书，以近距离观察的独特视角，生动描写了卫立煌在中条山亲临战场、运筹帷幄，指挥了被日军作为战败教训写入“教科书”的西阳河战役（又称“南阳圈战役”），以及与朱德、徐海东密切配合，打伏击战，截获日军大批军用物资和 200 多辆汽车的东坞岭战役，这不仅是抗战文学鲜有的题材，也是抗战史上鲜为人知的资料；又如他的《侯马车站》《道经二十里岭前》，写卫立煌率部在晋东南开展游击战争的业绩，以及与当地民众建立的良好关系。

1937 年 10 月，山西晋绥军、国民党中央军与八路军配合作战的忻口战役，是一次重大战役，国民政府军将领郝梦龄、刘家琪、郑廷珍等相继为国捐躯，谱写了一曲气壮山河的抗日颂歌，过去没有表现忻口战役的文学作品，更不要谈长篇小说了。1939 年秋碧野随魏伯到晋东南采访独立第五旅，而独五旅的前旅长郑廷珍，正是南怀化战役中牺牲的英雄，碧野从将士口里得到许多素材，写下了反映忻口血战的鸿篇巨制《南怀花》，虽然如今全书已佚，只在“军人魂”上留下了《塞上》《奖章》《山乡之夜》等几个片段，却是表现忻口抗战的精彩文学记录。（注，碧野的长篇小说《南怀花》，据作者所述，1940 年春写成后，寄给香港的楼适夷，被他称为“压卷之作”，但始终未见出版。这部长篇被《小说年鉴》列入 1939 年中国长篇小说中仅有的两部长篇之一，另一部是林语堂的《京华烟云》，但仅有书名，未见其书。）

1939 年 9 月，第一次长沙会战打响，第九战区司令长官薛岳率军采取“争取外线，后退作战”的战略，击退了进犯长沙的日军，将其赶回新墙河以北，这是中国军队在防守战中第一次重大胜利，丁一的《乘胜追击记》、彭世桢的《长沙外围战的追述》、曹弃疾的《新墙河的新姿态》等，都及时报道了这次战役，详细描述了战斗情况；1940 年 5 月，日军发动了枣（阳）宜（昌）战役，张自忠将军在这次战役中为国捐躯，高天的《一颗殒星——吊张自忠将军之战死》，深情歌颂了张自忠将军；张高峰的《豫湘战区的橡皮防线》，描写第五战区李宗仁部在豫鄂边区依靠游击队、联保和民众，建立有力的组织，使这一带成为无兵把守的“橡皮防线”；臧克家《活跃的唐河》记载了“新唐御敌”的胜利；白克《失而复得的襄阳》，写襄阳被日军占领半天就蒙受巨大损失；黄泮扬的《我流星群大队两年空战的回忆》，展示了抗战初期中国空军在敌强我弱的情况下奋起歼敌的辉煌战绩。

“军人魂”还热情歌颂了中国军队普通士兵英勇无畏的精神。如李蕤的《悼》，回忆在1937年豫北抗战中率部抗战、英勇牺牲的民间“司令”；子冈的《过潼关》，写驻守潼关的将士冒着敌人炮火，坚守岗位；杜锦和的《黄河西岸》，叙述与沦陷的永济城隔河相望的中国河防守军的生活；蒂克的《拂晓歼敌》，写中条山抗战中代理班长老李用最后一颗手榴弹与日寇同归于尽；《月夜战斗》表现中国军队在晋东南粉碎日寇“九路围攻”战斗的残酷，炊事班长郑老保主动请缨杀敌，壮烈牺牲；一戍卒的《二等兵李发生》，以质朴的文笔写中条山抗战中普通士兵李发生用几颗手榴弹，杀敌五人，身负重伤，荣获“华胄荣誉奖章”的感人事迹；一萍的《汴城西北角》记述一支中国军队，冒着瓢泼大雨奇袭已沦陷的开封、攻破城墙西北角的壮举……以上作品均为时间地点可考的报告文学。而曾克的小说《渡》，李蕤的小说《负》等，通过艺术构思，塑造了小号兵柯诚、连长关青等在战场上沉着勇敢的战士形象；倪受乾的《射击手之歌》，李广田的《在黑暗中前进》，王天一《烽火燃烧在中条山上》，臧克家《一个铁的行列》，以诗歌形式歌颂了中国军人的英雄气概与勇于牺牲的精神。

“军人魂”也有反映八路军抗战的文章和来自延安的文章，如止圭的《阳明堡》，写八路军奇袭日军阳明堡机场；殷参的《血债》，控诉日本飞机轰炸延安的罪行；方之中将军的《第一步跨过黄河》《踏进游击区》等，描写了国共合作期间，他作为中共代表，与国民政府军代表“老队长”共同率领由青年学生组成的抗日游击队，渡过黄河，到豫北前线，以后又到太行山的经历，见证了国共合作、共同抗日的真实生活。

控诉日本侵略者在沦陷区罪行的作品，在“军人魂”中占很大分量。如藉名《恐慌下的上海》、阿兰《寄自天津》、韬星《敌寇怎样蹂躏青年》、励刚的《从武汉逃出来》、轰振《广东去来》、华莹《寇军暴行又一页》、戴广德《铁蹄下的合肥》、蕙琳《汉口魔影》、郑照球《寇军的暴行》、荒煤《童话》等，都以生动具体的事实，描写了日军在占领区的惨无人道烧杀抢掠的兽行，这也是日军侵华罪行的铁证。

汉奸是中华民族的败类，最令人切齿痛恨。“军人魂”中有不少揭露汉奸罪行、予以无情鞭挞的作品。黎莱《朱惺公被害经过》，披露汪精卫集团在光天化日之下枪杀上海《大美晚报》爱国记者朱惺公的事实真相；季白《蒙伪组织的没落》描写内蒙民众不屈的抗日斗争，使德王的伪蒙政权日益没落，从日军的“看家狗”沦落到“开路鬼”的可耻下场；苍剑《“汪”、“王”两逆争宠纪实》，记述了大汉奸汪精卫、王克敏、梁鸿志等人争权夺利、互相倾轧的丑恶嘴脸；张天翼《不够做题材》，以嬉笑怒骂的笔法，说汪精卫叛国之事“不够做题材”，表现出对汪逆极度的鄙视与憎恶。

日本侵略者还对中国进行文化侵略和经济侵略。麦蓱《敌巢观剧记》，记述了日军在占领区以组织民众看戏为由，企图收买人心；张煌《汉奸报馆参观记》，揭露了汉奸在天津秘密办报、制造假新闻等丑行；郑西鸣《新黄河畔的故事》，披露日本侵略者在黄泛区利用奸商走私日货，对中国进行经济侵略的事实；蒋莱《浙江沿海的动态》记叙浙江沿海七百里海岸线，虽还没有被日军占领，却成为他们利用浙东汉奸向沦陷区走私的“理想进出口”。这些通讯报告，若没有亲身的体验，深入的观察，是不可能写出的。

抗战到了持久阶段，日本侵略者失去了战争初期嚣张势焰，开始走下坡路。金明译《一个美国记者所见到的敌国现状》表现了日本国内资源匮乏，士兵的消极厌战情绪。济济《审讯俘虏旁观记》写了中国军队对日军俘虏的宽大政策，通过教育使他们转变立场，成为新人。

抗战以来，沦陷区民众的大迁徙，形成了前所未有的巨大难民潮，田涛《逃荒》，陈岗《难民在武冈》；史坚《难民移垦在宁夏》，都反映了难民背井离乡，缺衣少食的艰难处境，以及国民政府对他们的收容安置政策。

在抗战之初，“抗日”和“建国”是并提的，如开发大西北甘肃、宁夏等地，就被国民政府视为基本国策。金明译的《开发中的西康》、史坚《难民移垦在宁夏》、高天的《宁夏新影》、陈纪滢的诗歌《乌鲁木齐的原野》等，都反映了抗战时期大后方的建设情况。

伤兵问题，随着战争的持续越来越突出。1940 年春，由社会团体发起，建立了“伤兵之友总社”“伤兵招待所”为伤兵提供服务的机构，向全国募捐并征收服务人员；1940 年 5 月，国民党军政部颁发命令，将“残废军人”一律改称为“荣誉军人”，使之得到全社会尊重。孙陵《光荣的勋章》通过一个伤兵的哥哥说，他“那伤残的手，就是一枚光荣的勋章，那光荣是花钱买不来的，哪个也夺不去的”。萧拓的诗歌《伤兵颂》，写道“你们那可爱的身影（身披灰色布大氅，臂拄着木质粗手杖），将永远印映在全中国人的心上。”就是这一时期慰劳伤兵运动的反映。

中国妇女在抗战中的作用极大发挥出来。最著名的是“妈妈行动”，1938 年 3 月由国共两党及无党派妇女界知名人士共同发起、在汉口成立“战时儿童保育会”，在全国各地有几十个分会。保育员们把无家可归的难童收容起来，运送安全地带，并让他们读书学习。抗战期间有 3 万多难童得到收容，这些“保育生”后来成为新中国的建设人才。林风的《战时儿童保育院》所述中条山区儿童保育院，就是全国儿童保育会的缩影；凝雪（映雪）的《眷属锻炼成了战士》，则写随军家属被培训成战地医护人员的经过，这些“军官太太”本是部队的累赘，在大时代中她们也成长起来；丁一的《重庆妇女界》，全面总结了妇女在抗战中长足的进步，历数了抗战中妇女界涌现出的政界要员、社会名流和巾帼英雄；谢冰莹是中国的“第一女兵”，她曾三次上战场，写下珍贵的《抗战日记》，“军人魂”上也有她的《游卧龙冈》一文。

自古英雄出少年。中国儿童在战争中备受摧残，而当他们奋起抗争时，也是不可小视的力量。安娥的《张德庸》，写了歌乐山一个指挥 300 多人的“小总队长”，他在逃难中跟随部队走了 2000 多里，并拿起枪参加战斗；罗汉夫《活跃的儿童剧团》，写南阳儿童剧团在“新唐御敌”中，用出色的表演去鼓动群众，慰问将士，起到成人起不到的作用；毛兰的《江岸上》，写一个十四岁给首长当警卫员的“小兵”；黎文的《两个小战士》，写两个十三岁的小勤务员，跟着部队转移，不怕吃苦，性格乐观；茅盾的《从〈"有眼与无眼"〉说起》，还关心着战时儿童教育；臧克家在《这一代的孩子们》中所写："按照民族需要的样子，他们将成为新中国的基石。"

中国的知识分子，纷纷以笔为枪，投身抗战。文协提出了"文章下乡，文章入伍"， 中国作家和记者自动组成"笔部队"，深入前线。郭沫若《文言文是古人的白话》，提出文字是随着时代而变化，沈从文在《"五四"二十年》中指出，五四提倡的白话文，在抗战中得到迅速普及，而白话文写作又起到了团结民众、凝聚人心的作用；烟浪《桂林的文化界》，描述了桂林进步文化界文人荟萃、抗战文艺丰富多彩的情景；姚雪垠的《大别山中的文化堡垒》，描写第五战区的抗日根据地大别山中，有众多爱国青年从事抗日宣传，形成繁荣一时的局面；白菲《拿起笔来》,呼吁全国的爱国文化工作者以笔为枪,投入空前伟大的民族战争。

李蕤从年青时代就擅长文学评论。在"军人魂"上，他一连发表好几篇短评，探索抗战文学的理论问题。如《文学作者与詹天佑》，"詹天佑"是火车头与后挂车厢之间的挂钩，李蕤认为，作家的作品，要像"詹天佑"一样，紧密与现实结合，真实反映生活，才能起到"火车头"的作用；在《论单纯》中，他认为，要"无条件地歌颂抗战到底的单纯"，认为办刊要把握住"抗战到底"的正确方向；《题材与主题》，认为在抗战总原则下，题材不妨尽量拓展，而不作廉价的宣传；在《美化与粉饰》与《果戈里》中，他认为"歌颂光明"和"暴露黑暗"都是抗战文学题中应有之义。这些评论，对"军人魂"的办刊方向，起到了指导作用。

总之，《阵中日报·军人魂》（1939 年—1940 年）的文学作品，表现了中华民族最危险的时候，从"由一盘散沙到血肉长城"的"抗战精神"，"工农兵学商一起来救亡"的精诚团结，一代知识分忘我献身的家国情怀，以及中华民族从毁灭废墟上重建家园的不屈不挠的顽强力量。它展示的是全民抗战大视野，是一幅中华民族不屈不挠奋起抗战的爱国主义壮丽画卷。

5.“重返”历史现场

今天的人们，寻找尚存于世的抗战老兵，通过口述历史等方式，让他们回忆抗战的情景，但90多岁的耄耋老人，还能有多少清晰的记忆？而在75年前的《阵中日报·军人魂》中，却跃动着他们20多岁时跃马横枪、驰骋疆场的英姿；如今已出版的多种抗战史，尽管也提及国统区抗战，但大多只是概括地叙述战争的经历和死伤人数等，而75年前的《阵中日报·军人魂》中，却生动展示了抗日将士们冒着枪林弹雨、流血牺牲的悲壮场景。读着“军人魂”上的文章，我们仿佛穿越了时间隧道，回到烽火连天的抗战年代，身临其境地去感受抗战时期的真实生活。

为了真实地还原历史，最好的办法是让读者“重返历史现场”。因此，本书在编排上，不做题材或体裁的分类，而是按照时间顺序，展示《阵中日报·军人魂》的“原件”，让读者按照时间顺序，去了解1939年—1940年抗战生活的真实面貌，报纸的粗劣和印刷的落后，也能唤起读者一种历史沧桑感，把读者带到遥远的历史时空。

《阵中日报·军人魂》的“原件”，由于年深日久，尘封湮没，不仅日期不全（有的连续数月缺失，有的一月仅有几张），而且有些字迹已难辨识（或墨色太浓，成了一团模糊；或墨色太轻，细若游丝），编者在录入电子文本时，不得不将它们放大，反复辨识、推敲，乃至猜测。每收获一篇好文章，确有从“冰海沉船”中成功打捞珍贵遗物之喜悦——当然，还有少量文章，实在无法录入电子文本，只好忍痛放弃了。

今天的年轻读者，对75年前国统区抗战的历史，难免会感到隔膜，为此，编者在“原件”前面，加了导语和背景图片，尽可能介绍时代环境、作者生平，有些还延伸到几十年后作者的身世经历，以增加读者对原文的理解。

编者感到，每一篇“出土”的旧文，仿佛是一处“矿苗”，指示着寻找某个问题的路径，只要不懈地沿坡讨源，按图索骥，就会从中发现更大的“富矿”。近年来，大陆学者对抗战历史的研究方兴未艾，《阵中日报·军人魂》的文章，可以和抗战最新研究成果互相补充、参照，印证，使更多的历史真相浮出水面。

应该感谢互联网为钩沉、抢救抗战文史资料，提供了便捷而科学的新手段。过去需要花费大量时间精力查找的图书资料，人名、地名、历史事件，通过“网搜”，不仅能够很快获得答案，有时还能出人意料之外地得到新的信息；网购相关图书，下载相关论文，也为钩沉提供了方便。这一切，体现了互联网时代的独特优势。

《阵中日报·军人魂》中的文章，在今天的读者看来，有些可能是粗浅的，缺乏应有的艺术构思和精雕细刻。但我们应想到作者所处的艰难战争环境，体会到这些作品得之不易。正如谢冰莹女士在《抗战日记·新序》结尾时所说：“这些在前方的菜油灯下，或者野战医院、防空洞里写成的报道文字，没有时间去推敲词句，文字的拙劣、直率，可想而知；但是朋友，这些是抗战将士，和前后方受难同胞的血肉所换来的史料，是值得我们永远纪念，特别珍惜的。”（谢冰莹《抗战日记》，台湾东大图书公司印行，1981年6月版）

“折戟沉沙铁未销，自当磨洗认前朝”。《阵中日报·军人魂》上的文章，虽然对于整个抗战文学史来说，只是一些残缺的断片，但是，通过它们能够揭示和还原历史真相，给人以启示，补正史之阙，彰显抗战的世界性意义，促进海峡两岸团结，这些就已经足够了。

由于本书所做的“钩沉”，仅仅是“拓荒”工作，许多历史史料还来不及更深入的考察和订正，错误之处在所难免，还望得到读者的指教和匡正。

表里山河、抗战堡垒

——弃疾：《潼关炮战》

1938 年 12 月 12 日

潼关，又名冲关，地处陕、晋、豫三省交界处的黄河三角地带。这里山连山，峰连峰，谷深崖绝，山路高狭，自古就是兵家必争之地。元代曲作家张养浩有著名曲作《山坡羊·潼关怀古》“峰峦如聚，波涛如怒。山河表里潼关路”，写的就是潼关一带外有黄河、内有群山的险要地势。

驻防部队在潼关城墙上

1937 年“七七事变”之后，平津相继沦陷，继而太原失守，敌人南犯，至晋南风陵渡，与潼关隔河相望。日军企图越过潼关，占领陕西、进军西北。

守住了潼关，就守住了陕西，守住了西北。

从 1937 年 11 月 7 日潼关第一次被炸，到 1945 年 8 月 15 日日寇投降，潼关顶住了日寇一次又一次的轰炸，成为日寇无法逾越的雄关。

最早驻守潼关的中国军队，是国民革命军 46 军 28 师，师长董钊。以后，还有 109 师、167 师、78 师和第 1 师驻守此地。

1941 年夏，美国《生活》杂志摄影记者卡尔·迈登斯和他的妻子雪莱从潼关入陕北，拍摄了大量照片，生动记录了潼关的险峻和驻守于此的将士们战斗和生活情景。

抗日将士在潼关碉堡中向黄河对岸风陵渡的日军射击

驻守潼关的抗日将士在城外的壕沟中警戒

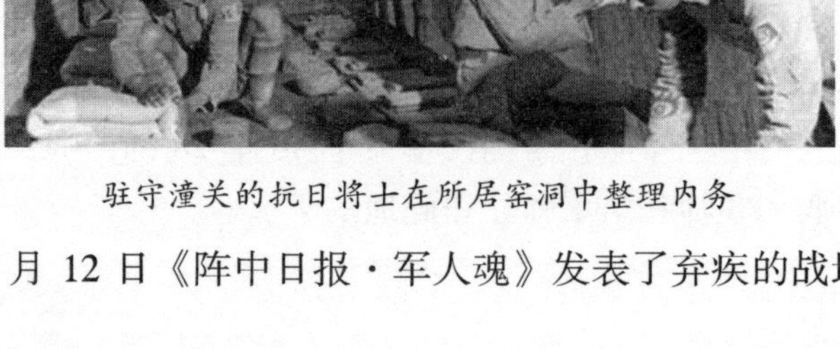

驻守潼关的抗日将士在所居窑洞中整理内务

1938 年 12 月 12 日《阵中日报·军人魂》发表了弃疾的战地通讯《潼关炮

战》，这篇通讯全面描述了潼关的地形地貌、中国驻军纪律严明，对过往人员检查仔细的情景；还记叙了日军从风陵渡隔着黄河向潼关打炮、我军还击的“炮战”情景，以及潼关民众的战时生活，“交通沟”的修筑等，有珍贵的文献价值。

弃疾，曹弃疾，“中国青年记者学会”会员。

戰地素描
潼關砲戰
棄疾
西北的天險
激烈的砲戰

1938 年 12 月 12 日《阵中日报 · 军人魂》发表弃疾的通讯报道《潼关炮战》

潼关炮战

弃疾

1938 年 12 月 12 日《阵中日报 · 军人魂》

西北的天险

那雄伟的英俊的潼关，正当着陕西、山西与河南三省的要冲，是往来交通的孔道，是西北的咽喉，是长安的一个大屏障！

在战争风云笼罩下的县城，是在唐朝天授（1）的时候建筑的，它的城垣，大部都雄踞在山岭，是非常的广大；尤其是西门上面矗立在碧空中的五层城楼，配衬着鲜艳的红绿油漆，更显得雄壮、美丽！

潼关，面临着伟大的黄河，那浑浊的波浪急剧的翻涌着，黄水滚滚的向着东方广袤的原野里流去，背负着雄峙的秦岭，那伟大的黄土层上，设立着十二个连关：西面有着著名的华阴山，无数的山峦起伏的接连着，东面紧依着虎踞山、麒麟山，还有削壁一样的金陡关……的确，潼关的地形是很险要的，在国防上，占着了很重要的地位，它是我们大西北唯一的天险！

激烈的炮战

潼关的烽火，炽烈的又燃烧起来了。

自从敌人第三次占领了晋南重镇的风陵渡，就用着山炮，迫击炮，隔着黄河向我们的潼关轰击着；我们的炮兵，也时予以还击，隔河炮战，几乎是天天在演进着。

在一个寒风呼啸的午间，记者从人群中挤了出来，离开了热闹的吊桥，怀着一腔兴奋的情绪，沿着公路向着在敌人炮火下成长着的潼关前进着。在辽阔的原野上，点缀着绿油油的麦苗，红色的棉田，淡黄的枯草，还有那一望无涯的黄河滩，与敌人盘踞着的吕梁山。

"轰……隆……"

风陵渡的敌人，向着黄河南岸轰击着，那炮弹很迅速的飞着，一路"嘶嘶"的鸣叫着，落在了陇海车站南面的山坡上，爆炸了，声音很大，遥望着山坡上一阵黑色的弹烟，与炸得飞扬的黄色尘土，向着空中边界处消散了。

"轰……轰……轰！"

敌人的山炮，不住地向着潼关射击着，爆炸的巨声一连的响着，那伟大的秦岭的山谷的空间，也激起了有力的回响。

"咚……隆！"

我们的英勇炮兵，发现了射击的目标，向着风陵渡开炮了，声音特别大，似晴天的霹雳一样的响亮，炮弹飞过黄河，落在风陵渡的山岭上爆炸了。

“轰……轰……轰！”

我与敌的大炮，互相轰击着，一响一和的爆炸声剧烈的响着。

凄凉的街头

在激烈的炮火下，记者踏进了潼关的西关。

陇海车站是静寂了，没有一个人影，带着疤痕的票房，踞在秦岭的身旁。这一条马路上，行人在匆匆的走着，商店都关了门，只几个闲散汉子坐在阳光下晒暖，默数着敌人发炮的数目，以消磨时光。

走到了西门的时候，值岗的士兵，很严格的盘查着往来的行人。记者经过了调查后，穿过了城郭和西门，沿着西大街向东行，生意都完全歇业了，昔日繁华的街头，今儿是冷淡了，突然的，一颗炮弹很低的打上空飞了过去，凄厉的嘶鸣着，落在了南门里爆炸了。这一个巨响，震得商店的门板“答答”的响着。

北大街，东大街，是紧靠着潼关的北城，还住着许多的市民和商人。他们以炮战是司空见惯的，一点也不显得惊慌，却非常的镇定。孩子们在街头玩耍，妇女坐在门前做活，商店饭铺，都开了门，照常的营业，不过生意萧条了。

在每一个街头，可以看到被敌人飞机和大炮轰炸的房子，一片瓦砾，满目的凄凉。在前两天，敌人用迫击炮向潼关开了几发，炮弹落在北大街的澡堂里，几个跑堂被炸死了。

潼关的警察，冒着敌人的炮火，肩着了枪，在凄凉的街头来往地走着，维持着地方的秩序与治安。

俯瞰风陵渡

黄水的激流，“哗哗”的响着。

从雄伟的东门里走了出来，城门口的两旁，筑着防御工事，河堤上有一段矮墙，向前行上几步，便入了交通沟行进。这时每一个行人，心里都是忐忑的跳跃，情绪紧张了，连呼吸都有些迫促。

马路上的哨兵，指挥着行人走进了路南的交通沟，行走不远，是一条南北的水沟，这条水沟的北片，就是风陵渡，黄河的流水以这里最窄，不过一里宽的光景，敌人的机枪，可以扫射着南岸的行人，这是一个最危险的地区。

可是，记者走上了水沟的东岸时，却痴立了一会儿，忘记了危险，俯瞰着风陵渡。在“敌人铁蹄下的风陵渡”，是死一样的沉寂，明显着荒凉了。那车站上摆着的一辆红色的货车，一幢幢的房子，模糊中有人在工事里蠕动着……

英勇的哨兵

城关，小岭，河沟，都有着我们的英勇的哨兵，穿着了灰色的新棉衣，肩着了枪，站在了自己的岗位上，向着黄河的北岸瞭望，注视着敌人的行动。

寒风呼呼吹着，哨兵的脸蛋被吹得微红了。

“辛苦了，英勇的战士！”记者笑着说。

一位年青的哨兵，很客气地行了一个立正，嘎着嗓子，滔滔的说：

“哪里敢说辛苦？这是我们的任务！要保卫大西北，我们必须以全力来保卫我们的黄河！我们日夜的在防备着，敌人从哪里进攻，我们就把他消灭在哪里。”

倭寇准备逃窜

中条山里的英勇战士，为了收复我们的河山，近来很活跃，不断的向永济、风陵渡间的敌人袭击着。

赵村、永济、风陵渡的敌人，经我军的屡予袭击，死伤的很多，近来将大炮、辎重都向北运走了，各地仅留着少数的人据守着。风陵渡的敌人，每天用迫击炮向潼关开炮，发炮数不似前几天那样，用大炮一开就是几百发,看样子敌人似乎精力到了疲惫的时候了,准备着向北逃窜。

在晋南的弟兄们，趁着这个时候，向着敌人出击，努力的奋斗，以全力来打击晋南的残敌！

那么，潼关的城垣上，弥漫着倭寇法西斯暴敌炮火的气味，是快要消散了。

注释

（1）唐武则天天授二年（公元691年），潼关从塬上北迁到塬下，即现在的潼关。

来自晋南前线的报道

——碧野:《被凌辱了的十字架》

1938 年 12 月 23 日

基督教的十字架是信仰的标志

早在 1939 年 7 月《阵中日报》迁到洛阳之前，1938 年 12 月 23 日，以“任樱”为笔名的作者就在西安《阵中日报·军人魂》上发表了《被凌辱了的十字架》，报道晋南战场的消息。那么，这个“任樱”是谁？——他就是抗战初期活跃在前线的年轻作家碧野。

据河南人民出版社 1994 年出版的《河南新闻事业简史》记载：

《阵中日报》(北战线)，1937 年 10 月在郑州出版。这是国民政府军事委员会政训处出版的一张以国民党前线官兵为对象的报纸。

“八一三”淞沪抗战发生后，蒋介石写了一个手谕，略称：“军事委员会政训处应在苏州、石家庄、太原分别出版东战线、北战线、西战线《阵中日报》供前线将士阅读，借以鼓舞士气。在内容方面，以报道战况为主，多载我胜敌败之消息；国际新闻方面，尽量刊载于我有利之消息。社会新闻一律不登。文字必须通俗易懂，免费发行，着运输部门逐日运往前线，并通令各司令部予以协助，不得有误。”

当时，东战线《阵中日报》只出版了一个多月，就因国民党军队溃败而夭亡；西战线《阵中日报》也因日军后来进犯山西而未能开办；唯有北战线《阵中日报》，虽然北方正面战场溃败，石家庄失守，但总算迁到郑州出版存在下来了。

…………

1938年豫东吃紧，该报迁至信阳，后又迁至西安。1939年7月，该报改归第一战区政治部指导，再迁回洛阳出版。

1939年夏天，《阵中日报》刚刚由西安迁到洛阳，年方23岁的碧野，即任洛阳《阵中日报》副刊《军人魂》编辑。

1940年5月，碧野摄于湖北老河口

碧野（1916—2008），原名黄潮阳，广东大埔县人。1933年因在潮州闹学潮受到校方通缉，离开家乡，逃到北平。1935年参加北平"左联"，在左联的机关刊物《泡沫》《浪花》上发表文章。抗战爆发后，他勇上前线，写下了《滹沱河夜战》《北方的原野》等报告文学，曾得到茅盾的称赞。1938年秋，碧野到晋东南找到魏伯，在晋东南前线生活了好几个月，写下了《五行山血曲》《被凌辱了的十字架》等力作。

1939年7月，《阵中日报》迁到洛阳后，归第一战区政治部指导，而第一战区司令长官卫立煌的机要秘书赵荣声，原是燕京大学的中共地下党员，与北京大学的魏伯一起领导过"一二·九"学生运动。碧野在北平时是左联成员、魏伯的好友，通过魏伯的介绍，1939年夏，碧野便从西安到了洛阳，在《阵中日报》任副刊《军人魂》编辑。

李蕤与魏伯是同乡好友，碧野又通过魏伯结识了李蕤，他到《阵中日报》不久，就把李蕤介绍到该报，编国际新闻版，李蕤又介绍了孙良田、王绍祖等来报社工作。至此，碧野和李蕤、孙良田等满怀抗战热情的青年作家和报人，在国共合作的大好形势下，在第一战区司令长官卫立煌的开明领导，以及他的机要秘书赵荣声的暗中保护下，短暂地站到了《阵中日报·军人魂》这个"体制内"宣传抗战的"制高点"上。从1939年秋到1940年秋，他们广泛联系全国各地的作家和记者，在《军人魂》上发表了一百多篇反映抗战的各类体裁的文学作品。

可惜的是好景不长。到1940年春，国共关系恶化，碧野遭到国民党特务监视，搭乘苏联军事代表团的汽车，逃到老河口第五战区去了；同年10月10日，李蕤又被洛阳三青团以"共党嫌疑"罪关进劳动营。他们协作编辑《军人魂》的工作也就停止了。

1938 年 12 月 23 日，碧野以“任樱”为笔名在西安《阵中日报·军人魂》发表《被凌辱了的十字架》，写的是 1938 年 10 月面对日军的“大扫荡”，卫立煌将军率部反攻垣曲，收复皋落镇、横岭后的战斗。那是一场与日军反复争夺的激战。位于皋落镇基督教堂的神父伊兰，在日寇攻陷皋落镇后，为了保护当地许多民众免受劫难，而遭到了日军的残酷杀害。

陣中日報

第三九五號

軍人魂

被凌辱了的十字架 任樱

民族詩人史話

岳武穆精忠報國（一）

1938 年 12 月 23 日西安《阵中日报·军人魂》发表“任樱”的《被凌辱了的十字架》

与碧野同时骑马到皋落镇采访的，还有魏伯，他也写下了同题材的《伟大的死者——敌人暴行之一》，发表在《抗战文艺》第 3 卷第 2 期上，只不过在他的作品中，神父的名字叫艾米利亚诺（中文名字胡永生），这位善良的神父，是在 1938 年 10 月 8 日遭到杀害的。

让我们永远记住这个为中国人民献出了生命的国际友人！

被凌辱了的十字架

任樱

1938年12月23日《阵中日报·军人魂》

战斗过去了

顺着溪流的远方望去，几座被云气遮盖了顶巅的山峰，仅像几个苍蝇大小的呈现在你的眼前——那就是晋南的险隘横岭。

几天前，四五万顽强的敌人，刚从皋落镇被我军追击出横岭关，一场激烈的战斗把敌人的“扫荡军”毁灭了。现在，横岭关的群峰上流荡的烟雾，人们还会不经心地认作是未散的炮烟哩！

“看呀，狗娃，关上的枪炮烟还滞住脚哪！”一个须发斑斑的老农夫，拍着他的孙女的肩膀，举起手中的拐杖指向横岭关怪异地叫道。

因此，在横岭关得胜归来的欢乐中，军中均以老农夫的话引为美谈。

悲惨的消息

是午夜的时分，在司令部的一间陋室里，因为夜来的失眠，我和穆主任借着棉籽油灯的昏暗的光对坐闲谈。

夜风吹来一阵狗的狂嗥，和凄厉的口令声。过了好半晌，一个大眼睛、粗矮身材的汉子撞进我们的陋室里来。我们在惊惶中认出这汉子是到皋落镇送给养的王副官，从他的棉风衣上抖落厚厚的尘土，他的褶皱的额下，跳跃着两颗奇大的眼珠，喉咙像被尘土拥塞了，他狠狠地咳出几口浓痰，沙刺着嗓子说：

“不好了，伊兰先生死了！”

我整个身子起了一下震荡，一阵痛楚袭上心尖：

“是伊兰神父么？怎样死的？”

“是的，给敌人惨杀了！”

“呵！……”我们三个人一齐浸进悲哀的情景中。棉籽油灯被窗隙的风吹得一闪，是谁吐出一个忧郁的深长的叹息。

…………

到皋落

早晨，浓厚的寒露封锁着大地，树梢、落叶、岩石、田垄、村道……到处凝留着细粉般的白霜。

没有行人，远村飘忽起几缕清淡的炊烟，北方的原野在清冷和寂寥中。

我和穆主任骑着两匹马，沿着溪流的土堤慢慢的走着。我们带着沉重的心伤，默默地没有一句言语。八只马蹄踏碎了晨霜，迟钝而凌乱的马蹄声，给人增添了无限的哀感。

走完了溪堤，我们催马走进两山夹抱的乱石子路，等到拐出山来的时候，太阳已经照射在榆树梢头了。

再斜穿过一片凋落的白杨林，从半山道上绕了一个大弯子，在斜坡上我们向下俯览着，那远处靠近一条反射着白光的河流旁边，在林木的参杂间，呈露出一座村镇的轮型。

“到了。”穆主任吐了一口气，把马鞭一扬。

“皋落吗？”

“唔……”

斑斑的血迹

劫后的皋落镇，到处有着炮痕和弹壳，昔日幽美的农村，现在成了一片瓦砾场，倾倒的砖壁下压盖着发黑的尸体。远处的汽车路的桥梁已经破坏，满堆着残砖缺瓦的街头，跟跄着几个没家可归的瘦弱的饥寒人，和几条伸长舌头四处觅食的野狗。

谁会想到过去如甜果般的农村生活，现在却变成了悲惨的残破的阴影？

我们把马拴在村街的一座古牌坊的石柱上，然后步行，到一座用青砖砌成的高大的建筑物前面，建筑物的左墙已给炮弹打了几个大洞——这是一座有名的教堂，石砖的十字架在大门顶发出凄凉的黯光，好像显示出这里已经发生过悲惨的激变。

我们顺着台阶走上去，在院中的通道中，我们碰见一个全身穿着黑纱衣的司铎。我用手势向他示意，他的被阴影蒙盖了的脸向我们发出一种怕人的苦笑，然后回转身把我们带到教堂的后院去。

后院的三间房子里，从左边房间的炕上，以至右边房间的地上，滴满了斑斑的血点，尤其是中间的一间房子里，一大摊血怕人地播散出腥臭。无疑的，当被害者受戮伤的时候，他是如何地和杀害的人在三间房子里作最后的搏斗呵！可是他终于被击杀在中间的房子里了。

主呵，这净洁的圣地，何处飞来斑斑的污血！

…………

大和的刽子手

刽子手是出于大和族的败类。

是敌人手陷皋落镇的第二天，在秋雨寒风中，十几个醉颠颠的日军野兽，走到教堂门前，口口声声要教堂负责人从教堂里收容的难民中，挑选出二十个年轻的姑娘来。在万分的紧急中，伊兰神父迈着狮步出来了，手指着教堂前的荷兰国旗，把十几个日军野兽喝退了。

午后，一个日本通译官，带着一个大尉官来到教堂，要求教堂交出十个“支那姑娘”。这，全给伊兰神父严厉地拒绝了。

傍晚，竟有一个日军，爬墙到教堂里，强奸一个十四岁的小姑娘，事被伊兰神父发觉，厉声把野兽斥出了教堂大门，日军抽出手枪来威吓，悻悻地走了。

就是当天的夜晚，伊兰神父在后院的房中，被一个从窗户跳进来的黑怪所杀害了！

被凌辱了的十字架

为了瞻仰伊兰神父的遗容，我们走到前院的中堂。

伊兰神父的遗体停放在一张白布床上，污血已经给洗干净了，不过头部还分明地可以看出子弹穿过的枪洞。伊兰神父有着魁梧的身躯，宽大的颜脸，显出生前的仗义善行。胸前摆着一个银十字架，映射出死者的温洁的光辉。

伊兰，你为中华民族的被残害燃起了人道的救助心，可是你被狂暴的大和刽子手谋杀了！你圣洁的灵魂飞回你故园了么？你荷兰海滨的风车将为你而呜咽，瓦尔河将为你而流泪！伊兰，今天我来凭吊你，我听见黄河的流水在痛哭。伊兰，安息吧，在今朝，中华的子民们将为你复仇！听见了吗？中条山又腾起了雷般的喊杀声！

注　释

本文最早发表于1938年第11期《文艺阵地》，重载于1939年第3卷第11期《文艺阵地》，《山西抗战文学史》（屈毓秀等编著，北岳文艺出版社，1988年版）第二章第4节“碧野及其他作家的报告文学”中，对该文有评论。收入《碧野文集》（长江文艺出版社，1993年版）第3卷，第61—65页。

《魏伯文集》，五洲传媒出版社，2014年版。收入《魏伯文集》的《伟大的死者——敌人暴行之一》，与碧野作品题材相同

迎着敌人炮火屹立的古城

——碧野:《夜过潼关》

1938 年 12 月 24 日

潼关位于陕西省渭南市潼关县北，北临黄河，南踞山腰是关中的东大门，历来为兵家必争之地。

抗战初期，日军进犯华北，北平、天津先后沦陷，继而山西太原失守，日寇占领了晋南的风陵渡，与潼关隔河相望。他们企图打下潼关，进而占领陕西，进军西北。

守住了潼关，就守住了陕西，守住了西北。从 1937 年 11 月 7 日潼关第一次被轰炸，到 1945 年 8 月 15 日日寇投降，潼关经受了长达七年的日本飞机轰炸和隔河炮击，据《秦风日报》战后统计，潼关在这七年所遭受的炮击发弹就达到 1.76 万发。但潼关却巍然屹立，始终没有沦陷，成为一道日寇逾越不了的雄关。

潼关西门内，城楼横额“中流砥柱”四字为陈诚所题

1938 年秋，武汉即将失守前夕，年仅 22 岁的碧野，怀着一腔报国热情，从河南渑池渡过黄河，到山西垣曲中条山前线找到好友魏伯。当时魏伯在卫立煌的“战地工作团”独立第五旅任宣传队长，碧野跟魏伯一起，骑着马到晋南前线体验战地生活，他收集了不少晋南抗战的素材，以及独五旅将士对不久前参加过的忻

口会战的回忆。1938 年冬，碧野带着他收集的材料，离开晋南战地，准备到西安去找文友倪受乾，专心从事文学写作。

驻守潼关的战士们

从垣曲过黄河，再从渑池一带到西安去，应坐陇海线的火车，但当时日军占领了黄河北岸的风陵渡，不断向潼关发炮，导致在陇海路乘车非常艰难，火车不仅每次经过潼关时要“闯关”，有时还会停运。碧野从豫西长途跋涉到潼关，恐怕与此有关。

在黑黝黝的夜色中，碧野一人在荒凉的土路上踽踽独行，经过两天长途奔波，又饥渴又劳累，心情难免忧郁。然而到了潼关，他的精神顿时为之一振。潼关，这赫赫有名的雄关，在日军的炮火中巍然屹立，它宛如一个伟岸的勇士，感召着每个战士的心，鼓舞他们去顽强战斗。

当时潼关城内已被炸成废墟，城内居民已十室九空，但见我军兵士严格把守，“五十步一单哨，百步一双哨”。日军向潼关发炮的爆炸声和冲天火光，为作者所目睹亲见。由于碧野穿的是晋南军队的军服，还有部队发的“差假证”，才顺利地通过了潼关。

到潼关放下吊桥，便是通往华阴的唯一通道。华阴山坡下的荒凉，旅店环境之恶劣，店主之彪悍，更衬托出潼关一带的战时恐怖气氛。

1938 年 12 月 24 日，《阵中日报・军人魂》发表了碧野的《夜过潼关》，当时《阵中日报》的社址还在西安，还没迁到洛阳。碧野已是作者，多次在“军人魂”

发表文章，这为他后来成为洛阳《阵中日报》“军人魂”的编辑，埋下了伏笔。

第三九六號

民族詩人史話

岳武穆精忠報國

夜過潼關

碧野

1938年12月24日《阵中日报·军人魂》发表碧野《夜过潼关》

夜过潼关

碧野

1938年12月24日《阵中日报·军人魂》

寒星带着悲凉的意味，闪抖在冬夜的远空，广漠的原野浸没在黑黝黝的夜雾中，我背着一个小行囊，手执着一枝拐杖，独个儿凄怆地沿着一条土路迟迟行进。我像是一个迷途的夜行人，我听到自己心底的叹声。

北边的天脚冒出一片火光，把周遭的枯树、土丘闪得一跳一跳，紧接着一下轰隆的巨响，夜空里发出一长串隆隆的破竹声，突然，一个投地的炸裂声震响了四周的土丘和田野。这样，每隔五分钟或十分钟，便有一次复演——我意念到这就是黄河北岸风陵渡的敌人发炮，向南岸射击。

经过两天长途奔波，更兼这段夜路的跋涉，我的腰酸腿麻，一种难熬的饥渴燃烧着我的咽喉，我睁眼四望，只有黑茫茫一片，我的心为一种难言的痛苦所啮食，我的头渐渐低垂了，像一只带病的骆驼，行走在这漫漠的征途。

我把军大衣裹紧了身子，我需要一次安静的休息。于是我摸索到一株枯树干，把身子靠在树干上，闭着眼。……（以下不清）

忽然听到大车的轮碾声，我离开了树根，向着土路上走去。我企图乘上这个大车，但是大车的轮碾声已经远逝了。我怨恨着自己麻瘦的双腿，我又陷进孤独的寂寞中，周遭的黑暗像无数只毒爪，紧紧抓住了我这天涯的飘零人。

走着走着，渐渐地，我看见一座半山建立的古城的依稀轮廓。我的心起了一阵激烈的跳动：这座雄伟的古城，像狮般的矗立在山头，可不就是名震古今的潼关么？

潼关，
你古剑士的雄姿，
映照千年的日月，
黄河是你战袍的玉带，
中条山是你百战的长剑。
…………

穿过几座小土山，我踏进了潼关的黑巍巍的东门城，我靠着城门洞的石壁，一下下地探着步。出了城门洞，便是一排蜿蜒的土山，这里随处都是口令声，有的从半山上投降下来，有的从岩石后飘过来，五十步一单哨，百步一双哨，走着走着又给盘问住了。

一道严厉的口令声，把我阻挡住了，一个执手枪和一个握着刺刀的哨兵，走上来盘查我了。我把差假证交给了他们，并且说他们的雷团长就是我的朋友。从山洞里点着半明半灭的棉油灯的光影中，走出一个值哨排长来，他把我的差假证查验后，便要请我到洞里去歇一歇，但是为了赶路的关系，我只得婉词谢绝了。

我继续着我的征程。黄河在稀淡的星光下波涌着，发出冲激的流水声。北岸敌人的炮弹不时地仍在发射着，间或掺杂一阵子机枪声和来福枪声。在黑黝黝的河岸上，机关枪土台的后面，守候着我们英勇的射击手。只要横暴的敌人向河的这边探出一个脑瓜，那么，那个脑瓜便会在我们英勇的射击手的手下开成花！

潼关城的居民，已经逃得无影无踪了，潼关在炮火的呼啸中抖跳着，一切的店堂和民房都倾而倒碎了，在寒星的微光下，随处露出模糊的残墙败壁，随处散堆着破梁碎瓦。庙前的旗杆被打折，店前的马槽也被毁坏。一切都被暴敌破灭了。潼关，你这名震千古的中原雄关！山寨的寒星已渐朦胧，黄河的流水也不再能遏止它的激昂的战歌。潼关，起来战斗吧，用你神威的利剑，为祖国的自由而战！

脚底的泡破了，一阵阵痛楚袭来，我咬着牙根，用力地向前走，我的痛楚的两脚继续把身子拖行了十里路，终于来到了吊桥。

吊桥，潼关到华阴的唯一的通道，后面是重叠的山岭，前边是无边的漠野。这里是一座蛇般长的庄镇，一条长街附近，在山坡底下，百十家人岿立在山坡上。

一家店铺里边，点着荧荧的灯火，发出一阵阵噪杂的声音，我早知道这个地方，是古来的强人的处所，只要看一看后面的山岭的棱高和险恶，便可以想象到七八成。我壮着胆走上前去，轻轻地敲着店门，没有回声，再经过我用力的敲，里边才答应了一声，接着门板“呀”的一声打开了，伸出一颗黑球球的脑袋来！

“先生，歇店吗？”声音是沙哑而带着一种暴力。

“是的，有铺位吗？”

“进来吧。”

我侧着身子挤进了店门，看见里面正围着一群人在喝酒。一个人用大茶碗当酒杯喝酒，他一见我进来，便把茶碗一举：

“先生，喝点酒吗？”

我摇摇头，表示急需要找个躺身的铺位睡觉。

一个强壮的汉子把我带到一个潮湿的后院，那里有一间黑屋，然后端来一盏棉油灯，和一条脏得发黑的薄被。

我对灯呆坐了半晌，心里惴惴不安，但是我终于被旅途的疲惫所征服了，我把被子往身上一盖，在一个破烂的炕角里沉沉地入睡了。

醒来时，已经是黎明时分了。屋子外面有群马的嘶啸声，我急急地披衣起来，感觉到浑身的软弱无力。

在战火中百炼成钢

——安娥:《张德庸》

1939年8月6日

《阵中日报·军人魂》有一个栏目叫“英模特写”，在这个栏目中，著名女作家安娥为四川歌乐山儿童保育院的“小总队长”张德庸写了一篇人物专访。

在歌乐山保育院指挥300多个孩子的“小总队长”张德庸，只有14岁。他是在1937年“八一三”上海沦陷后，从上海逃到镇江，再到徐州、河南确山、华阴、潼关，其经历简直就是一部历险记。在此期间，他与父亲失散，又与所跟随的部队失散，并参加了徐州会战、潼关保卫战，他曾一天之内打十个小时的枪不停手，他曾步行二千里，从徐州走到河南驻马店确山训练基地。

他一直是一名战士，后来是在父亲的要求下，离开战场，进入保育院的。这样的孩子，无论是勇气还是意志，在今天来看，简直是一个奇迹，可以说，是战争的烈火，把孩子过早地锻炼成了一块纯钢。

安娥(1905—1976)

安娥（1905—1976），剧作家，作词家（如歌曲《卖报歌》《渔光曲》就是她作词），诗人。原名张式沅，河北省获鹿县人。1925年肄业于北京国立艺术专科学校，同年加入中国共产主义青年团，随即加入中国共产党。1926年，在大连从事宣传、女工工作。1927年赴莫斯科中山大学学习。1929年回国，在上海化名张瑛，从事中共中央所派遣的地下工作。先后参加“中国左翼作家联盟”“中国左翼戏剧家联盟”。1932年，因叛徒出卖,中共机关遭破坏,安娥与党组织失去联系。

抗日战争初期，参与发起和筹建“战时儿童保育会”，曾为战时儿童保育会创作歌词。1939年初冬，应第五战区政治部主任韦永成的邀请，以《广西日报》战地记者的名义赴战区采访。后又随丈夫田汉辗转武汉、重庆、桂林、昆明等地，曾与冼星海合作谱写了参加台儿庄战役的第60军军歌。1948年10月，安娥与田汉从天津来到了华北解放区，1949 年 1 月，安娥与田汉随军进入和平解放的北平。

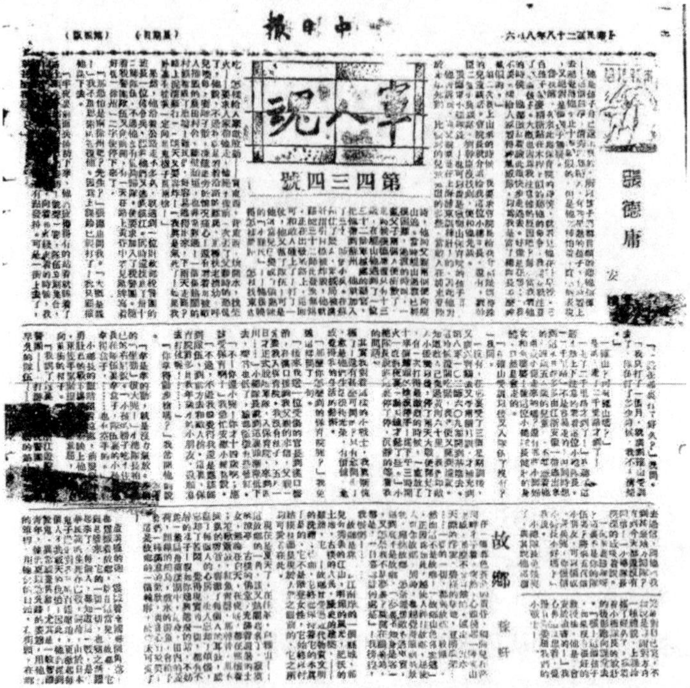
第四三四號
張德庸
故鄉

1939 年 8 月 6 日《阵中日报 · 军人魂》发表安娥的人物专访《张德庸》

张德庸

“英模特写”

安娥

《阵中日报 · 军人魂》1939 年 8 月 6 日

他是孩子自己选出来的，所以孩子们都自愿的听他的指挥——这个白净、清秀而稍有些早熟的孩子，乍看上去总觉得他不止十多岁似的，但是他这种怕羞、真实的表现，又绝对是个孩子无疑。

当我第一次来此地保育院的时候，就看见他在叫早操。三百孩子像麦精糖粘在木竿上似的听候他的命令。我从此就注意了这个孩子。大概也因为我注意他的原因吧，每当我看他的时候，他都微红着脸低头快步走过去。好像是在想："我不要这样给人家看得神气威严，以为我是当了总队长多么神气似的。"

第二次我上山来的时候，我要求曹院长给我介绍几个特殊的儿童谈话，曹院长就介绍了这位小总队长，还有刘干臣两个小兵谈话，刘干臣没找到，便和他先谈。

张德庸小总队长——也可以说是歌乐山保育院的孩子头，他告诉我，他父亲原是在上海浦东训练壮丁的，因此他对于军事知识，比较别的儿童知道的更多些。当敌人在浦东登陆时，他同父亲两个便向崐山逃。当时崐山过渡已经很困难，过渡的时候，一乱，父子两个人便冲散了。那时候张德庸还只有十三岁，在崐山他遇到了一位三十二师军械处的副官，把他带到苏州，他就加入了三十二师当小兵。在苏州住了几天，军械局被汉奸指引目标被炸毁，他就跟随三十二师出发到无锡，正在出发的路上，这回可和敌人碰上了，打了一仗，他又落了队伍。可是他这当儿已变成了个熟练的"小难民"，他很晓得怎样问路，怎样找东西吃，怎样给人家献殷勤——买东西，背东西，烧开水，找柴火——要求人家带他走。他绝不像前一次丢了父亲时的恐慌了，他说，不过我就是看着沿路的难民，那种扶老携幼、呼儿唤母、妻离子散、冻饿路旁的情况痛心！还有看着那被敌人摧毁的农田村舍、断壁颓垣，也非常难过！一个个热闹的村镇都成了废墟！难民们好容易逃得出来，下雨天走吧，路上泥泞难行，晴天又要轰炸。"我真是气死了，如果我手里有枪，我一定向那鬼飞机开两枪！"

果然，他沿着公路走不多久，就遇到一位财政部税警团的班长一位传令兵，跟着他们又逃到镇江。同时还找到了三十二师队伍。不过他没有能够归队，便要求加入了税警团。随着税警团队伍又向前开。有一天在路上黄昏中看见路牌写着好像"徐州"二字，便停下来。

"那恐怕是南徐州吧，先生？"张德庸问我。"大概是吧。"我不加思索的答复他。因为上课铃已经打了，我只顾催他讲下去。

"半夜里前面兵换防下来，他们疲倦得有的站着就睡着了。号声一响，队伍立刻集合，向着那火线走着的时候，我感到腿有点发抖，可是一冲上去了，就什么都忘了。”

“一共在那里打了好久？”我问。

“我只打了一个月，就调到确山受训去了。队伍打了多少时候，我不清楚。”

“确山，河南确山吗？”

“是的，走了二千里路才到了！”

“走了二千里路才到了！”我听了这话，不禁上下注意的看着这位小总队长。二千里路不是容易走的，同时想到这里有许许多多由江浙安徽一带逃出来的十四五岁的儿童，不都是凭着他们的两只小腿走来的吗？还有那些小脚妇女和老婆婆。像这位小总队长健壮的身体，自然是会走的。

“在确山受训以后又入队伍了没有？”我问。

“没有。在那里受了三个星期训后，又调到宝鸡去又受两个月训，才补充到第八军一零二师六零九团开到华阴去。这时候潼关吃紧，我们便又开到潼关。知道敌人已突过黄河六十里，我们和敌人小接触以后，停了两天大战便开始了。有一次打得最激烈的时候，一直放了十多个钟头的枪没有停手！从下午三时开火一直到夜里一点多钟才松了些。”小总队长说到这里停了停，沉静地等着我的问话。

其实我对着这样的小战士，我真惭愧极了。还有什么可问？只有愈问多了，愈是他们生活得很光荣，有价值，愈觉得我的生活松懈。

“那么你怎么到的保育院呢？”我勉强这样问了一句。

“后来我送一位受伤的官长到汉口医治，在汉口接到我父亲的来信，父亲一定要我入保育院。我没有法子，五月一日才正式脱离军队，入保育院，来到四川……”小总队长说到这里头渐渐低下去，声音也低了，脸部微微有些发红。

“不！你还小呢，你才十四岁啊。应该受保育啊！”我急忙安慰小总队长说。

“不过，不过我总觉得我还是应该回到队伍，到前方去和敌人拼。

这里，保育院许多比我年岁小的小朋友，还愿意去打仗呢……”

“你拿得动步枪吗？”我岔开他的话说。

“拿是拿得动，就是没力气放。步枪的‘坐劲’很大呢。”小总队长拍了拍自己的右肩说。“小孩的膀子吃不住，我在队伍里拿盒子，队伍里的小孩不是都拿得盒子……也有空手的。”

小总队长的眼睛望着远处，前几个月英勇壮烈的战斗场面重新映上他的心头。两只手紧紧捏着，身体前屈，像要向前冲的样子。

“我到了这里，是浙江游击队税警团——打游击的税警团，我给早先的队伍去过信，问他们我到什么地方归队。但到今天都还没有回信！”小总队长深深的感叹着说。

“向这里归队呀，这里不是你的队伍吗？将来五百个小朋友，可以编成一营兵呢，你做个小营长不好吗？”我说。

小总队长勉强笑了，与其说他这个笑是对自己笑，不如说是答谢对方的一种礼貌。

上课铃摇了好久了，我看着小总队长的敏壮的后影跑向课堂去。

“咳，这个孩子，如果没有很好的教授法，他是不会安心于读书的！”我心里这样想着，觉得有点委屈了我们的小战士！

安娥与田汉夫妇

老年的安娥与田汉夫妇

新中国成立后，安娥先后在中共中央统战部、保卫部工作。后调入北京人民艺术剧院、中央实验话剧院、中国戏剧家协会任创作员。

抗美援朝时期，安娥曾赴前线访问。1956年访问河南期间突然中风、半身不遂，失去工作能力。1976年8月18日病逝。

2008年，其作品经过整理出版成书，名为《安娥文集》。

做"风中的大筑"

——萧云:《扩大感情的圈度》

1939 年 9 月 4 日

1938 年春,李蕤(前排右二)与范长江(前排左二)、陆诒(后排右三)等青年记者采访台儿庄战役时在徐州云龙山合影

1936 年冬李蕤与同学乔秋远合影。他俩 1938 年春一起参加了徐州突围

1939 年秋,李蕤应好友碧野的邀请,到第一战区司令部所在地——洛阳的

《阵中日报》社“国际新闻版”工作。当时碧野是文学副刊“军人魂”的编辑，《扩大感情的圈度》，是李蕤以“萧云”为笔名，在《阵中日报·军人魂》上发表的第一篇文章。

軍人魂
第四六五號
擴大感情的圈度
眷屬 鍛成了戰士
李蕤

1939 年 9 月 4 日《阵中日报·军人魂》发表萧云（李蕤）《扩大感情的圈度》

1937 年抗战爆发前夕，李蕤正在位于开封的河南大学文史系读书，抗战一爆发，他就毅然离开了河南大学，报考了郑州的《大刚报》，作为战地记者，被报社派到豫北前线采访。1938 年春天他又采访了台儿庄战役，随后便与《河南民国日报》记者乔秋远一起，跟随部队，经过 8 天 8 夜的徒步行走，逃出日军包围圈。等他千辛万苦回到家乡，遇到的却是花园口决堤、黄河泛滥、开封沦陷等一连串惊天大祸。他匆匆赶到迁往信阳的《大刚报》社，又被报社因“无法维持”为由而遣散。失业的李蕤，与妻子一起流亡到武汉、南阳，1939 年春，他们又因“新唐事变”重回故乡。

在抗战爆发后短短两年中，李蕤的生活发生了天翻地覆的巨变，他经历了战乱、逃亡，失业、贫困，看到了家园的被毁，看到了无数的死亡和血迹，其思想情感自然发生了巨大变化。

“扩大感情的圈度”，既是李蕤自警自励之语，也是对青年朋友们的劝勉和告诫。面对突如其来的残酷战争环境，从人本身的精神需要来说，当务之急的事，是要调整好心态，以适应长期抗战的需要。

如何调整心态呢？李蕤认为，就是要“扩大感情的圈度”，拿今天的话说，就是要增强自己的心理承受能力，开拓心胸，扩展视野，增强意志。只有认清抗战的长期性和艰苦性，才能做好“韧”的战斗的准备。

面对现实中存在的种种黑暗现象，李蕤认为不能急躁，应该有逐步使之改变的耐心。他比喻说，这就像一个大的队伍，在转换队形的时候，“不齐”的现象在所难免，不要为小的失败挫折，而忘记了大的奋斗目标，迷失了理想和方向。

这种想法，是针对持久抗战的艰巨形势而发的，也是针对青年知识分子普遍存在的急功躁进的心理而发的。学生青年是社会上最积极热情、敏锐向上的，但也因缺乏实践的锻炼而脆弱易折。在国难当头、中国军队节节败退的抗战初期，在生活四周充斥着种种黑暗污秽的现实环境中，进步青年是很容易产生悲观失望情绪。李蕤认为，在抗战中，青年应像“风中的大筑”，即在狂风暴雨中巍然屹立的雄伟建筑，临危不惧，坚忍不拔，这样才能成为国家的栋梁，抗战的基石。

扩大感情的圈度

萧云（李蕤）

1939 年 9 月 4 日《阵中日报·军人魂》

我看见过好多这样的朋友，抗战开始以后，他们不但全身全力都使用在抗战上，而且把整个的感情也寄托给抗战，心情随着战局，升高上来，低沉下去。于是他不但忙碌着，而且很不满，对各方面他认为都做得不够，对于好多现象他都认为不满，一直生活在焦灼的心态中。

我以为，这是不对的。

自然，这次战争，是我们国家民族生死存亡的关头，只要是有良心、有正义感的国民，没有一个不该把自己的生命、自己的所有，统统交给国家。但是我们要知道，对于抗战，我们不仅应该贡献出我们的力，而且应该想法子把这力用得适当，用得不浪费。注视着每一个屑小的现象，把自己罩在纷乱的网子中，慢慢的自己会缩小的了瞳孔，望不透这景上的光明，会被过重的压力，把自己的感情压得过了弹性极限，变得麻木的。

在通常的日子中，你要完成一件事，只须要你自己或者几个人的努力，不多的日子，便会达到成功的终点；而抗战呢，这不是一件小事，这不是一段短路，你要用常态的感情，想急功躁进、一气呵成，那便难免急病了自己，误下分内的工作。所以你得有韧性，有耐心，锲而不舍的前进。

感情呢，也是一样，在平常，你看见一个人的死亡，你会掉泪，看见一只茶杯的跌碎，你会心疼；但在战争中，面对着你的，是整千整百的死亡，整街整城的毁灭，你如忘记了终极的目标，眼睛离不开那高度的牺牲，你便难免会成为被解放的唐·吉诃德（1），为了“人道”、“良心”，放掉了解放自己的机会。对于“分内”的牺牲，“分内”的挫折，得把它放在全战局的罗盘上，赋给它恰当的“难忍”和“焦躁”，然后才能越过它。如果在战争中看到一个死尸，和常态社会看一个死尸用同样的感情；如果在战争中看到一个难民，和在常态社会看到一个难民用同样的感情，便没法做一个近代的战士。

这就是说，抗战是个震天的巨变，在这巨变中，感情的圈度当也必须扩大，然后才能和战争配合。

这么大一个人群，做这么大的一件事业，不齐的现象，是当然有的。自然我们时时努力着，希望步调完全合一，但却无须为这焦躁到妨害工作的程度。你看过一个长队形的变换吧，口令下后，有些已经开步，有些却还没有转过方向，但你放心，在行进中终会慢慢齐起来的。中国这次的全民抗战，是一个无比大、无比长的队形，如果你忽视了这一点，眼睛一直离不开那些“矛盾”，那些嵌在光明口的局部的黑暗，你便难免变成了忧郁，由忧郁怀疑胜利的前途，希望俄国革命时候的叶塞宁（2），便是在这种方式下自杀的。

扩大我们的感情，让它成为风中的大筑，我这样的希冀着我们用灼热的心、为抗战烧着自己躯体的朋友们！

注释：

（1）唐·吉诃德：是西班牙作家塞万提斯长篇小说《唐·吉诃德》中的主人公，他仿效古代骑士出外游侠，企图打抱天下不平。却因为自己的主观臆想和力量的柔弱，在现实面前碰得头破血流。《解放了的唐·吉诃德》，卢那卡尔斯基作，十场戏剧，易嘉（瞿秋白译），1934 年上海联华书局出版，鲁迅写有《后记》。

（2）叶塞宁：（1895—1925），俄罗斯诗人，他拥护十月革命，却又因为看到革命中有血，有污秽而绝望自杀。

“军官太太”在行动

——李凝:《眷属锻成了战士》

1939 年 9 月 4 日、5 日连载

1939 年驻扎在河南汜水的第八师师长袁朴

抗战期间，国民政府为了激励军队广大官兵奋勇杀敌，制定和颁布了一系列重要的优抚措施和制度，这些举措对于保证战时军队的动员、征集和鼓舞士气起到了重要作用。

在一系列优抚措施中，包括对军人家属的优待。1938 年 10 月 22 日，国民政府颁发了《优待出征抗敌军人家属条例》，同年 12 月 31 日又做了修订。其中，有“对失业者帮助介绍职业，或恢复其原有职业，或者设立出征抗敌军人家属工厂收容她们”等条例。国民政府并责成驻军所在地政府部门成立优待委员会及分会，将从社会上筹集来的优待资金，每年分四期或按月发放到出征抗敌家属手中。

这样，在正面战场的驻军中，就出现了军人家属的各种培训班，目的是为了让军人家属掌握一技之长，在抗战中发挥自己的作用。

李凝，原名宋秀玉（1913—2013），又名宋映雪，1933 年在开封女师读书的时候，就积极从事抗日宣传。1934 年，她代表学校参加了“开封各学校抗日救国

联合会”，并在抗日宣传活动中认识了李蕤，结为伉俪。1937 年抗战爆发前，她在汝南六中任教，抗战中担任汝南妇女救亡会副主任，与两个妹妹一起，组织了宣传队、歌咏队、演出队，并在她父亲任董事长的私立汝宁中学开办了妇女医护训练班，在接待从台儿庄撤退的伤兵时发挥了作用。一时“宋氏三姐妹”颇有名声。当地驻军师长沈克曾专请她们三姐妹到家中做客，并亲自为她们摄影留念。

战争中的军属们

1938 年，宋映雪与李蕤在南阳结婚。1939 年 5 月，由于“新唐战役”的爆发，他们从南阳回到李蕤的故乡荥阳。荥阳离汜水很近，宋映雪参加了汜水县纪念“七七事变”两周年的大型宣传活动，她的组织才干受到了汜水驻军第八师师长袁朴的注意。因为这时第八师正迫切需要举办家属培训班，需要工作能力强的妇女干部。于是，袁朴通过县教育局，聘请宋映雪到第八师来，从事对军官家属做医护方面的培训。

1937 年夏，宋映雪(中)与二妹(右)、三妹到汝南驻军 106 师师长沈克家做客，沈克为她们留影

1939 年，宋映雪回到李蕤的故乡，与李蕤及两个堂弟合影。此时她在汜水第八师任家属医护训练班指导员，身着第八师军服

1933 年 5 月 25 日开封各学校抗日救国联合会留影，宋映雪（前排左四）为开封女师代表，李蕤（前排右二）为开封师范男师代表

袁朴（1904—1991），字茂松，湖南新化人。1918 年考入长沙岳云中学。是黄埔陆军军官学校第一期毕业，参加过东征讨伐陈炯明和北伐战争。

1937 年任第五十七师副师长，率部参加了淞沪会战。1938 年秋任西安国民党中央军官学校第七分校办公厅主任，1939 年任第八师中将师长兼西安警备司令，率部队驻扎在河南汜水。

第八师是从湖南来的部队，在随军的军官家属中，有着不同年龄、经历、生活习惯的人，她们大多没有经过学校正规教育，缺乏文化素养和纪律性，要想在短时期培训数百名这样的人“转型”并非易事。团结军属中的进步力量，经过几个月的艰苦努力，取得了较好的成绩，受到了师长袁朴的嘉奖。

1939 年 9 月 4 日、5 日，宋映雪以“李凝”“凝雪”的笔名连载于《阵中日报·军人魂》上的《眷属锻成了战士》一文，描述了军官家属如何从不问国事的家庭妇女，转变成对抗战有用战士之经过。

眷屬鍛成了戰士

李　凝

1939 年 9 月 4 日、5 日，宋映雪以“李凝”“凝雪”的笔名连载于《阵中日报·军人魂》上的《眷属锻成了战士》一文

眷属锻成了战士

李凝

《阵中日报·军人魂》1939 年 9 月 4 日—5 日

一、她们也挺起了脊背

“眷属救护训练班”，是多么生疏的名词。“眷属”和“训练”放在

一起，至少不在我们狭小的记忆领域——这还是一种创造——把过去只能作为累赘的眷属，加以训练，使她们能够也肩起一份抗战的责任，这该是一份多么有意义的工作呀。这样想着，所以当我被人征求意见，愿不愿意负起管理她们的责任时，我竟毫没迟疑地慨然应允了。

但当我踏上往这训练班进发的道路的时候，许多我过去熟悉的听说的"军官太太"的面影、事迹一齐涌现在我的脑际：骄傲、奢侈、粗野、无知，还有一些竟是下流，无赖，我有些战栗了。我后悔我不该一时的好奇，轻易地答应担任这工作，因为如果她们也都是"太太型"的女人，对于我这样个性的人，将是一种难以忍受的熬煎。

进了校门，这暗影便飞散了。这是一个满大的、豁朗而整齐的学校旧址。里面古树参天，蝉鸣盈耳，走得进来，精神觉得为之一振。穿着绿军裤、白衬衣、短发的影子，白鸥般的一群群飘过——健壮、活泼，正是中国的好女儿的姿态！

我刚踏进屋子的时候，她们居先入校的几十个人都拥到我的屋里来，几十个人的面孔一样的虔诚严肃，她们整齐地站在那里，使我的精神也紧张了起来。我告诉她们说："这一次的训练是很吃苦的，但为了我们的国家民族，为了浴血奋战的将士，为了千万受苦难的同胞，我们应当毫不退缩地来受这份内的磨练，担当自己分内的责任。决不要觉得我们是女子，没有什么用处。试看西欧的许多女子，在战争中走在最前线，我们的许多姐妹，不也都海燕般地表现出英勇的姿态了吗？我们只可认清自己也是国民之一，肩负着救亡的重任，也自信自己的能力，我们更不能轻视看护工作，我们能救活一个战士的性命，使他重上前线，比我们自己执枪杀敌会得到更多的效果。做现代的妇女，应当把视线扩大到抗战的胜利上，不应该只看到自己的家庭、丈夫和儿女。我更对她们说："男女平等这口号，虽然喊得很高，时间很长，但一直到现在，还没有能做到彻底，女子还没有真正和男子平等。若能在这大时代里，尽量地表现我们的能力和力量，在民族解放胜利之后，我们自身的大镣铐，便自然而然地解除。世界第一次大战后，欧洲的妇女，便是很明显的先例。""所以为了民族国家，为了我们自身，都应当体念创办着训练班的本师最高长官的深远的用心，紧紧地把握这短短的两个月的时间，不使它白白过去。”最后话又归结到训练班上来。她们每一个人都那样凝神地听，时而不自觉地点头，时而相视憨笑，说这时候不吃苦，还到什么时候呢。

“妇女，要看得起自己……”，当我的话停顿的时候，她们更几乎是齐声说：“一定努力干”。“不过我们没有知识，还望先生多多给我们帮助……”阳光从窗口洒到她们兴奋的脸庞上，她们的眸子里放射着喜悦的光辉。

当她们走出去的时候，望着她们的背影，一种油然而生的欢乐、欣喜潮水般地沁上心来，以往被人们认为最难以相处的军官们的眷属，也在这大时代中挺起了脊背。最后的胜利，还能不是必然的吗？

二、她们的生活

（一）忙碌的早晨

夜色还正朦胧，东方还没有发白的时候，悲壮的军号声，便激励着田野的空气，把沉睡的人们从梦中唤醒；接着，便是起床号。

她们一个个从土炕上坐起，穿衣，整装，紧张而迅速，和士兵完全一样。

“整理内务”，这是早上最紧张的工作。但这和她们在家里的不同，这里所要求的是划一的整齐美观。接着是入厕，洗脸，漱口，整理洗漱用品……样样都要用顶快的速度，但是这还没弄妥，接着便又是一阵激越的军号声，“排队咧，快一点”，值日班长高声喊着，她们便又像潮水一样地涌向操场里。

点名，唱军歌，训话，早场好容易完毕，刚散队跑了下来，她们才呷一口茶，号声便又响了，又要急急忙忙地排队，去上早操。接着便是个别教练。太阳的火伞高高地撑着，她们辛苦地在操场上跑来跑去，“立正”“稍息”，于是，她们一个个累得汗流浃背，直到两腿酸疼，才得吃到一餐小米稀饭。

没有一个人再想到搽脂抹粉。她们每一个人都变成红褐的健康肤色。

(二)一天好几遍课堂

早餐之后，接着便上第一次“学科”。这可够她们难为的了。因为有许多人是不认识字的呢。在最初，有许多人听着听着，便什么也不知道，打起瞌睡了。教师讲起来也非常为难，讲得太浅显了，有些学识多的学员觉得听着没味，稍微深些，许多人便“瞠目不知所云”了。而学科又是省不下的东西，看护常识咧，药物咧，急救咧，绷带咧……不一而足。勤务交代，午睡之后，还得接连地三个钟头坐在课堂上。她们有些不能支持。但这是她们的主要科目啊，她们不能不拼命地学习。

(三)最惬意的时候

晚餐后，火伞般的太阳的威胁慢慢地减退了，西天晚霞，把余晖涂上树林的梢头。操场上覆满了长林的影子。这时候的号声，特别婉转悦耳。她们一听到这次的号声，虽然一样要排队，看齐，但她们都微笑了，这是她们游戏的时间啊。她们以丰富的活动，尽情的玩笑，像回到少女时代一样。她们最喜欢做双方竞争的游戏。那一支获胜了，连跳带欢呼拍掌，败的方面也深深垂头丧气，竞赛的过程又都认真地监视着对方，不客气地指摘对方不遵守规则的地方，一点世俗的所谓“客气”也没有。这时候，谁会相信她们都是结过婚的人，有些还是几个孩子的妈妈呢！

(四)歌声飘扬在各处

假若不是在上课、吃饭、睡觉的时间，你走在这个学校，马上使你听到的，便是从各个角落响起来的少腔没调的歌声。“流浪，逃亡，展开民族解放的战斗……”，使你听了又好笑，又快慰。女子本来是喜欢音乐的，但是过去没有办法学音乐。哪一堂教官请假了，她们要求学习音乐，哪一天天下雨咧，操不能上，也要求着学习音乐。晚间操场散步的时间，也不肯轻易地放过，有几个特别爱好的，更一有空就跑到我的屋里来学习。有些人还经常发急说：“快点教会我们吧，这个歌真好听”，

“可是也难唱的厉害着呢，我们连做梦都在唱它也唱不会”。看着她们被求知欲燃烧着的激红的面孔，就有千万分的疲劳，也叫你马上忘却，振作起精神，和她们的声音融合在一起了。

三、她们随着时代迈进

才“入学”的时候，她们很普遍地有个坏习惯：不喜欢群体。一有空闲，便数她们私生活的蝇头小事。同时怕羞，看不起自己，有诸种不自觉便流露出自卑观念。现在不了，她们喜欢集体的游戏，喜欢集体的歌唱讲话，心胸已经开阔起来，自卑的观念已渐减少得多了。“女人怎么了，女人不是人吗？”“我们不能小瞧自己，我们和男人一样能救国，一样有力量！”

对于“时代”，她们同样是关心的。过去，她们关心的仅仅是绸缎的价格等等，有许多人，甚至连国家是什么，中国有几省，我们和日本为什么作战都不知道。你给她报告的时候，她虽也睁着眼睛，内心却在睡眠。现在不了，她们知道，不打日本，我们便没有活路，要打就要打到底。她们的脑海里慢慢地印上了中国的地图，她们像关心自己的丈夫儿子一样，关心起国家来。一有好听的报告，她们看成是比吃饭更重要的事情。刚来的时候，若是教员提问，她们都是任你问十遍八遍，也不回答的，现在，对于抗战，每一个人都能提出问题，进行讨论。她们的讨论虽然幼稚，但却有了途径。

在过去，她们一直生活在家庭的樊笼中，生活得寡味平淡。现在，她们才得到教育的灌溉。她们像在和时间赛跑，风一般地成长起来。

四、祝她们成为铁般的新女性

八个星期的训练，现在有一半以上的日子，闪到我们的身后了，不久就要毕业。这几百双手，已经学会了包扎、用药、洗涤等；几百颗心，都充满着为抗战服务，替受伤健儿服务的热情。等待着她们的出路，不仅是她们有了独立的职业，一个月有廿块钱，而是有意义的大的责任。假如她们每一个人都能救治好十个伤兵，使他们能够重新上前线，累计起来便是一个惊人的数目，便是一个惊人的力量。

我们经历的是一场全民族抗击日本军阀侵略的战争，是各部门互相协作的全面战斗。占有二分之一人口的女同胞，不但应该参加，而且应该用各种方式参加。妇女救护工作，是抗战工作的最重要的一环。

这样，几个月的呼号、锻炼，并非无意义的事。

回想到我没有来之前对她们的歧视，惭怍从内心升起。我说她们都有光明的前途，说她们都能够在抗战工作的陶冶中成为铁一般的新女性。

2012年11月11日，时年99岁的宋映雪摄于燕郊

1948年，宋映雪与李蕤携全家奔赴豫北解放区。新中国成立后，任河南省妇联宣传部干部，1953年随李蕤调到武汉，历任中南出版社编辑、《长江文艺》出版社编辑、武汉市文化局干部。1973年离休后写作不辍，有30万字回忆录《我这一辈子》传世。

争夺晋南铁路枢纽的激战

——明明:《侯马车站》

1939 年 9 月 6 日

侯马位于晋南腹心地区，北连临汾，南通河南，西接陕西，扼晋豫陕三省之咽喉。从侯马西渡黄河，可到陕西韩城；从侯马南下到风陵渡，则和陕西潼关遥遥相望。这里历来都是兵家必争之地。

从 1920 年到 1937 年，阎锡山主政山西期间，展开了大规模的公路铁路建设。抗战爆发前，同蒲铁路（窄轨）已从太原修到侯马，1937 年 9 月至 10 月，由红军改编的八路军，就是从陕西泾阳出发，在韩城东渡黄河，从侯马乘火车北上太原，再分赴抗日前线的。这是八路军第一次大规模利用铁路输送部队。

1937 年 8 月 25 日，八路军第 120 师在陕西韩城东渡黄河到山西侯马车站，乘火车北上抗日

1937 年 10 月太原失守后，中国军队退居晋南山区，展开游击战。日军打通了同蒲铁路，并从风陵渡向陕西潼关打炮，使陇海铁路的运输受到极大威胁。

1938 年 4 月 4 日，为了“扫荡”晋东南的中国军队，日华北方面军第一军集中了 3 万余兵力，向晋东南发动了“九路围攻”，第二战区东路军朱德、彭德怀指挥八路军与部分国民党军队奋起反击，与日军激战23天，歼敌4000多人，收复县城18座，迫使敌人转攻为守。

1938年4月国共军队联手在晋东南反击日军“九路围攻”

从5月4日起，第二战区晋南各部全面反攻，相继收复蒲县、永和、汾西、芮城、禹门、稷山等，并破坏同蒲铁路，使日军第20师团的给养、弹药严重缺乏，不得不依靠空投，甚至取狗、猫、野菜充饥。至5月底，晋南日军仅占据运城、安邑、闻喜、侯马、新绛、曲沃等6城，闭门困守。

作者明明，本名赵荣声，抗战时期担任卫立煌的机要秘书。赵荣声晚年在《回忆卫立煌先生》第8章写道：

> 1938年夏，卫立煌的军队和八路军合力粉碎日军在晋东南的“九路围攻”之后，学会了在敌后作战的本领，增强了信心。1938年夏季发动了一次较大的战役：进攻侯马和曲沃。第一，因为日军占领风陵渡以后，不断向黄河南岸的潼关打炮，截断了陇海铁路的行车，我军攻打曲沃和侯马，扫荡晋南三角地带，能解除风陵渡炮击的威胁；第二，曲沃和侯马是同蒲铁路南段最大的车站，是晋南日军后勤补给的中心，攻下这个地方，能牵制晋南日军的行动。我军在这样的目标之下两度攻占侯马，获得很大的战果，击毙了敌方有名的联队长高木，击毁了两架敌机，焚烧了储存在侯马的大量弹药和汽油。很长时间，风陵渡的敌人不能炮击，黄河南岸的陇海铁路又恢复通车。

而在 1939 年 9 月 6 日，赵荣声就以“明明”的笔名，在《阵中日报·军人魂》发表了的《侯马车站》一文，可与他晚年的回忆相互印证。文中描写了卫立煌部（第 14 军）在侯马车站与日军激战的片断情景。日军在车站周边修筑了厚墙、墙上有机枪眼，墙外堆着大量麻袋、围着铁丝网，内有猛烈的机枪扫射，外有飞机、大炮的火力支持，中国军队不怕牺牲，前赴后继，先以一个营、后以一个团的兵力实行强攻，中国军队付出了巨大牺牲，终于夺回了侯马车站。

陣中日報

軍人魂

第四六七號

蒙古之戰

侯馬車站

明明

1939 年 9 月 6 日《阵中日报·军人魂》发表明明(赵荣声)的《侯马车站》

侯马车站被围，日军有三路兵马前来援救。第一路是从封门口来被围在南羊圈的数千骑步兵；第二路是从天井关到晋城、沁水，在东坞岭被堵截的运输队，第三路是在山西临汾集中准备南下的 5000 日军，这三路日军都是要“解曲沃、侯马之围的”。而这三路援军都失败了。

由此可以看出晋南交通枢纽——侯马车站在抗战中的重要作用。

侯马车站

——华北抗战故事之十七

明明

1939年9月6日《阵中日报·军人魂》

傍晚后的宁静。

已经从土堆正面上去的几个人，向子弹飞来的地方还击，从后面爬上土堆的人，也向这方向打。

“蓬蓬蓬蓬”……

“轰！”从小路上迂回去的第一排同志，已经掷过去几颗手榴弹，一阵烟尘起处没有动静，从废的跑道去看，两个敌人的伤兵已经血肉模糊了。

“轰！轰！”又用手榴弹掷到另一个岗位上面去，掷去四个手榴弹，就不见那里开枪了。

大家已经清清楚楚的看见侯马车站，月色下看见有铁丝网，铁丝网后面有水泥筑城的厚墙，墙上有枪眼，另外，稀疏落落的堆了许多堆麻袋。

“这可麻烦，他妈的！”老张在墙上爬了几步，回顾老刘，所得到的回答是：

“怕他吗？我的手榴弹哪里去着落？”

“轰同！轰同！”我方阵地里大概被敌人大炮打了几下。

接着，我方大炮也在还击，“轰同！轰同！轰同！”来来往往的炮弹，飞过冲锋者的头，“刺啦——刺啦——”炮弹在空气中摩擦着，像是撕裂布匹。

西侯马干得最厉害，里面“哒哒哒哒”，“蓬蓬蓬蓬”，“轰同，轰同”，红光一会儿也不息。

第三排的同志已经爬近铁丝网，里面一枪也不放，刚刚预备掷手榴弹，“蓬蓬蓬蓬！”铁丝网里面的机关枪扫射起来，另外几支机关枪也同时射起来，“蓬蓬，蓬蓬”……

冲锋的立刻失去了锐气，第三排第一班的人全不会动了。

前面有几个爬起来准备冲，还没有到铁丝网，一个一个的倒了。后面的向月台上开枪，枪打在麻袋上，打在厚墙上，但无法阻止机关枪的扫射。

迂回过去的用手榴弹炸坏一段铁丝网，在机关枪的火网下，谁能够冲过去呢？

于是大家集中火力向厚墙的机枪口上射击，各自贴在地上，找一点微凹的地方，把身体紧紧的贴在地上。

别处打得更厉害，大炮连续不断的响，天已经发亮，东方泛着血样的红色。

后面增援的来了。这对前面的人是一种鼓励，有几个又爬进铁丝网，但又被机关枪扫射得不能动弹了。

继续增援来了更多的人，攻车站方面的就超过一营弟兄。

散得开开的，同时向前爬，前后共有三层人，这一次声势浩大了，冲近了铁丝网，掷过去手榴弹，跟着立刻有人爬起来冲过去，里面机关枪又响起来。

“哒哒”……

像魔鬼在号哭。

又都打倒下来了。虽然这一次有三个倒在铁丝网里面。

两次发起冲锋，这次把铁丝网破坏得更大了，有几个麻袋堆也给炸平了。

飞机飞得非常低，好在投下的炸弹掷在土堆底下，没有什么损失，一阵机枪扫射，又伤了三个弟兄……

一架来了又一架，三架轮流用炸弹、机关枪扫射，把进攻的人击退了。大家退到沟里，受伤的已扎好，送他们退回去。

“轰！轰同！”大炮和飞机集中在西侯马村子附近在响着，尘土像一条龙从地上连到天空，里面裹挟着悲哀的声音。

一个钟头之后，喊杀声音又高涨，西侯马已经被我军收复了。

这胜利给攻击的同志以极大的刺激，他们已经准备好了，第三次的冲锋便这样开始。

现在的队伍已经增至一团左右，对准着每一个敌人的火力点。密集的火力罩住所有的麻袋堆，敌人被压在比较恶劣的形势下，厚墙虽然没有炸破，可是不少的枪眼吃了枪弹，没有起先那样的猖獗了。

在地上躺着的人很快的爬起来，飞机在头上打着机关枪，可是没有人注意它。

迫击炮打得更紧，炮口的正面也正对着侯马车站。

这时，厚墙前面爆炸了炮弹，这边一声呼喊，许多人都站起来了，立刻有几个冲进铁丝网，后面的人爬起来，上了刺刀跟着就跑。

急促的冲锋号给了每个冲锋同志极大的鼓舞。

“轰！轰！轰！”无数的手榴弹在侯马车站的月台上炸着，在票房前炸着，除掉死的伤的，大部分敌人逃离了。……

深入豫北敌后

——方之中:《第一步跨过黄河》

1939 年 9 月 8 日

险峻的黄河

方之中（1908—1987），湖南华容县人，1925 年入黄埔军校第四期学习。1926 年参加北伐战争，1927 年加入共产党，任湘鄂西秋收暴动总指挥。大革命低潮时期，他为寻求党组织到上海，进入群治大学。1930 年加入上海左联，与鲁迅、田汉、阳翰笙等著名作家来往，著有小说集《花家冲》（1934 年上海龙虎书店）、《速写集》（1935 年上海天马书店），1933 年编有《生存》月刊，1936 年编有《夜莺》月刊。可以说，在 30 年代已是有相当知名度的作家。

方之中

抗战爆发后，他投笔从戎。1938 年国共合作，他奉派到国民党第一战区教训处工作，曾任教导大队军事总教官，1939 年 9 月调任第二战区训委会编审委员。他在 1939 年 9 月 8 日《阵中日报·军人魂》上的发表的《第一步跨过黄河》，描写了 1938 年冬他在担任国民党第一战区教导大队军事总教官时，率领一支一千多人的抗日队伍，北渡黄河，到沁阳和博爱一带，“变敌后方为前线”，进行深入敌后斗争的事迹。

当时的沁阳和博爱已是沦陷区，而方之中所率领的学生兵，大多是没有战斗经验，他们明知前路多危难，却如“飞蛾扑火”一样，把年轻的生命奉献给民族解放事业。

这篇文章中有战斗经验的“军官队”是国民党的队伍，“老队长”是中国军队的一位老军官，他资历高，“在江西曾做过我的俘虏”，但抗战中却与方之中成为同一战壕的战友。作者写了休息时“老队长”违反纪律抽烟的不良习惯，以及自己对他的宽容。这虽然是个细节，却生动地表现了国共合作时期人与人之间关系的变化。

这篇散文堪称与他的《踏进游击区》（1940 年元月 9 日—10 日）为姊妹篇。

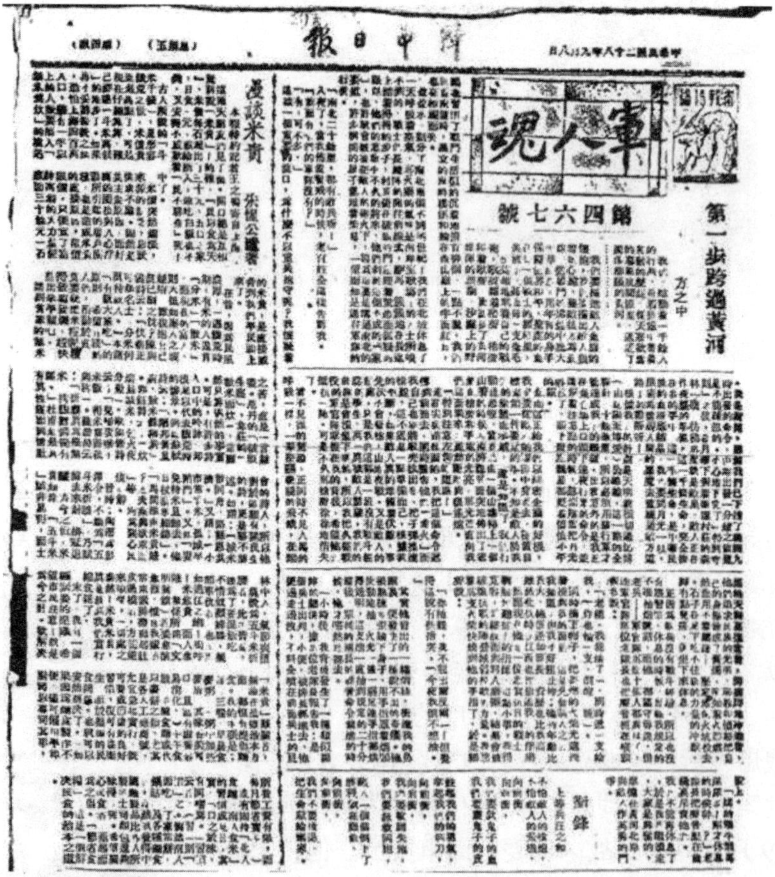
陣中日報
軍人魂
第四六七號
第一步跨過黃河
方之中
漫談米貴

1939 年 9 月 8 日《阵中日报 · 军人魂》发表方之中的《第一步跨过黄河》

第一步跨过黄河

方之中

1939年9月8日《阵中日报·军人魂》

我们蠕动着一千余人的行列，拖着疲惫中带着兴奋的双腿，从天寒欲裂的暮风底间隙里，迈过了浊浪澎涨的黄河。

…………

我们要撞进敌人血腥的怀抱，我们要攫出敌人狠毒的心脏，变敌后方为前线，从战斗的熔炉中为大中华而战，用年青的身手保卫世界和平，让圣洁的血在每一个战士的脉络里炙沸了，甚至每一支毫毛，都英雄地刺着自己的战袍。歌声杂着橹声，橹声和着歌声，更助长了黄河雄浑的浪潮。沙滩上的野鸥也习惯了战斗生活似的，沉着地俯首徘徊，一点不惊。我们回首南望时，矗立的岸畔楼堡和躺在西山岭上的半面红口，也在相视而笑。

盈盈水面，划分了南北两个不同的世纪！我们在北坡休息了一天，呼吸着空气，那火药的气味，是南岸坐歌场的人士所嗅不到的。战士们长鹰阵似的开往前线去，驴马簇簇地在长途上踏着“得得”的步子，村民倚在破毁的门墙，瞪着惊恐而狐疑的眼睛。他们的意想中，不久的将来，他们这个斜的不成样的“家”，也许就会被毁灭在敌人的炮火下，因为这里是沟通南北的要道。许多洞开的屋子乱堆着柴草，一望而知是过往军队的行营。

“南北二十余里，都有敌兵呀！”

入夜了，当我布置警戒的时候，老百姓全这样告诉我。

“前面有咱们的军队没有？”

“有，可不多。”

这样一个重要的渡口，为什么不以重兵把守呢？我怀疑着，我是指挥，虽然我们已下达了晚间九时出发的命令，但离出发一分钟之前，也是不能疏忽的。小心地下完了“特别守则”之后，在月华下对着村庄的森林一瞧，仿佛这里就是敌巢，敌人正在作夜袭的准备。这一千条生命，完全操在我的手中。这一千条生命，是中华民族血液的结晶，我们要同月光一样,严密地监视敌人间的群魔,监视通敌方道路上的动静呀!

根据我们的计划，是天明前横切过沁博（由沁阳至博爱）的公路线，这一路的全程计几十余华里，所以必须用强行军才能达成我的愿望。出我意外的是，我正在集合场上口头下达夜行军的命令，并讲解着注意点的时候，忽而阴云把月光吞没了，剩下几点星都眨着愤愤不平的眼。

然而，这正给我们以秘密企图的好机会。我们要从敌人的缝隙中穿过去，隐匿目标是第一件要紧的事。不知是敌人防我们的偷袭而示威，还是知道了我们行动而恐吓，当我们由一个山沟，转上一个山脊的时候，由济源方面突地传出了密集的枪声和手电的光亮，那光芒直向我们这面刺来，虽然距离尚很遥远。

“特别注意左侧的道路！”

走在尖兵连后面的，我把这个命令递传到前面去，同时警告他们注意别“走火”，而我自己也将驳壳枪拔出来，把子弹推进枪膛。这不过是一点准备而已。根据我的判断，如果敌人真的准备着伏击，事先决不会发枪，山地夜战，又是敌人的短处，只是我们这都是一班没有战斗经验的学生，万一真的被敌人袭击，我们的部队是会溃乱下来的。所以我把久经战役的军官队掌握在我的背后，希望他们能抵抗一阵。可是不久那枪声徐徐地消失了。

看不见谁的惊恐，正同当时不见人马的呼吸一样。一群坚韧有腿的飞蛾，在黝黑的天空里扑飞着，艰难的冲击着，他们追求民族的光明，耻辱和愤怒把自己的身躯炼成了“膏烛”，明知着火即燃，然而用不着踯躅，坚定地向火坑投去。石子在足下吃不住新的力量的冲击，脚有点儿痛，便坐下休息。

正因为新兵没有战斗经验，所以也没有坏习惯，休息的时候，曾经我规定的不准抽烟说话，他们都谨守毋违，但老兵——军官队那几十个人都异常了，连军官队那位老队长也把声音扼在喉头对我说：

“老总，我犯法了。”同时递一支给我，“你也抽一支，醒醒瞌睡。”

同时摘下帽子，把划燃的火柴光遮掩着凑到我的面前，这是先发制人之道。

我知道，但我不好意思阻止他：他的年龄比我大，他做过师旅长，资历也比我高，虽然北伐时，在江西也曾做过我的俘虏，然而现在他是一位忠实抗日的战士，驯服地听从我的指挥，这点小事，我得宽容。为细故而与别人摩擦，结果会破坏抗战阵营，减弱杀敌的力量。我瞧着那支火柴快烧到他的手指了，于是细声说：

“你抽吧，我不能出尔反尔。”但觉得这样说有些唐突，“今夜我倒不想抽。”

其实他冒出的一缕烟丝，冲进我的鼻腔里，便发生了一种说不出的奇痒。他很熟练地歪躺下身子，用手指罩着烟头，使劲地抽，火光一强一弱地连手指都烘得透明。这支烟一直抽到规定的二十分钟后，单纯的两长哨音命令前进的时候，他才嗒然地掷去。

一小时后，我背后发生了一种类似诟谇的细浪，据那位老队长报告，是一个兵士出列小便，被排长抓进去，他便边走边泄，不料全喷在前面兵士的屁股上。

“妈的，老牛上套屎尿多，刚才休息的时候干嘛？”老队长把声音压在齿缝里斥责他。

我也不能再休息了，于是我们继续走。大家是兴奋的，准备在黄河北岸与敌人作英勇战斗。（完）

死守关中的险要屏障

——子冈：《过潼关》

1939 年 9 月 14 日

潼关，在陕西和河南交汇处，地势险要，自古就是关中天然的屏障。

抗战中守卫潼关的中国军队

1937 年，日寇进犯华北，北平、天津先后沦陷，继而太原失守，日寇南犯，至晋南风陵渡，与潼关隔河相望。敌人企图越过潼关，占领陕西，进军西北。

1937 年 11 月 7 日潼关第一次被轰炸，1938 年 4 月，日军再次轰炸潼关时，董钊率 28 师担任潼关要隘守备，与日军交战，阻其渡黄河。直到 1945 年抗战胜利，潼关顶住了日寇无数次的轰炸，成了日寇无法逾越的雄关。当地老百姓称道说："七年死守，不教胡马度雄关。"

潼关守军在当地百姓的帮助下，在县城北的黄河沿岸修筑了钢筋水泥的防御工事。他们还和守卫中条山的军民遥相呼应，共同阻击日寇西犯陕西。

1939 年 9 月 14 日，《阵中日报·军人魂》发表女记者子冈的通讯报告《过潼关》。以亲身经历，讲述了守卫潼关的将士的敬业精神，以及与当地百姓关系的融洽。

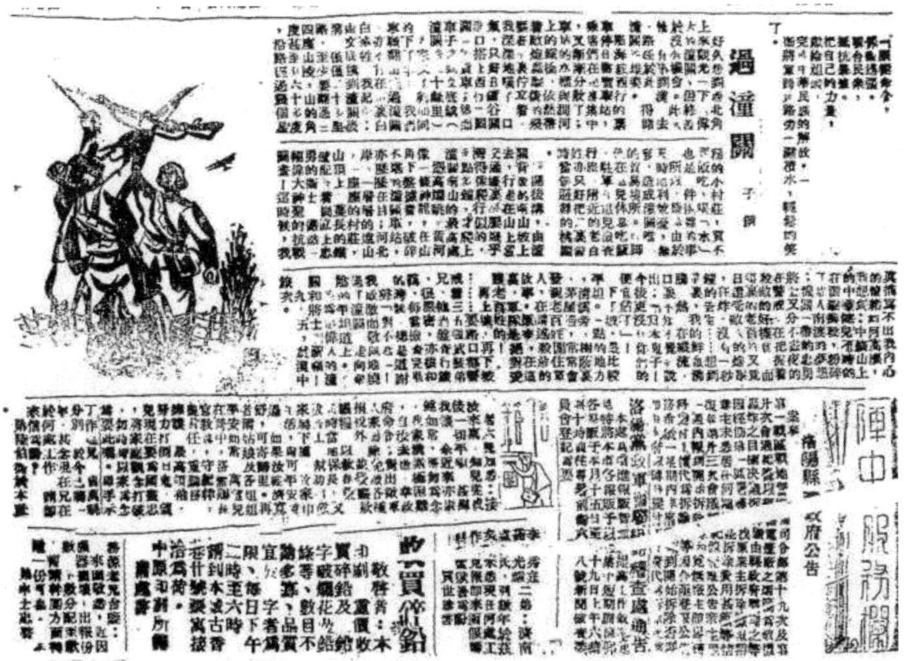
過潼關
子岡

1939 年 9 月 14 日《阵中日报·军人魂》发表子冈的通讯报告《过潼关》

子冈（1914—1988），原名彭雪珍。1936 年北平中国大学肄业，1938 年参加中国共产党。抗战时期，她以《大公报》记者的名义在大后方采访，是当时新闻记者中著名的“四大名旦”（其他三位为杨刚、蒲熙修、戈扬）。她的丈夫徐盈也是《大公报》著名记者。

《大公报》著名女记者子冈

过潼关

子冈

1939年9月14日《阵中日报·军人魂》

好久想到西北角上来观光一下伟大的潼关，但终苦于没有机会。此次恰有事到汉中去，路过于此，得睹潼关的雄姿。

陇海线西行的票车停在灵宝车站，乘客们在这里集中，又渐渐分散了；车站的水柜与涧河上的铁桥，依然带着敌炮轰击后的残躯，在那里伫立着，我深深地叹了一口气，只好在函谷关渡口搭上西行“闯关”货车（1），然而车子只到交底镇（潼关附近十余里），大家不约而同地下了车。我们宁愿翻山绕过潼关，也不肯在这里白白牺牲。我记得，由交底镇到潼关后沟，仅仅二十多里路，至少要翻过三四座山岭，山的角度，甚至有六十多度，沿路经过几个星稀的小村庄，买不到饭吃，喝“水”也是一件困难的事，所以，后来由于天时地利兼优，无形中造成潼关唯一的贸易场所。住脚并在这儿休息吃饭，驻军在这儿检查行旅，附近的老百姓亦只好把这里当做避难的桃源。

离开后沟，由潼关背后的南山坡上去，行走在山上的交通壕里，腰几乎弯得像爬行似的，九点多钟，才爬上潼关有山的最高处。凭高远眺，黄河像一条神龙，在山脚下盘踞着，破碎不堪的潼关车站，亦历历在目；河北岸，一层层的远山，一座座的村庄，山顶上，蔓长的铁壁配着岗位上忠勇的卫士，俨然一幅伟大神圣的抗战图画！这时候，我真描写不出我内心的情绪如何高涨，我想笑，中条山上的中华健儿不时的打游击战役，粉碎了敌人南渡的梦想；潼关一带的忠勇将士又不分昼夜的在警戒，在把握着杀敌的好机会，而这里的老百姓又竟日遭受敌人的炮击、狂炸，没有一秒钟的安生……想到这里，我的鲜血沸腾发热，在纵流，口里不知不觉的说出：“日本鬼子，今后更没有你们的便宜占了！”

下了坡，是比较平坦一点的地方，清溪旁，树荫里，茅屋边，常常会发现老百姓围住军人，在讲述杀敌的故事。原来，在这里，军队是绝对爱护老百姓的！

再上坡，再下坡……要路口都警戒着三五个武装弟兄，他们盘查行旅，很严密，亦很和蔼，每当检查完毕的时候，总是道谢一声“对不起！”我感激而敬佩地绕过了潼关，走向华阴的平坦道上。

我为这伟大的通过和将士们祝福！

九，五，赴汉中旅次

注释：

（1）“闯关”车：是潼关火车司机为了避免火车被敌人炮击，与敌人斗智的方法。当火车开到洞口或东关后沟，就轰隆长鸣或放气，敌人听见就开炮，待到敌人炮响之后，火车急速闯过潼关，潼关人称之为“闯关”车。

子冈与丈夫徐盈，都是《大公报》著名记者，“青记”成员

八路军夜袭日军机场

——止圭:《阳明堡》

1939 年 9 月 15 日

忻口战役是抗战初期中国军队在晋北抗击日寇的一次大规模战役，从 1937 年 10 月 13 日—11 月 2 日，历时 21 天，该战役由卫立煌率领的中央军、阎锡山率领的晋绥军，和朱德、彭德怀率领的八路军 120 师、115 师、129 师联合作战，沉重打击了日本侵略者，歼敌逾万，若不是后来娘子关失守，该战役几陷日军于绝境。忻口战役是国共两党在军事上互相配合的成功范例。而平型关大捷、雁门关大捷和夜袭阳明堡机场，都是八路军有力支援忻口战役打的漂亮仗。

1937 年 10 月 13 日，忻口战役打响，山西代县、崞县等驻有日军，并以阳明堡机场为前进机场，出动飞机轮番轰炸忻口。八路军为配合正面战场的忻口战役，决定袭击阳明堡飞机场。

八路军 769 团陈锡联团长作战前大会动员

10 月 19 日，八路军 129 师第 769 团在当地民众的协助下，隐蔽在进入代县南阳明堡飞机场附近，

1937年10月19日，八路军129师769团第3营夜袭阳明堡日军机场

该团以第3营2个连秘密接近机场，由一个连袭击日军警卫部队，另一个连猛烈袭击日军机群，向飞机和跑道投掷集束手榴弹，日机群顿时爆炸起火。经过一个小时激战，共歼灭日军100余人，击毁击伤日机24架。而八路军官兵也全部牺牲，3营营长赵崇德在指挥战斗中英勇捐躯。

在夜袭阳明堡机场战斗中英勇牺牲的八路军769团第3营营长赵崇德

八路军第129师769团团长陈锡联(1915—1999)

夜袭阳明堡是抗战中以少胜多的著名战例。刘伯承在总结战斗经验时指出，

此战役的侦查清楚，部署周密，行动秘密而迅速，动作突然而坚决，特别担任主攻的第三营，以坚决勇敢的格斗，不惜牺牲，故能在 1 个小时内完全烧毁敌机。

夜袭阳明堡机场的战役，一时间成为中外媒体的头条新闻，769 团也被誉为“抗战四大名团”之一。蒋介石不但为此颁发了嘉奖令，还发了 2 万元奖金奖励参战部队。

卫立煌将军在忻口会战后不久，盛赞“八路军确实是抗日的，是复兴民族的最精锐的部队”，“像阳明堡这样的烧毁敌人大批飞机，截断平型关、雁门关，使敌人不能得到接济补充，对于忻口战争有极大的帮助”。

八路军彭德怀副司令在《三年抗战与八路军》一文中说：

“在卫司令长官指挥的有名的忻口战役中，阳明堡飞机场，离忻口阵地只有数十里，停放了数十架飞机，不断向我阵地轰炸，给予正面作战的中央军晋绥军很大的威胁与危害。八路军为配合友军，焚毁敌机二十四架，以后继续在敌后活动，切断雁门关南北的敌人运输要道，迫使敌人不得不藉飞机来输送给养，一直到忻口放弃为止。”（《解放》周刊第 118 期）

1939 年 9 月 15 日，《阵中日报·军人魂》上发表了止圭的《阳明堡》一文。在国统区军报上宣传八路军抗战的战绩，也一定程度上说明了当时国共合作的良好状况。文章中对敌我双方的死亡数字统计，也可作为这段战史的重要参考。

作者止圭，生平不详。

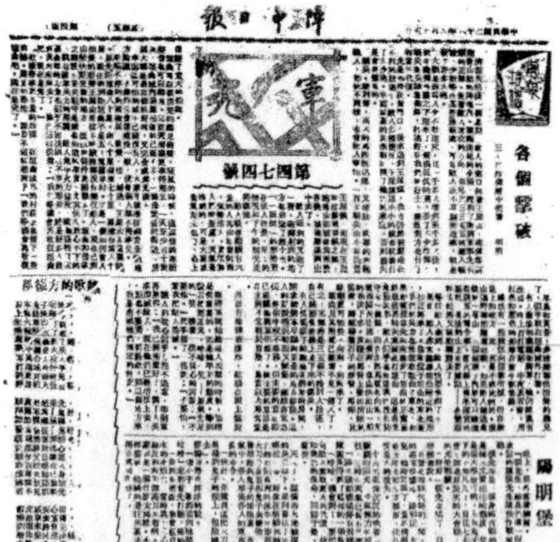

1939 年 9 月 15 日《阵中日报·军人魂》发表止圭的《阳明堡》

阳明堡

止圭

1939年9月15日《阵中日报·军人魂》

晚上，窗外落着细雨。

“张先生，给我们讲一段吧。”小李哀求似的让张先生讲些作战的故事给他听。

张先生是一个身经百战的老战士，可是他那文质彬彬的态度，你一定会说他是个大学教授咧，哪知鬼子丧命在他手下不知凡几了。自从“七七事变”以后，他曾参加过好几次的大会战，创造了不少的光荣战绩。

“好，好。”张先生喝了一口水，咳嗽几声接着说。

在晋北崞县、代县的之间，有一个敌人的空军基地——阳明堡，大战正酣的当儿，它时常派了大量的飞机，来轰炸我前方阵地和后方都市，使我直接间接蒙受重大的损失。

十月的风凉沉沉的吹着我们的征衣，微弱的阳光，少气无力地照着枯黄的树枝，这时的天气已经有些寒意了。

“阳明堡敌机场停有飞机二十余架。”陈团长得到了这样一个报告。

“哈哈，机会到了，要把我们的头颅向敌人索取更大的代价，使敌人的飞机和我们的生命，同归于尽。”团长微笑着说。

天黑了，整个的大地被覆掩在黑暗暗的灰色幕下，风刮着枯了的树叶，“哗啦哗啦”的响，好像在祈祷着我们的胜利。兄弟们的心似黄河的流水在澎湃着，鞘内的大刀急着要和鬼子去接吻，手榴弹也急着想跑到鬼子的怀抱里。在这紧张的空气中，各人准备各人的东西，静候着团长的命令。

“伙计，你瞧我这把大刀利不利，如果碰到鬼子的颈上，保险让他回老娘家去。”

张得胜得意洋洋的说。

“傻小子，送她回婆家去才成，哈哈。”老郭首先打断了他的兴头。

“你别这样说，我曾亲自杀了一个日本的小娘们，当时真不忍心杀她，她是细皮白肉，那漂亮劲大着咧。后来才听人家说是一个什么女间谍。小子，她不是回婆家，他妈的是往哪儿去了呢？”张得胜真的得胜了。

“哈哈……”

寂静的夜，没有一点声息，这才是我们动手的时候了。

“以一营向阳明堡南边布防，以一营向代县布防，阻止敌人两翼的援军。”团长在迅速的指挥调动着。

几百条的影子在黑暗中颤动，一会儿忽又消失，天上没有月，也没有星，啊，这是多么好的一幅夜行军的图画啊！

“隆隆隆……”

几百枚的手榴弹连珠似的爆炸了，那种声音恐怕比旧历年的鞭炮还热闹几倍。

敌人的守军约一营多也闻警出动了，机关枪声在黑暗中交织着，生出团团的火花。

枪声震碎了寂静的空气，惊醒了侵略者的迷梦，告诉他们中华儿女不是好惹的。

一小时的肉搏，得了这光荣的战果：“敌机二十余架全部焚毁，我官兵百余人均作壮烈牺牲，敌兵伤亡数倍于我。”

“敌人有飞机和大炮，我们有头颅和热血，弟兄们，我们要抱着‘杀身成仁，舍生取义’的精神，并要把它发扬光大，散播在每一个炎黄子孙的血液里，生出整个民族动员的伟大力量，用这种力量才可争取最后胜利，用这种牺牲精神之才能表现出我革命军人的军人魂。”团长用悲壮的声调来结束这光荣的一页。

近年来在代县南修建的阳明堡飞机场遗址

晋南抗战中的卫立煌

——赵荣声:《各个击破》之一

1939 年 9 月 14 日—16 日

卫立煌将军

卫立煌（1897—1960），又名辉珊，字俊如，安徽省合肥县东乡卫杨村（今肥东县）人。中国军队陆军二级上将军衔。被称为国民党“五虎将”之一。美国出版的《中国人名大辞典》称其为“常胜将军”，这种殊荣，在国民党军人中实属罕见。

平津失陷后，日军将山西作为华北主要战场，按照日军板垣征四郎的理论，制服山西即可以制服华北，制服华北即可以制服全中国。“一个月拿下山西，三个月灭亡全中国。”山西素称“华北屋脊”，晋南位于黄河大拐弯之处，也是西北、西南的天然屏障，日军的飞机大炮无法施展，对于陕北的共产党人来说，山西是通往抗日前线最便捷的道路通，山西也成为国共合作、协同抗战的战略“支点”。

“兄弟阋于墙，外御其侮”，在国难当头，民族危亡的关键时刻，国民政府军事委员会派 30 万中央军增援山西，卫立煌任第二战区副司令长官兼前敌总指挥，担当了阻击日军南进的重任。他率领的中央军，与“山西王”阎锡山的晋绥军，和共产党领导的八路军，在山西抗战中共同作战，歼敌逾万人，大大挫伤板垣师团的嚣张气焰，创造了国共在军事上相互配合的成功范例。

卫立煌在山西作战期间，与共产党、八路军建立了友好关系。1937 年 10 月至 11 月，卫立煌三次与周恩来见面，共商忻口作战和太原保卫战大计；1938 年初，卫立煌与朱德同赴洛阳开会，1 月 31 日（阴历大年初一），他专程到洪洞县马牧村八路军总部拜年；4 月 17 日，他到洛阳开会时取道陕北，访问了延安，与毛泽东进行了长谈。不久，即以第二战区副司令长官兼前敌总指挥的身份，下令批发给八路军大量军火和军备物资，并从八路军中引进干部，组成“战地工作团”，开赴前线，在部队和民众中开展思想工作，取得了显著成效。

1938 年 4 月，卫立煌奉命坚守晋南中条山，中条山是华北通往西北的咽喉之地，战略地位十分重要。卫立煌的前敌指挥部就设在垣曲县西南的辛庄。

青年时代的赵荣声

赵荣声：（1915—1995），安徽安庆人，笔名任天马。出身书香人家，1935 年毕业于燕京大学社会学系，“一二·九”运动中加入中国共产党，1937 年去延安，参加丁玲领导的“西北战地服务团”，1938 年 2 月卫立煌访问延安期间，他写的《西线上的一个盛会》，发表在《群众》刊物上，受到卫立煌赏识，加之卫与他是安徽同乡，于是希望他到司令部去，给卫做秘书，中共地下党也同意赵荣声去，做好统战工作。

1939 年卫立煌调到洛阳，任第一战区司令长官，赵荣声仍然随行。他在与卫立煌长期相处，宣传中共的理论主张和政策，促使卫立煌坚定抗日决心，并在掩护共产党、八路军工作人员和中共组织、革命队伍和提供情报方面作出一定贡献。同时，他还是洛阳《阵中日报·军人魂》的暗中支持者，和“军人魂”的作者（2）。

赵荣声长于文学创作，他当上卫立煌的机要秘书后，经历了 1938 年春夏之交保卫晋南的战役。1939 年 9 月，他在《阵中日报·军人魂》上连载 4 篇《各个击破》，是对卫立煌领导的保卫晋南战役的生动记述，文中歌颂了卫立煌指挥若定、运筹帷幄的军事才能。

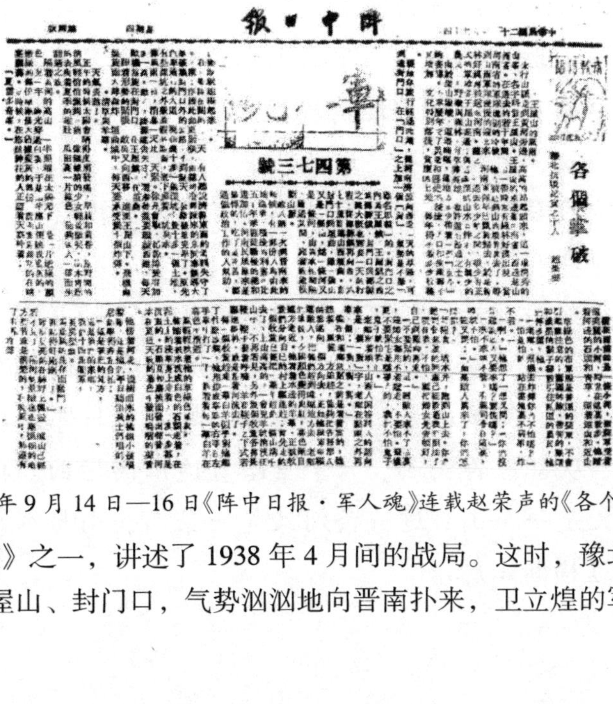
阵中日报

第四七三號

各個擊破

1939 年 9 月 14 日—16 日《阵中日报·军人魂》连载赵荣声的《各个击破》

《各个击破》之一，讲述了 1938 年 4 月间的战局。这时，豫北已失陷，日军沿着济源、王屋山、封门口，气势汹汹地向晋南扑来，卫立煌的军队，正准备迎接一场大战！

作者以静写动，先写大战前的静寂。通过卫立煌将军在垣曲辛庄田间漫步、与村民们的闲聊，以及他对山中羊群夕阳西下时分流归宿的观察，去烘托他对整个战局的思考和运筹帷幄。

各个击破

——豫北抗战纪实之十八

赵荣声

1939年9月14日《阵中日报·军人魂》

王屋山的风雨

太行山脉走到黄河旁边，高高的昂起头来。这一处清秀的山峰，名字叫做王屋山。王屋山的东边是河南省，西边是山西省。在过去的若干年头，这一带时常有绿林好汉出现，当河南省的军队进剿的时候，他们被赶到山西境界里去了，等到山西军队缓慢的迎上来，河南的军队早已归去，于是绿林好汉又被送回河南。总之，过去多少年之间，很少有正式的军队在王屋山驻边。与这幽深的山水为伴的，只有很少的农夫、野兽与森林，有草莽英雄，也许还有隐逸之士。

由于深山险峻，道路崎岖，这地儿多少带着“世外”的姿态。人民历年受了灾荒和匪徒的侵扰，人口和生产都不见增加，文化特别落后，贫瘠的土地，每年得不到多少收获。

假如你旅行经过此地，从河南济源向西走一天的旱路，可以到达封门口。在“门口”之上加一个“封”，气势是不难“顾名思义”的。封门口之内为王屋城，王屋城之西为邵源镇，封门口与邵源之间大概也需要一天的行程，从邵源再向西，六十里路直达山西垣曲。自封门口到垣曲，过一个山又是一个山，过一条河又是一条河，山与水相间隔，通过其间，宛如经过横断山脉。

敌人第一次到晋南来的时候，有一部分人马由此地进来，骚扰得厉害，比五十年来匪徒骚扰的总和还加倍。河南民风原来是强悍的，吃了许多苦，经过做政治工作的人的帮助，他们就组织起来。

在春暖花开的一天，有人听说济源东面的孟县失守了，家家因此就更紧张。由总司令部派来的朱同志领导大家破坏封门外的公路，不到一整天，公路破坏完毕了。原先汽车通过的大道，现在几十步一个深坑，几十步一个土堆，有些深坑之外，敷上假的路面，底下藏着一坑臭水。

像风雨一样，消息一天比一天紧。徐州会战，沁源、博爱增加了一万多敌人，济源遂告失守。看形势还要继续西进，每天敌机盘旋在封门口，在王屋镇，在垣曲。

跟着形势的紧张，敌兵又向西移，进至王屋山下。飞机向盘旋面大肆轰炸，垣曲城中，每天要承受几十个炸弹。

青草与羊群

天气炎热！

正午的时候，太阳会晒得皮肤发痛。早晨和黄昏，原野间的清风轻悄悄飘到脸前，像无嫌猜的少女轻盈的微笑。树木青葱的表现着夏季的雄壮，瓜田里一片绿色，能够使人一望而生甜适之感。

隔着黄河的高山，一半照耀在太阳光下，是一片嫩绿的颜色，另一半，阳光穿过白云，于是这半座山便映成蓝灰的，嫩绿的部分渐渐强大占据蓝灰的部分，说不尽的彩云经常的在晴空飘荡。这时候，悠然神往的人正望着天空吟着：“夏云多奇峰。”

在山的脚下有一条小河，卫将军（卫立煌）守着这美丽的小河，时常在这里散步，他踏着河边的石头和青草，望着远山和近山。

草绿色的布军服是普通的装束，不会引起注意的，刚强的脸，带笑的表情，和浓黑的胡子，却吸引住附近的农民，他们停步望望他。

“老乡，飞机丢炸弹，你们不怕吗？”

“怕是怕的，站在空地里不碍事，炸不着。”

“啊。”他想了一想又问：“你们没有听说，敌人又要来吗？惊慌吗？”

“来不来咱不管，有卫司令在这里，咱就不怕。”

他又问：“如果敌人真来了，你们怎么办？”

“藏粮食，填水井，跑到山上去。你们司令部里的同志已经教给我们办法了！现在多半不怕，只把妇女先安顿好，自己到时候再走。”

“不要紧的，这一回敌人来不了。连妇女都用不着送走。不要怕。飞机更不要紧，它是吓吓人的。我们不怕鬼子，鬼子就怕我们。”

老乡点着头。山西人回答别人的话，向来是一个“对”字，老乡在点头之外，再来一个“对，对，对。”

他在和老乡谈话之前，是看着云的。他想着，风从一方追赶，能够把各种形状的云逐向一个方向去，正如他的军队驱赶敌人，把他们赶到辽远的地方去。

老乡们去后，夕阳颜色变得更红，暮色渐自远方走近。他看着水边的羊群，正被牧童们分向自己的村上驱赶着，首先走的一个牧童，已经把一群羊赶到一个山沟中去了，土山高高的，一会儿羊群就湮没在山中，不再看见，另外几个牧童各自扬鞭，鞭子发出呼啸，羊在鞭子之下，或是走进山林，或是沿着河流去了。

每一个牧童赶走一群白羊，似乎对他起了什么感触。他用捏成拳头的右手向左手掌中打了一下，眼看着每一群白羊在暮色中消逝。

风轻轻吹着他的草绿色的军衣。

他踏着被水洗成白色的石头走着，在泥土上的浅草身上走着，每一步都是沉重的。石头互相磨挤而发出声音，河水在夏天的暮色中发出呜咽的声音。

他傍着河走，绕树而来的挑担小孩唱着歌，这是他们平日听惯兵士们唱的，学得非常合拍：

这是我们的地方，
这是我们的家乡，
我们十四集团军，
英勇坚强，

为民族的生存而奋斗，

团结得好比钢一样！

歌声嘹亮的在绿野上飘荡，远山已经看不见了，隔河的景致也逐渐模糊起来，声音还是清楚的，在晚风中，听到那边有了合唱的歌声：

卫总司令，

常驻边疆，

联合民众，

抵抗暴强。

把自己的力量，

献给祖国，

完成中华民族的解放。（1）

卫将军跨过路旁的一摊积水，轻松地笑了。

注释

（1）这首歌是《第十四集团军军歌》，由卫立煌“战地工作团”主任刘毓珩作词，丁珰作曲。见赵荣声《回忆卫立煌先生》一书，第101页。其中“卫总司令，常驻边疆”，为“服从命令，保卫边疆”。

（2）赵荣声对《阵中日报·军人魂》的暗中支持：“军人魂”的编辑碧野，由赵荣声在“战地工作团”的同事穆毅（魏伯，中共地下党员）所推荐，李蕤也是由魏伯推荐。赵荣声在《回忆卫立煌先生》中说“第一战区政治部所创办的《阵中日报》……编辑中进步的有赵悔深（李蕤）、黄碧野”（第172页）。1939年春，碧野因得罪上司被逮捕，赵荣声借重庆“作家访问团”要来洛阳，向卫立煌反映此事，使碧野获得释放；赵荣声在《阵中日报·军人魂》上除连载《各个击破》4篇外，还化名“明明”、“明文”发表了《侯马车站》和《道经二十里岭前》等。

亲临前线、诱敌深入

——明明:《各个击破》之二

1939 年 9 月 15 日

1938 年 4 月，正当徐州会战打得如火如荼时，另一场大规模战事也在晋南展开，它由第二战区副司令长官卫立煌负责指挥的。卫立煌的长官司令部就设在晋南垣曲前线的莘庄。

当时，山西的中国军队发动了对晋南三角地带日军的反击，经过月余激战，毙敌两万余人。日军二十师团残部被困在曲沃、侯马、新绛、闻喜、运城等城镇，外援断绝，仅靠飞机运送弹药，苟延残喘。徐州会战一结束，日军立即抽调在豫东北的第十四师团、第一零八师团及其第 4 混成旅团，分三路入晋，以解曲沃之围。(见曹聚仁、舒宗侨编著的《中国抗战画史》，中国文史出版社，第 370 页)

1938 年 6 月 8 日—10 日，日军第一零八师团在飞机大炮的配合下，从河南济源经过封门口王屋镇，向我守军展开猛烈攻击，第 17 师师长赵寿山、第 81 师师长贺粹之亲自督战，双方血战 20 多次，肉搏 10 多次，阵地失而复得达 10 次，共击毙日军 300 多，我军牺牲连长以下 200 多人，日军终于越过隘口阵地，进入邵源。

进入王屋山封门口的日本部队

从豫西北的邵源到晋南的垣曲，只有80多里路程。日军的骑兵400多人，像飞一般，转眼之间就进犯到垣曲东北面的蒲掌乡，再向南行，很快就能到达垣曲。日军飞机在垣曲上空盘旋，垣曲城已被炸成一片瓦砾。能逃的人都逃走了，垣曲已成了一座空城，而此时卫立煌将军还在垣曲莘庄的司令部里泰然自若地看书、看地图，丝毫也不惊慌。

日军飞奔的骑兵部队

原来，卫立煌已作出了诱敌深入、然后聚而歼之的部署。他下令让李默庵的中央军十四军，火速从侯马赶赴垣曲周边，布防在蒲掌、双庙、南羊圈、芮村等丘陵山区一带，完成对西阳河包围圈；等到日军通过邵源后，又令17师和81师立即收复邵源，断掉日军后路，让敌人陷入西阳河谷，进不得也退不得。

西阳河谷，是一个南北20里，东西8里的两边高、中间低的狭长地带，出口只有前后两端，如果扎紧了前后两端的口袋，日军就陷入“关门打狗”的困境。

从1938年6月16日到7月3日，中日双方在西阳河谷激战18天，中国军队打退敌人三次强攻，双方伤亡都十分惨重。日军一度被完全包围，依靠空投维持生活，陷入极端绝望境地。后来，由于日军源源不断的增援，中国军队无力再打下去，逐次撤离，未能实现全歼敌人的目标。

封门口石碑上镌刻的“封门天险”

这场战事，便是著名的“西阳河战役”，日本将它称之为“南羊圈战役”，作为军事史上的教训，写入日军陆军教材。

由于过去对这场战役缺乏系统的挖掘，现存的大部分史料仅限于参战老兵的回忆，在“历史现场”亲见亲闻而又写下文字资料的人甚少。

赵荣声是深受卫立煌信任的“同少校秘书”，他当时随“战地工作团”到垣曲，对卫将军的部署及战斗场景有较多的了解。从 1939 年 9 月 14 日—17 日，他在《阵中日报·军人魂》上连续发表了《各个击破》一组战地散文，真实记述了西阳河战役、东坞岭战役的情景。

这一组文章所记叙的史料，在过去抗战史中很少提及，尤其是西阳河战役中日军以 400 多骑兵进犯垣曲的情景、日军被围的绝望等等，都是首次披露，是对抗战史的重要参考与补充。

《各个击破》之二描写了日本下原熊弥中将率领的一零八师团对山西垣曲的进犯路径，日军从河南王屋山封门口进犯垣曲的嚣张气焰，大军压境时垣曲的紧张气氛，尤其突出表现了卫立煌亲临前线，胸有成竹、指挥若定的大将风范。

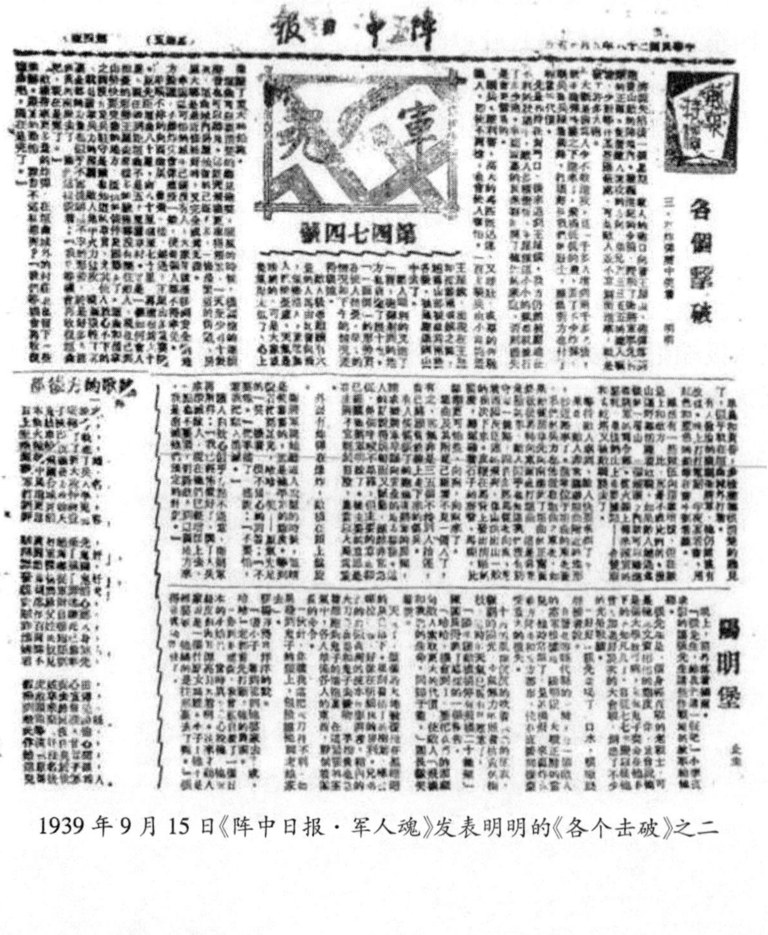
報日中陣
軍人魂
第四七四期
各個擊破
陽明堡

1939 年 9 月 15 日《阵中日报·军人魂》发表明明的《各个击破》之二

各个击破(之二)

明明

1939年9月15日《阵中日报·军人魂》

三、在炸弹声中笑着

济源失陷后一个星期，敌人的炮口向着王屋山，炮弹落到赵寿山部的阵地内，积极进犯的企图，证明了卫将军事先判断的正确。朝着敌人进攻的方向，弟兄们三三五五地进入职守，少数等在某些隐蔽处，可是敌人并不立刻冲进来，只是发了许多大炮。

大概因为人少不敢进攻，从一千多人增到两千多之后，就在炮弹掩护之下进来了。飞机低低的飞，丢了不少炸弹，骑兵步兵跟着冲锋，打坏好些我们的壮士。虽然对方也付了相当的代价。

先是相持在封门口，后来退到王屋镇，我方仍然被压迫在不利的状态中。敌人多横蛮呀，王屋镇这小小的镇子就被打了多少炮。幸而镇里的民众都离开了他们的家庭，否则损失是会更惨重的。

骑兵多么厉害，高大的马匹，既迅速，又雄壮，成群的奔驰，即使不开枪，也会使人害怕。一百多骑兵由小道绕道王屋镇，出现在王屋和邵源两个镇之间，赵寿山部被截为两路之后，被逼压退到山里去了。

敌人顺利的又进了一程，炮弹射到的地方也前进了几十里。“一面倒”的形势实在使人担忧。早上的情况和下午的情况差得很远。

敌人后方继续有大量的人马由沁阳向西，气势浩大，更增加人们的忧虑。天气是晴朗的，可是大家感觉气压太低了，心上压了重大的铅块。

垣曲可以很清楚的听见炮声，顺风的时候，机关枪的连续声音也可以听见。这几天飞机更来得频繁，一天至少有十几次，垣曲城内房屋残留的已经不多，一条最繁盛的街道，房屋大都是最近修补好的，又完全成为瓦砾。

幸而这可怕的城中已经没有人，大家早就迁移到安全的地方躲避，不然炸弹会像瘟疫一般，使每个人都不得幸免。

敌骑不停地向西进展，像飞一样，越过王屋山多重要隘，原先距垣曲八十里，由八十里进至七十里，再进而为六十里，现在已到距垣曲不足五十里的蒲掌村，这是一个如何令人担忧的形势！

王屋山那样多的险隘，没有拦住敌人，现在已到山势快要完尽的地方，抵抗的条件更是困难多了。垣曲和蒲掌之间没有设兵驻守，是谁也知道的事实。尤其使人放心不下的，就是蒲掌兵力的薄弱，敌人集中火力猛攻，纵然牺牲了那里全部的力量，也似乎不能挽回这不幸的形势。于是，好多人渡到黄河南岸去了，他们这样说道："我们等机会再收复垣曲吧，现在是完了。"

敌机带来更多量的炸弹，在垣曲城外的村庄里也留下一些痕迹。严重的恐怖，谁会不这样想呢？"我们等机会再收复垣曲吧，现在是完了。"

早晨和黄昏，步枪声都很清楚的听见了，似乎就在垣曲城外打着。

有人偷偷的来见卫将军，他仍然没有改样。晚上打打电话，半夜里看书，用红色和蓝色的铅笔在书中划着线。

虽然有一些队伍向蒲掌增援，但在数量上和敌方相比，那是不成比例的。漫山遍野都活跃着敌骑，如果敌人越过最后的一层山，一个钟头之内就可以踏进卫将军的司令部。从火线传来确实的噩耗，最后的山上重要据点——合双庙和尖圪塔又被敌骑袭去了。

等待敌人来到，敌人快要来到了。

果然，敌人非常熟悉垣曲附近的地形，抄近路来了。蒲掌位于垣曲的东北面，我们的兵力也布置在垣曲之东北，如果敌人从蒲掌先向南进到了垣曲的正南面，然后再转向东面直打垣曲，这是非常危险的事。

敌人似乎也知道我们没有防守这一条路，四百多匹马从北向南，顺着西阳河迅速的飞奔，像山洪出山一般的冲决下来。皮鞭在马背上发出清晰的响声，蹄铁碰着石子的声音，马嘶，比怒潮更可怕些，向南，向南来了！

垣曲及其附近已经看不见一个人了，有之，那无非是三五个不待别人抬运、自己蹒跚从前线上走下来的伤兵。

有人慌慌张张的跑到卫将军的房间，请求卫将军早点向安全的地方移动，这人的话说得婉转而又诚恳，虽然非常急促，每个字咬不准确，但主要的意思却已经被卫将军明瞭了。他主要的意思是：主将不宜轻易冒险，应当以大局为重。

外面有炸弹在爆炸，敌机在头上盘旋。

将军开始听这人说话的时候，眼睛是笑嘻嘻的，那是他平常的态度，等到说者把话说完，哈哈一笑——元气充足的一笑，接着，很不关心的回答："不要怕"，他把手摇了一摇说："不要怕，看我把敌人消灭。"

让人白耽心似乎有点不过意，卫将军再解释："我已经布置好了，请了大兵来消灭敌人，现在他们已经增援上去，一点也不要紧，引诱敌人到这个地方来，我是消灭他们预定的计划。"

（待续）

歼敌于西阳河谷

——明明:《各个击破》之三

1939年9月16日

西阳河战役，又称为“南羊圈战役”“王古垛河谷战役”，其实是指同一场大的战役，即1938年6月16日到7月3日中国军队在晋南垣曲东部西阳河谷对日军进行的大规模包围战。这是卫立煌指挥中条山战役中最辉煌的一页。

在中条山英勇作战的中国士兵

1938年6月15日，日军从邵源继续西进，16日，在飞机大炮的掩护下，迅速推进到西阳河谷。

西阳河南北走向，南有“马蹄窝”黄河阻挡，北有中条山“蒲掌水出窑”之险。河床两边有无数沟壑，两岸的村落坐落在沟壑的崖畔。

这时，李默庵的中央军14军已奉命赶赴西阳河谷西岸布防，东部有赵寿山的

38军把守，日军完全陷入被包围的境地。

日军大本营驻扎在纸房头，村庄面临河谷，北、东、南三面均有深沟与其他山峦相隔，宽阔的河谷对面是陡峭耸立的山头。

日军为了突出重围，不顾一切地向河谷对岸我守军一块凸起的阵地——南羊圈发起了多次强攻，南羊圈遂成为敌我双方争夺的焦点。

第14军军长李默庵（1904—2001）

第38军军长赵寿山（1894—1965）

据史料记载，中国军队围困日军十余天，日军凭借打炮，施放毒气，造成我军不小的伤亡。独立第5旅旅长高增级穿着新军装上战场，以示必死决心；驻守东线的38军大刀队夜袭日军大本营，17师98团一营营长呼品一带领全营战士200多人夜袭敌人指挥部，结果无一生还……

天气炎热，被围困的日军补给中断，只有靠飞机空投补充，死去的日军尸体，在战地发臭，日军在这里相拥而泣，感受到了什么是“绝望”。

7月3日，日军5000余人由横岭关东犯，6日抵达皋落，继续向垣曲进犯。为了保存实力，卫立煌决定放弃围歼计划，命令部队转移，寻机再战。

据南羊圈、双庙一带的老百姓事后回忆，战役结束后，从战场捡回来的手榴弹木柄，用来烧火做饭，都烧了两三个月……

1939年9月16日的《阵中日报·军人魂》，发表了明明的《各个击破》3，生动记叙了西阳河战役的情景。从文中记载，日军在这次战役中死亡人数为4000多人，但该文并非战地通讯，作为司令长官卫立煌的秘书，明明（赵荣声）得以站在“制高点”上，宏观地观察这场战役，用散文的笔法，夹叙夹议，从整体上勾勒出波澜壮阔的战争场面，写出了司令长官的战略决策，不可一世的“皇军”被围后的狼狈与绝望，他说：“在卫将军的地图上，圆圈越画越小了，小小的圆圈，圈住了大和魂”，表达了对卫将军的敬意和胜利的喜悦。

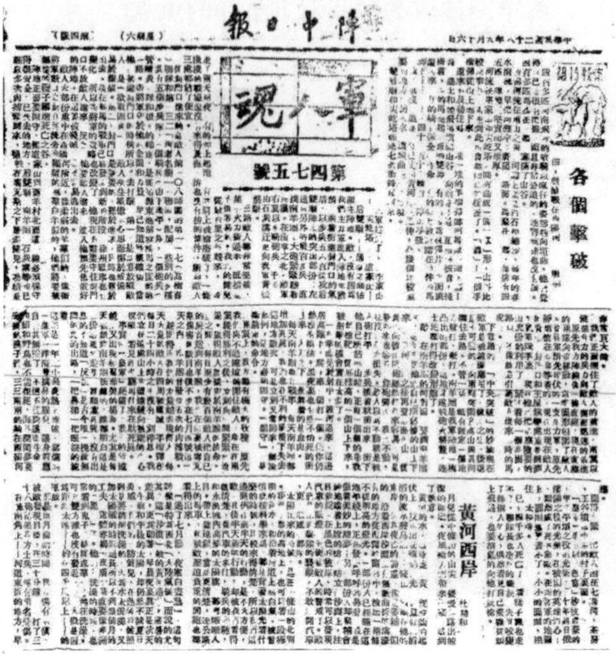
陣中日報
軍人魂
第四七五號
各個擊破
黃河西岸

1939 年 9 月 16 日《阵中日报·军人魂》发表明明的《各个击破》3

各个击破(之三)

明明

1939 年 9 月 16 日《阵中日报·军人魂》

四、歼灭战在西阳河

四百多匹向南飞奔的敌骑，以疯狂的姿态跑向垣曲，他们觉得自己很有把握，而且非常急迫的，连警戒哨也没有派。四百多匹马聚在一起，塞满了山谷。

西阳河流在两山之间，河滩上尽是白石和细沙，每年的春水南流，早把河滩冲出宽阔的路面。马聚在一起，每排有四五匹，阵线坚实而又雄厚。

河流在娄家山和尖圪塔之间弯曲成一个“×”形，山脊比较狭窄，马走到此，自然的变得缓慢了。

“轰！”一个手榴弹从山上掷下来。

还来不及勒住马，一堆一堆的手榴弹掷到马队中间，“轰！”“轰！”尘土和烟尘飞扬，填满山谷。向前走的马互相拥挤着，撞冲着，有的马陡立起前面的双脚，有的马为弹片所中，一面跳跃起来，有的骑士保全了性命，有的骑士被踩踏在同伴的马脚下……四十，五十，躺着，停止呼吸。

再也没有地方奔逐，前面已是黄河岸的延伸。在几个重要的地方，我军布防起来，护卫住垣曲境地。

后双庙和尖圪塔经过七次冲锋夺回来。

大军赶来了，在李家山—尖圪塔—卢家山—后双庙—蒲掌之间占领主阵地。敌人没有因为我们主力军进入阵地而犹豫，乘着冲进封门口的气焰，以步兵五六百人猛攻后双庙阵地的突出部分，左边的另外的几百步兵，直扑南羊圈，大炮紧紧跟着掩护。在蒲掌之北，敌军右翼以步骑炮兵一千多人，由石炭沟迂回向我军背后袭击。

三路敌人都非常坚强，集中火力冲过来，抵挡是不很容易的。我们的健儿从数百里之外赶来，连走了两天两夜，有的脚上起泡，有的肩上被枪磨破了，一条浅浅的战壕还没有来得及掘，拼也没有拼的条件，所以敌人三处都占了便宜。

从封门口进来的是敌人一零八师团的第一一七（高树喜）联队和第一三二“海老名药”联队，配属一些别的兵种，共有五个步兵队，一个骑兵队（山下产平），一个炮兵（管晴炎）队和很多的辎重，是从沁阳东进解救侯马之围的第一路。卫将军对于他们的企图和力量，早已知道得很确切。当他最初进封门口的时候，所以不去打击，第一，是故意放纵敌人，是“欲取故与”，敌人明生骄傲的心思，而懈于戒备，易于击破；第二，封门口是险要的，艰于进来，同时也难于出去。现在侯马的战事已经发展到新的阶段，徐州战事也在变化，所以卫将军的策略也改变了。他现在不需要守住封门口不放敌人进来，反之，他要敌人进来，进入他预先布置好的阵地，在这里被歼灭，而不容易逃出去。

敌人大部分集中在西阳河附近，像柔弱的羊群似的，像卫将军数日之前在河流旁边瞩望的那群白羊似的，他们将要被无情的鞭子驱进死亡之谷。

阵地正面要固守，从卢家山到西羊村北面这一线必须保守得很安全，已失去的地方，后双庙、南羊圈、石炭沟等地已经以多次肉搏夺回来，牺牲在毒瓦斯之下的许多健儿，功绩是非常巨大的。

我们正面拦住了敌人的前进，两翼以健强有力的兵力向敌人侧面迅速的前进。

原先我方阵线像一条直线，现在直线的两端向前移动，以半圆形包围了敌人。卫将军预先埋伏的一支生力军，原先静悄悄在那里等着的，现在出现在敌人的背后，封门口和王屋镇等处重新回到中国军队手里。现在他们把这座险要的山充分的利用了，紧守着每一个高岗、路口，不像故意引诱敌人进来时的马虎。

下意识的，“中央突破”的妙法，现在敌军是被迫在应用了，被围之后，后退是不可能的，向两侧突围？高山与黄河拦住去路。不管一切，只有认定一个地方硬打，硬打。南羊圈是我军阵地一块凸出的部分，这地方遂被炮火耕过，连土地都打得改变形态了。

敌人在南羊圈的河对面，要到南羊圈来，也必须从他们自己占据的山上下来。渡过河之后再登这面的山，从此处向彼处开炮，虽然打起来容易，可是躲起来也容易。你炮弹来，我就不动，也没有多大损失。敌人以为不动就是被大炮打平了，步兵接着就冲出来，冲下他自己所占的山时，正好一个个的成我们的枪靶，从那样高的一个山上下来，被射击的机会实在太多了。

一些敌人幸而免于射中，渡河过来，这边居高临下，爬上来一个打一个，使你仍然没办法。黑夜里也有些不怕死的冲上来，大刀之下，飞舞着的是血肉。

每天南羊圈都有战事，每天南羊圈都增加死尸，我们也在不利的环境下失去这地方数次，可是立刻又夺回来。无论如何，这地方必须固守。“固守”，是卫将军的命令。

两翼上，我方亦有极大的收获。原先我们尚不过远远的围住敌人，现在在两翼获得胜利之后，立刻向中间紧紧的进逼，逼得敌人加强对于南羊圈的拼命。

这之间，每日至少有几百个敌人把自己的尸首送到南羊圈，我们在这里被毒瓦斯伤害的数目也很不少。在七月四号这一天之内，南羊圈曾发起五次的肉搏战。

越围得近，我们的力量越表现得大，每天大量的敌人在四周被歼灭，手榴弹在每日二十四小时之中没有一刻停息。我们立在远处山上，用望远镜向被围的中心探望，看见许多骡马往来在驮死尸。

事实上，“皇军”绝望了。我们的望远镜，又出现相聚而哭的场面。尤其是每天被派到南羊圈冲锋的，谁都明白这是一份必死的差事。谁愿意死呢，没有出息的，不知道“反抗”是古今唯一挽救无谓的死的出路，一把鼻涕一把泪的流着。

这正是一年之中最炎热的时候，腐烂的“皇军”洋溢着扑鼻的腥臭，护身符应自无其灵了，不但不能够护卫生命，连蛆和野鸟也不能拒绝。海外深闺梦里被梦的汉子们，三三两两的躺在西阳河边。

围得紧紧的，把敌人围在七沟河、茶房、王古垛这少数的村子里面。

“皇军”是以“色当”(1) 妙技自豪的。甲午平壤之役的光荣 (2)，三十年前日俄辽阳之役的光荣 (3)，在被围的英雄们心中，黯然成了死亡的象征。在卫将军的地图上，圆圈越画越小了，小小的圆圈，圈住了太和魂。

已有四千多人死亡了，看样子谁也走不了。联队长也凄然的垂泪，失望咬变了每个人的心。偶然看见自己飞机从头上飞过，也要胡乱的向它打几枪。

（待续）

注释：

（1）“色当”：色当战役。发生在1870年普法战争时期. 在这场战役中，冯·毛奇指挥的普军以钳形攻势、闪电战击败法军，俘虏了法国皇帝拿破仑三世及其麾下的军队，决定了普鲁士及其盟军的胜利。这里指日军以普军自居，傲慢轻敌。

（2）甲午平壤之役：平壤之战是甲午中日战争中的一场重要战役，于1894年9月15日在朝鲜平安道首府平壤进行。是日本驱逐清朝的势力的决定性作战。清军伤亡惨重。9月24日，清军全部退回中国境内，日军大获全胜。9月15日的平壤之战与9月17日黄海海战一起，成为中日甲午战争的转折点，自此以后，日军掌握战场主动权，开始在中国境内迅速推进。

（3）日俄辽阳之役：日俄辽阳大会战，1904年日俄战争中的第一个重大战役，日军以13.5万人的兵力，通过顽强进击，击退了俄国满洲集团军的22.5万人，得其从坚固设防的辽阳地域打了出去，揭开了俄国陆军在中国东北全面崩溃的序幕。

国共合作的“东坞岭大捷”

——明明:《各个击破》之四

1939 年 9 月 17 日

在山西抗战初期，作为第二战区副司令长官兼前敌总指挥的卫立煌，与中国共产党人建立了良好的关系。1938 年 4 月 7 日他曾访问延安，1938 年 8 月，八路军总司令朱德到垣曲拜访了卫立煌。卫立煌向八路军学习了游击战的经验，在多次战役中，他所率领的军队，和八路军互通消息、积极配合，取得了可喜的战绩。

1938 年朱德与卫立煌合影

1938 年夏，卫立煌指挥军队，向侵占曲沃和侯马的日军发起猛攻，曲沃和侯马有同蒲铁路南段两个最大的车站，是晋南日军后勤补给的中心，攻下这两个地方，就能钳制晋南日军的行动，使黄河南岸的陇海铁路恢复通车。

日军为了解救侯马、曲沃之围，急忙派出第一零八师团，由师团长谷口元治郎亲自率领，从河南的博爱、沁阳出发，通过天井关到山西晋城、阳城、沁水、翼城，向侯马运送军用物资，有一个庞大的汽车队随行。

这个消息被八路军太行总指挥部侦查到后，立即通知卫立煌，并与之协商，如何共同御敌。于是，日军一进天井关和晋城，就受到杨觉天的袭击，到太行山区的阳城，又受到朱德、徐海东等的驱赶，这都是为了引诱他们走到沁水、翼城之间的东坞岭的埋伏圈。在东坞岭，卫立煌的嫡系部队第 10 师师长彭杰如率部隐蔽在山里，等到日军汽车队到来，先集中迫击炮打毁日军前面开路的装甲汽车，又把后面护送的战车炸毁。经过三个多小时的激战，打死日军近千人，活捉三十多个，烧毁汽车三百多辆。

陈长捷(1892—1968)，时为中国军队第 61 军军长

徐海东(1900—1970)，时为八路军 115 师 344 旅旅长

彭杰如(1901—1980)，时为中国军队第 14 军第 10 师师长，指挥东坞岭战役

车上的军用物资，由于无法运走，就敲锣通知沁水县周边的老百姓搬回家去。据当地百姓回忆，那些米啦，面啦，罐头啦，军服啦，都是他们这一生头一次从

见到的……

1938 年 7 月东坞岭大捷中缴获的部分日军武器装备

这是抗战以来国共合作打的一次漂亮仗。

1939 年 9 月 17 日，《阵中日报 · 军人魂》发表了明明（赵荣声）的《各个击破》4，详细叙述了由谷口元治郎率领的日军第一零八师团到晋南后，所遇到来自国共两军的不断打击，以及东坞岭大捷的真相。

陣中日報

軍人魂

第四七六號

出發上戰場

各個擊破

1939 年 9 月 17 日《阵中日报 · 军人魂》发表明明（赵荣声）《各个击破》4

各个击破(之四)

明明

1939年9月17日《阵中日报·军人魂》

五、在运动中击破他

围在西阳河畔的是敌人解救侯马、曲沃之围的第一路；第二路敌人是由道清路西头博爱、沁阳出发的，这一路由第一〇八师团长谷口元治郎亲自率领，沿博晋公路北犯。应付这一路的敌人，卫将军预先也有极周密的布置。他把他们看做将要驱进死谷的第二群羊。

恰当封门口战事开始的时候，杨觉天（1）的伏兵在小口村和天井关对准谷口元治郎的队伍猛烈的截杀了两次，以逸待劳，自然有太行山险要可利用的人得了大便宜。谷口元治郎跑到晋城，集合被驱散的人马继续西进，杨觉天的伏兵又在狭窄的山口扫射机关枪，掷手榴弹。这种玩笑开得令人头痛，“皇军”只好抛下死的和伤的，从晋城跑到阳城，山路转入太行山更幽静更险峭的部分，和侧面的追兵离远了，谷口元治郎打算在这山中休息，忽然枪炮齐发，朱将军（2）亲自在这里出现了。他的厉害是谷口元治郎素所深知的，找到一条路就走，其他什么也不管了。朱将军这次非常客气，只吓一吓他的贵客，并没有给他方多大难堪。不久在半路里又杀来张荫梧（3）和王奇峰（4），一阵穷追，使谷口师团长慌慌张张，神经上受了不少刺激。

在阳城北面的义城镇上，徐海东（5）在那里等候好久了。谷口元治郎从这里经过时，倾下许多罐头、子弹，以及没有冷的尸首，汽车被烧毁了十几辆，谷口拎着自己的性命，再向西面逃去。

同蒲路上的敌人，自六月下旬以来，先后在临汾集中的，约有五千左右，企图向南进展，援救侯马和曲沃的围困。因为不断的受陈长捷（6）的袭击，一直没有敢动，等到沁阳、博爱向西来的两路人马进了封门口和天井关，这里的敌人就成为援救侯马的第三路而南下了。

这一路敌人活动之后三天，曲沃战事又激烈起来。敌人在骑兵、飞机、大炮之合作下，进攻我方阵地。毒瓦斯是不足怕的，直等我方的阵地化为焦土，我们的阵地才稍事改变，在冷河的东南重新建立新的阵地。

同蒲路南犯的敌人，知道已经有三路人马来援救侯马了，为了应景，安邑和运城的敌人，也准备在人乱马杂当中窜进去。在这个情形下，安邑城又收复回来。北窜之敌在半路上遇着伏击，歼灭大半，只有一些残余的逃到闻喜，与闻喜敌人加入一伙，继续向北冲。

我们的伏兵又拦着去路，把这一伙打得分为两股，一股冷水镇方面逃，一股向北逃。我们的追兵紧紧跟着，赶着，赶进东镇附近及东冷口一带山地。

六、游击战

不寻常的人往往不容易被一般人了解：危急的形势下，大家焦念，卫将军却处之泰然，不是每一路的敌人被围住趋于歼灭，就是被打得非常狼狈；一般人都在喜笑颜开，但是他却沉思起来。

突然发出命令，变更一切的布署，各部分立刻向预先划定的游击区前进。他自已，他自己也向垣曲、向中条山中前进。

飞机和大炮都缺乏，要完全把敌人消灭，一定要付极大的代价。打持久战的算盘，把力硬拼是不合算的。各个击破的目的已经胜利的达到了，避免和源源而来的增援之敌决战，应当把所有的兵力分别藏到安全的游击区中去，等待敌人兵力分散开，或是新的机会来到，再出来攻击。

正如这季节的天气，一阵狂风，一阵黑云，一阵暴雨，雨过天青，只见溪水新涨。

敌人也非常奇异，不知怎样一来，我们的队伍竟一个也看不见了。怕又有什么埋伏，踌躇一下才敢活动。可是刚一活动，山中又有手榴弹掷出来了。

这实在是使敌人落魄的事。

假若没有这样诡奇的全盘布置，王屋镇的自卫队也不易乘机抢来大量炮弹和军用品。

我们进了游击区，敌人不但不敢进逼，反而远走了，有的回到道清路西段，有的窜上同蒲线旁边的小“点”、“面”，总计这一次的损失，惊人的数目又把世界上的一等强国的肺脏，割去了一块。

割去一块肺脏之外，这里，还要加上一个汽车队。

事情是这样的：前面说过的第二路增援的敌人，沿路吃了不少的亏，像堂吉诃德恋恋不忘于他底光荣的企望似的，在力竭马疲之中，在沁水之西的东坞岭山下，又遇到彭杰如（7）的队伍。那一部攻侯马的朋友在事功难成之际，都觉得便宜了敌人，此地冤家相逢，敌人走不得，拦住他前进呀，冲上去呀，炸呀，这时候敌人呼喊飞机也没有飞机来，开大炮又来不及，一下子就被打死一千多，被活捉了三十四个。我方夺获七门迫击炮，五十多挺轻机关枪，四百多支步枪，无数的子弹。此外，在火光熊熊中，烧了二百辆汽车，十几辆装甲车。

烧掉二百辆汽车，创造了抗战以来的新纪录。

俘虏中的一个日本某翼（编者注，指左翼）作家冈邦雄，他告诉我们，这些被焚的汽车，是日本没有一个汽车队可以跟它相比，装置都是最新式的、最完备的，假若没有烧掉，夺过来会给中国以很大的帮助。

他又说，所有的日本军队，都以到山西来为畏途。物质上的吃苦尚在其次，出没无常的游击队实在使人难以捉摸。

注释：

（1）杨觉天（1904—1970），又名杨耀，陕西靖边人。1926 年任国民革命军第 2 师 4 团营长，参加北伐，抗战爆发后在山西参加抗战，1938 年归朱德、彭德怀指挥。3 月下旬，杨率部袭击日军高桥一〇八师团获全胜；4 月收复晋城时，策动伪军周凤岐部 2000 余人反正，两次战斗均获朱德传令嘉奖。抗战胜利后在陕西三原赋闲，1949 年 12 月潜赴成都与解放军取得联系。后任解放军四川军区参议、陕西省政协委员。“文革” 中受迫害致死，时年 68 岁。

（2）朱将军：朱德（1886—1976），1937 年抗战爆发后，朱德任国民革命军第八路军总指挥（不久改称国民革命军第十八集团军总司令），率八路军开赴华北前线，协同国民党军队对日作战，曾先后兼任第二战区东路军总指挥，和第二战区副司令长官，指挥所辖部分国民党军队与八路军共同作战，维护了国共两党抗日的局面。

（3）张荫梧：（1891—1949），河北博野人，国民党晋绥军陆军中将加上将衔，抗战时期在保定成立了“民军”，后入山西陵川与八路军产生矛盾。1949年被捕入狱，后保外就医，在家病死。

（4）王奇峰（1897—1938），字峙亭，原籍河北乐亭，1918年考入北洋陆军第二师，抗战爆发后，指挥骑兵师辗转到山西，1938年4月，指挥骑兵第4师在辽县东南地区，对日军108师团两个大队连番进攻，坚守不退，有力配合东路军主力作战。1938年6月，骑4师与八路军386旅协力作战，1938年12月，王奇峰不幸去世，时年41岁。

（5）徐海东（1900—1970），原名元青，湖北大悟人。1925年参加中国共产党，1926年参加北伐，1927年参加黄麻起义，1932年任红军第25军军长兼74师师长。1935年长征到陕北，与刘志丹部队会师，改编为红十五军团，任军团长。抗战爆发后，红十五军团改编为115师344旅，任旅长。1937年9月开赴华北前线，参加平型关大捷，1937年10月，随朱德、彭德怀参加晋东南粉碎日寇九路围攻的战斗。1938年6月指挥町店战斗，歼灭敌人二十五师团一个联队，击毙日军近千人。1955年被授予大将军衔和一级八一勋章，一级独立自由勋章，一级解放勋章，是第一至三届国防委员会委员，中国共产党第八、九届中央委员。

（6）陈长捷（1892—1968），字介山，福建闽侯人，保定陆军军官学校第7期步兵科。抗战爆发后任第61军中将军长，参加过南口会战和平型关战役，被称为“抗日常胜将军”。1949年在平津战役中被捕，1959年获特赦，在全国政协文史研究会工作。1968年在“文革”中与妻子双双自杀。

（7）彭杰如，（1901—1980），别字芝生，湖南益阳人，黄埔军校第1期毕业。1936年授陆军少将。抗战爆发后任第十四军第10师师长。1949年在湖南随程潜等起义，任解放军第21兵团53军军长，转业后历任中南行政委员会参事、武汉市人民政府参事室副主任、武汉市人大常委会副主任，市政协副主席。是第四届全国人大代表，第二至五届全国政协委员。著有《卫立煌在东北》一书。

新中国成立后，赵荣声曾任《工人日报》文化生活组组长，报道过吴运铎的事迹。1957年反右斗争中受到不公正待遇，80年代平反昭雪，离休前为工人出版社副社长、副总编辑。晚年著有《回忆卫立煌先生》一书。

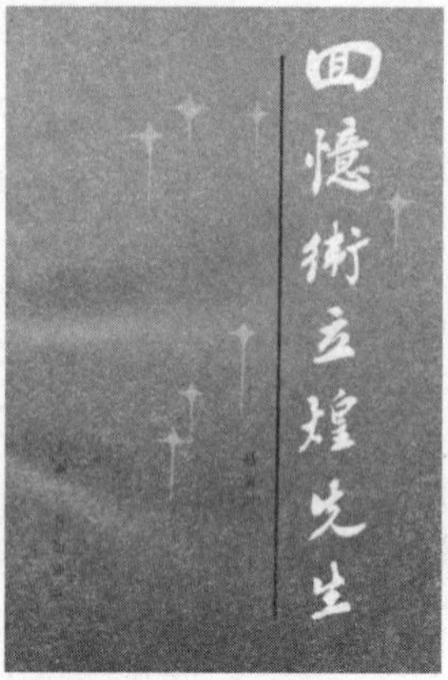

赵荣声所著《回忆卫立煌先生》，文史资料出版社，1985 年版

晚年的赵荣声

赵荣声在晚年所著的《回忆卫立煌先生》一书（1985 年，文史资料出版社）花费不少笔墨描写他自 1938 年参加卫立煌的“战地服务团”以及跟随卫立煌在晋南参加西阳河战役、东坞岭战役的情景。在书中他说，1939 年 10 月，他曾写过一本《卫将军》，由重庆上海杂志公司出版，此书“根据参谋处的档案，把卫立煌参加抗战以来的历次战役，稍加敷陈，成为一本通俗的小册子，用事实说话，说他在华北战场打得不错，同时，许多国民党报刊都说‘八路军游而不击’，‘不与国军合作’，‘专门袭击国军’，我用卫立煌在华北抗战的实际经过作为铁证，阐明国民党军队能够在华北站住脚，和八路军的合作分不开”（第 177 页到 178 页），《卫将军》一书已难以查找。

中条山抗战的河防部队

——杜锦和:《黄河西岸》

1939年9月16日

2011年4月,在山西芮城建立的"中条山抗日英雄跳黄河殉国纪念碑"

在抗日战争中，山西战场国共两党的军队密切配合，打了不少漂亮仗，有力地消耗了日军的力量，保卫了大西北的安全。从1938年到1941年，中国军队守卫的晋南中条山始终巍然屹立，是日军难以攻破的“盲肠”。

黄河发源于青藏高原，从西向东流，流到了内蒙古后，又转而从北向南流，流到陕西的潼关后，又改为从西向东流，而被黄河大拐角揽在怀中的，便是山西南部的中条山。中条山为东西走向，山脉两侧有永济、芮城、平陆、夏县、垣曲、绛县等县城。中条山区被黄河环绕着，东邻豫北，西连陕东，战略地位非常重要。

1938 年 3 月，日军的牛岛师团集结主力，开始从山西运城西犯，6 日占领了中条山区的永济县，8 日占领了风陵渡，立即用飞机大炮，进犯陕西的河防阵地。日军若从永济城西渡黄河，便能攻入西安，威胁大西北。一时，西安城内居民惊恐不安，各大报连续报道河东沦陷的形势，山雨欲来风满楼。

为了防止日军进犯陕西，1938 年 6 月，蒋介石将孙蔚如率领的 38 军改编为 31 军团第 4 集团军，命令他们渡过黄河到晋南中条山地区，与日军迂回作战，掩护黄河之安全，并令原属孙蔚如的警备一旅，留陕西守河防，阻止日军西渡黄河。

孙蔚如的 38 军，原是杨虎城的十七路军，将士中大多是陕北人，他们与陕北的共产党八路军关系和睦，作战勇敢。在中条山保卫战中，无论是浴血姚温，血战永济，还是在 1939 年的“六六血战”中，都以热血和生命，保卫了中条山，其中尤其以 1939 年 6 月 6 日在芮城陌南镇的战斗中，“陕西冷娃”在弹尽粮绝、走投无路的情况下，不愿做俘虏，集体跳黄河殉国的史实，最为悲壮。

孙蔚如将军(1896—1979),第 4 集团军军团长,曾指挥中条山战役

陕西朝邑县（今属大荔），是与山西永济县隔河相望一个县城，在中条山保卫战中，朝邑既是第 4 集团军开赴中条山前线的可靠后方，也是防止日军西渡黄河的重要河防，河防守军在这里筑了坚固的工事，时时监视着河对岸敌人的动态。在中条山区的历次战斗中，朝邑民众经常在夜晚摇着木船、划着羊皮筏子，送战士东渡黄河，或给前线战士送饭、接送伤病员回来。朝邑县长张法杰，亲自组织保安队员协助部队守卫河防要冲。军民的合作，为中条山保卫战坚持多年提供了坚实的基础。

1939 年 9 月 16 日，《阵中日报 · 军人魂》发表了杜锦和的《黄河西岸》一文，这是一篇纪实散文，由于是在战时，文中对部队驻守的地点语焉不详，但从“黄河西岸”、中条山、永济城、朝晖夕阴、沙滩、牛岛师团等情景的描写，不难推断出这是守卫在陕西朝邑黄河防线上的河防部队。文中所述，虽无大的战斗，只是日常琐事，却也可以看出战士们的责任与辛劳。

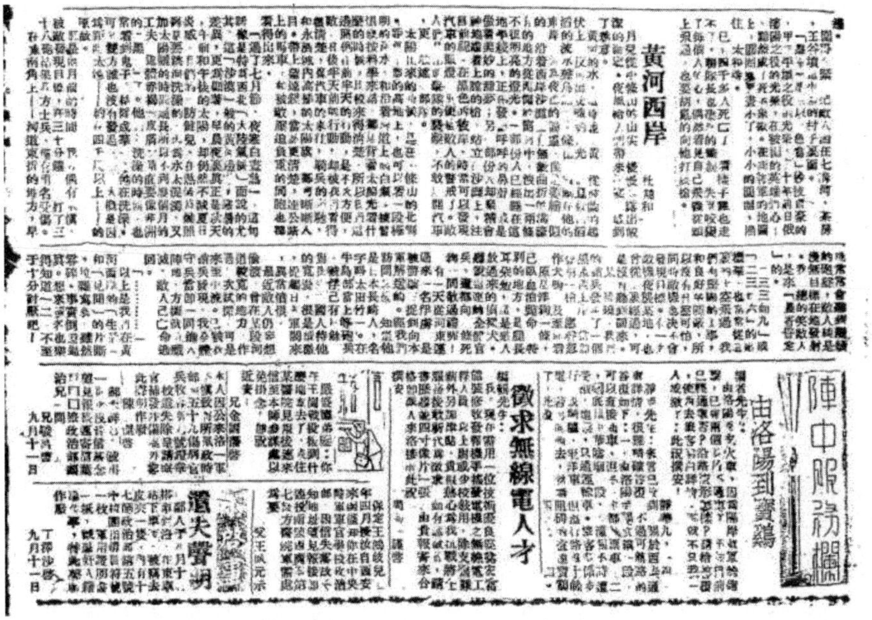
黄河西岸
杜錦和
徵求無線電人才
陣中服務欄
由洛陽到寶雞

1939 年 9 月 16 日《阵中日报 · 军人魂》发表杜锦和《黄河西岸》

黄河西岸

杜锦和

1939 年 9 月 16 日《阵中日报 · 军人魂》

月儿从中条山的山尖，慢慢的露出皎洁的面庞，夜风给人们带来清寒，感到了暮意。

黄河的水，这时并不黄，从波澜起伏上，反射出交织的月光，且发出滔滔的流水声。乌黑的中条山，耸立在它的东岸，因为夜色的笼罩，像是萎缩似的，沿着西岸沙滩，无数曲折的沟壕的地方，从西面的窗户中，泻出一两条不很明亮的灯光。一部分人已经睡在这地平线上，正在发出呼呼的鼻声，或是做着美妙的甜梦；另一部分人却聚精会神地端着上膛的枪，站立在沙滩上，注目前视，在黑色的彼岸，时常可以发现汽车的眼灯，那便是敌人的警戒了。敌人们是害怕游击队的袭击，不敢开汽车，更不敢远离部队。

太阳出来的时候，是在中条山的北侧，距河岸的高地上，也可以看一段极明的河水，和沿着河道上腾的白气，按习惯或按科学来讲，都是背着太阳光看什么的时候，比较来得清楚，所以我们这边照例在前半天的行动，是不大方便，敌人在后半天前的行动，却被我们看得很清楚，像汽车的来往，骑兵的奔驰，和永济城内高插的太阳旗，都可晰晰入目。戴上望远镜，当然更清楚，连公路上的马车，和被敌压迫负重的同胞也都看得出来。

“过了七月节，夜寒白昼热”，这句话像是特为西北“大陆气候”而说的。尤其在这沙漠一般的黄河边，寒暑的差异，更为显著。早晨夜里真正是秋天，午前和午后的太阳，却仍然不减夏日炎威。我们的河防健儿，在热的时候照例是要跳河洗澡的，因为水太浑浊，又加太阳晒的时间过长，所以不到几个月的工夫，遍体赤褐的皮肤，简直要像非洲人的“黑”了。他们在洗澡的时候，也常看到鬼子，结队成群的在洗澡，可是双方谁也没有发生过冲突，大概是因为距离太远——约在四千尺以上——的缘故。

那是两月前的时间，我们偶有不慎，被敌发现目标，在三十分钟，打了三十八炮，结果我方士兵，仅有两名受伤。

在东南角上——河道东折的地方，早晚常常会听到陆续的炮声，敌人纯是漫无目标在发射，我们总是笑敌人是来“晨昏定省”的。

“三三如九”或“二三如六”的飞机群，也常常从这里的天空飞过，我们有坚固的工事，和良好的隐蔽，所以没有什么可怕，同时敌机也绝不会发现目标。有一次敌机夜袭某地，也曾从这里经过，可是没有听到回来。

某日拂晓，我们的哨兵发现了一个黑东西上岸，当即发射一枪，应声忽作犬鸣，及至前看，原是洋狗一条，已卧血泊毙命。它特别的地方，是腿长耳朵短，这是敌人放过来的侦探犬。听说这连的全体官兵，还都向这条死狗一同敬过礼呢！

有一天从河东运过来一名俘虏，是被游击队捉到向本军押送的。经我们询问之后，知道他是日本长崎人，名字叫太田竹一。在牛岛部当上等炮兵。被俘已有月余。对我们中国人待他的宽爱，很是感激。提起日本军阀来，异常愤恨。

最近敌人仍妄想偷渡，曾在某段河道较宽的地方，做过一次试探，可是来至中流，已被我哨兵发现，我全体守兵当即一同进入阵地，方拟就地歼灭，敌人已亡命逃回。

……

以上是我们在黄河西岸的“生活”和“见闻”的片断，拉杂写来，事实倒还逼真。想来读者也乐得知道一二，不至于十分讨厌吧！

《国民公约》宣誓另一角

——李蕤:《指印》

1939年9月21日、22日

1939年3月11日，国民政府在国防最高委员会下设立“精神总动员会”，蒋介石自任会长，并公布《国民精神总动员纲领》《精神总动员实施办法》。《纲领》提出：国民精神总动员，就是集中一切意识、思维、智慧与精神力量于一个方向，尤在于努力抗战之中。次日，蒋介石通电全国，宣布实行“国民精神总动员”运动。

1939年4月19日,宋美龄在重庆市各界妇女《国民公约》宣誓大会上致词

5月1日，国民精神总动员开始实施，各地同时举行国民月会。1939年5月1日，重庆3000余人举行首次月会兼国民精神总动员誓师大会。蒋介石亲自主持会议并训词，会上进行了《国民公约》宣誓。当晚重庆万余人进行火炬游行。此后国民精神总动员运动在各地先后开展起来。

国民政府推行《国民公约》及“誓词”，是为了防止类似汪精卫那样的卖国投敌事件的再度发生，通过宣誓的方式进行全民抗战总动员，要求推行到最基层。《国民公约》的具体内容有十二条：

一、不违背三民主义；

二、不违背政府法令；

三、不违背国家民族的利益；

四、不做汉奸和敌国的顺民；

五、不参加汉奸组织；

六、不做敌军和汉奸的官兵；

七、不替敌人和汉奸带路；

八、不替敌人和汉奸探听消息；

九、不替敌人和汉奸工作；

十、不用敌人和汉奸银行钞票；

十一、不买敌人的货物；

十二、不卖粮食和一切物品给敌人和汉奸。

《国民公约》在当时宣传力度很大，不仅在国统区到处张贴，还有的地方将条约刻在墙上，甚至烧制在瓷器上。不仅如此，还要求每个国民都要熟悉《国民公约》，对此宣誓，并按上指印。

1940 年烧制在瓷器上的《国民公约》

然而，在具体贯彻过程中，许多地方官员，却视若儿戏，敷衍了事，或另行一套，借机敛财。如安徽平阳县长张韶舞，在通福门等处设关卡，强制行人背诵《国民公约》，居民称之为“鬼门关”，在乡村中，更普遍的是保甲长举行集会，并不向他们做任何解释，只要求他们在印好的《誓词》上盖个指印，就算完事。

1939 年 9 月《阵中日报 · 军人魂》发表了李蕤的《指印——国民公约宣誓另一角》，这是一篇纪实性作品。记述了作者与妻子“菡”从洛阳回到故乡荥阳时，发现保甲长对《国民公约》的贯彻已经走了味，他们就自觉向乡亲们宣传《国民公约》的意义，以达到唤起乡亲们的爱国意识的目的。

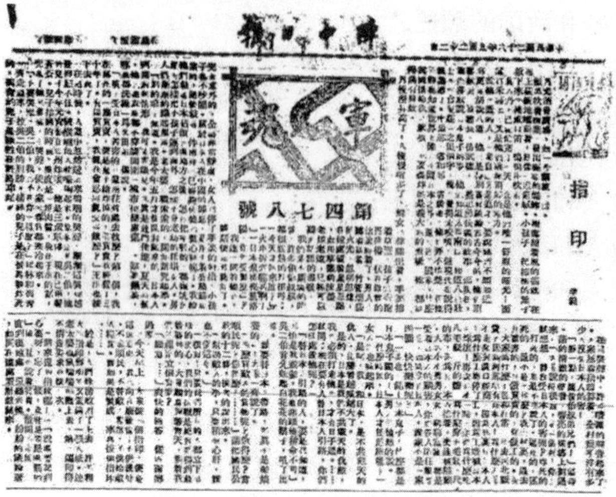
軍人魂
第四七八號
指印

1939 年 9 月 21-22 日《阵中日报 · 军人魂》发表李蕤的《指印》

指印

——《国民公约》宣誓另一角

李蕤

1939 年 9 月 21 日、22 日《阵中日报 · 军人魂》

铜锣的声音，从村头响到村梢，从村梢又响到村头。这声音，敲击着八王庄人的心，从很远的年代起，它永远是有事情的符号，听着这声音，他们会一齐到场上开会，准有大事。

但对于小孩子，铜锣的声音却远是不同的，他们听到锣的第一声，便高声叫着，或者等他们的伙伴，一齐奔向广场。

这广场，是八王庄的主体：禾场。现在麦子已打完了，场子边长的叶芽，采的是精光光的，什么东西也没有了。鸡子每天跑着，就在场上觅食。

“来哟……”

“一家一口人，谁要不来，罚款一元……”

敲锣的一边走着，一边长声吆喝着，联保处的勤务，已经开始赶广场啄米的鸡，和广场上追逐扑打的小孩子。

“什么事情呀，三天两头开会？”

“外头的，不在家，屋里的人也不在么？”

大约是罚一块钱的声音，他们听得特别清楚，各家纷纷派出了代表，八王庄有一百多户人家，人像祈雨的蚂蚁一般，向广场汇集，老头、老婆，妇女、小孩子，他们走着议论着，推测这一次要宣布什么事情。

“总不是放赈……”谁先说一句，轻轻的，难悉……

我在家里，因为大家都在忙着，我和菡便担任了这个代表，我也想知道一下商量的是什么事情。

炊烟从茅舍上升腾出来，袅袅散入乳糜色的天空，朝暾里走着牛羊，草尖上挂着夜来的清露。远远的向广场头去，那些朴质的人群，黑压压排成一片海波。“这些人如果都把他们的脑子都武装起来，在抗战中该是个无比的力量。”我们兴奋地想。

但，我们没有走到的时候，却看见那广场上的人，已经零零星星地折回头了。

“什么事呵？”

“什么事情？去吧，孩子！什么事情也没有。桌子上放着墨盒，放着印色，放着麻纸，谁走到，在自己的名字下按一个指头印……”

“为什么事情呢，按指印？”

“那谁能知道呢？刚才我问联保主任，我说，‘指头印不能胡乱按的，那跟画押差不多，我们得知道是什么事。’他反而严肃地说，‘不拘有什么事，能挡得了么？你要敢不按，就不按好了。’我哪里敢不按呢？伸个头，吃了场空没趣。”

再向另外的人问，也是这类的回答：“不知道呵，先知道谁要不按便送县，来晚了要罚一块钱。”

什么事呢？我和菡也别扭起来。

我们走到广场时，和朝山蚂蚁般的农民们，已经向田野边疏散得差不多了。广场上只剩下未撤去的桌子，和按过指印的麻纸。联保主任，在靠着圈椅吃纸烟。

看见我们，他起身为礼。这联保主任，人可是非常和气，我告他说，我也是来按指印的，但想知道是什么事。

“什么事？国民怎么看呀？对，《国民公约》宣誓，有什么意想呢？这宗事，可是区上天天催呢。”

当我诘问老百姓们知道不知道这《国民公约》的时候，他简直把吸剩的烟头都忘记掷掉了，他一直说：“老百姓么？你说到叫他从哪到哪，派款叫他出就是，要指印，叫他按就是！可给他‘批讲’，他三天三夜弄不清楚的，都是死榆木脑袋！”

国民精神总动员，在最高当局号召的时候，是何等的热烈期待着它的效果呀！这是全国民众的齐声巨吼，是行进到中途的坚毅的誓言，但是，这算什么呢？用“派款”的方式叫他们按下了这几百个指印。

看着这些粗大的纯朴的指印，想到政府最初对人民的期待，心蓦地里觉到一种剧痛，眼睛也不自禁的潮湿了。

对面又点起第二只香烟的联保主任，这时更显得可厌可憎，他又絮絮的在发挥他“应付”公事的高论。感情燃烧着，我想痛快地和他争吵一场，他不该把这么隆重的事情，看得这样马虎、随便。

但，我并没有无礼，我反反复复的对他说，应该让老百姓知道《国民公约》，政府最重要的是叫他们知道、履行，画押、按指印，倒是其次。并且问他，如果他高兴的时候，可不可以再召集一次。他的头却一直摇着，“难召集啊，每一回不罚钱是开不成会的”，“说也白说呀，我保险他们听听也是白费”。最后他又指着自己的鼻头：“我是联保主任，你问问我看，我能不知《国民公约》是几条么？”

简直跟“说山”一样，解释得源源本本，最后说以后还要举行国民月会，县长还要下乡视察。后一句，似乎发生了很大的效力，他拍着我的肩膀：“老弟——那就再来一次吧，就今夜怎么样？今天十五，大月亮照着，秋风吹着，又不热……”他旋风似的走开。

傍晚刚吃罢饭，铜锣的声音已经又绕着村子响了起来。

月光洒在广场，如一层银波一样。

微风吹着树叶，发出轻声的窸窣，树叶随着风的摇动，在枝头上缓缓的蠕动着，好像一堆乱发。小孩子把柿树的叶子揪下来，卷成口笛，呜呜的吹着。

农人的活已经忙完了一天，这是他们唯一舒服的时光，面前打禾场上，又是他们闲聊的顶好的地方。

麦场一群的人，一边自己说是蠢材，但要说他们不愿知道，更是胡说八道。他们是特别喜欢谈论古古今今的。他们顶喜欢的，是关云长、岳武穆，这些忠勇侠义的故事，而如今，他们喜欢说日本鬼子的事。他们知道太岳南口，知道八百壮士，台儿庄之类的字眼，最初觉得太咬嘴，到现在也说得很熟悉。中国哪一省和哪一省接连，他们弄不清楚，倒也知道世界上除了中国日本之外，还有其他国家，什么我们的枪是美国的，在哪里轰炸的是意大利的飞机，他们都谈得满有兴致。

月慢慢升高了，人慢慢增多了。妇女盘膝坐着，手里拧着草辫；孩子到处跑得疲倦，伏在母亲的怀里睡着了；男人谈着谈着，竹管烟袋的火光，忽明忽灭，在远处望着星星点点，如同草丛的流萤。老远老远，已经可以听到话语的温暖。

我们走到广场的时候，许多伯伯叔叔，都很亲热的打招呼：

“今天才回来么？”

“火车拆到哪里啊？”

“日本飞机夜里袭洛阳，你们受惊么？”我逐一回答他们，谈话便停在这刻了。

完全意外的，全场非常静肃。女人们停下了手里的针指，小孩子也不吵闹。关于日本人在中国的罪恶，是用不着费脑筋找答案的，随便叙述一件两件事，已经够使他们惊心动魄了。我给他们讲日本占领一个地方之后，怎样把年轻的都埋坑里，怎样把小孩子运到海外，怎样不分老幼的糟蹋女人。男人们渐渐地皱起眉头，老太婆的手索索的抖着，开始诅咒起来。

“别的咱们不知道，我是今年五月才从开封回来的。日本人到开封的情形，我可是亲眼见。真是逢门便进，夏天的时候，他们连衣服都不穿，腰间围一块布，便到处乱走。缸里锅里，哪里都洗澡。”马文田第一个说。

“唉，受日本人苦害的，还用往别处去找么？第一个，我在郑州的一座买卖，便是鬼子给炸掉的。这买卖我经营了三十年了，有这买卖，我现在会忍这饥挨这饿么？”王洪也接着说。

在这时候，人群中忽然送来呜咽的哭声，渐渐这哭声穿越到压不住。破喉咙地大声号啕起来。原来，这是吴二伯，他的儿子今年元宵节在郑州炸死，他是三辈单传，现在已两鬓苍苍，儿子抬回的时候，简直是一堆肉酱。现在王洪的话，逗起了他的悲伤的哭声，使大家的脊背都寒冷起来。

“不要哭吧，吴二伯，我们不是和你一样么？”杨林和冯青一齐走过来，拉吴二伯的肩膀，杨林的儿子是在侯马被炸死的，冯青的儿子是牺牲在许昌车站。

在这哭声中，许多噪杂的声音起来了，家家屈着指头算着，全村几乎没有多少人没受日本人的害！

“静一点，诸位伯叔弟兄们！”这时，菡的清澈的声音，响亮的从场上对过来：“大家说得很对，这一个村，你们想想，谁没受日本人的害呢？炸死的，打死的，那是不用说了，逼死的，困死的，还不是一样么？村里过去，有读书的，有做买卖的，有做工的，现在，大家为什么不能和往常一样，到河北贩货？因为河那边有日本人！为什么人都不走开封、汉口经商？因为那里有日本人！为什么工厂停了工，因为工厂被日本人毁坏了！再说，你们为什么吃八毛钱一斤的盐，为什么穿九毛钱一尺的布，因为日本人挡着，交通线隔断了。大大小小，男男女女，穷穷富富，都是受着日本人的祸害。你们各人闭住眼想一想，如果没有日本人，谁家不是一家团团圆圆，快快乐乐呢？”

“什么都是日本鬼子闹的！”男人愤然的说。

“什么时候，日本人才能赶跑哪？”女人们也喊起来。

“是吗，我们和日本，是不共戴天的仇人！”这声音越喊越大了。

“是的，日本是我们不共戴天的仇敌，我们必须打走他，才有日子过。……试问，现在要有人替日本人引路，你们怎样处置他呢？”

“替日本人引路的人，要是我知道，哪怕是我亲爹，我也非跟他拼命不可。”吴二伯首先翘起白花花的胡子，吼了出来。

“谁要替日本人带路，真不是爹娘养的。”大家一齐说了。

“那么买敌人的货物呢？做得么？当顺民呢？做得么？……”菡把《国民公约》的十二条，挨次的说出来。

“帮助敌人的事，只要稍有心肝，谁也不做这些。”

“很好！只要我们所做的，都立下铁样的决心，我们的抗战是绝对要得到最后的胜利的。大家愿对着青天，对着我们的祖国立个誓么？”

“愿意……”爽快的回答，从对面掷过来。

“今天早上，大家按一个指印，便是这个意思。我们在这里发誓，不做汉奸，不做顺民，不替敌人帮忙，不供给敌人粮食，谁如果是赞成，来按个指印……”

于是，他们蜂拥般地上去，许多粗大的指印，鲜明的盖满了一张又一张纸。连老太婆也气喘喘的跑上去，第一遍印得不清还要求再按一次。

“将来还要看指纹哪！”

“说到要记到心里呀，忘了一条，政府是要严厉罚的。”

……

他们互相说笑着，散开的时候，直到很远处，还听见他们纷纷议论着，如同从远处看戏归来。

李蕤（1911—1998），本名赵悔深，笔名李蕤，流萤，赵初等，河南荥阳人。出身于贫苦农民家庭。1929年考入洛阳省立第四师范前期班，1932年考入开封“省立第一师范”后期班，1936年夏考入河南大学。抗战爆发后，先后担任郑州《大刚报》、洛阳《阵中日报》、南阳《前锋报》、开封《前锋报·中国时报联合版》记者、副刊编辑、主笔等职。参加“青记”和“国新社”，在《阵中日报》工作期间担任“国新社”洛阳站站长。1948年携全家奔赴解放区。

晚年李蕤（1911—1998）

新中国成立后任《开封日报》《河南日报》副刊主任、河南省文联副主席。1953年调往武汉，任中南文联及中南作家协会第一副主席，主持《长江文艺》编务。1957年错划为右派，“文革”受到不公正待遇。新时期彻底平反，1978年任武汉市文联副主席、武汉市作协主席，主编文艺刊物《芳草》。1988年离休。1998年病逝于东湖疗养院。

出版有报告文学集《在朝鲜前线》、短篇小说集《土的故事》、散文集《水终必到海》《李蕤文集》（四卷）等。其中以翔实报道1942年河南大饥荒的《豫灾剪影》最受关注。

屏障洛阳、潼关的“桥头堡”

——王天一：《烽火燃烧在中条山上》（诗）

1939年9月25日

中条山位于山西西南部，居太行山和华山之间，故名中条。黄河从内蒙向南流，分开了陕西和山西，而流到中条山风陵渡时，又改为自西向东流，分开了山西和河南。中条山区，就处在黄河这个“大拐角”的“怀抱”中，是屏障洛阳、潼关的“桥头堡”，战略地位十分重要。

晋南中条山的雄姿

抗战全面爆发后，1937年11月，随着忻口、太原的相继失守，中国军队逐次向晋南退却，中条山的战略地位愈加突显。

1938年2月，卫立煌被任命为第二战区副司令长官，率十几万人的部队进入晋南山区，与八路军密切配合，开展游击战，建立了以中条山为依托的游击根据地。日军曾13次围攻中条山，都遭到了中国军队的有力反击。中条山地区许多城市和据点，得而复失，失而复得，进行着惨烈的拉锯战。中日双方都付出了巨大代价，而日军一直未能占据中条山。

从1938年春到1941年5月，中条山在抗战中巍然屹立3年多，保卫了洛阳和西安的安全，保证了陇海铁路的畅通。

中国军队在中条山区对日作战

中条山主峰大部分是石层组成，据当时驻防将领回忆，士兵为构筑工事，磨秃了掘土器具，那里土地贫瘠，生活也艰苦，吃粮要到遥远的粮站去背，自己推磨、打柴，官兵普遍营养不良，疾病流行。他们武器装备落后，“以劣势之武装与兵力，处险地当强敌而达成任务”，在这样艰苦环境中，能坚持战斗3年，对抗战的功劳无疑是巨大的。

中国军队在陡峻的山路上攀登

1939年9月25日，《阵中日报·军人魂》发表了王天一的诗歌《烽火燃烧在中条山上》，诗中勾勒了中条山上“千峰万脊”、山下“怒涛奔流”的雄姿，说它是“我们的帷帐”“被野兽蹂躏着的围墙”，讴歌了顽强守卫中条山的英勇战士。

作者王天一（1916—2002），著名科普作家，新中国建立后任中国科普作协常务理事。

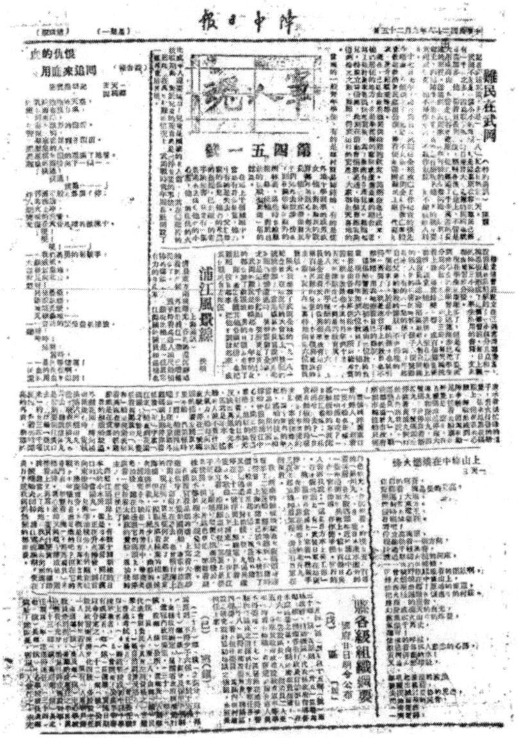
陣中日報
軍人魂
第四五一號
難民在武岡
浦江風景線
縣各級組織綱要
烽火燃燒在中條山上
王天一

1939 年 9 月 25 日《阵中日报 · 军人魂》发表王天一《烽火燃烧在中条山上》

烽火燃烧在中条山上

王天一

1939 年 9 月 25 日《阵中日报 · 军人魂》

银白的苍穹，
悬缀着一块晶莹的月亮，
照遍了大地，
耀射着东方。

侵略的魔王，
在纵情猖狂。
看吧！
伫立高岗顶，
视线朝着一个方向。
跨过千峰万脊，
渡过怒涛奔流的河床，
——我们的帷帐，
这曾被野兽蹂躏着的围墙啊，
烽火燃烧在中条山上。
法西斯挂起了原始的面罩，
把火焰遍撒在怀抱中的村庄，
座座的庐舍，
幻变成弥天的血光，
聚集成火山般的炸裂，
气焰千万丈。
听呀！
凄惨的呼喊，
激荡着每个人悲忿的心房！
黄河澎湃的水，
又是多么雄壮！
怒吼起滚滚的波浪，
要跃出摇篮，
去扑灭这强盗的凶芒，
把法西斯的尸骨，
一齐埋葬，
一齐埋葬！
（完）

1939 年 1 月国民党五届五中全会制定了“防共、反共、限共、溶共”的政策，在山西制造与八路军的摩擦。1940 年 10 月，第四集团军因“亲共”嫌疑，被调到河南黄河以南担任河防，中条山的“铁柱子”被抽走了。

1941 年 5 月，蒋介石趁卫立煌去峨眉山之机，派何应钦到西安，指挥中条山战役，何应钦不熟悉战地环境，打破了卫立煌原有部署。中条山战役从 5 月 7 日打到 5 月 28 日，国民党军阵地尽失，中日双方伤亡比例为 20：1，蒋介石称，1941 年中条山战役的失败，是“抗战中最大之耻辱”。

直面人生“七月派”

——倪受乾:《大时代中的一个小人物》

1939 年 9 月 22 日、24 日

抗战中的部队行军锅

抗战时期，胡风任中华全国抗敌协会常委，并主编《七月》杂志，扶植新人，形成了国统区抗战文学的创作流派——“七月派”。“七月派”的作家，有不少活跃在抗战前线，如丘东平、阿垅、曹白等，他们的创作，能直面生活的真实，关注人物的命运，描写普通民众的“精神奴役创伤”，刻画将士在为国杀敌时的精神活动，在歌颂将士为国牺牲的同时，也暴露批判部队漠视士兵生命的黑暗现象。这些创作上的特点，在“七月派”的作家创作中都有着明显印记。

倪受乾，是“七月派”的年轻诗人和作家，抗战时期，他在《七月》上发表过两篇作品：诗歌《西行列车》和纪实文学《我怎样退出南京的——记排长武某某的谈话》。1939 年末他因病去世于西安，胡风还亲自前往西安为他题写墓碑“诗人倪受乾之墓”（见《碧野文集》第四卷《人生的花与果》）。

倪受乾是碧野 1938 年在洛阳结识的文友，1939 年，倪受乾在碧野主编的《阵中日报・军人魂》上发表过两篇作品：诗歌《射击手之歌》和纪实文学《大时代中的一个小人物》。

1939 年 9 月 22 日、24 日，《阵中日报・军人魂》连载了倪受乾的《大时代中的一个小人物》，它描写国民政府军队中一个炊事兵朱得胜的故事。朱得胜一生经

历丰富，第一次世界大战期间就到法国做过华工。他好酒好赌好女人，却又为人憨厚，肯吃苦，做炊事兵尽心尽职。他见多识广，助人为乐，在危难中帮助阿五妈担行李。在他和新兵阿五、阿五妈等身上，都不难看到中国民众几千年来的“精神奴役创伤”。这就是中国大地上普普通通的一个小人物的真实形象，他最后被后方医院不负责任地抛弃至死，也是令人叹惋的。

倪受乾因为早逝，生年和籍贯不详。但从他留下的诗文中可以看到，在抗战初期，他曾亲临前线，对部队生活非常熟悉。他的文笔细腻，刻画人物生动鲜活，富有生活气息。

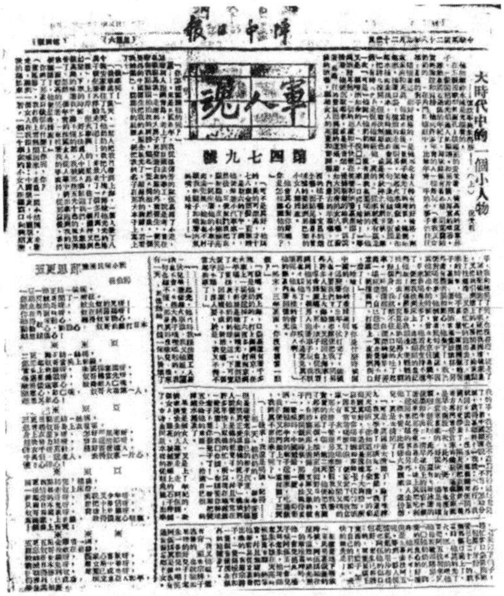
陣中日報
軍人魂
第四七九號
大時代中的一個小人物（上）

1939 年 9 月 22 日、24 日《阵中日报 · 军人魂》连载倪受乾《大时代中的一个小人物》

大时代中的一个小人物

——忆炊事兵朱得胜

倪受乾

1939 年 9 月 22 日、24 日《阵中日报 · 军人魂》

他的精神永远是充溢着的。

在他黧黑的面孔上，很端正的安置着一个高高的鼻子，一个凹陷而光焰逼人的眼睛，和两片厚实的嘴唇。

虽然将要到退伍的年纪了，却依然有着一副宽阔结实的胸膛和臂膀，他同许多年青的人一样好玩，“来，我日你奶奶的。”在角斗的嬉戏中，比他年青一半的小伙子往往不是他的对手。

陪衬着这一副好体格的，是他那北方人特有的好性格，刚直豪爽和天真。每当他的最后一个铜子输光了的时候，他便站起来，拍着口袋，悄悄的走进厨房，架起火来做饭，或是担起水桶出去挑水，有时候他或许会骂一句“去他妈的完蛋腺”，把牌儿推开，但却决无怒色，或是同伙伴们有所争执。虽然，有时人们不免作弄他蒙蔽他，真的，他从来就没有赢过一次，可是，他说：“他奶奶的，没有钱我也是要喝酒的”，他又是一个嗜酒如命的人，“倪某某，来一口吧，哈哈！”等酒酣耳热，一切的思虑和不快便在笑声和酒量里消融了。接着，他便沉默起来，或是吸着烟，慢条斯理的给我诉说着他过往的丰富而美丽的遭遇，譬如大同府的女人啰，法国的酒啰，内蒙古的羊群啰，江西的橘子啰，宜昌的烟土啰，而结尾都是不无唏嘘的归结到那巴黎的小女人希姆莱。

“你说她真心对你好啰，你是怎样对待她的呢？”

“可不是真好，他妈的，长的可漂亮，才十七八岁，金头发，蓝眼睛，星期六的下午一到，她便开着小汽车来了，然后，便帮我把衣服整好，皮鞋擦亮，一同坐着她的小车子去兜风，她一点也不讨厌我的胡子和喷着酒气的嘴，哈哈……”

“你怎么认识她的呢？”

“唉，这是民国四年，我从孙传芳的队伍里开了小差，跟着别人跑到青岛，考上了到法国去的华工，说是考，实在也很容易，我一走进那大房子，那穿着白衣服的外国医生，便笑着对我点点头，拍拍我的肩膀，翘起一只大拇指，然后，一个另外的中国医生把我的衣服全扒光了，敲敲我的胸脯，看看我的下身，捻捻我的屁股，便把我的名字写在那大本子上了！”

“后来呢？”

“后来过了几天，一帮人把我们带到上海，一个人发了八十块安家费，住了九天，他奶奶的，我把八十块大洋输他光光的，便坐着大洋船走了，嗯，……光景走了一个多月，在巴色（原注，指马赛）上了岸，坐火车走的……里昂住了一个礼拜，又到巴黎，下车的时候，好多法国人、中国人在那里欢迎我们，大家都很高兴地喊着我们听不懂的话，我被那些五光十色的风景弄昏了。忽然，一个年轻的法国女人从人群中挤出来跑到我的面前，一面响亮地笑着，一面拉着我的手直抖，从那以后，我们就认识了，她便是希姆莱！”

“你到那里以后做的什么工作呢，你？”

“起先，他们叫我跟法国工人在一伙儿学着修火车头，我日他姐，我啥也不会，一些大鼻子叽里呱啦的，我一句也听不懂，那是真叫没味儿，后来有一天，汽炉一家伙烫坏了我的手，我怎么也不高兴再干这玩意儿了。可是中国翻译说，不行，怎么分派，就得怎样干！”我说：“不行，我回中国去！”没法子，那个翻译便同外国人打交涉去了，隔天便把我调到一个军方专门看管仓库的钥匙，这仓库只是早晚开放一次，此外，便什么事也没有。那仓库里堆的，好家伙的，尽是些罐头啦，饼干啦，此外，还有大批冰着的蔬菜和牛肉。一清早队伍上的副官派人把那些东西拿走，晚上又把吃剩的送回来，记账的事由另外一个人去做，我一概不管。比起修火车头来，这份活儿，真是太清闲了！”

“可是，真因为太清闲了，除了摊牌九，我又学会了打扑克，当然，我还要天天喝酒，你知道那‘白耳朵’（原注，指白葡萄酒）的葡萄酒真好，不过就是还嫌太大劲儿，所以我又常常喝啤酒和伏特加，因为常常喝醉了酒，便忘记了开放仓库。有一次，又喝醉了，又闹又唱的，那大胖子管理员跑过来要罚我，给我着着实实的揍了一顿，第二天，他便把我关了起来。那个禁闭室倒挺舒适的，有门，有纱窗，铁床上还铺着又厚又软的被子，一到开饭的时候，那个法国侍者一边喊叫‘中国爷爷，’一面把葡萄酒、面包和牛肉的盘子送过来，吃过饭，我们便把门锁上。这样关了三天，我倒真不想出来了呢。”

“一天，我打街上看热闹回来，走过一个小胡同，走着走着，听到一个女人在我头上喊着：中国朋友，中国朋友，我抬起头一看，一个二十岁的小女人在楼窗口向我招手，我向她笑了笑，也没搭理，便走了。之后她跑了下来，硬把我拖到她家里，又把我引到楼上的房间里，给我点上了支烟卷，又急急忙忙地跑出去了，回来的时候，她手里提着一些精致的盘子，里面还装着一瓶酒，和两只玻璃杯，另外还有些香肠和点心，她坐下了，我们便对喝起来。她倒会几句中国话，因为她说她小的时候，曾在北京住过几年，后来我喝得太多了，她看我支持不住了，便把我扶到床上，迷迷糊糊的记得她放了两个苹果在我的头边，便轻轻的掩上门出去了。究竟是酒喝得大，翻了几个身，我就禁不住大口儿的吐了起来，一吐倒清醒了，白漂漂的被单，弄得一塌糊涂，自己想想，实在觉得不好意思，便打开房门，打楼上一直冲到街口，溜了！”

“哈哈，……那你是什么时候回中国的，你的希姆莱呢？”

“这么着干了三年，仗打完了，法国人也不要我们了。领事馆便把我同另外许多人装上大海船，又送回上海来……哼，希姆莱吗？那小婊子，自从我看见她同另外一个男人跑着车子玩，我就再也不睬她了……唉，不过究竟真不坏呢，她是那样会温存人啊！……”他的眼睛闪着回忆的光。

“那么，三年里面，你没有积蓄一点钱？”

“钱嘛，到上海，口袋里还有着千多块，可是他奶奶的，打上海到南京，在火车上一场便送掉了六百多，打南京到北平吗，不但钱是输他个净光，还倒赔了一只挂表！他奶奶的，这一下可完蛋膘了，回家回不成，细活儿嘛，一个大字不识，没人要，于是，我又不得不当起兵来了！”

“……”

每当夜幕低垂，灯上人静的时候，他总是悄悄的照例捏着价廉的卷烟坐到我们的桌边。他听我读报纸，跟着我的手指看地图，而他的信仰也就一天天的坚定起来了。整个战局的进展和敌我形势，在他脑子里经常有一个很明晰的概念，所以他很能补救我在工作上的不足。实际上，我在教育他的太少，倒是他给我们的东西太多了，许多我们很生疏的地名，在他都能如数家珍似的给我们描绘出那些地方的山水、人物、风俗和小小的故事。

他对于世事的看法不免是幼稚得可怜，但那些天真纯朴的话语，正可以给我们的生活带来一些感奋，他说，日本人打机关枪，两个子儿一扣，好像是在问我们的弟兄："怕不怕？怕不怕？"我们的弟兄打机关枪，两个子儿一扣，好像是应着："不怕，不怕，不怕！"

老朱永远没有理想，好像吃过忘忧草似的。但是他都很会同女人打交道，他所说的归德府的一段韵事，真够年青的人们舒舒服服的做几天美梦。不过据他说，后来因为当上了伙夫，娘儿们便不再像以前那样喜欢他了。是的，在各式各样的差役里面，他偏偏爱上了当伙夫这份活儿。他做来的饭也的确够出色的，不软不硬，当然更不会有烧焦了的那么回事。每锅饭剩下来的锅巴，集聚起来，他拿来卖了便喝酒，喝罢了，话便是那些回忆之类的溜溜的话语。在他分内的事，做起来倒是怪勤恳的。但行起军来，他却不高兴担行军锅，可是在战斗激烈的火线，或是人烟稀少的深山中，他也并不会让我们饿肚子。本来么，他自己那一副铺盖——军毯以外，还有条红绸子被子和一张狗皮褥，都是在东战场退却时拾来的——两只洋铁水桶，加上煮饭用的工具，分量也就够瞧的了，而遇到有机会的时候，他还得担着老百姓逃难时不遑带走的东西。他不愿担那沉重的行军锅的真正原因，大概就在这里。

一个黑黝黝的十二月的夜晚，我们的队伍奉命从镇江向南京增防，虽然夜是那样的寒冷，路足足有六十里，但我们必须要在天亮以前赶到下蜀，因为那里还有最后的两列火车在等着我们。沿着铁路的前进的司令部的行列是非常混乱的，小伙夫阿五的心慌称肚子痛，把自己担着的碗筷、瓶子啦，一些杂七杂八的东西，统统分给老朱和他的跟着逃难出来的四十多岁的老母亲，自己仅仅背着一条毯子抢先跑了。

"那一天，他奶奶的，一个学生蛋子"——但是尽管老朱自己的担子沉重，由于他一向就真正爱护他的干儿子（他老说对人说阿五是他的干儿子），并且常常在许多事情上帮他的忙，所以现在他虽然一壁骂“你妈养你干球，老子不要你做儿子了！”一壁却把阿五分给他的东西一一拾进自己担子里，放进水桶里了。

阿五妈毕竟是个女人，又是上了年纪的，随挤来挤去的人群走着，走着，突然一个眼花，被铺在地上的石子绊倒了，顿时血同泉水般从额角流出来，老朱卸下担子，赶忙从口袋里掏出一包黑色的牙粉，不管三七二十一的就撒到伤口上了。这时，他真的光了火，瘟神似的吼着要把阿五找回来给他母亲磕头赔罪。“日他奶奶的，狗养的没良心的，非弄死他不可……”但是到哪里去找阿五呢？等到一伙人慌慌乱乱的用纱布棉花把阿五他娘的伤口包好，老朱已将她的两只装满了东西的大篮子，加在了自己的肩头，飞快的先走了。

在宿营地下蜀镇的一家民房里，做饭的时候，阿五妈躺在屋外温暖的阳光照射的草堆里呻吟，她一会儿扬起嗓子喊阿五，一会儿又叫老朱，她埋怨老朱不该在天亮的时候私自担走她的家当，并且无理的把她好容易从老家带出来的一对祖宗牌子、一只红烛台和一个铜香炉扔在城外的池塘里了。

“我对她说，还有背着祖宗牌子逃难的，也就养出那样的好儿子！”老朱一个劲儿的倒嘲笑阿五妈真是个没有见过世面的乡下女人。

不见老朱快一年了。

去年中秋的晚上，在大别山前线，他喝了过多的酒，倒在屋外的草地上，被山中的风湿所侵，便很沉重地病倒了。在既无医药又无余闲照顾他的情况下，我们只有把他送进师属野战医院，谁知在一个月后的转进中，那些草菅人命的医生人员，竟将他连同剩余的病兵一起抛弃了！我们天天在祝望着他平安归来，但是他一直没有回来，大概是不治而亡吧，或者更不幸的是落在敌人手里了！

如今，倪受乾写于1938年的人物专访《我怎样退出南京的——记排长武某某的谈话》，已被收入《南京大屠杀史料集》第3集，“幸存者的日记与回忆”，被作为国内仅存的两篇见证南京大屠杀的历史文献之一（另一篇是尚汝的《当南京被虐杀的时候》)。

《七月派作品选》，吴子敏编选，人民文学出版社 2011 年版

倪受乾是“七月派”的一个值得重视的作家。

链接

见证南京大屠杀的证词

——倪受乾:《我怎样退出南京的》

1938 年 7 月 1 日《七月》

南京大屠杀，是日本侵华战争初期，日军在中华民国首都南京，公然大规模屠杀平民、纵火抢劫、强奸妇女等所犯下的反人类的滔天罪行。这是中国人民永远不会忘记的历史惨剧和国耻!

南京大屠杀中中国同胞死亡枕藉

1937 年 12 月 13 日日军侵占南京后，在松井石根和谷寿夫的指挥下，进行大规模的烧杀淫掠达六周之久。中国平民和被俘士兵被集体枪杀、焚烧、活埋以及用其他方法处死者，达 30 万人以上。同时，南京市三分之一的房屋被焚毁，几乎所有的商店被抢劫一空。这是日本军国主义对中国人民犯下的滔天罪行。

近年来，一批由南京大屠杀期间外国记者拍摄的触目惊心的照片陆续传入国内，增加了国人对南京大屠杀残酷真相的了解。研究者寻访到了一些口述南京大屠杀的历史证人，而见证这段历史书面的资料，仍然非常缺乏。“七月派”作家倪受乾的《我怎样退出南京的——记排长武某某的谈话》进入人们的视野，被作为见证南京大屠杀的幸存者的证词，收入《南京大屠杀史料集》第 3 集中。

日本军人正准备砍下一个中国人的头颅

日寇将砍下的中国人的人头排列成行

被奸污后的妇女痛不欲生

杀人魔鬼在狞笑

倪受乾，因为于 1939 年早逝，生平事迹鲜有人知，但他在抗战初期留下的几篇战地诗文，却具有宝贵的史料价值。

倪受乾与碧野是文友，1939 年 9 月 22 日、24 日《阵中日报·军人魂》上连载过《大时代的一个小人物》一文，而他于 1938 年 7 月 1 日出版的《七月》第 17 期上发表的《我怎样退出南京的——记排长武某某的谈话》与该文内容相联系（都写了南京保卫战），且具有重要史料价值，故而编者将倪受乾的《我怎样退出南京的》这篇重要文章链接于此，以加深人们对这位英年早逝而作出过卓越贡献的作家的认识。

在这篇访谈中，倪受乾仍然坚持直面现实的写作风格，他秉笔直书，不回避写政府军某团长在危难时丢下部队临阵脱逃给士兵精神上带来的混乱，写四十八个士兵在生死关头时的怯懦，但他以更多笔墨，歌颂了“一个年轻而红黑的脸庞”——步兵上士徐金奎，在短时间消灭八个敌人，负伤却不要人照顾的英勇事迹；写武排长自己的思想活动，最后与素不相识的徐金奎密切配合，在极度的危险和困境中消灭了 41 个鬼子，并铲除汉奸、保护难民，侥幸逃离南京的经过。

从这篇纪实文学所描写的南京当时枪炮声不绝于耳的恐怖的气氛，人们纷纷涌向江边希望能渡到长江彼岸、甚至不惜抱一块木板下水冒险行为，从徐金奎晚上出去杀鬼子后，“猩血浸透了他的鞋底”，以及栖霞寺收容的一万余难民遭到汉奸的敲诈……都可以使人感受到南京大屠杀时期如地狱般的残酷生活场景。

我怎样退出南京的

——记排长武某某的谈话

倪受乾

1938 年 7 月 1 日出版的《七月》第 17 期

我与我的弟兄们都有一个坚确的信念：死守南京！

两年前，当我们担任南京防务的时候，这新兴首都给了我们不少难得泯灭的回忆，现在那些温暖的回忆都一一变成失望和忏悔的酸果了，因为，那耻辱的日子来得太快——一九三七年的十二月十二日！

我们辜负了一切已失和未失土地上底人民底期望，一切为祖国牺牲了的灵魂都将感觉不安，而最可痛恨的是在这毫无计划的撤退中，损失了无数的财产（军火和给养），成万的未发一弹的弟兄们都成了瓮中物！

从中央路、中山东路、丁家桥……涌来的人群汇集成一条泛滥的洪流，随着暮色的渐深，这洪流是逐渐逐渐的在汹涌起来，督战队的枪声阻止着这洪流的推进，硫磺味的火花，在凝固的骚乱的夜色中闪着光彩。庞大的军用卡车、流线型的私人汽车……涌集着，减少了道路的宽度，公文箱、军毯、自行车、枪支……在人们的脚下阻碍着每一步的移动。

空际交织着一切人类所制造的器物发出的繁响；震动着人们刺耳的忘形的叫喊、叱喝、叹息和谩骂……

战争还在城外进行着。

一个大得出奇的脑袋，在我的眼前晃动，这个脑袋上没有帽子。他背负的小木箱，抵着我的胸口，同时我的颈项上正接受着另一个人的急促的呼吸。我每移一步，必得把腿抬得高高的，否则便不能前进。

有一次，当我把腿抬高而又放下去的时候，踩在一个圆圆的东西上，几乎滑跌下去，用脚仔细一探摸，竟是一个人头！要不是迅速的抓住大脑袋的小木箱，不久，别人也许会踩上我的头了。想着想着，我闭上了眼睛。

这时，我们是在挹江门的城楼下。

睁开眼睛已经在城外了。大脑袋在我的眼前消失了。抚拍着疼痛的胸部，我把一股淡淡的哀愁，吐向寒冷的空气。我不知道自己和一切旁的似乎着了魔的人们，正在进行着一件什么事。如果说这就是退却，这退却未免太突兀，太离奇！

远天的炮声沉寂了，然而那缓慢的点射的机关枪的鸣响，这一忽，反而更为清晰。

我未曾注意到身旁杂沓的步声，或是慌急的招呼。一道红色的光芒迷惑了我的双眼，紫金山的半腰正蜿蜒着一条灿烂的火龙，敌人在开始破坏我们的障碍物。同时，在城垣里外的各处，腾起了可怕的火焰与浓烟，那些用血和汗凝成的我们人民底财产，都在贪婪的火舌的吞噬中毁灭了，消失了。

在码头上，在宽阔的江边马路上，人流像沸腾的水一样激荡着。天上满布云翳，淡淡的月色透过云层抚拂着呜咽长流的江水。平时熙来攘往的江面，这会儿变得如此的冷寂了，该有千万只贪婪的求生的眼，在这冷寂的江面上搜索吧。

偶然的一瞥，看见了我们的团长。特务排剩下二十人左右跟在他的后面。特务排的后面，就是我的那些纯朴的、憨态可掬的弟兄们。他们热烈而高兴的招呼我，似乎当前的情况并不足以使他们踌躇或惊骇，大约是只要不离开团长，每个人都有一份燃烧着的希望。

团长派出一部分人去分头搜寻民船，和本师专备的小汽船，剩下的人便焦急的期待着。当然，很快的大家便失望了，民船没有了，小汽船因为江水低落的原故，在江边搁住浅。虽然是搁住浅的船，竟也挤满了人，恰似一群蚂蚁聚附着一只死蝇一样，因而船也就越发难以入水了。这是一个严重的场面，团长沉默的听取了各人的报告，扬起了忧郁的眼，向江边眺望了一下。忽然大声的吼着：“每个人都去找船，不然，我们只有向回冲！”而他自己呢？就在群众扰攘纷纭中，悄悄的带着两个卫士走了。我看得很清楚，然而我没有转告任何别的人。

从城里涌出的人流，继续不断的增涨着，码头上有承受不了的样子。各种声调的方言啊，各种情绪的呼喊啊，而枪声又到处毫无忌惮的响着，粘附着这痉挛的大城市的一切，喧杂而综合的响声，散布得辽远而广阔，好像某些野兽群的可怕的怒吼。人们都丢弃了一切其他的意念和良心——只挣扎着力求把自己的生命带向扬子江的彼岸去！

当弟兄们发见团长已经独自离去，便像断线之珠似的爆开了。他们狂喊、叫嚣、埋怨，甚至我还听到低声的呜泣。羞愧和悲愤咬啮着我的心，使我禁不住吼叫起来。

“跟我来，要活命的跟我来！”

海军码头左二百公尺的地方，我们散乱的行列停止下来。一些广东弟兄们正从别的地方肩来些木板，整齐而崭新的，破碎而发霉的。解除了身上的负载，抱起他们唯一的生命的寄托，从沙岸上缓慢的滑向辽阔的江流里去。

一座燃烧起来的汽油库底烛天的火光，映照着江面上起伏的人头，哀婉的呼救声，刺心的飘送到岸上人们的耳边来，而湍急的江流贪婪的将那些起伏的人头何呼声一个个的吞灭了。

“现在船只是没有了的，一定要过江的话，我们得赶快找木板！”

环绕着我的弟兄们沉寂着。为眼前的情景所慑，没有一个人敢于回答，更没有一个人移动。

“既然不愿这样干，那我们只有冲，冲出去！”

手臂如林似的竖立起来。

于是开始点验人数和枪支：人四十八个，步枪三十二支，驳壳三十二支，轻机枪一挺。整齐了行列，沿着江岸，穿过人丛，一直向西去。我们的企图是突破敌人最弱的一环，把芜湖作为我们的目的地（我们不知道芜湖先南京失陷）。

当嘈杂的人声在我们的耳里变成了一片模糊的海啸的时候，这四十八个的行列便停止下来，我镇静而严厉的发出最后的命令：

“把刺刀上起来，子弹压上膛！”

出乎我的意料之外，回答我的是一片沉默。四十八双可耻而懦怯的膝头零零落落的屈向地面。

他们中的一个颤抖着嗓子：

“报告排长，为什么我们要冲出去呢，多少万人并不……”

好像一个响雷震破了我的耳膜，全身的血液无节制的奔腾起来。

退后几步，我颤抖的手卸下肩上的轻机枪，将它架在地面上，瞄向那屈膝的四十八个：

“解决了你们这四十八个不要脸的狗肏的！”

像触了电似的，那四十八个歇斯底里的齐声嗥叫起来：

“呀，啊，排长，请……请……”

…………

一个意念倏地刺到我的脑海里，“啊，训练不够，中国人！”

我的按着扳机的手松落下来了！

现在，我置身于一个半圮的阁楼上。破碎的窗门面对着一条宽阔的马路。远处的火光和沸腾的人声从窗口扑起来，不时的把我从半睡的状态带回到一种极度不安的情绪中。

疲乏了，可是我不能静静的睡一下。

坐在窗下的地板上，将头埋在双膝中，完全成了一个临命待决的人。

“呵，我的寄托给兄弟，姊妹，友朋，伴侣与祖国的热情什么地方去了？”

回答我的是这死去了的楼房底空洞的回声。

在微光中，看到手表上的短针正指着三点三分。

一九三七年的十二月十二日的夜快要完结了。

一阵连续的手榴弹的爆裂声，把我从朦胧中惊醒过来。

杀戮和流血正迎接着十三日黎明的到来！

人群如水似的从街道的南端向北倾泻下去，又从北端冲激回来。敌人的轻骑兵昂然的跃过障碍物，把子弹毫无标的的从短短的马枪中放射出去。七五的榴霰弹在空中炸裂，铅片如雨似的散落下来。从各个角落里，子弹飞跃出来，在人们的头上呼啸着，织成一道繁密的火网……

敌人的弹丸穿过敌人的胸膛！

敌人的弹丸穿过我们的胸膛！

一个永世没有的混乱的巷战！

这一切没有给我以丝毫恐怖。我希望一颗无情的子弹来了结我的生命，或是让火焰把我的躯体整个吞卷去！

当我正将驳壳向一个佩着指挥刀的野兽瞄射着的时候，街道对面的楼房下涌出一群我们的弟兄，三个人迎接着弹雨倒了下去，其余的便与南来的敌人肉搏相遇了。

不知从什么地方，手榴弹抛掷出来，扰乱着敌人的尾端，刺刀上的血向四下里飞溅开去，我的注意力全盘给一个年青而红黑的脸庞吸收了去。在极短暂的时间里，这年青的脸庞解决了八个。八个！

但是最后显然的他受伤了，痛苦的蹒跚着没入小巷里去。

为一股同情和兴奋所激动，我从狭窄的扶梯上冲跌下去，在那小巷中的垃圾桶旁，我发见了他。手抚着伤口，大而明敏的眼，向远天凝望着。

“同志，让我扶着你走吧，这儿可不能久留！”

“不，我自己能走，只要休息一会，你还可以去拼一下，拼一下啊！”

他的坚决的拒绝，使我感到悲愤和自惭，泪水沿着两颊流下来了。

我回到江边。

江边依旧是惨淡而扰攘的，仍然有些贪求着生命的人抱着木板滑向江流中去，好像他们情愿将生命埋藏在波涛里面。

从脚边拾起一支配有刺刀的中正式步枪，加入到一股向前冲击的散乱的行列里去。现在，付出我的生命的时机已经来到了。

敌机在低低的暗空中怪声的上下翻飞，可是始终没有一只炸弹伤及我们。轻机枪子弹底尖声的鸣叫，迫得每一个人屈着腰前进。

这不是一场战争，而是仇雠相遇的恶斗。

只要发见敌人，我们就不顾一切的把他们扑灭，同时，敌人对于我们也是一样。

我们散乱的行列，忽而急疾的跃进，忽而又停止下来。

在市轮渡码头的近边，我和另外一个人爬进一辆小型的坦克车里，企图利用它冲向城里去，而让它成为我们的坟墓。

但是顷刻我们便失望了。机关枪的子弹没有了，同时我们又不知道怎样才能使这怪物前进一步，原来我的陌生的同伴也只是一个步兵上士啊！

步兵上士徐金奎同我默默的坐在一间宽敞而暗黑的店堂里，两人拼命的抽着烟卷，时而用指头在满布灰尘的矮桌上划一个数目字——计算结局在我们刀尖上的敌人，时而倾听着屋外底战斗的音响。

数目字一个个的增加起来，八小时的格斗，完全在我们的记忆中重现了一次，最后，我们相互来一个总结：37—41，两人相对会心的笑了。

这时疲乏和饥饿开始紧紧的纠缠着我们。可是谁也没有起意去找一点食物。在什么地方可以找到我们的食物呢，世界是整个的陷在恐怖和死亡之中！

徐金奎现在显然为某种情绪苦恼着，他坐一会又站起来走几步，然后又重新坐下。，在垂暮的微光中，我看到他的眼中闪着一种光芒，那光芒透示了无尽的仇恨和愤怒。

“现在我们只有两件事，吃饭和杀人！”

抓起涂血的枪支，一阵卷风样的他窜出去了。

于是，我沉入了更深的孤独。

一小时以后，徐金奎带着新的血迹回来了。

当我迎过去的时候，他递给我一包米和一罐已经打开的凤尾鱼。

他独个儿守在门口，我在黑暗中摸索着走进店堂后身的湫隘的厨房，开始做我们的晚餐。

就着余烬的微光，我们两人贪婪的将半熟的米饭一碗一碗的填进辘辘的肚肠里，当我说：“这恐怕是我们最后一次的晚餐了。”徐金奎苦笑着。

将筷子放下的时候，他抬起右腿给我看，腥血浸透了他底鞋底。

“生平第一次看到成渠的血，嘿嘿，血的南京，南京的血！”

十四日的早晨，我同徐金奎坐在栖霞山的一棵树下。现在我们已经换上便衣了。

山后一千呎的高空中，升起敌人的观测气球，敌舰在江中来回逡巡着，机关枪如沸水似的向岸边扫射。

某些地方飘展着血色的太阳旗！血的色彩给予我们不可忍受的刺激，我们站起身来。

朝南的山腰里三个敌人纵情谈笑着，循山径向我们走来。我们两人迅速的掩蔽起来，同时从身后拔出我们的驳壳枪。

“左边的一个你干，其余的让我来！”

我的话声未落，徐金奎的枪声响了，同时我的十颗子弹也迅速的喷射出去。敌人应声翻下山去。五分钟内我们越过了三个山头！

收容着一万余难民的栖霞寺，显得异常喧杂而纷乱。难民们听到敌人已经入城的消息，急得如热锅上的蚂蚁，各处飞来的关于日军暴行的传言，使得寺僧们的安慰和饰词，不复能解除他们的焦急和恐惧了。

我和徐金奎现在也同其他难民一样，接受每天三餐稀饭的施与。晚上我们便宿在山顶上一个小小的破庙里。

日子在期待和焦急中一天天飞了过去。

十七日的夜晚，寒冷而凄凉，天上朦胧的月色，从破碎的瓦片中筛落在满布灰尘的神龛上。小庙底破碎的墙，透进来尖利的风，并且断续的吹进栖霞寺底夜深的钟声。这凄凉的景象使得偎依在干草中的我和徐金奎，久久不能入睡。

一个黑影，倏地从门外闯进来，他手上执着一柄闪光的刀。

“喂，拿出你们的钞票来，奉大日本皇军司令的命令，中国的钞票现在一概不准通用，要调换大日本的！”

对面墙角里的几个难民，都被这个夜半的不速之客底威胁吓呆了，相率从草丛中坐起来。

“快，不拿出来的，看家伙！”

这威胁的吼声，激起了另外几个扮作难民的伤兵的不平，而低声的窃骂着。徐金奎悄悄的从我的身边爬向前去，把驳壳猛的举起，瞄对着那不速客的胸膛：

“把刀放下来！”

那家伙受了这意外的反击，疯狂似的大声号叫求救起来，但是一次，二次，三次他总不愿丢开他的刀，这制不止我的同伴的恼怒，而将扳机扣动了，震耳的枪声，惊哭了母亲怀里的孩子们，这古怪而顽强的家伙应着枪声，尖嚎着蹲下地去，终于在地上痛苦的扭动着而不声不响了。

所有的人们似乎都为这痛苦的膺惩而感激着。

“打死个把趁火打劫的汉奸，不算什么！”

“干得好，干得好！”

第二天早晨，我和徐金奎把那个汉奸的尸体拖出去掩埋了，一个老者犹豫的走近我们的身边，向四下里看了一周，低声的说：

“要过江吗，五只洋一人？”

“过江，在什么地方？”

“过去两里路。”他指着偏东的方向。

于是我们走回夜宿的破庙里，将两支手枪埋入盛米的锅中，系在老者的扁担上，跟着他走下山去。

敌舰傲岸的在江面上来来去去，显得很匆忙。远处有几只小小的木船摇荡着，大约也是装载着与我们同样命运的人。有时，敌舰上的机关枪会对这些木船来一阵突然的扫射，甚至迫令停止检查，或不准通过。当我们的船渡过二分之一的航船的时候，正有一只小型巡洋舰从西向东去，舰上的敌人用望远镜向我们瞭望，急得摇船的老人直跺脚，叫我们把身子缩到船舷的下面去，好让敌人以为这是一只空船。焦急和恐惧就这样压抑着每个人的心……

终于，小船一步步的挨近北岸了，全船人的脸色也开始变得明朗起来。

愈近北岸，血的国都，被蹂躏的国都也就离我们愈远了。我们胸中蓄着一腔急待发泄的羞辱、愤怒和仇恨……

踏上北岸的土地，回首遥望，早晨的南京笼在一片茫茫的薄雾里面。

二七，四，九日重抄

南京大屠杀遇难同胞纪念馆

莘莘学子投笔从戎

——稼轩:《伟大的集会》

1939 年 9 月 24 日

从“五四运动”起，青年学生在革命运动中始终站在风口浪尖上，起着先锋作用。

在抗战中，大中学校的青年学生是一支不可或缺的重要力量，他们有知识，有热血，他们不仅宣传民众投身抗战，而且亲自拿起武器保卫祖国。

青年学生的抗日集会

1931 年，东北流亡学生流亡到关内，积极参加抗日救国活动，提出“打回老家去”；

1935 年，在北平爆发了“一二·九”学生运动，全国各地大中学校纷纷响应，反对华北自治，掀起全国抗日救亡的高潮；

1937 年“七七”事变后，平津流亡学生在学联的组织下，到山东、河南、山西等地宣传抗日……

随着日军侵略的日益加剧，全国各地学校已“放不下一张平静的书桌”。各校纷纷停课，大批学生投笔从戎。他们脱下长衫，换上短装，到农村，到山区，发动群众。他们有的参加了正规军，有的参加了游击队，有的成了战地记者、医护人员、从军翻译……他们用所学的知识报效祖国，以自己的生命和热血谱写了这一代人瑰丽的“青春之歌”。

“一二·九”运动中的青年学生

1939 年 9 月 24 日稼轩发表在《阵中日报·军人魂》上的《伟大的集会》，从一个侧面反映了江南某地第一师范学校在日寇入侵、当局奉命停课后，学生自发组织起来，结成一支武装队伍，保卫家乡的情景。

作者稼轩，生平不详

軍人魂

第四五零號

偉大的集會

大時代中的一個小人物

1939 年 9 月 24 日《阵中日报·军人魂》发表稼轩的《伟大的集会》

伟大的集会
——江南民族斗士动态

稼轩

1939 年 9 月 24 日《阵中日报·军人魂》

深秋的风，刺溜溜地吹拂着大地，吹拂着原野，树枝被吹得变瘦，茅屋几乎要掀起来。

夜，黑沉沉的，没有星，没有月，广大而辽阔的天幕，板着铁的面孔，狰狞地傲骄地怨视着大地，整个的人间，已被它吞噬而死去。

“哇”，夜里的恶鸟，偶然叫出这么凄厉的一声，和着呼呼的风声，更其让人可怕，觉得这世界，不是人的世界，而是魔鬼的世界，仿佛这身的前后左右有着无数的魔鬼在要吃人似的。

第一师范，这在江南有数的学府，在往年，它是拥有千把个年青而充满火气的小伙子，在研谈着，歌唱着，……“桃李森森，弦歌不辍”，恰好说明了它的繁荣景象，因为它是位置于公路的附近，而且这公路又是一条“国道”，它恰恰占住这条公路的中心点。“交通便利”，这是它给予求学者一“云集景从”的一个大原因；而“学费免收”，更是它招来求学者的一面大旗帜，所以它的繁荣，绝不是偶然的。

可是，随着战争的爆发，随着敌人的炮火的震撼，它的往日的繁荣，却像云烟般的消逝了，幻灭了！课堂、寝室、耸入高空的钟楼，……虽然依旧那么一排排的瘦挺挺的排列着，矗立着，但没有熙攘的繁荣，只有凄惨的静寂，静寂得有点怕人，犹如这夜一般。

原来，当敌人的铁蹄踏进江南的土地的时候，从此，美丽而富有诗意的江南，便起了重大变化，平静的池水，顿时泛滥着掀天的波浪。一般民众，逃难的，搬家的，……满城风雨，鸡犬不宁。总之，人心是那么浮动，慌乱。

终于，这浮动慌乱的波涛，不久便把第一师范卷入了漩涡。这当儿，学校当局奉令布告停止上课，同时限令同学在三日内完全离校。这一意外事件的发生，无疑的给一般同学以莫名的震惊。当布告贴出后不到一刻钟，布告栏已挤满了三百个同学，惊异而怅惘的神色，不约而同的出现在每个同学的面上。

“时局紧张，我们是知道的，学校当局的苦心，我们也应该原谅；不过，无论如何，我们是不能离开学校的。诚然，在学校里或不免于危险，其实，离开学校，谁又能担保没危险呢？”年纪较大带着徽州口音的绰号叫李大个子的，当众这么诉说着，一面更以诚挚的眼光扫视着大众，似乎征求大家的意见，这时，几百个同学都把看布告的目光转过来看他，很久很久的注视着，好像对他表示无限的同情。

“我的意思，今后我们的行动，生命，一切的一切，都由自己负责，与学校无关。假如能得到允许的话，那么我们再计议将来的工作……”李大个子继续的发表了他对解决当前问题的正确主张。

“这意见很对，我们还是不能离开学校……”

“是的，我们的行动，生命，……我们自己负责……”

“……”

在群众的拥护下，通过了他的提案，同时竟欣然获得了学校当局的允许。于是他们这一群，狂欢着，活跃着，在狂欢而活跃的氛围里，他们准备集会讨论今后的工作方针和对象。

终于，伟大的集会，在一个深夜开始了。广阔的操场的一角，拥挤着一群人，他们是祖国的战士，热血的青年，在这样恶劣的环境之下，虽然他们沉默着不则一声，但他们的心内是有着无限的悲愤，他们的一腔热血是在起伏的沸腾着，他们誓以这热血，灌溉复兴祖国的种子，扑灭倭寇侵略者的凶焰。

会议开幕了，接着就是主席李大个子报告：

“诸位，日本鬼子的残暴，以及对我们的种种侵略和压迫，大家都知道的，不用说了！现在，敌人的魔手已经伸到我们的家乡了，听说敌人已占住了五里庙了，那儿距离我们这里只五十华里，我们随时有被敌攻击的可能，也就是说我们马上就要被敌人蹂躏了，我们能任着敌人蹂躏吗？自然，除了甘心做奴隶的人们以外，谁也不愿意的。

“在过去我们要求抗日，愿意牺牲，现在真抗日了，也就是我们牺牲的时候，但牺牲要有代价，我们一个头颅，起码要拼掉一个敌人，一滴热血必定要洒在祖国的原野上，这才不愧为祖国的战士，才对得起祖国。

“时机是万分的迫切，绝不容许我们徘徊观望了，我们都是受过军训的，都有军队的基本知识，我预备马上就开始我们伟大的行动：结成一支队伍，守住我们的土地，以迎击倭寇侵略者！对于我这一意见，大家赞成吗？”

说到这里，他略为顿了一顿。

“赞成，我们绝对赞成……”

“好！我们马上就开始……”

千百个人的呼声，成为一致的呼声，空气是紧张又严肃，不容许他继续说下去了。

“中华民国万岁！”伟大的集会便在这口号下闭幕。伟大的行动也就随之展开。

夜还是黑沉沉的，风，依然在呼呼的响着。

…………

中国人民英雄纪念碑浮雕“五四运动”

妥善安置、重视教育

——陈岗:《难民在武冈》

1939 年 9 月 25 日

沦陷区逃亡的难民们

抗战时期，难民问题是一个非常突出的问题。随着日本侵略的加深，沦陷区越来越多的民众成为难民，他们告别故土，流亡异乡。据统计，仅 1937 年 7 月到 1938 年 3 月，难民已达 2000 万人，到 1938 年 7 月，受到战争直接威胁而逃亡的难民超过 1 亿人之多（见《大公报》1938 年 3 月 23 日《满铁调查月报》）

湖南武冈的旧式民居

为了解决难民救济问题，1938 年 3 月 29 日至 4 月 1 日，国民政府临时全国代表大会在武汉通过的《抗战建国纲领》第 27 条明确指出：“救济战区难民及失业民众，施以组织与训练，以加强抗战力量”，并设立了赈济委员会，下设分会，并鼓励社会各群众团体广泛参与。在抗战期间，各救济区、赈济会救助难民数百万之多（转引自吴捷《全面抗战期间国民政府的难民救济工作》，《历史教学》2005 年第 5 期）。

武冈位于湖南省西南部，地处雪峰山和南岭山脉中间的谷地，属丘陵地带，这里是通往广西、贵州的要道。

抗战中，武冈不是主战场，1939 年到 1942 年，日军三次进犯长沙，1943 年进犯常德，均遭到中国军队和民众的英勇抵抗。1944 年长沙、衡阳相继陷落，1945 年 4 月，日军进犯湘西，遭到武冈守军抗击后败退。在 8 年抗战中，武冈始终没有沦陷。

武冈虽没沦陷，但也不是巩固的大后方，可以说，它是一个战区收容站，容纳了大批从沦陷区迁来的人口。

1938 年武汉失守后，原在武汉的中央军校第二分校就迁到了武冈，湖南省立第六师范、资滨农校等也迁至此地。除了机关学校，武冈还涌入了大批难民。这一切，使武冈从过去一个较为封闭的县城，变成了一个四方人口杂处、与外界联系紧密的城市，大量文化人的涌入，提高了武冈的文化生活。如今，武冈已成为一个“湖南抗战名城”。

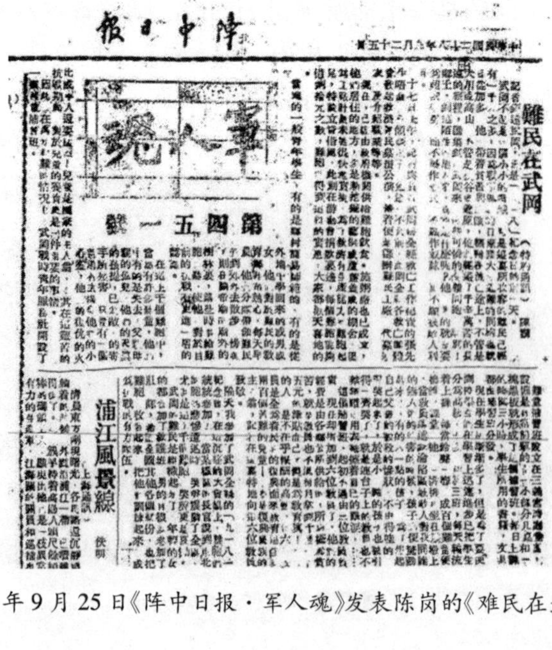
陣中日報
軍人魂
第四五一號
難民在武岡
浦江風景線

1939 年 9 月 25 日《阵中日报 · 军人魂》发表陈岗的《难民在武冈》

1939年9月25日,《阵中日报·军人魂》发表了陈岗的《难民在武冈》一文。文章写于1939年“九一八”纪念日的前一天，记述了一千多难民流亡到武冈后，受到当地政府机关和各救亡团体积极救助的情形。政府机关不仅给难胞提供饮食住宿，而且救亡团体还为他们发起募捐公演，将公演的筹款贷给难民使用。

更重要的是对于难童教育的重视。武冈“战时青年服务社”开设了“难童补习班”，热心的青年学生充当教员，将两百多个难童收入补习班里，耐心地对他们进行文化教育和思想引导。

虽然这篇文章没有留下任何人的姓名，但他们所做的工作，却永远值得后人尊重和铭记。

作者陈岗，生平不详

难民在武冈

(特约通讯)陈岗

1939年9月25日《阵中日报·军人魂》

记者到达武冈，正是“九一八”纪念日的前一天。

武冈不过是一个小小的县城，可是这里所收容的难民，已经有一千人之多，因为战争范围的日益扩大，受难的同胞也就日益加多，他们带着贫苦与饥饿，辗转在流亡途上，不管是大川或高山，不管是深谷和辽原，他们经历了千辛万苦的长途的旅程，汇集到武冈来，这些可怜的受难同胞，告别了乡土，到这陌生的地方安家，为什么呢？他们为的就是要为祖国效力，而不愿作奴隶，更不愿被敌人利用。

十七日上午，记者与负责在武冈全县救亡工作秘书的张先生晤谈，得知不久前，武冈全县各救亡团体发起救济难民募捐公演，接着便在筹办难民工厂，代募，以及介绍职业等等。

现在，已经由政府机关供给难胞饮食，施粥厂也已成立。他们居住的地方，多是新挖掘的窑洞，或芦席盖的棚舍，因为工厂计划未能很快实现，为了救济有生产能力的难胞起见，特设立贷借处，此刻在游募会捐款里边，每个难胞能够借到十元之数，难胞能得到这样的实惠，大家都欢天喜地的。

当地的一般青年学生，有的是乡村简易师范的，有的是从外地中学回来的，或男或女，他们对于难胞的教育都非常热心，每天早晨，他们分队带领难民们到郊外去散步，傍晚则在关帝庙外的树林里，讲些时事给难胞们听，使他们对于目前抗战有更进一层的认识。

在这上千个难胞中，当然有许多难童，他们中有的是失去父亲母亲的孤儿，他们的天真的孩提时代，已为敌人的毒手所残害，只要有一个领导者去指导他们的小心灵，他们复仇的火焰，比成年人还要猛烈！儿童是国家的主人翁，尤其在这艰苦的抗战期间，对于儿童的养育更是一件紧要的事情。

因此，在万分困难的情况下，武冈“战时青年服务社”开设了难童补习班。

难童补习班设立在三义宫的教堂里，设备是非常简单的，一小部分几桌和一块黑板，就形成了这个补习班。每日上课的时候三小时，学生所用的书籍、文具，都是补习班分发。

现在学生是渐渐多了，但是为了要使到校的学生们在学习上迅速进步，已把学生分为高级、中级、初级三班，每天轮流着上课，每当铃声一响，成百个难童便涌进课堂，他们一排排地坐在树墩上，当教员讲述沦陷区的敌人对我同胞制造惨无人道的残害的时候，孩子们便惊动起来，有的大一点的孩子，想起自己父母被杀的惨状，不由得“哇”的哭了起来，于是小一点的孩子也被引得一起哭了，就是连台子上的教员，也不禁暗暗用衣襟擦着自己的眼泪。

这个补习班，起初不过由两位教员负责，现在却增加到六位教员了。他们的经费是由各乡公所供给的，所以极为贫苦，就是教员也不过每月拿到十三、十五元的津贴而已，但是为教育真心工作的人，是不在乎报酬的高低的。这六个教员全为着民族的复兴而来教育——这一两百个苦难的儿童，就是复兴民族的主人翁，记者在这里特地向这六位教员致敬！

隔天我参加了武冈全县的“九一八”纪念会，在这沉痛的大会场上，难胞们统统参加，当某机关的长官说到东北同胞的悲惨遭遇时，哭声震撼了全场，尤其是这一千个难胞，哭声更加哀恸。

武冈的难民是组织起来了，年轻的女的都参加了救护班，男的有很多参加了壮士队，希望全国其他各个县份，也把难胞收容起来，把他们训练起来，成为抗战的有力队伍。

开发与赈济结合

——史坚:《难民移垦在宁夏》

1939 年 9 月 26 日

抗战时期，在各个被日军占领的沦陷区，出现了大批流离失所的难民，迫切需要国民政府安置；与此同时，政府迫切需要开发大西北，而大西北经济贫困、地广人稀，需要大量劳动力资源去进行开垦。在这种情况下，国民政府于 1938 年至 1939 年，先后颁布《难民垦殖实施办法大纲》《非常时期难民移垦条例》等，制定了鼓励难民移垦政策，通过建立垦区、垦社，将难民移送到大后方，以开垦荒地自救自助的方式实现救济。而这些移垦地区，主要指定为陕西、青海、甘肃、宁夏等四地，这样就将赈灾救灾与开发大西北结合起来。总体看来，国民政府在抗战时期的难民移垦政策是有积极意义的，既救济了难民，也为战时西部的生产建设作了贡献。

黄泛区的受灾的难民

1939 年 9 月 26 日《阵中日报·军人魂》，发表了史坚的通讯报告《难民移垦在宁夏》，从中可以看出让难民移垦宁夏是国民政府有组织有计划的行动，而且在宁夏回族自治区的“马家军”对这一政策是抱支持态度的。

作者史坚，“中国青年记者学会”会员。

1939 年 9 月 26 日《阵中日报·军人魂》发表史坚《难民移垦在宁夏》

难民移垦在宁夏

——建设新中国的集体农场

(特约通讯)史坚

1939 年 9 月 26 日《阵中日报·军人魂》

宁夏省位于塞外，是新西北的心脏。滚滚的黄河横穿而过，造成了全省九十万公里的野漫漫的沃渥的平原——东亚界于贺兰山与黄河之间，就是这有着一千五百五十五个水渠的宁夏省大农场。俗谚说得好：“黄河千里，唯富宁夏。”由此，我们可以知道宁夏省的富庶和丰饶的了。

“抗战”与“建国”是同样重要的，换句话说：生产建设与军事行动是有着密切关系的。

自游击区日益扩大以来，难胞也日渐的加多了。在不久前，中央政府在救济难民和充实国防的两原则下，指定了陕西、甘肃、青海、宁夏四省为移垦区。这种计划完全实现后，对抗战力量必能无限的增强起来。

九月一日的清晨，记者特地去访晤移垦专员屠义源先生。据屠专员谈，宁夏全省可以开垦的荒地，大约为两百余万亩，能容纳来开垦的难民当在六万人以上。先以宁夏县局之镇北、扬信、灵武县属之新援、西路等乡，及云亭渠东边等处荒田为初期垦殖田园，等到垦荒发达，再向镇朔堡、湛恩渠流域一带荒地推进。

中央行政院的指令上，垦荒以千人为单位，每千人由中央补助事业费九万九千元，其余公共设施、治安、教育及行政等费用一概由宁夏省府担任。

现在，依照了非常时期难民移垦原则的规定，暂在地政局底下附设“宁夏省垦荒办事处”，处长是地政局局长马致德先生担任，而屠义源先生就任为副处长。一切开垦的准备工作已经开始进行了。如派员实测垦区，建筑村庄、农舍，采购农具等等。

这是一个集体农场的制度，现在已经有一部分难民由内地迁移到这边来了。后到的难民将由赈济者沿途筹设难民的宿食站，并负责递送。现宝鸡已设立了难民宿食站，同时，凡是能够通船只或车辆的地方，那就由赈济会通知交通机关，来宁夏开荒的难民，一概免费乘坐。

如果难民到了开垦区，那么每人按十个月来发给食粮，每月每人发给两斗，一直到十月以后才停止。并且垦荒的难民可以无丝毫代价的取得土地所有权，但是在耕种五年之后，就酌量情况，收一点税课。

这种集体农场，除了专事于农业的耕种以外，还兼营造林、牧畜、渔业，以及有利之一切副业。

记者一直到九月五日才离开宁夏，从宁夏到平凉以去宝鸡的沿途上，难民络绎着向宁夏进发，有的是携带着婴儿的年轻夫妇，有的是健矍的老年农民……他们的脸孔都充分地流露出一种欢愉的微笑和远大的希望。

…………

在一个驿亭上我碰到了一群难民，他们在驿亭边上，说笑着在坐着休息。在他们中间有一个穿着比较整齐的中年人，我想，一定是负责递送难民的赈济会的人。于是我走了过去，也坐在驿亭边。我把一颗香烟递给了那个中年人，说：

“到哪儿去？”

“跟他们一块儿到宁夏去。”他爽朗地答道。

“开荒去的吗？”

“是的，马主席的命令。”他嗓子一顿又说道。

“这已经是第八批了。过去的有四五百人了。”

我从心底里发出了微笑，我望着向宁夏去的路上默祝着：

——愿难胞们健康、努力开拓着大西北的大农场！

…………

承载时代赋予的重任

——李蕤:《文学作者与詹天佑》

1939 年 9 月 27 日

宣传抗战的木刻作品

1938 年 3 月 27 日，中华全国文艺界抗敌协会在武汉成立后，提出“文章下乡，文章入伍”，组织作家访问团，创办《抗战文艺》，一时间抗战文艺办得如火如荼。

中华全国文艺界抗敌协会会刊《抗战文艺》

武汉失陷后，抗战形势发生很大变化。国统区文艺界围绕着文艺要不要为抗战服务，针对抗战初期创作上一度出现的公式化现象，引起“与抗战无关论”的论争。接着，由于张天翼的小说《华威先生》被日本报刊转载，引起关于文艺作品能不能暴露抗战阵营内部黑暗问题的讨论。

1939 年 9 月 27 日，李蕤在《阵中日报 · 军人魂》上发表了《文学作者与詹天佑》一文，詹天佑，被人们尊称为“中国铁路之父”，火车头与它的后挂车厢之间是由“詹氏车钩”相连接的。在此，作者以“詹天佑”比喻文学作者要与抗战的现实紧密联系。

作者认为，抗战初期文学出现的公式化，不是由于它描写了抗战，而是由于作者没有深入生活、深入基层，对抗战时期的生活与斗争只做“鸟飞不下”的高空盘旋；对于张天翼小说《华威先生》所暴露的政府部门官员的官僚主义作风，作者认为，这种批评是真诚的为了促进抗战的，它是“指示大行进中险象的‘警报文学’”，值得充分肯定。

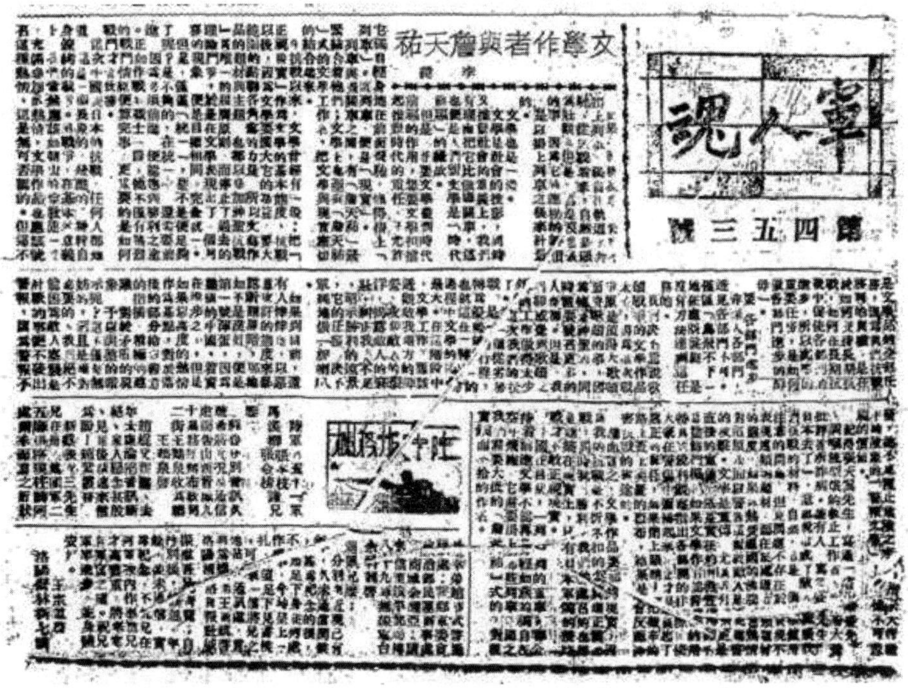
軍人魂
第四五三號
文學作者與詹天佑
李蕤

1939 年 9 月 27 日《阵中日报 · 军人魂》发表李蕤《文学作者与詹天佑》

文学作者与詹天佑

李蕤

1939 年 9 月 27 日《阵中日报 · 军人魂》

如果有一辆机关车，背后没有挂上列车，独自在轨道上奔驰，从外貌看来，自然是颇为壮观的。但是，这是没有意义的事。因为它是运程的评价，是以挂上列车之后来计算的。

文学也是一样。

文学是社会的投影，同时又推动社会的意义上，我们有理由把它比作机关车，这也便是人们说文学是“时代前驱”的缘故。

但是，想要文学起到时代前驱的作用，想要文学担当起推动时代的重任，不允许它独自轻身地在前面飞驰，它得挂上“列车”。这列车，便是“现实”。

列车与机关车之间，有“詹天佑”紧紧结合着它们；文学上也亟需“詹天佑”式的文学工作者，把文学与现实密切的结合起来。

抗战以来，文学曾经有一段，把“正视现实”作为文学的基本态度，抗战以后，因为文学要扩大它的功能，要大范围的粘联各角落的力量，所以文艺作品的题材与主题，也都以参加“神圣抗战”为唯一服膺原则，而停止了过去的理论斗争，于是在文学表现出了一个可喜的现象，便是目标相同，完全统一。

但是，仅仅“统一”，是不是便足够了呢？是不够的。在统一中，还需要前进。因为必须前进，便能达到胜利之途。正如作战中的战士一般，他不能仅有热烈的战斗情绪便算完事，更重要的是如何战斗才能致胜。

这次中国对日本的抗战，任何人都知道，这是一个长期的、残酷的、粉碎自身镣铐的战争。这战争，在基本的意义上，我们当然应该如朝山的宗教徒一样，充满参加的热情，文学作品也应该号召这种热情，这是无可否认的。但这不是文学作品的全部任务，因为我们抗战胜利的契机，是在于如何坚持长期抗战，如何在长期抗战中促使各部门的进步，所以文学的重要任务，是如何做各部门进步的“酵母”。

要各部门进步，非深入各部门，透见各部门不可。仅仅“鸟飞不下”地在高空盘旋，是没有方法达到这个任务的。

我们决不能说，歌颂战争的文学作品太多，因为这次战争，原是值得大歌颂而特歌颂的事，因为它是神圣的，同时需要号召更多的人参加。但是，我们却感觉到歌颂之外的工作做得太少了。这次我们的抗战，是一个从劣势转为优势的行程，也就在这一转的过程中，文学的作用最大。在这阶段中，文学工作，应该透观敌我两方的阵营，攻击敌人的裂隙，揭露敌人的窘状，纠正我们的不足，昭示胜利的远景。它的作用，决不单纯地做一声喇叭。

如果到目前，还有人悻悻地、以恶意攻讦的态度来暴露所谓黑暗，那他不是汉奸，便是第一号混蛋。因为整个的中国，着实在进步中，但是如果以高度的热情作为基础，对于落后的部分给以善意的指摘，积极的建议，对于矛盾的现象，予以调整的暗示呢？这不仅是无妨的，而且是绝对必要的。我们决不能因为敌人空袭是讨厌的事，便不发出警报，因为警报不发，并不足阻止危险之来。指示大行进中险象的“警报文学”，有它不可忽视的价值。

记得张天翼先生，写过一篇华威先生，调嘲流氓型的救亡工作者，便大为批评者所诟病，并有人写“华威先生到日本去了”，意思是说华威成了敌人反对我们抗战的材料。自然，这是一个值得注意的问题，但是问题不在于是否表现这类题材，而在于处理这类题材的态度，如果是热爱祖国的沸腾的热情的对这类人加以警告，这对于敌人是更厉害的攻击。文学是宣传，尤其在目前更是直接的宣传，这是实在的，真实的宣传，却不是涂饰的门楣。如果文学作品能以特具的敏锐的观察，指出各部门的裂隙，使大家在警惕、弥补起来，这才是肩负了真正的责任。如果闭上眼睛，在艰辛的路上盖上美丽的遮布，结果是会反而危害抗战前途的。

总而言之，文学作品要能正视现实，因为我们的抗战是不折不扣的真理正义之战，同时我们的胜利，我们所感召的也都是建筑在现实上。只有日本军阀的侵略战争，才不敢正视现实。

国难方殷，一列一列的火车，等待着前进文学不能再身轻如燕的独自在空中飞跑，它需要挂上一些列车。因之我们需要大批“詹天佑”式的、对现实锲而不舍的作者。

注释

詹天佑：中国铁路之父詹天佑（1861-1919）江西婺源人，中国杰出的爱国工程师、铁路工程专家，被人们尊称为“中国铁路之父”。此文中“詹天佑”指火车上至今仍然使用的“詹氏车钩”，美国人 EliH. Janney 所创，被误以为是詹天佑发明而称为“詹氏钩”。在此作者意指创作作品要与抗战的现实紧密挂钩。

说不尽的西安

——王天一:《西京一瞥》

1939年9月29日

西安，抗战前是国民政府陕西省的省会，陕西政治军事文化的中心。在抗战中，它成为西北的咽喉和坚持抗战的后方基地。

西安的钟楼

抗战初期，西安一度被定为中华民国的陪都，称为“西京”。但这个计划，始终未能付诸实施。

早在1932年，随着日本入侵的逐渐加深，上海“一·二八”事变后，国民政府就开始实施向西北地区迁移的计划。从1932年1月30日起，国民政府和国民党各机关陆续迁往洛阳，3月5日在洛阳召开的国民党第四届中央执行委员会第二次会议上，决定洛阳为“行都”，西安为“陪都”，定名“西京”；11月，又决定西京直隶于行政院。

为什么西安没有成为“西京”，它的陪都地位终于让位于重庆呢？这是由后来局势的变化所致。

1935年，中国工农红军经历了二万五千里长征，到达陕北，在延安建立了根据地。

1936 年 12 月 12 日，张学良、杨虎城在西安发动震惊世界的“西安事变”，逼蒋抗日。这一事变，成为国共停止内战，一致抗日的历史转折点。

1937 年全面抗战爆发，日军的侵略来势凶猛，国民政府重新面临迁都选择。与西安相比，重庆离前线较远，地势险要，易守难攻；况且重庆与延安也拉开距离，不像西安那么靠近。还有学者指出，“西安事变”使蒋介石对西安心有余悸。1937 年 11 月，重庆被定为战时首都，1940 年 11 月，重庆被定为陪都。而西安在抗战初期虽仍称“西京”（1944 年改为西安市），但陪都的地位已经丧失。

1938 年 12 月，蒋介石决定撤销西安行营，设立天水行营，由程潜任主任。1939 年 1 月 25 日，天水行营成立，驻西安。在西安，也设有八路军驻陕办事处、中共陕西省委。

从 1937 年 11 月到 1942 年 12 月，日本飞机对陕西西安、延安等地进行了 1413 次狂轰滥炸，造成 3300 人死亡，3467 人受伤，房屋倒塌财产损失无法统计。

西安，既是国民党顽固派反共的堡垒，也是国共两党建立抗日统一战线的一个所在地。1937 年 7 月中旬起，国民革命军第八十四师高桂滋部、第三十八军孙蔚如部、第八十六军高双成部、第九十六军李兴中部和第二十七军（后改为第十四军团）冯钦哉部等部队，相继从关中、陕北开赴抗日前线。

抗战八年，由于国共对西安的共同守卫，加之战争形势的变化，日军虽然多次有攻占西安的企图，但均未实现，西安巍然屹立。仅此一点，又是一个很大的话题。

西安学生农村工作团下乡进行抗日宣传

1939 年 9 月 29 日《阵中日报 · 军人魂》发表王天一的特约通讯《西京一瞥》，从中可以看到西安当时的概貌。

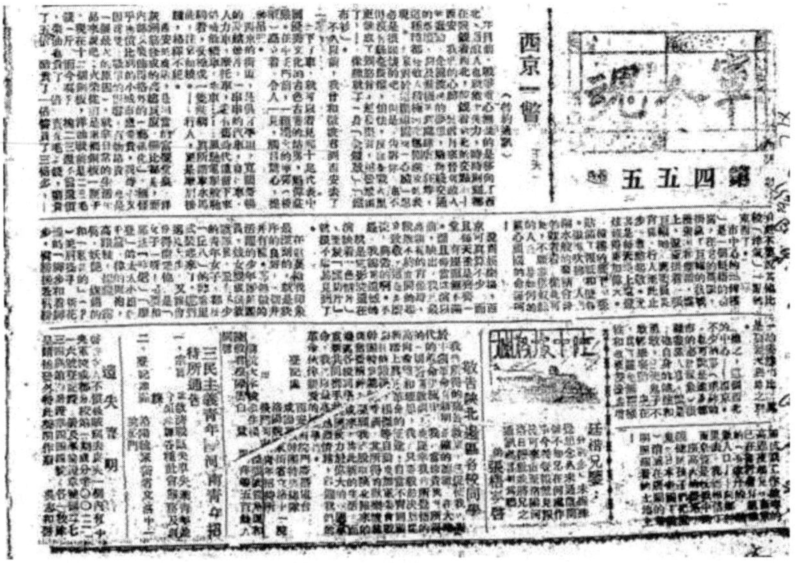

1939 年 9 月 29 日《阵中日报 · 军人魂》发表王天一的特约通讯《西京一瞥》

西京一瞥

王天一（特约通讯）

1939 年 9 月 29 日《阵中日报 · 军人魂》

在目前，战争重心无疑是移向了西北，而敌人也就集中兵力，时时刻刻都在觊觎着西北，觊觎着西北的交点——西安，我们的“心脏”。几个月来晋南敌人的蠢动，企图渡河的梦想，陇海线交通的破坏，以及飞机的到处肆虐狂炸，这种种都是敌人积极的要包围进攻的表现。大家对于祖国这颗“心脏”，想必是很关怀的吧，但是，告诉你，她不但没有丝毫畏惧、胆怯，反而在战火里更炼成了钢筋铁骨，越发坚强，越发巩固了——就像练就了一身“金钟罩”、“铁布衫”。

不久以前，我曾和微波君到西安去了一趟。

一下了车，就可以看见那十足代表中国优秀文化的古香古色的站房，魁伟庄严。在中正门前，一颗庞大的炸弹（模型）矗立着，令人一见，触目惊心，提神吊胆。

西京的街道，是俱有平坦、宽阔通畅的优越条件。一串串的汽车、自行车、人力车、摩托车，还有旧时代遗留下来的残余轿车、牛车……风驰电掣地驰骋着，交织成一只铁网，真所谓车水马龙，往来如织——行人，更是摩肩接踵，络绎不绝。

西安的商店，是相当的富丽堂皇。洋灰钢筋修成的高楼巨厦，栉比都是，而内部装饰得格外“艺术化”，无怪乎物价比别的小城市要贵。同时，又因为受战争的影响，百物昂贵，也是一个最大的原因。就拿日常的生活用品来说吧，火柴从前是两个铜板一匣子，现在十二个铜板；洋油战前是二三毛钱一斤，而今呢，一块二三还不能还价；菜油也贵了一倍，卖五毛多钱；盐贵了五倍，醋贵了一倍，酱贵了三倍多。更不要说其它比较“洋气”一点的东西了。

市中心的“钟楼”一个魁梧的高岗，在它的周围，挂满了巨幅的抗战漫画和标语。

钟楼的底下，张贴满了报纸和壁报。微风吹拂，行人潮水般的聚精会神地看着，从此刻见，不愿做奴隶的人们，是如何的关心祖国的命运啊！

说到娱乐场，西京可真算不少，而且每天都是济济一堂，有座而无不满。而且每当上演以前，映出我们最高领袖的肖像时，观众不约而同的起立致敬。这是多么使人兴奋的啊。不过，我认为遗憾的，就是电影院还在演映着“色情片”，至于“国防片”，就很不容易见到了。

在这里给我印象最深刻的，就是秩序的良好，一切井井有条。那无数的活跃的少年团的团员，妓女变成为救护队员，还有不少青年女子，都在“丘八”的阵容里武装起来了。她们迈开大步，又谁会分得清楚她们是“女子”呀！这要和那些“时髦”、“摩登”的太太小姐在千篇一律的旗袍、高跟鞋、裸腿、露臂、妖艳、妩媚的和“亲爱的”并肩携手，新花样的“脚步和着脚步，臂膀挽着臂膀”（1）的姿态来比，真是要差天与地之别。

总之，这个西北的中心——西京，不少的事（琐碎的，也可以说是进步都市的必然现象）很难尽述，可是，它自身的健强和勇敢，已使鬼子不敢轻举妄动。现在，为了避免无谓的牺牲和防止日寇侵略、增加抗战工作的高速度起见，西京已在奋斗着，有组织的、有秩序的疏散人口——向乡村里去。我们相信西京将是我们中国一座高大的灯塔，让他的孩子们把“魔鬼”日本帝国主义消灭在广阔的光明照耀着的土地上！

注释

（1）“脚步和着脚步，臂膀挽着臂膀”，本是抗战歌曲《救亡进行曲》中的一句歌词。在此有讽刺意味。

西安八路军办事处旧址纪念馆

王天一（1916—2002），著名科普作家。江苏泰州人，1939年毕业于上海交通大学，参与创办《科学大众》杂志，任社长。1939年—1947年任上海电话公司工程师。新中国成立后任中国科普作协常务理事。1990年获中国科普作协授予的“成绩突出的科普编辑家”的荣誉证书。

王天一

残暴杀戮与经济进攻

——一轻:《寇军在厦门的动态》

1939 年 9 月 30 日

厦门位于中国东南沿海，濒临台湾海峡，面临金门诸岛，与台湾和澎湖列岛隔海相望，相传远古为白鹭栖息之地，故又称“鹭岛”。

厦门港口自然条件优越，港湾外围岛屿环绕，港内水域开阔，在中国对外贸易港中占据重要位置。

早在 1936 年，日军就对厦门进行多次军事骚扰，把日舰开进厦门港“演习”。“七七事变”刚刚爆发，8 月 24 日，日机就开始轰炸厦门，三艘日舰炮击厦门白石、胡里山炮台，被我炮台守军击中“关竹号”日舰，失败而退。此后，日舰不断对我炮台守军进行偷袭，均被炮台守军奋勇击退。

据统计，自 1937 年 9 月至 1938 年 1 月，4 个月中日机轰炸厦门 37 次，罹难市民血肉横飞，惨不忍睹。

1938 年 5 月侵厦日军在五通扫荡

1938 年 5 月 10 日凌晨，日军海军陆战队约 700 人，在舰炮和飞机的掩护下，从泥金、五通一带强行登陆。中国军队 446 团二营迎战，营副和第五连连长阵亡，阵地被突破。随后，445 团三营奋起抗敌，将登陆之敌一部包围于江头一带。午后，日军组织力量不断向守军发起攻击，445 团三营伤亡过半，被迫撤退。日军进城后，又遭到厦门市民和守军残部的英勇抵抗。在厦门保卫战中，我军和保安警察、壮丁战亡和被屠杀者，达 7000 多人。

5 月 13 日厦门全岛陷落。

厦门原有约 18 万人口，抗战中大量市民被炸死或逃往他乡，到厦门沦陷时，人口已骤降到 1.3 万人。

1938 年 5 月 13 日日军占领厦门最南端白石炮台后得意忘形

日军不仅对厦门人民进行了残酷的屠杀，而且在他们占领了厦门后，又觊觎厦门本地米粉面线等手工业在南洋畅销之利，大肆扶植日伪控制下的手工业，偷换商标，将仇货销往南洋，压制厦门本地手工业，实行巧取豪夺的经济侵略。1939 年 9 月 30 日《阵中日报·军人魂》发表了特约记者一轻的《寇军在厦门的动态》一文，就反映了日寇在厦门这种特殊的经济侵略方式。

作者一轻，原名高一轻，早期中共地下党员。1928 年曾在河南汝南县党部进行北伐革命宣传。1938 年为“中国青年新闻记者学会”（简称“青记”）会员。

寇軍在廈門的動態

本報特約記者 一輕

（廈門通訊）

第四五六號

1939 年 9 月 30 日《阵中日报·军人魂》发表一轻的通讯《寇军在厦门的动态》

寇军在厦门的动态

本报特约记者一轻(厦门通讯)

1939年9月30日《阵中日报·军人魂》

倭寇自侵据厦门后，除以残杀政策压制爱国分子，以怀柔政策麻醉我留岛难胞外，并以经济政策剥削我民众脂膏，使我们民众陷于极度的惨痛。兹仅就米粉面线业举例，即可见其剥削之手段了。

厦门的米粉与面线业的经营，已有百余年的历史，大小共四十余家，分设在禾山一带，所有的出品，除供给本省外，十之八九是运销南洋等地，以英属之新加坡、槟城、仰光销路最广，据民国二十六年(1937年)的统计，全年出口货量二百余万元，为厦门输出国外手工业产品销量之最多者。在欧战时期，因各国忙于军事，该项物品外销倍增，求过于供，为该业最盛时期。

厦门沦入寇手后，十余家专销南洋的米粉面线厂商，都不愿在倭寇高压下经营，相率迁往香港，重新设厂于鸭利洲、长洲、清衣、鲤鱼门等处的，计有面线厂张顺义、沈顺发、两洲合作社、协成源茂数家；米粉线有蔡合兴、庄源发、建安建兴大厦、张朴成、吴泉发、振华建、源元顺等十家，继续制造运销南洋。一年来出品，亦达六十余万元。但因港地气候不良，每年作业只八个月，工资既贵，消耗又多，所得仅能维持。此种不愿屈服的精神，是值得钦佩的。

倭寇决不肯放弃这笔经济收入的，他知道仅用压迫法，在厦门的所得是十分荒凉的土城，住民离散，商业停顿，他们尚须从娘家拿一笔费用来豢养一班大小傀儡们，所以不能不改变方针，来一套怀柔的把戏，利用“共济会”的组织，声称辅助地方经济发展，预投资金二百万，来复兴厦门。最近经过一番筹备以后，食粮合作社终于成立了。这个合作社的任务，除统销火柴外，就是贷款于台奸，一方面召集在厦失业的米粉面线工人，一方面派员往香港利诱米粉面线工人回厦门工作，每人给资四十元，他们制成的米粉面线，或冒用厦门原有厂商名称，或另制新商号，配往南洋各地销售。他们制造米粉面线的米和麦，都是托寇商三井洋行在上海沦陷区购买，入口可准免纳税，配运南洋纳税也优待许多，因此米粉每百斤只售国币二十一元，面线每百斤只售国币二十元，其价格比香港降落四分之一。其主因乃由于厦门倭寇有意夺取南洋市场，繁荣厦门手工业的企图。他们更知道英属新加坡、槟城、仰光等地华侨拒绝购用仇货，和拒用沦陷区货物异常积极，恐我侨胞发觉，就勾结出口商人，假作香港出品偷运倾销。如南洋商家向香港商家订购买往者，到港时，再更换载字，并在装箱外面加盖“香港”二字，冒充港货，南洋我侨胞当然不知，任奸商销售，大发孽财，因此在香港设厂的厦门米粉面线厂商，已处于破产之惨败境地了。

厦门还有很多有名的手工业，如冥纸、蚊香、香桂等都是厦门运往香港的，如今和米粉面线遭受同样的命运。倭寇因武力征服我国，已无力把握，遂推进经济阴谋，使用杀人不见血的手段，比武力还要可怕，我们必须妥筹对策，以粉碎倭寇的此种阴谋。

在日寇经济侵略的同胞，生活是不能维持下去了，终天在痛苦中度着生活，况且捐税极重，什么人口捐，什么灶捐等等，每月要收一次，倘若缴不出来，一定加“抗日”的“罪名”，于是生命就要危险了。可见在游击区域内的同胞是如何的惨痛，他们天天盼望着我们国军去克复。

（1939 年）八月二十七日

1938 年 5 月 10 日，日军在厦门五通登陆后，大肆屠杀村民。解放初期，这里的海滩上发掘出一个万人坑，里面是累累白骨，令人触目惊心。

1997 年 7 月，厦门建造起了“日寇杀人场遗址”纪念碑，厦门市委市政府决定从 2002 年开始，每年 5 月 10 日定为防空警报试鸣日，以纪念 1938 年 5 月 10 日厦门沦陷日。

1997年厦门建造的侵华日军杀人场遗址

记华北民众督导团团长

——流萤:《会见雷鸣远神甫》

1939 年 10 月 1 日

雷鸣远神父(1877—1940)

雷鸣远:(1877—1940),原籍比利时,20 世纪初到中国传教,加入中国国籍。1905 年,他在天津创办了《益世报》。

抗战期间,雷鸣远不顾年老体弱,亲赴战场。1933 年长城抗战和 1936 年绥远抗战中,他亲率修士和教友,冒着枪林弹雨在战场上抢救伤员。

1937 年全面抗战爆发后,雷鸣远率领有数百人组成的救护队和战地服务团,在太行山、中条山一带担负起救护伤兵,救济难民,教育失学儿童等工作。

抗战期间,《益世报》报馆多次被炸,雷鸣远把报社迁到昆明,继续宣传抗战。

1940 年雷鸣远逝世于重庆,享年 63 岁。

雷鸣远神父率领的战地服务团

同年 7 月 18 日,中华民国政府以 1287 号褒扬令公开褒扬,在重庆市召开的追悼雷鸣远神父的大会上，蒋介石亲送挽联：“博爱谓之仁救世精神无愧基督；威武不能屈毕生事业尽瘁中华。”

雷鸣远神父与农民交谈

1939 年 9 月，雷鸣远神父作为华北战地督导团团长和昆明《益世报》社长，匆匆路经洛阳之时，李蕤和几位报社记者前去采访他时，李蕤以“流萤”为笔名写下了通讯报道《会见雷鸣远神甫》。

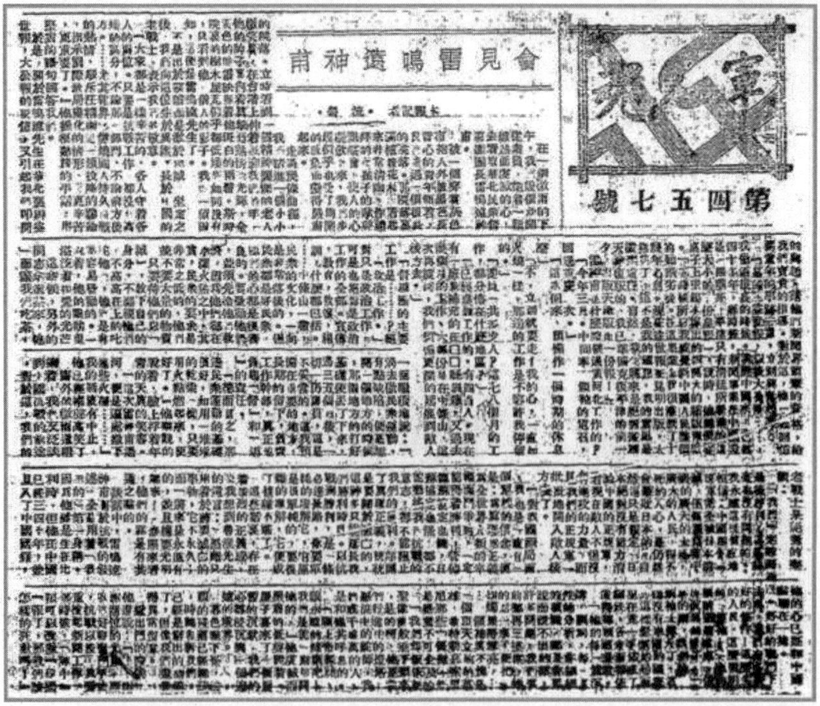

會見雷鳴遠神甫

第四五七號

1939 年 10 月 1 日，《阵中日报·军人魂》发表“流萤”《会见雷鸣远神甫》

会见雷鸣远神甫

流萤·本报记者

《阵中日报·军人魂》1939年10月1日

在一个微雨的下午，我们几个新闻从业者，抱着一颗炽热而虔诚的心，去看望华北民众督导团团长雷鸣远神甫。

被一个穿着灰色布袍、外披黑色长背心的青年领着，我们走过一个很长的院落。那院落里满植着花木，看起来非常清幽。做礼拜的女孩子的歌声飘溢着，使人的心凝敛下来。我们步履似乎也受了周围的感染而变得严肃了起来。

走过几条曲径，我们踏进一个小小的院落，立刻看到一个精神矍铄的老人微笑着，在台阶上伸着欢迎我们的手。他的眸子里闪着真挚的热情的光辉，金黄色的晚霞映照着他斑白的两鬓。斯时院里的树木屋瓦似乎都低矮了，如同没有，只看到他一个人的影子。我们一望而知，这便是雷鸣远先生了。

不是出于寒暄，而是激于至诚，坐定之后，我们向这位生于异国、长于中国的老战士，表示我们的敬意。

“大家都是一样的辛苦的，各人守着各人的岗位。只要是抗战工作，都没有高矮的区分，不论是哪一部门，不论前方后方……尤其报界，燃烧国人持久战的热情，驳斥汪精卫这一类投降的谬论，指示国际政局变化的情形，更辛苦，更重要了。”他操着很熟练的平话，用坚实的语句回答我们。

于是，关于雷鸣远先生在华北襄办《益世报》、《大公报》的记忆，又引起我们叩问的兴趣，请他以新闻界长辈的资格，给我们宝贵的指导。对于这，他一如回忆到童年的事迹一样，立刻兴奋起来了。

“是的，《益世报》，以后《大公报》，我做过很长的时候。我到

中国来，已经四十多年。那时候，新闻事业在中国还是一团萌芽，平津只有清廷所办的这样大小的一份皇报。”说时，他顺便从桌子上捡起一本四开大的缩版报纸。“那时候所以我感觉到中国人民整个的知识劣后，在这事业上我灌溉了十几年心血。现在《益世报》在昆明出版，太靠后了，这不是我的意思，我的意思是搬到重庆。自然，我想将来是绝对搬到天津去复版的，我已准备克复平津的前一夕，出版天津版第一份报纸！”

“雷神甫是什么时候过黄河北工作的？”

“今年三月，中间奉领袖的电召，回过重庆一次。”

“这次回来，预备作一个时期的休息么？”

“不，立刻就要走！我的心，一直如火烧一样，那边的工作是不容许我停留的。”

“团员一共多少？这七八个月的工作，都分布在什么地区？”

“已经参加工作的，有四百人。现在有一班新补充的，在某某县训练，又过去几个月的工作，大部分是在中条山，这次再渡河，我们预备更深的延展到敌人后方去。”

“督导团的主要工作是……”

“政治工作。绝对是政治工作，可是也绝非是政治工作的全部。宣传、教育、医护、组训，什么都包括……中条山一带，民众的文化，一向是非常落后的。但民众都是好民众，他们的心都是很善良的。要发动他们，必须先给他们救济，因为他们都生活在水深火热之中。其实，民众的要求是非常低的，他们并不要大量的物资，只要待他们以诚，放下自己的身份，不鄙视他们，不高高在上的叱咤他们，他们是非常容易发动的。”说着，他的眼睛里溢泛着慈爱的光芒。

这时候，另外的同志拿进茶来，他一面让我们吃茶，一面继续说：

“过去做民众运动，有点缺陷，便是离开一个地方的时候，那个地方的打好基础便丢了下来，过三五个月之后，一切一仿旧观，这是不妥当的。这次我预备在重要的地方，长期的留下，负责工作干部，真正要负起‘督’和‘导’的责任！”

“总而言之，那边民众运动的基础很好，如一堆堆的干柴一样，只要用火点燃起来，便好了。”他乐观的说着，脸上浮着年青的天真的笑容。

“这次雷神甫过河，便是遍处撒下这些火种……”我们的话没有中止，他已经纵声高笑了。

窗外的微雨还继续下着，我们又泛谈到中国抗战的前途，对于这，我们的老战士是绝对的乐观。

“我们一定会夺取最后胜利，这是丝毫没有问题的。我永远这样相信，中国假定正规军完全被日本消灭，仅仅靠着中国广大的土地，广大的人民，和不死的人心，是仍然会击败日本的。自然这只是假定，日本绝对没有能力消灭中国的正规军，看现在敌人不但没有进攻的力量，而且我们的正规军一批一批地开入敌人后方去了。”

“对于国际局面，我也是一直有一个单纯的信念，便是：为真理为正义为全世界人类的幸福而战斗的，一定能得着胜利，管它德苏协定也罢，日苏协定也罢，都不能动摇我们抗战的意志，都不能阻止我们的胜利。离开了真理正义，统统是要归于灭亡的。这至多只能延长我们胜利的时间。以抗战到胜利，是一条必达的长路，你要单纯的理解它，若要复杂的理解，它便成了复杂不堪了。”

谈话中，雷鸣远神甫对于抗战的叙述，全是用“我们的”第一人称。因为他虽是出生在比利时，但他在中国已经三四十年，并且入了中国国籍，他的心已经和中国联系在一块。

…………

他虔诚严肃的低声说着，屋子里来了一个暂时的沉默，我们的心都浸沉在一个浓远的境界。

暮色垂下来，外头的残雨已经稀疏，时间告诉我们，已经是辞出的时候了，但是我们还显得异常留恋。

送出门的时候，他还说：“感谢诸位的光临，让我们好好的奋斗，抗战以后我还要重捡起新闻工作，那时候，《阵中日报》可以改做《中国日报》了，那我们该怎样的狂欢啊！”

粉碎晋东南日寇“九路围攻”

——蒂克:《月夜战斗》

1939 年 10 月 2 日

1938 年 4 月中旬，日军以 3 万兵力分九路向晋东南太岳山根据地进攻。国民政府军事委员会决定，由八路军总司令朱德、副总司令彭德怀统一指挥在晋东南的中国军队对日作战。

据史料记载，当时，高桂滋所率的 17 军奉命防守沁源一带十个县，朱德召集他们学习游击战术，还派副参谋长左权亲自讲授游击战术，使他们懂得了“保存自己，消灭敌人”、“攻其不备，出其不意”的游击战术要点，并与当地牺盟会、县政府及群众广泛联系，17 军的军部也有“战地服务团”。

1938 年 4 月，高桂滋部对日军反攻

1938 年 4 月 9 日，日军二十师团近千人占领沁源，4 月 11 日，日军遭到中国军队打击，弃城南逃，中途又遭到当地决死队和高军截击，死伤 100 多人，所剩残部在安泽县和顺镇被高部及 47 师歼灭。4 月 22 日，高桂滋命令 17 军 251 旅旅长高建白调 3 个营，奋勇追敌，夺取沁源，在当地决死第一纵队配合下，经过一天激战，至晚 11 时收复沁源，日军南窜，高桂滋部受到朱德总司令的来电嘉奖。

（见《正面战场·晋绥抗战》一书，中国文史出版社，2013年版，第243页—251页，高建白《在太岳区游击战的情况》）

高桂滋（1891—1959）抗日名将

高桂滋（1891—1959），字培五，陕西定边人，陆军中将。1911年加入中国同盟会，1912年入陕西讲武堂。1933年就参加了长城抗战。“七七事变”后，率部奔赴察哈尔前线，被任命为第17军军长兼84师师长，参加南口、平型关、忻口、太原等重大战役，1938年归第十八集团军总指挥朱德指挥，与山西决死一纵队配合作战，并在当地牺盟会协助下展开游击战。抗战胜利后，高不愿与中共摩擦，被蒋介石削去兵权，就任第八战区副司令长官，1949年滞留重庆，不愿去台湾。

新中国成立后历任担任西北军政委员会委员，农村部副部长，西北行政委员会委员，参事室主任。1952年抗美援朝，他变卖家产捐献飞机一架。1959年逝世于北京，安葬于八宝山革命公墓。

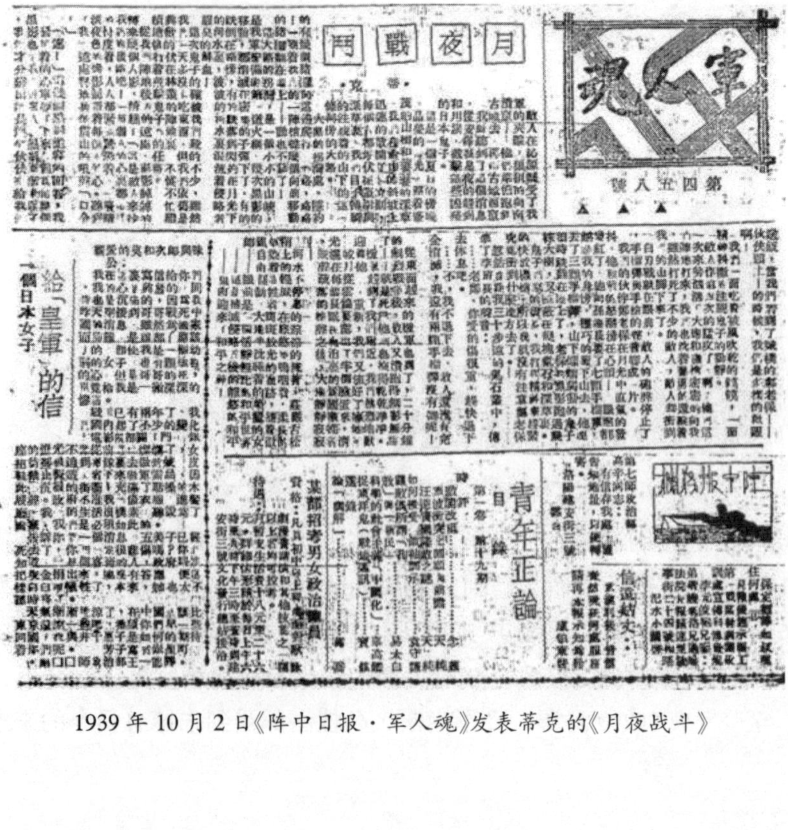
軍人魂
月夜戰鬥
給「皇軍」的一個日本女子的信
青年正論

1939年10月2日《阵中日报·军人魂》发表蒂克的《月夜战斗》

1939 年 10 月 2 日《阵中日报·军人魂》发表了蒂克的散文《月夜战斗》，文中叙述了在粉碎晋东南日寇“九路围攻”中，中国军队所经历的一次月夜战斗。由于文章发表在战时，故而对事件发生的时间、地点、部队番号等，都语焉不详，但读者从“沁源”“古城”“安泽县”“和川镇”这些地名上，依据抗战史料，可以推断出文中所写的，正是高桂滋部第 17 师将士截击从沁源南逃到安泽县和顺镇日军的那次战斗。

《月夜战斗》虽然只是一个战斗的小片段，但写得很逼真。尤其刻画了一个送饭上前线的伙夫郑老保投掷手榴弹而负伤的情节，以及战后在月光下“长眠在血泊里的为国牺牲者”，表现出中国军人英勇杀敌，以鲜血和生命捍卫祖国的崇高精神。

月夜战斗

蒂克

1939 年 10 月 2 日《阵中日报·军人魂》

敌人在沁源县（1）受了我军的夹击，狼狈的向南溃窜了！他们准备跑到古城（2）去，再由古城西窜。我师听到了这个消息，从安泽县（3）星夜的赶到和川镇，截击这些凶残的日本鬼子。

这是一个夏日的傍晚，晶莹的月光，照耀着盛茂的山树和萋萋的深草，我们在山的斜坡上迅速的散开了。立刻，每个人都埋伏在丛树与深草里，我们目不转瞬的注视着山下的这一条河旁的大路。

大路的拐弯处，隐约的有几个猪猡向这边爬行。“咯咯，咯咯”，随着我们的一阵枪声，几个向前移动的猪猡翻在地上，一动也不动了！

这大路的拐弯，是一个小小的山峡，是我军配备的第一道火网，几次黑影的移动，都消灭在密集的子弹下了。有的跌倒在路旁，有的跌倒到闪烁在月光下的河水里，波波的河水里混流着侵略者腥臭的鲜血！

这次鬼子的确被我们杀的不少，虽然我们一天多没有吃东西，但我们依旧是兴奋的伏在林丛的阵地里，不慌不忙继续地执行着截击鬼子的任务。

从我们阵地后方的远处，影影绰绰的转来几个人影，糟糕！“这是敌人来抄我们的后路吧！”每个人的心都这样忖度着，人人都紧张、惊恐着，一层暗淡夜色的惨影笼罩着每个人的心。

听到我们远处警卫兵的震山的吼声“口令！”

“速！”

这几个黑影从容的回答，使我们惊恐着的心宁静了下来，因为这几个黑影也是我们的弟兄。黑影渐渐走近了，我们才分辨出是几个伙夫，给我们送饭。当我们看到了诚朴的郑老保——伙夫头——的时候，我们是多么的欢跃啊！

我们一面吃着被风吹干的馍馍，一面精神抖擞的注视着鬼子的动静。

敌人作第二次的猛攻了。啊，他们这一次来势汹汹。大炮和机枪密密的向我们阵地打来，我们也沉着奋勇的还击着，虽然打死了不少敌人，敌人却冲到我们的山脚下来了。

白刃战就在眼前，敌人的炮声停止了，手榴弹与手枪的声音响成一片。

我们的伙伴郑老保在月光中直气得发抖，他杀敌的怒潮涌在心头，眼圈都变红了，他向孙连长要了七颗手榴弹，越过我的身旁，灵巧的冲下山去。他连丢了三颗手榴弹，山下蠕蠕爬动的鬼子顿时跌翻在地上了，老保的黑影跑过几株大树，又隐蔽在几块乱石和深草里。

鬼子们来得很多，我打起精神来赶紧的快放机枪，所以我就没有注意郑老保究竟冲到什么地方去了。

忽然，距我三十步远的乱石丛中，传来了李班长的声音：

“老郑，你受的伤很重，赶快退下去休息吧。”

“不，我不退下去，敌人还没有完全消灭，我还有两颗手榴弹没有掷呢！”

从东面赶来的援军也到了，二十分钟的剧烈战斗后，敌人又溃跑得无影无踪了——就是死尸他们也拖得干干净净。

援军到了我们附近，我们热烈地欢迎他们，重新的，我们又布好了阵地。

皎月从云端里露出了半个脸蛋来，青光洒在每个长眠在血泊里的为国牺牲者。几声疏落的枪声之后，大地静静寂寂——

河水不停息的淙淙的流着，庄严古松梢上的轻风，在悠悠的鸣咽着，柔长的草染着牺牲者斑斑放光的血迹，随着微风自由摆动，大地像沉睡着的美丽的女郎——眼前是一个恬静无比的和平世界

——这是扑灭侵略者后的静悠的和平——血肉迎来和平之神！

注释

（1）沁源县，位于山西省中部，地处太岳东麓，东连沁县，南接屯留、安泽县，西邻霍北靠介休市，属黄土高原区。

（2）古城，此指平遥县。平遥县，位于山西中部，黄河中游，上古时代称古陶，是一座具有二千七百年历史的文化名城。

（3）安泽县，位于山西省境西南部，临汾地区东北，太岳山东南麓，因其居霍山太岳之南，故称“岳阳”。

日寇对沦陷区铜币的掠取

——藉明:《恐慌下的上海》

1939年10月3日

抗战期间，沦陷区的人民经受了种种难以想象的屈辱和痛苦，如遭日军烧杀掳掠，经济侵略，奴化教育等等，例子举不胜举。同时也会出些令人想象不到的奇事，1939年10月3日藉明所写的《恐慌下的上海》，讲的就是日本侵略者用一只无形的手，对上海铜币的大量掠取。

民国价值100文的铜元

民国价值20文的铜元

价值10文的铜元

抗战前国统区的铜币，有五厘、一文、二文、十文、二十文等。尽管货币的比值在不断波动，但大致说来，一银元等于10角，一角等于150文左右的铜币。铜币是小钱、零钱，“一文不值”、“一文不名”等成语，《卖报歌》中唱的“七个铜板就买两份报”，都说明了铜币是面值最小的货币。

价值1分、2分的铜币

1935 年，国民政府发行了法币，但铜元仍然流通。上海是中国的经济中心，金融业最为发达。1937 年淞沪抗战后，上海沦陷。由于抗战的持续，导致了日本军火匮乏，他们便在中国的沦陷区来掠取铜器铁器，再运往本国生产枪支弹药。这样一来，上海就出现了一种怪现象，民间蕴藏的巨量铜板不知不觉地逐渐消失，以至于老百姓出门乘坐公共汽车和电车，没有零钱买票，杂货店里做生意，竟用邮票代替零钱，更有小贩乞丐，因铜元缺乏，难以生存，人力车夫，倒是占了不找零钱的便宜……这些都是日本侵略者在从中捣鬼。

掠取中国的铜币熔铸成子弹再去杀中国人，从上海铜元的逐渐消失这件小事上，可以看出日本侵略者"以华制华"的险恶用心。

作者藉明，生平不详。

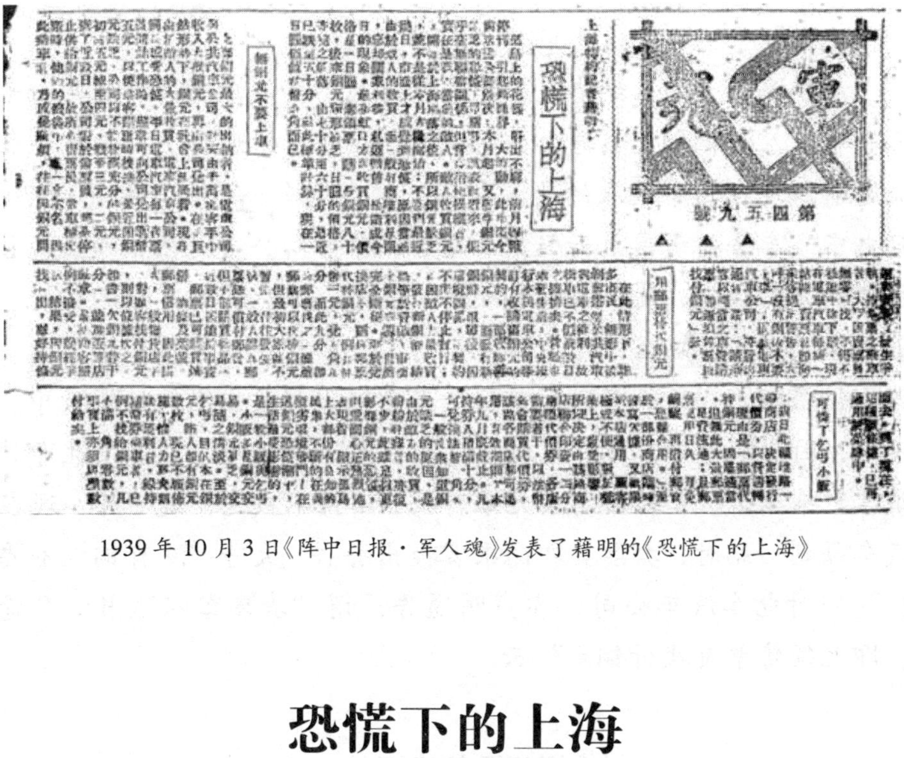

恐慌下的上海

上海特约记者藉明

第四五九號

1939 年 10 月 3 日《阵中日报 · 军人魂》发表了藉明的《恐慌下的上海》

恐慌下的上海

上海特约记者藉明

1939 年 10 月 3 日《阵中日报 · 军人魂》

孤岛上的花样，层出不穷。前月四报停刊，引起新闻界的大波动，此事迄今尚未能全部解决；本月起，又发生铜元缺乏之恐慌，这两事，就表面看来，似乎毫无联带关系，但背后指使操纵者，实在是我们当前的敌人。敌人收买铜元，开始于上海沦陷之后，所以铜元缺乏，并不是从本月才开始，不过到最近几日，市面上才感觉到恐慌，原因当然由于敌人的收买，而一般奸商唯利是图，忘却国家利益，私运转售，致造成今日的现象。最初虹口方面收买铜元，价格是一日圆老头票购一分铜元八十枚，后来铜元渐形缺乏，日圆的价格，亦随之低落，由七十分至六十分，最近已跌至五十分，就此标准计算，现在一日圆仅值法币五角而已。

无铜元不要上车

上海铜元最大的出纳者，是电车公司与公共汽车公司，每天由千万乘客手中收入大批铜元，再由公司兑出。在此巨然形势下，铜元在社会上流通着。现在由于敌人的大量收买，电车汽车公司，同样感受恐慌，平日电车汽车每一卖票员开始工作时，照章可向公司兑出铜币五元，以便乘客购票时找换，最近因铜元缺乏，公司已不能收到充分的铜元，初从五元减至四元，继至三元、二元，到了近数日，公司对于售票员，完全停止供给铜元，故所有的卖票员，当车辆出站时，他们的钱袋中，一文不名，因此乘车者，乃感觉麻烦，往往因铜元问题与乘客发生争执。持纸票之乘车者，大约因卖票无零可找，不得不被迫中途下车。现在电车汽车每到一站时，卖票员即向乘客提出警告，大呼“没有铜板不要上来！”同时电车汽车公司，亦声明通告，谓“请乘客以适当之车资购票，即无须售票员找付铜元”云。

用邮票替找铜元

在此情形下，许多市民，无形中被剥夺搭坐公共汽车与电车之权利，故街车已不似前数日之拥挤矣。当战事未发生前，中央银行本与电车公司等订有收购旧铜元的契约，一面收购旧铜元，一面发行新铜币，沪战后，因环境关系，此契约不得不停止实行，因敌人大量收买，发行新铜币，结果等于资敌，市面上铜元来源，自然完全断绝。至于兑换店客，则以邮票代替铜元，例如法币一元，兑换九角九分，而此九分，即以邮票代之。虽然邮票可以代替铜元，但最初大家并不习惯，往往发生争执。一般人认为邮票虽可偿付邮资，但不能购买物品，近数日因迫于事实，邮票已可购买烧饼、油条及菜蔬。邮票信用，因此增大。一般杂货店，对顾客找付铜元，则以条据代之，即书一欠铜元若干分，并加盖该店图章。最初顾客照例不接受，几经争执，结果，因铜元找不出，只好持条而去。到了现在，这种开条据，已可通用于菜肆中。

可怜了乞丐小贩

前日北福建路一带商店，决定发行代价券，以资周转，理由是“邮票代替铜元，固属适当，但无此大量邮票，足资流通；且邮票使用日久，难免龌龊，再偿付邮资，恐难合用。”至于一部分商店临时书写欠据，又只限于本店通用，顾客极感不便，对于营业上，蒙受影响，所以决定由该路商店联合印发一、二分两种代价券，各店需要若干，以法币向会购买代价券，该路各商店即可通用，有效期间，本年九月底截止，凡持券人积满十分，可兑换法币一角。

一般民众知道铜元缺乏的原因，是由于敌人的收买，纷纷收藏着，亦复不少，此虽足以更影响铜元的恐慌，但爱国心正热烈地表现着，显示孤岛上大部分有良知的民众，不断的在与恶劣环境奋斗，在这铜元恐慌潮中，生活最受影响的，是一般小贩与乞丐。小贩多是铜元交易，铜元缺乏，随之交易清淡。至于乞丐，目的本在铜元，路人即有铜元数枚，现已不愿布施，唯人力车夫则仍有胜利者，缘持辅币券乘车者，已例不找给铜元，凡不满一角之零数，事实上亦须以整数付给矣。

来自延安的报告

——殷参:《血债》

1939年10月7日

青年殷参

殷参:(1916—1995),原名姜颖灿,学名姜方生,笔名殷参、殷三、YC等。浙江象山人,“左联五烈士”殷夫的表侄。1935年在北平参加左联,在左联刊物《泡沫》《浪花》上发表文章,这年冬参加“一二·九”学生运动,1936年参加中华民族解放先锋队(简称“民先”),及“平津学生南下扩大宣传团”。

1937年抗战爆发后,到武汉,任《文化前卫》编辑,1938年加入中国共产党,9月奔赴延安,曾任延安鲁艺《艺术工作》编辑、绥德《抗战报》编辑。

1938年11月20日,星期天,日本7架飞机第一次侵入延安市内,第一颗炸弹在西山山坡爆炸,炸死炸伤数十人,殷参是亲身经历这次空袭的受害者,他写下了这篇通讯《血债》,发表在1939年10月7日的《阵中日报·军人魂》上。

据资料记载,从1938年到1941年,日本飞机对延安发起空袭17次,共炸死214人(见朱鸿召:《延安日常生活中的历史》,广西师范大学出版社,2007年),殷参的《血债》,为日机第一次轰炸延安提供了有力的证词。

《阵中日报》是国民党第一战区的军报,1939年10月国共“摩擦”已经升级,那么,来自延安的报道,怎能刊登在《军人魂》上呢?究其原因,一是当时国共合作局面毕竟还没有破裂;二是《军人魂》编辑与殷参均为“国新社”成员,彼此联系密切;三是殷参的《血债》,对事件发生地写得较模糊。读者只能从“嘉岭山”(即宝塔山)、“抗大”“马海德”等关键词中,才能判断出他写的是延安。

延安宝塔山,又名嘉岭山

来自延安的报道上了国统区的军报，这一事件，说明了进步文化人、“国新社”在抗战中对于联通、传播国统区和根据地之间的新闻所发挥的作用。洛阳的新闻稿转到“国新社”桂林总社以后，还可以通过总社转发到香港、新加坡、马来西亚等地华文报刊，受到国际社会广泛的瞩目。

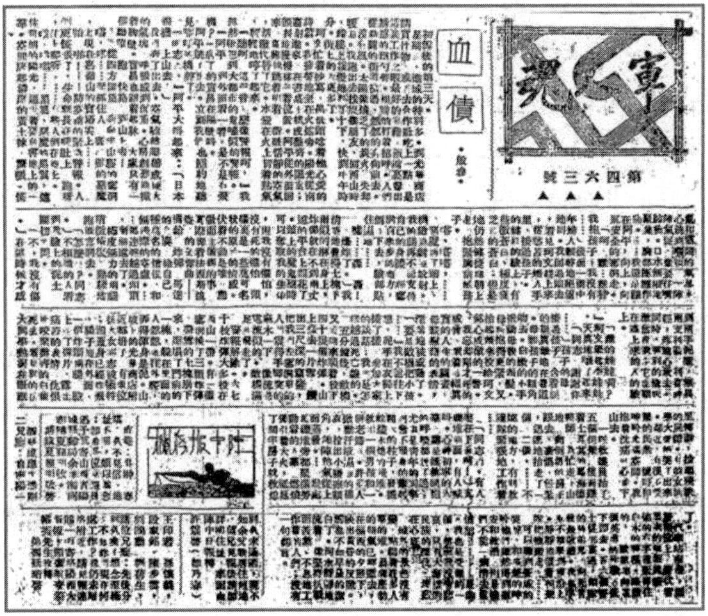
血债
殷参
军人魂
第四六三號

1939 年 10 月 7 日《阵中日报 · 军人魂》发表殷参的《血债》

血债

殷参

1939 年 10 月 7 日《阵中日报 · 军人魂》

初雪后的第三天。

星期天，进城的特别多。到光华商店购买什物，或者去合作社吃上一点，是这里工作之暇最后的慰藉。饭馆里响出诱惑的铁勺声，相识的打着招呼，人们从新开的街道挤过，匆匆的奔向前去。

没有风。太阳像烧乏了的炭火，失却暖意。我跑出去找几个朋友，回西山时，钟楼上缓慢地打了十下，快到中午时分，街上的人更多了。

珂文忙着抄写，禺低头念着他心爱的诗篇，我疲劳地坐在火炉旁。阳光从南窗射进来，在书桌上构成整齐的图案；颤抖地慢慢移动着位置。阿平从外面回来，高兴地跳着唱着，冲破恬静的空气，活泼代替了它。水壶在火上冒着热气，轻轻地哼了起来。

“听啊，这声音，怎么像警报呵！”我忽然联想到大都市的鬼嚎似的警报。

“阿平，到外面看一看，是不是有飞机？”病了的实昌在隔壁叫。

阿平跳了出去。立刻我们也隐约地听见“嗡嗡”的机声了。

“同志们，”阿平大叫起来：“日本飞机，上山去！”

我们奔了出去，空气骤然压缩成硬大的气块，呼吸感到沉重，心房剧烈地撞着胸壁。实昌也跟着起床，大家只有一个愿望，跑，快跑，到山上去！

从四方汇集，奔向半山腰的窑洞里。“嗡，嗡，”……紧抓住人的心灵的恶魔，出现在嘉岭山的宝塔尖上.

“啪，啪，”——防空哨的紧急警报。人们更慌张了，生命就长在腿肚上。跑呀，往上爬呀，……有些人倒在地上。

“嗡，嗡嗡”……黑翼，恶魔的黑翼，遮住明朗的阳光，逼近着要危害地上的一群。空间腾起浓厚的黄土味，紧张、慌乱和窒闷的气息，心跳到喉头，一阵阵气促，像要往嘴腔冲。口水无限的聚集，胸部隐隐作痛……我还是跟着阿平，向上，向那安全的窑洞走。

“呵，谁……谁替我抱孩子，我没有……”后面一个中年妇女颤声地绝望地叫。我回过头去，看见珂文赶上来，从愁苦的妇人手里，接过孩子。她的健红的脸上，有些微苍白，极度疲乏的苍白，但是她仍然健捷地朝上走，抱紧胸前的孩子。

“哒，哒哒”……

恶魔到了头上，机枪急剧地放射。我的腿再不能支持自己的身体，离窑洞百来步的地方，倒了下去，脸部贴住湿地……

“嘘……轰，轰！”

“爆炸了。”我清楚地觉得土块下雨似的淋在身上，炸弹就在不到两丈远的平台上开花了。头上的恶魔随时可以夺取我的生命，但我没有惧怕，没有死的惧怕，头脑里是一些莫可名状的原始的情感。伏着不动是唯一应做而能做到的事。耳际响着法西斯强盗的交响曲——机枪、炸弹、马达的合奏，给自己一种莫名的憎恨，和无边际的空虚……马达声越过头顶，渐渐远去了。

极度无力的两腿稍微恢复，熟练地跑进窑洞去。

“怎么？同志？”不相识的人看到我脸上的泥土，关切地问。

“不，我没有伤。”在这时候才感到两手泥浆，无异于两支利箭，刺着神经，疼进心坎去。同时，胜利的愉快激奋着我，它也显在逃上来的人的脸上。

“谁的娃娃嘀？”珂文举起小娃娃，天真地嚷起来。

“同志，谢谢你……”孩子的母亲接过孩子，含着泪的眼真挚地答道。母亲向孩子的额角吻去。白嫩的小手拨动着母亲的头发，母亲抱得更紧，又抬起头来投给珂文铭心感谢的一瞥。

我忘却刚才死的威胁，看着这幅真实的人生图画，母亲慰藉的表情，深深地被感动了。“要是敌机把这小孩……”我不能往下想，泥手在衣裤上搓了搓，参加大家的谈话：我们是怎样越过死亡线的。

五分钟后，敌机又绕回来，顺着投下四十几个炸弹。山上轰去一片雪，钻出三尺深的窟窿，把我们窑洞里的人震得手脚突的麻木一下，像流过电流似的。敌机满足地飞走了。

警报解除。

六七十枚炸弹大多投在西山一带。有一个窑洞挨了三颗炸弹，带雪的土块崩下来，压塌了门前的一块，躲在里面的人匆匆往外爬，弄得浑身是泥。山坡上的光华商店附近都坍了，有两位抗大女同志牺牲了，头盖、身子已经炸飞，肠子拖在外面，一个炸断两腿，脸上挨了弹片，露出痛苦的表情，仇恨地咬紧整齐的白齿死去。看见别的抗大同学热泪在眼眶里转动，拾来残缺的尸体，有的女同学大声哭了出来。邻近，有很多受伤的民众，号叫和呻吟充满空间。我抱着沉痛的心走下山去。

一队救护员抬了五个担架，后面跟着祖籍黎巴嫩的马海德医师，急忙走下山地，向倒坍的房子跟去，裹伤、包扎，迅速地抬走了一个、两个……不远的地方，有别的救护队紧张地工作着……

“同志们，有人压在下面啊！”瓦砾堆里，有人喊叫。心神初宁的人群，听见是拯救同胞的呼唤，都跑了过去，尤其是年青的同学们，奋不顾身的擎起粗大的柱子，发掘余烬未熄的残堆，救出一个男孩和一个老妇人。许多人掀动汗液湿透的棉衣，拉出小褂擦额角，阵阵热气从上面蒸发……几处瓦砾堆旁都聚满劳动着的人群，燃烧弹引着大火，只烧了一间半房子就救熄了。

汽车站南边，巡警岗上，俯伏着黑衣的无头尸体，他的右手还紧握着白木的警棍。路过的人默默地向英勇的殉职者低下头去。五六个警士从那里过，领队的叫弟兄向死者致以敬礼。我的手也不禁地举到帽檐上，静静地望着担架把他搬走……

可以听到忧戚的哭声，和痛楚的呻吟。他们虽然得到慰安和救治，但是他们不能一刻消去愤怒——是的，我也是受难的一个，然而我没有悲哀，只有大海样的民族的深仇，埋藏在心底。

城外的景色没变，点缀着许多人群的堆。晨间蓬勃的朝气已经逝去，在偏西的夕照下，映出黄昏的返照。雪也不如早晨的洁白了。河水静悄悄地流着，像坚持抗战而苦熬、不息工作着的人们，没有一句怨言。

1949年6月殷参、王遵伦夫妇摄于齐齐哈尔。殷参为《黑龙江日报》第一任社长，王遵伦为该报第二任总编辑

新中国成立后，殷参先后任《黑龙江日报》社长，《辽宁日报》总编辑等职。在20世纪80年代，他在《光明日报》任副总编辑，坚决支持《实践是检验真理的唯一标准》一文的发表，积极宣传平反冤假错案，审定签发了为《海瑞罢官》平反的第一篇文章。1988年离休，1995年因病不治在京去世，享年79岁。

2012年，辽宁人民出版社“金色夕阳”出版了《殷参文集》。书中并未收入《血债》一文。只有《炸弹的威力》一文，谈到延安从1938年10月到1939年元旦，经过日本飞机8次轰炸，却破坏力甚微。其中包含上文记述的第一次轰炸，可以与《血债》互为佐证。

注释

（1）马海德（1910—1988）：原名乔治·海德姆，祖籍黎巴嫩，生于美国，1933年取得日内瓦医科大学博士学位，1933年来到上海，1936年来到红军临时驻地保安，1937年初随红军到达陕北延安加入中国共产党，后来到山西五台山八路军总部和延安陕甘宁边区医院工作，并将自己的名字改为中国名字马海德。新中国成立后，被任命为中央人民政府卫生部顾问。2009年，被评为新中国成立以来“感动中国”人物。

“西北军教头”谈抗战

——流萤:《石敬亭访问记》

1939 年 10 月 13 日

西北军将领石敬亭

石敬亭:(1886—1969),字筱山,山东利津人,出身书香门第。东北武备学堂毕业,参加过辛亥革命、北伐和抗日战争。

自 1914 年开始,石敬亭在冯玉祥部下长期任职,是冯玉祥将军的得力助手,被称为“西北军教头”。

抗战期间,石敬亭任军委会军风纪巡视团主任委员,第一战区副司令长官等职。1949 年去台湾,任“总统府”“国策”顾问,1969 年病逝于台北,享年 85 岁。

1939 年 10 月,石敬亭任军风纪巡视团主任期间,奔走于洛阳第一战区和老河口第五战区之间,李蕤在洛阳采访了他,并以“流萤”的笔名,在 1939 年 10 月 13 日的《阵中日报 · 军人魂》上发表了《石敬亭访问记》。

軍人魂
第四六七號
石敬亭訪問記

1939 年 10 月 13 日《阵中日报 · 军人魂》发表“流萤”的《石敬亭访问记》

石敬亭访问记

本报记者流萤

1939年10月13日《阵中日报·军人魂》

一个非常明朗的日子，我们到距离洛阳十五里的一个壮丽的所在，去叩访石敬亭先生。

过了林森桥，迎在我们的面前的，是一条宽大平直的公路。两行绿柳成荫，秋风习习，田野上农人在收割成熟的秋禾，两辆自由车迅速的卷食着公路，远远的望见与天相接的龙门口，接着便看见耸在公路近侧的一道红墙，我们的目的地到了。

石敬亭先生刚从龙门回来，笑容可掬的招呼远来的客人。我们一眼望去，他身材高大，面貌和善而带着坚决的神气。两侧鬓发，已经有星星点点的白色，但脸色却非常红润。面貌正是一般的小说中所说的"鹤发童颜"，而气度呢，"威而不猛"，正是适当的形容词。

在寒暄中，知道他新近才从五战区转来，他是去年九月参加到五战区的，在那里逗留了一年之久。到洛阳来才只几天的工夫，而且一二日之内，便要出发到外县视察。石先生是山东人，但在一般人的记忆中，总是把他和西北一道记起，对于洛阳，他自己也有第二故乡的感情。这里的每条街道，每个学校，过去他都非常熟悉，现在也都还怀念着他们。

"先生年余以来，在各战局观察的结果，有什么教训可以告给我们？譬如，先从我们的军风纪来说？"

"从武汉放弃后，这一年整个的是在整军。军队的纪律，一般的说，都已经有了长足的进步。大家在作着比赛，在最初，我们许多军队，连'不扰民'、'不害民'的'军民相安'还做不到，现在，不但军民可以相安，而且一般的说，已经能够更积极的军民真正合作了。尤其是第二期的抗战开始以后，军队离开了城市，失掉了'绝对可靠'的运输条件，他们更迫切地感到了民众的可贵，而民众呢，两年来受敌人蹂躏的结果，也认识了军队对于他们的好处。现在，各处驻军的帮助农人收割，农人自动的炊饭做鞋慰劳兵士，已经是很平常的事情了。”

“就军事将领来说，步伐也渐渐统一起来。在最初，有一部分年青的军人，朝气太盛，一部分地方军官，暮气太深。朝气太盛的容易近于骄，把一切事都看得特别容易，忽视大家的力量；而暮气近于堕，根本养成了不愿振作的习气。可是抗战以后，这两极的人都受到这大时代的锤炼。抗战告诉我们，只有认真的为民族拼命，才是保全自己的唯一道路。这震醒了一般堕气的军官，同时抗战教训我们，这决不是三五个人能肩起的重任，这又洗刷了骄气太盛的恶习……现在，和一条队伍一样，步伐已经日渐的整齐起来了。”

“我是不相信三五个人能转动乾坤的，只有群体是伟大的力量。”说到这里，他举了一个例子，说一个报馆的编辑，独编独写，苦不堪言，因而大发牢骚，说一个帮得上他的忙的人也没有，但他这话立时受了工人的诘责。工人说：‘先生，在我看来，你的周围，至少有几十个人在帮助你，譬如你写字的笔、纸、墨汁，这便有别人在替你做着，电报也是别人从很远的地方报来，如果没有他们，你是没法工作的。便是我替你倒一碗茶，也是参加报纸里力量……’。于是这位编辑大为感动。“诸位的意见怎么样呢？我以为这是很有道理的。一个人如果孤立起来，没有力量的，必须合群力以制胜，集众志以成城……”

“你对于一年来的军事的观感？”

“一年以来，军事的进步太大了，一年中军事的进步，超过过去廿年的进步。按士气来说，军纪来说，精诚团结来说，随处都有可泣可歌的事情，只有政治太落后了，一点也配合不上军事。政治的落后，是会影响军事的。譬如我参加过几次军队的转进，有些县份，政治工作做得很好，民众动员得很够，军队过境，他们分段引路，分段帮助输送，结果军队顺利的通过了，民众也并没有受到骚扰。有些政治工作不够的县份，民众毫无组织，军队所到处，拿钱也买不到东西，看不见人影，没有办法，只好自动的去搜寻食粮，结果民众受了很多的损失，而士兵受了许多苦处。这决不单纯的是军纪的问题，而是政治配合的问题。”

对于兵，石先生认为“兵”本身没有坏兵，主要的在于怎样的教育。他几次蹙着眉头说：“有好几个军事将领，自己的士兵一共有多少数目多弄不明白，这是绝对要不得的。古人说得好‘带兵如子弟，可以与之生，可以与之死’。假如我们有个子弟，他如果作战殉国，连三个字的名字也不给他留下，连家人也不通知一声么？现在军委会严禁对士兵的虐待，严禁捆绑壮丁，这是很好的事情。这次战争，我们和敌人的最大不同，便是敌人的士兵是被压迫着作战，而我们是全民自动的武装自卫。”他没有什么高深的理论来装潢自己，他的话都非常朴质，但这朴质的话里，却一片一片的闪着真理的光耀。

对于抗战的前途，他是百分之百的乐观。他说：“战争属火，真金和钢铁，是不怕火烧的。只有渣滓，经过火烧便完全化灰。这两年中，我们进步了多少年呀？那得感谢敌人。战争越延长，我们的进步也越大越速，敌人的矛盾却愈显露。那时候，胜利便来到了。”

“连我们自己，也都在这次大火的锻炼中呵！这次的抗战，是一切部队的试金石，一切人的大学校，这是空前未有的测验，再公平没有的甄别！”说着，他孩子似的纵声大笑了。

“石先生今年有多少年纪？”

“不到五十吧？”

“五十四岁。但我是喜爱劳动的，在南京的时候，老和冯副委员长（冯玉祥）一道跑步。今天到龙门，还是徒步走回来的。”

顺便的，我问到冯副委员长。他回答说，他刚练完一大批新军，现在正在值月，“他现在成了极重要的文化人了，这是很难得的。进则忠于民众的付托，退则尽国民一份子的责任，这是一个模范军人的代表。”对于冯先生，他始终非常仰慕。

“我们应该不断的学习。这样复杂的社会，这样的复杂的国际情势，这样突飞猛进的军事，一个军人，如果三五年不实际参加战争，不在实际中多学习新的军事知识，来应付近代战争，是绝对不能够的。我的年纪是大了，但我仍愿做学生，我便是‘西安事变’以后才进陆大的，学习决不是耻辱。中国有许多军人，在上台时专横跋扈，下台时便堕落荒淫！这也是中国致乱的一大原因。”

几十分钟的谈话，使我们很满意。石先生的名字，这几年已经在人们的心上模糊了，现在又新鲜起来，一如许多的人们一样。时代是个大潮，它冲刷了腐败的一切，但也掀起了潜伏的战士。

临别时，我们举手为礼，石先生立刻就要给各位还礼。

当我们说起想要深入到各组织的深层，还有许多美中不足的地方时，他更非常恳切的和我们说：“祝你们努力，在某一种意义上说，一支笔确切会抵过十万毛瑟的用处。我常感觉到，支持着这次抗战的胜利，是放在四个字的基石上：铁，血，泪，墨。试想想啊，这抗战中有几千万的各种成分的泪，泪决不止是悲哀的符号，现在你们用笔的人，是要用火一样的热情，把这四者结合为一，这工作是难以比拟的重要。”

这些话的声音和人的影子，一直留在我的记忆中，使我长久不能遗忘。

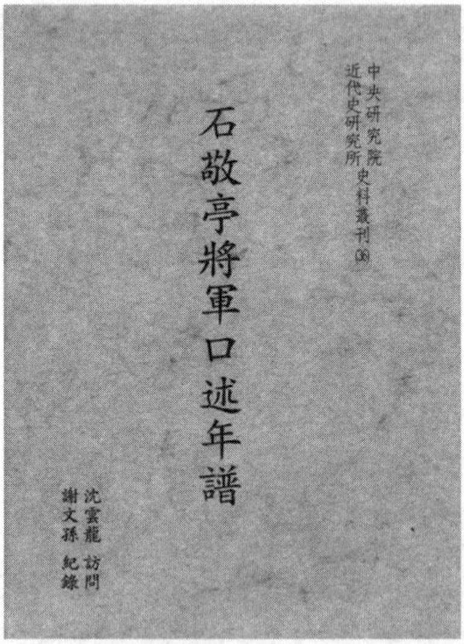

《石敬亭将军口述年谱》，由“中央研究院”近代史研究所出版

揭露汪逆暴行

——黎莱:《朱惺公被害经过》

1939年10月15日—16日

朱惺公（1900—1939），字松庐，江苏省丹阳县吕城镇人。1938年，上海美商《大美晚报》中文版发行人张似旭聘请朱惺公为副刊《夜光》编辑，因宣传抗日，在报上连载《民族正气——中华民族英雄专辑》和《汉奸史话》，又以“陈剑魂”为笔名，将汪精卫早年行刺清朝摄政王载沣未遂所写的诗：“慷慨歌燕市，从容作楚囚。引刀成一快，不负少年头”，改为“当年慷慨歌燕市，曾羡从容作楚囚。恨未引刀成一快，终惭不负少年头。”讥讽汪精卫之卖国，被汪精卫集团视为眼中钉。

上海孤岛时期第一位因宣传抗日遭到暗杀的著名新闻记者——朱惺公

1939年6月15日，朱惺公收到汪逆爪牙的恐吓信，他非但无所畏惧，反而在6月20日的副刊上发表《将被国法判处死刑者之自供》，并写自挽联：“懦夫畏死终须死，志士求仁几得仁。”

1939年8月30日下午，朱惺公在由家中步行去报馆的路上，被三个汪精卫派遣的特务用手枪击中太阳穴而死。1939 年 9 月 1 日，在胶州路万国殡仪馆举行万人追悼会。抗战胜利后，朱惺公受到国民政府明文表彰。

1948 年，上海进步人士集资为他修墓，树碑勒石，作为永久的纪念。

上海《大美晚报》记者、朱惺公的好友黎莱撰写了《朱惺公被害经过》一文，在《阵中日报 · 军人魂》1939 年 10 月 15 日—16 日连载，详细地披露了这一事件的真相。

軍人魂
朱惺公被害經過
華僑婦女動態

黎莱的《朱惺公被害经过》在 1939 年 12 月 15 日—16 日《阵中日报 · 军人魂》上连载

朱惺公被害经过

黎莱(上海《大美晚报》编辑)

1939 年 10 月 15 日—16 日《阵中日报 · 军人魂》

以一个女友的资格来追记朱惺公的悲惨的事迹，在我这颗柔脆的心，是多么凄苦的一回事啊！

在一个亭子间的一角，临街的已经破碎的玻璃窗侵进来的秋夜的寒凉，撑支在高大的窗边的法国梧桐树，微风摇曳着阔大的梧桐叶，发出一种幽弱的叹声，偶然，也可以从凄清的街灯的光照中，看到一片枯黄的阔叶，打着不定向的抖旋飘落，好像是一个灵魂落寞和沉灭在夜的黑海。

我拿着笔的手有点发抖，在这深沉的秋夜里，对着黄弱的孤灯，对着寒窗，用我的哀悼，用我的悲哀的情意，来织写在纸上，来纪念我的死去了的友人朱惺公。

回忆起来，我和惺公的友情已经有五个年头的契合。当初，我是惺公的一个学生，真理把我昭示向他的路上走。在五年的悠长的时日中，我无时无刻不是在敬爱着他，尊崇着他，他的剑般的双眉，灼灼闪光的双瞳，透射过他的黑框眼镜，好像永远傲视着辽远的前方——散发着无尽的光和无尽的热。

十足表现出文人的气息

我常到惺公的家。“天潼路”的一所小楼房上。他有一个聪明而伶俐的孩子庸庸。

二楼上的布置简单而整齐，临窗放着一张三抽屉的写字台，惺公写作的时候是喜欢有一瓶淡色的花在面前的，因此我在宜兴给他买了一个典雅的瓷质花瓶，每礼拜我总设法给他采些花插在瓶子里面。楼房的左角安放着一个大铜床，这就是每夜他和他的妻子、庸庸的安息处了。除此之外，最令人注意的，就是右壁上挂的四幅画像，第一幅是充分地表现出沉毅神色的孙中山，第二幅是光秃着前额的倔强精干的列宁，第三幅是拿着烟斗的微笑着的慈和的史达林。惺公总是显出一种坚定的笑容，他的一举一动大方而稳重，这确是不失为我的一位良师。有的时候，我伴着他和他的妻、庸庸一块到电影院去看预先挑中的富有革命性的影片。也有时，我牵着庸庸和惺公一块在黄浦江边散步，尤其是夏天，我们总爱看江中船上的灯影。如果经济上比较宽裕的话，我们也去上上游船，惺公十足表现出一个文人的姿态。

惺公每到傍晚的时分，总是夹着一个文稿包，到《大美晚报》馆去。只要你稍微注意，你便可以看见每天傍晚总有一个穿着短旧的灰色西服的青年打从这北河南路经过。

在惺公所编的《大美晚报》的副刊《夜光》上，我时常可以看见他的文章，他的每一个字句，都为上海成百的民众所尊敬，所爱读的，他的笔尖呼唤着不愿作牛马的民众，起来保卫祖国，一齐为民族而战斗，因此，他的锋利的笔刺中了汪精卫这个逆贼，和汪派的成群的可恶的爪牙们。惺公无情地鞭打着汪逆，使汪逆和无耻的为日本军阀侵略中国而奔吠的走狗，恐惧而怀恨。

从厨房里拿出一封恐吓信

一天下午，我和惺公一同从静安寺路回来，我刚刚踏上楼梯，朱太太和庸庸在楼口迎接我。当我们坐定的时候，朱太太从壁橱里拿出两件东西放在我们坐着的窗前的写字台上，我定睛一看，原来是一封信和一捆书，上面并没有邮戳。

惺公，一手把信封撕了，抽出一张字条来。他的脸色没有变，只发出一声鄙夷的笑，然后把看过的信交给我看：

朱惺公先生台鉴：

未得晤面，深以为憾。兹奉上汪先生最近言论集一册，限明晚起，逐次在《夜光》登出。汪先生为举国崇仰，其言论也必为全国人士所欲读。谁敢阻挡，谁必为东亚和平之剑所斩，置于死地！

八月十日

信后并没有署名，这封恫吓信，在汪精卫逆贼方面是一种无耻的行径，而在惺公，却无动于衷！

我想要伸手把那捆书折开来看看，突然，惺公先把它夺去了。他看也不看，狠狠地把它掷进字纸篓里去。

“谁把信送来的？”惺公向着正替庸庸换衣裳的朱太太问。

“一个穿黑制服的，把信一丢，头也没回的就走了。”朱太太答。

“爸爸，是一个满脸大麻点的东西！”庸庸边叫边向这边跑过来，孩子作着害怕的样子。

从这天以后，我们的心便为一阵忧郁的阴影所遮蔽，我感觉到一个巨大的不幸将降临，我软弱，我无力拨开这悲哀而可怖的阴云。

一个跛脚者来告诉消息

二十九日深夜十一点钟左右，有一个三十多岁的工人打扮的跛脚者，急匆匆地跑到《大美晚报》馆来。

“朱惺公先生呢？”跛脚者拉住报馆一个工友气喘地问。

“回公馆去了。”工友淡漠地答。

“他什么时候来办公呢？呵，他的公馆在……？”

“你问这些干什么？”工友突然有所警戒似的注意这个怪客,反问着。

“呵，我，我是江海关的茶房……”跛脚怪客把工友强拉到暗处。

“我在一个茶馆里，唔，听见，听见两个穿黑西服的人密议要杀朱先生，唉，你别瞧我穷，我还有一个爱国心，我赶到这边来，为的是要把这事告诉朱先生，好让朱先生避一避。……”

工友疑虑地望着怪客跛着脚走远了，好像一个妖魅，终于消失在远处昏弱的街灯下。

我的在运费汽车行任职的友人吴君，在三十日清早预备到惺公家里等我一块去游外滩公园。他刚走到天通路附近，他远远地看见了惺公正朝他这边走来，他正预备开口招呼，忽然从路旁跃出三个人来，拦住惺公的去路，其中两个人，跑上去，把惺公的两臂紧紧地扼住，另外一人跳上前，举枪对准惺公的左太阳穴。这时，友人吴君伏在地上，不敢声张也不敢动弹。只看见那个举枪的暴徒，翕动着嘴巴，好像对惺公诘问什么，可是惺公挺着胸脯，傲岸地站着，置之不答。于是，持枪暴徒立即扳机一扣，连扣两下，枪弹被轧住不出腔，持枪的暴徒一慌，拿枪的手摇摇不定的发起抖来。一直等到旁边的一个暴徒叫了一声，持枪的暴徒才扣了第三下枪，砰然一声，惺公太阳穴被击穿了，沉重地扑倒在地上。

于是三个暴徒向街的那头狂奔而去了。

正在这个时候，一辆疾驰的警车恰恰从街的那头驶来。警车下绕道一声停住了，车上跳下来五六个巡捕，那个开枪的正凶见势不好，急回转身往后边飞奔。后面的警车追上来了，从车上又跳下来四个巡捕，于是两边巡捕一围拢，把万恶的凶手绑上警车疾驰而去了……

等到我得到惺公被害的消息的时候，我含着两泡眼泪雇辆汽车驶到天潼路去，可是朱太太和庸庸都不在，由于邻居和律师的告诉，才知道惺公的尸体已经移去做检验了。于是我坐着原来的汽车到胶州路验尸所去。

我跑到胶州路验尸所，说明来意后，就被一个白衣侍者领过一个长长的甬道，然后走进一个三丈见方的地下室。惺公静静地躺在一张用白布铺盖着的长条验桌上。几个外国医师和租界检察官，巡捕长正在检验惺公的尸体。

惺公两眼微睁着，反白的眼球充分地显出仇恨的怒意，他的嘴巴往下披，牙齿紧咬着，从这点，可以看出他遇害前所遭受的痛苦。一个侍者正替他洗去太阳穴上的瘀血。

“他灰色的西装上衣，染满了血，被挂放在墙上，那口袋上的一支红铅笔，还是我和惺公在南京路买来赠给他的……”

更浓的暗云又袭上来了

我的眼睛一暗，一朵无限大的阴云向我袭来，我昏沉过去了。等到我被搀扶到隔壁室中，一种哀泣声音钻着我的耳鼓，我微微地睁开眼来看，在沉昏中，我认得是朱太太和庸庸。我极力想挣扎起来，可是一朵更大更浓的阴云又袭上来了……

经医生的救治，我清醒过来了，可是我的心是愈加悲哀而沉重了。

现在惺公已经收殓了，灵柩暂时停厝在万国殡仪馆，决定下葬于虹桥公墓。

自昨天起，惺公友人，及崇敬惺公的广大读者群众，纷纷到大美晚报致送赙仪，一日中竟收到一千四百二十多元。今天早晨来到胶州路万国殡仪馆吊唁的人，当在几万人以上。由此可见为民族福祉而忌惮的汪逆，致被杀害战士的，是怎样地被大众景仰着啊！惺公肉体虽安息，而他的大无畏的精神是怎样地感染着千百万的爱国同胞！

为了惺公的不幸的惨遇，在全上海民众愤怒浪潮的激荡中，《大美晚报》对汪逆提出了质问——质问汪逆对这惨杀事件有无关系。

汪逆毕竟是一个虎头蛇尾的奸邪，他恐怕全上海几百万民众会把他的生命揉碎，于是他自己不敢露面，只指使了他的走狗林柏生向《大美晚报》写了一封信：

中英文《大美晚报》主笔高尔德先生大鉴：

八月三十一日李石两先生大函，业经转来，关于所述一事，兹奉命陈述如左：

汪先生对此事，绝无所知，对于朱惺公，更不知其为人，唯从其撰著，朱之为共产主义式的作者，人所共知。借其在外所办报章之地位，攻击中国之真正利益，散布恶意之宣传，汪先生无丝毫之重视。然而贵报之地位，面对于外国人或外国所混用之中国人，对所在国之内之必须维持绝对中立与公正之态度，不能妄加干涉，竟破坏之而不能遵守，殊为可异耳。

政治恐怖创自某某当局，近月以来，尤为大规模的采用此种非人道之野蛮武器，排除异己。余首稽重伤，继而曾仲鸣博士死焉。汪先生仅免于难（中略）。数日以前，沈次高先生又复惨遭毒手。至于上海方面，要无论矣。贵报于此，曾未加以痛斥，而百端庇让某某当局种种暴举，余觉难以置信。今之收到恐吓信非仅贵报编辑而已，余及上海《中华日报》、香港《南华日报》诸编辑之活命，无日不在暴力恐怖之中。吾人反对以恐怖主义为政争之手段，而贵报于此，默无一言。应知某某所施行之恐怖主义，不唯引致种种复杂之扰乱，且直对普通匪犯，及一挑衅、扰乱者，予以鼓励也。

台端谓汪先生必与恐怖事业无关，此言之正确，毋待赘言。汪先生所身受者，实较任何人为深。倘台端以为此函有可采用之处，还请全文发表为荷。

此请

撰祺。

林柏生谨启九月二日

这是无廉耻的卖国走狗们的饶舌！全中国四万万五千万的广大民众，也有耳有目，血淋淋铁的事实胜于狡辩千万倍，用历史的长鞭来挥杀这群狂吠狗！

江海关的大钟已经敲过四下，天已快明。我的手感到万分的酸软，背着幽暗的灯光，可以看到碎玻璃窗上凝有寒霜了。又是一片梧桐的落叶飘向街心。惺公啊，愿你长眠，愿你的灵魂永远安息！

汪精卫（1883 — 1944），汉奸。名兆铭，原籍浙江山阴，出生于广东番禺。1905 年加入同盟会，曾谋刺清摄政王载沣未遂，事后被捕，判终身监禁，武昌起义后被释。早年参加同盟会，辛亥革命后被袁世凯收买，拥袁窃国。袁死后，投奔孙中山。1927 年在武汉发动七一五反革命政变，后任南京国民政府行政院长兼外交部长。九一八事变后，主张对日妥协。抗日战争爆发后，任国民党国防最高会议副主席，是国民党内亲日派首领。1938 年 3 月任国民党副总裁，同年 12 月离开重庆逃至河内，发表“艳电”，公开投降日本。1940 年在南京成立伪国民政府，建立伪军和特务组织，残酷统治沦陷区人民，并配合日军对敌后抗日根据地进行封锁、清乡。1944 年死于日本。

浙江泰顺首府罗阳抗战阵亡烈士纪念碑前的汪精卫夫妇跪像

武汉会战日军遭受重创

——田涛:《敌军惨败日记》

1939 年 10 月 18 日

武汉会战，是继徐州会战之后发生在武汉外围的一次中日大战，它是中国抗日战争中一次具有重大意义的战役。

参加武汉会战的中国军队将士

这场战役，从 1938 年 6 月 11 日日军进攻安徽的安庆起，直至 10 月 25 日日军占领武汉止，历时 4 个半月，战线扩及皖、豫、赣、鄂 4 省数千里。日军集结了 14 个师团，3 个独立旅团、1 个机械化兵团和 3 个航空兵团，加上海军舰艇 140 艘，约投入 35 万兵力，沿长江两岸夹击中国军队，进攻武汉；中国第五、第九战区的军队，投入 100 万兵力，与长江两岸的日军展开激战。这是抗战以来中日双方投入兵力最多、战场地域最大、作战时间最长的一次规模空前的战役。

武汉会战中，中日双方大小战斗数百次，著名的“万家岭大捷”，消灭了日军 106 师团的大部，极大鼓舞了中国人民的抗日斗志。虽由于敌强我弱，武汉终于沦陷，但中国军队以伤亡 40 余万的牺牲，使日军付出死伤 25 万人（其中将校以上官佐 700 名）、损失舰船 100 多艘、飞机 100 多架的沉重代价。（参见《正面战

场——武汉会战》，陈诚《以全力保卫大武汉》，中国文史出版社，2013 年 1 月版，第 11 页）

日军于 10 月 25 日占领了武汉，由于损失惨重，元气大伤，不得不放弃对中国“速战速决”的妄想。

武汉会战，成为中国的抗战由战略防御走向战略相持阶段的重要转折点。

中国军队奋起抗击来犯日军

日军在武汉会战中的伤亡数字，与日本大本营后来的战报所报数字，存在很大差距（日军仅报死亡 3 万人）。但从当时缴获参加过武汉会战的日军军官日记来看到，日军在武汉会战中的伤亡情况，的确是惊人的。

在武汉会战中战死的日军被草草掩埋

中国军队在沙洋战斗中缴获了日军第 13 师团第 58 联队第 3 大队分队长诸桥忠志郎的日记，日记中记载了他参加武汉会战的情况。作家田涛将他 1938 年 10

月 2 日到 10 月 5 日在武汉会战期间的 4 则日记翻译过来，把题目改为《敌军惨败日记》，发表在 1939 年 10 月 18 日《阵中日报 · 军人魂》上，起到“以子之矛攻子之盾”的作用。

1938 年 10 月 25 日，日军占领武汉行营后狂呼胜利

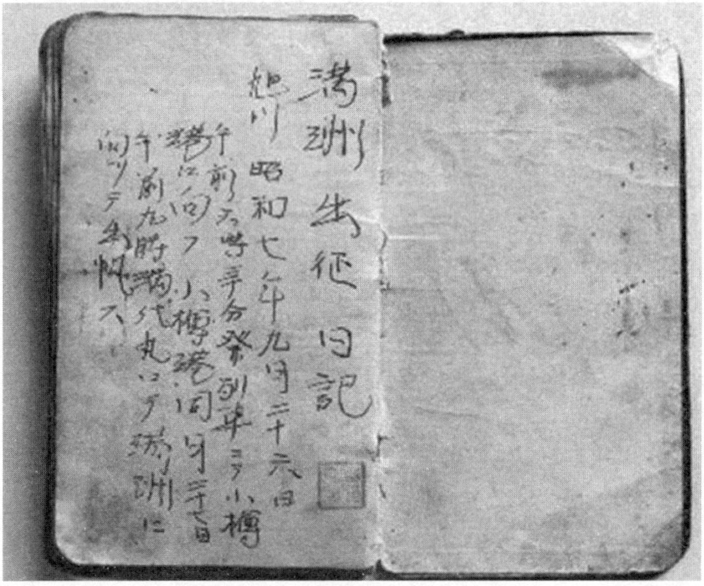

在战场上缴获的日军日记

由这 4 则日记可以看到，日军分队长诸桥忠志郎受伤之后住在医院，亲闻目睹了武汉会战时日军不少中级军官的死伤，有的日军整队被歼，伤员也要求迅速归队参战等等。日军在武汉会战中所受的重创，由此可见一斑。

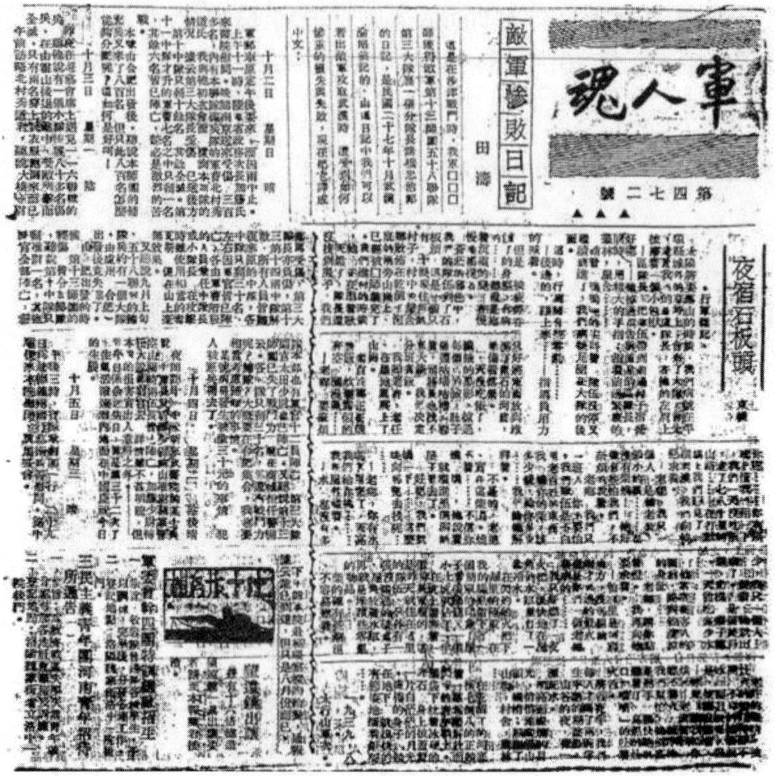

軍人魂

第四七二號

敵軍慘敗日記

田濤

夜宿石板鎮

1939 年 10 月 18 日《阵中日报 · 军人魂》发表田涛所译的《敌军惨败日记》

敌军惨败日记

田涛译

1939 年 10 月 18 日《阵中日报 · 军人魂》

【按】这是在沙洋战斗时，我军某某某师获得敌军第十三师团五十八联队第三大队里一个分队长诸桥忠治郎的日记，是民国二十七年十月武汉沦陷前记的，由这日记中，我们可以看出敌军攻取武汉时，遭受到如何惨重的损失与失败，现在把它译成中文。

十月二日　星期日　晴

军邮车原定午后要来，而因雨中止。

上午十一时，陆军省政务次长加藤氏来医院慰问。晚间南京送来受伤者三百多名，内有本联队炮兵队的军曹北村秀道氏，我与他初次会面，探询本联队的情况。据云，第三大队长受伤，已送后方，第十中队只剩下十余名，其余全灭。第十一中队才升的军曹七名之中，只剩一名，其余六名皆已阵亡，谅必是激烈的苦战。

本队由合肥出发后，听说本师团的补充兵又来了八百名，但只此八百名怎么能够分配呢？这如何是好呵！

十月三日　星期一　阴

昨夜在游艺会席上遇见一一六联队的兵，听他说，有一个小队掩护八十多名伤兵，在由霍山（1）后退的途中，受敌袭击而全灭，只有两名穿上民衣服跑回来的而已。午前访晤北村秀道君，听说大桥少尉落马受伤，第三大队长亦负伤，第十三、第十四两中队解散，所有人员皆归复来原的中队，各中队只剩三十名，左右因军官皆已阵亡，各由军曹阶级的人员兼任中队长或小队长，在攻击时虽使用相当的毒瓦斯，但在山上毫无效果。

又听说九月上旬，五十八联队的归队兵约有一个大队，由庐州（合肥）出发后竟失踪了。

由合肥出发的时候，第十三师团的轻伤，皆令其归队，听说第十中队只剩准尉一名，其他军官全部阵亡。联队本部也有军官十二员阵亡，第三大队副官太田少尉也已阵亡。又听说第十三师团已失去了战斗力，现在商城（2）担任警备云。各中队只剩三十名，哪还有战斗力呢？归队者大概要在合肥集合，我也要相当考虑归队的事情。

某号病房发生被偷三十元的事情。犯人被宪兵带去了。

十月四日　星期二　阴后晴

夜间听十一中队新来医院的某士兵说，中队长及吉野少尉、崎山准尉、关军曹、空山福崎两伍长皆已阵亡，加藤少尉转任大队的副官云。详情虽不甚明了，但本队的损失实出人意外。

今日系余的生日，算是第三十二次了，生气活泼远离内地而在中国庆祝今日的生辰。

十月五日　星期三　晴

午后三时，宝塚歌舞剧团一行，二十九日为赴德、意两国进行艺术亲善慰问。途中顺便来本院慰问，真属盛会。

下午回本院经理室探询给养，通报据云业已到达，但只是八月份而已。

注释

（1）霍山：属安徽省六安县下辖县，位于安徽西部，大别山腹地。

（2）商城：位于河南东南隅，大别山北麓，东临安徽金寨县，西接湖北麻城。

战士的豪迈心声

——倪受乾:《射击手之歌》(诗)

1939 年 10 月 20 日

战马上射击手的飒爽英姿

1939 年 10 月 20 日倪受乾在《阵中日报 · 军人魂》上发表了《射击手之歌》，诗中刻画了一个驰骋在中原大地上的马上射击手的雄姿，他“胯下生风，手臂乍扬”，一枪一个准，这样的战士，正是祖国最为坚强的保卫者。

軍人魂

第四七四號

射擊手之歌

倪受乾

1939 年 10 月 20 日《阵中日报 · 军人魂》发表倪受乾的诗歌《射击手之歌》

射击手之歌

倪受乾

1939年10月20日《阵中日报·军人魂》

微风，
淡日，
中原的大野上，
掠过矫健的
马上射击手的雄姿。
红黑的脸庞，
粗壮的腰肢，
你——
天之骄子的
年青的射击手啊，
你是担当
垂危的祖国底兴亡，
你是肩荷着
受苦的人们底期望！
你——
胯下生风，
手臂乍扬，
远方，
红色的靶旗频摇，
展现于你脸上的是那
可骄傲的明朗的笑啊！
侵略者的士卒，

将丧胆于你的
一举手
一声怒吼！
“予打击者以打击！”
愿你永远年青，
愿你常建功勋，
勇敢的射击手啊，
祝福哪，
为祖国的再生，
祝福哪，
为你的光荣！

二八，十，十一日重抄
（1939年）

倪受乾更早的一篇诗歌，是发表在1938年《七月》第九期上的《夜行列车》，它写的是一群年青人在抗战爆发后，离开故乡，坐上夜行列车，奔赴前线的时刻，所抒发的那种国难当头挺身而出、保卫祖国和家乡人民的战斗豪情。

奔驰在崇山峻岭里的夜行列车

夜行列车

倪受乾

《七月》第九期，1938年2月16日出版

亲爱的人民，
现在
你们
入睡了，静静的，
星光爬进山屋的窗，
照着
你们
安详的面庞。
十二月的风啊，
渭水流域的夜寒，
凝重，
河面
冰块互碰出轻响，
秦岭山脉的积雪，
在溟濛的夜色里，
闪着寂寞的寒光。
你们——
亲爱的人民啊！
可曾听见吗？
在辽远的原野上，
夜行列车，
正勇迈的行进着，

它带着
千颗
万颗
热烈的
奋慨的
爱国的心，
奔向烽火的远方。
我们——
年青的一群啊，
正看见，
在
北国的山之麓，
东方的海之涯，
升起了冲天的魔火，
年青的妇女们
在野兽的蹂躏下，
悲痛的死亡；
我们——
年青的一群啊，
正听见：
一幢一幢的村舍倒塌了，
雨一样的炮弹呼啸着，
而在流亡的路上哩：
失却扶持的老人们，
正俯首
叹息，
悲泣；
失却了父母的赤子们，
惨呼着冻饿着死亡着，

在离乱的路上
……
但是，
我们——
中国的子民啊，
起来了，
跳跃着，
欢呼着，
向
未来的
独立
自由
和解放。
我们，
放下了斧，
放下了锄，
放下了笔，
离开了田园，
离开了工厂，
……
一同啊
负起了
闪亮的刀枪，
让煤灰
和寒霜伴着我们，
高唱着，
在英勇的夜行列车上！
亲爱的人民！
愿你们

安适的睡吧！
日出时，
你们，
仍旧要
去到
田圃
作坊
和工厂。
我们呢，
我们啊，
誓把
未来的
伟大
壮丽
火热的诗篇
写在
祖国的疆场！

（1938年）二月二日夜于东行的陇海车中

倪受乾的诗歌善于创造意境，给人以生动的画面感。他英年早逝，去世于1939年岁末。而今天的读者，从他存世的少量诗文中，不难看出这位青年诗人的一腔热血和卓越才华。

抗战血泊中的奇葩

——罗汉夫:《活跃的儿童剧团》

1939年10月21日

在抗战的烽火中，有一支特殊的抗日文艺宣传队，他们是一群富有爱国热情、文艺才能而又不畏艰险的孩子们，他们中间，大的十几岁，小的才七八岁，他们组成了抗日文艺宣传队，号称“孩子剧团”或“儿童剧团”。

上海孩子剧团团长吴新稼(中)与小团员们

在国共合作时期，他们在军委会政治部的领导下，用嘹亮的童声去唤起民众，用稚嫩的肩膀，承担起民族救亡的责任。

抗战初期，全国著名的儿童剧团，有上海的“孩子剧团”、新安旅行团、厦门儿童剧团，重庆儿童剧团、广州儿童剧团等等。抗战中他们辗转流亡到各地的城市与农村，到处都传遍了他们的歌声。

1935年成立于江苏淮安的儿童剧团——新安旅行团，在团长汪志达的带领下，足迹遍及上海、南京、北平、兰州、西安、武汉、桂林及蒙古、西北、西南少数民族地区，共18个省份，进行抗日宣传，行程4万5千公里，被誉为“中国少年儿童的一面旗帜”。

1937年“八一三事变”后，上海市原临青学校歌咏队流落失所的孩子，在学校老师吴新稼的领导下，于9月3日在法租界恩派亚大剧院收容所成立了上海“孩子剧团”。上海沦陷后，他们又奔赴武汉，以后又在河南、湖北、湖南、广州、贵州、四川等七省做宣传工作；

1937年9月，上海孩子剧团成立于法租界恩派亚大剧院收容所

1937年9月，为纪念“九一八”事变6周年，广州市来自各校的130多名孩子，成立了广州儿童剧团，由中共地下党员谈星担任团长。广州沦陷后，儿童剧团有19人撤离广州，靠演出为生，自筹经费，四处点燃抗日火种。

…………

1938年2月，邓颖超、张月霞等与转移中的儿童剧团成员在卡车上合影

这些儿童，在战火中百炼成钢。他们用纯真的童心，出色的表演艺术去宣传民众，往往更能打动民众，起到成年人所起不到的宣传作用。

现代著名作家茅盾曾高度赞誉儿童剧团，称他们是“抗日战争血泊中产生的一朵奇葩。”

早期的儿童剧团——成立于1935年江苏淮安的新安旅行团

1938年9月，广州儿童剧团成立，谈星任团长

在1939年5月的“新唐御敌”中，鲜为人知的南阳的儿童剧团对于宣传民众，稳定人心，慰问中国军队，乃至促使这次抗敌的胜利，发挥了异乎寻常的作用。1939年10月21日罗汉夫发表在《阵中日报·军人魂》上的《活跃的儿童剧团》，记证了这一历史事实。

作者罗汉夫，生平不详。

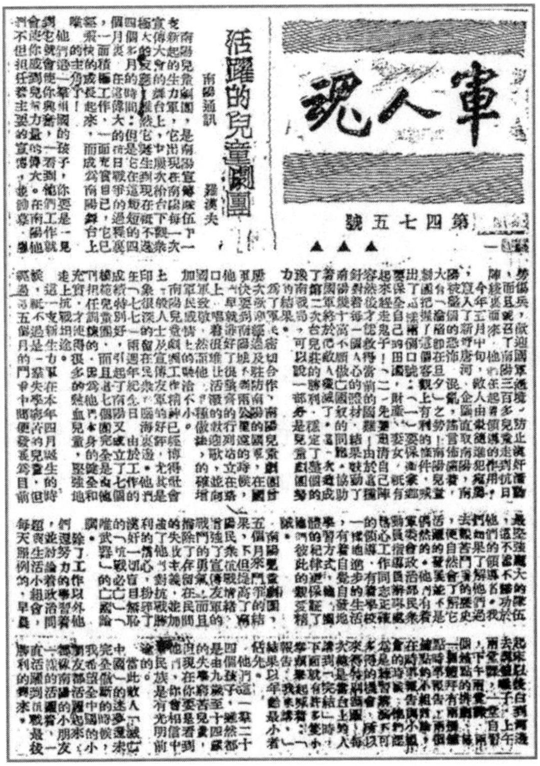
軍人魂
第四七五號
活躍的兒童劇團
南陽通訊 羅漢夫

1939 年 10 月 21 日《阵中日报 · 军人魂》上发表罗汉夫《活跃的儿童剧团》

活跃的儿童剧团

南阳通讯　罗汉夫

《阵中日报 · 军人魂》1939 年 10 月 21 日

南阳的儿童剧团，是南阳宣传队中一支新起的生力军，它出现在南阳每一次宣传大会的舞台上，也屡次给台下观众极大的反应，虽然它诞生到现在只不过四个多月的时间，诞生它在这短短的四个月里，在这伟大的抗日战争的过程里，一面积极工作，一面充实自己，它已经飞快的成长起来，而成为南阳舞台上唯一的主角了！

抗战中的儿童剧团纪念集

他们这一群祖国的孩子，你要是一见到他们就会使你兴奋，一看到他们工作就会使你感到儿童力量的伟大。在南阳，他们不但担任着主要的宣传，并劝募，慰劳伤兵，欢迎国军进境，防止汉奸活动，而且号召了南阳三百多儿童走到抗日阵线里来。他们正在起着领导作用。

今年五月中旬，敌人由枣随进犯宛属，窜入了新野、唐河，企图直取南阳，南阳被整个的恐怖、混乱、谣言布满着，大有“沦陷即在旦夕”之势！南阳儿童剧团把握了这个客观上有利的条件，喊出了两个口号：（一）要保卫家乡，要保全自己的田园、财产、妻女，只有起来赶走鬼子！（二）要先要肃清自己阵容，然后才能救得当前的国难！由于这种针对着每一个人心的题材，结果鼓励了南阳几十万不愿做亡国奴的同胞，协助着国军终于把敌人消灭了。这一次竟成了第二次台儿庄的胜利，稳定了整个的豫南战局，可以说一部分是儿童剧团努力的结果。

为了军民密切合作，南阳儿童剧团曾屡次欢迎经过及驻防南阳的国军，在国军快要到南阳城不到两公里远的时候，他们早就排好了很整齐的行列，站立在路口上，唱着很雄壮活泼的欢迎歌，并向国军致敬，然而他们的这种做法，的确增加军民感情上的融洽不小。

南阳儿童剧团的工作精神已经博得社会上一般人士及宣传友军的好评，尤其是印象很深的留在民众的脑海里边。他们在“七·七”两周年纪念日，由于工作的成绩特别好，引起了南阳又成立了七个模范儿童团，而且这七个团完全是由他们担任训练的。因为他们本身的健全和充实，才使得许多的热血儿童，坚强地走上抗战坦途。

这一支新生力量，在本年四月诞生的时候，只不过是一群失学穷苦的儿童，但经过这五个月的斗争，中间便发展为目前最坚强最大的队伍，这不能不归功于他们的领导者。我们如果了解他们过去艰苦斗争的历史，便自然会了解它活跃的发展并不是偶然的。他们有着军委会政治部民众动员指导员办事处热心工作的同志的正确领导，有着学校一样的进步的生活，有着自觉自发的学习方式，他们的集体的纪律，更保证了他们彼此的亲爱精诚。

南阳儿童剧团，五个月来斗争的结果，不但提高了南阳民众抗战情绪，增强了宣传友军的战斗的勇气，而且扫除了存留在民间的失败主义，并加强了他们对抗战胜利的信心，粉碎了汉奸一切盲目无耻的“抗战必亡”、“唯武器”的亡国论调。

除了工作以外，他们还努力的学习着，并讨论着政治问题与生活小组会，每天照例的。早晨起床以后，便倒河边去练嗓子，上午两堂课，一堂自习，下午两堂课，两个钟点的排剧。每一个礼拜有两个钟点的时事报告，两个钟点的小组讨论，在时事报告和小组讨论的时候，他们认为是练习讲演的不可多得的机会，所以来得特别踊跃，每次总是上台的人讲到“完结”时，下面就有许多只小拳头举起，喊着：“报告，我来讲。”结果以年龄最小者占先。

他们这一群二十四个孩子，虽然都是九岁至十四岁的失学穷苦儿童，但现在你要是看到他们，你会相信中华民族是有光明前途的。

2013年7月，参加过儿童剧团的88岁的叶伟才，指着展板上的儿童剧团照片说“那是我”

当此敌人“灭亡中国”的迷梦还未完全做断的时候，我希望全中国的小朋友都活跃起来，都像南阳的小朋友一样的活活跃着，一直活跃到抗战最后胜利的到来。

动员民众、踊跃捐输

——藉名:《募寒衣》

1939 年 10 月 22 日

抗战时期，后方民众的支前活动是丰富多彩的，如“文化劳军运动”“节约献金运动”“伤兵之友运动”等，而“征募寒衣运动”是民众支前运动中颇有典型性的一个。

1938 年“七七”全面抗战爆发一周年之际，武汉各界在国民政府军事委员会第三厅的策动下，举行了抗战以来第一次献金活动，这次活动持续 5 天，盛况空前，献金数额在一百万元以上。为了用好这些募捐款，1938 年 9 月 11 日，“全国征募寒衣运动委员会总会”（简称“寒衣总会”）在武汉正式成立，这是一个庞大的组织系统，从发动征捐，到资金分配等重大决策，都要经过全体委员知晓。随着战局的发展，“全国寒衣总会”由武汉迁至长沙，又迁至桂林，1939 年“寒衣总会”迁入重庆，一直到 1942 年，该组织解散。

1938 年夏武汉儿童在街头募捐

为了广泛发动民众、解决军队过冬寒衣问题，从 1938 年到 1942 年初解散，“全国寒衣总会”共组织了 4 次征募寒衣运动，每次都得到各界民众的热烈响应，慷慨捐输，取得了巨大的成果。

湖南各界给抗日将士送寒衣

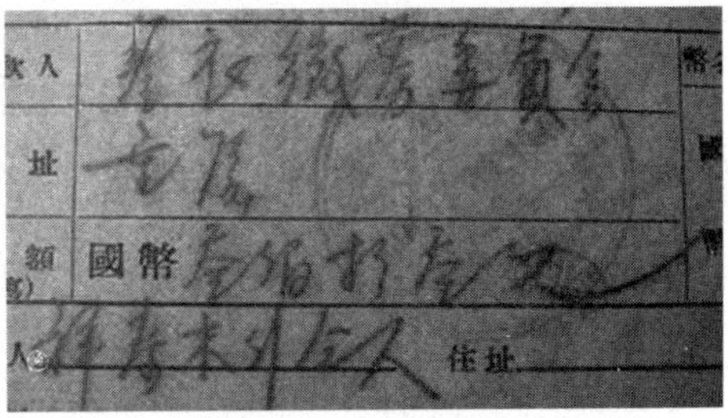

寒衣征捐委员会收据

据统计，“全国寒衣总会”在1938年、1939年这两年共计收入国币430多万元，还有许多美金、港币、法郎等。“全国寒衣总会”总干事钟可托、副总干事简泰梁等负责人，在国难当头之际，能做到收支清白，涓滴归公地用于解决抗日将士的寒衣和救助难民上。这种廉洁奉公的精神，在今天，尤其值得称道。（参见苏金梅《抗战时期的全国寒衣总会》，四川师范大学学位论文）

发动少年儿童对民众征募，是一种行之有效的方法。“中国童子军总会”响应“全国寒衣总会”号召，在第二、三两次征捐寒衣中共收到40多万元。

当时有《小朋友快来响应征募寒衣》的诗歌：秋风起，天气凉，前方战士少衣衫，拿起枪来手发抖，下起大雪怎么能打仗？……小朋友，请听听，处处都在募衣衫。有钱的，好朋友，不买零食不吃糖，省下钱来合伙做棉衫。没钱的，好朋友，合起伙来组个征募队，家家户户去劝捐……”。

軍人魂

第四七六號

二等兵李發生

募寒衣

藉名

1939年10月22日《阵中日报·军人魂》发表藉名的《募寒衣》

1939年10月22日《阵中日报·军人魂》发表了藉名的《募寒衣》，这篇小文通过儿童在街头向路人募捐，记证了抗战时期征募寒衣活动的生动场景。由天真无邪的儿童去开展这种肩负民族使命的工作，更显示出它非凡的意义和感人的力量。

作者藉名，生平不详。

募寒衣

藉名

1939年10月22日《阵中日报·军人魂》

“喂，先生，站住。”当我刚一步跨进街头时，一群小学生从斜刺里跳过来，拦住了我的去路。

“先生！请拿几个钱，为将士制寒衣！”这强而有力的吼声，立刻钻进了我的耳鼓，刺痛了我的心。于是我便掏出了几角钱，递给他们，他们又飞蹦的跑到另一个地方去了。

光阴好像机器的轮子，一刻不停的旋转着。灿烂的花，已结了子；碧绿的草，已黄了梢；繁茂的树叶，也由绿而黄，由黄而枯了。一阵风过，似乎小蝴蝶般的满天飞舞。由于这景物的变迁，象征天气确是一天比一天的冷了。

这时的人们，有钱的买皮衣、毛衣……比较穷困一点的，也忙着买花絮，做棉衣，预备抵御寒气的侵袭。然而在江南，在塞北，在全国的各战场上，尚有千百万的将士们，仍旧穿了单衣短裤，在剪剪的西风里，在漫漫的寒夜里，与敌人血拼着。

他们的皮肤感觉，是不是同我们一样？他们迫切的需求，是不是也同我们一样？这是不成问题的问题，是每一个人都能回答出来的。

这群天真烂漫的小孩子，他们穿的是暖暖的，吃的是饱饱的，生活是舒服的。然而他们为什么抛了功课，舍着小脸皮，满街乱跑、逢人要钱呢？原来他们是了解这次的抗战，是为了民族的生存，为了国家的独立，为了人民的财产，为了同胞的生命。在“有力出力，有钱出钱”的条件下，将士们是把力出了，不，是把生命献给国家了，我们站在后方的民众，拿出一点钱来为将士制寒衣，这最低限度的要求，是我们所应尽的。

啊，神圣的小天使们，你们是国家的命脉，你们是中华的灵魂，你们的心虽小，你们的举动是伟大的！

“先生，请拿几个钱，为将士制寒衣。”这小小的声浪，愿你荡漾到全中国的每个角落里，激动了四万万五千万同胞每个人的心！

中条山血战一瞥

——一戎卒:《二等兵李发生》

1939 年 10 月 22 日

守卫中条山的抗日战士

中条山抗战，是中国抗战史上的重要一页。中条山位于山西西南部，南临黄河，西面潼关，是保卫大西北的直接屏障。从 1938 年 10 月到 1941 年 5 月，在将近 3 年中，日军倾十万余兵力对中条山发起了十余次进攻，都被英勇的中国守军击溃，未能越过中条山一步。因此，中条山被日军视为令其头疼的“盲肠”，而对于中国抗战来说，它却一度是钢铁般坚固的堡垒。

在抗战前期，中条山将近 3 年的固守挺立，是数万抗日将士用鲜血和生命换来的。尽管 1941 年中条山战役遭到惨败，但不能抹杀它曾有的光荣。

为了激励广大抗日将士的战斗意志，1938 年 2 月，国民政府筹制了 1 万枚“华胄荣誉奖章”，规定凡奋勇杀敌、抗日有功者，不分等级，均可颁发。

1938 年 2 月国民政府制作的“华胄荣誉奖章”

1939 年 10 月 22 日《阵中日报・军人魂》上“一戎卒”发表的《二等兵李发生》中的主人公，就是一位“华胄荣誉奖章”的得主。

作者一戎卒，生平不详。

军人魂

第四七六号

二等兵李发生

一戎卒

1939 年 10 月 22 日《阵中日报 · 军人魂》发表“一戎卒”的通讯报道《二等兵李发生》

二等兵李发生

一戎卒

1939 年 10 月 22 日《阵中日报 · 军人魂》

中条山直接屏障西北，可以左右全面抗战，在敌人眼光中，它是一条发炎的盲肠，在我们战史上，是一座钢铁的堡垒！经过敌人九次的围攻“扫荡”，没有损及它的丝毫，敌人反受了重大损失！实际说来，中条山没有国防工事的设置，也不似南口剑阁的天险，这堡垒是我们中国男儿的肉，抗战将士的血造成的！李同志发生血战黄家嘴的伟绩，可以做个说明。

李同志发生，四川梓潼县人，今年三十三岁，过去是个织布工人，“七·七事变”，卢沟桥的炮声，惊觉了他的民族意识，抛弃了他的父母娇妻，投入奉命北调的四十七军的行列。因他粗苯的外表，从没有受过军事训练的身手，仅仅补在一七八师五三二旅一零六团充当一名伙夫，揣想李同志的心理，不无相当的缺憾吧！

去年十月该团奉命渡河到晋，十二月升充二等兵，今年六月二十六日，正是敌人第九次“扫荡”中条山的一天，猛攻侯家岭阵地的一股敌步骑炮三四百，已将我们第一线的余家凹冲破，第二线的部队奉命反攻，余家凹的要点名叫黄家嘴，当时由反攻部队两排中选了三名勇士先攻这一点，我们的李同志自告奋勇，携带九颗手榴弹，参加这荣誉的工作；冒着敌人剧烈的炮火，首先匍匐前进，抛去一颗手榴弹，敌人死一个，带伤四五个，后续部队乘势猛扑，夺回了黄家嘴！李同志又首先追击，在这崎岖草莽的山径中，一个敌人潜伏着，乘李同志走到他的身旁，不意中突起猛刺，刺中我们李同志的左胸，李同志抓着他的刺刀，互相争夺，将李同志的左手划了很长的伤口。终因李同志力大，夺得了敌人的刺刀，狡猾的敌人急向李同志开枪，李同志用右手抓住敌人的枪尖，让开他这一弹，已负伤的左手，用刺刀猛力刺去，敌人一偏，仅仅伤了他的鼻梁，刺刀也被他抓着，彼此争夺——那一瞬间说时迟，在我们李同志想，刺刀非此种要害，很难杀死敌人，兼之他的左手疼痛，于是决心舍了刺刀，徒手夺枪，那时快一腿将敌人打倒，夺过了他的枪，将枪口抵住了敌人的胸膛，正欲发射，谁知枪膛是空的，正在开机装弹关机的刹那间，敌人用刺刀乱刺，刺伤了我们李同志的左臂、左腮、左颈，李同志忍痛发射，击毙了这个凶猛的敌人！

白天作战，敌人尽量使用他的飞机大炮，我们部队牺牲很大，奉命退守第二线，只剩了三个手榴弹。已负数伤的李同志，又自愿断后，追来了三个敌人，半途中敌人炮弹破片不幸击伤了李同志的背心，李同志见敌人越追越近，忍痛潜伏在要道侧，等待他走近，一手榴弹，打死了两个，另一个开枪射中李同志的右臂，又一手榴弹完结了这一个的生命，退到第二线时，仍然死命与敌人相持，激战到入暮。战局稳定，李同志经了官长数次的婉劝，才答应退到后方。

我们李同志看见负伤的官兵太多，谢绝担架，自愿步行，当他走到旅部时，仅仅回答了两句："我是三连二等兵李发生。"因流血过多，饥疲过甚，便晕倒在地了！

今年日苏冲突，首先把苏俄国旗竖在张鼓峰上的某中尉，他的相片姓名，马上由报纸传遍了全国，苏俄人民一致尊他为"民族英雄"；苏俄和中国的敌人，同是万恶的日本军阀，我们的武器，当然不及苏俄，我们李同志没有枪，仅有几个手榴弹，杀死敌人五个，一天中负枪伤一，破片伤一，刺刀伤五，其牺牲精神，勇敢杀敌，恐怕也可以与苏俄的某中尉"东西辉映了"。称我们的李同志为"中国的民族英雄"，可以当之无愧！

我们的李同志，经国民政府给"华胄荣誉奖章"一座，西行营程主任、第一战区的卫长官、直属的李军长其相（1）、李师长仲曦均给有重奖，李同志刻住后方六一医院，幸已无生命危险！

末了，虔诚祷祝我们李同志，早日恢复健康，重上前线！万分的希望我们抗战将士，应以李同志为模范；后方的同胞，不要忘记了前方许多浴血苦战的抗战将士，少数仍然醉生梦死、怠忽了抗战建国后方责任上应做的工作！我们不仅用血肉把中条山造成钢铁般的堡垒，并要造成敌人的坟墓！把这盲肠炎直向东北四省发去，那才是我们最终目的！

注释

（1）程主任，程潜；卫长官，卫立煌；"李军长其相"，为李家钰将军。李家钰（1892—1944），字其相，抗战时期转战山西、河南前线。1944 年在豫中会战失败后撤退途中，遭日本便衣队袭击，于河南陕县秦家坡壮烈殉国。这是八年抗战中继张自忠在第一线督战、死战不退的第二个殉国的集团军司令官。被国民政府追赠为二级陆军上将，准入祀忠烈祠，举行国葬。1984 年 5 月，被国家民政部追认为抗日阵亡革命烈士。

李家钰烈士的陵寝设在成都红排楼，近年众多群众前往凭吊

2011 年中条山抗日英雄殉国纪念碑在山西省芮城县圣天湖落成

战地采访、风险归程

——臧克家:《战地的夜》

1939 年 10 月 23 日

臧克家是抗战时期的著名诗人。抗战爆发后，他勇上前线，创作了大量带着战火硝烟、鼓舞人民抗日斗志的诗歌、散文和报告文学。1938 年他担任了第五战区“战时文化工作团”团长，1939 年 4 月，曾与姚雪垠、孙陵组成“笔部队”，参加随枣战役，写下了散文集《随枣行》，长诗《走向火线》等。同年 7 月至 10 月，又与姚雪垠等到大别山、安徽敌后采访，往返几千里，10 月下旬才回到老河口第五战区司令部。

老河口第五战区司令部旧址

在 1939 年 10 月 17 日臧克家给《阵中日报》编辑碧野和李蕤的信中说：“弟同雪垠四五月间曾到随枣火线跑了一次，几死于敌火之下。七月底又到了安徽去兜了一个圈子，时间费了三个月，走了三千里路，今回程至南阳，知兄等在洛，特此走笔以近况相告。”（见 1939 年 11 月 21 日《阵中日报 · 作家书简》）

当时，日军已占领了中国的主要城市，控制了铁路、公路等交通线，到敌后采访实属不易。臧克家从湖北随县、枣阳，到大别山，再到安徽敌后采访，行程数千里，是需要极大勇气的。从 1939 年 10 月 23 日《阵中日报 · 军人魂》发表的臧克家的《战地的夜》一文中，我们可以感受到当时“笔部队”采访途程的艰险。

自北平、武汉沦陷后，平汉铁路早已残破不堪，花园镇是距离武汉仅 100 公里的孝昌县的一个小镇，这里有个平汉线的小站——花园车站还在营运，臧克家一行，当时是准备从麻城乘北上火车到花园，再转乘襄（阳）花（园）公路的汽车回老河口驻地的。但他们在火车上，听到花园经常遭到日军炮击，百姓差不多都跑光了，当地只剩下一片废墟时，不由得不心生恐惧。

显然，距武汉不远的花园镇已属战地。但作者在这里并没有遭遇战斗，他所重点描写的，是几个手无寸铁的“笔战士”，在沦陷区的茫茫夜色中潜行，随时可能面临未知风险，他们充满了警惕、戒备和恐惧，随时准备应付突发灾难。这里的“战地”，虽未打响一枪，却写出了作者当时高度紧张随时准备战斗的心境。

所幸的是，他们下火车不久，便遇到了某某师前来接应的军人。他们虽素不相识，但作者立即感到仿佛遇到亲人，一颗悬着的心放下了。不久，他们便登上了“正式部队护卫”的汽车。

从臧克家这篇短短的随笔中，读者可以感受到抗战中铁路、公路交通的残缺，出行的困难；沦陷区周边的荒凉萧条与危险，当地居民身处地狱般的惶恐生活，也可以了解“笔部队”的非武装人员单独到敌后采访的危险，以及第五战区司令部对他们的关心，等等。

战地作家的作品，是冒着生命危险写成的！

軍人魂
第四七七號
戰地的夜
臧克家
書報介紹
牧羊兒

1939 年 10 月 23 日《阵中日报 · 军人魂》发表臧克家的随笔《战地的夜》

战地的夜

臧克家

1939年10月23日《阵中日报·军人魂》

夜的黑手抚摩着横店（1）车站的每个角落，一切是漆样的黑，我们带着希望的心在等着北上的火车。

车进站了，我们以最大的努力在匆促中将行李运上，每个同志都挤进车厢里坐下，这时大家都忘却了两天来徒步行程中的劳累和疲惫，心头充满了希望和喜悦，因为大家都在想望着到达目的地后工作开展起来的快活。

经过了一阵喧嚷和忙乱，车厢里又换上了一副副新的面孔。

“先生！你也是到花园（2）去的吧？这车只能到过花园呀！”突然，一个老头子在我背后这样的问着。

“是到花园去的，花园目下情形怎么样？”

“哎，别提了！炸得不能看，房子都炸坏完啦！人死了七八百，现在花园老百姓都跑光了。”

我一边听着他的话，一边怀疑着，心头蒙上了一层恐怖。

他又继续告诉我轰炸以后许多血的事实，我实在忍耐不住了，颤栗得不能坐下去，跑到每个同志的面前报告了这恐怖的消息，传染病似的，他们也陷在恐惶之中了，但无论如何，今晚我们须在花园过夜。

车，停在“花园”的站上。

车厢里的人逃脱似的挤下了车，很快都在黑暗中消失了。我们将行李堆放在火车的夹道上，车站上的灯光，鬼火一样的在刺绣着黑暗，这样更显出黑暗的浓厚，黯淡的灯光下，闪动着的人影，都给我们一种怀疑，每个面孔上都堆集着阴险和暗算。大家看守着行李，也在提防着自己的生命。

老百姓一个也找不到，我们就决定自己背运行李，走出了车站，恐怖在黑暗中排开了它的阵势。

没有灯光，也没有人声，沉重的行李压着我们的脊背，沉重的恐怖压着我们的心，我们不敢作出一点声响，想偷偷的划过了恐怖的海，看到被炸毁了的房屋和嗅到血腥的气味时，每个人的心都在抖颤着。

恐怖使我们忘却了寒冷，村落在夜色中看去是一片漆黑，一个个手电筒穿过深厚的黑暗，不时的从各个村子里向我们射出它如炮的凶眼，远处传过来问“口令”的呼喊，我们提着心，把脚步放得轻轻的。

疲劳灌注着每个人的内心，我们放下了肩头的重担，在贴连着公路的一个村子里停止了脚步。大家都在希望着在这儿有一个平安的夜晚。我们正要去敲老百姓的门，一个黑影移到了我们的跟前。

“我是某某师的，咱们都是一样的，没有武器，不要远走啦，你们不要乱走，就在我这儿一道过夜吧。”

一身破戎装，外面套一件很不称体的大衣，手不时的乱向衣袋里摸，话说得那么亲切，而且声音放得很低，我的心立刻狂跳起来，好似什么不幸就要出现在我们身上了。斜着眼望一下他寄身的地方——一个草掴，地下压着一群黑影子。

疲劳没有了，肩起行李来像鬼似的急向前移动，当我们立脚在正式队伍护卫的汽车站时，鸡已在叫了。

卸下了身上的背负，揩一下额上的汗珠，长长的吐一口轻松的气。

写于老河口

注释

（1）横店：位于湖北省黄陂县西南部，有横麻公路，为交通枢纽。

（2）花园：位于湖北孝昌市区，为平汉铁路的一站。这里还是襄（阳）花（园）公路的起点，为承南起北、连接东西的交通枢纽地。

老河口抗日博物馆中,有介绍臧克家的展板

摧毁与重建

——弃疾:《新生的重庆》

1939 年 10 月 25 日

1938 年 10 月武汉失守后，中国东南半壁河山和主要城市全部沦陷。国民政府迁入重庆，重庆成了中国战时首都。上百万移民迁入重庆及周边地区，市区及郊区到处都是移民匆忙搭盖的临时住房。

日军记者航拍的重庆大轰炸

1939 年秋二战爆发，重庆又成为同盟国在远东的军事指挥中心。为了摧毁中华民族的抗战意志，日本陆海军航空部队，遵照日本天皇和最高军部的指示，从 1938 年 2 月 18 日至 1943 年 8 月 23 日，对重庆进行了长达 5 年的战略轰炸，其轰炸时间之长、次数之多，造成损失之惨重，不仅在中国各大城市居于首位，即使在世界反法西斯各国城市中也名列前茅。

重庆大轰炸，最惨重的有三次，即 1939 年“五三、五四”大轰炸，1940 年“八一九”大轰炸，1941 年“六五”隧道惨案。

1939 年 5 月 3 日和 4 日，日机从武汉起飞，连续两天轰炸重庆市中心区，并且大量投放燃烧弹。重庆中心大火两日，商业街道被烧成废墟，据不完全统计，5 月 3 日的轰炸造成 673 人死亡，1608 处房屋被毁，5 月 4 日的死亡人数达 3318 人，被毁房屋 38043 处。(见拉纳 · 米特《中国，被遗忘的盟友》，新世界出版社，2014 年 7 月版，第 9 页)；

大轰炸后死亡枕藉

大轰炸后惨不忍睹的情景

警报一响，人们纷纷挤进防空洞

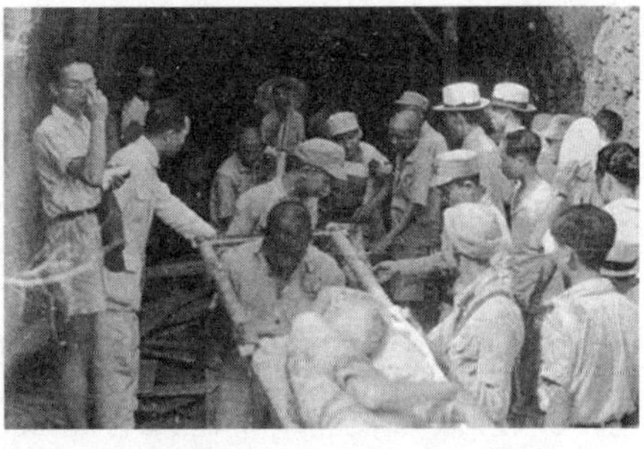

医护人员用担架抢运伤者

1940 年 8 月 19 日，日本海军投入超过 140 架轰炸机，重庆 2000 多户居民被毁；

大轰炸后的废墟

1941年6月5日，日机从傍晚至午夜连续对重庆实施轰炸，重庆市内防空洞部分通风口被炸毁炸塌，引致洞内通风不足，洞内市民因呼吸困难，挤往洞口，造成互相践踏，数以千人死亡。

从1938年2月到1943年8月的5年间，日本对重庆进行轰炸次数218次，出动9000多架飞机，投弹21500枚以上，死于轰炸者1万多人，伤1.4万多人（也有统计认为更多），焚烧房屋1.7万幢，公私财产损失达64亿元以上。

面对日本侵略者的狂轰滥炸，重庆人民进行了英勇的反轰炸斗争。在空战中，空军将士和地面防空部队不畏强敌，奋勇作战，防空当局和各界群众积极从事抢险救灾、救济服务、人口疏散和防空洞建设，医疗卫生界组织医疗队奔赴灾区救助，新闻界进行防空宣传，教育文化界坚守岗位，有许多可歌可泣的事情。

1939年10月25日，"弃疾"在《阵中日报·军人魂》上发表的通讯报告《新生的重庆》一文，记述了1939年"五三"、"五四"大轰炸后，重庆灾后重建的情况。国民政府下拨五百万巨款，在市郊建立生活区，疏散人口，重庆市政府开辟了无数的防空洞，供市民躲避空袭；文化机关都疏散到乡间，仍然在顽强地工作着。重庆人民在大轰炸中不但没有屈服，反而更加坚强和壮大了。

弃疾，即曹弃疾，《阵中日报》特派记者，"中国青年记者学会会员"。

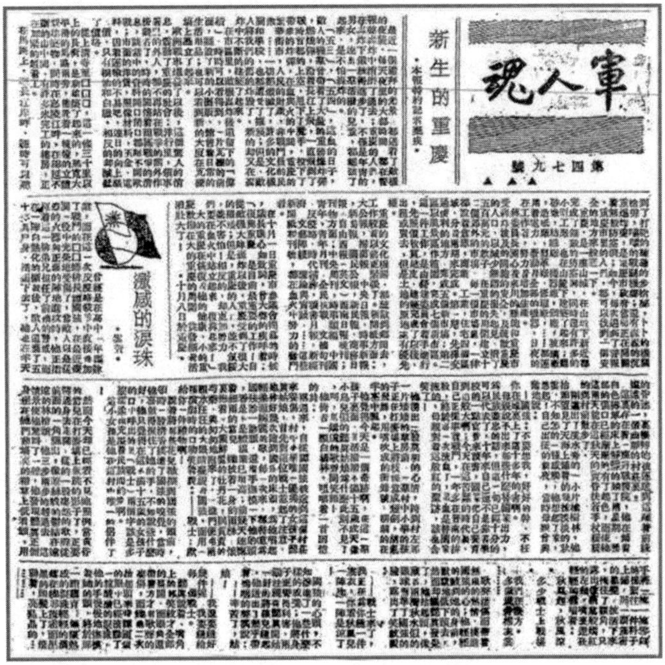

1939 年 10 月 25 日《阵中日报 · 军人魂》发表弃疾的报道《新生的重庆》

新生的重庆

本报特约记者弃疾

1939 年 10 月 25 日《阵中日报 · 军人魂》

最近一个礼拜的光景，首都遇到了敌机的夜袭，每天夜里的大部时间，都在警报声、轰炸中消磨了过去。重庆的人们，在轰炸下锻炼得进步了，不仅是年青的男女，连同一群活泼的儿童，都倔强了起来，是不怕轰炸的。

“五 · 三”、“五 · 四”，这血的日子，敌人的机群曾带着大量的重磅炸弹，燃烧弹，沿着长江上飞，一直飞到了战时首都的上空，甩下了魔手，投下了带来的炸弹，在血与火的中间，重庆的繁华街市，人民的财产，非战斗员的民众……一切都毁灭了，许多的文化机关和学校，也都遭受了摧残；但是，敌人将我们的旧的炸毁了，新的却又在轰炸中不断的建筑了起来。

在市区里，敌机轰炸后遗留下的“伟绩”，时时可以看到，一片瓦砾的前面，摆设了新的小摊贩，销售着日常的生活用品；也可以看到新的大厦在瓦砾场上矗立了起来。

欧洲战事爆发了以后，这个惊人的消息，震动了重庆的社会；洋行里，领事署里的外人，都不再站在战争的圈外作旁观者了，时时的关怀着祖国战争的消息，谈话中的资料开口闭口都离不开欧战；市面上的洋货，照相材料、五金、电料，因着运输的不易吧，连日的向上涨着价，只有桐油和白蜡，相反的却减低了价格。

从上清寺到某某区，这一条三十里以上的长街，是新建筑了起来的。那宽大平滑的马路两旁，布置着一幢幢的立体型建筑物，同时在嘉陵江畔，在绵延不断的山中间，有许多未完工的楼房，正在加紧的赶着工。

在马路上，在长江岸畔，随时可以听到打靶的“碰碰”的步枪声，“卜卜”的机关枪声，“嗡嗡”的战斗机声，还有“轰轰”的沉重爆炸声，是重庆市政府当局正在开辟着无数的防空洞；如今，每次遇到了警报，重庆市的人们，都可以找到一个安全的地方来躲避一下。

重庆是一座山城，在山坡下新近都完成了无数的防空洞，同时还有许多的小型工厂，也在山麓下建筑了起来。翻砂厂、纺织厂、机器厂、钢厂、玻璃厂、造纸厂、制革厂、修理厂……都运用着电力，发动着全部的机器，日夜的在工作着，努力着增加生产。

国民政府关心着来川的难胞和重庆市受轰炸波及的同胞的安全，及疏散重庆的人口，以减少无谓的损失起见，拨了五百万元的款子，在重庆的周围建立十二个郊外的市场，每一个市场里，一律都设着仓库、商业、工业、住宅四个区域，分着两期来完成。第一期，先择交通便利的地方，完成五个新市场，第二期以风景区作范围，完成七个新市区。这一件工作，是由营建委员会着手进行，先照价收买地皮，建筑完成了以后，出租或买去，但是土地的原地主有优先权。

重庆的文化机关，都疏散到乡间去，工作较着以前更紧张了。新闻纸方面，《大公报》、《扫荡报》、《中央日报》、《时事新报》、《新蜀报》、《国民公报》、《新民报》、《商务日报》、《自由西报》（英文）、《西南日报晚刊》；刊物方面，《中央周刊》、《时事类编》、《中国青年》、《青年月刊》、《全民抗战》、《文摘旬刊》、《反侵略》、《时代精神》、《读书月报》、《新经济》、《文艺阵线》、《理论与实践》……这些新闻纸和刊物，都在血火中努力的奋斗着。

在十月一日重庆市参议会开幕的时候，议长康心如致词，曾大声的疾呼着，"复兴重庆，是目前最重要的工作！自从敌机大肆轰炸以后，重庆受到了很大的摧残；但是，重庆的人民，并不气馁，并不害怕！相反的，却更加努力，我们要在血火中站立起来，复兴起来！"

大的重庆在恢复着它的健康，小的重庆散布在大的重庆的周围，益发显着活泼壮大了！

（1939 年）十月十八日于重庆

重庆大轰炸惨案遗址

重庆大轰炸的历史，既记证了日本侵华暴行的血腥罪证，表现了中国人民不畏强暴、不屈不挠反对外来侵略的拼搏精神，赢得了国际社会的广泛赞誉。美国总统罗斯福曾高度评价重庆人民“遭遇空前未有之空袭时，人民坚定镇静、不被征服”的精神。在反轰炸斗争中，重庆和中国的国际地位大大提高，重庆一跃成为与伦敦、华盛顿、莫斯科三大城市比肩而立的国际名城。

从20世纪末起，重庆市开始了“挖掘大轰炸历史”的工作，收集大量的有关文献资料。如今这项寻访活动仍在进行着。

武汉火把大游行

——徐霏:《夜的流火》

1939 年 10 月 28 日

抗战时期，各地民众曾多次举行火把大游行。火把大游行，反映出人民大众如火一样炽烈的抗日情绪，无论游行的主题是纪念，欢庆，宣誓，还是反抗，火把大游行，都是广大群众情感情绪的总迸发。

群众举行火把大游行

如，1938 年 4 月，台儿庄大捷的消息传到武汉，武汉三镇夜间变成了火炬游行的海洋；

1939 年 5 月 1 日，在重庆召开国民精神总动员宣誓大会后，民众就地举行火把游行；

1939 年元旦，重庆戏剧界举行盛大的火炬游行；

更不要说 1945 年 8 月 15 日抗战胜利的消息传到延安，传到重庆，万众欢腾、举行盛大火把游行的情景

…………

但这些火把大游行大多发生在解放区和国统区的大后方，在日入侵的沦陷区，民众自发起来举行火把大游行，还实属罕见。无疑地，它需要冒极大的风险，组

织群众需要极大的勇气。

1938年10月武汉沦陷，到1939年10月，武汉已沦陷一周年。

武汉是有着光荣革命传统的城市。1911年的辛亥革命，是以武昌首义路为发源地；1938年“保卫大武汉”中，武汉成为全国瞩目抗日的中心。然而，1938年10月，武汉却陷落了。可以想见，在武汉沦陷后的日子里，性格刚强粗犷武汉的民众，是如何压抑着自己胸中的愤懑和屈辱啊！

1939年10月28日，《阵中日报·军人魂》刊登了徐霏发表的散文《夜的流火》，从文中所点明的“挨家挨户的门首，都插上一面国旗”，“今天，廿八个年头了，黄鹤楼又沦入野兽的手中，江波上驶行着强盗的舰队”等描写来看，无疑地记证了武汉民众在“双十节”这一天举行了声势浩大的火把大游行。这次火把大游行的人数达10万人之多！在沦陷区，居然能举行如此声势浩大的火把大游行，它表达出武汉民众火山爆发般的抗日激情，显示了武汉人民钢铁般的抗日意志。

作者徐霏，生平不详

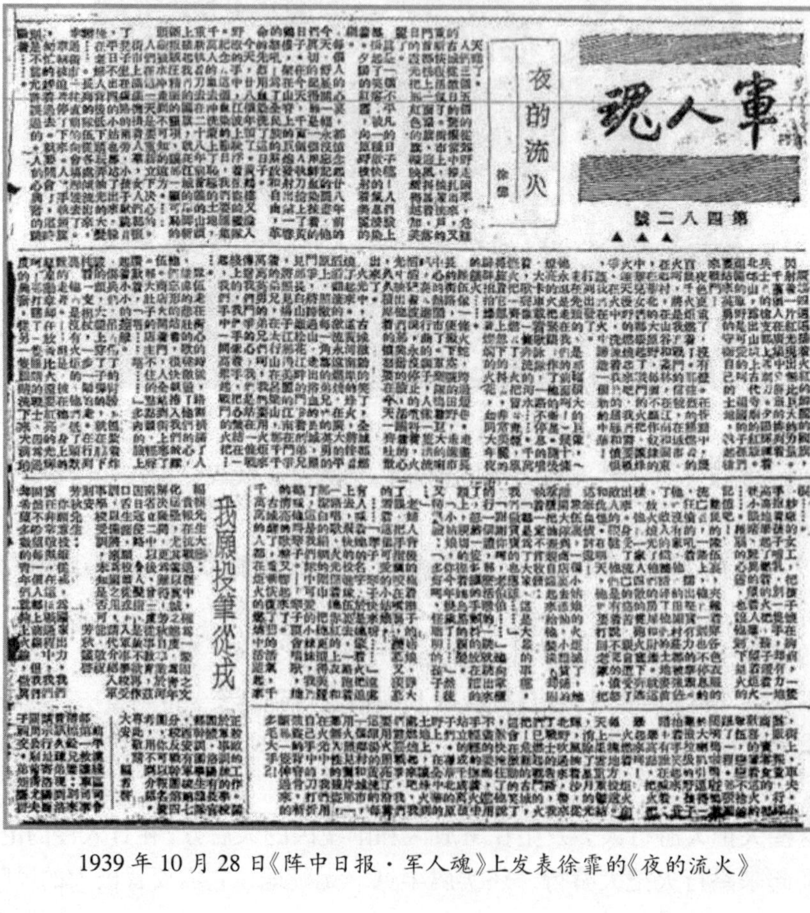
軍人魂

第四八二號

夜的流火

徐霏

我願投筆從戎

1939年10月28日《阵中日报·军人魂》上发表徐霏的《夜的流火》

夜的流火

徐霏

1939 年 10 月 28 日《阵中日报 · 军人魂》

天暗了。

人们三个五个的从郊野走回来，危难的古城从彻日的惊惧当中挣扎出来，又重新恢复活气了。街市上，挨家挨户的门首都插上一面国旗，迎风抖展着，落日的霞光把那红色的旗帜映照得越加美丽了。

真是一个不平凡的日子哪！人们脸上都挂起了笑容，被一种欢快的气息侵染着。夕阳的红霞，向原野投射着美丽的网。

每个人的心里，都忆念起廿八年前的今天，舒展开一幅永没忘记的图画。他们真切的记得，那是一个用鲜血染抹着的日子。在今天，千百个人执刀枪上了黄鹤楼，架在山脊上的巨炮发射出第一响的怒吼！为了全民族的解放和自由，革命的先烈用血染洗了这日子。

今天，廿八个年头了。黄鹤楼又沦入野兽的手中。江波上驶行着强盗的舰队，纪念这个血染的日子，我们要汇集千万人的血去冲洗蒙上了耻辱的土地，重新执着刀去在二十八年前首义的山头上插起我们的国旗，就在江城的岸脚斩断逆贼汪精卫的颈项，让那一颗可耻的头颅冲走到不可知的远方……

人们在这一天是要重新立下决心的。街市上满满拥挤着人群，女人们都掇了凳子坐在街路的两旁，小孩子欢跳着，平日不出门的小姑娘也都站了出来，躲掩在老妇人背后低下头玩弄有光的大发辫……长列的队伍从各处倾流出来，走过街市，一往直前的向会场那边去了。

车辆被迫着停了下来。人们手执短旗，匆忙的赶着过去。就要开会了，这时刻是不能允许误过的。人的心兴奋的跳动着……

广场四周遍插着火红的鲜丽的国旗，闪射着一片红光，现出无比巨大的力量。

千万个人在广场中，静静的排列着，兵士们的枪支都上好刺刀。夕阳辉耀着北邙山，露出山坡上古代寺庙的红墙，祖国的原野是可爱的呵，祖国的子孙们要站来英勇的守卫自己的土地，执起枪来战斗！

夜色更重了，没有灯。在昏暗中，几百几千火炬燃着了。那强烈的熊熊燃着的火呵，将是我们战斗的信号。在城市，在农村，在山谷和丛林，在江南和关东，在华北的大原野，每个不愿作奴隶的中华儿女都举起了战斗的火把，让烽火连天漫野的燃烧起来吧。我们需要战争，在火中，洗练着我们的屈辱和愤恨，让我们在火中缔造一个新的中华！

行列出发了。

走在前头的，是那幅硕大的巨像（他永远是走在我们的前面呵！）几十条灯亮的火把紧跟着，作了他的卫星。随后，大卡车载着歌咏队，一路不停息的唱着，歌声像一条奔流的河水……千万条火把一齐燃着了，火把冒着青烟，风卷旋着它忽上忽下的抖动，非常美丽的“噼噼啪啪”爆着灿烂的火花，如同大年夜的焰火……

队伍像一条火蛇，跨过短巷，走尽长长的街路，便撇下空旷的田野，走进市中心的热闹市了。军乐队鸣响着巨大的喇叭，奏着进行曲的调子，人像一支洪流，滔滔翻着波浪，永没停止的吼叫着，火光中映出他们那兴奋的脸，活跃着的心，久久挤压着的愤怒要在今天一齐吐散出来了。

火光中，古城激动的笑了，全城都燃烧起来。这黄河南岸的烽火，将伴着滔滔翻滚的激流永远燃烧，在广大的平原上，照彻每一角落的弟兄们的英勇的斗争，将跨过山，走出浴血的长城，照见那长白山巅、松花江畔的斗争着的弟兄，将照见扬子江那边美丽的江南在斗争着的兄弟，在太行山和吕梁山，那千千万万英勇的弟兄们呵，我们要用火炬来传送我们斗争的心，我们是站在一条战线上的，我们手牵着手，把心系结在一起，我们手中一同高举起战斗的火把……

队伍走在街心的时候，路侧挤满了人，他们忘形的站着，很快就卷入我们的队伍。商店大开着门，人全站到街上来了。那大肚子的店主不住地点点头，轻声赞叹着：“唔……唔……”多肉的脸上起着小小的痉挛。

伤兵们，吊了伤的胳膀，包扎着炸破的头，大腿上穿了子弹的，就在腋下拄着一支拐杖，一步一颠的走。在行里里，他们是没有火炬的，他们低了头默默的走着，但是，披在他们身上的红星勋章却放着比火还要红亮的光辉呵！那打瞎了一只眼睛的战士，因为过度的兴奋，从另一只眼睛里流下来大滴的泪……

纱厂的女工，把孩子怀在胸前，一只手抱着孩子哺乳，别一只手，却有力地高高地举起了燃着的火把。孩子瞪着一双小眼睛，惊异的望着人群，望着炬火……稚弱的心灵，也让他刻下这火的记忆吧！

难民的队伍里，夹杂着穿各色衣服的流亡者，一路上，他们一刻也不停息的，狂愤的吼着，擂出坚实有力的拳头。他们没有家，他们的田园村庄都被强占了，敌人的铁蹄踏碎了他们的土地、麦苗，放火烧光了他们的房屋和财产。就这样，他们一家人四散的从炮火底下奔逃出来。身受流亡的痛苦，亲自遭受了敌人的鞭挞，他们是有着说不完的愤怒和仇恨。在明天，他们要打回老家，把这笔血债讨还！

队伍里，一个小姑娘的火炬灭了，她离开大队到商店里去添油，小杂货铺的掌柜把油壶亲自端起来给她装满，却固执着一定不肯收钱：

“都是为大家，这是大家的事哪，我们做买卖的也应该……”

“谢谢你呵，老伯伯……”她向掌柜的行一个礼，那么活泼的一跳就跳出来了。忽然一只多皱的手颤抖的放在她的额上，亲切的抚着她乌黑的头发。

“小姑娘，你今年几岁了……”然后又转过脸，：“多好啊，怪聪明的孩子！”

老妇人背后的拖着辫子的姑娘，睁大了眼，把手指头咬在嘴里，羡慕又羡慕的看着这个可爱的小姑娘。

“……琴子，琴子快来呀……”远处有人喊着她的名字，于是她擎着火把追上去，飞快的投入队伍里去。一路跑着一路唱着，火光照着她赤红的上衣，和那洁白的绢绸的围巾，把她更衬得美丽了，这是我们队中可爱的小妹妹，我们都喊她琴子。——琴子顶会唱歌，她的清凉的歌声又响起来了。

古城醒了，重新恢复了它的活气，千千万万的人都在炬火的燃烧中活跃起来。

街上，车夫，小摊贩，报童，行脚商，卖零食的，都欢喜的看着这火的队伍，恋恋不舍的跟了一程。那张阔嘴乌拉乌拉的大喇叭，引逗得一群捡垃圾的野孩子拍着手笑起来，昏暗中有谁在喊着：

"举高点，把火把举起来呵！"

火把游行场面之一

火燃着，炬火向每一块地方投送。天上黑云重重郁结，消除了星月的光辉，风挟着沙，从北野吹过来，带来了战士的告藉。我们已燃起战斗的火把！危难的古城，这会在激动的笑了，欢快掩住了它说不尽的委屈，她用手轻轻的抚着火中站立的成千成万孩子们，在华北的原野上，在全中华的土地上，让烽火到处燃烧起来吧，我们需要战争，我们要用火照亮了沿着这浑汤的黄流的每一个乡村和城市，用火照见对岸那一群无人性的强盗，在火光中，我们用自己手中的刀，打折强盗的背脊骨，斩断那一只伸过来的多毛大手！

中国现代著名诗人艾青，曾亲身参加 1939 年 7 月桂林纪念"七七事变"两周年的一次火把大游行，在 1940 年他写下了气势恢宏的长篇叙事诗《火把》，其中描写火把大游行的场面，可以和《夜的流火》交相辉映：

火把从那来出来了，
火把一个个地出来了，
美丽的火把
耀眼的火把
热情的火把
金色的火把
炽烈的火把

人们的脸在火光里
显得多么可爱，
在这样的火光里
没有一个人的脸不是美丽的……

艾青的叙事长诗《火把》，烽火社、文化生活出版社，1941 年 6 月版

庆第一次长沙会战胜利

——太白:《湘北大捷颂某司令长官八首》

1939 年 10 月 31 日

薛岳(1896—1998)

薛岳:(1896—1998),汉族,字伯陵,广东韶关乐昌人。抗日名将,国民党一级上将。原名薛仰岳,因生于中日甲午战争期间,其父起名仰岳以求能效法岳飞成为民族英雄。薛仰岳后改名薛岳,以示不仅仰慕岳飞更将身体力行。

1906 年入黄埔陆军小学,1909 年加入同盟会,之后入读保定陆军军官学校第六期,回粤后曾任孙中山警卫团第一营营长。1922 年陈炯明叛乱期间,薛岳曾保护宋庆龄脱险。北伐初期任第一师师长。有研究者称其为“整个抗日战争中消灭日军最多的中国将领”。

1938 年 10 月,日军占领武汉后,锋芒同时直接指向湖南。但因为武汉会战已消耗巨大力量,日军无力再战,只能在赣北、鄂南、湘北于中国军队对峙。在赣北,日军占领了南昌,达成了目的,而在鄂南、湘北却迟迟没有进展。

经过近一年准备,1939 年 9 月欧洲大战爆发,日本阿部内阁叫嚣着:“以战争彻底‘解决中国事变’的时机已到了!”下令第 11 军司令官冈村宁茨屯驻湖北咸宁,指挥日军约 18 万人,于 9 月 14 日,从赣北、鄂南、湘北三个方面同时发动进攻,以求在“一个星期内占领长沙”。

于是,抗日的主战场南推到了湖南。

8 月下旬,第九战区就发现日军有准备进攻迹象,铁道运输频繁,车站附近断绝交通,战地通信单位大量增加,并且四处拉民夫。但第九战区并没有出现大的惊慌。

薛岳于年初出任第九战区代总司令官,就拟定了与日军决战的计划,其精髓是“后退决战”“争取外线”。意思是,只有先后退,让开一步,不被敌人包围,再“争取外线”,才能变劣势为优势,包围敌人,击破敌人。

在第一次长沙会战中，薛岳已准备先从防御线上退却到湖南境内，然后再主动地进行两军决战。

对此，薛岳称之为“天炉战法”，意思是这个战法就像太上老君的炼丹天炉，把鬼子引诱进入到里面来，那时，他们的各种武器装备优势将无法发挥，战场的主动权将操之在我，鬼子就像被关在“炼丹天炉”里任凭我军“炼”。

1939 年 10 月 8 日中国军队欢呼湘北战役的胜利

长沙会战从 9 月 14 日打到 10 月 14 日，战斗异常惨烈，战争结局，双方互有伤亡，冈村宁次并没有入薛岳的“天炉”，而是刚到长沙附近，就警觉地撤退了。但日本死伤人数比中国军队更多，据日本防卫厅战史室统计：日军此役死伤为 3550 人。

中国军队搜索城内残敌

第一次长沙会战，又称为“湘北大捷”，是中国军队抗战以来第一次成功地防守反击，将进攻的日军打回了原地，使其战略计划完全失败。这一胜利极大地鼓舞了全国人民对于抗战的信心。

中国军队恢复阵地后，各地民众奔走相告，节衣缩食慷慨解囊，仅慰问三军将士的医疗创伤捐款就达 34 万元大洋。香港《大公报》发自上海的报道《孤岛的国庆》称：“自从租界当局限定悬旗的日子以后，孤岛上已经四五个月不见国旗了。正当湘北大捷声中，青天白日旗又满街飞舞，激动每一个人的热情，吐出一口窒悬已久的长气。”

蒋介石也给薛岳发来了贺捷电报，云：“此次湘北大捷，全国振奋，诚是为最后胜利之佐证，而对于人民信念、国际视听，关系尤钜。骏烈丰功，良深嘉庆。”

1939 年 10 月 31 日，《阵中日报·军人魂》发表了太白的旧体诗《湘北大捷颂某司令长官八首》，其中将薛岳比作唐代远征西凉的薛平贵，对薛岳称赞有加。

作者“太白”，生平不详。（每首诗后括号中的注解为原文本有）

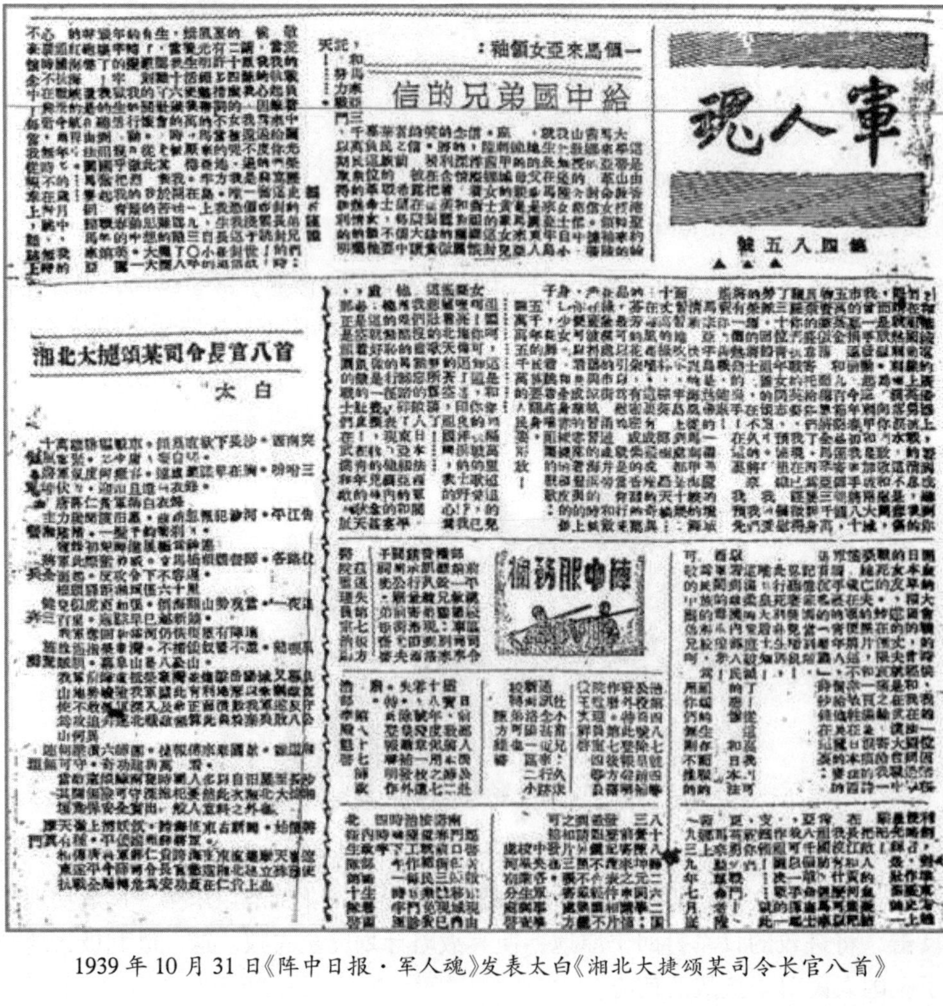
軍人魂
第四八五號
一個馬來亞女領袖：
給中國弟兄的信
湘北大捷頌某司令長官八首
太白
陣中服務欄

1939 年 10 月 31 日《阵中日报·军人魂》发表太白《湘北大捷颂某司令长官八首》

湘北大捷颂某司令长官八首

太白

1939年10月31日《阵中日报·军人魂》

十万貔貅驱战车，倾巢直欲下长沙。
西南突变风声紧，多少庸人妄自嗟。

将军气度何雍容，远虑深谋早在胸。
吩咐三军埋伏定，迎头且遣白衣锋。
（唐薛仁贵军称白衣锋，此处暗指薛岳）

主力才闻渡汨罗，前哨忽报犯沙河。
平江告警湘阴陷，一发千钧系刹那。
（寇锋初犯时进展极为神速）

将军此际奋神威，立马桥头总督师。
各路伏兵全面起，反攻令下不容迟。
（桥头驿距湘垣仅六十里）

健儿似虎更如狼，倒海翻江势莫当。
一夜速奔三百里，寇踪早已越新墙。
（我军夺回新墙河仍恢复原有阵地）

旌旗遥指荣家湾，不扫倭奴誓不还。
鹤唳风声惊贼胆，幕阜山是八公山。
（我军前锋直抵荣家湾并炮击岳阳城，又幕阜山地势险峻，我军据北有利地形以牵制敌寇，使不敢孤军深入，及正面溃败，我军遂反守为攻，追奔逐北，歼敌无算。次与符秦兵败八公山何异？）

连朝击溃六师团，捷报传来举国欢。
谁道湘垣无可守，奇功建与万人看。

（当敌寇顷乘南犯时，国人多以自汨罗至长沙，其间无险可守，深抱杞忧，然此次湘北大捷，湘垣竟保安全，实出一般人意料之外也。）

摩天岭上扫妖氛，跨海征东古斯闻。
始信将门真有种，平倭端赖薛将军。

（相传唐将军薛平贵跨海东征，直达摩天岭，辽东遂平。今薛司令长官灭寇湘北建立殊勋，使抗战全局转危为安，功盖在仁贵上也。）

弘扬英雄主义

——曾克:《渡》

1939 年 11 月 13 日—15 日连载

曾克（1917—2011），女，原名曾佩兰，河南太康人。1929 年至 1936 年就读于开封私立北仓女子中学。1935 年冬，响应北平“一二·九”抗日爱国学生运动，参加开封大学中学学生的罢课、卧轨、请愿，被学校勒令退学。1936 年春到上海，参加上海共产党文委外围组织。1937 年考入上海大夏大学，“八一三”淞沪战事爆发后，重回故乡，在河南大学借读，并与黑丁、田涛、柯岗、碧野等参加了魏伯组织的河南学生救亡演剧队，不久又参加东北军 181 师学兵队，随部队开赴抗日前线。1938 年春，她和上述青年朋友都到了武汉，曾克出版了反映战地生活的报告文学《在汤阴火线》。

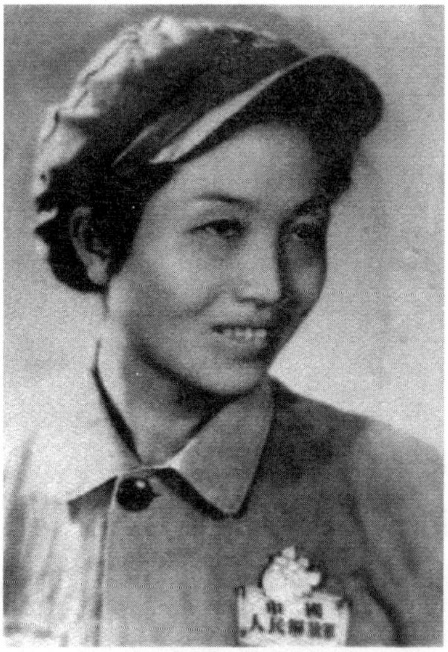

1948 年曾克作为中国人民解放军随刘邓大军渡江南下

1939 年曾克到重庆，参加“全国文艺界抗敌协会”，她的中篇小说《渡》，于 1939 年 11 月 13 日—15 日在《阵中日报·军人魂》连载。这部中篇小说，写中国军队一个连队领导在攻占某高地后被日军包围，仅剩几人突围渡河，吴连长和小号手相互掩护，结尾处小号手柯诚用一颗手雷与敌人同归于尽。由于作者熟悉战地生活，故能在22岁就驾驭宏大战争题材，写出英雄主义的颂歌。

軍人魂
第四九七號
渡
曾克
海的襟淚
我們要你找到了聯羣

1939年11月13日—15日《阵中日报·军人魂》连载曾克的中篇小说《渡》

渡

曾克

1939年11月13日—15日《阵中日报·军人魂》连载

天已经黎明了。山野阴郁郁的，那弥漫在低空的，如潮的云雾，像一面灰网似的，沉蒙蒙地网着近处和远方。

战斗在血海里继续着。胜利像在战士们的眼前划过一道巨大的、希望的红光。

山头上，敌人的炮火虽是在猛烈轰击，而枪弹在密集扫射，但，最后一道铁丝网是终于被冲破了。

——同志们，冲，冲，山头那边！

一串暴怒而有力的吼叫，带着激动的感情，从瘦小的吴连长那铁喉里抖跳出来。他在同志们前头，身子在抽抖而扭转着。一种急躁的神情，使他忘却了那属于他生命中的一切悲愁与苦痛、快乐与欢笑。他向前匍匐地爬行着。……当他的左手正攀着一方高的岩石，于是，他的脑袋猛力向上一仰，而两只深陷的眼睛，也就很快瞪大了。一张尖长的嘴巴在张裂着，那铁喉咙像要开始吼叫的样子，又在开始抖动了。他用眼睛扫射着周围，于是，他便立刻使劲地挥动着那握在他右手里的一面小红旗子。

立刻，一阵冲锋号声，在战士们的心头上震响了，而杀声海潮似的在山野上掀起一片动。

小号手柯诚，这十五岁的孩子，他完全被兴奋与快活占有了。他仰起他那一张被冷风吹冻得发红的小圆脸，一张嘴巴鼓得紧紧的，他伸着跳动筋肉的长脖子，在拼命地吹着胜利号。

没有一点疲倦，这从死亡中挣脱出来的三十多个年轻的小伙子，谁也不像是经过了一场苦战，而个个人的精神都是蓬勃的，虽然在夜里，他们的衣服，被一阵雨一阵风吹打得都湿透了，凝冻了，但，他们的心却有如烈火一般地在燃烧，在激跳。看着那颓塌的，破碎的敌人的碉堡，再看看那横卧在血流中的自己的弟兄与敌人的尸骸，大家却深深地感到了悲痛与快慰……

每个人背上，都尽可能地背起了几支枪。但这时候却只有柯诚一个人，他却连一根枪也没有。他不知从什么地方捡到了敌人的一支系着有大红绸巾的铜号，他欢喜的一张嘴巴总是闭不上。他两手玩弄着，抚摸着，好像得到了珍宝一般地，两只眼睛却在凝凝地注视着它。他把他自己的那一支号，斜挂在脖颈上，远远望去，就如同斜挂着一个金色的光圈。

他走到大家跟前，笑着，伸着长脖子，把嘴巴对着号嘴，吹了一阵，他喜得跳了一下，一只手在大腿上一拍，自语般地说：

——操娘的，日本小鬼还有这样好看的号呢。

——小柯，怎么？那号是敌人的？

吴连长跑来问。

——是啊，我捡的，比咱们的响哟。

说着，柯诚又伸着长脖子，一边吹着号，一边向废墟那边跑去了。

不一会工夫，柯诚带着惊喜的表情，用手握着一个黑黑的圆东西又跑回来了。

——吴连长，你看，我刚才捡的。

吴连长接过来看了看，笑着说：

——呵，这是瓜形的小手榴弹，爆炸力很强。小柯，你好好带到身边吧。有一天你可以用它。

小柯点点头。他对吴连长的话是深深的明了。这瓜形小手榴弹，柯诚今天才第一次见到。可是，现在他已知道，知道这武器的用处是胜过于他的号，于是他向吴连长问了问怎么使用，便视如珍宝地放在自己军服的裤袋子里。

低空的雾霭消散了，太阳没有露出影来，冷风呼呼吹着……

吴连长蹲坐在一条小夹谷的边岸上，他好久没有说话了，他像被一种深忧的思虑所苦恼着。他不住地转动着眼睛向远处眺望，但又用一种说不出来的深切表情在看自己的弟兄们。这样，他像想起了一件重要的事情似的，便霍地站立起来，他严峻地向同志们说：

——同志们，这个山头，我们虽然攻下来，可是，我们还应当马上准备着应付敌人来反攻。你们说，对不对？大家有什么意见可以尽量发表。

这是几句沉重而有力的话。但，大家没有一个发表见解。这样，吴连长微微一笑，铁喉咙立刻叫着：

——好，大家没有意见，那么，我们就分派出一部分同志们开始布置我们的阵地。

冬天的吕梁山是荒凉的。弟兄们在战斗的艰苦中，已经一天一夜没有得到东西吃了。山头上，除了无定向的一阵阵冷风，再也没有什么更多的东西来慰藉苦闷的战士了。

吴连长沉默着，他那狭长的小脸子低沉着，肩头紧紧地皱了起来。他想了想，便向两个传令兵吩咐说：

——你们两个快点赶回营部去。报告营长，就说李家垅已经被我们占领了，弟兄们牺牲了很多，请营长快快来增援。还有，请营长快想办法送给养。你们两个要分开走，不许走一条路，要紧记着……

两个传令兵，带着重大的使命，跑下山头去了。他们带给山头上的弟兄们的，是一个等待，一个希望。

找到一个阴暗的、发着霉气的破落的冷庙，吴连长让弟兄们在地上燃起一堆柴火。大家轮流地来休息着，烘烤着湿冻的衣服，和溅满了泥浆的鞋子。

天，依然没有放晴。太阳，消沉在迷蒙的远方。

焦躁的等待和不安，犹如毒虫似的，在每一个人的心头上蠕动。

营长没有消息了？传令兵回去差不多已经有三四个钟头了。于是，期待热望……

沉默……

突然，柯诚快乐地从外边进来，他大声地说：

——报告连长，哨上的同志回来报告，说营部的增援来了。

——是吗？好，好，我们快快去！

吴连长惊喜地跳了一下，铁喉咙马上叫了起来。

破庙立刻被一种紧张的空气充塞着了。弟兄们军服一披，鞋子一蹬，都一齐跑出去了。

吴连长在山头上，那扭转着的瘦小的身子，却显得格外伟壮、坚强，就像用铅块铸成的一个矮小的人在那里傲岸地站着。

——啊，不少的同志们。

——看，咱们的国旗……

乱杂的吵嚷，从弟兄们的嘴里发散出来了。

铁喉咙的人，翘起脚跟，怀着希望的心情，他贪婪地渴望着那正在奔来的一列灰色的人群。望着，望着，他把右手一摆动，用严谨的态度，轻声对弟兄们说：

——静！

于是，山头上变作沉哑了。吴连长仍然注目地向山道上望，但，一阵惊恐突然刺动了他的心头了！他暗暗地想：营部的增援果真来到，总该那传令兵事先回来报告，并且队伍一定会从某某那条山路前进，为什么能从这条通往中阳离石关的公路上来呢？这样，他沉着脸子，便向兄弟们说：

——同志们，留心，这队伍怕不是咱们的人！

在过度快乐的弟兄们，偶然听到吴连长这含有着疑虑的话语，大家都怔然地陷入了不安。

这时，柯诚把脸子一转，望了望前面，便用手指着这样说：

——连长，你仔细看，那不是咱们的队伍是什么呢？袖章不是和咱们的一样吗？

吴连长没有说什么，他又张眼望去，自语般地小声说：

——也许是的，可是，他们从这条路来，无论怎样，也不能不让人怀疑啊……

这样的疑虑占有了他整个的心。这疑虑好像在他心上建立了一堵高墙，墙的这边是一片红光，而墙的那边，却是一团灰暗。但，这疑虑差不多是欺骗了他。战斗对于他是熟悉的。这里虽有冷酷，但也有热爱。在他整个的人生中，战斗是成为他半生的友情了。他带着兵已经有十年了。十年是一部伟大的史页。尤其在这两年多的大流血中，他参加大小战斗已不下三十次了，几次的经验，使他变成了一个机警而细心的人了。他望着，他很快地挥起两面小红旗子来，向那列人摇摇摆摆。

等了等，山道上的那一列人群，除了一直向这边挺进着，他们连一点回应也没有。这时，吴连长已经判定了：这一群人不是自己的人，是敌人。于是，他转动着脸子，铁喉咙一张，便说：

——同志们，前面来的是敌人，我们赶快准备起来！

弟兄们半信半疑地将几挺机关枪架起来，并且每个人也都开始戒备起来了。

那人群，忽然像一片散影，向山的峡谷，边缘，树林，隐伏开了。

吴连长的心像被一种凶恶的东西紧紧抓住了似的激跳了起来，他不是恐怖，他却是痛苦。

大家开始不安了。

——怎么办呢？山头上只有这三十个同志，而且，子弹，手榴弹，都快用完了，增援的也不到……

铁喉咙，在苦痛中焦灼着，慌忙着……他的思想，被一种矛盾的黑手在触摸着：放弃呢？抵抗呢？牺牲呢？

嗒嗒嗒……

一排机关枪声从山腰上射出来了。于是，两个弟兄身子往前一扑，死了。

情景立刻紧张起来，山野又复归陷入了混乱，叫喊和痛骂……

——卧倒，同志们！

铁喉咙开跳了。

敌人的枪声没有停止，嗒嗒嗒……在机关枪的掩护之下，隐伏的人群，蠕动着，进攻着，已经快到山头上来了。

轰，轰，轰！

连连的几颗手榴弹，从山头上投掷下去了。

——连长，我……

——同志们，冲啊！

又有几个兄弟们牺牲了。他们惨叫着，呻吟着……

看着生龙活虎一般的弟兄们一个接着一个地倒下去，吴连长流泪了。这时，他两只脚猛力在地上踩着，两只眼有些发直，嘴张得大大的，像要吞噬着一个巨大的东西似的，他的牙齿不住地在咬紧着，铁喉咙有些发沙的样子，又在叫：

——同志们，冲啊！……剩下我一个人，我也要干到底呀！

活着的弟兄们，拼命地抵抗着，敌人也有不少炸死了，受伤了。

增援没有来到，弟兄们绝望了。人在饥饿着，枪也在饥饿着……

铁喉咙向四周张望着，他脸上发着一种光泽。他又欣喜又痛苦，但，他又暴跳，又安静。想了想，那死难中的生命，生命中的友情，于是，自己感觉一阵冷颤，一阵空虚。他心在活跳，好像有无数颗血冷的心在牵连着他的心。忽然，他胆怯了。这样，他又在默默地想，放弃呢？抵抗呢？牺牲呢？

他跑到几个兄弟面前，大声说：

——同志们，我们还干吗？

几个兄弟谁也不说话，都在用眼睛看着他的面孔。他脸子一沉，眼珠子有些发涩，接着说：

——我们生死在一起，有你们就有我……

——连长，你放心，我们死也得干……

铁喉咙像得到安慰一般的，声音很沉重的说：

——好，我们就死在这里吧……

一阵叫喊，在山头上展开了血的拼杀。于是，几个人在吴连长的命令下，便挣扎着向山坡下撤退了……

敌人向他们射击。吴连长的右腿上中了枪，仆倒了。

这时，跟在吴连长跟前的柯诚，他马上把握在手里的那支号，用大红绸巾拴在手脖子上，随后就把吴连长扶起来，连声地叫：

——连长，连长……

——小柯，你不要管我，你快快逃走吧！

——连长挂了彩，我怎么能逃走呢？……要死，大家就死在一起。

柯诚说完，他回头看了看，自己有些发急，于是，他伸手从裤袋子里掏出那只小手榴弹，他刚要往后掷，吴连长却制止着：

——小柯，不许掷。

吴连长看了看柯诚，便说：

——那么，小柯，你扶着我，我们往山崖那边去。

柯诚从吴连长的肩上，卸下一支大枪，背在自己肩上。他用一只胳膊扶着吴连长，他走不几步，那拴在他手脖子上的一支号，就要摆动几下，他需要不住地用手去推动那背在他肩上的一支大枪。他有些吃累，他嘴里喘着气，脸上流着汗，穿过枪弹的密网。最后，他们是到山崖下一个可以遮蔽的大岩石底下，还有他们从死里逃生的十个弟兄，其中，有四个胸部受了伤，有一个腿上受了伤。大家蜷伏在地上，呻吟着，哀叫着……

追击的敌人，从近处山头上跑来了，脚步声，枪声，混杂地响着。

柯诚听了听，他要探身出去，他要把他裤袋子里那枚手榴弹发出去，这时，吴连长又在制止着他：

——做不得，这样，不但炸不死敌人，我们反会被他们发现，被他们消灭……

好一会儿，没有再听到敌人的枪声，追击的敌人也过去了。吴连长把身子移到石岩外面，他向四面山头上看了看，也没有敌人的影子，他小声地这样对大家说：

——同志们，我们赶快找路，突出这敌人的包围圈吧！

离开山岩石，他们借着山崖，又向前走了十几步，这里已经是到山崖的尽头了。

四个胸部受伤的弟兄，现在，他们流尽了最后的一滴血，生命失掉了希望的明天，一个一个都被飞鹰的黑手带走了。

河，一道天险，只要可以过去，那么，这最后八个佼佼者，他们的生命一定可以活下去。

——同志们，把我们受伤的留在这里，你们好的，快想法子先渡过去！

连长慌忙地说。

柯诚怔一怔脸子，接着说：

——不能这样做。要渡一同渡，这里不能留一个人。连长不渡，我也不渡。

吴连长流着眼泪，看了看柯诚，催促着说：

——小柯，你要服从。我让你渡，你就得渡。和他们一起渡，不许再说什么……

柯诚哭了，他热情地抓住吴连长的一只胳膊说：

——我别的可以服从连长的话，……你不是说过吗，有大家就有你……

吴连长默然了。

河，那么宽，河面崩裂了。人在崩裂的缝隙中试探着，前行着……冰冷的水淹没着人的胸脯，肩头……

嗒嗒嗒……

突然，机关枪从山腰上扫射了。人在河水里发急了，挣扎，淹没，浮起，渐渐地，生命就在巨流里沉落了……

吴连长望着河水，他惘惘地发呆了。枪在响着，他暴跳了一下，看了看柯诚，急切地说：

——你赶快渡吧！你听，枪声不是近了吗？你快快渡吧，不要管我……你救你自己！

柯诚两只手又抓紧了吴连长的胳膊，又哭了：

——连长，我死也不能离开你……我们生在一起，死在一起……

吴连长，柯诚，和那个腿上受伤的弟兄，望望河水，望望山腰，死，抓紧了他们……

一阵枪声，又朝着河岸上射击了。

吴连长腿上的血尽在流，可是，他好像忘却了痛苦似的，他不曾用手去摸一摸。他沉默着，镇静着，最后，他看了看河流，又看了看那个受伤的弟兄，便低沉沉地说：

——好，我们就渡吧……

冰河染红了。三个人在河冻里挣扎。

枪，没有停地响着。

那个腿上受伤的弟兄，不知什么时候沉落了。吴连长的腿也疼得不能再动一下。他用力地站着，两手在紧紧地抓着柯诚的肩膀头，他呻吟着：

——小柯，你一定丢下我，你，你去救你自己吧！

柯诚仍不肯自己走一步。

嗒嗒嗒……

机关枪的子弹又打中吴连长的背后了，血从他的胸前流出来。

——柯诚，你……你……

吴连长终于不能支撑地从柯诚的肩膀上跌落到河里去了，薄冰一声碎裂，卷走了一个战士的生命……

——啊，连长……

柯诚狂叫了一声，昏呆了。

清醒一下，他忍着痛苦，抱着一身麻木，使劲地拨动着冰块，他企图着向对岸，那一边活路上挣扎，逃走。

嗒嗒嗒……

机关枪又开始射击了。枪弹掠过他的耳边，有的落在他近处的水面上。

惊恐，使柯诚不敢再向前逃，也不敢再后退，有时，他把脑袋往水里一钻，猛地又冲起来，有时，他把整个身子沉到水里去。

突然一惊，他发现吴连长的那支大枪不知什么时候从他的肩膀上滑掉了。他左手往上一抬，看了看拴在手脖子上的那支军号，仍然在那里，他痛苦的、绝望的小脸上，闪出了一丝笑光。他努力地再往前走。

敌人已经接近河岸了。枪声在包围着他。当敌人向河心来追抓他的时候，他的左肩却中了一枪。

敌人狂笑了，柯诚颤抖着，他做了敌人的俘虏了。

两个凶蛮的家伙，端着枪，在对着柯诚的小脸。但，当柯诚被逼得正在把缚在左手脖子上的那支军号解下来交给敌人时，他用右手敏捷地往裤袋里一掏，于是，河岸一阵爆裂的火花，毁灭了一群强盗，毁灭了那在苦难中为祖国而战斗的青年号手……

冷风在山崖下吼叫……

1939年10月于重庆

1940年冬，曾克奔赴延安，在延安文艺界抗敌协会从事专业创作。1942年加入共产党。1947年春，随刘邓大军南征，创作了著名的报告文学《挺进大别山》。

20世纪80年代，曾克任中国文联及作家协会领导小组成员（党组成员），文学创作一级。她的一生创作了40多部、200多万字的文学作品，大都以革命战争为题材，是全国知名的军旅女作家。

中年曾克

老年曾克

抗战中沦陷的海域

——吕亮耕:《海的怀念》(诗)

1939年11月13日

抗战初期，中国海军的力量极为薄弱，与自称拥有世界上最强大海军之一的日军作战，其战斗情景是异常悲壮的。

1937年“八一三”淞沪抗战爆发后，中国海军旗舰“平海号”和它的姊妹舰“宁海号”巡洋舰等，参加了保卫江阴封锁线的海战。尽管中国海军在这次海战中几乎悉数被日本飞机击沉，但这次海军的江阴抗战，打击了日军的嚣张气焰，推迟了日军进攻的速度，为江苏、浙江、武汉等地大量工厂企业人员内迁赢得了时间，为中国长期抗战创造了有利条件。

1937年淞沪抗战中保卫江阴的中国海军旗舰“平海号”巡洋舰

1938年，在武汉保卫战中，中国海军的中山舰等舰队奉命担负从嘉鱼、新堤至武昌县金口镇江面的警戒及运输任务，10月24日，中山舰在武昌金口被日机炸沉，舰长萨师俊与全舰将士壮烈殉国。

经过江阴阻击战和武汉大会战后，中国海军军舰丧失殆尽，中国的海岸线被日军严密封锁，沿海地区都成为沦陷区。

1938 年武汉会战中被日机炸沉的中山舰

吕亮耕：（1914—1974），笔名蒲柳芳、亮耕等，祖籍湖北嘉鱼县，生于湖南益阳县。幼年随父旅居上海。在杭州求学时与丽尼、黎央等创办《现代诗草》专刊。

1937 年抗战爆发后，吕亮耕积极投入抗战，1938 年夏与孙望等合编长沙《抗战日报》副刊《诗歌战线》。

1942 年至 1947 年，先后担任耒阳《国民日报》、衡阳《大刚报》《中华时报》汉口《大华晚报》、九江《型报》等报纸的副刊编辑、总编辑、主笔，所创作的诗歌、散文、小说散见于香港及内地 30 余种报刊。

1939 年 11 月 13 日，《阵中日报 · 军人魂》上发表吕亮耕的诗歌《海的怀念》。诗人怀念他居住过的上海，描写大海的壮丽和渔家贫穷但和平安定的生活，对日军

吕亮耕(1914—1974)，中国优秀的现代诗人

入侵中国海域、残杀渔民表示了极大的愤怒，“东海，黄海，南海，……每一个海面都染着渔人们的血”，表达了要“跟踪着战士前进的足迹，去驱逐这些海的强盗”的愿望。在抗战诗歌中，是一首独具特色的诗篇。

軍人魂
第四九七號
海的懷念
呂亮耕

1939 年 11 月 13 日,《阵中日报 · 军人魂》上发表吕亮耕的诗歌《海的怀念》。

海的怀念

吕亮耕

1939 年 11 月 13 日《阵中日报 · 军人魂》

秋风从海上吹来,
我在远方,
检点襟上的新凉。
怀念秋天的故堡,
我的故乡在海边——
我曾经终朝待在楼窗上,
听不尽潮汐的交喧,
那海的私语,
而我好奇的望眼,

多少次越过长长的海堤，
抛落在海的宽胸上。
我欢喜望波浪与波浪追逐，
驰向远水。
而远水连接着长天，
长天又如此明湛。
如染的碧落，
多情地俯瞰着碧色的海，
（自古相对的海和天，
它们有最深的默契）
而在那相对的海与天的界线上，
我眺望到了，
出港的渔船，
张起一叶叶风帆，
由海上飘去。
更有洁羽的海鸟，
绕着帆樯，
作着美丽的翻飞。
我多幻多思的想望，
犹如海鸟一样飘忽，
如梦地溶化在那
天的蓝，海的碧，鸟的白，
那幻异的色彩交织的
天然的蓝图里。
我更爱着那明洁的沙汀，
沙上的阳光，
望那些包着头帕的拾贝女，
工作时伛偻的背影，
阳光把她们的影子描在沙上，

而她们把合唱的歌声，
播撒在海的上空。
播送到我的耳鼓里，
而我从拾贝女的歌声里，
听出了她们生活的艰辛；
正如贫穷的渔父，
永恒地劳役于海上。
当夕阳降落到遥远的水平线，
拾贝女青色的头帕，
摇曳于晚风中，
她们拿着工作的获物，
曳着阑珊的影子归去。
而那边——
波光泛着的海面，
杂乱的船帆，
奔驶向港湾的深处，
船尾升起了炊烟，
渔人的妻子正做着晚餐呢。
他们都生活于风涛中，
他们原是海的儿女，
而今日，
中国的海，已坠入恶运中了。
海的儿女亦遭受着
暴力的狙击。
那些从日本海来的海盗
摧毁了
中国渔父们仅有的家产，
而后残酷地
用铁索捆着他们，

投入碧海，
作了无声的海带，
东海，黄海，南海，……
每一个海面都染着渔人们的血。
而贪婪的海盗，
又夺去多少明朗的口岸，
自连天的烽火弥漫海隅，
家乡已三月无消息，
这些日子，我在后方，
惦念着秋风中的故堡，
我的心胸堆起海样的悲哀，
也掀动怒涛般复仇的情绪。
我将迎着海风的吹向，
驰过重重的山水和阻难，
追踪战士们前进的足迹，
去驱逐这些海的强盗，
从而夺回我的故土——
那美丽的故堡，
那是早期的捍海塘（1），
那历代抗倭的好地方。

一九三九年十月

注释

（1）捍海塘：海塘，是自古以来沿海人们抵御海潮侵袭、保护沿海城乡安全的堤防工程。捍海塘，今杭州湾北岸海宁一带海塘的前身，始筑年代无考。泛指浙江、上海两省市的海塘。

新中国成立后，吕亮耕在衡阳市湘南中学、市一中、市二中任教语文。1957年被错划为“右派”，1974年去世，1979年平反昭雪。

其诗作被收入《战前中国新诗选》《现代派诗选》《中国四十年代诗选》《上海

“孤岛”文学作品选》《中国抗日战争时期大后方文学书系·诗歌卷》《台儿庄大战诗词选》《世界反法西斯文学书系 50·中国卷 10》等数十种选本。传略收入《中国新诗大辞典》《中国现代文学词典（诗歌卷）》《中华诗歌大辞典》《湖南当代作家大词典》等数十种典籍。

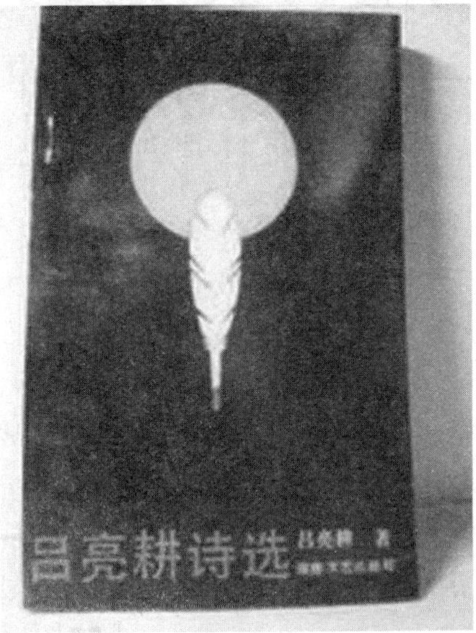

《吕亮耕诗选》，湖南文艺出版社，1989 年版

沦陷区洪涝成灾

——阿兰:《寄自天津》

1939年11月14日

1937年“七七事变”爆发后，中国最早沦陷的两个大城市，是北平和天津。

7月29日，北平沦陷；7月30日，天津沦陷。

日军攻占天津时，对天津市区狂轰滥炸，到处纵火，使数十万难民无家可归；

日军占领天津后，便把天津作为它在华北进行侵华战争的战略基地，在抗战8年期间，日军对天津实行了残酷的法西斯殖民统治。

当时，日军占领军在天津的最高统治机关是“天津防卫司令部”，日本宪兵队残酷地镇压中国人民，并雇用了许多汉奸翻译和情报人员为爪牙，到处搜捕抗日分子。

日本在天津还网罗了形形色色的汉奸、民族败类，成为他们维持统治的帮凶。1937年8月3日，日军刚刚占领天津3天，便成立了一个名为“天津治安维持会”的汉奸组织。

但游击队的活动仍十分频繁。在天津市周围，潜伏着许多的游击队。

大水冲倒天津无数民房，百姓无家可归

1939年8月，华北各地连降大雨，天津及附近地区暴雨成灾，大水冲倒了无数民房，贫困的百姓无容身之地。

日军攻占天津时开炮轰击

日军的马队进入天津

天津百姓啼饥号寒，无处栖身

1939 年 11 月 14 日《阵中日报 · 军人魂》发表了阿兰《寄自天津》的书信，从这封从天津寄出的家书中，可以看到天津沦陷后的惨景之一斑。

作者阿兰，生平不详。

軍人魂

第四九八號

寄自天津

阿蘭

1939 年 11 月 14 日《阵中日报 · 军人魂》发表阿兰的《寄自天津》

寄自天津

阿兰

1939年11月14日《阵中日报·军人魂》

某妹：

真对不住你，我接到你的信已经几个月，到今天才抽出空来回复你。我不是不愿意给你写信，因为从天津寄出去信，被敌人检查得太严厉了，我有许多话想说，都不敢写，所以一再因循，终于没有握管。

密司维尔逊前天从北平到天津来了，大概在此间有三五日耽搁，便要到香港去。今天我打算把这封信写得长长的，托她带到香港去寄，我相信这封信一定可以达到你的手中，你也可以由此知道一些我们的近况。

自从敌人开始反英运动以来，我怕进出租界的麻烦，一直没有到城中去过。请你不要焦急，城中的老小都非常安康，二哥也很快的结了婚。从前敌人在租界旁边检查行人，只对外国人麻烦，中国人人数太多了，虽然要故意为难，然而因为不胜其烦，所以比较宽一些。后来他对中国人也厉害起来了，每一个出入租界的人，不问男女老少，都要全身受检查，常常无故脱人下衣，使你受侮辱。

意大利的人可以不受检查。意大利商人开的回力球场，备有送客的汽车，如果坐了这个车，也可以避免检查。现在坐一坐这个回力球场的汽车，得花二十块钱。听说现在这个回力球场的意大利老板赚了不少钱，完全靠着接送出入租界的客人得来的。

从八月二十几号开始闹水，据说这次水灾之大，为百年以来所未有。我们住的地方，也受了水的波及。阶前积了好几寸深的深绿色水，街上有些地方已经可以行船。鱼类被水泡死，都浮在水面上，奇形怪状的，实在难看。种种腐朽的东西被水冲出来，也浮在水面上，腥臭熏天。由于这些污秽的原因，时疫盛行，尚幸我们亲友中，还没有人遭殃。

这次水灾，不仅天津受了难，通县、昌平、宛平、房山、良乡等地，无不如此。河北一百二十九县中有一百零一县受了损失。甚至山西、察哈尔、山东省某一些地方，也受了害。这次大水的原因，属于自然方面的，因为燕山、阴山等地山脉地带，大雨不止，山洪暴发，以致蓟河、运河、永定河、猪龙河、滹沱河、滏阳河、南运河等河的流水，宣泄不易，北方各处的河工，向来不甚坚固，苟有专门人才随时整理堤坝，修补河岸，测量水位，挖洗河身，决不会有此差池。无奈敌人的铁蹄踏在华北的地面上，水灾已成之后，还没有人管，焉得不使我们倒霉？

假若这种灾情发生在往年，我们的政府与人民，合力救灾，也必定可以化险为夷。现在敌人因为无法对付游击队，在两个月之前，决开一些河堤，放水淹我军民，例如在雄县大清河两岸，就先后挖了八次，以致使今年的灾情，扩大了多少倍。及至大水涌至，敌军自己的军需粮秣，和营房也都被淹，交通断绝，险象环生。敌人为了挽救自己目前的困难，不顾我们中国人民的生命财产，扒堤决口，使洪流流向他处，以求自己所住的地方，早日脱离水祸，像敌军使永定河、运河决口，石门水灾，滹沱河口岸被挖，杨村马厂等地决口，都是敌军作的孽。上流被挖一处，下流就有多少县的地方遭受灾难，我们现在苟延残喘在这种地方，还像是人类吗？

你现在所过的生活，我是知道的，我们的生活，我想你却不容易想象。这次水灾的损失，比战事对于我们的损失尤重。今年冬天，天津及附近的地方，将有几百万人要啼饥号寒！

关于战事方面，敌军不利的情形，我们是可以看出来的。骨灰成船的东运，谁不知道敌人在山西和河北平原受着严重的打击呢？最近新从日本运来的兵，百分之八十是二十岁左右的青年，他们怕死，到处问人：“这里有没有游击队？杀不杀人？”

离开天津二十里就是游击队的防区。在天津市上，游击队几乎是半公开的。警察晚间在各处搜查行人，有人被搜到了手枪，只要说一声“游击队的。”便会被释放过去。只要不在日本人当面，伪军和伪警察大部分都是切实的援助游击队的。

记得今年春天有一次敌人开会庆祝胜利，强迫一些民众和学生游行，在游行的途中，大家把敌人所定的口号，改喊成：“打倒日本帝国主义”，所有的日本宪兵都听不懂，所有的中国人都笑了。日本宪兵看见中国人笑，才打听到口号上出了毛病。及至赶来制止，我们从四面钟喊到东南城角，已经喊着走过很长很长的旭街了。

天津可以说是没有文化的，在报纸上除了拜读汪汉奸精卫鼓吹“和平”的文章外，还可以看见许多色情的文字，报纸副刊上的撰稿人似乎都是张竞生的至友。舞场越开越多了，中原公司里的日货，真是像山积的一般。粮食贵得厉害，灾民最没有办法。

…………

希望你能给我多写点，我是这样的挂念你。六张照片是最近照的，照的不太好，希望你也能够寄相片来。

祝你进步

阿兰十月廿七日

"兵在附民"

——明文:《道经二十里岭前》

1939 年 11 月 15 日

2012 年 4 月 2 日,陕西抗日战士后代在中条山下祭英烈

在抗战期间，从 1938 年到 1940 年，孙蔚如率领的第 4 集团军奉令守卫晋南的中条山，在近三年时间里，担任了坚守中条山、保卫黄河的重任。作为不受蒋介石信任的陕西"杂牌军"，他们在武器落后、生活艰苦、敌我力量悬殊的条件下，以两万多人牺牲的惨重代价，打退了日军 11 次进攻，保证了中条山巍然屹立，成为保卫大西北的重要屏障。

中条山位于山西南部、黄河北岸，是一条东西走向的山脉，长约 150 多公里，它西起永济、芮城，中经平陆、垣曲，在绛县与王屋山、太行山脉相连。中条山区西宽东窄，从山北解县、虞县到山南芮城、平陆之间有一条峪间公路，上下山都只有二十里，便可从山北到山南，这条路叫二十里岭。

中条山上有许多小路，但只有张（店）茅（津渡）大道和二十里岭这两条大道，可以通过日本的坦克战车火炮等重型武器，日军发起的多次进攻，都要经过二十里岭。因而，这里成了敌我双方反复争夺的重要战场。

中条山陕军抗日英雄纪念碑

1939年的“六六血战”，是第4集团军在中条山进行的最大的也是最惨烈的一次战役，我军伤亡及失踪官兵达8800人，日军伤亡5000多人，6月18日，中国军队绝地反击，把中条山阵地恢复到战前形势。战后，第一战区司令长官卫立煌到中条山巡视，称38军是“中条山的铁柱子”。

可是，在这次血战中，中国军人一度被日军逼到芮城陌南镇黄河边，他们宁死不降，跳入黄河。这里流传着“800壮士跳黄河”的悲壮故事，近年来有历史研究者发现，跳黄河的人数竟在3000人以上！

1940年10月，第4集团军奉命离开中条山，到河南偃师、巩县、汜水、广武一带担任河防。1941年春，蒋介石批评卫立煌和共产党走得太近，卫立煌退居峨眉山养病，中条山的指挥大权由何应钦掌握。1941年5月，日军发动中条山战役，历时一个月，中条山失守，战死被俘的中国军人8万人，这次战役被蒋介石称为“抗战史上最大的耻辱”。

那么，为什么孙蔚如率领的第4集团军，能够以弱胜强地在中条山坚守近三年呢？孙蔚如在《第四集团军在中条山抗日经过》中，总结经验时，仅指出两条：

一、“两军相遇勇者胜”，“上下同欲者胜”，“置之死地而后生”。我全军同仁皆能认清环境，人皆有与阵地共存亡之决心，故能久战不殆。

二、“兵在附民”。我军纪律良好，军民融洽，敌与我对战三年，敌我两指挥部相距不及百里（一九三九年六月六日战役中，及一九四〇年四月十四日战役中，均获得敌人全部命令，其附图所记我总部、军、师部地点，完全错误，且敌机经常轰炸我阵地，而从未在我高级指挥部投弹，是为明证）。这全由军民一体，共保秘密，敌探不得进入之效。

（见陈长捷、韩伯琴等著：《正面战场绥晋战场》，中国文史出版社，2013年版，第221—222页）。

所谓“兵在附民”，也就是军队要依靠人民。第4集团军的军纪良好，制定了“三大禁令”（禁大烟，禁赌，禁嫖），并提出“四大口号”（自我教育，自觉纪律，经济公开，人事公开）。他们经常帮助老百姓播种收割、扶贫济困、举办识字夜校，被当地民众称作“七路半”（即与八路相似）。

1939 年 11 月 15 日《阵中日报 · 军人魂》发表了明文的《道经二十里岭前》一文，此文写于 1939 年中条山“六六血战”之后，他在经过几个月前腥风血雨的战场——二十里岭时，自然感慨万端。文中没有提及那场惨烈的战斗，只记述了自己途中见闻，与当时几个普通民众的谈话，但仅此也可以看出第 4 集团军在中条山区良好的群众基础。正如孙蔚如将军所说“兵在附民”，军民融洽，正是这支军队在中条山顽强坚守阵地的根本原因。

作者“明文”，即卫立煌的机要秘书赵荣声，笔名任天马，明明，明文等。他亲身参加了晋南抗战，在《阵中日报 · 军人魂》上发表《各个击破》《侯马车站》《道经二十里岭前》等多篇战地记叙散文。

軍人魂
第四九九號
道經二十里嶺前

1939 年 11 月 15 日《阵中日报 · 军人魂》发表了明文的《道经二十里岭前》

道经二十里岭前

——战地拾零之一

本报特约记者明文

1939 年 11 月 15 日《阵中日报 · 军人魂》

有事要到二十里岭前的某镇去，在熙暖的朝阳下，踏上征途。秋日肃杀的气象触目，但是，狭小崎岖的山路为新近的大雨所冲刷，骑着马反感到特别吃力了。远望中条山脉长蛇般的横亘在北面，不禁想到这就是晋南的屏障，天然的长城。随后来的那位区警同志在连绵不断的山岭中间指了指，说那就是二十里岭，但是因为山势既没有特殊的地方，而人们的语言又笨得无法来形容，所以我始终认识不清。

二十里岭种种

二十里岭，是山北山南（山者中条山）交通的咽喉。一上二十里，一下二十里，大概就是二十里岭名称的来源。岭以北是解县、虞乡县界，岭南是芮城县，东南即平陆县境。年前还在我国军的手里，几经血战，终于沦入敌手。然而在这个岭上，曾经流过多少英勇战士的鲜血，曾经埋着多少民族健儿的尸骨，这血债终有一日要偿还的。

敌人盘踞已经年余了，上面住的敌人虽不过百十个，但岭下附近几个村子，却不时发现鬼子的踪迹。老百姓早弄得无家可归了。敌人在岭上修有汽车路，汽车可以一直开到岭南而来，运兵非常便利。今年六月间敌人大举进犯平陆、茅津，三四万鬼子来送死，其中大部分就是走的这道路，小部来自张店和永济。

好孩子，新中国的主人翁

我们在狭小崎岖的山路上行进，走着，想着，又不时抬头望望那连绵不断的中条山脉，心里想到它在这次神圣的抗敌自卫战争中所建树的丰功伟业，脸上不禁泛起无限严肃的表情。

“老总，听说鬼子在山上又修路，又埋水缸，是不是又要来送死？”跟牲口的孩子笑着向我问。因为敌人每次进攻一定要修路，又因为过山来不敢喝我们老乡的水，所以不得不在岭上自己预备水缸储水。

这问题使我有点受窘，看着孩子黑红的健康的小脸，只得不着边际的答道：“不敢定，听说山北的敌人增加了许多。”

对这回答，孩子并没有丝毫失望的表情，依然牵着牲口连蹦带跳的前进，他告诉我说，这里前几天枪毙了两个汉奸，是山北人，我于是就问他：“你恨不恨汉奸？”

“为啥不恨？要不是这些汉奸，中国军队怎会打败仗？日本鬼子怎能灭中国！”

好孩子，真不愧为新中国的主人翁！我对这慷慨激昂的陈词，感到无限的惊异与敬佩。

“鬼子真大胆”

说着走着已经上来一个坡，再往前望，是一展平的一片寂静的田野，区警同志指着前面的黑压压的很大的一片，说那就是某镇——目的地快到了。

区警同志是个沉默的人，长大而壮实的个子，一望而知是个健壮的出力人。据他说来，我们还是河南老乡，他来山西四五年了，原是做生意。

他说着说着，话匣子真个打开了，他兴奋的举起手来给我看，同时又很感慨似的说，不中用了，残废了，原来年前他参加了游击队，在二十里岭上与敌人接了火，是一个可怕的暗夜，一颗无情的子弹射穿了他的手，十三个月光景才好，然而，这只手终于完了，不能自由伸缩，也无丝毫气力。

他高兴的叙述他英勇的故事，今年春天敌人一大队开到他们庄上，后来走了。他看见一个鬼子跟不上队伍，落在后面很远很远，渐渐的大队消失了，只剩下那孤零零的一个，那大概是个病号，他想着忽然灵机一动，立刻到村里去打个招呼，十几个年青小伙子拿了锄头棍子赶出来，那家伙想跑，但是哪里跑得及，一顿打死，就地掩埋了。最初心里不安，还怕敌人回来找，但敌人到底也没有再来。

说到这里他得意的笑了，“鬼子真大胆”，他又说：“谁都不顾，到人家里把枪往墙上一靠，就一窝蜂似的都去捉鸡子，要收拾他们机会多着呢。”

我听他说得津津有味，道途上的疲劳为这有趣的故事一笔勾销了。抬头看时，某镇已在面前，目的地到了。

“老总，我不跑”

某镇，这里离二十里岭的敌人只有十里光景，如果敌人的骑兵来，不消一个钟头就到。在昔日，它是一个远近闻名的繁华的镇市，曾几何时，残暴的刽子手把它毁灭了，炸的炸，烧的烧，三番五次的抢掠，现在是一片瓦砾。“十室九空”，正是这里最适当的不折不扣的形容词。

这时天已晌午，饥饿的影子飞上每一个人的心头，找老百姓随便弄点饭，一面吃，一面就拉上几个老乡闲谈。事情竟是一首可歌可泣的壮美的诗，我们的民众这样明白，这样可爱。

“年前这里作战时，你跑了没有？”

“跑？老总，我不跑，我帮助抬伤兵。”

“对呀，这正是老百姓应该做的事。”

“可是说呀，别人跑别人的，我良心上过不去，我不跑。记得那时有位受伤的老总对我说，我们在前线流血，你们在后方流汗，大家一样，都是为国家。你听，这话多感动人！他抚着伤口痛哭，我也不禁哭了。跑啊，不能，我抬了这次抬那次，别人跑别人的，老总，我不能跑。”

他的话还没有说完，我已不禁衷心感动得要流泪了。我们有这样的民众，敌人如何不狼狈溃退、大败而逃呢！

事情办完时，天已不早了。在夕阳的余晖下，别了某镇，走着想着，心里激荡着，思潮滚动着，再回头时，二十里岭与某镇都在苍茫的夜色中模糊了，消失了。

廿八年十月脱稿于茅津（1）

注释

（1）茅津：即茅津渡，位于山西平陆境内、黄河北岸的一个古老渡口，从茅津渡过黄河便是崤山，占领崤山，可北控山西，东据河南，西进关中，人称茅津渡“一锁扣三省”，历来为兵家必争之地。当时第4集团军第38军在茅津渡开办了干训班，赵寿山军长亲任主任，普遍轮训全军干部。

经历失去恋人痛苦之后

——芦焚:《再见》

1939年11月16日

芦焚（1910—1988），现代著名文学家。原名王长简，笔名芦焚、师陀等。河南杞县人，1921年高中毕业后赴北平谋生，“九一八”后参加反帝大同盟，开始以“芦焚”为笔名进行文学创作，和萧乾等被誉为“第二代京派小说家”。1936年秋从北平到上海，不久抗战爆发，遂长期蛰居于被日军占领的上海，与巴金、卞之琳等结为好友。曾任上海苏联广播电台编辑，上海文华电影制片公司特约编剧。

芦焚(1910—1988),又名师陀,现代著名作家

芦焚崇拜鲁迅，1936年他在鲁迅逝世九天后的悼念文章中写道：“他厌恶腐蚀人性的世俗。”他的小说，注重刻画人物的内心世界，倾心于一种恬淡自然的生活。

1939年11月16日，芦焚在《阵中日报·军人魂》上发表了短篇小说《再见》，描写了进步青年在流亡与政治迫害中失去恋人的痛苦。小说中的白石，因反抗黑暗坐过牢，与未婚妻淑馨五年不通音讯。他出狱后，为了寻找淑馨，千里迢迢来到沦陷后的“孤岛”上海，没想到淑馨已嫁给他的熟人、在敌伪银行做事的周易安。面临着与恋人在周家痛苦尴尬的处境，白石毅然选择了“再见”，斩断情丝、告别过去，勇敢地踏上新的生活道路。

这是抗战文学中较少见的以知识分子的个人情感生活为主题的作品。

小说的场景、人物都十分简单，仿佛是一幕独幕剧，而楼上不断传来的歌声，则对小说的情节发展起了烘托作用。

軍人魂

第五零零號

再見

倫敦與巴黎

1939 年 11 月 16 日《阵中日报·军人魂》发表芦焚的短篇小说《再见》

再见

芦焚(师陀)

1939 年 11 月 16 日《阵中日报·军人魂》

“这叫白石”，倒霉的客人向后退了一步，他也大吃一惊。向着他的，这难道就是那爱修饰、有着红润的脸色并且梳着光光的头、大家称他作小周的人吗？周易安虽然依旧梳着光光的头，但是那昔日的灵活的模样，是连踪影都找不出了。他的动作已经变成迟钝，他的肥肥的脸是松软而且白得乏味，眼里也失去了那能够迷人的光彩。总之，他的样子表明他是无忧无虑的活着，没有烦恼，也无可用其思索。

“你是怎样来的呀？我的朋友？……”周易安喘着气，请他坐在沙发上，还不住的向他转着头。

“你吃酒吗？”他向客人说：“葡萄酒……你的身体我看很不好……吃一杯吧，对于你是有好处的……”

他站起来，用颤抖着的手斟了一杯，交给客人。他不住的眨着比起他的胖来却显得过小的眼睛。他是那样快活，说话的声音和神情就像甜腻腻的蜜汁一样。

“是的。”他呷了一口酒。

白石咳嗽起来了，随后他软弱的倒在沙发里面。他的眼望着空中，仿佛是说：“让我想一想。”

“可是你为什么要到上海来呢？”周易安生怕冷淡了他似的说，脸上勉强挤出一点笑。

“上海总是具有魔力的地方呵！”他说。

“唔，具有魔力的，”周易安点着头，“不过现在是什么都没有了，只有混乱！”

“每天拿起报纸，”周易安仿佛烦恼似的抚抹着脸说：“我就见神经性的呼喊，死亡压到头上的闷重的叹息……可是你会看得出的，大众在街头徘徊着，渴望着为自由而战的胜利。他们需要组织和领导。”

白石倾听着主人时常加进无可如何的叹息的谈话，他感到古怪，仿佛这里进行的是一件复杂的传奇的故事，楼上有人蹀躞着，那声音是沉重的，大约很不安。也不晓得什么缘故，他从那脚步声忽然联想到内战时期饥馑中的彼得堡，还有往日的同志们：那个头发竖起来像一丛草的阔肩的男子，那个剃着光头的模样像村夫的汉子，他最忘不了的是那个笑起来像马的女人。纵然现在，似乎也还听见那霍霍的笑声。

“他们的情况你还知道吗？”他望着主人，慢慢的将酒杯放到小几上面。

“不知道。”一阵兴奋之后，周易安伸出两条腿，懒懒的依靠在沙发里，极无聊的打了一个哈欠。“但是决不会在上海的，大家都往内地逃……我是因为在银行里做着事，所以没有办法。唉，没有办法。”

周易安看了看表，说是他已经结过婚了，他的肥胖的脸上还勉强挤出一点笑容。

白石惊异的瞅着他，也仿佛说：“已经结过婚了。”

楼梯响处，这时走上来一个女人。她用稳重的轻得几乎是生怕惊扰了别人的步调走进来，像胆怯的猫儿似的，但一看见坐着陌生的客人，忽然踌躇的站住了。

“这是白石……”周易安轻快的站起来，一面向客人摊出手掌，一面笑着向她介绍道。随后他又将手掌移向那女人。

那女人，瘦小的身材，朴素的装扮，模样略略有几分憔悴，由她的外表，人们可以看出她是娴静、忠实、耐苦，并且能够隐忍种种失意的人。她不曾堕落，但是需要一个可靠的朋友，因为她只会规矩做事，却不会独自开辟人生的道路。她生得还不算标致，然而由她的嘴唇和眼睛，可以看出她的可爱。

白石惊骇的望着她，两手按住了沙发的靠手，他想站起来，却又站不起，欢乐和苦痛的细流脉脉的通过他的血管。

“淑馨！”他喊道。

“噢，你们原是认识的呀？”周易安垂下准备介绍的手，惊喜的客人又望着那叫淑馨的女人。

她狼狈的站着，呆呆的望着白石，不知如何是好。她的脸完全像死人似的苍白了，假使有人留意，会看出她的嘴唇和垂下的手都在战栗，而且全身都在闪动着细的小波浪。

“你回来的恰好，请替我招待招待客人。”周易安穿好上衣，然后又抱歉的向客人笑道：“你坐一坐，白石，我有点事，马上就回来。”

他又招呼太太，说是在他没有回来之前，客人要是走了，那责任就由她来负。说着时，他已经像肉球似的滚下楼去了。

屋子里单留下客人和主妇，于是就陷入压人的静寂。一只苍蝇在嘤嘤的飞翔，远处传来哄哄的爆声，飞机在轰炸。

“淑馨……”他终于招呼道。

她默默的坐着，放在膝上的手在痉挛。

望着这情形，他找不出一句合乎自己这时的地位的话。他觉得纷扰，周围是昏暗。她已经结婚了，然而怪得谁呢，他们之间，已经整整有五年不通消息。甚至没有人知道他的生死，而周易安也不知道她是他的爱人。

在他们头上，居住三楼的人又在咯咯的徘徊着。

“难道你是把我们的过去完全忘记了吗？”他忧郁的低声问道。

她依旧沉默着。

“这样的遇见，”他伤痛的说，“我没有想到，但是你应该明白，我并不是到这里特地来找你的。”

“不是‘特地’吗？”她颤抖着的小手揉弄着衣服，几乎要发出索索的像落叶似的声音。

他看见她眼里噙着泪。

“我希望我没有伤害你。”

“不，不！”但是她用手掩住脸，倒到沙发里面，忽然伤心的哭起来了。并且不住的嚷着“你是怎样变了呵，你是怎样变了呵……”

白石是的确大大的不同了。他虽然同样瘦小，在以前，他是有着不竭的精力的。而现在，他却是那样苍白、衰弱、污浊，又那样没有生的气息。牢狱摧残了他，他像一个刚从阴暗的坟墓里走出来的尸体。他喃喃的说：

“我的来，打扰了你的幸福……”

“你不懂得我，你不懂得我……”女人像孩童似的抽噎着，不住的扭动着肩膀。

这时那居住三楼的人已经停住焦灼的踱蹀，在唱歌了：

起来，不愿做奴隶的人们，

把我们的血肉筑成我们新的长城

…………

仰望着空中的白石，眼里渐渐的充满了眼泪了。他的心痛疼的抽搐着，微微感到有一点凄伤。他是爱她的，他是为着她才辛苦的到这座城市里来的。在刚刚出狱之后，她既然已经嫁人，自然是有嫁人的必要，那就不应该再扰乱她的安宁，他自己也总是还得活下去。为了填满无限的空虚，他觉得要往下活，还是像当年般的作点事的好。

“再见！”他站起来，踌躇了一下道。

这是一场痛苦的恶梦，就因为一向是平和的日子，忽然变得颠三倒四的了。女人哭泣着，听着他要走下楼去的脚步声，难道她因为他的丑陋不管他了吗？她真是世人所说的无情的女人吗？她不明白应该为谁伤心，虽然她从来就没有这样伤心过，但是不会有人了解她的，一个不关重要的女人。五分钟后她跑下楼去了，她追赶着他，然而上天帮助她和他取了相反的方向，使她没有弄出更难堪的关系，或者更烦恼的乱子。这时他——白石正立在一条街口。逃难的人和车辆阻住了他的去路。

新中国成立后，师陀历任上海出版公司总编辑，上海电影剧本创作所编辑，后在中国作协上海分会专门从事创作。著有短篇小说集《芦焚短篇小说选集》《谷》、长篇小说《结婚》《马兰》等。

晚年芦焚

《芦焚短篇小说选集》，江西人民出版社，1983 年版

2004 年，刘增杰编校的《师陀全集》8 卷由河南大学出版社出版，为深入研究作家提供了全面的资料。

对抗战文学创作的思考

——赵悔深:《题材和主题》

1939 年 11 月 17 日

在抗战初期，抗战文学成为鼓舞人民战斗的号角，但由于主客观条件的局限，初期的抗战文学难免出现简单、粗糙、以宣传为主、粉饰现实或主题不明等缺点。

在血迹未干的战场上，军部、财阀合谋瓜分权利（八路军印发）

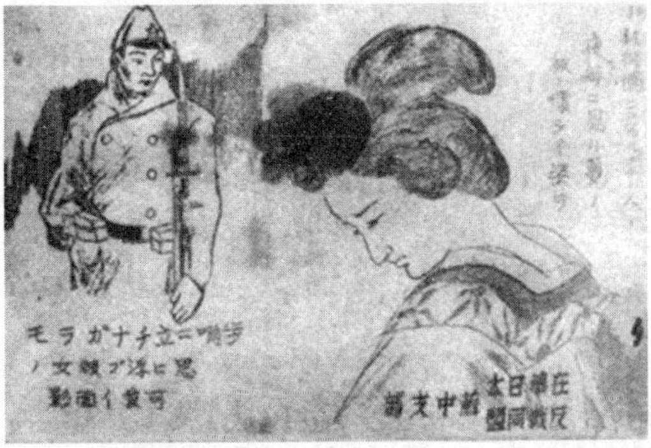

日本反战宣传画

1939 年 11 月 17 日，李蕤（署名赵悔深）在《阵中日报 · 军人魂》上发表了《题材和主题》一文。在这篇文章中，作者通过与碧野对几幅日本反战画和国内的抗日宣传画作的欣赏和评点，表达了自己的文艺观。他认为，随着第二期抗战的深入，抗战文学的质量应该提高，它的视野应更开阔，主题应更深入。抗战文学

抗战宣传画“有钱出钱，有力出力”

不能做简单的传声筒，不能回避矛盾、粉饰现实，也不能以“纯客观”态度反映生活。他说：“不能流于很空虚的把我们歌颂一番，或者描绘几个纸扎人似的英雄”，“不是在现实上架空的盲目乐观”，而“必须烛照到敌人铁蹄下游击区的真实情形，我们各个部门中战斗中的进步，并检讨我们自身不足的地方……通过艺术反映出来，使它能够成为我们抗战阵营各角落的镜子。”

軍人魂

題材和主題

1939 年 11 月 17 日《阵中日报·军人魂》发表赵悔深的《题材和主题》

题材和主题

赵悔深（李蕤）

1939年11月17日《阵中日报·军人魂》

有一天夜晚，碧野拿来几幅画，他说这是一位从远处来的青年朋友的创作，内容完全是以抗战为题材。

第一幅，是一个表现日本人民反战、卧轨反对把他们的兄弟、儿子、丈夫开到中国来做炮灰的故事。画面上，首先突出的是一列升火待发的火车，车头上张着宣传侵华的旗子，车里车外，挤着黑压压的新兵。而轨道上面，却横三竖四的卧着妇女、老人。警察正高高的举着皮鞭，恶狼似的向他们抽去。一边还可以看到被撕碎的“索夫团”、“索子团”的旗子。站在这幅画的对面，使你忘记了对这画赞赏，因为它已经使你的感情整个的浸沉到画面里去，使你忘记那是一幅画了。

另外有一张，章法也非常新颖。中间，是日本兵在和中国兵肉搏、冲锋，左上角和右上角展开着不同的两面，一角是那些日本士兵的家属，在过着极度愁惨的日子，那一角是日本军阀，在对着香槟，手掌上站着女人。这幅画，篇名是《为了谁？》，这画的对象当然是日本的士兵或者俘虏。这是一幅杰作，在这上面，日本民众在高度压榨下的贫穷、士兵在侵略战争中死亡得毫无意义，以及日本军阀们的无耻荒淫，三者鲜明的成为一个对比。这便是日本侵略战的一个缩影。这缩影中它暴露了侵略战罪恶的全般。这些画足以把日本士兵从愚昧的文化中冰醒过来，走到反战的路上去。

“这真是两幅完美无疵的作品！”和碧野，我们异口同声的赞叹出来。

但看到另一张时，却不能使我们完全满意了。

有一幅，篇名大约是《在同一天中》，一幅画中界着两面，一面是在冲锋、在辛苦的工作；而另一面，则是在跳舞、赌博，做种种堕落不堪的事，这当然是表现“一面严肃的工作，一面荒淫与无耻”吧，但看过之后，人的感情却没有依归的方向。这里的内容题材，自然都是现实生活中存在的。题材没有什么可以责备的所在，这里面只有一点不够，便是对于这题材的主题的发现。在文学负有揭露现实社会丑恶的那一阶段，那它只须把这“丑恶的”和“严肃的”无情的加以揭露就够了，而在抗战的现阶段中，却必须使这“揭露”生出有利抗战的影响（即激励落后部分），如果不加上这点因素，并强调这点因素，它是容易被敌人的恶意宣传所假借了的。

有一次，在街上我看到一大幅宣传的壁画，题目是《有前方战士的浴血抗战，才有后方的安乐生活》，图上部画着战壕伏着的勇士，下面呢？却坐着肚大腰圆的富翁，一边陪伴着他的娇妻爱子。很显然，在作者自己，他是表示对于前方将士的敬意，并没意用这来动摇前方将士的雄心，并没意来引逗战士们的对家乡妻儿的依恋；然而，如果我们不把每个斗士都幻化为天神，而想到同样的是平凡人的时候，便应该知道这幅画它有两面的影响，一方面是好的，可以使后方的享乐者受到良心的责备，因而肯牺牲物质利益；但也有一方面是坏的，便是难免使不太坚强的一部分战士，升出“为了谁”的念头。所以，如果这个题材，用在“有钱出钱”的主题上，那便只有好的影响，而没有坏的影响了。

一篇文学作品，和画有相通之处。同时，以上几幅画中所触到的问题，也是很多作品所触到的问题。

抗战以后，我们许多流行的文学作品，题材大部分流于狭隘，或者很空虚的把我们歌颂一番，或者描绘成几个纸扎人似的英雄，不敢把题材的领域更扩大，不敢把观察的视度更深入，结果呢，稳妥自然是十分稳妥了，但却缺少力量，同时不能使“现状”改进。

对于抗战的前途，我们绝对是乐观的，这不成问题，但是我们所要求的乐观，必须是正视现实，透过困难，把一切分内的艰苦放在估价以内的乐观，而不是一种在现实上架空的盲目乐观。那种乐观，不是乐观，只是迷信。文学的功能，在于意识的反映抗战进行的全体，把握着每一鳞片的题材在某一时间与某一个空间所生的影响。在这原则下，不妨尽量放大摄取的镜头，仅仅余一点使神经细胞激胀一下的作品，妨害虽无妨碍，但却是作者的怠工。

尤其在第二期的抗战中，我们的斗争任务，在于粉碎敌人在占领区的统治，粉碎敌人“以战养战”的阴谋，尤其加速的填补我们政治上政进的不足。这一段是从相持转向反攻的契机，在这一段，抗战所课给文学的功能，更不是单单的歌颂两声便完事了，必须烛照到敌人铁蹄下游击区的真实情形，我们各部门的战斗中的进步，并检讨我们自身不足的地方，以最大的热情和最重技术的方式，通过艺术反映出来，使它能够成为我们抗战阵营各角落的镜子。

有人说，艺术是宣传，而宣传的时候便是说谎。由这原则引申出的理论，是对于阴暗的一面，要么不提它们，我们一宣传缺点，便是以为成了敌人反宣传的利用，实际上这是一种偏狭之见。譬如敌人的统制食粮，自然在某一方面说，可以揭露他们内部经济的枯竭，但他们决不会因为足以使人作为宣传资料而不统制食粮的。

同样一件题材，是会为了主题把握的不同而生出相反的影响的。一个题材怎样的表现，才能使它成为对我们的针砭，而不落在敌人作为宣传的窠臼里，那是有个很显明的界线的。

同时，时间、空间、读者的对象，都有很大的关系。

总而言之，在抗战中，文学不但不应被束缚为单调的喇叭声，而是应该更泼辣的展开它对各面的功能。

但是，须要注意的，是操掌这个界线，使它的功能适度的加强到推动抗战的作用上。

在沦陷区推行奴化教育

——韬星:《敌寇怎样蹂躏青年》

1939 年 11 月 19 日

日寇在沦陷区的学校里推行奴化教育

在沦陷区，日寇尤其重视对中国青年的争夺，他们不但以血腥的杀戮镇压当地青年的反抗，更以怀柔政策，去“训练”“培养”青年。1939 年 12 月 19 日《阵中日报·军人魂》上韬星的《敌寇怎样蹂躏青年》一文就讲述了在山西太原附近，文水、交城一带，日寇进行大规模“青年训练”计划，就是想在山西青年中国培植一批亲日汉奸，让山西变成日本永远的殖民地。

日寇在沦陷区组织“青年训练班”

作者韬星，生平不详

敵寇怎樣蹂躪青年

1939 年 11 月 19 日《阵中日报 · 军人魂》发表韬星《敌寇怎样蹂躏青年》

敌寇怎样蹂躏青年

韬星

1939 年 11 月 19 日《阵中日报 · 军人魂》

敌寇在沦陷区内，对于奴化与麻醉我青年同胞的工作，实在说是一刻未曾放松过，敌伪当局曾以各色各样的名目、方法，来进行过这一工作。如在乡间组织“排共青年团”、“爱乡青年会”、“新民青年会”，强迫青年参加，他的目的无非是想使我沦陷区的青年同胞，在他们这种组织之中，都成为“王道乐土”上的顺民，成为一个永远驯服于“皇军”的奴隶，最近敌人又以造成“新中国的中坚分子”的名义，更进行着大规模的“青年训练”了！

在太原附近，敌人的“青年训练”已经开始，他是以村为单位，每村由村民切实选择十五岁到二十五岁以内的青年去受训，并且在八月一日以前，每村先送一人人到县市的青年训练所去受训。青年选拔的标准非常严格，有下面几个条件的限制：（一）无反动嫌疑者；（二）粗通文字者；（三）富有家资者；（四）思想纯洁者；（五）无残废疾病者。

在敌伪统治的各县里面，现在都已奉命成立了青年训练团，这个机关，即专为筹划与实施训练青年的事宜而办的。每一期的训练期是一个月，每一期规定至少要训练八十个青年，至于训练课目，是军事新民思想、勤务奉公、日语、新中国形势、世界新认识等。

在训练期满后，成绩“优良”的，还要保送到伪中央训练所，再从事训练，经过这样几层训练后，这些青年便成为敌伪训练出来的“新中国”的中坚分子了！

在县市受训期满的青年，在受完训后并不完事，他们还负着组织的任务，受完训后便分返原地，担任组织与指导青年的责任！

敌寇这个训练青年计划确是一个大的阴谋，对于敌人，感觉到在沦陷区内的首先不好对付的是青年，于是他便想尽一切办法来对付青年。敌寇曾以疯狂残酷的屠杀加在青年人的头上，敌寇也曾以怀柔政策施行于青年之间，但是敌人又感觉到“一定要将此辈青年的思想改变，而使其长久膺服于新民主义的旗帜下”，才是根本的办法。于是，敌寇便不惜以巨资来设立训练的机关，进行奴化的教育，以图在长期教训与麻醉之下，使我青年同胞完全忘去了他自己的祖国和生长着自己的民族，而成为一个驯顺的亡国奴！

然而敌寇这种狠阴毒计和苦心的设施，又碰到了钉子，敌区的民众，对敌寇的这些花样，早已吃得清楚。在文水、交城一带，村长实在没有办法把十五岁以上二十五岁以下的青年送到奴化里去，因为当敌人的抽拔青年的命令下来以后，青年人早已逃避一空，没有人愿意去受敌人的训，敌人听到这个消息，也不管抽拔青年的标准和条件了，只派出好多部队，将大小村庄包围起来，见年青人就捉，结果虽然捉走了一些，但是大部分的青年人，却离开了他们的村庄，离开了他们的家乡、妻子和爹娘，迈着健壮的步伐，向着飞翻着青白红的国旗的地方，向着深远的山里，向着绿树丛中的窄路去了。

他们干什么去了？妈妈的，日本鬼，训练？老子去当游击队去了！

精英荟萃的抗战文化城

——烟浪:《桂林的文化界》

1939 年 11 月 20 日

桂系领袖李宗仁

自从 1938 年 10 月武汉、广州相继沦陷后，桂林遂成为全国大后方的文化中心。

桂林抗战文化的发展，是与当时的政治环境有密切关系的。桂系领袖李宗仁、白崇禧等和蒋介石集团的矛盾，中共南方局对桂系开展的统战工作，都为桂林抗战文化的繁荣提供了温床。使许多进步文化人汇集桂林，促进了桂林在新闻出版、文学艺术、教育科研等方面都得到了长足的发展。

值得一提的是，由范长江、胡愈之等领导的“国际新闻社”的总社也在桂林安家。李蕤在编辑《阵中日报》的同时，还受范长江委托，任“国新社”洛阳站站长，他的任务就是把第一战区和来自解放区的新闻稿转给桂林总社，然后由总社向全国各地分发。由此可见当时桂林作为文化中心，其作用是辐射全国的。

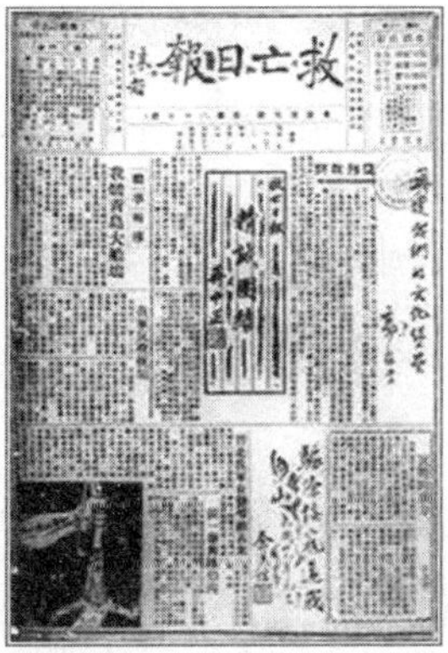
救亡日報

在桂林出版的《救亡日报》

1939 年 11 月 20 日烟浪发表在《阵中日报 · 军人魂》上的《桂林的文化界》，

真实描述出当时桂林进步文化人荟萃、抗战文艺如火如荼的情景。

烟浪，生平不详。

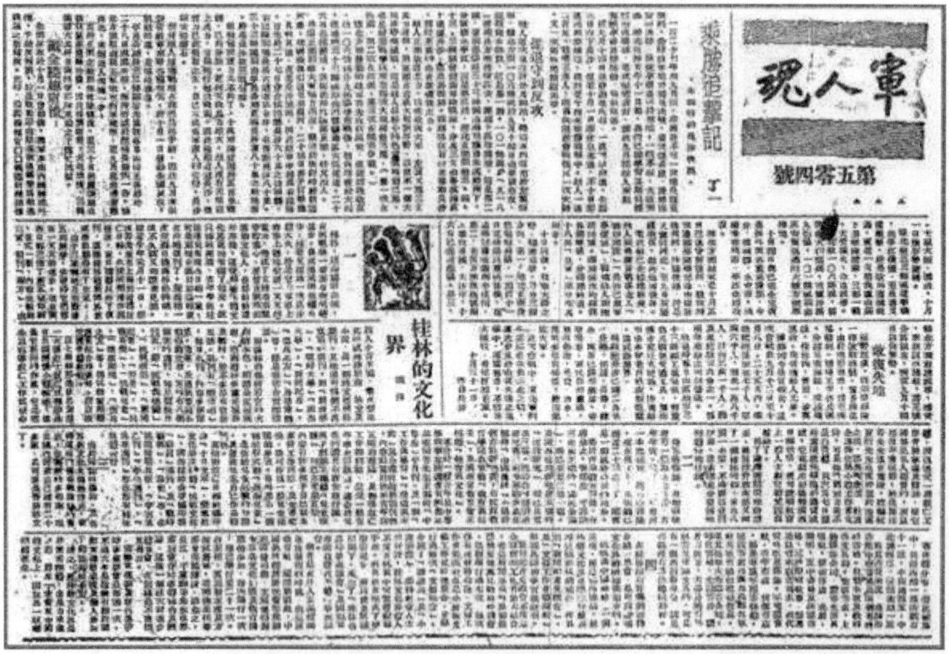
軍人魂
第五零四號
桂林的文化界

1939 年 11 月 20 日烟浪发表在《阵中日报 · 军人魂》上的《桂林的文化界》

桂林的文化界

烟浪

1939 年 11 月 20 日《阵中日报 · 军人魂》

一

桂林，这个南国的山城，在抗战后一切都有突飞的进步。自武汉、广州相继失守，接着又经过一次长沙的大火，于是它在军事上、政治上的地位便一天天的重要，变成了支持西南战争的重心。居留在广州、武汉的文化人，也都纷纷迁移来桂，这使得桂林的文化界更加活跃了起来。就以报纸来说，去年年底桂林还只有《广西日报》一家，可是到现在，汉口《扫荡报》便在此地复刊了，虽然经一度受到日机轰炸的毁坏，但不久就又和读者见面。接着今年元月十一日，郭沫若先生在上海创刊的《救亡日报》，也从广州迁移到桂林，在日机的狂炸下复刊。这样桂林的新闻界便逐渐的显得有了生气……

由于三家报纸互相战斗、互相竞争，也使得它们都在一天天的进步。现在《广西日报》已换了新五号印刷，版式一新，内容也较前充实。副刊“南方”，由诗人少青主编，常在登出比较成熟的新诗、散文及小说，是一个纯文艺性的副刊。其他还有几个不甚定期的副刊，如《新干部》、《战时大事》、《广西大学》、《新闻记者》、《伤兵之友》、《兵器常识》等，都是很切合实际需要。

《扫荡报》仍保持着它的大报本色，销路是比较广的，华南的许多重要城市及乡村，差不多都有它的足迹。副刊有《瞭望哨》，每日出刊，内容多系杂感、随笔，及通讯等短小精悍的文章。另外有八个固定的周刊，每星期按日刊出，即《抗战与建国》、《抗战戏剧》、《新闻记者》、《野营》、《抗战音乐》、《抗战儿童》、《健康园地》、《伤兵之友》等，因为和实际的需要配合得很好，所以很受读者欢迎。

以上两报都是日出对开二大张的，《救亡日报》却是日出四开张小型报纸，但是它新颖的作风，是完全以报道救亡工作为使命的，所以很受一般救亡工作者的欢迎和赞助。但它因为是私人经营的，所以经费非常困难。社长郭沫若先生远在重庆，总编辑夏衍先生也常奔波于港沪之间，都无暇兼顾，社里全靠几位热心的工作者支持，可是他们的努力并不是白费的，只六月七日援助重庆被炸难胞的义卖成绩，它竟超出《扫荡报》、《广西日报》数倍，便可证明社会上一般人士对它的爱护和帮助了。

为了适应客观环境的需要，桂林行营政治部又办了一个《桂林晚报》，日出八开一小张，不过因为发刊伊始，还未能充分发挥晚报的特殊任务。

二

桂林的杂志，也如雨后春笋一般的在生长着。去年年底，这里还没有看到一本比较新的杂志，现在仅正在出版的已经近二十期之多了，确实是一个值得惊喜的现象。

属于理论的检讨的，有胡愈之，张铁生、千家驹三先生主编的《国民公论》，现已出至二卷一期。及广西建设研究会主编的《建设研究》，现已出至第三期。属于农村经济的研究者，有千家驹先生主编的《中国农村》。属于教育的研究者，有江苏教育学院出版的《教育与民众》，及广西省教育会主编的《教育与文化》。

适合于一般青年及中等学校学生阅读者，有胡愈之、叶圣陶等先生主编的《中学生》半月刊。及一个《工作与学习》、《漫画与木刻》混合编辑的新颖刊物，内容侧重于指示青年以正确的理论，及指导救亡工作的经验，最受一般青年学生的欢迎。适合于儿童阅读者有新安旅行团、孩子剧团主编的《儿童战线》，现已出至第五期，内容有许多孩子自己写出来的工作经验，及生活记录，很可作为一般儿童团体的参考。另外还有一个报纸形式的《西南儿童》，是供给儿童抗战的知识，及发表儿童自己作品的刊物。

其他如《救亡日报》社编印的《十日文萃》、乐群社文化部主编的《抗战文化》、广西绥靖公署编印的《动员》周刊，及《战时艺术》、《逸史》等，也都能按期出版。《宇宙风乙刊》、《中央周刊》、《民族周刊》等也都有桂林版的发行。

三

由于杂志的蓬勃，及各界对文化食粮的需要，使得这些销售书报杂志的书店，也逐渐的多起来，现在城内的书店已有二十多家，真可算是书店林立了。

书店的分布，也比较集中，只桂西路一条街就有十一家，中南路四家，中北路四家，环湖北路一家。

以其性质来说，商务印书馆、中华书局是两个老牌的书局，只卖本版及教科书、文具的。生活书店、上海杂志公司、读书生活出版社、新知书店、北新、开明、正中书局及前导书局、三户印刷社等，都还是以卖本版书为主，而代卖外版及杂志。军用图书社、青年书店，拔挺书店，都是偏重军用书籍的，建设书店为广西民众出版社出版书籍的总经售处，至其他如大华图书公司、时代书局、生路书店、读者书店等，大都是纯卖外版书及杂志文具的，可是有一个共同的现象，就是书籍没有杂志的销路好。

四

在桂林还有这几个值得介绍的集会，是可以证明文化界的团结与进步的。

抗战后中国最好的一个表现，便是精神团结。桂林的文化界也能充分表现这种团结的精神，并且用“新闻记者交谊会”、“文艺工作者联谊会”两个具体的事实做证明。

新闻记者交谊会，不仅是全市新闻工作者的大结合，也是新闻界与外界联络感情、交换意见的最好机会，已经举行过七次，每次都有很好的收获。文艺工作者联谊社也是全桂林文艺工作者的总集合，曾举行过两次“文艺晚会”，介绍了“朗诵诗”及“小说阅读”，颇得社会人士的好评，桂林文化界的人不仅在抗战中紧紧的握起手来，而且也在炮火下争取着进步。所以便在这种原则下，产生了“桂林各界时事座谈会”及国际宣传委员会召集的时事座谈会。

前者是在日人正谋积极进攻华南的时候，由生活教育社、国际新闻社、中国农村经济研究会等几个团体发起的，立刻便得到全市各文化团体及教育机关的参加。每周举行一次，现在已举行至二十一次。白主任、黄旭初主席及方振武将军，梁寒操主任等都曾莅临讲演，胡愈之、长江、千家驹等先生也都常到会作时事的报告及时论。这样一个盛大的进步的集会，在以前则是不常能见到的。

国际宣传委员会召集的时事座谈会，是每周一次，不过大多是邀请有关于国际宣传的团体及个人参加，范围比较小型。

总之，桂林的文化界是非常活跃的，也是力求进步的，将来一定会在中国的文化上，开放出一枝灿烂的花朵。（完）

现今出版的研究桂林文化城的著作

如今，学术界对桂林文化城的研究方兴未艾。有学者认为，“西南以至全国的精神食粮，三分之二由桂林供给”；“桂林抗战文化是中国抗战文化的一面旗帜”。

第一次长沙会战

——丁一:《乘胜追击记》

1939 年 11 月 20 日

1939 年 9 月，欧战风云弥漫，日本加紧了对华侵略的步伐，阿部内阁宣告“决以全力解决中国事件”。1939 年 9 月 14 日至 10 月 7 日，日军首领板垣征四郎集中了 10 万兵力，发动了对湖南长沙的大举进攻，从赣北、鄂南和湘北三路进攻长沙。

参加第一次长沙会战的中国军队

长沙是湖南的省会，自岳阳失守后，长沙成为捍卫西南各省的前哨，坚守长沙，即保卫西南大后方。因此，中国军队调动了 30 多个师和 3 个挺进队，共约 24 万多人，投入这次战役。

指挥长沙会战的是第九战区司令长官薛岳。针对日军过去在鲁南会战、武汉会战和随枣会战中均采取“攻击第一，包围第一”的习惯打法，薛岳制定了“后退作战”“争取外线”的作战方针。

“后退作战”即避开敌人炮兵和空中优势，采取破坏道路、坚壁清野、逐次抵抗，等退到一定距离时，日军由于步步深入，炮兵战车不能随行，步兵伤亡疲劳，已成强弩之末，这时再与之决战；“争取外线”即让部队主力始终保持在敌人包围圈侧面，给敌人以侧击，而不进入它的包围圈内，伺机再对它进行反包围。

第一次长沙会战中国军队骑兵冒雨待命

“后退作战”，必须得到战地群众的支持，如破坏道路、藏匿粮食、为中国军队提供情报等等。湘赣的民众非常配合中国军队的行动，尽其所能地支持抗战。

日军起初攻势很猛，一直打到长沙附近，形成包围圈。但随后便因兵力不足，反成了孤军深入之势。因此他们没有攻入长沙，就主动退却了。

10 月 1 日，当日军撤退时，中国军队各部队开始发起反攻，断敌人归路，三路日军均受到重创，损失惨重。10 月 14 日，日军陆续退回新墙河以北。恢复战前态势。

第一次长沙会战，是中国军队自抗战以来所打的第一次成功的防守反击，故又称为“湘北大捷”，当时举国振奋，中外瞩目，不少外国记者到战地来采访，蒋介石给薛岳发来了嘉勉电，并犒赏参战将士 15 万元。

此次战役，敌我双方各有伤亡。日军伤亡人数，据丁一的《乘胜追击记》报道，为三万一千人。（也有其他不同的说法。）

1939 年 11 月 20 日《阵中日报 · 军人魂》发表了丁一的通讯报道《乘胜追击记》。文中把第一次长沙会战与一百多年前俄国将军库图佐夫率军队成功抗击入侵莫斯科的拿破仑军队的俄法战争相媲美，认为它们都是采用了坚壁清野、后发制人的战略战术。

这篇通讯报道写于第一次长沙会战结束不久，其中有许多具体材料，可作为对这段战史的参考与补充。

作者丁一，孙福熙的笔名。在《阵中日报 · 军人魂》上发表过《重庆妇女界》《动摇与没落》等。

軍人魂
第五零四號
乘勝追擊記 丁一
桂林的文化界

1939年11月20日《阵中日报·军人魂》发表丁一的《乘胜追击记》

乘胜追击记

本报特约长沙快讯

丁一

1939年11月20日《阵中日报·军人魂》

一百二十七年前九月间，拿破仑不可一世地长征莫斯科，当时俄军始终避免决战，仅焚毁房屋，清扫田野而退却，致使拿破仑陷于绝地，一蹶不振，大败而逃。(1)湘北长沙去年十一月起，我们已经学习莫斯科经验：彻底破坏，完成坚壁清野，因此九月敌人来犯，重蹈拿破仑的覆辙，狼狈败退。

从九月十四日敌发动进攻起，一直轻率前进，企图三日攻下长沙，但至十月一日即仓皇北退，不十日即退回原来阵地，我们至今尚在乘胜追击中。敌人一退二百里，被歼三万人，确为我随枣会战后又一次大胜利，又一次痛快的跟踪追击。

从退守到反攻

敌人这次进攻计分兵四路，战术运用偏重于左翼侧击，赣北方面一〇六师团于九月十四日由奉新进攻，图取修水、铜鼓，这是第一路；一〇一师团于“九一八”从南昌方面西击高安，拟经上高取醴陵，这是第二路；鄂南崇阳敌三十三师团由湘鄂赣边朱溪厂南下，分窜修水、平江，这是第三路；湘北正面则敌三、四、十三、三师团会同海军陆战队，分兵三支，由粤汉路直下进逼长沙，这是第四路。四路围攻目的在夺取长沙，同时主要的也在聚歼我主力。

敌人正面放置主力，以吸收我大军，左翼又用三支兵力袭击，用意显在造成大包围圈的形势，以便来一个大规模的歼灭战，这是敌人最醉心的包围战略的运用，也是侵华战争以来第四次大规模的运用（第一次在鲁南，第二次在武汉，第三次在随枣会战）。

赣北方面发动的敌军首先攻占高安，但旋经我收复，敌一〇六师团作九仙汤争夺战后，被我堵住于大城，但通城三十三师团却由湘鄂赣边区大胆挺进。二十六日进抵献钟，我杨森部队让开正面，任其深入。

岳阳正面则敌大军强力南进，战前于我对峙于新墙河边，接战后我引退至汨罗河，二十四日再予打击后，且战且退，直至长沙城郊。因此敌军中路与右纵队，首先于二十七日会合，抵达离长沙六十里之桥头驿，右纵队则循长岳古道进占金井，也仅距长沙八十里。三十三师团则由平长公路直达长沙东八十里之社港市，于是长沙被三面包围。

但敌包围实力实在太不够了，十万军队迂回于五百里战线，已够分散。更何况我兵力雄大，敌人没有三倍以上的兵力，实难实行包围战术。因此他虽迫近长沙，但实力已成为强弩之末，自己反成孤军深入的劣势，长沙则安如磐石。

对付敌人这种战略，在我们是熟手的。因此九月末针对着敌军来势各种情况，于十月一日发动全面反攻，阻敌前进，并驱敌后退。

平长公路敌三三师团首先为我幕阜山杨、王各部于二十八日处处夹击，逐段折灭于献钟、长寿街一带。赣北方面则由我王军、宋军、刘军截击，至九月底尚滞留赣西北，未能进入湘境一步。

至于正面之敌，原系冒险轻进，至三十日汨罗后路也被我关部黄师抄袭，因此接济断绝，大起恐慌，三师团的大兵终在我侧击部队尾追之下慌忙回窜。

敌全线总崩溃

全面反攻于十月一日发动后，我军多由内线转成外线，予敌反包围，于是战局即由敌进我退转变为敌逃我追之新阶段。此时，最高指挥官某某亲临前线指挥，士气大振，因此，十月一日后形势陡转。

赣北敌三三师团遭击后，由平江后撤，至长寿又遭截击，于是改向通城败逃，东进一支被我通山南下游击队腰击，三都一战，大受损失，急退武宁。赣北敌人一〇六师团，被我由大场驱逐，回窜沙窝九仙汤，一〇一师团则由高安东退逃回大城方面原阵地。

十月四日我已完全克复长沙外围各重要据点，金井、桥头驿、永安市、桃树港等县市，平江也经收复。

湘北方面敌军至十月五日已退守新墙河，被我湘鄂边关部侧击部队由杨林桥渡河，抄袭后路，于是又窜回河北。至九日新墙河收复，敌向麻塘后移。

至此，敌已全线总崩溃，敌人广播声称战事进入“微妙阶段”、“长沙已无军事价值”，战地敌人则抱头回窜。四路围攻均经我各个击破，分四路败退。十八万“皇军”弃甲曳兵而走。

十日以后，我乘大胜之势，继续追击。计分三个方向，第一，湘北正面我已包围岳阳，一路于十一日克岳阳以东桃林后，进迫湘鄂边境临湘羊楼司；第二，右翼方面我趋鄂南，围攻通城、大沙坪，十六日已进迫崇阳；第三，赣北方面肃清武宁、靖安，奉新以西残敌，将三城分区围攻，恢复九月十四日以前形势。

收复失地

敌势既溃，我追击部队一律改取轻装，奋勇前进，由于地形熟悉，搜索极为顺利。关、杨、王、李各兵团，分路星夜追踪，歼灭残敌，杨林街、营田、沙窝诸役，我斩获敌人尤多。

据薛司令长官报告，这次会战自九月十二日至十月八日，二十五日内，歼敌纪录为赣北七千人，鄂南六千人，湘北一万八千人，计共三万一千人，几及进犯敌军六分之一，为两年来敌之空前惨败。

败退时幕阜山区敌军三十三师团尤为狼狈，轻重伤兵因无交通工具，无法携走竟放火焚烧，侥免敌军也多穿老百姓衣服乱窜，遗武器无算。

现敌距长沙已达二百里，长乐、汨罗、长寿、修水，民众已归来故居，安居乐业，军民旧知重逢，无限欢欣。长寿、白水，民众多箪食壶浆，慰问凯旋大军。

此次会战中，东北军刘多荃部也参与鄂北之战，东北弟兄于收复失地之进击中，最为奋勇，不惜最大牺牲，希望打回老家。

十月三十日寄自长沙

注释

（1）1812年6月24日，法皇拿破仑突然进攻俄国，俄军节节败退，8月，俄皇亚历山大起用库图佐夫为总司令。库图佐夫采取坚壁清野和战略撤退的战术，决定放弃莫斯科，消耗法军的力量，当法军占领莫斯科后，发现是一座空城。9月，拿破仑准备从莫斯科撤退时，库图佐夫率军与法军展开一场恶战，终于把法军彻底击败。

抗日根据地的文化建设

——姚雪垠:《大别山中的文化堡垒》

1939 年 11 月 21 日

大别山位于安徽西部，与鄂皖交界，扼江汉、江淮之要冲，历来为兵家必争之地。抗战期间，第五战区第 21 集团军在这里建立了抗日根据地，屡次切断长江航道，对武汉、合肥、南京等日军占领区形成了巨大威胁。

抗战时期的大别山根据地

1938 年 10 月武汉失守后，第五战区主力自鄂东向鄂西撤退，大别山孤悬敌后。但日军随着占领区的扩大，兵力也日益分散。时任安徽省主席的兼豫鄂皖边区游击兵团司令的廖磊，趁机对根据地四周之敌作有力的驱逐和抵御，扫清大别山外围，逐步收复一些为敌人所占的县份，对武汉方面建立强固的防御线，以大别山为中心的鄂豫皖游击基地初具规模。由于大别山游击基地的创建和支持，安徽的 62 县中，有 35 县没有沦陷得以保全。

李宗仁晚年提到廖磊时说：“廖磊在大别山苦心孤诣经营的结果，竟形成令人羡慕的小康之局……廖君死时，大别山根据地内的军政设施已初具规模。”

廖磊（1890—1939）

廖磊（1890—1939），字燕农，广西陆川人，桂系高级将领。抗战爆发后，廖磊为第五战区 21 集团军总司令，1938 年入安徽省，参加徐州会战，1938 年 9 月出任安徽省政府主席，兼任豫鄂皖边区游击兵团司令，把安徽大别山区变成了第五战区的抗日根据地。并与新四军合作，采取联共态度，1939 年 10 月 23 日因突发脑溢血去世。

抗日根据地的建立离不开文化建设。当时，也有众多爱国青年奔赴大别山区，在那里积极从事抗日宣传工作，形成了繁荣一时的文化局面。时任第五战区“笔部队”成员姚雪垠曾到大别山区采访，1939 年 11 月 21 日，他的通讯报告《大别山中的文化堡垒》一文在《阵中日报 · 军人魂》上发表。

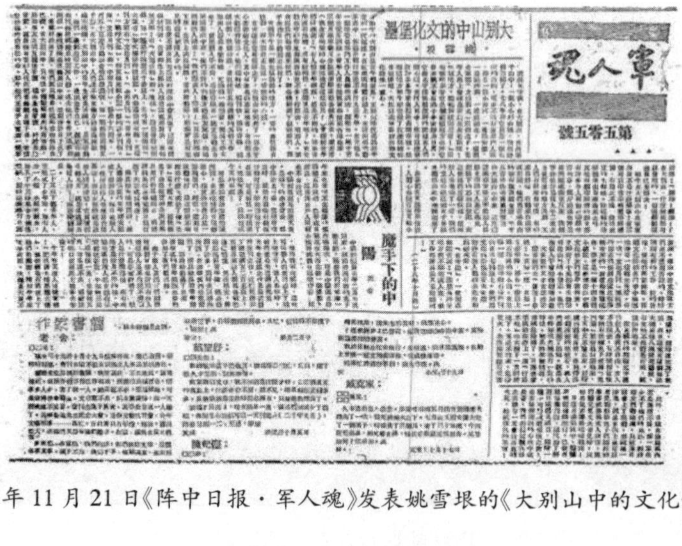
軍人魂

第五零五號

大別山中的文化堡壘

魔手下的中國

1939 年 11 月 21 日《阵中日报 · 军人魂》发表姚雪垠的《大别山中的文化堡垒》

大别山中的文化堡垒

姚雪垠

1939 年 11 月 21 日《阵中日报 · 军人魂》

武汉失守后，在大别山，在万峰千山中，一个小小的山城，突然变得热闹了。七八年前，它只是一个荒凉的山街，至多不过有百来户人家，傍着一条小沙河，一边属安徽，一边属河南，一边属湖北。一提到金家寨（立煌旧名）这个名字，老年人马上会叹息着说出来老话头："这地方，鸡鸣狗吠闻三省！"这句话暗示它是个麻烦的地方，也许它自来就不曾有过十分安静的日月。它的名字，开始被深刻的记忆在人民的心头，在村人口中，你可以说到许许多多带着血腥的旧闻掌故。然而这地方如今却变做了江淮间的抗日根据地。大江以北军事政治和文化的唯一重心。

如今的大别山是青年的世界，正如这时代是属于年轻、青的一代同样。在红叶满地的山道上，在倚山搭盖的茅店中，你遇着的行客差不多什九是青年。在立煌有一个培养各部门工作人员的干训班，经常有一两千青年在受着训练。青年人从安徽、鄂东和豫南各地跑来，三个月毕业后又分散到游击区的各个角落去。廖主席（我含着凄怆的心情回忆这位殒星！）曾经对青年演讲道："有人怕青年激烈，这是不对的。如果青年没有热情，没有积极性，还能算是青年吗？"在安徽，政府的作风和广西的差不多：行新政，用新人。因此区长们和联保主任们，把各机关的下级干部们，几乎全由年青的同志担任了。

安徽如今是一个生气勃勃的地方，一切的血管都在跳动，而大别山正是这一切跳动的心脏。

在安徽省当局领导之下，大别山中团聚了一部分甘心苦干的文化人。其中有著名的专家学者，有前程远大的优秀干部。他们编报纸、编刊物、编印书籍、编剧排戏、教授功课，并担任着其他机关的其他工作。每个人都是身兼数职，忙碌得一塌糊涂。因为工作太多了，便感到人手不够，渴盼着能有一批文化的生力军开进山中来。他们不断的向后方的朋友写信，向过路的熟人请求："我们需要人！需要！"只要你能做工作，生活上决没问题，省政府领导的动委会是有充足的经费延揽人才的。

谁也想不到，在万古荒凉的深山中，会出版了这么多的报纸刊物，在质和量上都叫人相当满意而惊异。在报纸方面，有《大别山报》和

《皖报》，虽然发行较困难，每一种都行销到三千份以上。另外有一种周报《大家看》，形式编排得很新颖，内容通俗而有趣。在期刊方面，有《文化月刊》、《中原月刊》、《青年月刊》、《战地文化》，和其他比较小型一点的许多刊物。像《文化月刊》和《中原月刊》，都是十六开本，一百五十页左右的综合性高级读物，每一期都销到四五千册。在大别山中，人们并不像在后方的逍遥闲散，麻木疏懒。大别山中的青年生活是活跃的，是紧张的，他们一边创造着工作，一边创造着自己。因此书籍和刊物的销路是特别惊人的。过去他们曾希望过政府派一架飞机输送书籍到山中来，但期待的日子久了，希望终于落了空，他们就只能自己编印书物供给自己读。在大别山中，只有很少量艰难携来的旧书籍，始而朋友之间互相借着读，继而是抢着读，终于是分着读，到最后有书的人往往把书紧锁在箱子里，珍惜它仿佛珍惜自己的命。如今他们正着手去实现一个新计划："翻印！翻印！"在大别山，什么办法都可以发现的，一切困难都须由自己来解决！

如今在大别山中出版东西并不是什么难事：有三个可以印书印报纸的印刷机，有取之不竭、价格便宜的土报纸。除《皖报》的印刷机系由安庆运来之外，其他两个印刷所的创立，都有许多令人兴奋的艰难辛苦故事。几斤铅条也许是从芜湖或南京买来，几个零件也许是费九牛二虎之力从更远的地方运到。工人们有的来自安庆，有的来自蚌埠，有的来自南京或芜湖。他们为着过自由的和有意义的生活，千辛万苦的偷过重重封锁线，向大别山中奔来。近来听说南京、安庆方面的敌人为防止印刷工人逃亡起见，把余下的都加以登记，并迫使他们连环担保。然而敌人未免晚了一着，我们的文化堡垒已经在千里绵绵的群山之中巩固起来了。

山峰把青天逼得非常窄，人的心也随着青天缩小起来。但山中的文化战士们并不感到苦闷的。时时刻刻有新的工作，新的发现，使他们兴奋鼓舞。新的文化干部在斗争中像遍地春草一样的生长着。有一次《文化月刊》编辑部的同志们接到由庐江县南乡寄来的一封信和两篇稿件，作者是一个十四岁的小铁匠。这事情使山中的文化朋友都非常兴奋，立刻寄去了十元稿费去鼓励那位山外的小同志。他们相信人手会慢慢地增加的。大多数的天才在埋没着，需要他们去“发掘！发掘！”

在每一县，在每一支游击队，都有一份以上的石印或油印小报。在阜阳一县，铅印和石印的刊物在六七种以上。他们用文化武器保卫着大安徽，粉碎着敌人的政治进攻和麻醉政策。

“在安徽”，一位同志对记者说：“虽然有许多地方尚不能尽满人意，但工作起来真是天宽地阔呵！”

二十八年十月底（1939 年 10 月）

1938 年后，日军多次进攻大别山均未得逞。根据地也得到了巩固和发展，到 1942 年底扩大到以立煌为中心的二十余县；人民的生活逐步安定下来，形成了一个名副其实的“世外桃源”。有人说：“大别山根据地不但能够屹立于敌后，还能日益发展和繁荣，实为抗战之奇迹。”

1942 年 12 月，日军发动大别山战役，大别山根据地沦陷。

改革开放以来，中国抗战史研究的前沿领域之一，是研究国统区的抗日根据地、游击战争和敌后战场，已经发表了一些论著，但空白点和薄弱环节还很多，其中对国统区抗日根据地的研究，尤其薄弱。此其一也。

姚雪垠（1910—1999），河南邓州人，原名姚冠三。中国著名作家。1938 年在湖北老河口参加第五战区文化工作委员会，从事抗日进步文化工作。曾与臧克家、孙陵等组成“笔部队”奔赴随（县）枣（阳）前线采访。新中国成立后，创作了长篇历史小说《李自成》。

老年姚雪垠

武汉沦陷惨景

——励刚:《从武汉逃亡出来》

1939 年 11 月 22 日

抗战时期，中国经济实力最强的两个城市，一个是大上海，一个是大武汉。

1938 年春，“保卫大武汉”的呼声震响全国。中国军队在武汉周围布置了大量兵力，准备在武汉与日军决一死战。许多文化人也汇集于此，从事热火朝天的抗日宣传。

武汉大会战从 1938 年 6 月初，至 1938 年 10 月 27 日，为时 4 个多月。这是中国抗战史上中日双方出动兵力最多、规模最大的一次战役。武汉虽然沦陷了，但此次会战，中国军队共歼敌 10 万余人，有力地消耗了日军的有生力量，从而使抗战进入相持阶段。

武汉会战失利后，武汉大学的师生，已迁往四川乐山；武汉沦陷后，风景美丽的武大校园，变成了日军中原司令部。

从 1938 年 10 月武汉沦陷，到抗战胜利，武汉人民遭受了 7 年的蹂躏和苦难。据后来的统计，武汉在沦陷期间，房屋被毁 43025 栋，民众遭残杀 13508 人。

1938 年 10 月 27 日，日军攻陷武汉

1939 年 11 月 22 日《阵中日报 · 军人魂》上发表了励刚的两篇报道——《从

武汉逃亡出来》，使我们真切地窥见武汉沦陷后民众水深火热的生活之一斑。

在武汉大街上耀武扬威的日军

作者励刚，生平不详。

軍人魂

第五卷六號

從武漢逃亡出來

敵寇殺人的新花樣

1939 年 11 月 22 日励刚在《阵中日报·军人魂》上发表的《从武汉逃亡出来》

从武汉逃亡出来

励刚

1939年11月22日《阵中日报·军人魂》

武汉沦陷已一年了。我不但为数十万武汉同胞被敌人蹂躏而悲愤，而且我自己在武汉敌人刺刀下生活过一段很长的时期。我永不能忘却那血腥的统治！

一、另一种杀法

二十六年十二月南京沦陷后，敌人在庆祝胜利的疯狂行动中，曾将数万壮丁在机关枪下密集枪毙了。去年十月敌人到武汉后，没有像南京那样的大规模屠杀。然而，武汉人民却常有十数人至数十人无故失踪。

去年十二月底的某一天，二十八个青年被认定为“抗日分子”，在江汉关枪毙了。他们是那样倔强地喊着，“中华民族解放万岁”而慷慨就义的。今年七月间，敌人把老弱病残、乞丐、自然也有“抗日分子”，用索子捆着，成群地抛进长江里。敌人似乎并不在意长江里增加了无数的浮尸，而只是憎恶在武汉的“不可靠”的中国人

二、“大日本皇军陆军军需分销处”

假使你在武汉住上三年五年的人，那么现在的武汉你是看不清原来的面貌了。汉口烧得最厉害的地方，是黄陂街，升平街、戴家巷、瞿家巷、青×街、×子街（注，此处不清）……完全变成了瓦砾场，这块广场差不多可作数百架飞机的大飞机场。连断墙残垣的旧迹都看不到，一片平地，作为“大日本皇军陆军军需分销处”，特一区汉口东街烧了一半，凡是以前我们有防御工事的房子，有“抗日”嫌疑都烧掉了。

每当敌人放火的时候，他要完成四件工作：一、唆使当地流氓地痞抢东西；二、派大批宪兵去维持秩序；三、出动救火车去救火；四、拍照片，这样他可以作种种宣传材料，“这是你们游击队放火呀，我们来救火了！”“这是你们中国人在抢东西呀，我们来维持秩序！”这些宣传照片，用来欺骗中国人、日本人、全世界的人们。

三、“我又不要她生儿子”

武汉的女同胞，从四五十岁的老太婆到十二三岁的女孩子，谁也不能幸免敌人的奸污。敌兵之间流行着一句时髦话：“我又不要她生儿子。”一个女人被十几个敌兵轮奸是最平常的事。

当敌人刚到武汉的时候，难民区（汉口的集家嘴到硚口一带）的妇女是遭到怎样摧残呢？晚上装了几船让敌人去发泄兽欲，早晨送回去，像一件什物用了之后归还原处似的。

另有一件事实，一对青年夫妇带着五六岁的孩子正在路上走，被三四个敌兵看到了，拉进一间房里，敌兵快活得发疯了，谁能想到竟强迫那男人把自己妻子的裤子拉下来让他强奸，结果男人不屈被杀死，小孩子被杀死，女人的阴门插进一柄雪亮的钢刀。

然而更使人奇怪的，如果敌人的宪兵看到敌兵在马路上拉女人要实行强奸的情形，宪兵立刻会拿出手枪要打死敌兵，这样的事情发生过不少次。他不能当众暴露自己的丑态，他要“维持”“皇军”的纪律，不惜一颗子弹穿进自己人的身上。这种可以使沦陷区的同胞看得眼花缭乱，以为宪兵才是救命的菩萨，然而暗地里，日本宪兵一样在奸污着中国女人。

四、你想在敌人手下保得住财产吗？

除了法租界难民区外（敌人对难民区采取怀柔政策），其他地方，店铺十之八九是敌人开的。当敌人刚到武汉时，兰花楼后花楼一带，简直不能走路，就是脚上穿着的一双袜子，袋子里剩着的五个钱，也要被抢去。敌兵大多数得打赤脚，大家叫他叫花子军队。中山路、民生路一带的大门都拆去当柴烧。

江汉路的一家吃食店，还是第一天开门，一个敌兵吃了东西，一甩手就走了，店主硬着胆子向他要钱，过了十几分钟，敌兵带了二三十个浪人，把店主打得七死八活，店是属于他们了。

兰花楼的一家商货号，三四个敌兵买了一百多元的东西，把冥国银行钞票硬要当钱用，店主不肯，结果店主被赶走。

五、壮丁和小孩

壮丁是敌人主要掠夺的“物”之一，壮丁可以给他筑工事，壮丁可以帮他打子弹，壮丁可以帮他拿枪杆来杀我们自己人。

敌人初到武汉时，在外形上不常强迫老百姓义务做工，帮他做工每天可以赚五块工钱，但是到了第三天，这些工人就不知去向了！外表上敌人也从没有抽过壮丁，这是汉奸们献策的，说是“中国政府为了抽壮丁，使老百姓很怨恨”（自然是汉奸的话），但当南昌战事紧急的时候，武汉四千壮丁被敌人突然运走了。

敌人的汽车在马路上疾驰，从不叫一声喇叭，小孩碾出了肚肠躺在血泊里，收尾的往往不是孩子的爸，也不是孩子的妈，而只是我们中国人！

六、栅子门边的活剧

因为敌人严格的封锁法租界，所以租界的东西贵得难以想象，谁吃过四角一斤的青菜呢？因此有人偷偷摸摸地把食物裹在衣服里拿进法租界来，这能瞒得过像老鼠嗅觉一样灵敏的敌人岗哨吗？于是栅子门边的活剧开演了。

一个老头儿被抄去袋子里藏着的十几个鸡蛋，敌兵命令他立着不动，一个个鸡蛋像运动选手掷球似的打在老头儿的脑袋上，一丝丝蛋黄从额角经过鼻尖、衣襟、地上流满一大片，于是敌人狂笑了。

一个女人缚在大腿上的四五条鱼被抄出来，敌人从她的裤裆里慢慢地一条一条捞出来抛得老远的，于是敌人狂笑了。

七“我要摆起香案来迎接我们的军队”

武汉的同胞真是一群羔羊任敌人宰割吗？不，完全不是那样。当汉口维持会成立（二十七年十一月二十六日），计国桢（当年汉口维持会会长）粉墨登台时，法租界立刻又斗大的标语出现：“打死汉奸计国桢！”不久计国桢被刺，可惜没有刺死。租界外敌军占领地，时常开什么“庆祝大会”，而演说的，拍手的，喊口号的，都是无灵魂、被收买、被强迫来的人，台下的广大老百姓总是默不作声！

今年正月里，记者得知我国政府向英美借款成功的消息，我和我的朋友高兴得不得了，隔壁一位老太太问我们为什么那样高兴，我把借款的事情告诉她，她也和我们一样高兴起来了。她回到自己家里，点起香烛在跪拜，我好奇地走过来问她为什么焚香跪拜，她说她因为心里高兴，等我们的军队打进武汉来的时候，她要摆起香案来迎接。

武汉还是中国的，不久总会有让这位老太太摆香案的一天。

（1939 年）十，廿二，于重庆

抗战中未封锁的海岸

——蒋莱:《浙江沿海的动态》

1939 年 11 月 23 日

中国有广阔的海岸线，但在抗战初期，由于中国海军力量的薄弱，海岸线差不多都被日军占领、封锁了。吕亮耕在《海的怀念》中写道：“中国的海，已坠入恶运中了”，“东海，黄海，南海……每一个海面，都染着渔人的血。”

浙江东部沿海地图

然而，从《阵中日报·军人魂》刊登的《浙江沿海的动态》一文来看，虽然“辽、冀、鲁、苏、粤五省的海岸，大部分已被敌人占领”，但至少到 1939 年底，浙东北起杭州湾，南到浙闽交界的鳌江，那条曲折多弯的七百里海岸线还没有被日军占领。处于这条海岸线上的宁波、温州等城市的口岸，成为当时中国政府唯一对外贸易的“吐纳口”“全国瞩目的通商口岸”。浙东一带物产丰富、人口稠密，日军之所以按兵不动，迟迟不对这里下手，除了兵力不足的原因外，还因为他们本身也需要通过这里的海口，将日货从本国走私进来，或者收买浙东地区的汉奸在本地采购货物，向中国内地倾销，以实现它们对中国的经济进攻的政策。

浙东沿海在抗战初期的这种特殊的战略位置，也造成了温州、宁波等城市畸形的繁荣，而民间的武装的活跃，各种抗日救国活动，也在浙东各县，及其星罗棋布的海岛上广泛展开着。

1939 年 11 月 23 日《阵中日报 · 军人魂》发表了蒋莱的通讯报告《浙江沿海的动态》一文。从中我们可以看到这些过去很少了解到的信息。

作者蒋莱，原名姜庆湘（1918—1990），字蒋莱，青年时代就读于上海大夏大学商学院，曾参加上海文化界救国会、救亡协会、“中国青年新闻记者学会”（简称“青记”）、“国际新闻社”等，从事抗日救亡活动。1938 年 9 月到皖南，任新四军《抗敌报》编辑、“国新社”东战场特派记者。

軍人魂

第五零八號

塞上

浙江沿海的動態

1939 年 11 月 23 日《阵中日报 · 军人魂》上发表蒋莱的《浙东沿海的动态》

浙江沿海的动态

蒋莱

1939 年 11 月 23 日《阵中日报 · 军人魂》

抗战以来，我们因无强大的海军足与敌人抵抗，几千海里长的海岸线，遂为敌人非法封锁。到现在，辽、冀、鲁、苏、粤五省海岸，大部分已被敌占领，尚在自己掌握中，除福建的一部分外，要算是浙江最为完整。

北起杭州湾，南止浙闽交界的鳌江，这是一条曲折多弯、长约七百余海里的海岸线，这条线现在成为全国对外贸易的海道。那里拥有许许多多的海口，其中有名的，如宁波、温州，都是今天中国唯一完整的吐纳口。它在抗战上的经济地位，异常重要，那里又有无限丰富的物产，舟山群岛的大渔场，余姚、岱山等处的食盐，以及其他的土产，都是抗战中不可或缺的资源，失掉了它，抗战至少要多一点困难，浙江的财政收入，马上要发生影响。

另外，就军事观点言，浙江沿海虽非整个战略上的要池，但它是东南海防的前哨，这里的一动一静，可以影响整个东战场，所以无论就军事政治经济来说，在我国不能不以相当大的力量，来保卫着条绵长七百里的海岸线。

正因为浙海蕴藏着这无尽的财富，正因为它不是战略上的要地，所以今天正感兵力不够的敌人，开始便不愿轻动干戈，而企图以政治上经济上来侵犯来进攻。二十六年（1937 年）冬，敌军退出南京后不久，敌人的铁蹄就踏进了杭州北岸杭嘉湖地区，但是当他们攻下了富阳县城之后，就按兵不动，差使一部分汉奸潜入收买各种土产，一面则通过沦陷区，向内地大量走私，这情形两年来一直如此。

浙江沿海各地都是天然的富庶之区，物产丰富，人口稠密，故敌人对之早已垂涎欲滴，然而，战事发生以来，他一直不愿轻举妄动，只在几个海口外头强占了一些孤零的海岛，这原因一方面固然是他的兵力不够分配，不敢贸然进攻，但另一方面，这里却包含着一种毒辣的阴谋，他企图利用这些海口，作为它走私的理想的进出口。

现在在浙赣路沿线各城市的街头，我们到处可以见大批的改头换面的敌货，我们在湖南、广西、江西这些省份里也随处可以发现。这大批的敌货，除了少数是沦陷区流入的外，十之八九都是经过浙江沿海各口岸而向内地倾销的，这是告诉我们，敌人为什么有过一个很长的时间不封锁浙江的真意。

然而，这些海口给予我们对外的贸易也有不少的裨益，所以到了今年四月间，敌人终于露出了狰狞的面目，来占领浙江的渔业要地——定海，并下令严密封锁宁波、温州、海门等九个口岸，禁止外轮通航，然而，这是有着一个根本不能解决的矛盾，海口被封锁了，我们对外贸易固然受到了相当的打击，但从此以后，敌人的走私却也成为此路不通了；所以到了最近，终于又放松了对浙海一带的封锁，还是一个矛盾，其实他们的侵略战争，就是日本没落的敌人在这个圈子里打滚！

但这不是说，敌人对浙东不会有什么军事行动，事实已经告诉我们，只要有必要，敌人是随时准备在这里登陆的，因为，舟山群岛是浙海一个最大的群岛，岛上每年可以出产海盐的值三千万元，是全国一个最大的渔市场，今年三月间，敌即无理加以占领，六月间敌为进一步攫取我东海整个渔市场，竟于两个月中强占了浙海三个重要的渔产根据地，即定海的沈家门、温岭的松门，与玉环的坎门，使沿海水产陷敌手。

最近一个月来，敌人的企图似乎也还没有多大变动，除在海南岛加紧成立伪政权，伪渔业管理局，伪盐务管理局，压迫沿海渔民、统制整个渔业市场外，对各通商口岸，则依然采取恫吓手段，一方面派了许多兵舰在口外往来游弋，限制外轮出入，一方面则唆使奸商、土混大量走私。不过这情形，似乎也不会继续长久，等到湘北会战再度失败的时候，敌人说不定又要向沿海一带动手的。

敌人目前对浙东沿海的态度这样，那么我国这方面究竟怎样呢？广大的人民已经在敌机敌舰的环伺狂炸下，开始觉醒了。今后政府善加领导，收复已失的岛屿，捍卫绵长的海岸线，实在是绝对可能的事。

温州、宁波现在都是全国瞩目的对外通商口岸，抗战爆发后两年多的不断通航，给它带来了繁荣，但也带来了罪恶。是私货、奢侈品、奸商、汉奸……一切抗战的渣滓，都集合在这里，而温州、宁波就在这种不健康的基础上维持了两年多的繁荣。

然而各城市的居民，终于在不断的轰炸下觉醒了。乡村里的人民，目睹敌人的种种暴行，也更加坚定了抗战复仇的决心。处在钱塘江南岸的萧山、诸暨，经过几次血洗之后，民众的武装已经有了广泛的发展，余姚的百万盐民，虽仍处于水深火热之中，但也参加了各种救国活动，同时准备用自己的血肉来保卫着生死与共的盐场，台州的各县的民众，向来以强悍出名，这次敌人来温岭松门登陆，就遭遇到他们强有力的抵抗，打了三天三夜才退出；瓯江口的玉环、乐清是浙东凸出海中的孤岛，敌人每次有所企图，这里首先总要受到惨痛的蹂躏，然而这却提高了两县人民的复仇的心。本年六月间，敌人在玉环岛的坎门登陆，玉环县的方县长率领一队民团，与敌周旋了四天四夜，终于凭着少数的力量，赶出了强盗。

至于那些已经沦陷的海岛上的居民，起来组织游击小组，依然出没在那星罗棋布的海岛间，找寻杀敌的机会。岱山沈家门沦陷后，敌人即非法成立“渔业管理局”，强迫沿海渔民缴捐纳税，并强迫渔民将渔产运往上海伪渔业市场销售，但是几百万的渔民情愿被敌人察觉残杀焚烧，而把辛苦的收获献给祖国。

在军事上，沿海一带的防线，现在也已相当巩固。浙江省的民团，现在驻在这海防线上，至少有几十人，另外，还有七个县的正规军和广大的民众游击队，再加上沿海多险，宜守而难攻，所以这七百里的海岸线，的确不是敌人所能轻易上陆的。

新中国成立后，姜庆湘（蒋莱）先后在华东新华书店编辑部、大夏大学经济系、复旦大学经济系、中国科学院上海经济研究所工作。当选为第六、七届全国政协委员，中国民建历届中央委员和上海市委常委。1983 年，名列伦敦出版的《世界名人录》，1988 年，又被国际传记中心收入《亚太地区当代名人录》。著有《中国战时经济教程》《战时的中国经济》等著作。

姜庆湘(1918—1990)，字蒋莱

长篇小说《南怀花》序曲

——碧野:《塞上》

1939 年 11 月 23 日

忻口战役是抗战初期中国军队在晋北抗击日本侵略军的一次大规模战役。战役从 1937 年 10 月 13 日至 11 月 2 日，历时 21 天，参加作战的部队有阎锡山的晋绥军、国民党的中央军和共产党领导的八路军。当时国共两党已建立统一战线，忻口战役由第二战区司令长官阎锡山、朱德、卫立煌指挥，以阵地战配合游击战，共同抵御沿北同蒲路南下的日军，歼敌两万余人，取得了抗击日军的巨大胜利。这次战役，也是国共团结合作、在军事上相互配合的一个成功范例。

在忻口会战中，中日双方争夺最激烈的是忻口西北侧的南怀化（204 高地）。1937 年 10 月 13 日，日军主力在战车、飞机配合下，采取“中央突破法”，猛攻中国军队防线的中路——南怀化、红沟等地，中国军队顽强抵抗，白刃搏斗，阵地多次失而复得。

忻口战役中为国捐躯的军人

第九军军长郝梦龄

第五十四师师长刘家骐

第五旅旅长郑廷珍

由郑廷珍率领的独立第五旅，本来没有编入战斗序列，是由卫立煌直接指挥、担任司令部的警卫任务。10 月 15 日，驻守南怀化的第 9 军第 54 师请求援助，卫立煌立即把独立第五旅的 614、615 两个团派到南怀化增援，让他们编入第 9 军，归郝梦龄指挥。

独立第五旅的防守阵地在南怀化东南小高地上，战斗异常惨烈，郑廷珍旅长亲临前沿指挥，不幸中弹牺牲。郝梦龄当即决定由 614 团团长李继程代理旅长，当日李继程亦阵亡，独立第五旅长又由 615 团团长高增级继任。

1937 年 10 月 16 日，中国第 9 军军长郝梦龄在红沟西北高地督战时身中数弹，倒在血泊中，第 54 师师长刘家麒不顾生死，抢救将军遗体，也壮烈殉国。

短短两天内，独立第 5 旅旅长郑廷珍、代理旅长李继程、第 9 军军长郝梦龄、第 54 师师长刘家麒等四位英雄相继殉国。“官兵闻此噩耗，无不痛哭失声，大家一致表示，誓与将军报仇。”

在接下来的战斗中，继任独立第 5 旅旅长高增级改变了打法，以防为攻，确保阵地。要求前沿阵地全面修筑工事，战壕连通。经过 3 天苦干，加固了工事，之后打退了敌人多次进攻。

从 10 月 15 日起，独立第 5 旅三换旅长，在忻口鏖战 18 个昼夜，直到 11 月 2 日，接到中国军队全线撤退的消息，独立第五旅才经太原、交城等地撤到侯马。

在忻口战役中，独立第 5 旅共伤亡官兵 1300 多人。在守卫南怀化的阵地中建立了卓越的功勋。

（见《正面战场·晋绥抗战》第 71 页、80 页，中国文史出版社，2013 年版））

在过去很长一段时间，忻口战役并不为人所知，而如今，关于忻口战役的史料不断浮出水面。在忻口，已建立了抗战纪念墙。在纪念墙的祭文《忻口抗战记》中记载：“我全体将士誓以血肉筑长城，连战连捷，屡挫敌锐。尤以 204 高地（即南怀化）战斗最为惨烈，一昼夜间敌我互易阵地达 13 次之多。”可以想见，这场战斗是惊天地泣鬼神的。

那么，在 70 多年前的抗战文学中，有没有哪位作家，及时地把这场波澜壮阔的忻口战役作为自己创作的题材呢？编者的回答是：有的！这就是碧野从 1939 年开始创作的长篇小说——《南怀花》。

当年碧野只有 23 岁，却已是小有名气的战地作家。1935 年，他在北平参加左联，在左联的机关刊物《泡沫》上发表处女作《窑工》，抗战爆发后，他参加了华北游击队，写的报告文学《滹沱河夜战》得到茅盾的称赞。1938 年，他在武汉出版了三个报告文学集《北方的原野》《太行山边》《在北线》，1938 年 10 月，他又到晋南垣曲，找到正在独立第 5 旅任宣传队长的老友魏伯，两人经常一起到战地采访，碧野还从独立第 5 旅的官兵那里，听到了他们亲历的保卫南怀化的动人故事。于是碧野生出展现宏大历史画卷的雄心，决心创作长篇小说《南怀花》。

从 1939 年秋到 1940 年春，碧野任洛阳《阵中日报·军人魂》编辑，但他在“自己的园地”很少发表作品，原因就是他正潜心创作这个重要长篇。

《南怀花》，就是“南怀化”，这个山西省偏远小山村的地名，已经成为忻口战役的代名词，永远留在抗日战争史上。而“南怀花”的称呼，更赋予它一层诗意。

可惜的是，这部作者呕心沥血创作的长篇小说，在战乱之中遗失了（1），如今见于报刊的只留下 4 个短篇，它们是：发表在《阵中日报·军人魂》上的《塞上》（1939 年 11 月 23、24 日）、《奖章》（1939 年 12 月 15 日）、《乡村之夜》（1939 年 12 月 28 日，署名黄叶），以及发表在《抗战文艺》上的《回归见亲娘》（1939 年第 5 卷第 6 期）。

1939 年 11 月 23—24 日，碧野在《阵中日报·军人魂》发表的短篇小说《塞上》，副题为“一个长篇的序曲”。作者以铺排浪漫的笔触，详细描写了南怀化村的地理位置，自然生态，风俗人情。它位于吕梁山的支脉云中山，有云中河环绕，山中有丰富的自然资源，美丽的神话传说，和原始的生活方式。这一切，都是古老而静谧的，与接下来发生在这里的一场惊天动地的激烈鏖战，形成了巨大的反差。

小说写道：“是东方的魔王，用它的血蹄跨过了海洋，它的乱毛丛生的鼻子，闻到了这中华母亲大地胸脯上的土香，它贪婪，它不顾一切，用它的腥臭而笨重的血蹄，踏遍了这块和平而温暖的土地。”

为了逃避战争，年轻人都携家带口地逃到了更深的深山——吕梁山，而恋家的老人，不愿离开故乡，便告别了亲人，守在自己的故乡。

…………

左起：碧野、姚雪垠、臧克家、田涛在老河口第五战区

碧野（1916—2008），原名黄潮洋，广东大埔县人。1933 年因在潮州闹学潮受到校方通缉，离开家乡，逃到北平。1935 年他参加了北平“左联”，在《泡沫》《浪花》上发表文章。抗战爆发后，碧野随流亡学生参加游击队和中原农村巡回演剧队，1938 年春在武汉出版了《北方的原野》等战地文学。

1938年冬，碧野随左联领导人魏伯来到晋南中条山前线，第一战区前敌总指挥卫立煌就坐镇晋东南，魏伯和卫立煌的秘书赵荣声是好友，在晋东南，指挥着一支能征善战的主力旅。

碧野在晋东南前线生活了好几个月，与魏伯一起写了《五行山血曲》等力作。晋东南的将士，许多都是从忻口战役中撤退下来的，他们给碧野讲述了忻口战役中那些惊心动魄的故事。

1939年初夏，碧野到洛阳，在第一战区《阵中日报》当“军人魂”副刊编辑，这时他就开始创作长篇小说《南怀花》，1940年，他把写成的稿子寄到香港，受到楼适夷的好评，被他称为某刊物的“压卷之作”。

可惜的是，长篇小说《南怀花》在战火和动乱中已经遗失，只剩下少数的残篇。

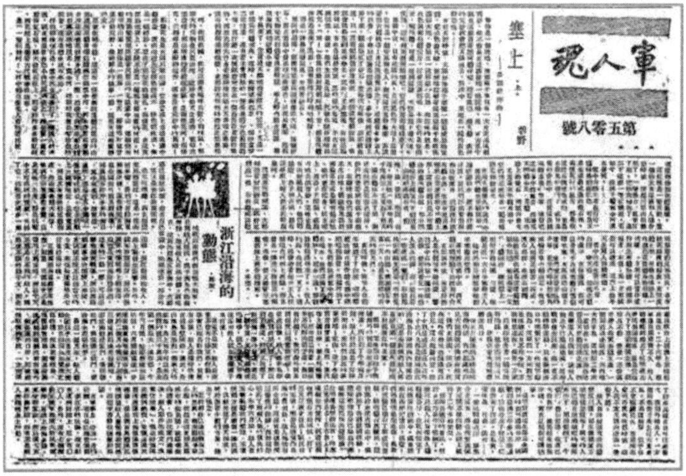
軍人魂
第五零八號
塞上
碧野
浙江沿海的動態

碧野发表在1939年11月23日《阵中日报·军人魂》上的《塞上》

塞上

——长篇小说的序曲

碧野

1939年11月23日《阵中日报·军人魂》

好像是一个魔地，周围两千里只有一大片黄漠漠的荒砂，你不容易在这里发现一痕驼蹄，风，亘古至今就在这里发着凄厉的呼啸，随着风啸，弥天的疾奔的荒砂就会把太阳卷去，黯淡中，呈现出一种惨黄色的恐怖……

在好天的时候，太阳好像施予恶魔一种最威怒的责罚，把赤色的火鞭，无情地挞击着这两千里的荒漠大地，发散出一种难耐的炙热，和腥味的气息。白色羽翅似的云片，打从这里经过，本来它们是悠闲的，懒散的，可是一游到这里，大概是被下面大地的炙热、腥味和荒凉所惊吓吧，它们都匆匆地飞走了。

每到午夜，只有悲凄的风，在这黑色的大地上巡游，它像是一个守墓的老人，对你这荒凉的旅客，诉说着悠古的故事：在这漠漠荒砂之下，埋藏着多少古人的白骨。千年前这里是鏖战之场，多少英雄从骏骑上掉下来，脑血染红了砂石。当每次大战后，汩汩的血流，只一昼夜间就被砂层吸干，而所盈留的腥气，也就会被暴疾的风神带去。这些死者的灵魂，有些是属于匈奴，有些是属于突厥，黑幢幢的鬼魂，千古在这里飘忽、聚游。他们生前是仇敌，死后也变作相咬的厉鬼。

“呀！”你为什么狂惊的叫喊？看，那远远的沙丘边滚来了黑影，还有着搏斗时的呐喊声！

那是一阵暴戾的旋风，夹飞着砂石。

无限的寒冬，密密地罩着荒漠无边的大地，每颗砂石，都在紧缩中发出索索的声音，进夜是风寒，比被十丈的尖兵禁锢着还要难捱。平凡的肉躯在这里，将被冻缩成僵硬的小球。

早晨来了，当东方天际燃烧着飞火的云霞，又是一日间炙热的预兆。这时，你眺望西北方，那渺远渺远的地边，还有着未曾飞散的一抹长长的青色的晨雾的上空。为什么一夜间就会突生出一条长长的苍郁的怪物？那无比胖大的身姿静静地伏贴在天与地之边缘，还有线般稀淡的烟缕，在那胖大怪物的腰腹之间袅起。

呵，你该欢跃，你可以深长地呼出郁心的叹气，那胖大的怪物是吕梁山呵，这神奇的天之造物，竟如此傲凌哩！那山腰边的萍般的绿点，是南怀花呵！南怀花，这称呼是多么挺秀，这生长在荒砂中的花哪……

南怀花生长在这吕梁山脚，它带着塞上姑娘风尘中的娇羞，密密地缀生着杂色的灌木，绿色的林叶，像一幅轻纱，罩住了南怀花的脸孔。南怀花，在这荒凉的北塞上，不能不说是一个稀有的美丽的村庄。村的周围紧紧地匝护着吕梁山的支脉云中山，每个突向蓝空的山峰，都像是一头狮，一只虎，静静地盯望着远方的荒野，像神话中的故事一样，护卫着这美丽的神女。

更使你稀奇的，这里有一条从无限远的吕梁山源里流来的青烟似的飘忽的云中河，河水带着底层的金沙往南怀花的腰身绕了一圈，然后又向压来的山的缺口处欣欣地流去。云中河，终朝终夜发出琴弦似的乐音，没有忧愁也没有牵挂。

村前的榆林边，云中河在这里打了一个迷人的涡流，就在冒滚着白色小浪花的涡流上，屹立着一座虹般的红石桥，阔大的红石板上，刻着许许多多的红纹，那花纹上是记着古代战争的故事。

是“一只仙靴呵！”村中的白发老人会扶着拐杖，这样的指点你的迷津。

这红桥是一只女靴，当一个仙女在这里和人媾和的时候，突然吕梁山伯震怒了，一只暴力的风掌打了下来，把仙女吓跑了，遗落下着么一只红仙靴。至如今，浪荡子的云中河还在发笑……

云中山的土质是有着一种特异的褐红色，可是又产生成叠成叠的蓝石块，南怀花的屋舍，都是收这蓝石块建筑成的。要是在晨光的微曦下，或日落后的昏茫中，打从这里路过的远道的来客，总会把这树丛中的屋舍，误认为天脚的小星。是的，这些路上的蓝石，细腻而发光，尤其是夜班的月照中，它们总是闪射出一种美丽的柔和的蓝光。

在过去的悠久的岁月中，居民们的生活就犹如一湖恬静的水，泛不起什么波纹。居民们都靠着狩猎和放牧度日。这里没有沃美的水田，也没有辽阔无际的有着麦香的平坦的土地，这里有的只是不可攀援的重重山岭，和山凹的巉岩上飞泻而下的流泉，山岭的高处有虎、豹、熊、狼、箭猪、麋鹿、山鸡，和其它一些不知名的千禽万兽。尤其到了秋天，深山的林木落了叶，对于禽兽们是更容易搜捕。猎户们养着成百成千的猎犬，有的时候他们眼力辨不出山地上的踪痕是属于哪种凶恶的火舌驯服的野兽，他们便会把身子伏在地上，用鼻子去闻别，或用舌头去舔尝。这些生长在山野间的人们，他们的眼睛、鼻子和舌头，都有着平原上的人想不到的用途呵。

这里居室的里间，大都铺挂着野兽的皮，就好比壁毯一样。有的或黄的，斑点的豹皮和鹿皮，也有纹花鲜丽的貂皮。在兽皮的上面，有的也添挂着一些颜色花丽的鸟的羽毛。这样，一方面可以当做这狩猎之家的点缀，而显示猎者的本领，再一方面就是可以避寒。这塞上的冬天是惊人的严寒的。

云中山产生着山毛榉，白桦，穿天杨，松槐之类的灌木，在林荫处，你可以看见千百成群的白云似的羊群，在高高的山腰上游荡，它们啮食着盖膝的青草，老羊们时时用弯角抵触着草中的山石。牧羊的人照例是骑着一匹马，没有马鞍，也没有缰绳，他的生活就是这样的简陋粗糙，他只拿着一支长长的鞭杆，鞭梢系上一根坚实的麻绳。这样，他就是这一大片羊群的主人

村庄上的娘儿们，在日落山之前，便挽起了衣袖开始忙碌起来，她们用着羊粪做成的干砖烧起火燉，那隔天获来的山鸡，钵里装的不是水，而是羊乳。这种奇异的食物，当羊粪砖的温火燉熟了山鸡肉的时候，羊乳也在钵里边滚冒着白沫，而发出一种浓烈的膻腥的气味。羊砖的辣烟会把娘儿们激刺得呛咳嗽起来，她们满眼盈溢着辛酸的泪汁，但是为了要安慰辛苦出猎或出牧的男人的心，她们忍受着这痛苦的工作。等到山鸡肉炖烂了，她们便倚在门前的野藤架下，用拭干了泪水的眼睛，凝望着云中山的山凹，静静地等待着她们的男人回来。

牧猎的男子们都回来了。于是，门前的大青石上，便会摆陈着一大钵炖烂的山鸡肉，几瓶湿热的羊乳酪，和新从罐里取出来的、切成一片片的腌兔肉。男子汉们又饥又渴了，先把山鸡肉带汁吃完，然后边吃兔肉边喝羊肉，他们的体魄是强健的，每个人的肩膀都能背起一只猛虎。

一吃完饭，他们就不再安静了。他们粗暴而爱斗，只要是一件谈到刚猎来的箭猪的体重，或豹的斑点的事情，因意见不同，便会在门前的

土场上摔起腿来，非使到对方满嘴吃了泥巴是不肯休止的。

不过要是遇到有一个远来的朋友，给他们招待供养的的时候，他们也知道一点礼貌的。这时，他们不再咒骂，不再打斗了，反而，在丰富的猎味的晚餐，当果实般的星星散满了夜蓝的天空的时候，在云中河的有韵节的水流声中，他们会叫他们的年轻的妻，舞着一个带铃的板鼓，歌唱起来，难懂而又富于热情。每每，这年轻的女人是兄弟几人的共妻。造物之神是多么的不公，在这荒落的一角，只赐予稀少得可怜的女性。可是，这塞上妇女特赋有一种温驯的性格，她不会使周围的天地有一角感到涸渴，因此，她能消弥他们之间的嫉妒，令他们之间彼此互爱……

这是人世间的难以掩蔽的缺陷,但是这缺陷又是多么的富于神奇和美丽呵!

每到深冬的季节，满天的雪花向大地上压落。说到塞上的寒雪，是球打球地降落的，它无私的用圣洁的白衣弥盖大地。当初雪降落几寸厚时，猎户们正借这野兽寻窠穴眠冬的时机，跟追狼豹的足迹捕猎，可是山野一经被几尺厚的大雪啮食的时候，野兽们就已隐伏于冬眠的窠穴，而猎户们也就停止了工作。在挂满兽皮的暖室中，生起炽热的炭火，围聚着饮羊酪，吃杂色的成盆的野味，有发腥的肚肠，也有浓香的肝肺。不知忧愁的年青人，是爱斗叶子牌的，而年老的猎人，却静静地坐在炭火边的龙角松的椅子上，一口口的吸着夏天由山上采来的粗烟叶，一边眯着眼睨望着上升的烟圈，一边细细的思量着今年的收获，和来年的生计。

这是南怀花的居民，一年终了最悠闲的日子。

但是也有不平凡的事情会发生，犹如长河的流水中，也有一处险滩，一处钻涡一样。在雪盖的大地上，这时坚木造的羊圈，黑针松的林里，凝固的山野……统统被雪深埋着。就是浪荡子的云中河也喑哑了嗓子，发出一种哭泣似的流音，它，已为残酷的坚冰封锁，只有河面的中心，剩留一条狭窄的流线；而夏秋之间云中山中的流涧，现在已凝冻成一条条巨大的冰带，发放出青冷的光……就在这样寒迫的景候中，你会像走进睡梦中，忽然听见哀哀的啼声，水样的波荡过林丛和旷野，而且你可以望得见那远远的山脚下，有一棵千年的老树下或一座黑影沉沉的山神庙边，一个散发的女人跪在地上凄伤地哭着，这时，而你也就可以望见在她的脚边，那陷落的雪堆中竟有一个静卧的男人。往往这是被杀害的男人，没有头颅没有心肝。

这又是多么悍恶和深仇的一面啊……

日子好像是天上的云朵，随着风向西东，今天在海空，明天也许高高地挂上了海拔线几万尺的山巅，而且一阵低寒的驱力侵来，云花立即变成雨水而倾泻。

南怀花村野就像这样，它是温静地生长在这塞上的高原，但是塞外的狂吼的风砂袭来了，把它埋葬在可怖的尘沙中。

这是险恶而不能摆脱的预兆。当再一年开始春来的时候，满山的野杜鹃开得像滴血似的红艳，哄春鸟也跳上了枝头啁咕啁咕地叫唱。可是塞外的风带来了弥天的胡尘，雨水美丽得静如蓝湖的南怀花村在无情的、骄纵的风砂中，掀起了恐怖的浪波。

是东方的魔王，用它的血蹄跨过了海洋，它的乱毛丛生的鼻子，闻到了这中华母亲大地胸脯上的土香，它贪婪，它不顾一切，用它的腥臭而笨重的血蹄，踏灭了这块和平而温暖的土地。

当它的流涎的舌头舔到南怀花村的边缘，居民们慌乱了。他们背着皮做的包裹，拿着猎枪或钢叉，带着娘儿和猎犬，远离村庄，到那更远更艰险的吕梁山中去，因为恶魔的炮弹已经落在云中山顶爆开了花。

猎犬不恋家，它们生性不驯而爱闹，它们抖起了尖长的耳朵，这表示的是：愿意到更远的方向去避开更稀奇的兽类。只有软心肠的娘儿啼着离去，执拗的老人用他们的残生爱恋着家乡，死，在他们只是隔着一张薄纸的东西，仅要用手指极轻的点破，他们便能得到永久的安息。

老人把他的儿媳们送出了云中山的缺口，在山的缺口的云中河畔，扶着拐杖少立，稀疏的白色的鬓发在余寒的春风中飘动着。在这个时候，要是年轻的媳妇因不愿离家而被绑抬着的，老人便会巍巍颤的走上去，替她解绑，而且低声地慰语着，如果孙子的脸面被泥土脏了，成虫的鼻涕流满了小唇边，老人便会把他们拉到河边，让孙子蹲在石上，自己弯下酸软的腰，用干皱的老手湿着河水替小孙洗脸。

终于老人一手摇着拐杖，一手摸着多年猎犬的鬣鬃，颤声的说：

“孩子们，去吧，吕梁山的流浪比这里多！”

老人直望着儿媳们的背影抹过了远林，这时连猎犬的粗亢的吠声也听不见了，之后，他才用破旧的衣袖拭去了开始凝留的泪珠，离开了河畔，慢行在寂寞的山野中。没有淡淡的炊烟，也没有往常笑闹的声息，只有自己的苍凉，咳嗽，和空寂的老迈的足音……

（未完，待续）

《南怀花》片段之二

——碧野:《奖章》

1939 年 12 月 15 日

碧野发表在 1939 年 11 月 23 日、24 日《阵中日报·军人魂》上连载的短篇小说《塞上》，只是他描写忻口战役的长篇小说《南怀花》的“一个序曲”，接下来，他于 1939 年 12 月 15 日又在“军人魂”上发表了片段之二《奖章》，这是《南怀花》的又一个断片。在这里，忻口战役已经打响，南怀化成为敌我双方争夺的战略要地，守护在南怀花云中山上的，是独立第五旅的战士们。碧野把南怀花比作“吕梁山的喉珠”，说“这喉珠如果被敌人夺去，那整条险峻的吕梁山将变成一条死蛇”。一场血雨腥风的战争开始了……

1940 年夏碧野摄于老河口

抗战时期的“华胄荣誉奖章”

在激烈争夺南怀化的浴血战斗中，前敌总指挥部发出通告，要为英勇杀敌的将士颁发奖章，是实有其事的。据参加过忻口战役的将士回忆：

> 1937 年 10 月 15 日拂晓，左地区队第 4 团的南怀化阵地被突破，郝梦龄军长即命副团长史松泉代团长，组织机炮火力，掩护步兵几个连坚决夺

回南怀化并迅速巩固南怀化东北高地的二线阵地。令中央地区队的第三团以侧射火力支援，两次肉搏反攻，均未得手。入夜，卫立煌电话：南怀化是第九军主阵地的锁钥部和友军的接合部，敌绕过前进阵地突破主阵地前沿，影响甚大，必须恢复。挖去毒疮的有功官兵各奖一枚银质奖章。（李文沼：《在忻口浴血奋战的第九军》，《正面战场·晋绥抗战》，中国文史出版社2013年版，第65页）。

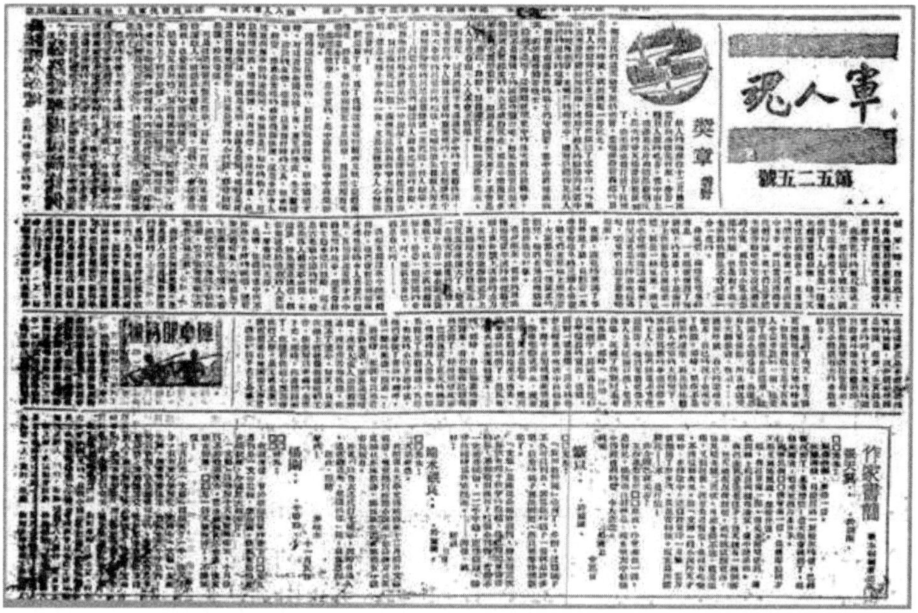
軍人魂
第五二五號
奬章
碧野

1939年12月15日《阵中日报·军人魂》发表碧野的《奖章》

奖章

碧野

1939年12月15日《阵中日报·军人魂》

敌人的炮弹像十二月的冰雹打向南怀花村来，带着一种巨人般的吼音。云中山上，飞瀑起石片和硝烟的黑柱，高大的穿天杨被拔倒了，山毛榉也被打折了枝干。被居民们遗弃的家屋的纸窗，当炮弹带着轰然的巨响落地的时候，就闪映起一层红光。

敌人的骑队已经在三个钟头前抵达了云中山的外围，百里长程的射加农炮，威助了敌人的骑队向这云中山的腰身炮击，在战马的嘶啸中，还可以听得见敌人狞野的混浊的喊声。

南怀花由独五旅的战士们守护着，云中山的每座山尖，密密的播种着战士。

谁说不是呢？这辉耀历史中的伟大的民族战争，谁说不是用战士的头颅播种的呢？如果你需要母亲大地开放出更鲜丽的永古不灭的花朵，那是必需用更多的肥料去栽培养育的。如到真正的春天来了，不管是山凹、海滨、原野，都将遍开着红艳而烂漫的花朵，人人有着自由，人人不会有饥饿……

南怀花，这周围两千里漠漠荒砂中的美丽的绿萍，是有着它的令人难以置信的重要性的。它是盘据几千里广大平原的吕梁山的喉珠，这喉珠如果被敌人夺去，那整条险峻的吕梁山将变成一条死蛇，任人鞭击……吕梁山脉是我们挥挞敌人的无比坚韧的长鞭，把无耻的侵略者的足迹一扫清洁；但是能握住吕梁山脉的，只有南怀花这一点，南怀花是民族战争大胜的把柄，这是大地上渺小的一角，又是怎样的令人心悬而珍爱着啊！

就是为了这，为了保得这美娘似的而又战士似的南怀花，于是，荣誉的南怀花金星奖章，用最闪耀的光华而产生了。

南怀花奖章，是金质的，是中华民族战争中最荣誉的奖章。

获得南怀花奖章的，如到抗战胜利后，新中国建立时，可以游历全国各地；再，夏天的凉衣、冬天的暖服，沿途的食物、住宿，以及旅行时的工具，如车辆、船只，都将由当地的政府机关供应。这是多么令人适意而无牵挂的游荡呵，那犹如是神话中的仙子，可以随地沽酒，随地酣睡，没有忧愁，也没有思虑。祖国的每个角落，到处是光明，到处是欢乐。哪怕是从最富丽的繁华都市，以至最荒僻的小村庄，都会给你欢腾，给你温醉……

可是这荣誉的南怀花奖章，只有一百个，而且将由杀获敌人的头颅

老年碧野摄于武汉家中

最多的战士所得，这战士，会要勇往杀敌，也会要坚毅的守护着南怀花。

奖章是五星形的，制造得异常精致。五个角尖，镌着五支上了刺刀的枪，中央有三个字：“南怀花”，字迹有力而挺秀。那黄曲的河流是代表云中河，那重叠的山峦是代表云中山。总括的意思是：“保卫南怀花呵！”

奖章的背后，那光滑的一面，刻上了号码，和一个两眼望着辽远前方的昂赳赳的战士，好像这战士的眼睛里对远方燃烧着胜利的希望，将士的身旁写下了一溜谨待条例的字。除这之外，在章的后侧方还空有一个细线纹的框子，这框子是预备将来刻上受奖的战士的名字的。

当这春花般迷人的消息，水般的传溢下来的时候，每个军、部、旅的战士，都像轰雷般的欢腾起来，而且都深深沉进战争的欢醉中了……

南怀花村的蓝石筑成的屋舍，都住满了战士，就是羊圈旁边的柴草堆上，也住满了人。人类是一种无比的聪慧的动物，他的天性富于创造的力，在远古的历史中他便一直在创造中进步，所以当这没处居住的时候，战士们是会把羊圈旁的柴草架设成避风的小窠，哪怕这小窠是怎样的狭陋，但是对于战士的生活的快乐是不会减低一分一毫的。

像风信，南怀花奖章的消息，一日间便传到了每个战士的耳边，于是像村野上的新生的白杨树叶一样，就是一丝风意，叶儿们也会哗哗地谈论起来；何况这风是大阵的吹掠过呢，叶儿们自然立即鼓噪起来。

夜里，凌乱的塞满了草料的屋子里，只点着一盏带着塘池边的三脚小油灯，战士们在草堆上闲坐着，大家都有着一个冀求的愿望，他们在热烈地谈论着关于奖章的事。

夜梦醒来，惺忪的两眼慢慢地从半灭的油灯的光焰上，移向壁上横挂的戎刀，在闪射着微辉的戎刀上，更显现出希望的花蕊，这花蕊渐渐扩大了，变成一朵极大的鲜丽的花球，花球上站着一个全副戎装的战士，战士的高鼓的胸脯上，挂着一颗闪耀的金星章。呵，那就是自己，就是自己呵！……

偶尔有同样夜半醒来的同伴，他们会对着那如两片樱唇似的令人喜爱的灯花，互相诉说着刚才梦中的喜悦的故事，灯花会给战士的希望以鼓励，这正是古老的中国的习俗。灯花是为人的喜事而开，在这里，如果说是迷信，就毋宁说是给淡泊的人生加上一层希望的光辉。

是哪，你听那云中河不再像冬日时的幽咽，随着春来的暖风，大地苏生了，到处发散出喷喷的土香。而云中河又像孩子似的活泼，它日夜地为战士们唱着祝福之歌。

由于这柔美的感觉，是容易使人浸进虚幻的渺远的情思的。

是的，现在的时代赋予战士们的，是火与血的艰苦的使命，但是这梦又是多么富予现实以美丽！这梦的姿态固然是美满，而梦，本质就是实在的呵！今天无比的艰巨的重任摆在你的面前，需要你用双肩担当起来，这又必需要有大的勇敢和毅力。

但是到了明天，当太阳更闪耀地照红了大地的时候，如果这个战士是千百万人中最勇敢的一个，他荣获了南怀花金星奖章，他能周游全国各地，各处都有人家供给，而且到处受着大家的欢迎，歌颂……

到那时候，自己的妻没有愁苦，自己的孩子也没有了饥饿。那时，都市不是畸形的淫华，而是如林的高矗入云的大烟突下，活动着为新的幸福而劳作的工人，他们丝毫不感觉到痛苦，他们要用更伟大的人力去征服自然；至于农场，泯灭了狭窄的私有界限，那时“阡陌”这两个字，将成为虫蛀的古字画里的东西，辽阔的田野一望无际，黄金的熟麦在暖风的吹拂中抖起金波。用千百架飞机来播种，撒布药粉成雨水，没有荒旱，岁岁是丰年，电刈机如风般的卷来又卷去，稻麦成排的倒下，用五里长的火车来运稻米……

呵，那时，自己从远地游历归来，看看故乡已经与前不同了，仰头望望风车，已经换成了更大的轮叶，飞转得惊人的快。你如果碰见了你的龙钟的乳母，和她的小孩子的时候，他们会改了从前的称呼，换一声叫你做“同志”！

到那时，你就可以过着真正的生活，世界是温暖的，没有人与人之间的压迫，没有痛苦和饥饿。你用不了忧心，每天，只要你做上轻轻松松几个钟头的工作，你便可以幸福的生活下去。那时，你游历归来了，你随着你的心意选择你的工作，是工或是农。让你的妻也美满地工作着，让你的孩子去上公学。

…………

《南怀花》片段之三

——黄叶:《山村之夜》

1939年12月28日—29日

碧野表现忻口战役的长篇小说《南怀花》，序曲是1939年11月23日、24日连载于《阵中日报·军人魂》上的《塞上》，第二个片段是同年12月15日发表于《阵中日报·军人魂》的《奖章》，第三个片段是同年12月28日、29日以"黄叶"为笔名连载于《阵中日报·军人魂》上的《山村之夜》。在《山村之夜》中，作家描写了驻扎在南怀化村中的一班战士，在激战前夜的一幅日常生活图景。

从《山村之夜》塑造的几个战士形象来看，首先，他们来自全国各地，天南海北，风俗习惯、文化程度等方面都存在很大差异，如，来自南方的老猴爱吃鱼，而蒙古青年海格青根本不沾鱼腥，河南农民"何二扁担"乱唱京剧引起大家哄笑，而海格青讲述的"姑娘追"的少数民族风俗，是汉族战士从没听过的；其次，他们生活条件异常艰苦：住在贫穷的人家，睡觉仅垫一层薄薄的树叶，用炮弹壳烧鱼汤，用尿壶泡茶。——如今，许多经历过抗战的老乡回忆说，那时的战士有的等到饭熟了，拿起老乡家的尿盆就盛饭，一碗饭还没吃完，队伍就要开拔。这类似乎荒唐的日常小事，在戎马倥偬的军旅生活中，是不足为奇的。

海格青是小说《南怀花》中的主人公之一，他来自蒙古，是乌里雅苏台城的勇猛骑士。那么，作者为什么要塑造这样一个人物呢?

自1931年"九一八"事变后，日军于1933年侵占了热河，并向华北与塞北逼近，不甘屈服的蒙古人民便举起了反抗的旗帜。1936年傅作义将军在百灵庙率部击退日军，取得绥远抗战的胜利；1937年"七七事变"后，日军10月攻占归绥，扶植德王成立伪蒙疆组织，但多数蒙旗贵族并没有被收买，而是与国共军队结成统一战线,联合抗日,蒙古部落中出现了女王爷奇俊峰、巴云英这样的女英雄。

在忻口战役中，参战部队除了国民党的中央军和八路军，晋绥军也是一支重要力量。据史料记载，晋绥军在忻口战役中先后投入60个团的兵力，共10万余人，撤出忻口后仅剩不足2.5万人（见《晋绥抗战·正面战场》）所以，碧野在《南怀花》中塑造蒙古战士作为抗战英雄的形象，是有代表性的，由此可以突出蒙古人民对抗战的贡献。

傅作义(1895—1974),忻口战役中晋绥军总指挥

况且，蒙古辽阔的草原，旖旎的异域风情，和青年男女自由的爱情，为碧野的长篇小说增添了绚丽多姿的浪漫色彩。碧野擅长于展现真实鲜活的生活画面，塑造粗鄙而倔强的底层人民形象，他笔下的战士性格各异，多有绰号，爱爆粗口，都是生活中的普通人。

1939 年 12 月 28 日—29 日《阵中日报 · 军人魂》连载了碧野以“黄叶”为笔名所写的《山村之夜》，这是他的长篇小说《南怀花》的片段之三。

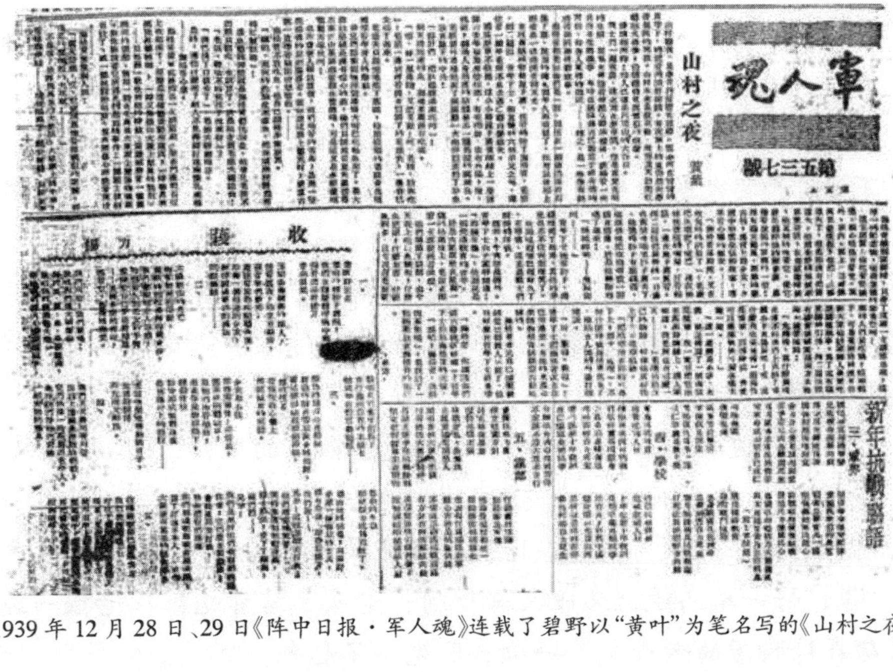
軍人魂
第五三七號
山村之夜 黃葉
收穫
新年抗戰歌謠

1939 年 12 月 28 日、29 日《阵中日报 · 军人魂》连载了碧野以“黄叶”为笔名写的《山村之夜》

山村之夜

黄叶

1939 年 12 月 28 日—29 日《阵中日报·军人魂》连载

山村的夜，是带着抖颤的光波的。云中河在弯弯的月牙下，轻泛着淡淡的银鳞。春夜塞上的风，仍然夹带着无限的寒凉。山村本来是寂寞的，但那远天的闪红的炮火过后，仍能听得见沉雷似的炮声。

据情报所得，敌人已退出吕梁山的大谷口。

战士们一到夜里，就充塞在麦草间，像是喜爱光明的虫蛾，聚集在散发着塘泥臭的油灯前，谈论着一些目前发生的趣事，有时也谈论到古代的富于神奇性的习俗，和个人家乡的趣闻……总之，是一些带有诱惑性和刺激性的故事。

海格青和老猴他们是一班，同住在一个破院落的石屋子里，屋顶的砖瓦因年久而破裂了，你可以从那上面看出一缝缝淡青的天光。

在这旧陋狭窄的屋子里，住着的除了海格青、老猴、何二扁担（1）、青年下士，和其余的六个弟兄之外，还住着一个年老而不出去逃亡的白发猎夫。

因为麦草不敷用，这小小的屋子里仅能铺上一层薄薄的去年扫集来的枯叶，有毛榉的，也有白杨、榆、槐的，经过人身热度的贴酝，发出一种异样的腐叶臭。

老猴从外边端回来了满满一大炮弹壳煮熟了的鱼，放在屋子的中央：

“伙计们，把肚肠翻过来吃呵！”

前天捞回来的鱼，到现在还没有吃完。

“嘿，好一尾乌鲶，又肥又嫩！呵，老头，给你吃！”老猴一边招呼着蹲在墙脚下的老猎夫，一边自己先啖了起来。

老猎夫只迟慢地摇了摇头，他用朦胧的老眼奇异地望着青年人的举动。

弟兄们都围到炮弹壳边，张大嘴巴吃起鱼来了。最大的缺陷就是没有暖心的酒，他们只能用从屋角里搜寻出来的山茶叶泡着开水当酒喝，可是这又是多么涩喉咙的苦家伙呵！

也许使人难以置信，他们喝着的苦茶，是用一只洗涤后的尿壶装盛着。要知道这塞上的荒村，从远古就一直带着穷困的愁容的……

海格青不敢吃鱼，他自己显得非常寂寞。

“妈的，用我的洗脸盆来盛鱼，把你这猴屁股胀得红鼓鼓的！”

盛鱼的炮弹壳就是海格青的洗脸盆，他看见老猴不回话，只顾吃，也就算了。于是他走到老猎夫的跟前：

“老头，干啥不叫你的孩子回来呀？”

“我已捎了口信去了。”老猎夫静静地答。

是的，还怕什么呢？敌人不见得能打进南怀花来哪……海格青心想。

海格青从军毡里掏出一支胡笳来，坐在门边的石凳上吹起来了。笳声是这样的忧郁而凄厉，一时像月夜溪流、沙过轻细，一时又像崇山大漠上怒风粗壮。……而每到一歌快终结的时候，笳声就带着一丝无限底深愁，犹如一股在千万里大草原上游荡的微风，对你诉说着它所遇见的悲哀的事件：一个骑士拔剑自戕了，或一个美貌的姑娘，为失恋伤心而跪着哭泣

…………

海格青常常对人说：

“这支笳哪，哎，它使我思怀着母亲似的家乡，那温柔的云烟般的大草原啊……”

不是吗？故乡几万里的大草原，大草原上的牛羊，爸娘和弟妹……统统隔绝了。

海格青离别家乡时，只带了这么一只胡笳出来，这唯一的纪念物，他是怎样的珍贵它啊！

这支胡笳，他枕着它睡觉，细心地保有着它。塞外，塞内，塞上，转战了万里征途，他把什么都遗失了，但是却没有把它遗失。他用全部

的热情来喜爱着笳，在孤寂的时候，他真情的吹着它，从它发出的抑扬的声音里，回忆着辽阔家乡的一切：没有羁束的风，原始的蒙古包，马背上的少女，夕照中的云朵似的旅客，寻求着心灵的慰安……

“海格青这狗熊，又在吹鬼叫的胡笳了！”老猴把鱼填肥了嘴巴，用衣袖抹抹发腥的嘴唇，打着饱嗝，一边在屋子里骂着。何二扁担把最后的一口汤也贪婪地喝进肚子里去了，他觉得肚子有点胀痛，他狠狠地把空炮弹壳一脚踢到墙边，于是他哑声地唱起来：

“杨延辉唉，坐萝卜呵！……”（2）

青年下士抱着肚子，滑稽地笑了起来，其他的弟兄也忍不住爽朗地笑了。

吹过熄灯号，已经好久了，在寻常，这正是战士们酣睡的时候。

然而，今夜却是个例外。青年下士向大家解释道：“饱睡有伤”，他到底是一个受过教育的青年。

于是大家坐在屋的一隅的枯叶堆上,老猴正撕着一支叶梗拨着油灯。

他们开始了谈话，由今天夜上吃的鱼谈起，什么鱼肥嫩，什么鱼香，什么鱼刺多，以至说到老猴家乡的人们爱吃猫、蛇和耗子，可是老猴始终没有告诉大家，他的家乡人最爱吃猴脑这事。为了这有趣的言谈引诱，何二扁担说有机会愿意到南方去跑跑，接着他说：

“鬼晓得，为什么到现在还不叫我们上火线？哪个小子在捣蛋呢？哎，说什么我也要获得一个南怀花奖章，到那时候，我便可以痛痛快快的到各地去游一游……”

“游一游倒是小事。在我，要是得到了一个南怀花奖章，我一定要把它挂在高高的胸脯上，让人家知道，我老猴也有这么一天……”老猴拍拍自己的胸脯，好像他居然挂上了金星奖章似的。

“把奖章挂在你的红鼻子上，那才威风哩！”不知什么时候，海格青进来了，他站在人围的外边打趣地说。

“呀，欢迎，欢迎！”青年下士把海格青让在自己旁边坐。在他的意思，是想请海格青谈谈蒙古的风情的。

海格青看见自己睡觉的铺位已经被人占住了，他只好坐在青年下士的身旁。

“海格青，你讲讲你们蒙古的故事好吗？”青年下士拍拍海格青的大腿。

“讲吧，海格青，我斟碗茶你喝。”老猴斟了一粗碗茶，放在海格青的面前。

“你自己喝吧，谁知道这尿壶是不是娘们用过的呢。”海格青把茶碗端回给老猴。

“不喝也罢，那么你说说吧。”何二扁担伸长了脖子，好像一只饥饿的狗，等待着它的主人的手里的东西吃。

海格青思索了片刻，好像在千条乱丝中抽取一条细丝。

“就讲一个男女故事……”（以下不清）

…………

“是不会成功的，这时，你就该把你的马拢到她的身边，说明了你爱她的意思，那么你就可以走开来，预备好你的马势。”

“女郎听懂你的话后，她的两颊自然会泛起一层红晕，但是，立即她就拨马向你狂奔了——呵，你千万不要错过这机会，她的意思是‘来吧，快追上。’你赶快追上去，如果你追不上她，那就是你没本事；要是你追上她，在两匹马旋转的驰袭中，如果你把她摔下马来了，可真遂了你的心愿，她会像羔羊般的柔驯，给你情爱，要是你被她摔下马来呢，你就得赶快重新跳上马，拼你所有的力量去奔逃，在这可羞的失败下，便会给她的飞刀劈死，因为越漂亮的女郎，她藏着的刀就越多……”（3）

“那么，呐，海格青，你是不是给飞刀劈过呢？……”老猴报复的斜着眼睛说。

“老猴，你……”这突然的狂吼，把在座的人都吓了一大跳。要不是何二扁担挡住的话，海格青的拳头早就把老猴的红鼻子搥塌了。

“都给我滚开去，老子要睡觉了！”海格青面红耳赤的，他的虬髯在高度的愤怒中抖动着。

老猴的那句话不过是开玩笑就是了，哪知道这正刺伤了海格青的心。到现在为止，海格青从来不曾把这件羞人而伤心的事情告诉过别人，那就是：他在故乡蒙古的时候，曾经调戏过一个美丽而倔强的女郎，海格青凭着他自己是乌里雅苏台城（4）最勇猛的骑士的资格，和那女郎决斗，谁知道在马上摔跤的时候，他失败了，重重地被摔在草地的一块石头上，他登时晕眩了过去。还好，女郎知道他是乌里雅苏台城的英雄，不愿用飞刀伤害他，就骑着马跑了。

等到海格尔清醒过来的时候，心里正纳闷着那来去如飞的神奇女郎，一个城关来的老者告诉他：

“唉，那女娘是三音奴颜王的第八将呵！”

被一个女子打败了，在火辣的羞愤中，他没有脸孔再踏进乌里雅苏台城的一步，于是他悄悄地投奔到这塞上来，当一名兵，他身上带着唯一的东西，就是那支最可纪念的胡笳了。

…………

注释

（1）何二扁担：魏伯有短篇小说《何二扁担》，发表在1939年10月《西线文艺》一卷三期。其中的主人公何二扁担，是一个出身贫寒，勇敢但简单粗暴的战士，参加过忻口战役。碧野在此借用了这一文学形象。

（2）“杨延辉，坐萝卜”：京剧《四郎探母》中有“杨延辉坐宫院自思自叹”，此处指何二扁担没有文化，乱编唱词。

（3）海格青所说的蒙古风俗，类似新疆哈萨克族的风俗“姑娘追”。抗战时蒙古包含新疆阿尔泰地区北部，故有类似风俗。

（4）乌里雅苏台城：蒙古国西部城市，始建于清代雍正十一年（1733），是漠北高原所建三大军事重镇之一。1945年8月外蒙独立，现在该城为蒙古国西部城市扎布汗省的首府。

链接

《南怀花》片段之四

——碧野:《回归见亲娘》

1939 年《抗战文艺》第 5 卷第 6 期

1939 年碧野在《阵中日报·军人魂》任副刊编辑时，正以极大的雄心撰写反映忻口战役的长篇小说《南怀花》，可惜这部鸿篇巨制后来遗失了，只留下《塞上》《奖章》和《回归见亲娘》三个片段。《塞上》《奖章》均发表于《阵中日报·军人魂》，而这篇以皇协军反正为题材的《回归见亲娘》，则发表于 1939 年《抗战文艺》第 5 卷第 6 期。若将这三个残片整合起来，读者可以感受到作者对战争文学的熟练驾驭，和《南怀花》所表现的磅礴气势。

1940 年夏，碧野(右一)、臧克家(右二)、姚雪垠(左二)、田涛(左一)摄于老河口

回归见亲娘

——长篇《南怀花》的小片段

碧野

1939年《抗战文艺》第5卷第6期

旅长高骠从总部转下来一道画着三个十字加三个圈的紧急命令，用银花全团的兵力去接应皇协军旅的反正。时间是晚下三点，地址是云中山的南峰下。

在早半个钟头前，银花就亲自率领着一团弟兄赶到了云中山的奇险处南峰下。没有月色，没有星星，是一个春阴的夜。一切都布置好了，用十五挺轻机关枪去隔断敌人对反正友军的追击线，另用两门钢炮和七挺重机关枪去击退敌人。只要反正的友军一退进右侧的山凹，便可以一路安全绕着山沟到达中国军的护助之下，转过来给追敌一个猛不防的回击……

银花手里握着一只夜光表，他时不时的细看着发出的绿色的双针，在短短的半个钟头内，时间就像是一条黑毛虫在漫漫的夜的边缘上蠕动，不可辨认，也不可捉摸。表的每一声滴答，都换取了战士的多量的焦躁和忧心。

夜光表的绿光针，好容易指到了三点，而且又慢慢地挪到了三点十分，可是见不到一点动静。就是春夜的风也吝啬地不肯把裙脚飘拂一下这山野的一草一叶。这是多么沉重的一个压力呵！多一秒钟，心胸就好像多压上一块千斤的重石！银花渐渐有点动摇起来了，他心想，这是一个大圈套吗？呵，危险！要是被骗怎么办呢？也许自己一团人已经被围了……

银花觉到非常焦躁，心一直在激跳着。他的握着夜光表的手，已经沁出了汗水。他心里忽然私叹着："嘘，随你来吧！……再等二十分钟，就下令冲……"

突然三个黑影急遽地向他冲来，银花暗暗地吃了一惊。

"报告团长，那边派来了一个带信的人！"带头的一个黑影低语着。

随即便由另一个黑影递过来一封信。然后他们都退下去了。

银花手摸到信封的口上有着一小束软绒绒的东西，他知道这是一封紧急的"鸡毛信"。

银花的心在狂跳，他快步走到一个深沟里，找到了一个挡光的石缝，把信抽出来，一根洋火擦着了，信纸上只歪歪斜斜地写了两个大字：

"拂晓！"

洋火像倏忽的鬼火般的，立即被吹灭了。

银花紧张的心情突然松了下来，就像暴雨后的山间，来了一片清爽和寂静。他走了回去，把命令用耳语一一的传递下去。

"待命……拂晓……"

战士们都戛然嘘了口气，他们都坐在地上背靠背休息了。

……

依然是一个阴寒的春日，东天发现了一抹灰白，再过片刻，就能够辨认出淡薄的黑色凝静的云块。

战士们翘首望着灰茫茫的峰前的荒野，他们在期待着第一下发难的枪声……

子弹押上了膛，手榴弹松了带，钢炮弹送上了口，机关枪的快慢机扭开了连射圈，一切都在这拂晓中装备起来了——为拯救被压迫的同胞、被驱使来残杀自己中国人的皇协军呵！

犹如一个召示，一个呼浪，从敌人的阵地上，朝空发放出一长串机关枪弹。

"哗啦！"紧接着远处飘来压阵噪喊。

继之而起的，是来福枪的炸裂声，手枪的脆响，和蛮猛的手榴弹爆炸声。……但忽然又听见坦克车齿轮的轧轧的碾声，还夹带着机关枪的尖锐的呼啸，这大概是敌人的镇压吧！

“用十挺机关枪响应！”银花不再沉默了，他跑着一边叫嚷。

十挺机关枪同一个时间吼起来了，哒哒哒哒……子弹成串地在晨空射织着，发闪出一条条红色的流火。

“再发射三下钢炮！”银花仍然跳叫着。

钢炮的螺旋机一转，连发出一颗颗红溜溜的炮弹：

“碎唧！碎唧！碎唧！”

“呜啦，呜啦！”

显然的，这边的机关枪和钢炮起了莫大的帮助。这喊声越来越近了，同时还可以听得见杂乱的马蹄声，如山溪流水的急促的脚步声，和后边追击的坦克车的轧轧声，枪声，马嘶声，人的惊怖和愤怒的喊声……

一个马队从凹地里出现了，约莫有一百匹马，前头的大黄马上一个男子擎着一支白旗——这表示的意思是，投降呵！飞也似的朝这边冲上来了。

马队后面，是狂奔的人群……

这边的机关枪同时停止了下来，弟兄们鼓噪了起来，谁在高呼：

“欢迎投诚的弟兄！”

全团弟兄像一个高大的怒潮，一个声音：

“欢迎哪，欢迎投诚的弟兄！”

继着，又奔腾起来了，犹如一万个浪花在疾卷的风下：

“我们都是自己的弟兄哪！”

“祖国需要你们哪！”

“掉转枪头去，打死后面追赶的狗！”

“……”

“呀，是纳兰！”海格青狂欢地高叫了起来。那第一匹黄马上擎着白旗的，正是那天晚上在山神庙相会过的青年勇士纳兰！

“纳兰呵，往那边山凹跑！”海格青跳到一块打岩石上，像风车般的抡着两只巨大的臂膀叫喊。

纳兰在马上往上望了望，把手中的白旗左右摇摆了几下，就拍马往山凹那边飞奔了。后面的马队扑着大朵大朵的沙尘，也跟着往那边山凹追奔去了。

“快跑啊，到山凹那边去！”山上的弟兄一起叫跳着，因为后面的坦克车快追上来了。

人群在山底下的荒野上狂奔着，好像千万只蚂蚁朝右边的山凹聚集……

两轮有着红闪闪的日星章的巨大的怪兽般的坦克车，把落后的几十个人碾压碎了！然而这一些尸血还饱不了这两只贪婪怪兽，它们碾压着，咆哮着，加快地望山凹那边追去……

又是两辆坦克车，紧接着后面追来了汹涌的敌人的马队，亮闪闪的马刀在空中挥划着。带头的那匹马上的敌人，在放射着手提机关枪。

随即，两门钢炮一齐怒吼起来了：

“碎唧！碎唧！碎唧！”

炮弹落在地上，飞腾起一支烟柱，一辆坦克车被炮弹射穿了钢甲，仰翻着，齿轮还在空中无力轧动着。另一辆坦克车急急地退了回去，一边还向山上回击着小炮，可是刚刚退到那辽远的凹地，就被一颗钢炮飞上去打断了轮链，死了。车里的敌人，掀开了钢板，跑掉了。

而后边的两辆坦克车早就窜回去了。

敌人的马队突然发现这边有了旺盛的火力作哗变部队的掩护，他们正想凭借旁边的一个土陵作回击的据点，但是马匹互相践踏、撞击，使他们自己立不定阵脚，而这边的机关枪又是这样的稠密，却令他们进退两难。

“鬼们，回去！”海格尔不停手地扫射着机关枪：

“突突突……”

敌人的马队成堆成堆地倒下去，受伤的马在痛苦地嘶鸣着，在马底下挣扎着，爬跌着……

可是大的战斗展开了，敌人在羞愤之余，派遣一千名马队，分左右两翼向这边猛攻过来。

敌人的马队漫野地喊杀了过来，七架重机关枪分成两组，去对付左右两翼的敌人。

要是敌人团过了第一道重要机关枪火网，就用十五架轻机关枪去消灭它们！

于是七挺重机关枪同时叫嚷了起来，对准那漫野狂冲过来的敌人马队。而十五挺轻机关枪却高高地翘起了头，等待着敌人冲过第一道火网，它们便要用更旺盛的火力发挥在这祖国的大地上，用成万颗飞弹去打断敌人的马蹄！

敌人非常凶野，几乎是用一百挺以上的手提机关枪在马上向这山上回击，一千匹马匹狂潮般的向山凹那边奔腾！七架重机关枪发挥了最大的火力，敌人的马队是整排地跌倒下去，但是大半仍然被漏过了这条火网。

紧接着的，十五挺轻机关枪同时在像恶风暴雨中紧卷起来，分不清点打的弹声，而是"突——"的一长串，像成群的鸟雀飞入空中，急骤，倏忽……

然而敌人还像厉鬼的阴魂，左右向山凹那边来回冲击着。

四面的山群和大野都在猛烈地震撼了，在这山头上，已经能够听见敌人马刀在空中的劈响声，敌人离得太近了，山凹那边反正的友军陷于极大的险境……

突然，海格青像发疯的巨猿般的跳了起来，把机关枪扛在肩上，作着一串怒马的长啸，然后大声地叫：

"谁跟我来！"

说着，海格青跳下了山崖，往凹口那边的山脚冲下去了。

弟兄们跳了起来，银花也禁不住惊叹了一声。

海格青已经快跳到半山上了。这边谁在叫：

"谁去哪，呵，海格青会遇到危险的！"

这叫声，把弟兄们提醒过来，像一阵冷风，把醉酒的人吹醒一样。

"他没有带子弹呵！"一个粗嘎而显得异常焦灼的声音。

"我去吧！"大罗看着海格青将受到死灭的不幸，他提起了两箱机关枪子弹，飞也似的朝海格青去的路上跑去了。

"好呀！"谁又在叫，好像在鉴赏着一幅壮美的图画一样。

“突突突突……”

这边的一挺机关枪摆动着火口，在保护着海格青和大罗的去路。

大罗满头大汗气喘吁吁地追赶着海格青，无奈海格青跑得太快了，就像一阵神风般的不可追捕……

海格青的心像整个被激情燃烧着。他没有意想到后面有没有人给他送子弹来。他只顾向前奔跳着，两边的风在他耳边啸响着，以致大罗叫他慢一下的喊声也没有听见。

海格青再斜奔完一条乱石的小山径，跳下三层崖头，飞跳过一片灌木林，于是他猛地跳到凹口。

海格青把机关枪往地上一放，几匹敌骑同时惊散了开去，但随即看见海格青不发射机关枪，旁边也没有子弹箱，于是有十匹马奔拢上来，挥着长长的马刀，向海格青直冲过来。

一匹杂种灰马第一个冲上来，骑者用手提机关枪柄敲打海格青，海格青非常着急，蹲了下去，双手抱着机关枪，灰马一转身，海格青就用机关枪筒重重地击了灰马的鼻楔一下，灰马惊叫了一声，猛地奔跑了开去，把它的主人远远地掷在地上。

可是三匹大洋马同时冲上来，紧紧地围住海格青，第一二次劈来的马刀都被海格青躲过去了，但是第三次马刀劈下来了，海格青只慢一闪身，右臂和机关枪一齐被劈落在地上。海格青痛呼了一声，预备往山脚的灌木林退几步，但是他的左腿感觉了一下酸软，一颗子弹正好打进了左腿，于是海格青颓然地倒在灌木林边。

后面的几匹马又追了上来。敌人在狞野地叫着。

“滚回去！”随着这一声叱喝，一颗手榴弹在前面开了花，轰然一声，两个敌骑倒下去了。

敌骑重新飞奔了开去……

这时，独立旅的马风团的另一营，开上来援助了。现在敌人完全陷入猛烈的火网中，他们已经居于不可挽救的死角的地位。反正友军和马风团的一营正面向敌人射击，银花团则拼着全部火力截断敌人的归路。

敌人惊惶得失却了战斗力，马匹在四野里狂奔着，悲惨的嘶鸣着，马倒下去了，人爬了起来，但立即人也倒下去了……

太阳高高照耀在东边的山头上，用发软的金须抵触着大地。

战争结束了，敌人所得到的，是失去了一个皇协军旅，和一个骁勇的骑兵联队！

海格尔痛苦地呻吟着，大罗和纳兰交叉两手轿着海格青，顺着一条山道跟着大队凯旋回去。金东沉默地跟在后面，他在哀怜着他的异团友人而又是一个善战的英雄的受重伤，大罗的心胸也郁结着一种不可泯灭的悲哀，一半是因为海格尔受了伤，他不再能用他的神勇的右手去射击敌人，再一半是纳兰，唉，纳兰已夺绿叶而去，是友抑是仇……

只有纳兰觉得心境非常光洁，他庆喜着自己和几千个战士一同杀回了祖国母亲的怀抱，他感觉到春情蓬勃的祖国大地，发散出一种熨帖人心的温热，这祖国大地的土香，今天又是多么地醉人呵！

正绕过一个山谷，纳兰唱了：

草儿青青花儿黄，

骑匹马儿上山岗。

不要什么黄金印，

送我回归见亲娘！

健朗的歌声把山谷震得嗡嗡回响。但是大战役转过去，他的沉重的心像受了搥击一般，脸孔朝幽谷边的野草痛苦地扭绞着……

一九三九年末于洛阳

1997年在山西原平修筑的忻口抗战纪念墙

碧野一生创作甚丰，新中国成立后，写过《我们的力量是无敌的》《丹凤朝阳》、《死亡之岛》等多部长篇小说，散文《天山景物记》被选入中学课本。20世纪80年代，他任湖北省作协副主席，出版有《碧野文集》4卷。而他反映忻口战役的长篇小说《南怀花》，如今只遗憾地留下了一个著作目录。

2003年11月14日，碧野在家中对编者讲述抗战亲历往事的一组照片(王金忠摄)

1939年春，碧野在《阵中日报·军人魂》任编辑时，已完成了长篇小说《南怀花》，他将稿子寄给香港的楼适夷，被楼适夷称为“压卷之作”。可是，在战乱年代，这部小说究竟出版没有？不得而知。一直到上世纪80年代初，中国作协在北京开会，碧野向楼适夷询问此事，楼适夷已经年迈，连自己也不记得了。(见碧野《跋涉者的脚印》，四川人民出版社，1983年版，第98页注1)，所幸碧野曾在《阵中日报·军人魂》上发表过的《塞上》《奖章》《山乡之夜》三个短篇，并在《抗战文艺》发表过《回归见亲娘》，从这四个片段中，大概可以窥见《南怀花》的总体面貌。

富有担当精神的战士

——李蕤:《负》

1939 年 11 月 26 日—27 日连载

《阵中日报·军人魂》是国统区第一战区的军报副刊，要求尽量刊登鼓舞抗日官兵士气的文艺作品。1939 年秋，李蕤接受碧野的邀请，到《阵中日报》主编国际新闻，同时为《军人魂》撰稿。李蕤没有亲上战场进行过战斗，但他自 1937 年抗战爆发后，就投笔从戎，当了《大刚报》的战地记者，1938 年春采访过台儿庄大捷，并跟着部队经历过 8 天 8 夜的徐州突围，终于逃出日军封锁线。也许正是这些艰难非凡的经历，使他写出了反映战地生活的小说《负》。

抗战阵地一角

战场上杀敌的中国军人

《负》不仅写抗日军人关青在战场上负伤，更通过他与小洪的对比，去表现他在负伤之后，如何富有大局意识、担当精神，如何对待困难，如何对待战友，……这种坚韧不拔乐观向上的战士，正是李蕤心目中的英雄。

軍人魂
第一五一號
負
李蕤
長沙外圍戰的追述
青年正論

1939 年 11 月 26 日、27 日《阵中日报 · 军人魂》连载李蕤的小说《负》

负

李蕤

1939 年 11 月 26 日、27 日《阵中日报 · 军人魂》连载

炮弹从远远近近飞过来，在天空发出凄凄的鬼号一般的响声。然后在地面上爆裂。炸裂的地方，立刻掀起一片烟尘。渐渐的，这炮弹越来越密，好像冰雹一样，连天空也被这些烟尘弥漫得成了灰红的颜色。天和地几乎没有界线，成了一个混沌的大湖。远村和近村，都成了很小的灰色的点子。

但这炮弹却换不来回声。除了四周的群山发出嘲讽般的回声之外，一切的回答都是寂静。这仿佛更加怒了日本的炮兵指挥官，炮弹愈来愈密，如像深秋的狂风要想把什么都摇到地球之外似的。

几条网状的壕沟，蜿蜿蜒蜒的伸展在山脚下面，这些壕沟并不坚牢，上面只绷着薄板，插着绿色的叶子。但它躺在这原野中，目标却几乎完全没有。在这壕沟下面，蜷伏着为中国争自由的战士，他们都紧紧

晚年李蕤

的抓着枪机，顶上子弹，谛听着炮声的自远而近。但那些炮弹却尽自在前后左右爆裂，间或近处落一两个，立刻又落在很远的别处了。

“在试探”，一个高大的背影，卸下架在眼上的望远镜，蹲下身来，低低的对他右侧的青年洪说。“往左边传！要他们绝对记住上头的命令，不要轻易开枪。”这青年叫关青，他负着一连战斗兵的指挥责任。

炮声果然稀疏下来。

但跟着炮声的停歇，立刻换上沉重的坦克车声音。原野上时而蠕动着黑色的小点子，渐渐的这黑点子裸露出乌龟般的原形，野猪般向这一方压来，不敢挺身作战的日本步兵，托着枪，弯着腰，尾跟在坦克车的后面。坦克车吐着飞蝗般的子弹，没有目标的扫射着。

壕沟里的士兵，早已眼睛发红，他们背上背着大刀，手里握着火油瓶，但等着红旗一摇，便准备开枪反攻。但这面红旗，却仍然在关青的手中，一如插在石缝中一样，毫没有就要摆动的表示。

坦克车越逼越近，巨大的野兽巨齿般的轮带已经裸露出来，旗仍没有摆动，大家的心底一瞬间停止了跳动，屏住了呼吸……

坦克车已经快压上壕沟，那些日本步兵，也大意的探出身来……

突然，从背后的山上，发出清脆响亮的炮声，一辆居先的坦克车，正被击中顶门，立时倒了下去；其余的折回笨重的车身，便想逃走。这时，壕沟里的红旗摆动了，火油、碎布、乱麻，一齐抛向坦克车去，有些勇敢的跳到坦克车头上，掀开炮盖，把炸弹投入它的里面。

“杀……”，关青忙摆着旗，一身当先的追上去，随着枪声，日本兵山羊似的跌倒下来。有些回转头，把双手蒙着脸跪下去。

这一次反攻任务，是乘胜抢过来对面的山头。大家跨过脚下的死尸，踏着血泊、碎旗，向山坡追赶，到山坡前沿恰好遇到了敌人的小部增援，双方又发生了遭遇战。

突然间，一颗流弹，正对着关青的喉咙飞来，他直觉的把身子一偏，这子弹恰好穿过他的左膀，他晕倒下去了。在半昏迷中，他还听见自己的激越的冲锋号声，许多人从他的身上跳过，他试着想坐起来，但却丝毫没用。身上一阵阵剧疼，他又倒下去了。但他的耳畔似乎一直有着军号的声音，好像还挥动着手里的旗子。

他再次苏醒来的时候，天已经快到黄昏了。十月的寒风从山谷里无阻的扫过来，吹着他身上的军衣，他的左臂上的血已经一半凝固了，和衣服胶粘在一起。他试抬一下，但这膀臂如同折了的树枝一样，无论如何也举不起来。他慢慢的用右手解下腿上的绑腿，用嘴咬着一端，把自己的伤口裹住。随后用右手按着地，试着爬起来，才站起来的时候，他几乎没有跌倒。

因为好几夜没有睡觉，他的眼非常的涩酸，嘴唇被风吹得完全干了，裂着血口。他想寻一点什么可以解渴的东西，但四周并无所有，地上满是日本兵丢下的旗帜、钢盔、刺刀。棉花已经到了该收割的时候了，一颗颗棉实都咧着嘴，吐着雪白的棉絮，没人来理睬它。后来，他又缓缓的前行，竟然发现了一块萝卜田，他拔出了几块萝卜，咽了几口，稍微镇静一点。

他坐下来，一瞬间感到很疲倦。尤其使他关心、使他纳闷的，是他不知道自己是胜了还是败。今天的反攻和自己的受伤，这中间似乎有一年的时光，似乎是一场大梦。

忽然，在二三十步以外，送过来呻吟声。这声音他听来非常熟悉，便顺着声音寻过去。

“呵，你！小洪！你怎么也伤了？”他伏下身去。

小洪是一个十七八岁的少年，从眼睛和眉宇上看，他还没有脱离年轻人的稚气，他侧身俯卧着，脸贴着青色的麦苗，大腿上有一块殷红的血迹。他看见关青，把头仰起来，又闭上眼睛，然后鼻翅扇动着，两行清泪滚过两颊。他是三个月前才从一个初中抛了书本跑来的，上火线这还是第二次。

“不要难过，小洪！”

他坐了下来。用颤抖无力的手，扯下另一条裹腿，把小洪的伤口裹住。他的手里，还剩余着一个萝卜，顺手递给小洪。

天简直要暗下来了，成群的乌鸦，扑扑着急飞过去，寻找夜宿的树林。这时，小洪已经有些精神，两人背靠背坐着。

小洪蹙着眉，不能忍受的呻吟着说："怎么办呢？"

关青沉默的坐着，牙齿咬着下唇，眼睛里放射出镇静的光芒。对小洪的呻吟他一若无闻，只凝神的望着四野，若有所思的样子。

原野是荒凉的，行人很少。远远的看见间或有一两匹马急遽的跑着，但离他们很远。忽然，很辽远的地方，又发出隆隆的雷鸣似的声音。

关青忘情的跳起来，喊："小洪，原来我们已经越过山头了。你听那炮声……还有刚才那匹马，我看得出来，那是师部传令的白马，师部也前移了。"

小洪把鼻子皱得很难看，把头偏在一旁，冷冷的说："管它呢，……我们就坐死在这野地里么？"

"不要这样，小兄弟！作战难免要有受伤的时候的，受伤不算什么大不得了的事，只要有代价。"他温和地安慰小洪："怎么样？你试试看，能站起来么？"

"我们的人都死光了么？打仗受了伤，便丢在这里。那么多的担架队，现在一个影子也看不见！"小洪睁着愤怒的眼睛，狠狠的说："老子这次只要伤好，说什么也要脱下这套军衣！"

"不要赌气，你应该镇静一下。打仗不是儿戏的事。受伤我们是放在预料以内的。至于救护，他们哪能顾得恁周全呢？我们有好多受伤的弟兄。况且你明白，我们是在乘胜追击中受伤的，前面那座山，比我们重要，抢过来它，我们可以少死几千几百弟兄。"

小洪鼓着嘴巴，什么也不答辩，仍然气悻悻的样子。

"走吧！"他用力的搀起小洪。但小洪，左腿未曾着地，却杀猪般的叫起来，又坐到地上，噙着眼泪说："你走吧，关青！至于我，我实在走不动，我情愿死在这里。"

"不，小洪！我们做一个军人，不能这么轻易的说死。我们的生命，已经为祖国的自由许给国家了。我们只要一天能活，还要为着战斗活下去！受了伤还须自己走路，这原是非常痛苦的事，但我们如果明白，我们的作战是为了祖国的自由，是我们自动的搁了笔参加，便会忘记了这痛苦，便会不责备旁人了。在抗战中，谁都和我们一样苦，我们要从任何没有办法中想办法。打仗要像个战士，不能当成在家。在家里，头疼发热也要人照拂的……"

"家庭"两个字，好像有个鹰嘴铁锹，一下掘出了小洪的泪泉。他陡然忘情的呜咽起来。

"走吧，关青！哭了之后，我心里静些了。"小洪拭干眼泪。

于是，关青用一只臂膀，搀扶着小洪。夜色已经隐约的飘来，冷日已经快滚进西天的苍茫的云海。远远的仍然传过来隆隆的炮声。

小洪的一只腿，无论如何不敢着地，只有一只脚着地，在关青架着几寸几寸的往前挣扎。

"这样我们走到什么时候呢？"关青突然停止脚步。小洪慌了，脸色转成铁青，颤声说："你丢下我吧，关青……"

"不，我们死要一起，活也要一起。来，小洪！你绝对不要耽误我们的时间，让我背着你走吧！不过你要留心，别动着我的上半截左臂……"

小洪赌咒不肯，但到关青的眉毛竖起，表示非常发怒的时候，他的心忍着比腿更加十倍的疼痛，把两条臂膀放在关青受过伤的膀上。

"关青！你比我有用得多，中国的士兵都像你，祖国是绝对不会灭亡的。……刚才我那样的没出息，你不说我不算人么？"小洪的感激的热泪，滚到关青的脖颈上。

"不！一点也不！铁是经过久炼才成钢的，小洪，你也会硬朗起来。"

好容易，他们才从田野中走到路上。但远村已经埋入深灰色的夜雾中，归路在哪里，他们又不能辨识了。于是他们坐下来，从衣袋里，关青又搜到剩余纸烟，这对于他们简直是非常温暖。纸烟的丝丝红火，映照着关青的阔大的额角，他兴奋的对小洪说："从前我见你的日记上抄着鲁迅的话，'如果遇着歧路，便坐下来，决不大哭而返……'这实在是一个战士的话。我们现在也坐下镇静一下吧。等一会儿总是会辨出来的。"

突然，远远的传过来得得的马蹄声，两个人习惯的急速的熄灭了烟，警戒的躲在路的一旁。马很快走近他们时，听着马上人的两声咳，关青已听得出是团部的传令兵了。

“陈飞！陈飞！”他喊着。陈飞翻身跳下马背，“关连长，我们过了青峰山了。现在我们正围攻林城。命令叫今夜攻下。因为这里的敌人并不很多，这个钉子一拔下，敌人便被我们剪成碎段了。”

关青一声声应着，显然他的心已经飞到青峰山了。

“我现在是奉旅长的命令，到连山寨师部请求增援……怎么？你们受伤了？王营长正在着急不知你们的去向呢。关连长，你的伤走路太难了，你骑着这匹马，到师部吧，……只不过……”

“这是胡说了。命令叫你去请兵援，什么事有这要紧？援兵晚到十分钟和早到十分钟，有时便会决定一场战斗的失败和胜利……你赶快走吧！”

“从这里朝那边望，那一幢黑的地方，叫金家湾，离这里三四里路，那里有我们野战队医院，新移上来的，你们慢慢到那里去吧！记住，两个向左转，看到路旁有两个并膀的大白杨树，就是那个村子了。”

说完，那传令兵掏出一点炒米，递给关青。然后匆匆敬了礼，跳上马背，马蹄声又得得地远了。小洪望着那逝去的影子，露出似羡慕似非羡慕的眼色。

“明天能攻下林城就好了。”关青惘惘的说。随后又醒悟似的向小洪说：“走，我们到金家寨去吧！”他又背起小洪。

夜色更浓的涂上来，万颗银星，好像水银的碎珠。在依稀的星光之下，受伤的人背着负伤人，在健壮的走着。他的眼睛如炬的直视着前方，十月的冷风，吹着他们尚是单薄的衣裳，但他们的心脏却是热炽着，像红炉中的赤炭一样。

…………

远远的，一阵阵传来隆隆的炮声。

（1939 年）十一月十八日于洛阳

固守阵地的英雄营

——彭世桢:《长沙外围战的追述》

1939 年 11 月 26 日

1938 年 10 月武汉失陷后，日军前锋直逼岳阳，湖南成为抗击日军、屏障西南大后方的前哨。湖南素称“鱼米之乡”，是持久抗战的基地。为了保卫湖南，1939 年国民政府在赣北、鄂南和湖南设立了第九战区，在湘北构筑了数道防御阵地。

1939 年 9 月—10 月，第一次长沙会战

1939 年 9 月中旬，日军向长沙发起进攻，称为第一次长沙会战。湘北新墙河一带是日军主攻方向。日军兵分三路，中路正面进攻新墙，西路从营田一带登陆，东路进攻新墙河上游的沙河。

守卫沙河一线草鞋岭的，是 52 军 195 师的一个营。从 1939 年 9 月 20 日，到 9 月 22 日，守军在日军奈良晃部队的飞机轰炸、炮弹袭击、施放毒瓦斯，以及骑兵、步兵的一次次冲锋下，始终坚守阵地，3 天牺牲 200 多名战士，打死打伤敌人一千人以上。之后他们转移到比家山，继续固守阵地，上校营长史恩华和两个连长不幸阵亡。

之后，这个营的残余战士撤退到福临铺、王复泰一带，继续打运动战。10月14日，日军撤退到新墙河以北，中日双方恢复战前态势。

在这次长沙会战中，坚守新墙河的52军179师史恩华营，人数只有三个连，却顽强地坚守阵地数日，打死打伤敌人两千人，在长沙会战中发挥了重要作用。如今，195师师长覃异之、营长史恩华等的事迹，都已载入抗日战争史册。

准备参加长沙会战的中国军人

第一次长沙会战打得异常激烈，中日双方均有惨重伤亡，但这是日军侵华以来，首次被迫放弃已占领的阵地，退回到原来的态势，没有达到攻下长沙的目的。这场战争暴露出日军的弱点，打破了日军不可战胜的神话。这就极大鼓舞了中国人民抗战到底的意志。

固守阵地壮烈牺牲的52军195师少校营长史恩华

第一次会战被称为“湘北大捷”。全国各地举行庆祝活动，一时形成了举国欢腾的局面。

民众热烈庆祝长沙会战大捷

1939年11月26日《阵中日报·军人魂》发表了著名记者彭世桢的《长沙外围战的追述》，详细记述了第一次长沙会战中，固守沙河的195师史恩华营固守阵地的英雄战斗事迹。其中某些细节，是对现有史料的细化和补充，值得抗战史研究者借鉴。

彭世桢，著名记者，“青记”“国新社”成员，抗战期间曾任美国新闻处中文部（英译中）主任。1954年著有《战后殖民地半殖民地人民解放斗争》，世界知识出版社出版。

軍人魂

第一五一號

長沙外圍戰的追述

青年正論

1939年11月26日《阵中日报·军人魂》发表彭世桢的特约通讯《长沙外围战的追述》一文

长沙外围战的追述

本报特约通讯　彭世桢

1939年11月26日《阵中日报·军人魂》

突过新墙河是敌人进攻长沙的最先而最重要的一着行动。敌人分三路来进攻这一道防线，中路是正面进攻新墙，东路是攻新墙河上游的沙河，西路是从湖边的营田一带登陆，虽然西路达到了登陆的目的，影响全线的防守，但中路、东路他都失败了。若非我自动转移，敌人终将无法越过这一线。

我们在沙河一线防守的成功，在于把敌人进攻的力量削弱了一半，并且给予后方我军以调动部署的机会，使后面的军队能够更容易地击败敌人。

草鞋岭的固守

我们的前进阵地在沙河北岸十里的草鞋岭，守这里的是霍团长锦堂所指挥的三连人。

九月二十日晨，敌人四百余从桃林来到，开始向草鞋岭进攻，四门炮架在北面的山上，向我山上阵地袭击，三架飞机反复投弹，约三小时，炮向我后面延长射击，步兵密集队伍冲上山来，发枪如雨。我士兵伏着不动，等敌人到了四百公尺的时候再打。飞机再炸，距离不到，还不回射一弹。到了三百公尺以内，一声吆喝，机枪、步枪、手榴弹齐发，敌人纷纷应声而倒，决堤一般全队溃退下去。跟着就是大炮放过来，溃兵退到七八百公尺以外便集合整理。炮击了很久，敌援兵到了，再来一次冲锋，照样地被我们击退。

援军再增来，作第三次冲锋，但依然是溃退。天尚未黑，敌人再作第四次的攻击，并施放毒气弹和毒瓦斯，结果仍然溃退了。天黑了，敌人休息着。鏖战一天，我们死伤士兵共十四人，敌人的尸体看得到的就将近一百。我们的士兵都觉得：敌人密集将队伍冲来，很好扫射，敌人放枪很不沉着，机枪步枪连续射个不停，大概都是新兵，不足畏。于是个个勇气百倍，准备明天的迎击。

第二天，敌人以加倍的兵力来犯，炮火更为密集猛烈，飞机在我阵地后面投弹扫射，阻我增援。冲上来，照样溃退下去，冲到中午，我阵地依然不动。于是敌人以二百骑兵从我右面寻空隙迂回至我后面，恰好在保安桥（草鞋岭东南）遇着我增援上来的一连人。敌骑兵势大，我一连人自视力薄，便分散在山上四面向敌射击。敌不知我兵力多少，小心畏战不敢前进，迂回失败。

同时，正面的敌人继续在猛攻我草鞋岭阵地，再度用毒气。有一次，敌人六十余突破了我阵线的一点，冲了进来，后续部队跟着上，情形危险万分。我两边士兵赶快向中间裂缝一压，弹如骤雨，一阵就打死敌人二十余。敌人胆怯，转头便退，我军士兵个个都大叫："捉活的！捉活的！别放走了一个！"声震四山。敌人退得更狼狈，退到我射程外，才剩十多个。

第三天，九月二十二日，敌人再来作顽强的攻击，火力又增了一倍，一步一步地筑工事过来，取稳筑稳打的方法。但到了我们的射程内便不能再筑，对于冲锋依然没有益处。于是敌人在我左侧找到空隙袭进来，到了老树冲（草鞋岭西南），被我一连人拦腰一击，分成数段，零零落落地向后退却。侧面失败，仍然攻正面，从清晨攻到天黑，一切技术用尽，犹未能夺得我们的阵地。

三天的猛烈战斗，牺牲了我们二百余名战士，他们虽然以被动的姿势与劣等的火力防守一个阵地，但能够死守着它，非重伤不肯退下，打死和打伤之敌达一千以上，若非勇敢与镇定，是不能有此成绩的。阵地已全被毁于炮弹，他们便奉命于二十二日夜间撤退。

沙河两岸的歼敌

二十三日敌人才发觉他们三天来攻不下的草鞋岭已没有守军了，于是占领了它，进而攻沙河。

沙河北岸的比家山现在是我们的前沿阵地了。敌人以攻草鞋岭的技术来攻，但火力更为猛烈。炮弹密如机关枪，飞机二十七架不断地狂炸，从早到晚，整天不停，终于没有得我阵地。我守军伤亡一营阵亡惨重，营长史恩华和两个连长（易平、屈文生）阵亡。但敌人因取攻势，伤亡四倍于我。

次日上午敌人转至比家山西面，从穆家渡渡河，河水浅，敌人涉水可渡，攻击我南岸阵地傅朝孙一带。骑兵四五百沿沙笔冲（从南向北流入沙河的小溪）向南猛冲，左右有两翼步兵，三路同时前进。我们埋伏在西边的一营便向东拦腰猛击三路深入的敌人，守傅朝孙的部队也向北向西射击，使敌人一面前进，一面死伤。遇到花果园（沙河南约十余里），又被我埋伏的部队迎接着了，在山树田畴间混战至晚。在这一线上，我们伤亡了三十余人，连长陈惠群牺牲，敌人的伤亡依然是三倍于我。

正面攻傅朝孙的敌人始终没有突过那一线，无论炮火如何猛烈，无论我人数如何少，我们不退，敌人终不得进。有一个小村我们只剩两个士兵在守，敌人百余攻了一天不下。

敌人二十三日在营田登陆之后，影响我正面防线的防守，我高级指挥部就决定放弃据点的固守，而把兵力调动去打敌人的弱点和配置在长沙东北一带，准备放敌人进来，然后以运动战歼灭他。在这个决定之下，沙河一线的兵力就安全而迅速地撤到福临铺上杉市一带来。我们的军队去了，敌人还不敢放胆前进，前进一步就要以枪炮四面搜索一次。二十五日天暮，进到王复泰（花果园南十余里），又被我少数部队拦击一次，死伤三百余。给予敌人这个挫折以后，我们敏捷的集中于新部署的地点，参加长沙外围的运动战去。

从草鞋岭到王复泰，我守军不满一师，敌人进犯人数未详，但从其死伤二千这数目看来，已可知其不少。敌人到了金井和福临铺便成了强弩之末，即由于在途中消耗太多。沙河之战像新墙河一样，是长沙外围战胜利的第一个关键。

十月二十二日

于瓮江附近

近年来，抗日英雄史恩华的亲友团在笔架山举行吊唁活动

来自广东沦陷区的报道

——轰振:《广东去来》

1939 年 11 月 29 日

武汉和广州是中国两个重要的大城市，在抗战中，它们几乎是同时沦陷的。

1938 年 10 月 12 日，日军从大亚湾一带登陆，10 月 20 日，日军发动全面攻势，中国守军防线被突破，10 月 21 日，日军占领广州市区。由于广州被占领，粤汉铁路被打通，中国军队继续坚守武汉已失去意义，遂迅速撤出武汉，10 月 25 日，武汉沦陷。

日军打通了南北交通线后，由于战线太长，也无力再发动大的战役。因此，广州、武汉的沦陷，标志着抗日战争进入相持阶段。

据广东省、广州市档案资料统计，日军为了侵占广东，从 1937 年 8 月 31 日首次空袭广州起至 1938 年 10 月 21 日广州沦陷，共对广州市进行了长达 14 个月的狂轰滥炸，其轰炸密度仅次于当时的陪都重庆。空袭广州的日机共有近百批 900 多架次，共炸死居民 6000 多人，砸伤近 8000 人，毁坏房屋 4000 多间，毁坏船只近百艘。其中规模最大、使广州损失最为惨重的是 1938 年 5 月、6 月间的大轰炸，仅仅一个多星期，日军共出动飞机 14 批 100 架次，广州成为瓦砾与尸骸相堆积的瓦砾坟场。

日军侵占广州之前进行了 14 个月的大轰炸，平民死亡枕藉

日军占领广东省政府

日军占领广州市政府

广州沦陷后行人随时会遭到日军的盘查

日军进入广州后，铁蹄所至，人民的生命财物成为灰烬。1937 年 11 月 24 日广州公布的人口共有 121.6 万人，到 1943 年 9 月 15 日，全市只剩 64.3 万人，人口减少了将近一半。

軍人魂
第一五四號
廣東去來

1939 年 11 月 29 日《阵中日报 · 军人魂》发表袁振的《广东去来》

那么，广州沦陷后的情况是怎样的呢？在广州沦陷一年多以后，1939 年 12 月 29 日《阵中日报·军人魂》上轰振发表的《广东去来》，讲述了他到广州的所见所闻，由此可以看到广州沦陷后的生活之一斑。

作者轰振，本名汤轰振，“国际新闻社”（“国新社”）会员。

广东来去

本报特约记者轰振

1939 年 11 月 29 日《阵中日报·军人魂》

一、敌人替我们建造天堂吗?

广州沦陷已经一年了，在敌人有计划的宣传之下，简直把它描绘成了“和平天堂”，该感激！我终于九月间，获得了某某游击队送给我巡游这“天堂”的机会。

第一个印象，我觉得广州的确未减当年的繁华。看啊，汽车不是仍然往来如鲤，霓虹灯不是仍然耀眼吗？但，广州的面容毕竟有点改变了：“白宫酒店”换上了“松本旅社”的招牌，“味精”、“味母”改成了“味之素”，大新公司的环球货品全是日本货，“爱群酒店”参进了百分之五十日本人的股份。人们走路的姿态也有点异样，“礼仪之邦”的黄帝子孙们愈加卑躬了，东洋武士却特别神气。

一向被称为“银市”的十三行一片烧光了。昔日最热闹的双门底只剩下了黑栋乌墙——可惜我没有机会看看“皇军”进城时放火的情景，现在想起来，那一定是个惊心动魄的场面啊！

商业的中心区这样毁灭了之后，日本商店便在四排楼一带，像蚜虫一样的生长起来。如今这里就成为广州最繁荣的地方。

但，间接的吸血，还是难填欲壑的！最近，敌人又加紧物资调查，强迫民众进行财产登记，以为直接榨取的准备。

为了削弱民众的反抗力量，许多壮丁都被迫加进了伪挺进军，为了实行“以战养战”的毒策，还要每个壮丁自备七九步枪一支，入伍费四十元，在作战的时候，便驱策他们打头阵。

曾经有一个时期，敌人哄传着我大批便衣队潜进了市区，他们袋子里都放着单数的铜板做特别标记，于是许多袋里有着单数铜板的老百姓都被捕杀了。其实不仅是这个时期，这样的枉死者，“天堂”里随时随地随便哪个人民都可能充当的。

二、改头换面没改心

未回广州之前，老早就有人告诉过我了，旅店搜查得很严，尤其是单身汉子最受敌人注意。因此当天晚上，我便到我的姨母家里去歇息。

刚走进了大门，姨母惊得发呆了。许久才尖叫了一声：“你们男人有手有脚的，为什么跑回来？”

我还没有立刻答复她，她便跟着耽心地问：“你不怕打针么？”

她这样的耽心并不是无因的。据她几个月来观察，敌人的所作所为，他们决没有替中国老百姓打防疫针那么好心，最后，她还举出一个有力的反证来说：“近来敌军生病的很多，西村陆军医院住不下，还另外在陈家祠堂里设了一个疗养院，如果他们有防疫针，为什么不先替自己人打打呢！”因此，她就一口断定，所谓防疫针者，如果不是慢性的神经病针，就是绝嗣针。阴毒险恶的敌人，为了易于统治起见，假如不能使中华民族绝种，至少也要把我们弄得愚如狗彘了！

稍微有点军事常识的人，一定不会忽视了“攻心”工作在战争中的重要性，敌人占领广州之后，对于这种工作，就从没有半点松懈。他们常常派出宣抚人员，带着大批从其他地方掠夺来的财物，深入民众里去，宣扬“皇军”的威德。有时，不知利害的孩子，见到敌人来了，便高呼“打倒日本帝国主义！”然而，敌人不但不发怒，反而拿出些糖果塞进孩子的手里说：“不要学坏了，孩子，快快的长大起来，我们一起打‘红毛’（英国）去！”

为了移植仇恨，为了巩固占领区的统治权，日本帝国主义的确改头换面了。最容易引起民众反感的强奸，已被绝对禁止，而且在惠爱中路的禺山中学内特设了一个“慰安所”，里面豢养着东洋妓女百余人，专供兽军泄欲，这样把我们好好的一个文化机关，变成了兽窟，这就是敌国所传布的文明吧！

三、“皇军”的威风何在

好些中了汉奸宣传毒素的人们，每每憧想着广州真的成为一片和平的乐土了，其实，广州并没有一天停止过战斗。我们的便衣队和富于民族意识的民众，经常在最繁盛的街市里狙击敌人。大汉奸植梓卿、李道轩、吕春荣，都先后尝过了中华勇士们的子弹。

谁到过广州，谁一定知道永汉中路的涎香茶楼。在广州未沦陷之前，许多新闻记者都在那里一面喝茶，一面交换当天得来的消息。现在，却成为小汉奸们的集散地了。而我们的便衣队，偏偏选择了这个地点，来进行反汉奸理论的斗争。有时，他们简直一手持枪，一手握着炸弹，来发表激昂的演讲。就是敌人在座，也只能把头埋在桌子上装聋装傻。

绑架敌人的事情，像神话般在民间流传着。现在单是某某军便衣队绑架来的俘虏已经有十多个了。绑架的方法，大都用美人计。这种工作，往往配合妓女来进行。过去，许多人都把妓女看作完全没有灵魂的东西，但在这个场合中，我们有权来一个否认！

由于我们便衣队的活跃，敌人警戒得更加森严了。一天检查市面三两次，已成为很平常的事件。

集居于沙河、燕塘军校及石牌的中山大学的敌军，四周都围上三重铁丝网。门外的岗位，都用英泥钢根筑成，晚上守卫的敌兵，便缩进岗位里去，以防我便衣队袭击。因此，广州的民众，现在多用“乌龟”来做“皇军”的代名词。

在我们军民的苦斗下，“皇军”的威风缩到甲壳里去了。

广州城北番禺抗日战斗烈士纪念碑

被侵略战争拖入泥沼

——丁玿译:《一位美国记者所见到的敌国现状》

1939 年 11 月 30 日

《密勒氏评论报》是美国记者约翰·本杰明·鲍威尔（J · B · POWELL）在上海创办的一家英文版报纸。抗战期间，《密勒氏评论报》上，经常有外国记者撰写的支持中国抗战的文章。这些文章的视野广阔，有的将视角伸向日本本土，对于中国人民了解抗战的全貌，不无裨益。

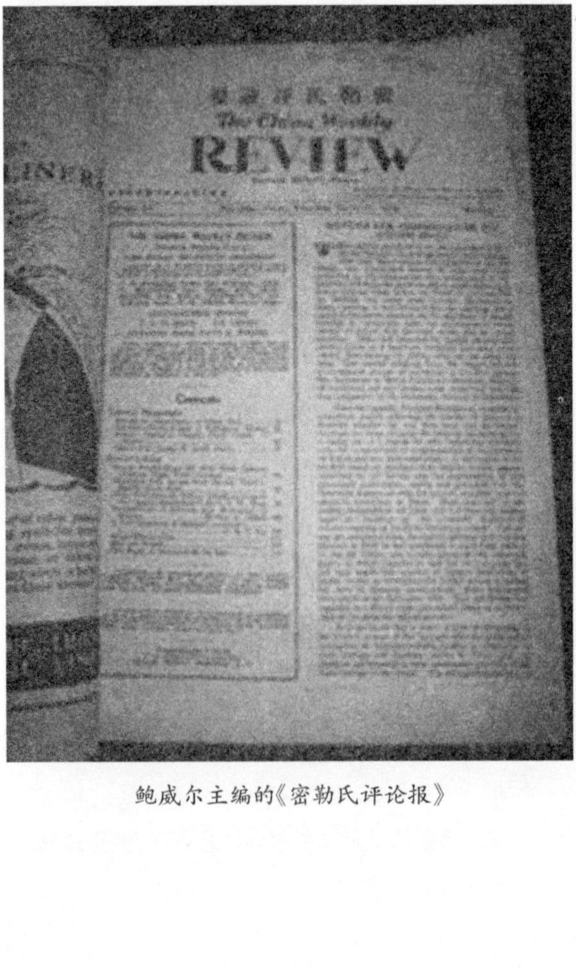
The China Weekly
REVIEW

鲍威尔主编的《密勒氏评论报》

抗战时期的日本军票 100 元

1939 年 11 月 30 日《阵中日报·军人魂》刊登了《密勒氏评论报》对美国《纽约时报》记者哈莱脱·勃伦特文章的译介，题为《一位美国记者所见到的敌国现状》。文中详细介绍了当时日本国内的情况：由于长期将大量人力物力财力投入侵略战争，日本经济衰退，物价飞涨，青壮年男子减少，人民生活水平急剧下降……

文章说：“如果敌国侵占中国的计划其能实现的话，那它在十年之内就可以一跃而为世界上最富之国，但是中国这样英勇地坚持抗战，他们非但没有得到一点利益，反而遭受了很大的损失。”

译介者丁珰，生平不详。

軍人魂

第一五一號

一位美國記者所見到的敵國現狀

1939 年 11 月 30 日《阵中日报·军人魂》发表丁珰译介哈莱脱·勃伦特的文章:《一位美国记者所见到的敌国现状》

一位美国记者所见到的敌国现状

译自《密勒氏评论报》 丁珰译

1939年11月30日《阵中日报·军人魂》

哈莱脱·勃伦特君是《纽约时报》派在中国的通讯记者，最近他在美国销行最广的定期报纸——《星期六晚报》上发表一篇关于远东情形的文字。

首先他说到敌国现在共有一百九十三个陆军医院，每个医院约有三百多张病床，这些病床没有一张是空的，都躺着由中国前线负伤回来的军佐和士兵。

敌国国内与上海虹口的情形显然是不同的：虹口有四万二千敌国人民居住着，金钱来往就像流水一样，但是他们国内的情形却不同：娱乐是禁止的，跳舞场都关了门，即使私人的跳舞或慈善的跳舞会亦在禁止之列。东京居民有七百万，而到晚上十点钟以前就死寂得鸦雀无声了。

一辆汽车每月严格地规定只能用十二加仑汽油，这种规定并不是为了买不到汽油，而是为了他们国内太穷，实在没有力量支付这笔偌大的开销。威士忌酒卖到二十四块钱一瓶，品质好的那就更贵了。欧美的雪茄烟、香烟和烟斗用的烟，简直花最高的价钱都买不到。

那篇文字里面，他又说到敌国全国出牛奶的牛只不过十七万只，而六月里他们就开始将奶油和干酪运输到国外去，这是他们政府所鼓励货品出口的计划，管不着国内的需求的。鸡蛋也常当作出口货，他们因此国家所规定的食量、食料中，就缺少了鸡蛋这一滋养的食品。他还将敌国一位大学教授的家庭食料作一例证：那位教授在文化界很有地位，而每月只有六十块薪金。他家里除了一位妻子之外，还有两个小孩。他们每天的菜单如左：

早饭：米饭和一块腌萝卜；

中饭：鱼汤（汤里有条小鱼，比手指头大不了好多），米饭和煮椰菜或者其他蔬菜；

晚饭：和早饭一样。

那位教授对于这种贫乏的食物还加以解释道："我们吃这些食物，对于工作和卫生方面并无影响，只是我们的抵抗力越变越低弱了，我们比别国人死得早，国内罹肺病的逐年在增多哩。"

然而他们部队里的食物似乎要比一般民众好些，征调入伍的士兵每天吃一顿，可以吃到许多鸡蛋，生鱼和滋养的豆腐。

谈到敌国的财政情形，勃伦特君说，敌寇虽然还未完全破产，而已经不像从前那样镇定了。赋税非常高，仓库里面再也没有像从前销路很广的外国货物和商品囤积着，表面上看来还显着景气，而实在都是假的，其国力在日渐亏损。政府及国民的负担已经到了最高点。他们的国债已经增到一千万万元以上，而邮政储金总数亦在一千万万元左右。因为大家没有机会注意到这数字，所以他们表面上也并不露出忧急，他们的对外准备金，在一九二五年时曾有二百万万元，现已全数消耗掉了，而他们一般人民都是不知道的。

敌国在战事上的人力消耗也非常之大。全国人口不到七千万人，而在亚洲大陆上作战和防御的士兵倒有一百万，此外死伤的也实在太多了。他们妇女多半是哭丧着脸，在街上走路的人，是女的多于男的，成二与一之比。那些妇女多半是中年和老年。工人也很缺乏，于是征调许多朝鲜人到各煤矿里去工作，工资很高，单是一个汽车制造厂里的工人的每月所得，就抵到一位内阁阁员的薪水哩。

最有趣的是，英美对敌非正式的抵制敌货以后，敌寇就用很机巧的方法瞒着英美，把丝装运到上海重行包捆一下，贴上"中国制造"的标条，然后再运到欧美各埠去。敌国的确是穷的没有办法，国内的出品决不够供给一般人民使用，因此他们总扬言要向外发展，换句话说，就是想积极向大陆发展：你瞧，他们为了需要钱，连供给自己吃都不够的食料，亦要运往外国去卖哩。

勃伦特君那篇文字写得很长，这里也不便把它整个的重叙出来。他对敌国战时各方面的情形都写得非常透彻，例如出版品的严格检查，警视厅对外国人和本国人的种种高压手段，物料的统制等。在勃伦特君的眼里看来，所谓“东亚新秩序”者，只不过是一种饥饿与贫困而已。

关于财政情形，他还有下面一段话，他说：

“目前百物飞涨，价格及成本之高，的确使敌军感到物质的困难，尤其对于一般商人更是束手无策，真把他们急慌了。他们财政上的弱点渐渐暴露出来，本来它们这样疯狂的侵略中国是为了征服中国，攫取无尽的财源来支付国债，但是这种企图是惨遭失败了。”

照市价，敌国“圆”的兑换率是：一百元美金可以换三百四十元日金，而实际上在敌国各港口，一百元美金可以向那些商人或银号换三百七十元甚至三百八十元日金。

法币在上海市场里也显出很大的弱点。今年五月底，其银币比上海最低价值的中国纸币都要便宜。五月二十七日在上海，一百元美金可以买六百十七元华币，同时可以买五百六十元敌币，比起它国内的官价(一百元美金换三百四十元日金)还相差很多，由此可知其货币的贬值了。

敌币贬值后，于是上海英、法、德各银行一律不收敌币，无论他们换成华币或购买外币，一概不收。上海的敌国银行并不拒绝华币兑换敌币，而决不收受他们自己的货币给购买汇票寄到外国去。

如果敌国侵占中国的计划其能实现的话，那它在十年之内就可以一跃而为世界上最富之国，但是中国这样英勇地坚持抗战，他们非但没有得到一点利益，反而遭受了很大的损失。

勃伦特君在那篇文字最后，谈到敌国海军方面的人士并不主张与德、意军事同盟，只是陆军方面的诸领袖希望联络德、意的心最切。大商业机关及外务省方面都附和海军人士的主张，原因是那些办外交的专家、银行家和实业家们，都深信他们的国家，如果没有最后的信用，就谈不上繁荣。换句话说，就是如果不借外债，那么侵略亚洲大陆的计划就连一半亦不能实现，但是悲观得很，希特勒和墨索里尼简直没有钱可以借给他们，和平毕竟还是需要财力来维持，敌寇这样贫困，又借不到多量的外债，因此他们所渴望的和平也就遥遥无期了。

无畏的中国空军

——黄泮扬：《我流星群大队两年来空战的回忆》

1939 年 11 月 29 日—12 月 1 日

黄泮扬是广东省恩平县城南区南昌村人。1932 年 8 月，黄泮扬在美国与同班的 8 名同学以及先前在亚卡斯航校毕业的 3 名青年一道回国。

中国空军第五大队大队长黄泮扬

1937 年 8 月 13 日虹桥事起，黄泮扬参与了句容、南京保卫战。在 1939 年 2 月 22 日两天的广州空战中，黄泮扬率领机队击落日机 15 架。由于他战绩卓著，指挥有方，升任第 5 大队大队长，这个大队，又称为“流星群大队”。

中国空军正如天空的流星群，划破黑暗的夜空。自 1937 年“八一三”淞沪抗战开始，他们便投入战斗。在抗战期间，据统计，中国空军共击毁敌机 1226 架，击伤敌机 230 架，炸毁炸伤敌坦克车辆 8546 俩，我方损失各种飞机 2468 架，6164 人殉国。

軍人魂
第一五一六號
我流星群大隊兩年來空戰的回憶

1939 年 11 月 30 日起，《阵中日报·军人魂》连载黄泮扬的《我流星群大队两年来空战的回忆》

自1939年11月30日起，黄泮扬在《阵中日报·军人魂》上连载了《我流星群大队两年来空战的回忆》的长文。

我流星群大队两年来空战的回忆

黄泮扬

1939年11月29日—12月1日《阵中日报·军人魂》连载

一、楔子

仿佛还在目前，但逝水奔流似的，时间已经告诉我们是空军抗战的第二个周年了。中华民族伟大的壮烈的神圣的对日抗战，二十七年“八一三”在扬子江头“虹桥”场里一点炸药上燃点爆发起来，那蔓延燎原的烈焰，上冲九霄的火光，两年前的今日就开始照耀我们神鹰样的机队出动于吴淞口与敌人搏噬周旋。英勇地瞄准着敌舰，施以猛烈无情的轰炸，骄肆狂妄的敌人到这个时候，才认识了我们不可侮的中国新空军。

二、句容上空之战

暴风雨的前夕，我已奉命率领第某某队驻防句容，在外围来拱卫南京。两天巡逻搜索，都不能如意地得到一个痛快的遭遇战，虽然“八一五”黄新瑞在南京上空击落敌重轰炸机一架，秦家柱也击落了一架，但总是不到一个回合，畏怯如鼠的敌人就逃之夭夭的不见了！急的我又是焦躁又是技痒！“八一六”那天清晨，天气沉郁，浓云密布，看看这个情况，敌机又一定不会到我的警戒线来，也只管领着黄新瑞、马国廉、邓政熙、胡佐龙、黄子沾这一班战友，分驾波茵机六架在句容上空盘旋，但当我东西逡巡做一个转弯的时候，蓦地发现了敌人的双发动机重轰炸机六架，编成一个“品”字形，速度很快猛扑句容而来，我即选定敌机一架，向它左后平方截击扫射，那架敌机当时起火，坠落机场的东北面上，一架结果了，急转过身来，又截击其它一架，由上空半滚下，向敌的左面上方扫射，那架敌机立刻机翼发动机及油箱又被击中，汽油似泉涌一样地喷出，颠簸不定地迫降于附近的地方，我见已击落了敌机两架，急速地转回头去保护机场，果然高空俯瞰，又有一架敌机在机场上空盘旋，似在找寻目标，我队员黄子沾一见，已急进截击，还没结束它的性命，我即乘势将所驾的飞机俯冲下去，复又拉起对正敌之下方攻射，该敌机又即时起火，沉重地一直坠落句容城南门外，机上所带的炸弹还未投下，到它着地焚烧时，始"隆然"一声，机身全毁，弹片四射。黄新瑞追一敌机，追至苏州附近，始打得那架敌机受着重伤，逃窜迫降于姑苏城外寒山寺旁边。邓政熙与陈瑞钿也合力追击敌机一架，陆续着向那架敌机攻击。那架敌机当时冒烟迫降于太湖以东五六里的地方。战毕归来，个个身体完好无恙，只是所驾的飞机已多数弹痕满身。我自己所驾的那架波茵机，机翼、架尾均被敌射中一洞，口径约有三寸之阔的模样，左右两边的着陆轮亦被射破。

三、吴淞江口上空之战

"八一三"那天，奉命掩护新霍克轰炸敌舰，清晨七时我就率领波茵机七架，分两机左右掩护前往。高度为一万八千尺左右，而新霍克机亦约在一万五六千尺之间。我机抵达上海吴淞口时，敌方已早有了准备。远远望见敌机如蜻蜓麕聚，东西徘徊，一群在高空巡逻，一群在更高空域警戒。我们不顾一切疾飞前进，当迫近星罗棋布的敌舰上空的时候，即见敌机三架，向我新霍克左右方俯冲射击，而我右方之上空波茵机亦即施行俯冲截击，旋在左右方，又发现敌机向新霍机扫射，我本来是在右上空的，乃即俯冲截击，当时重伤敌机一架，颠簸窜逃，不一会儿敌机蜂拥而来加入战斗，到这个时候，敌我各机，陷入混战状态，转眼见我波茵机一架为敌机围攻，势濒于危，我冲前截击，一轮冲锋，机枪扫射，敌机阵形一刹那间为我冲散，又见一架冒着白烟负伤奔逃，我欲乘胜穷追扫射，但在我机的后方又有两架敌机向我攻来，我因处着绝对不利的地位，即拉高上升，钻进云里，背着太阳，借云掩护，再图进攻，但四周瞭望，同来的各机已不见踪影，且我机油差不多了，迫不得已乃高空飞行，返回句容降落。接着，黄新瑞、黄子沾、邓政熙、胡佐龙各机均飞回。新瑞说："当我飞到崇明岛的附近，已见新霍克机与敌机在上空混战，黄子沾机的高度与我差不多，我们两个即俯冲急下，对正敌机扫射攻击，当时，敌机一架即受伤冒白烟迫降，但我们要往急救援新霍克，不能顾及那架受伤敌机迫降何处，即与黄子沾大家脱离，拉高又施行向一架来攻，那架敌机即又动摇不定，飘飘欲坠，但别的敌机又从远方追来，故又没法不让那架受伤敌机逸去。我移转方向应付远来那队敌人，结果敌损伤如何，无法知悉，就此飞回。"

邓政熙说："当我机迫近吴淞口时，即见敌机向我新霍克机攻击，我机也俯冲随加入追击，但是上空敌人的驱逐机又很快地赶来，向我机追击，幸当时我自己的波茵机占着优势地位，我见敌机与我新霍克机混战做一团的时候，即俯冲追击，击中敌机一架，坠于上海西北的江边，着火焚烧。我再拉高机头，要继续来一个俯冲，但敌我各机均已不见，不得已就飞回句容。"

胡佐龙说："我机抵达吴淞口时，新霍克机即被敌机截击，我见领队一发符号，一齐跟着大家准备俯冲下去，即见敌机为我波茵机尾射击，敌方队形即形散乱，有几架摇摆不定，想必受着重伤，但当时敌机数目很多，一群已是九架，我经过一次攻击之后，高度已经失去，即刻拉高二千尺，准备再来一个攻击，但敌我各机都已不见，我就取正航线飞回句容。"

吴淞口上空这一场恶战，据事后情报部报告，我波茵机队实击落敌驱逐机三架、重伤两架。但因在敌人阵地，重伤迫降的敌机，也很难知道降落什么地方。而我的僚机马国廉，在这一次战役中，当战斗激烈时，左足跟即中弹，血流如注，只能负伤驾机回来，还有秦家柱，却在这一场恶战中为国牺牲了。

四、轰炸"出云舰"

九月八日，天气晴明，吹着的是东北风，当着红日西斜，我奉令即刻率队出动掩护新霍克轰炸出云舰。不一会儿的功夫，我们波茵机五机全部起飞了。那日担任轰炸的，由李桂丹领队，率领新霍克机十架（驾驶员是李桂丹、柳哲生、毛瀛初、巴清正、刘粹刚、袁葆康、乐以琴、张伟华、梁亦权，岑泽鎏），每架机都携着二百五十公斤的炸弹，于十六时出发，飞到绍兴加油，计八时余飞到达上海，利用黄昏将黑的时候，出敌不意，飞至目的地的上空，敌尚不知觉，波茵机在高空掩护，新霍克从容地瞄准向敌投弹，计我第一队的炸弹投中"出云舰"的舰尾，第二队的炸弹投在苏州河附近的敌舰的身旁，第三队的炸弹击中敌人的驱逐舰附近，第四队的炸弹正中靠近码头敌人的运输舰中间，第五队的炸弹在靠近码头的一艘黑的大舰身上。当飞机的炸弹投掷已完、将要脱离的时候，敌人的高射炮才"隆隆"乱响，但敌人的飞机却不及起飞，故我们的飞机任务完毕了，未遇见敌机，只在归途中望见敌人的高射炮弹在空中的爆发而已。

五、南京上空对敌防御攻击

九月二十二日，天晴云多，吹着西南风，我们的联合战线"流星群"和"志航"大队在南京配合警戒阵容如下：

一、刘粹刚、岑泽鎏、袁葆康；二、陈有维、黄庆翔、傅啸宇；三、罗英德、徐葆均；四、黄泮扬、黄子沾、曹芳。

是日十时五分，据报，敌机来袭，十时二十分，敌机分三批向南京扑来，第一批二十一架，第二批八架，第三批五架，俱在城内市府附近投弹。我起机十一架，专向敌人的轰炸机攻击。鏖战一场，刘粹刚与袁葆康均击落敌机一架，我和黄庆翔各击伤敌机一架，袁葆康所驾的飞机，被敌射穿了油箱，我驾的那架被敌射穿了机身油匣，岑泽鎏引机件忽然损坏，以至停车，被敌驱逐机压迫，降落江边，人机俱伤。下午，敌机再次来袭，我即改驾新霍克机凌空攻击，与敌奋战，结果无胜负。

六、联合机队江阴南京上空之战

我方机队因战略关系，十多天来，只是部分的小接触，未有大规模的恶战。到十二月十二日的那天，又决定不管敌我的机数怎么样的悬殊，不管要用任何的大牺牲，都要与敌人拼命。那天天气晴明，吹着一阵阵北风，我们拱卫首都的空防，猜到今日一定有敌机来袭。

是日十一时，据报，敌水上机（双座）二架在镇江至奔牛间侦查，即由高志航率领飞机，（驾驶员是高志航、刘粹刚、袁葆康、黄泮扬）前往截击。飞至江阴，我四机将之包围得紧紧，一敌机即着火坠地。同时袁葆康接战时在我们战斗梯形的第三个机位，他向前攻击敌机，未能顾及后方，敌机向他的后方攻击，我看到形势危急，即冲锋援救。敌机见势不妙，拟入云逃走，我和高志航、刘粹刚急将那架敌机重复包围，轮流射击，那架敌机的后座枪手已被击毙，驾驶员急向江阴河面（有一坏兵舰的旁边）降落。我们仍迫击不已，直至那架敌机的浮筒（单浮筒）被穿入水，机头下垂为止，我们三机才整队飞回。

我们着陆那一个钟头，到十三时五十分的时候，敌又来袭。十四时四分，我起机八架（刘粹刚、罗英德、张韬良、高志航、曹芳、陈有维、黄泮扬、黄子沾）准备接战。十四时二十五分，紧急警报已发，至十四时四十五分，敌重轰炸机十架，驱逐机六架，侵入我南京市空，分三次在机场内投弹，大小六七十个，弹落机场边东西两部，我损失甚微。当时我敌混战，刘粹刚则由其一驱逐机纠缠于京市上空，初时刘机被敌攻击，刘多方逃避，低至数百尺，遭遇十余次后，刘忽得机反攻，即将那架敌机击中着火，降落城南门水佐巷五号杨宅内。刘机亦中弹多处。我先向敌驱逐机三架后方偷袭，一发弹，即将其一架击中着火，落于下面燕子矶附近。高志航拨救罗英德，敌驱逐机周旋数次，即将之击落，黄子沾与敌机激战，当场击落一架，同时黄机油箱被敌射穿，迫降明故宫机场，机损人微伤，张韬良曾攻击敌轰炸机一架，敌机似有受伤的模样。陈有维所驾的飞机略受微伤。十五时三十分，各机安然降落。

七、埋头训练

二十七年一月二十三日，我们赴西北接收新机，其他某某队集中在衡阳，埋头苦干加紧训练。后来一部分精锐又奉命飞驻南雄，担任华南一线的作战。所以在一二月这两个月的期间，因训练未完，补充未足，战况比较是沉寂，多数的战斗，差不多都是游击战，未有什么大规模的正规战。有之，算是黄新瑞二二四领队在南雄与敌机十七架遭遇，发生空战，那一场最为激烈，结果击落敌机四架，一架落在增城，一架落在新丰，其余二架落着南雄、始兴那边的山岗中。而这一役，我战友杨如桐、陈其伟为国殉职，做了壮烈的牺牲。

八、新机出动担任轰炸

三月八日，我奉命领队轰炸风陵渡敌人的炮兵阵地。下午三时十分，我领十二架出发，先经过华阴，转飞潼关，到潼关以东方转往目的地。这时候，天色晴明，我机最高度六千尺，俯视地面，敌人运输很忙，篷车、卡车、大汽车、小汽车不断地蜿蜒的向前走动。旁边有几处稀疏的树林，麇集不少人马，并似有装甲的大车。这恐怕就是敌人的掩蔽阵地吧！河边也停泊不少的船只，上面的人似蚁一般的蠕动。推测他们大概是起卸辎重、运送粮食。我们瞄准目标，即迅速俯冲投弹，当时见河边船只起火，黑烟蔽天，路上烟尘滚滚，霎时间人马车辆都不见了。再向树林扫射，似乎走出许多穿着军服的军人，树林里也突然现出黑的绿的红的浓烟，好像火焰，又似烟尘。我们任务完毕了，就成队返防。复经华阴，到渭南上空，不料适值敌人的菲亚特驱逐机十六架偷袭西安，循原路飞返，我们遂与之发生遭遇战。这时敌机在我们的左上方，高度比我们高，位置比我们好，机数比我们多，我们实处着不利地位。但我们仍鼓起我们的勇气，发挥以一当十、以十当百的大无畏精神，拼命与之奋战，格斗一会，敌机似有两架受我仰攻的射击，受伤窜逃。其余敌机也距离渐远。我们因众寡悬殊，未便穷追。

九、西安上空之战

三月十一日，天气晴朗，碧空无云。本日奉令在西安机场警戒。十一时十五分，据报，敌机九架来犯，我即偕战友岑泽鎏，陈振兴、邓政熙、马国廉、沈其超、陈凤临等分驾驱逐机七架起飞，另有袁葆康率机四架掩护。我们驱逐机数架，在机场南边万华山五十公尺上空等候，约三十分钟，敌机九架由北方冲来，我们即布成一个战斗队形与敌纠缠。不一会，又有敌机六架从高空冲下，加入战斗，后又有敌机十二架在上空盘旋。敌机的机种，除九六式六架外，其余二十一架均为意式飞机。当时因我们的机数过少，战斗结果，未能获得较好的战果，各人都感觉有点苦闷。于是决定重新部署，重整阵容，准备出奇制胜。

十、黄新瑞广州之捷

差不多一个多月了，日日奉命警戒，很少有机会和敌人接触。我们等得不耐烦起来，巴不得再与敌人决一雌雄。但老天不从人愿，我这个角落里，近来总不发现敌机。还好，我的战友黄新瑞传来广州空战胜利的好消息。

四月十三日十时二十分，据报，敌机二十四架飞机向广州进袭，黄新瑞领队准备截击，取高度一万八千尺，在琶江村天河机场等候。敌机在天河机场、白云机场各投数弹即往北飞，十时五十分在江村附近，我机与敌机二十四架（九六九五式驱逐机十五架、轰炸机九架）发生遭遇战，纠缠四十分钟之久，敌机当场被黄新瑞击落三架，一架落在番禺西牛角，一架落在太和市，一架落在大□，又被邓从凯击落二架，一架坠落岑村，一架坠落在虎门附近。这五架敌机当时俱由工厂拆运回来，计九五式二架，九六式二架，轻轰炸机一架。至于黄□□击落之一架，及黄炎均击落之一架，关燕荪击坏其油箱之一架，邹□□击至着火坠地之一架，及周围虚飘飘欲坠之一架，均未得下落，尚待证明。同时并闻有敌机二架迫降虎门的海面，后为敌舰拖回去。这一战役，我战士李煜荣、吴伯钧阵亡。黄新瑞在空战当中，左手中弹受微伤。

我们的别动队是有相当成绩了。

十一、辞别西安，飞赴岭南

我奉命即离西安，于四月十九日飞抵广州，专任广州一方面的指挥责任。在西安，我从前所领机队，完全交给岑泽鎏接收，而岑泽鎏不久也离开西安，移防孝感。

四月二十六日下午十四时，据报，有敌机偷袭孝感的模样，十四时五十分，岑泽鎏率机数架，起飞升高四千公尺时，即发现敌机一架，在三千公尺高度，经过机场投弹，我机即分队拦截，敌机遂向东飞，我机即跟随追击，其时我机适占优势位置，岑泽鎏即与朱均球二机同时以半快滚动垂直俯冲突进至敌机上方距离约一百公尺，施行准确射击，射击了三四秒钟的时间，即将敌机命中着火，敌机即尾旋下坠，落在孝感机场东约三十华里的地方，是一架九六式的双尾巴的轰炸机，机内八人已殒命。朱均球所在飞机的油箱也被敌机击穿，但小修即妥，没有妨碍。

十二、蒙城之战

“五一一”十三时四十五分，陈瑞钿率领战机数架，由天河机场起飞，掩护机霍克式赴万山群岛轰炸敌机。沿途还把三灶岛，荷甸岛敌机场轰炸，焚机两架，油库多处，又在牛角岛炸毁船只甚多，而目的地万山群岛则被我炸中敌舰一艘，重伤两艘，另外敌机三架被我击落莲石湾附近。我机安抵广州天河机场降落。

是日晨七时五分，岑泽鎏率机回返。由驻马店出发，到汉阳、蒙城上空时，发现敌军步、马、兵五百余名及坦克车十二辆，占据该城对河之北岸，尚有颇似大炮弹形的东西数十堆放在空地上，南岸地上也有汽车数辆。又，该城之东门外公路上发现敌运输车十余辆，正向城行进，城内无若何情况，我机即在一千公尺的高度分向各个目标施行轰炸，并用机枪扫射，即见城东的车辆炸毁数辆，北门外一处被炸着火，北岸人炮群众数弹，炸毁坦克数辆。九时十分飞机任务完毕，由蒙城飞至驻马店安全降落。

十三、湖口空战

我们的机队还保持局部的优势，可以出没经常发挥机动的游击战，故陈瑞钿领队到广州后，不久又出发南昌，于十一日三时二十分率机数架往湖口截击敌机。在湖口上空，发现敌机九六式海上侦查机九架，我机遂与发生遭遇战，陈瑞钿当场击落敌机一架，落于湖口西北方，周灵庐击落敌机一架，落于湖口东南方附近，又合力击落一架，落于安徽宿松县南边之新陈家营，一架落于安庆附近之殷家汇烟西沟河边的沙滩上。

十四、南雄“六一六”之战

六月十六日，天晴多云，吹着南风，据情报，九时四十分敌机六架，由汕港外起飞，□□顺前进。十时十分到□人境，十时三十分篇0南向南雄西飞，我即率数架起飞截击，十时五十分，我机将至始兴，邓从凯首先发现敌机六架，成“品”字梯形飞至乐昌去，我机迫至乐昌间，乃将之追及，先由我向其第二分队领机之后下方攻击，当时见该领队机有一炸弹空悬，尚未投下，改即瞄准急速扫射，正中它那机下的炸弹，“轰”然一声，火光喷出，即在仁化大塘上空粉碎，其左右僚机因亦受伤。陈瑞钿即向其左僚机攻击，击落于廓田地方。其后各人员复包围其余四架，三架又被我们击落，陈瑞钿、黄启涛再全力合击，中其油箱，机尾出烟，我从侧边又来一次扫射，那敌机结果又动荡不定的落下去。后我队周□□又发现敌机三架，我机即追至仁化东南方，乃整队归回。我和陈瑞钿于十八时四十分飞抵广州天河机场降落，事后，工厂将敌机残骸运回，六架完全是双翼双发动机双尾缩脚的重轰炸机，每机价约值美金八十万元。

十五、兰空两次大胜

二月二十日天气晴明，晴空一碧，过了正午不久的时候，据报敌机有袭兰的模样，我们大队下属第某某队队长岑泽鎏于十四时即率机数架起飞，在兰州上空巡逻，约五十分，第一批敌机九架由西北进入机场，岑泽鎏即下令攻击，全体人员同时作下滚俯冲，对敌作猛烈的扫射。约六秒钟，敌人那架领队机即被岑泽鎏射中，冒烟着火，坠落在马家山坡上。接着，马国廉一个俯冲下来，对准了那架左僚机连续发枪扫射，一霎时，那架左僚机尾部下坠，一缕黑烟落在机场外二十里的地方。那架敌右僚机又被郭耀南追击，一刹那亦冒烟，顷刻间溅出满空火花，飘飘摇摇的坠地焚烧了。机斗苦战，不觉已追至东古城以外，约十分钟，第二批十二架又由西北方进入机场来，第三批九架又由南扑进市区去。我机又合力奋战，情况十分激烈。这一场战役，统计合共击落敌三发动机轰炸机九架。那架领队的驾驶员烧死了，还留下一把日本天皇送给他的有九十多年历史的宝剑。我机在十五时三十分完全降落，人机无恙。只有岑泽鎏、刘敬光、严均□的驾驶机有几个弹痕。

事后据专家的估计，敌人这一次死亡空中的勤务人员六十名，损失重轰炸机九架，连油弹在内，每架的价值美金百万元，连空中勤务人员的教育训练费，总损失约有一千万元以上。这是我第二期抗战开始以来空战第一次大胜利。

敌人大败后，二十三日又来送死。是日天气良好，清空中稍微有几片浮云。十时二十分，在晋省西南的运城出现敌机五十架，似向甘肃进袭，岑泽鎏率机数架，按照规定空域高度起飞巡视敌机，约一时许，未见有敌机到运城，见敌机机场摆出加油符号，飞机乃加油后再起飞。约四十分钟的光景，发现敌机二十架，分由东北方向市区前进。岑泽鎏按照上次的战法，也是各机全体作下滚俯冲，向敌机施行猛烈攻击，约五分钟后，又有敌机两架被我先后击落，着地起火焚烧。不几秒后又有敌机四架，受重伤漏油飘然逃遁。大家一路追至临洮附近，始于返航。

十六、余话

二十八年“八一四”是我们空军参加全面抗战二周年的纪念日，我不揣鄙陋将“流星群”两年来血战的历史说了这么大一篇，但这还不过是我们战绩的一部分，读者如欲尽窥全豹的话，只有待之将来了。

1938 年美国归国华侨航空员留影纪念

空军烈士黄新瑞

抗战目标始终如一

——李蕤:《论“单纯”》

1939年12月1日

李蕤(1911—1998)

李蕤自从1937年“七七事变”抗战爆发，就毅然抛弃在河南大学的学业，到郑州《大刚报》当了一名战地记者，他采访过豫北抗战和台儿庄大捷，经历过8天8夜的徐州突围。抗战八年间，他始终没有离开家乡——作为正面战场的河南。从郑州《大刚报》到洛阳《阵中日报》，再到南阳《前锋报》，他以笔为枪，长期坚持抗日文化宣传。1942年他秉笔直书报道了被当局严禁报道的河南大饥荒。无论被捕坐牢，还是颠沛流离，都不能动摇他的抗战意志和为人民呼吁的决心。当时，有朋友见父亲家庭生活困难，介绍他到甘肃大后方去教书，还有朋友介绍他到烟草局做生意，他都是一笑置之，毫不考虑。作为一个有理想的知识分子，处境的险恶、物质生活的艰苦都算不了什么。

1944年，随着日军的不断侵犯，李蕤夫妇携家带口从洛阳逃往鲁山，又从鲁山逃到南阳，在《前锋报》主编文艺副刊《燧火》，1945年3月，日军继续西犯，南阳《前锋报》不得不掩埋了印刷机，疏散报社工作人员。李蕤夫妇和另外两家报社职工，都装扮成农民模样，李蕤剃光头，穿上粗布短衫，夫人宋映雪盘起发髻，穿上村妇花衣，在内乡偏僻的岳沟农村隐藏起来。在那里，可以听到日军的炮声。

直到1945年8月15日，得知日本投降的消息，他们欢呼跳跃，喜泪沾襟。《前锋报》社长李静之立即赶回南阳，挖出机器，很快恢复出报。当时李蕤正在病中，由几个人用担架抬回南阳，作为报社主笔，带病坚持工作。

1995年纪念抗日战争胜利50周年之际，李蕤获得中国作协颁发的“以笔为枪，投身抗战”的奖牌。

1939年12月1日《阵中日报·军人魂》发表了李蕤的《论“单纯”》一文。在这篇文章中，李蕤对“单纯”进行了辨析。他反对被专制统治者驱使的那种“单纯”，认为这是愚民政策、专制主义的赖以生存的土壤，但是作为一个有着明确信念的战士，自觉地为追求正义去不屈不挠战斗的“单纯”，却是永远值得歌颂的。

軍人魂
第一五六號
論「單純」

1939 年 12 月 1 日《阵中日报 · 军人魂》发表李蕤的《论“单纯”》

论“单纯”

李蕤

1939 年 12 月 1 日《阵中日报 · 军人魂》

“单纯”是应该歌颂的呢，还是应该诅咒的呢？这问题，我觉得是不可一律而论的。

我们可以看看，专制国家统治下的人民，他们是怎样单纯的或者，同样他们的统治者还把他们向怎样更单纯的模型里压按。希特勒也罢，墨索里尼也罢，日本法西斯军阀也罢，他们的作风都是一样，他们的希望是人民永远关闭在愚昧里，永远看不见知识的存在，永远看不见真理的光线，因为只有这样，他们才能把成千上万的人轻轻的送到掠夺战的炮火里，才能任意宰割也发不出一些声音。这些，他们已经有了很好的

1995，李蕤获得中国作协颁发的“以笔为枪，投身抗战”奖牌

成绩了。譬如希特勒或墨索里尼演讲的时候，不管说的是什么，总要叫台下几万人一起高喊而且是成为习惯，日本军阀把民众赶到中国做刽子手的工作，还有些会到被俘后浑浑噩噩用刀剖开自己的肚子。他们用高压摧毁了这些人的人性和个性，用愚昧封锁了他们的智慧和思维，把他们的脑子化为半僵的石田，把他们锻造得完全成为机器人、野兽，以便喝东便东，喝西便西。

这些人，失去了人性，已经不是人了，他们只是用脊髓反应他们的动作。但这是“机械人”、“野兽”的集团，却也是一种“力”。而且这种“力”在混世霸王的驱策之下，在向着文明侵蚀，一如滔滔的洪水切蚀陆地一样。

世界要发展下去，人类要真正的生活下去，这倾向必须要纠正，这反动的力无论如何得铲除，因此才有善对于恶的抗争，被侵略者对于侵略者的搏斗。中国对日本的抗战，便是其中之一。中国的抗战，确切不仅仅是为着中国，我们为着全人类不继续被宰割，全人类的文明不再被湮没，在我们的岗位上尽着保卫世界和平的任务。

所以，我们和侵略、野蛮、愚昧、欺骗，也站在正对面。和自由、正义、知识、真理站在一起。侵略者他们需要的是“爪牙”、“工具”，是极端的希望人民“愚昧”、“肤浅”、“简单”，而我们的战士则完全相反，我们对于我们的战士，希望一个个都明白为什么要战争，战争要把我们的国家和我们自己带到什么地方去？因为我们知道的越清，我们的战斗力会越强。知识不但不是危险的东西，而且是我们的主要装备之一。这和侵略者之把知识看做最大的可怕，只用“迷信”、“欺骗”、“压迫”是完全两样。

蒋百里先生曾说过，在作战的时候，法国的歪戴帽子的兵，却把德国的机械般整齐的队伍击溃了。我们应该知道，那时的法国与目前不同，他们是为着新兴资本主义的自由而战的新军。为什么？便因为法国那些歪戴着帽子的下面，盖着的都是有思想的脑袋，他们像朝山的教徒般，为着他们眼前的光明——自由而战，而德国呢，钢片和铁甲里裹得却是半僵化的木人，仅仅为着命令而作战的缘故。

和知识信仰装带在一起的战斗员，聚集在一个神圣目标下的战斗员，他们自动的“赴”战，是为着神圣的任务“参”战，而侵略者的机械人呢，是被命令的“皮鞭”“逼”上战场，是被勒着眼睛“驱”上战场的。前者支持时间越久，离真理的曙光越近，力量便也越强固；而后者呢，最初虽然来势凶猛，但经过长时间之后，那种勒眼的黑布一松，背后的命令皮鞭一松，便完全的雪崩瓦解了。

这是基本的一点。

在这基本的分水点上，所以俄皇尼古拉的几百万军队会为革命军队逐次完全消灭；也就在这基本分水点上，所以孙总理会从赤手空拳领导着推翻满清的专政；也就是在这个分水点上，北伐时革命军会从广东一角很快的敲碎北洋军阀的势力，把青天白日旗帜插遍中国；同样的也就在这个基本的分水点上，我们敢于发动四万万五千万人，对拥有近代武器的日寇作殊死的决斗。也就为此，日本军阀在开战时希望“速战速决”，速战速决的迷信粉碎后希望“速和速结”，以及最近抓耳挠腮，竟希望以“谣言攻势”来诱降中国；同时也是基于同样的理由，我们坚持着持久抗战的永久不变的罗盘。

但是，以上所说的，只是一个为自由独立而斗争的战士，应该充分的和知识接近，和真理接近，反对盲目、迷信、无理性的倾向；至于孩子心理的“单纯”是不在其例的。

不但不在其例，而且应该称颂。这些“单纯”，是人类历史铺砌的第一块砖瓦。

孙中山先生曾说：“吾信其可行，虽拔山倒海之难，吾亦必为之”。这是对于真理的牢固的执着，对于正义的质直的明信。在中国的故事中，表现出的有“李广射虎”、“精卫填海”、“孟姜哭城”、“愚公移山”

等等，在传说里，李广竟射穿了大石，精卫鸟终竟填平了大海，孟姜女终于哭倒了长城，愚公终于把门前的大山移去。读这故事，稍微有识见的人，不会把它当做一件迷信来看，也不会当做真实的事实来“存疑”，因为这每一个故事后的“成功”，不是故事的重要部分，故事的主要部分，在表现李广射虎的“凝神”，精卫填海的“深恨”，孟姜哭城的“哀怨”，愚公移山的“坚毅”。这决不是一种迷信，而是高度感情燃烧出的力的凝合。这种力的凝合，在中国人的语汇上称它做“精诚”，这种力一直贯穿着中华民族四千年的历史。所以古人说：“精诚所至，金石为开”。

中国这次的抗日，不但在中国的历史上是一个划时代的伟绩，而且，在全人类进化的历史上也起着很大的作用。这是一个长期的，决非一蹴可及；是艰辛的，不是一时的泄愤。做一个这一代的中国人，应该肩起这一代的任务，倾尽全生命的力，把祖国推出这受难的一角。但是在这长距离、巨量的负荷之下，我们实在需要一个照路的亮光，这个灯，便是单纯的胜利的信心。

这单纯的信心，便是我们在大行列中，要把感情的圈度，扩展到最大的限度，坚定的相信，只要我们凝聚四万万五千万人的全力，照抗战建国纲领指给我们的罗盘走，胜利百分之百是属于我们的。

譬如一个航海的人，他只需放定罗盘，开足马力，经过固定时日的行驶，彼岸便会自己出现在眼前的。如果一会儿因为遇到有雾便怀疑错了方向，因为一个转弯便担心彼岸的有无，那是不会通过浩浩无垠的大海的。同样的，我们的抗战，如果把眼光锈小在一个很小的角落的缺点上，把感情寄托在国际局面一个很短暂的演变上，而自己沉沉浮浮，惶惶终日，便也不会竟抗日的全功。

所以对目前，我们应该具有单纯的质直的信心！用抗战来答复一切，用最坚决的抗战来答复一切！

我们用坚决的抗战答复敌人的“速战速决”，用坚决的抗战粉碎敌人的“速和速结”，用坚决的抗战粉碎敌人的“诱降计划”“分裂阴谋”，识破敌人面具的花样翻新，但我们却死记住一个观念，敌人的目的，仍是一个：要我们灭亡，我们的生路只有一条：打倒敌人！

同样，我们也以坚决的抗战答复一切国际间的变化，有和我们方向完全相同的风力，我们便饱张风帆；遇到有阻碍的小小沙滩，我们便转弯子绕过；遇到逆风或者无风，但决不因此停止了我们的行进，只不过要更用力的“摇橹”、“撑篙”、“拉纤”而已。

在前线的时候，遇到几个士兵，他们提到了“和”，眼睛都要喷出火焰的样子。他们反对“和”的理由，质直而简单：“和？那容易得很，只要我们死了的人都能再站起来！”

最近在洛阳遇到雷鸣远神甫，他才从中条山来，前往重庆去，不久还要从重庆赶回前线，谈到战局和国际局势的时候，他说：‘我单纯得很，我坚信胜利绝对的属于我们！因为我们是和真理站在一道的！至于国际局面，不管它目下如何复杂，我们坚信，谁助长恶势力的发展，它最后的命运，便必然是灭亡！’

这声音是如何的质直，如何的单纯，又是如何颠扑不破的真理！一种“单纯”的信念，比陶希圣之辈的千言万语的“理论”可贵得多，有用得多，每一个中国人，只要牢记住这一点，便不会钻入日本诱降的圈套。它和潘公展先生的“以不变应万变”，虽然说出的有深浅之别，但和“真理”却都基底相通的。

这个单纯，我们应当绝对的歌颂。

鲁迅先生说：“我们一要生存，二要温饱，三要发展。苟有违反这种前途的，无论是人是鬼，是古是今，是三坟五典，是洛河河图，是金人玉佛，一概要踏倒它！”现在，我们要说：“我们的祖国，一要独立，二要独立，三要独立，苟有违反这意愿者，无论是‘速和速结’，无论是‘诱降攻势’，是‘分化瓦解’，是……我们都要撕碎它！”

我歌颂无条件的抗战到底的这种“单纯”！

1939年11月28日于洛

愤怒出诗人

——丽尼:《燃烧与埋葬》(诗)

1939 年 12 月 9 日

丽尼(1909—1968)

丽尼,(1909—1968),原名郭安仁,现代著名散文家、诗人、翻译家。1909 年生于湖北孝感。1930 年前后到福建,先后担任《泉州日报》副刊编辑,晋江黎明高中英语教师,后又辗转到武汉美术专科学校任教。1935 年与巴金等人创办了文化生活出版社。

“七七事变”后,丽尼携家带口四处流亡,在他抗战时期出版的散文集《江南的记忆》中,他写道:“我记忆着那土地。我记得,在一次夜行车上,我曾经一手搂着发热的孩子。用另一只手在一个小小的车子上,握着短短的铅笔,兴奋而又惭愧地借着月光,写下几个大字:‘江南,美丽的土地,我们底!’……”对这部散文杰作,巴金曾说:“‘江南,美丽的土地,我们底’这样响亮的声音,这样深厚的感情,我们永远忘记不了《江南的记忆》的作者。”

抗战中,丽尼先后在福建、四川等地中学、大学教书,担任过重庆相辉学院中文系教授。此时出版了散文集《鹰之歌》、《白夜》等。

軍人魂
第五二四號
燃燒與埋葬 麗尼

1939 年 12 月 9 日《阵中日报·军人魂》上发表丽尼的诗歌《燃烧与埋葬》

丽尼的诗歌情感浓烈，激情如火山爆发，创造宏大的意象。1939年12月9日《阵中日报·军人魂》上他发表的诗歌《燃烧与埋葬》，也是一首对日寇侵华充满刻骨仇恨、对死难同胞怀着无限哀悼之情的佳作。

燃烧与埋葬

丽尼

《阵中日报·军人魂》1939年12月9日

燃烧

燃烧吧，城；燃烧吧，山，旷野，和大地！

刽子手，敌人，杰作啊，最现代的血的把戏！

用达姆达姆和毒瓦斯屠杀了我们底兄弟，在这里，

用烧夷弹来毁灭我们的城市。

杰作啊，用铁和火向中国人索取血祭，用屠杀使中国人向着日本屈膝？

无耻无耻，一百个无耻！

对着流着的兄弟们底血液，对着躺着的兄弟们的尸体，我们中间的血债，我们是知道的。

燃烧起来吧，城；燃烧吧，大地，旷野，森林！

只管燃烧吧，每一个祖国底儿子！燃烧吧，千万条血管，千万颗祖国儿子底心！

我们不屈膝，我们不要和平。

我们要继续这光荣的战争。

我们没有怀疑，我们只有一个信念（知道么，刽子手，敌人，我们千万人底心里只燃烧着一个唯一的信念）：

用血与肉将强盗们赶出我们的国境！

埋葬

我说，把我们底死者埋葬起来吧，他是死在我们底土地里。

（不要低着头，我们底兄弟；不要哭泣，妇人。）

眼泪和悲愤偿还不了这血的债和仇恨。

不要说那脸面已经模糊，不要说，我看不清……

虽然是身躯已经焦黑，然而火烧不去那新鲜的血痕；虽然是面目已经模糊，然而血盖不住那英勇的脸。

我说，把我们底死者埋葬起来吧，他是死在我们底土地里

（不要低垂着头，我底兄弟，不要哭泣，妇人。

眼泪和悲愤偿还不了这血的债和仇恨。）

从烈焰里，从火场，从瓦砾场，从倾斜的角落，从断墙，从地底深处，从最低下的底层！

掘吧！（掘开泥和土，掘开血和肉，掘开我们昨日仅存的物品，掘开我们永远亲爱着的亲人。）

（呜，我底儿子！）

（呜，我底父亲！）

（呜，我底亲人！）

他底眼珠突出，他的眼睛不闭。

在远远的电线杆上挂着他的腿。

（是他底，是他们底。）

他是谁？

一个英勇的兄弟死了，在他自己底岗位。

1950 年，丽尼担任武汉中南人民出版社编辑部副主任，后历任该社副社长兼总编辑，武汉大学中文系教授。1965 年到广州暨南大学任中文系教授。在“文革”

期间，遭受残酷迫害，1968 年 8 月病逝于广州。

1978 年 9 月平反昭雪，恢复名誉。

巴金是最了解丽尼的人，他说：“文革”时，“在我靠边的期间有人从广州来‘外调’丽尼的事情，我所知有限，他不曾做过什么惊天动地的大事，谈起来，他只是一个心地善良的老好人，一个清清白白、寻寻常常的人。但是他的默默的死亡对我们的文学事业也是一个损失，倘使他能留下一本、两本新的散文，那有多好啊。”

丽尼的散文集有《黄昏之献》《鹰之歌》《白夜》等。他还翻译了《贵族之家》《万尼亚舅舅》《海鸥》等。

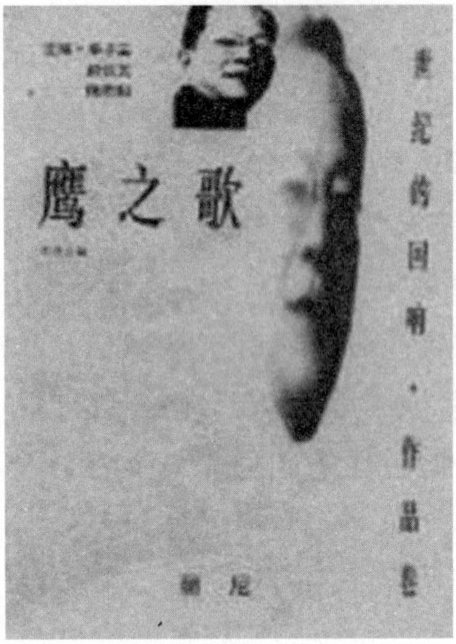

丽尼的散文集《鹰之歌》

丽尼的纪念文集《忆丽尼》(郭梅尼编)，人民文学出版社，2006 年版

粮食与战争

——藜青:《秋收在南国》

1939 年 12 月9 日

在当下描述抗战史的许多书中，很少谈到粮食与抗战的关系，更少谈到中国军队也有帮助驻地民众闹秋收的事迹。

中国军人帮助农民收割稻子

而事实上，1939 年 9 月至 10 月的长沙会战的胜利，除了第九战区指挥官的指挥得当、将士英勇杀敌外，湖南地区粮食大丰收，以及民众对部队的积极支持，也是不可忽视的因素。据史料记载，薛岳在担任湖南省主席后，提出了“安，便，足”的施政方针，“安”，是使人民安居乐业；“便”，是便民、便国、便战；“足”，即足粮、足兵、足智。这些措施使得湖南战时经济得到了相当发展，幸运的是，粮食的连年丰收，极大地调动了人民参加抗战的积极性（见《八年抗战中的国民党军队》一书，何桂宏、郑德良著，台海出版社，第 118 页）。

1939 年 12 月 9 日《阵中日报 · 军人魂》发表了藜青的小说《秋收在南国》，它虽是小说体裁，却带有很强的纪实性。它描写湖南桃源一带的农村，小玲的哥哥当兵去了，秋收时家中急缺劳动力，这时候来了一群士兵，专门来帮助农民秋收，他们唱着“我们军民要合作”，不仅帮助农民收稻子，而且不抽农民的烟，更不吃饭。当时的湖南桃源，是中国军队商震为总司令的 20 集团军司令部的驻地。

1938 年冬宋蕴玉(右)与宋怀玉摄于 32 军话剧团

作者藜青，又名藜野，本名宋蕴玉（1917—2011）。1938 年春，她与妹妹宋怀玉一起，在武汉参加了商震为军长的 32 军话剧团，不久便随部队到了湖南桃源。1939 年，商震被任命为 20 集团军总司令，参加长沙会战。32 军话剧团由于无演出话剧的条件，被解散，女兵被合并到妇女宣传队。这篇文章就是她在妇女宣传队时以“藜青”为笔名写的。

1940 年宋藜野到重庆，与丈夫高天均为“国际新闻社”成员。

1939 年夏藜青(后排右三)在湖南桃源妇女宣传队

秋收在南國
軍人魂
第五二四號
燃燒與埋葬
抗戰劇作中的對話問題

1939 年 12 月 9 日《阵中日报·军人魂》发表了藜青小说《秋收在南国》

秋收在南国

藜青

1939 年 12 月 9 日《阵中日报·军人魂》

秋是一年四季中小玲最爱的季节。

她不是爱那高爽的秋空，也不是爱那薄薄的白云，更不是爱那充满诗意的红叶，那细雨，那凉风，那夜，那和夜空的星星分不开的流萤……这些完全，可用她的那双眼睛多停留在它们的身上。她爱菜园里瓜棚下那些笨重的冬瓜南瓜，一畦一畦的美的菜蔬，呵，还有那一望无际的稻田中已经成熟的谷子，这一切早把她一颗女孩子的心给占有了！

从她能够贡献自己的力开始，她就整天奔走在这农场上，她虽然不能做出什么来，可是她的活泼可爱，七八岁的时候，便会给她的父亲和哥哥不少的安慰。在他们坐在树荫下休息的时候，她那样毫不做作的唱出些不知名的山歌，他们总会欢快的把她抱在怀里，父亲常常把白胡扫在她的面颊上。

她慢慢地长大了，她会听妈妈的吩咐，提着满罐的茶水给他们送到田里，她也会给那些胖大的瓜绑一个舒适的肚兜，她总是微笑着拍拍它们："好好的长吧，你不会掉下来了！"那时她已明白了什么是丰收，她总想着每年都是丰收，因为丰收会带来幸福的日子。

慢慢的，她长得高大了，她竟然能跳上了水车，不知疲劳的蹬下去，她有一个健壮的身体，她没有忧愁，从来都是快活的！

在二月的天气中，到处都充满着冬的寒意，那时小玲和她的父亲和哥哥光赤着脚，踏在冰冷的田地上，费力的除去那些结满了荚角的油菜，然后，父亲和哥哥会把土地重新犁一下，种下种子，慢慢的生出了肥壮的秧苗，她在帮忙他们分秧，再一束束的插入别的稻田里，多么繁琐而累人的事情呵！她从来没有厌倦过，她看着它们一天天的高起来，生出穗子，结满了果实，她不恨那炎热的太阳，因为她知道，没有太阳是没有丰收的！

今年和往年相同，他们父子三人又开始了相同的工作，他们像抚育孩子似的无微不至的照顾着他们的田地。有时，他们三个坐在树下休息的时候，无疑的会说到他们的丰收，小玲又会高兴得唱起她的山歌，布谷鸟也在应和着她。微风把她的头发吹在脸上，她又会羞涩而欢快的笑了。

多么不幸啊，稻穗眼看着就饱满起来了，她的哥哥被抽去当壮丁了，当时妈妈和她都主张哥哥躲一躲，唯有父亲不同意，父亲说："田里的事情我们来做，叫他去为国出一点力吧！"

哥哥终于去了，妈也曾流出了泪，小玲呢，总是想念哥哥，因为她觉得寂寞。哥哥走后，工作上她更努力，但是，再不笑了。

是收割的时候了，他们在计划着请一个人帮忙，不然会误事的。可是在农忙的季节，请谁来帮忙呵！真找不出这个人来，这天早晨，不，天简直还没有亮，就有人急促的跑进他们的院子，兴奋得说不出话来，

“天上掉下来的消息，军队帮忙我们收割呢！”小玲听到这话，揉揉眼睛，正要去问个明白，可是那人已没有影踪了，她还以为是梦，谁知爸爸和妈妈早已欢喜得睡不着了。

父女两个吃完了早饭，告诉妈多烧点水，预备些烟，正午送来，他们就拿着镰刀去了。别的田里陆续的来了许多人，大家都在谈论着这消息，可是并不见什么军队来，他们都泄气了，最后说是上边骗人，有的人更赌气的说：“这样年头，谁帮谁呀！”

无边的田野上经过一阵骚动以后，又寂静了下来，大家怀着一肚子愤恨，不知说什么好，玲子鼓着嘴，更用力的割着稻子，又一束一束的把它捆起来，倒竖在地上，她暗暗的想：“拉去了我的哥哥，还要骗人！”

一阵脚步声把一群农忙的人从工作中拉出来，他们都抬起了头：“呀，军队来了！”他们还不敢相信是来帮助自己的，他们都站直了身子，向那些兵士们怀疑的注视着：“老乡，咱们一块做呵！”一切都证实了，他们愤怒的情绪马上消失了，惊讶中露出了笑容。

农场上动乱起来了，不同的语言，飘荡在整个的空间，有的人竟不自主的唱出：“唉，嗬，唉，我们军民要合作……”有时又会传出一阵笑声。小玲简直奇怪死了，她想：“做梦也想不到有这种事情呵！”

休息的时候，送茶送水的都来了，有的还带来饭食，弟兄们客气得要死，不吸烟，更不吃饭，大家围起来，像一家人一样谈开了，小玲有点怕他们，慢慢的也熟了，她觉得和她的哥哥没有分别。

两三天的工夫，一切都完毕了，成堆的谷子都堆在他们的广场里，他们都开始了新的工作。他们轻快的谈着心中的感激和欢快！

小玲睡在床上，她高兴得睡不着：“哥哥报告给我胜利的消息，我也要把这新的丰收告给他！”

一九三九年秋于湖南桃源

另一篇相似题材的诗歌是，1939 年 12 月 28 日《阵中日报 · 军人魂》发表著名诗人力扬的《收获》，也是谈驻扎在南方的中国军队帮助农民收割稻谷的事情。

“丰收的岁月，却因劳力成为荒歉了”，“兄弟，我们是来替你们收割稻谷的。”

力扬（1908—1964），原名季信，字汉卿。浙江青田人。1929 年入国立西湖艺术学院学习绘画，组织过提倡革命美术的一八艺社，后因参加抗日救亡活动，被校方开除。到上海两次被捕。抗战爆发到重庆，担任《文学月报》编委。后来在重庆《新民报》文艺副刊任编辑。1947 年赴香港教书。1948 年 3 月加入中国共产党。同年冬到晋察冀根据地。

新中国成立后，在马列学院教国文，后调中国科学院文学研究所任研究员，1964 年逝世。

峭然屹立大洪山 一个铁的行列

——臧克家:《一个铁的行列》(诗)

1939年12月16日

1939年5月,日军大举进犯随县枣阳一带

1938年10月，武汉、广州相继失守，全国主要的大城市几乎沦陷殆尽，华中腹地的小县城，如随县、枣阳、宜昌、南阳、荆门、宜昌，以及它们周围的山地河谷，便成为抗战进入相持阶段后正面战场的最前线。

这年11月，李宗仁率第五战区部队，聚集了武汉会战中被打残的十多万兵马，经平汉路西撤，向桐柏山、大洪山转进，司令长官部设在樊城。其战略是：死守大洪山、桐柏山两个据点，利用山地优势，展开机动战和游击战，守住“随枣走廊”。这样既拱卫了川陕大后方，又可随时向武汉外围出击，同时，与驻守平汉路东大别山区的廖磊部队相互呼应，筑成一条山水毗连、蜿蜒起伏的抗日防线。

日军视桐柏山、大洪山为眼中钉。1939年4月底，他们发动了“随枣会战”，以十多万兵力，挟轻炮、重炮二百余门，战车百辆，循襄花（襄阳至花园）及京钟（京山至钟祥）两条公路西犯。目的是扫荡中国军队在大洪山、桐柏山据点内的部队，以占领随县、枣阳，进而占领襄阳、樊城与南阳。

中国军队与日军在随县大洪山一带激战经旬，打了大小20余战，随县、枣阳、唐河等一度失陷，但大洪山、桐柏山内的中国军队始终坚守阵地，未被突破。5月15日，我军发起总反攻，激战三天三夜，收复新野、唐河、枣阳等地。

日军经过一个多月的苦战，被毙5千余人，损失马匹、器械无数，狼狈退回原驻地。随枣会战的战况说明，日军因深入内地，战区扩大，补给线延长，兵力不够分配，已陷入战争泥淖。他们每次对中国战区作战都是间歇性的，而且时间上不超过一个月，可谓“势穷力竭、捉襟见肘”了。（见李宗仁《武汉弃守后之新形势与随枣会战》，《正面战场—武汉会战》，中国文史出版社，2013年1月版，第211页）

驻守大洪山的第五战区军人

中国军人在大洪山与日军炮战之一

中国军人在大洪山与日军炮战之二

1939年12月16日，《阵中日报·军人魂》发表了臧克家的诗《一个铁的行列》。诗歌节奏铿锵，气势磅礴，仿佛挟带千钧之力，使读者感受到战火硝烟。这是一首罕见的盛赞驻守大洪山中国军队坚毅英武精神的诗篇。

軍人魂
第五二六號
響應一個新的期待
紅線旗手
一個鐵的行列
陣中服務

1939 年 12 月 16 日《阵中日报 · 军人魂》发表臧克家诗《一个铁的行列》

一个铁的行列

臧克家

1939 年 12 月 16 日《阵中日报 · 军人魂》

一个铁的行列，
阵容堂堂，
整个大洪山都在震动，
脚步踏在岗峦的脊背上。

乌青的钢盔，
太阳给射上金光，
手榴弹在胸前，
枪在肩头上。

一张脸子，
是一个无声的殷雷，
昂首直向前方，
仿佛胜利已经在望。

山头上，
我们的大炮，
在咆哮，
（战神心跳）
山头上，
我们的机枪，
在欢笑，
（正义的呼啸）。

我们这铁的行列，
我们这神圣的铁军，
挟着磅礴的正气，
带起崇敬的人心，
像卷地的狂飚，
向敌人横扫！

铁路上的抗战记忆

——流萤:《红绿旗手》(上、下)

1939 年 12 月 16 日—18 日连载

抗战前河南是全国铁路交通最为发达的省份，平汉铁路纵贯南北，陇海铁路横跨东西，两条铁路交会于郑州，是全国铁路的交通枢纽。抗战以来，平汉、陇海铁路遭受空前浩劫。

抗战时期的老式火车

1938 年 6 月，国民政府为阻止日军的西进，炸毁了黄河花园口，并炸毁了黄河铁路大桥。武汉大会战后，中日战事进入相持阶段，日军占领大城市后，凭着城墙、碉堡和机械化装备，借铁路交通之便，对敌后根据地军民进行“扫荡”。因此，破坏铁路交通，斩断日本侵略者的便利出行通道，成为当抗日武装力量和铁路工人的一种有效的斗争方式。

铁路被破坏后，随之而来的恶果是大批铁路工人失业。那么，这些铁路工人是怎样生活的呢？国民政府对他们有什么样的安置政策？李蕤（笔名“流萤”）发表在 1939 年 12 月 16 日、18 日连载的纪实小说《红绿旗手》，就是对抗战时期铁路工人生活状况的一个记证。

晋察冀根据地军民破坏铁路

百团大战中炸毁狼峪铁路桥

抗日民众破坏正太铁路

軍人魂

第五二六號

響應一個新的期待

紅綠旗手

1939 年 12 月 16 日-18 日,《阵中日报·军人魂》连载流萤的《红绿旗手》

红绿旗手

流萤

1939年12月16日—18日《阵中日报》连载

这里从远处看来，已经完全是一片旷野了，但这里却坐落着一间红色的瓦屋。

这座瓦屋，在这原野里是极不相衬的，犹如一个秃枝上落着一个孤单单的孔雀一般。因为从这瓦屋往四周望出去，明视距离竟找不出一个村落，只看见远远的埋在天际线的小黑点子。足证明这座瓦屋，是不属于任何一个村落的。

远村的鸡啼声，或者午夜时驴子的长鸣声，间或也可以传播到这里，但因为过于遥远，听着反近于凄凉。夜里从很远很远的地方，便可以看见有一粒灯火从这屋子里的窗棂透射出去。但也因为那样的毫无遮拦，人们也一望而知不是村落里发出的灯光。远路的客人，多少次认为是可以投宿的孤店，但又因为和大道不通，惴惴着担心会是“鬼灯”了。

确实，围绕着这孤单的屋子的，没有大路，只有几寸阔的田埂，余下的全是平软的土壤了。

屋子里没有主人么？有的。

但这屋子里的主人，却和这地方的人不很相识，四乡没有他的亲戚，乡公所的户口册上，也没有他的名字。这屋子的主人名叫李虎，这屋里还有他的眉毛都白了的母亲，三十多岁的女人，和一个六七岁的紫红脸色的男孩子。

进到屋子里看，会更使你不明所以。里面放着锄头、钉耙这些简单的农具，但墙壁上却挂着红绿颜色的灯笼，吊着红绿旗子。单从屋子的不配合的情调上，这屋子的主人，既不是工人，但也不像为看田住在这里的佃户。

…………

原来，这座精致瓦屋，是靠着铁路的一个工房，在这瓦屋的门前几丈远的地方，从前便是隆起着几丈高的路基，那上面铺着明亮亮的铁轨，火车一天几次的吼叫着奔跑在上面的，现在呢，不但火车铁轨没了，隆起的路基也和其他的原野一样的平坦，找不出一点痕迹。倒是路基上的鹅卵石，还能从砌着的田畦上辨认出来。这上面，麦芽已经钻出青头，和其他田亩中的完全一样了。不过这一段狭长的石线绕着的土地，大约因为他的主人的不善于经营，似乎不及四邻的土地膏腴，麦苗似乎也没有精神，一如他的主人一样。

这铁路，是去年敌人占领新乡、占领开封，几方面想渡河西犯的时候拆掉的。最初只是拆掉桥梁，后来逐次撤下路轨，后来在路基上，开成壕沟，最后又铲为平地。为了大批的铁路工人失去了工作的凭依，政府便暂时的把路基上的地皮分给他们，叫暂时作为他们的耕地，一来完成了大破坏的任务，二来也解决了他们的生活。

李虎，他原是陇海铁路一个小站上的红绿旗手，他哪里愿意羁留在这一方地皮上呵！但是为了他肩上有三个不能自己生活的人，白发的母亲和幼小的孩子，他暂时的留在这里了。这石线围绕起来的一条狭长的土地，便是他经营的。

李虎的父亲，便是在铁路上“跑火车”，李虎自己，从小在铁路长大的。他小的时候，人又伶俐，身体又生得结实，七八岁的时候，每当他父亲跟着火车值班，他便被安置在他父亲的固定位子上。他喜欢凭着窗子，看那外面飞也似的向后面倒退的树木和电线杆子，尤其喜欢火车钻洞或者过桥时候的长吼，和开足马力狂奔的声音。每快到一个车站的时候，他听着火车的长嘶，便赶快伸出头来，立刻便看见他的雄赳赳的父亲，嘴里噙着烟斗，手里舞动着一片红一片绿的旗子，于是火车便慢慢的戛然的静止下来。

火车，在他的小小的心灵中，真是唯一的可怕的东西了。吼叫一声，地都是动摇的，几千几百人驼上，它都似乎满无知觉。然而，顶可佩服的，当然还算父亲了，父亲能管教这个野兽，他单凭手里的旗子，便能使它说走便走，说停便停。

“爸爸，你怎能叫火车那么听你的话呢？”有一天，他这样好奇的发问了。

父亲笑眯眯的抚着他的头发，摆动着手里的旗子，说：“你记下，红走，绿停！”

怎么个“红走绿停”法呢？他还是不知道。但他再问时，父亲却没有回答他，只抱着他在膝上，说：“你长大便会知道了。”

十来岁的时候，他矫健的和一个猿猴一样，父亲要他跟着车，原是叫他守守自己位子上的一些碎东西之类的，但他却喜欢到处乱跑，他喜欢在两个车厢衔接的地方，爬到车子的高高顶盖上，叉着腰直立着，让迎面的风，轻轻的扑撕着他的衣衫，他觉得很快活，眼睛似乎可以望到地球的边缘，心仿佛可以把全地球拥抱在怀里一样。他父亲的朋友，因为他的矫健，都喊他做“小飞虎”。

他喜欢那机关车喘着重气的声音，他喜欢那从烟囱中喷出的升入天际的白烟，他喜欢在寒夜里尖声嘶叫的汽笛，喜欢从火车上远远望向车站上的高高的曳着的灯塔——总之，他的生活，已经和机器密密不可分离，车站上的深夜的凄凉和火车到来时的喧嚣，同样使他喜欢。

这又是几个月的时光。

在这些时光中，他不但锻炼了身体和胆略，尤其是聪明了自己的脑子。从积日累月的事实，几千遍上级的教训中，他知道日本最后必灭亡，但短期间却有它的凶焰。尤其我们的交通线，到我们不能利用的时候，应该彻底破坏，破坏后我们仍然联络相通，敌人却被割得五零四散了。

十月里，粤汉路被敌人割断了，随后我们放弃了汉口。这时候，我们的铁路，好像废旧了的弹簧一样，任务已经尽完，砰然的断了线路。

“破坏！破坏！”到处都在做着铁路大破坏的工作，游击队和老百姓在敌人的背后一齐动手，把敌人的补给线撕成碎片，同时为了阻止敌人前进，对于我们没有军事意义的铁路线，我们也自动的拆毁。

“看看敌人占领的地方吧，就是靠着铁路线的整个城，城门都

铁路上的人工挥旗保持至今

不敢开，离城十里八里的乡村都不敢去，全靠着几条铁路，把人从西调东，从东调西，铁路一破坏，他们动也不敢动，不动又不敢停留。现在我们索性把这铁路的镇、靠公路的寨都拆掉了，这么大的中国成了一个大泥潭……”李虎和铁路上的朋友们忧虑到铁路的时候，听到的多是这一类话。“不这样干不行呀，老李！铁路拆掉完全是对的，仗打胜了，不愁修不起来。”

日子久了，这类话转变了李虎的感情，所以当汴洛路的东段又往西拆的时候，他仿佛并没有多大的伤感。

但，他的职业失去了。同时为了母亲，他被遗留在这片地皮上，来耕耘这铁路的路基。虽然他知道国家“应该这样干”，但对于目前举着钉耙一尺一寸的掘松地上的层土，这工作他是不熟悉的。他感到一种难耐的寂寞，像一个寡妇养育一个一岁的婴儿一般，去锄耘那些线一般细的禾苗，这对于他更是一种刑罚。每当他夜里做梦的时候，总仿佛还听见外面有隆隆的火车声，等跑出来看，却是冷月荒野，什么也看不见。虽然他丢在这里只不过一年，但他的头发已经被委屈得有了灰色的点星了。

他的哨子，时表，依然珍贵的放在衣袋里，阳光洒进窗来的时候，红绿灯笼，和红绿的旗子，依然放着鲜丽的颜色，他经常拭拂它们的尘埃。他独自在田埂上——从前火车奔驰的地方——站着的时候，情不自禁的望着白云飘渺的天际，幻想着眼前忽然闪出两股铁轨。一列带着呼啸声的火车向他奔来。他跳上去，“飞呀，为着中国的胜利，驰奔到每一个边疆去……”

壮哉"作家战地访问团"

——王礼锡:《到洛阳》

1939年12月18日

"作家访问团"团长王礼锡

王礼锡（1901—1939），字庶三，江西省安福县人，出身于一个书香家庭。1917年考入江西第七师范，1919年积极投入"五四"运动，接受新思想。1925年加入国民党，1926年与毛泽东一道参加筹备武汉农民运动讲习所；1928年初到上海，在田汉主持的南国艺术学院任教；1928年秋到北平，结识了北师大中文系学生陆晶清，1929年王礼锡应陈铭枢之邀，主持"神州国光社"（书店）编务，1931年4月与陆晶清在日本结婚。1931年5月，由王礼锡夫妇主编的大型综合性期刊《读书杂志》创刊号在日本东京出刊。

1932年1月28日，日军在上海发动了"一·二八"战争，为了报道战争动态，王礼锡等出版了《抗日战争号外》，并开始撰写《战时日记》，在"神州国光社"出版单行本，真实记录了"一·二八"战争的全过程。

由于王礼锡主持的"神州国光社"出版了许多进步社会科学图书，触怒了国民政府当局。1933年3月，王礼锡夫妇被迫离开上海，经海路前往英国伦敦。1933年10月，王礼锡应李济深、陈铭枢之邀，回国参加福建人民政府活动。"福建事变"失败后，王礼锡夫妇又前往英国伦敦。

1937年抗战爆发后，王礼锡在英国、法国积极宣传抗日，先后担任全英援华会副主席，中国人民之友名誉秘书，世界和平会中国分会欧洲局主任等职，并在英伦三岛作抗日宣传演说400多次。

1938年10月，王礼锡、陆晶清夫妇踏上了归国抗日的旅程。在英国朋友为他举行的欢送会上，他朗诵了英文诗《再会，英国的朋友们》，诗中写道："我去了，我去加一滴赤血，加一颗火热的心。不是长城缺不了我，是我与长城相依为命。没有我，无碍中华的新生，没有中华，世界就塌了一座长城……"表达了深沉的爱国热情。

1939 年 1 月，王礼锡到达重庆，参加了“中华全国文艺界抗敌协会”（“文协”），当选为理事，负责国际宣传委员会的工作，国民政府委任他为军事委员会战地党政委员会中将委员。5 月，重庆受到历史上空前的大轰炸，“文协”号召作家到前线去，进行慰劳和访问。6 月，文协组织了“作家战地访问团”，推举王礼锡为团长，宋之的为副团长，团员由葛一虹、羊枣（杨骚）、袁勃、杨朔、叶以群、方殷、陈晓南、罗烽、白朗夫妇，李辉英、张周夫妇，和钱新哲（兼秘书），共 14 人组成。其中袁勃和杨朔是重庆《新华日报》记者和编辑。

“作家访问团”到洛阳后 14 人合影，前排右三为王礼锡

由于路途艰苦，女性太少，仅有的两个女性都是与丈夫同行，而王礼锡身为团长，不能照顾夫人，于是他坚决不让陆晶清同行。后来，陆晶清参加了全国“文协”南路慰问团，没想到此别竟是与丈夫永诀！

1939 年 6 月 18 日，这支称为“笔部队”的“作家访问团”，从重庆出发。出发前，周恩来讲了话，郭沫若为之授旗，他们循川陕公路乘汽车到宝鸡，在宝鸡换乘火车，经西安乘陇海铁路的火车到洛阳。由于日军占领了风陵渡，向黄河南岸的潼关炮击，访问团只好改乘由华阴经盘豆镇到灵宝的弧形汽车道，到灵宝再乘陇海线火车到洛阳。7 月 12 日，在乘坐从灵宝到洛阳的火车时，“作家访问团”为了给国家省钱，一致同意搭乘免费货车。经过近一个月的艰难跋涉，7 月 13 日，“作家访问团”终于抵达洛阳。

第一战区司令长官卫立煌对“作家访问团”不畏艰辛勇赴前线的壮举大加赞许，为他们举行了盛大的欢迎会，7 月 19 日，王礼锡代表访问团把一面绣有“国家干城”的锦旗送给卫立煌。卫立煌在答词中对“作家访问团”做出高度评价，他说：“诸位每一杆笔可抵十万兵……无异给我们增添了最雄厚的力量，那么，在这一块土地上，还有什么可以担忧的呢？”

王礼锡写了《卫将军：不要紧》《铁皮闷车》《战术无穷》三篇散文，作为《洛京散记》的上篇，寄香港《星岛日报》发表。

7 月 25 日，访问团一行离开洛阳，经渑池渡过黄河，进入中条山前线，时值酷暑，他们一路翻山越岭，十分艰苦。他们深入到战区，与将士交谈，讲演、访问、搜集材料，王礼锡自然更加繁忙。“作家访问团”规定轮流写集体日记，每人三天，这些集体日记，后来以“笔部队”为题，陆续在《抗战文艺》上发表，而王礼锡除了写集体日记外，每晚还坚持自己写“笔征日记”和新闻报道。王礼锡的日记，除其中一小部分在其逝世后以《笔征》为题，在香港《星岛日报》发表外，其余手稿一直为陆晶清珍藏。

8 月 18 日，访问团在烈日下来到一个村庄，王礼锡到河里去洗澡后发起烧来，第二天，病情加重，决定由方殷等 4 人护送王礼锡回到洛阳诊治，诊断为黄疸病，但已延误治疗，终因医治无效，于 8 月 26 日病逝。一位杰出的国民外交家、爱国诗人就这样为抗战捐躯于前沿阵地，终年 39 岁。

爱国诗人王礼锡之墓，位于洛阳龙门西山小青峰

王礼锡去世后，中共中央和延安文艺界发了唁电，蒋介石也发了唁电，重庆、洛阳、成都和桂林等地举行了隆重的追悼大会，在重庆，周恩来、邓颖超夫妇亲临吊唁，《新华日报》《大公报》《新蜀报》《抗战文艺》《文艺阵地》等几十种报刊出版了悼念特刊，对王礼锡的一生作了高度评价。

王礼锡的遗体，被第一战区当局公葬于洛阳龙门西山小青峰上，与龙门东峰上唐代大诗人白居易墓遥遥相对，墓碑镌有卫立煌手书“诗人王礼锡之墓”。“文革”中王礼锡墓遭毁，1985 年，洛阳政府对王礼锡墓加以整修，重建新墓碑，由孔罗荪题词“爱国诗人王礼锡之墓”。

王礼锡逝世后，“作家战地访问团”的旗子并没有倒下，副团长宋之的率领部分团员，继续到晋东南访问，直到 1939 年 12 月 12 日，完成访问任务，返回重庆。他们达到了出发时王礼锡团长所表明的访问目的。这是古今中外文学史上所没有的作家的伟大爱国创举。《新华日报》为此专门发表《积极加强战地文化工作》的社论，充分肯定了访问团这一行动的重大意义及其所作的巨大贡献，最后号召：“一切从事文化的人到战区去，负起加强文化宣传的工作，争取抗战的最后胜利”！

軍人魂
第五二八號
開發中的西康
到洛陽
紅纓旗手

1939 年 12 月 18 日《阵中日报 · 军人魂》发表王礼锡的遗著《到洛阳》

到洛阳

王礼锡遗著

1939 年 12 月 18 日《阵中日报 · 军人魂》

过了华岳庙，我们就嗅到“前线”的气息了。敌人不断的从黄河北岸向潼关发炮。灵宝附近一个十孔的桥受了敌人三千个五英寸口径的炮弹，毁掉了九个孔，每一个炮弹约值两百元，而在我们呢，以有眼睛的人去避无眼睛的炮弹，死伤几乎没有。我们的牺牲只是“改道”，把直通潼关的陇海铁路，改作华阴经盘豆镇到灵宝的弧形汽车道，在灵宝仍接上火车直达洛阳。

不管敌人如何运用他的毒辣的武器，沿路有青青的麦田，笨重而不懈的牛车，以及高高低低在土田侧面，时有男女安然出入的窑洞，散布在这古老的中原的土地上，正表示一种安详坚毅的态度，讪笑对河日本跳梁的小丑。就是敌人所要破坏的军事交通要道，也不过使我们绕一点路，用汽车替代而已。我们上午十点左右从华岳庙动身，中间还有些交涉车间的周折，下午五时左右就到灵宝了。

一到灵宝，在车站附近找定了一个小饭馆，要了几盆凉水，三五个人共一盆的把脸上的黄土洗去。忙了一阵之后，太阳正要下去，我们就搬出两个方桌在外面的地上，凉风给围着桌子坐的一群人拂去了一天的紧张和疲劳。茶、西凤酒、炸酱面、打卤面、红豆稀饭、捞糟鸡蛋正在忙着由小饭馆和零食铺子送上来的时候，“请问诸位是作家访问团吗？”一个宪兵突然出现在我的旁边，很使我一惊。

他告诉我们，卫立煌将军有电话来，关照他们招待。我问他今晚是否有车。

“因为大雨冲坏了路，车已停了七天，今天是第一天恢复通车，明天可以预备专车送贵团赴洛阳。”

“普通车有吗？”

宪兵向车站问过之后，来告诉我们，今晚位子售完了，只有铁皮闷车。所谓铁皮闷车是装货的铁皮车，“闷”车是对敞车而言的，有顶的。

“并且闷车里装了半车棉花，把棉花堆放在一边，可以匀出地方来睡觉。可是闷得很，我想不如明天坐专车。”他这样劝告我们。

我们还是决定坐铁皮闷车。吃点苦，心安些。

十一时，我们一群人就在棉花包上、铁板上裹着毯子睡。车上有向旁边推开的铁门。全推开，怕睡着了会滚下去；全闭着，那无疑地会闷死。只好开一条小缝，我就睡在这小缝旁边。风凉是风凉，可是从火车头喷出的煤烟，整夜像汽车骤过之后，一阵黄土一样的灌进来。清早醒来，眼睛已给煤烟胶住，用指头蘸点口涎把眼睛逐渐湿润了，才慢慢的可以睁开，身上盖的绿毯子已经变成黑的，脸上煤灰粒给汗胶住，用手指一擦，像枪筒擦在砂布上一样，再掠过头发，就感到像沙地上长遍了乱草。正在设法把脸上的煤灰擦去一些，汽笛曳着一个长声，车就顿然停下来，我们同棉花共同达了卸货的地点了。

欢迎的代表们已经从头等二等快车到铁皮闷车。我们慌忙打铺盖，穿衣服，等代表们来了的时候，我们正狼狈地从很高的闷车上跳下来，英国同学叶君（1），穿上军服几乎不认识了，代表第一战区司令长官部，此外还有“中央社”、政治部、《阵中日报》、“中原抗战文化协会”等机关的代表，还有一营独立旅的兵。司令长官部已经很客气的布置了西站十九号给我们住。

当我们走近车站，一班乐队很庄严地在吹着欢迎的调子。我们静默而严肃地走过的时候，怀着无限惭愧的心情。并不是因为乐队颜色鲜明的衣服和我们布满了煤灰的草绿色军服相对照而羞惭，而是感到我们没有值得这样受重视的理由。我们在抗战中没有尽到我们应尽的力量。但，这也表示文化动员在今天有如何重要的意义啊！

注释

（1）叶君，叶刚武，第一战区司令部的高级秘书，主管党务，卫立煌老部下叶粹武之弟，英国留学生。卫立煌派叶刚武负责接待重庆“作家访问团”。见赵荣声《回忆卫立煌先生》。

一个消失的省份

——金明译:《开发中的西康》

1939 年 12 月 18 日

西康省，简称康，为中华民国抗战时期设置的新省，1939 年 1 月 1 日设立，省会康定，省主席刘文辉。所辖地区主要为现在的四川甘孜藏族自治区、凉山彝族自治区、攀枝花市、雅安市及西藏东部昌都地区、林芝地区等，基本相当于藏文化的康区。

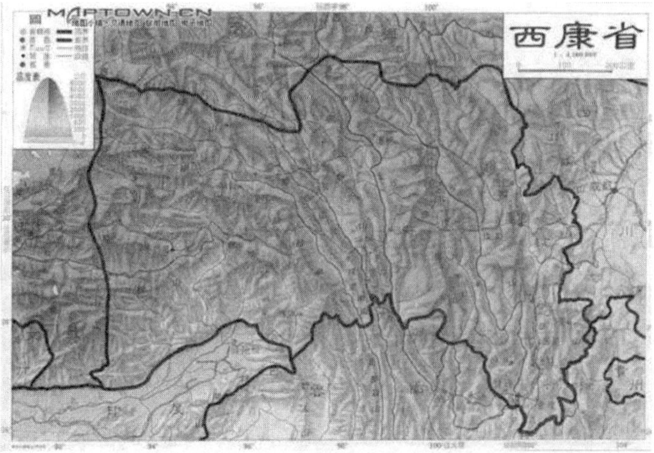

民国时期的西康省地图

抗战初期，国民政府迁都重庆后，非常重视对西南地区政治军事控制和经济建设，不仅设立了西康省，还在西昌设立了行辕和宁属屯垦委员会。国民参政会组织考察团到西康考察，准备开发它的丰富的经济资源，使之成为“肥沃的农业区，中国西部的商业区，以及国家经济建设中重工业的根据地”。

《密勒氏评论报》是美国驻远东记者汤姆斯·密勒（T. F. Milard）1917 年在上海创办的一份英文周刊，以他的名字命名，评论中国和远东的政治经济时事为主。

当时西康省政府的徽章

英文版《密勒氏评论报》

1939年12月18日发表在《阵中日报·军人魂》上发表了由金明翻译的《密勒氏评论报》文章，披露了国民参政会考察团对西康经济考察的部分内容，对于今人了解抗战时期西康的经济发展情况，以及国民政府的建设计划，有一定的认识价值。

軍人魂
第五二八號
開發中的西康
到洛陽
紅綠旗手

1939年12月18日金明翻译《密勒氏评论报》通讯《开发中的西康》

开发中的西康

原文载《密勒氏评论报》,金明译

1939 年 12 月 18 日《阵中日报 · 军人魂》

第三届国民参政会通过了一个很重要的决议案,开发四川和西康两省的经济泉源。

西康的意义是“西方的安宁”,是中国一个新的省份,它是从前西藏的一部分。依据行政院的决定,把四川西南部的一部分区域也合并到西康,这样,在西康省政府的辖境下,共包括了三十二县。

重要的发现

西康在从前不过是边陲之地,但是现在因为它的重要,已成为一省。它的面积有 472704 平方公里,有 300 万人口,它是中国人口最稀疏的一省。藏族占人口的大多数,三分之一的居民是苗、瑶等族。中国商人多数集中在东部,主要是在金沙江以东的六县。

参政会所组织的考察团调查了西康省大部分地方,所以产生了“开发四川西康的计划”。

富足的宁属

东边和四川交界、南部靠着云南的三角形的宁属,这是最近划入新省西康的边境内的。它包括八县,其中以西昌为最重要。

宁属的富足不能只以矿产来代表,它的土地特别肥沃,并且有广大的牧场和深厚的森林。一九三七年西昌委员长行辕组织了一个边疆行政计划委员会,才开始注意到开发问题。那个委员会的任务,只是考察矿产、工商业、农业、牧畜、交通、军事、风俗、政治等,根据委员会的报告，宁属埋藏着丰富的宝藏，并且将来有很大的希望。因为地理上它是高原，高度从一千八百米到九百米，从经验上知道它一年中的温度变化不太大，夏天不很热，而冬天也并不太冷。

宁属农产极富，一年的收获，可供三年之用。米、玉蜀黍、马铃薯、豆类、甘蔗、棉花、烟草、胡蔴子等普遍的生长在夏季，黑麦、大麦、豌豆、油菜等是冬季的收成。

每年产1，870，000担大米，因为交通不便利，每年可余剩三十万担大米，常常喂猪。假如采取新式耕种法，宁属的大米每年可增到4，830，000担。

大批玉蜀黍的出口

玉蜀黍是本地人的主要食品，每年可产4，600，000担玉蜀黍。玉蜀黍的产额——它可以造酒，也可以喂牲口——可以增加到10,350,000担。假如耕种方法加以改良，虽然马铃薯的产量是不如玉蜀黍多，但是每年亦有3，830，000担。假如再加以改良，每年的产量可增加三倍。介绍新的生产方法是很困难的，因为它的生产已超过需要，而再多生产对于居民也无关紧要。

宁属的气候很适合种植甘蔗。宁属的甘蔗比内地的更高更粗。宁属的棉花只供做棉衣之用，每年只种720担。据专家估计，假如施以合理的指导予以推动，每年产量可增加五倍。除去金沙江沿岸干燥的地带以外，宁属是最适合种亚麻的了。现在每年可产二万担。

烟草和木材

吸烟在宁属是很普遍的，每年消耗价值在五十万元的土产烟草，三十五万元的外来烟草。纸烟价值也值十五万元。

宁属里有114，700株松树和枞树，并且有多量的榆树、杉树、桑树等。

畜牧是汉人和当地人的重要职业，牛、水牛、羊、猪、马、骡，和家禽是居民的主要财产。商人以船装运咸肉到邻近的地方去贩卖，猪鬃就运到雅安和昆明。

宁属的矿产有煤、铁、铜、铅、镍、金、银、锌，非金属的矿产如石膏、明矾、石棉、石墨、陶土、硫磺、大理石也很多。在宁属曾经勘查出来一二三个包含着矿物的露出地面之地层。铁的埋藏量占第一位，煤占第二，铁、铅等依次排列。

无限的宝藏

虽然宁属在今日还谈不到是什么商业中心，但是云南——安南铁路修筑以前，它在商业上总会保持繁荣的。经过重庆、雅安、康定到国外去，是一条很重要的交通路。但是它在商业上的重要性渐渐的跌落了。像宁属这样一个孤寂的地方，在不久的将来，当计划中的连接云南、四川、西康三省的铁路、公路完成后，也可以做新中国复兴运动的前锋。

根据经济部调查，西康所产的枞、落叶松、金枞，和别种树木，可供中国六十八年之用。全省有 3，500，000 英亩的天然森林，可产 550，000，000 吨一寸厚的木材，靠近西康四川交界的六县，就有三分之一的产量。

全中国（包括东北）的森林面积共有 229，000，000 英亩，它占有北半球所有国家森林面积的大多数，据官方统计，中国有 134 族，666 属，2000 种不同的树木。

西康的交通

据参政会所组织的考察团的报告，西康—四川公路在明春即可完成。从雅安到泸定最困难的这一段，在今年底也可完成。从泸定到康定的最后 225 公里，到明年很早即可完成。

西康今日虽为“计划中的土地”，但是明天，它将变成肥沃的农业区，中国西部的商业区，以及国家经济建设中重工业的根据地。

湖北省学术著作出版专项资金资助项目

国统区抗战文学钩沉（下）

Guotongqu Kangzhan Wenxue Gouchen

宋致新／编著

武汉出版社
WUHAN PUBLISHING HOUSE
HAN BOOK 版

（鄂）新登字 08 号
图书在版编目（CIP）数据
国统区抗战文学钩沉：上、下册/宋致新编著.
—武汉：武汉出版社，2016.12
ISBN 978－7－5582－0768－6
Ⅰ.①国…　Ⅱ.①宋…　Ⅲ.①中国文学－现代文学－作品总合集
Ⅳ.①I216.1
中国版本图书馆 CIP 数据核字（2016）第 236830 号

编　　著：宋致新
责任编辑：廖国放
装帧设计：刘福珊
出　版：武汉出版社
社　址：武汉市江汉区新华路 490 号　　邮　编：430015
电　话：（027）85606403　85600625
http://www.whcbs.com　　E－mail：zbs@whcbs.com
印　刷：武汉中科兴业印务有限公司　　经　销：新华书店
开　本：787mm×1092mm　1/16
印　张：55.625　　字　数：828 千字
版　次：2016 年 12 月第 1 版　　2016 年 12 月第 1 次印刷
定　价：98.00 元（上、下册）

目录

（下）

2

目录（下）

中国农民的英雄形象

——魏伯:《多多河》

1939 年 12 月 19 日

太行山区

抗日战争进入持久阶段后，粮食问题便日益突出出来。一方面，农村的生态环境遭到严重破坏，沦陷区和战区的农民流离失所、背井离乡，大量迁往大后方；另一方面，中国军队人数不断增加，对粮食需求量也日益增长。这样一来，粮食便成为“争取胜利的唯一要政”。

“战争是靠在农民肩上的”，中国农民在抗战中，承受了巨大的苦难与牺牲。他们不但要承受战争带来的灾难，而且要在极端困难的环境中向土地要粮食，解决自己的生存问题，并默默奉献给社会。

手推车(手摇车)是旧时农民的运输工具

然而，处于社会最低层的他们，又是最受压迫和歧视的人群，在过去的文学作品中，缺少对他们应有的关注和尊重。

1939 年 12 月 19 日在《阵中日报 · 军人魂》上，魏伯发表了短篇小说《多多河》，却塑造了一个农民的英雄。小说中的张发顺，从沦陷区山东济南推着手推车，带着妻儿，一直逃荒到遥远的太行山区，经历了饥饿寒冷、妻子冻死等难以想象的苦难，却终于在多多河边安家，靠着勤劳和智慧，收获了粮食，并安上水磨，创造了新生活。作者一唱三叹地说“这不是一个英雄吗？”这篇小说在时间跨度上似乎不仅限于抗战，却歌颂了抗战中农民顽强不屈的生存意志和开拓精神，是一篇抗战文学的佳作。

旧时农村利用水力资源节省劳力的水磨

軍人魂
第五二九號
多多河
魏伯
徵集觀劇記

1939 年 12 月 19 日魏伯发表在《阵中日报 · 军人魂》上的小说《多多河》

多多河

魏伯

1939 年 12 月 19 日《阵中日报 · 军人魂》

最初这里是只有山的，山蠢笨而又野蛮地一条条爬虫似的，分做几路向遥远的地方奔去（老年人说这山峦都一直伸展到碧绿的天一样辽阔的海里去了），然后就化作蓝色，看不见树林，看不见岩石，再看不见山的一点痕迹。它一阵烟一样的那么轻松，那么蔚蓝，隐入天幕中了。

不知什么时候，这里的雨雪、山泉合起来，在这山里开出一条河来。河最初也不过是一条穿行在草丛和岩石间的银蛇，但后来它就凶悍地侵占了许多土地，自己给自己开拓着道路，修筑着河岸，而且能唱出朴素而动人的韵调，引诱着绿草就近岸边生着，野花就近岸边开着，各种山鸟在河上飞来飞去和它应和着……

后来也就有了。人究竟是怎么来到这里的，是谁第一个就近河畔在山上掘下了他的窑洞，现在人们的脑筋里是连这传说都没有了。但大家都知道——只要会说话的孩子都会讲得出河的名字，“多多河”是怎么来的：

这里是家家户户都放牛的。一天当夕阳抹过山去，山里已经飘起黄昏的雾了，一个生着银白发须的老头，站在河岸上呼唤在山上嚼草的牛回家：

“多多，多多，多……”

而河也：

“多多，多多，多……”

他喊着，河也喊着。他不喊了，而河仍在喊着。他赶着牛往家里走来了，而河仍在喊着：

“多多，多多，多……”

他眼睛神秘的闪动着，告诉这晚上他所遇到的每一个人，而且语气是异常严肃的：

“喂，咱这条河叫多多呢，多多……”

河是村边已经流过很久了的，而且他们每天的生活都和河有着亲密的关系，但这老头子却第一次发见河叫“多多”的。

第二天，大家在黎明刚爬进山谷的时候，就好奇地被老头子的话引诱着向河边奔去。而河真的呢，在“多多，多多，多……”

全村都轰动了，是一个奇迹的发见呢。本没有名字的河，现在被人家叫做“多多”了。多多河多多着，流着，潮涨着，也偶而冰结着。它养育着人们的牛群、羊群，它灌溉着岸上肥沃的土壤，它使小孩子长成大人，大人变成驼了背的老人，老人的骨头埋进土里去，又变成土。一代代人走到河畔，一代代人又走过去了。而河：

“多多，多多，多……”

也有痛苦，也有微笑，人们生活着。父亲把犁耙交给儿子，等儿子也被年纪逼得垂下头来，儿子的儿子就把犁耙插进土里去。他们生活着，也伴着传说，多多河的传说。小孩子生下来还不会讲话的时候，母亲已叫他学“多多”，长大了便跟一群孩子赤着脚在河畔叫着：

多多河，

河多多，

水磨磨，

磨水磨

…………

谁也不知道第一盘水磨是什么时候安上的，但现在多多河上却是安满了水磨呢。

辛苦的不息的劳动，与常常突然降临的荒灾，使人们尽在生活的死亡线上喘气，被饥饿与寒冷的鞭子抽着，再也没有空间来计算充满眼泪的年月了。

但张发顺却记得从山东济南府来到此地的时候，自己已是在“当令”的年岁，浑身到处是紫铜色闪着诱人的光亮，随便那一块都结实得像块石头，胳膊一挥，骨节便放鞭似的拍拍地响起来。

“你爷爷没这么大力气，早就在家喂狗了！”

张发顺对他十五岁的孩子夸耀地讲到他的早年的时候，年青的孩子看一下他的山羊胡子，老太太黑头巾一样满是皱纹的脸，爷爷虽还健康，而且照年岁讲他还是非常结实呢，但小孩子终难相信这自己有点伛偻的爷爷，就是当年带领一家大小翻河越山的英雄。他看到孩子对自己的话露出不信任的神色了，他便委屈似地诅咒起来。

穿过平原，溜着有荒沙飞腾波涛叫啸的黄河，爬过一道道险阻而荒僻的山岭，用手摇车推着祖先留下的仅有的家具、铺盖，推着小孩子，有时还要推着女人。人是饥饿的，道路是遥远的，但他和灾荒反抗着，对死亡投下鄙视的眼光，昂着头，眼睛充满自信，向前走着……

这不是一个英雄吗?

还是冬天呢，满天尽是迷人眼睛的银白色的大雪，不辨森林，不辨沟壑，不辨路途，断了行人，断了鸟兽，十里是雪，二十里是雪，三十里，四十里……

在这死寂的原野上，他和女人孩子一块摸索着，脸孔仍是倔强的，额头上累得满是冒着热气的汗珠。因为雪把轮子缠住了，手摇车也没有了声音。黄昏向他走来了，灰雾色的天空慢慢下垂，慢慢缩小，而他却不辨路途，也还看不出哪里有一粒足够使人心跳的灯光。女人已走不动了，便在一棵杨树底下把手摇车停下来。夜里风非常大，雪在落着，大地冻得吱吱叫着，女人孩子的牙厉害地交叩着……

朦胧的黎明跨过闪着银光的雪走来了，他发现女人和孩子已经停止了呼吸。从女人的怀抱里把孩子夺过来，解开袄把他放在自己的胸膛上暖着，同时仍怀着希望去推死了的女人，用热情而悲凄的声音叫着。

“哇——”

小孩确是活了，他的母亲却被死神永远的留下了。

他没有铲子，也不能在此地长久停留，因为寒冷也企图把他冻僵成一块石头，于是他把雪当做土，往她身上堆起来。小孩子已恢复了知觉了，他挣扎着要他母亲。他只加快把雪往他女人身上撩着……

泪也没落一滴，眼睛似山里的饿狼一样放射出寂寞而凶恶的光辉。把小孩子放在车子上,便又昂着头在这寂静的雪的原野上奋力地前进了。

这不是一位英雄吗?

在家乡时，连太行山的名字都没有听说过的，他爬过原野、山峦、大河、森林，在路途上消磨过无数的白天与黑夜，他终于到了这和他人一样满是英雄气概的太行山里了。刚刚从家乡出来的时候，是没决定要到什么地方去的，只觉着在家乡待下去就要饿死了，外面找一个能生活的地方。这多多河，这尚未开垦的多多河两岸，是肥沃的河滩。

他是这样干，他便在这里开拓着，而且继续往山下开拓。汗珠伴着锄头伸进土里去，而土便变了颜色，阳光下诱人地闪着金属的光泽。播了种，像孕妇一样的土地慢慢胀起来，最后大豆、谷子、玉蜀黍、绿豆、芝麻……地是一块种金子也会生长的呀!

他慢慢地站起来了，有了房屋，有了田地，有了粮食，且有了牛群。孩子石头也景气，黧黑而茁壮，天天跟着牛在山上跑着，黄昏回来时还背一捆柴回来。石头十七岁时便结了婚，碰巧的是儿媳也非常干家，于是这家便蓬蓬勃勃风一样快地起来了。

多多河在他面前多多起来，跳跃着，雪白的水沫还不时溅到岸上的草丛里，水是漂亮极了，可爱极了。他脑筋忽然这样想了一下:“要弄一盘水磨多好，自己弄一盘……”

在暮色中，他用眼睛瞟一下，隐约地显现在远处的别人水磨的影子，心里火一样的兴奋，自己弄水磨的念头便蛇一样紧紧缠住他不放。他是只要想做什么，便非做成不可的，在他心里，没有做不成的事情，两肩担不起的担子。

不久，河上的水磨便有张发顺的一盘了，而且这盘水磨还出奇的漂亮，磨房全是青石砌成的，蓝天一样闪着亮光，磨盘呢，光滑的如一面镜子，磨石粒晶最细，一转动的时候，便发出清脆而有趣的声音来，像是对河水唱着“多多”的伴奏。

以前他是把收获的粮食拿进城里卖的，但在有了水磨后，他是向城里卖面了。每当夜半各家窗户里的灯光已熄灭，只有星星在默默调情的时候，他水磨房的灯尚未摘去，把磨盘上磨碎的麦粉收过来，倒在铜丝的罗里，然后脚一踏，罗便像一个啰嗦的老太婆一样“喀踏喀踏”地响起来。他力量的源泉是无限的，工作着，不知疲倦的工作着……

这不是一个英雄吗?

(未完，待续)

坚韧、宽容与反抗

——魏伯:《多多河》续篇《山乡》

1939 年 12 月 31 日

魏伯的小说《多多河》，它曾全文刊登在《抗战文艺》1940 年第 6 卷第 4 期，在中国抗战文学中算得上一个名篇。1988 年，由屈毓秀等著的《山西抗战文学史》(北岳文艺出版社)，有专节论述“魏伯的小说”，其中重点便是《多多河》。

中国农民的反抗(木刻)

《阵中日报・军人魂》的编辑碧野，与魏伯是交情很深的文友，但由于该报副刊容量较小，魏伯在上面发表作品不多。1939 年 12 月 19 日《阵中日报・军人魂》发表了魏伯的《多多河》，但那只是小说的一个开头。它讲述了从山东济南逃荒到太行山区的农民张发顺，在经历千辛万苦后，在多多河畔安居乐业，子孙也长大成人。

1939 年 12 月 31 日《阵中日报・军人魂》，又发表了魏伯的《山乡》，这是《多多河》的续篇之一，它讲述年老的张发顺有一次在磨房遇到土匪抢劫，机警逃脱，后来土匪王狗成遭难，刚好跑到他的磨房，张发顺以德报怨，救治并收留了王狗成，王狗成和张的儿子石头也成为朋友。

抗战时期，平民百姓流离失所，无以为生，这造成了社会上匪患不断，小说中的王狗成就是这样一个土匪。张发顺收留王狗成这一情节，突出了他的善良朴实，宽以待人，为他最后忍无可忍地举刀杀向日本兵埋下伏笔。

軍人魂
山鄉
寇軍的暴行

1939 年 12 月 31 日《阵中日报 · 军人魂》发表魏伯的小说《山乡》，是《多多河》的续篇之一

山乡

魏伯

1939 年 12 月 31 日《阵中日报 · 军人魂》

时光像白马一样永远是无声无迹，而却用一种可怕的迅度向前驰奔着，它使你成长，使你衰老，使你今天觉着自己还是满年青的，明天便搂着胡子站在自己的坟墓边缘了。

张发顺有了儿子，也有了孙子；有了田地，也有了水磨，有了羊群，也有了牛群，有了自己创造的奇迹，也有了时光给自己送来的老年了。他已不能像当年一样，虎狼似的耕作在山坡上，也不能跟着牛羊翻越沟底监视它们啮草。他睡在水磨房里，看着自己的子孙劳作着，水磨旋风似的旋动，他的眼睛还闪动着快乐的光亮。像似不甘认老似的，有时候自己也跑到磨前收麦粉，把脚重新踏到使箩转动的木板上，身子却总是不灵活，这时候他眼睛里便有着痛苦的表情，痛苦壮年已逝，那钢铁一样的力量已离他而去了。

从前曾经在一个夜里发生过一件事，这事他永远不会忘记的，日子确实有些模糊了，但他还能记起那是秋天，庄稼收获完毕，从多多河上飘进来的风像一盆凉水浇人的时候。是夜了，很深的夜了，两个人突然来到磨房里，从梦里把他拖起来，什么话都没来得及说，便架着他走，一条岭又一条岭，一道沟又一道沟，夜是黑的，眼睛也是黑的，云云雾雾……

在一个破窑洞里停下来。两个人原是带着枪的。他们恫吓他：

“写信给你儿子，要他拿钱赎你的老骨头。”

“我没有。”

“什么？”一个瘦个子把枪举起来，对着他的脑袋：“你要命不要啊？”

他低下头深思着，显不出一丝害怕的样子。过了一刻安详地说：“可是我不识字呀！”

两个人可以看出这老头是不识字，满身都是泥土气，是从小就在泥土里滚来滚去的。他们计议了一下，决定一个人出去再找一个同伴来，另一个人在这里守着他。也许由于疲倦的缘故，这个看守他的人在打鼾了。这时候他估计了一下自己的力量，便悄悄地走向门口。看守他的人突然醒来了：“你往哪里去？”

而他抖索一下也没有，便向山下跑去。

后面开了枪，又一枪！

而他逃着……

而他逃脱了。

他刚到多多河这里的时候，这山里原像河水一样平静的，土匪自然是没有的，即连偷庄稼偷东西的贼也没有，秋禾熟了不看守庄稼，夜里睡了不闭门户。但土匪是顺天漂的，太行山长，土匪的腿也长，多多河水磨增加了，两岸的土地更肥沃了，山坡上开拓的土地更多了，村里的人也更多了，于是土匪也就有了。

这是他第一次遇到土匪。

一月以后是初冬了，在磨坊里又发生一件事。这事和他常和孙子提起的：

“你狗成叔就是这样和我见面的呀，干的事坏，可是人心术不坏啊。”

黄昏了，天并不太晚，为了抵御寒冷，磨房里生起火来，火把全屋照得通红。张长顺的脸上放射着赤褐色的生动光辉。他靠墙坐着，吸着烟，刚刚吃过晚饭没多大一会儿呢，磨房外，多多河边的水轻轻地流着，一片寂静，是很适宜人跨过已逝去的年代，温习着自己生命开花的时代的。他想着在雪地原野上冻死了的女人，他常想起她，他们是一对非常和睦的夫妻，在逃难中她死了，她没得看见自己逃出饥饿的威胁后，在这山沟里创造下的奇迹。如果她做了鬼还没离开他，那她在阴间也该发出安慰的微笑呢。这么多田地，这么多美丽的惹人爱的黄色的牛……

突然一个人像一块阴云似的跨进磨房内，使他猝不及防。他站起来，靠着火光打量这个陌生人，真像一块阴云，这个人看他都不看一眼，便缩做一团倒下了，然后就呻吟着，多多河的水也伴他呻吟着……

沉默。他打量这个人，夜的寂静在磨房外飘落着。而他终于发问了：“嘿，你是哪里的？”

陌生人在呻吟。

“嘿，说呀！”

他在他跟前蹲下的时候，才看见这个人的脸上流满了血。陌生人的眼睛睁开对着他看着，里面有祈求，有怀疑，有痛苦，马上就又闭起眼睛来呻吟着。他终于发现了这陌生人的脑袋有一个伤口。于是把一把菸叶（注：烟叶）堵住他的伤口，然后把束在身上的蓝腰巾撕了一条给他包裹着。

“坐起来吧，要洗脸吗？”

用瓦盆从河里弄了一盆水，放在陌生人的脸前。包裹后，伤像是轻点了，他坐在地下洗着脸。

“老汉，有吃的东西吗？”

陌生人举起饿狼般的眼睛，忍着痛苦向他望着。仿佛记起了什么似的，他吃了一惊。就在这时，还是猝不及防的，陌生人掏出了他的枪：“不许动！”

这正是他，一月前同那个瘦个子从磨房里把他劫走，在破窑洞里看守他，后来睡着了，使他乘机逃走的人。这正是他，在他背后放着枪……

火在燃烧着，火焰咆哮着似的越来越旺了。两对眼睛怀着警戒与敌意，沉默地望着，在张发顺真是猝不及防的，这个人又来了，他给他裹了伤，他的枪现在正对着自己，随时都会跳出一颗子弹。

…………

多多河多多着……

寂静在漂浮着……

两对眼睛在凝视着……

陌生人忽然看见屋角的板子上放着两个馍，一边拿枪对着张发顺，一边走去拿馍，就在这个时候，他头上的伤口又作痛，陌生人又痛苦地蹲下了。

这时候是可以逃跑，但他站在那里凝视着这个陌生人，不，是他见过的劫他而去的土匪，他凝视着他，而且又走近了他：

“不行了吗？”

他发现伤口迸出的血已把带子湿透了，把带子解开，他又给他抓上一把菸叶，堵住伤口，又毫不怜惜地在蓝围腰上撕了一条布，重新把它裹上。

“呀，伤这么厉害……”

这个人过了一会儿又止住呻吟了。

“吃吧！”他把两个馍拿给他。

这个人看他一眼，便把馍接过来，坐在火旁用牙齿贪婪地啃着。

火在燃烧着。

多多河在多多着。

寂静在飘落着……

这个人睡着了，张发顺也睡着了。夜也睡着了。

在火将熄灭的时候，外面起了风。这个人突然醒来，张望一下四周，提起自己的枪，踯躅了一会儿，叫醒张发顺：

“喂，我要走了”眼睛里是充满感谢的。

“啊，起风了，你又有伤……”

老头子看了他一眼，于是突然说：

“伤好再走吧，先在这里住几天，我不会……”

老头子的话没说完，这个人迟疑了一下，就这样又坐在火旁了。最初低着头，后来两肩便抽搐着，伤心而沉痛地……

第二天他告诉自己的儿子，留下了一个逃难者。

“这是我那年青的。”老头子给这个人有点夸张地介绍着，并且让他的孙子喊：“这是你狗成叔呀，喊狗成叔！”

（待续）

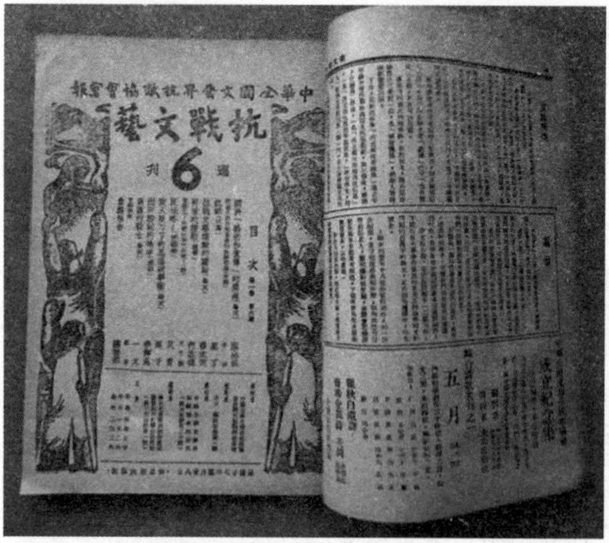
中華全國文藝界抗敵協會會報
抗戰文藝
6

《抗战文艺》1940 年第 6 卷第 4 期全文发表魏伯的《多多河》

《多多河》的故事并没有结束。故事的结局，读者只能到《抗战文艺》1940 年第 6 卷第 4 期中寻找。结局讲述了日军侵入北平后，不久就进了山西，进了太行山，从豫西流亡的难民和多多河的青年农民，包括王狗成和石头，纷纷参加抗日游击队。已届老年的张发顺，虽然不同意儿子去打仗，仍然无怨无悔地帮着儿子照料他的家。

直到有一天，日本人进了村，他的儿子石头和王狗成都成了俘虏。日本人奸淫了他的儿媳，杀害了他的孙子，并逼着他亲手杀死自己的儿子。“老头子”张发顺冷静地举起手中的刀，向日本人猛然刺去……

作者塑造的张发顺，是一个典型的中国农民，他勤劳、朴实、善良、宽容，默默承受生活的种种艰辛和打击，但他的忍耐力是有限度的，当他忍无可忍、退无可退、起而反抗时，便如火山爆发、地火运行，无论什么力量都阻挡不住。在他身上，体现了中国农民不屈不挠的反抗精神。

多多河(续完)

魏伯

《抗战文艺》1940 年第 6 卷第 4 期

一天王狗成终于把自己的事情都告诉了老头子，他家里非常穷，妻子后来也给一个光棍汉霸占了，有力没地方用，肚子空着没有吃的。

“你不知道这饿是啥滋味吧？”

一帮土匪在夜里打进村子来。赶猪一样把村里大大小小的都赶走了。他就这样也加入了土匪，天天在山里走着，抢劫，杀人，放火，今天在这里，明天在那里，风一样飘忽不定难以捉摸。时时有死亡威胁着他们，攫取别人生命财产的时候，别人是都准备着抵抗的，让别人死亡的时候，自己也是同样站在死亡线上的，但他们顽强地挣扎着，侥幸地活着。

上一次老头子逃走后，他怕同伙处罚他的疏忽，便加入了另一伙。但这天原先的伙伴终于找到了他，还算他们义气吧，没对他开枪，只是用石子打破了他的头颅。

“我知道百姓们是很恨我们的。我忍着痛，不敢声张，小偷一样在山谷里走，黄昏了走到多多河，村里是不敢去的，我看着这水磨房里的火……”

“下力人还下力吧，受得苦，才活得结实呢。”

于是王狗成陪着老头子的儿子石头在地里耕作起来了。石头也是非常喜欢朋友的，他和王狗成非常合得来，他同情他，看得起他，说他聪明。每当老头子看见儿子和王狗成肩并肩地说着从地里回来的时候，他私心是也感到一种安慰和快乐，眼睛线一样微笑着。

“这可是好孩子呢，将来给说个女人，成起家可就……”

但王狗成很快就对这生活发生厌倦了，他老惦记着过去的生活，一个地方一块土地的生活缚不住他的心，不流血平静的生活在他是一个继续的寂寞。

“我得走了！”他在和老头子说过这话的第二天，他便失踪了，老头子些微感到失败的恶运，但随后就像是什么没有发生过似的平静了。

“啥命是一就的呀，由他混去吧。”

但王狗成永远不会忘记在水磨房里的老头子，时常夜深他便出现在水磨房里。老头子最初还劝他重新和儿子一道耕作，后来看他只是表示拒绝的微笑，他便不再提了。王狗成有时也弄点酒和肉回来，有时饿了也请老头子弄东西吃。两个人的关系就像一对父子。王狗成也领他的同伴来见老头子，老头子也同样款待他们。有时候他们没有东西吃了，老头子便让他们把面粉扛去。

“我看你们还是改邪归正吧。”

对老头子的话他们只是微笑。

他是在穷苦里长大的，当穷苦和因穷苦而来的污辱和艰辛压在人们的骨头上时，他知道一个人是怎样想；人在人世上只剩有一个穷骨头、而饥饿的鞭子又抽在他背上的时候，他知道有许多人是要怎样做的。为了要活下去，几十年前他和妻子一道离开了家乡；为了要活下去，在这多多河畔，他挥动着膀子开拓着土地，牧养了牛羊，在河上制造了这水磨房；但为了要活下去，他也知道别人是会走到别的一条路的。路有好，有坏，自己的路最好也最苦，但别人走的路也是路。人要不死是必须找路的呀，他们杀人，放火，抢劫别人的财产，但在他海一样的胸膛里他们都取得了原谅，他一点不恨他们。

几十年丰富的阅历使他直觉地判定，世上一切都是在变化着的，而且他知道事情是越变越快了，越变越坏了。就像世界到处都传着地震似的，世界是一定还要大变化的。最初来到多多河畔的时候，这里没有捐税，没有差役，仿佛是世界的一片净土，也听见战争的消息，但这只是故事般的消息罢了。战争永没给这里的人以血腥，以灾祸，以恐慌。但后来这里又和别的地方一样有了差役，有了赋税，也有了土匪，剿土匪而来的官兵也在山里出现了，这里又脉搏一样和外边世界联在一块动着，在变着……

许多人当兵去了，许多人去做匪了，许多人被饿死了，许多人终年被灾害逼得喘不过气。他和一家人都在败亡的边缘上，但他是侥幸地胜利了，但他知道这胜利是不稳的，因为大家都在败亡……

“你看吧，总要经过大乱才成，世上才能出真主，有真主才能定江山呀。”

但却没想到世界大乱却应在日本人身上。

“论说吧，也不算太奇怪，‘小鬼闹朝廷’，这话到现在还是应了呀！”

日本人攻进北平的消息传到山里的时候，秋天已经过去，满山的麦子都已在萌芽，大家都兴奋地谈论着。大家都觉着世界从此就要大变了。

一个月后的一个夜里，天上一轮银月在多多河里吐着银丝，空气冷而清新，几个人唱着歌子走向张发顺的水磨房里来。张发顺和他儿子石头正在忙着磨面粉，预备太阳出山就进城卖面去。

“啊，狗成，好久没来了呀！”

“狗成哥，这两位……”石头走拢来，对着这几位打量着，眼睛里充满了惊奇，“穿上军装了，啊！……”

人家对自己服装的注意，很使狗成骄傲：“加入了游击队，要去游击鬼子，你们可知道日本杂种快过来了呀？”他做出什么都懂的样子。

“怎么，当了兵啦，那可就有出头了呀。”

“反正混吧，混到哪里就算哪里，也说不上出头……”

“不，出头呢，这一下要出朝廷了呀。”老头子认真地说，很亲切地看一下他们的军服和军号。

他们走时，石头跟他们送了很远才回来。在路上两个年轻人亲密地谈着，回到磨房里，他脸上还挂满兴奋。他试探似地问老头子的意见：

“爹，我也跟他们去吧？”

“跟他们去，你的家谁管呢？”

直到半夜面粉才磨完了。石头走回去，为父亲的看着他的背影消失了，才把眼睛放下来。躺在床上好久没有睡着，自语似的说：

“这孩子正年青，心可不要横了呀。”

过了半月，狗成他们又来了，这次是带着一串欢笑来的。自己拿了一瓶酒，还有几片猪肉。见了老头子就大声地招呼他：

“来喝酒吧，我们要开了。”

“开？开到哪里去？”

“谁知道呀，开到有鬼子的地方去。来吧，喝一杯，酒还不错呢。”

依照他们的意见，也把石头找了来。石头话比较少，只拼命地喝着酒。喝了几杯酒，人也变年青了，老头子兴奋地跟他们说着，由自己原先的家乡谈到多多河，由年青谈到目前，一双眼睛两只耳朵，是可以看到了许多听到了许多的。

因为这群年青的人明天一早要出发，没停多长时间他们便告辞了。老头子嘱咐他们要格外当心自己的身体，并且恋恋不舍地命石头送他们一程。

但第二天很早他就发现石头并没有回来。这时他才领悟似的骂着：

“你长大飞了，可是家谁管呢？我这么大年纪了，你，你叫我……”

因为生气早上都没有吃饭，脸也都变了颜色，在上面看不出一丝微笑。但老头子海一样宽广的胸襟，也终于原谅了自己的儿子。年青人的腿是永远喜欢向天边走的。他着实不能劳作了，便雇了一个人来照料家里的事务。于是一切都又平静了，多多河多多着，水磨旋动着，牛羊在早上爬上了山，在黄昏又走到家里来。石头来了一封信——这是他来此地后从邮差那里收到的唯一的东西。村里一个识字的老先生给他念了，并给他讲解着：

“石头说了，请你别生他的气，过一俩月他就回来了。”

“过一俩月？”老头子不信任似的反问着，然后又像下了很大决心的样子说：“由他去吧。”

已到春天。太行山的草木还在冬眠，岩头土上一串串金黄的迎春花尚未开放，而冰雪也还凝结在山凹的时候，多多河畔起了很大的骚动。

“要搬不要搬呀？”

“谁他妈的晓得呢。”

“可是真近了呢，已过来新乡……”

“看大家吧。”

敌人像一条蛇一样，爬过滹沱河，爬过漳河，又顺着铁道往这里来了。它到哪里，烧杀便到哪里，奸淫便到哪里，残废便到哪里，死亡便到哪里。关于日本军队的故事，越过平原山峦，传进多多河畔居住的人们的耳朵里来。故事是各种各样的，但带给人的却是同一的骚动。

“日本把咱中国的地方快占完啦……”

“占完？一辈子也占不完，占完也没用，中华天下可是中华的呀，真主只出在中华。”张发顺这老头子也参加了这讨论，而且是极为热烈。村里人都劝他搬到深山里，因为他是老了，孙子又太小，儿媳又是女人家，他们愿意先替他搬家。但他拒绝了：

“日本人也是人呀，是人就得论理呀。没见过长毛，没见过土匪吗？别看他杀人放火，可也有良心的呀。”

这一带比他看得多知道得多的人是没有几个的。大家都相信他的话，他没有搬，大家也都没有搬。实在是大家都在这里住定了，再搬到哪里都不会惯的。而老头子的提醒也极有道理的：

“庄稼人可不就靠土地吃饭呀，你人走啦，田产地土都抬不走，到山里大大小小吃风喝沫呀？”

老头子的腿却比往常更勤了，拿着一根拐杖，背向前驼着，他一个人顺着河畔走着，看着那绿葱葱的麦苗，那发着清新气味、等待播种的山坡，跑到磨房跟前，很长时间两眼凝视着那被河水冲击着的水磨的轮子，他就发誓似的自语着：

“任凭死了，骨头也得埋在这里呀！”

两只空手和一颗英雄的心已在这里创下一个奇迹，这里的土地、房舍、水磨，对他都是有生命的东西。土地每年都带给他丰美的收成，水磨的轮子永远不知道疲倦，房舍也在阳光下微笑……而它们的生命，却都是自己的血汗，自己的生命孕育大的，那是自己生命的化身，这些东西都和自己的脉搏息息相通。

很快县城就给敌人占住，一时恐怖又袭击着这个村庄。有几家是深山里有亲戚就逃走了。但许多人还是无可奈何地照常生活着。像是把这里遗忘了，日本人没再往这里来。

“不会来了。”老头子接着又申明自己的理由：“他是拿中华江山的呀，就不差这块地方。可是江山，哼，就别做梦吧，中华江山是中华的呀。”

那里许多东西是自县城买的。胆大一点的开始进城，他们都背着东西平安地回来了。他们说城里房子确实被烧掉了许多，传说人也杀死了不少，没有看见日本人，尽是穿黄衣服袖上有一点红的，说话打格打格的蛮子。

“那就是日本人呀，傻货！”

“可是鼻子眼都和咱一样呀！”

“日本祖先是中华人，周朝……”那个识字的老先生给他们解释着。

一个夜里村里来了一支人马。最初大家以为是日本队伍，非常害怕，后来却闹清楚原来是一伙老百姓。他们穿着各色的棉袄，头上大都缠了一条毛巾，有的拿着刀，有的拿着枪，有的只拿几颗手榴弹。

“我们是游击队。”

“游击队？”老头子用怀疑的眼色看着他们：“你们可都不像队伍上的。”他想起了王狗成他们，穿着崭新的军服，枪在黑夜里还放着刺人的光辉，说话走路都和老百姓不同。

“我们原是良民百姓，做庄稼的，就住在焦作……”

“焦作？”

“是啊，日本占了焦作，我们游击，也是为了活命没法子，人家要杀你，你可不能等着挨刀呀！”

“老伯，给点东西我吃吧。”

老头子款待了他们，把儿媳喊起来给他们做饭，并用劈柴给他们拢了一堆血红的火。大家都乐了，在火光下把衣服脱下来捉虱子，虱子在他们身上也是成行成队的，一个人都有百把个。

“你们打得过日本？”老头子怀疑他们的作战能力。

“怎么打不过呀，他用刀，我用枪，一伙上去就给鬼子揍个脸朝天。”

有人问老头子：“老伯，你的儿子呢？”

“我的年青的他也游击……”

“也在我们游击队？啊呀，老伯……”

“他在哪里打？你教他回来跟我们一起吧，都是本乡本地的……”

刚吃过饭他们就要开拔了。夜非常黑。

“歇歇腿明天走吧。”老头子挽留他们。

“不啦，老伯，得去打鬼子，趁夜打……”

“老伯真好，我们一定给你捉个鬼子……”

他们走了，老头子一个人又嘟囔着：

“也许这里面有真主，朱洪武当年也是个放牛娃哩。中华江山总得中华真主坐呀……”他又想起了儿子石头，要是他也在本地，能常回家看看……

春天确已来到山里了。迎春花开满山坡，但迎春花却是忧郁的。多多河上没有碎冰了，但河总唱着忧郁的调子，水磨房也都是寂寞的。再如金片一样闪耀的阳光，也不能带给人以温暖。人们的脸上挂满忧郁。时常不自禁地吐着气。那牧童鞭子一样响亮而清脆的笑声再也没有了。

古怪的事情一天天多起来。在这深山里，居然在山背后常可瞭望到山外原野上敌人骑着马在奔驰着，他们走进村里去不久就又出来了，不过隔一天他们就会听到一件令人心裂的敌人杀人的故事。围绕他们的尽是恐怖、流血、杀戮。他们日夜都担心着这不幸会来到多多河畔，而受难者就会是他们自己。继续有人逃进深山里去，但大部分还是留下了。他们过着担忧的日子，他们希望游击队能在村里住下来。

要来的事终于来了。一个早晨一百多敌人向这村里走来，而且宣称在这里住下打游击队。他们刚一进村的时候，由于恐怖，许多人躲起来，许多人关起了门。这举动并没惹恼日本人，他们非常和气地对他们捉到的几个人讲，说他们是对游击队打仗，对中国老百姓他们一向是保护的。为了表示他们不扰乱老百姓，他们决定在村前几所破窑洞里住下了。

灾祸一天天逼近了。多多河在黑夜里哭泣。土地的面孔，也都是悲惨的。老头子张发顺当着儿媳和孙子的面总讲："不要怕，是人可就得论理呀。"但一个人的时候就又嘟囔着："这日子多咱完呢，真主可真该出世了啊。"

没有过两天，敌人便又到处在抢劫了。他们宰牛、捉鸡、杀狗，深更半夜往人家宅子里摸……事情发生后长官向老百姓道歉，并且出了一张告示，但抢劫仍继续发生着，而且是逐渐增加了。一次，一个老百姓又报告了他们的官长，官长就发了火：

"大家为你们打游击队，拿你们一点东西算什么呀。你这简直是抵抗皇军！"

这老百姓被结结实实地毒打了一顿。日本人在山头上架着机关枪，是神是鬼都逃不出的。大家过着一种无希望的耻辱的日子。

一天敌人胜利地归来了，抓到了七个游击队员。为了要显示一下皇军的威风，镇压一下老百姓的反抗心理，他们挨家挨户地硬逼着全村的人出来参观枪毙游击队。当逼近那绑在七棵树上的七个游击队员的时候，大家惊惶的脸都变色了，不自禁地低声地传着："石头，也有石头在里面呢。"

石头的女人和儿子疯狂一样抢到前面去。石头的女人晕倒在他的脚底下……

"花姑娘，大大好……"

"是他的，哈哈……"

他们把她拖走了。她哭着，挣扎着，年老的都落了泪，年青的眼珠都要掉出来了。

“爹爹……”石头的儿子抱住石头的脚哭着,小孩子吓得身子直哆嗦。

“这是你的？”一个敌人用滑稽的口吻问着石头，另一个人便游戏似的把刺刀穿进孩子的胸膛，孩子只来得及喊了一声。老百姓有的忍不住愤怒都狂叫起来，许多女人抱起头来哭了。

“石头！”老头子走了上去。他显出奇怪的冷静。

“爹！”石头的眼泪顺脸往下流着。

“老伯！”

“啊，狗成！”老头也看了狗成一眼。

“哈哈，你就是他父亲？”

“把他也……”

“不不……”敌人像是有了新发现，把那个人的刀子抢过来，递给老头子，“你要想活，便杀他！”

“爹！”石头又悲恨地叫了一声，便把头垂下了。

老头子看了一下手里的刀，那是一把雪亮的锋利的刀子。他的手哆嗦着。

“石头！”

石头又用两只泪眼来看一下父亲。

“杀啊！不忍心吗？”

“哈哈……”敌人在狞笑。

老头子的手哆嗦着，哆嗦着。突然一把刀子伸出来了，但不是向着石头，而是向着这狞笑的日本人，刀子一直刺去……

石头一样沉默的人群，这时野兽一样咆哮了：

“打呀……”

“反正不能生活呀……”

“揍……”

枪声起了，人们和敌人互相扯打着。

多多河畔第一次用血冲洗着。

…………

（完）

链接

1912—1984)，原名王泾川，河南汜水竹竿川人。1932 年就读于河南省立第一师范，与李蕤同乡同学，共同创办文学刊物《晨曦》《河畔》等。1935 年考入北京大学文学院外语系，是“一二·九”运动的发起人之一。1936 年和谷牧、吕荧、柳林等在北平创办左联刊物《泡沫》《浪花》《今日文学》等，1936 年加入中国共产党。

早期北方左联领导人魏伯

抗战初期，魏伯回到家乡，组织“汜水救亡剧团”，碧野、于黑丁、曾克、张柯岗等都是救亡剧团的成员，他们在汜水、荥阳等地演出，后将剧团发展成拥有 400 多人的游击队，魏伯自任政治委员。

1938 年秋，魏伯化名穆毅，参加卫立煌的“战地工作团”，曾在垣曲担任独立第五旅宣传队长，并邀请碧野和他一起到战地采访，写出《多多河》《我们跟下原弥熊之间》等，发表在《抗战文艺》上，并和碧野合作写了《五行山血曲》《射击手》等小说。1985 年屈毓秀等编著的《山西抗战文学史》中第六章第二节，就是“魏伯的小说”。

1939 年春魏伯奔赴延安，把碧野介绍给赵荣声，安排他到洛阳《阵中日报·军人魂》任编辑，碧野又介绍魏伯的好友李蕤到报社工作。魏伯是联系《阵中日报·军人魂》作家的纽带人物。

魏伯奔赴延安后，曾任陕甘宁边区米脂县县长。新中国成立后历任柳州市长、武汉钢铁公司副总经理、广东省经济委员会副主任等。在“反右倾”和“文革”中受到不公正待遇。

1979 年 10 月召开全国第四次文代会，魏伯广泛联系文艺界“文革”中受迫害的作家，促进会议的召开，并担任第四次文代会秘书长。

1980 年任国家城建总局副局长。1984 年病逝于北京。

抗战文学力作

——魏伯、碧野合作:《五行山血曲》

1939 年 2 月 16 日

1938 年 3 月，魏伯化名穆毅，在西安考入卫立煌的“战地工作团”，“工作团”的负责人是卫立煌的机要秘书赵荣声，成员大部分是平津流亡的进步学生，卫立煌希望“战地工作团”能做他的助手，开展军队中的抗日宣传工作。同年 6 月，魏伯受工作团委派，到高增级的独立第 5 旅任宣传队长。同年 10 月，武汉沦陷，碧野到山西垣曲找到魏伯，两人经常一同骑着马，亲自到战地采访。

魏伯和碧野共同创作了描写中条山抗战的短篇小说《五行山血曲》，这篇小说，描写一支从忻口战役退到中条山的队伍，经历了无数的失败、屈辱，在极度饥饿和疲劳的情况下，接收艰巨任务，从山路抄到敌人后方，牵制敌人的火力，以十一个人对付三百多个敌人，最后全部壮烈牺牲的故事。这篇小说，发表于 1939 年《文艺阵地》第 2 卷第 9 期，次年被列入《抗战文学佳作选》。1988 年北岳文艺出版社所出版屈毓秀等编写的《山西抗战文学史》中，称它为“一曲激昂悲壮的战歌”。

五行山血曲

《文艺阵地》第 2 卷第 9 期

魏伯、碧野

1939 年 2 月 16 日

一

敌人的炮依稀地像巨人的足音一样，向赵家岭打来，弹落到那郁郁的生满杨树槐树柏树的村庄时冒起一阵烟，接着是一下响亮的房屋或是石块被炸毁时嘶叫的声音。但也许是因为两下对峙了几天，连射击手也疲倦了，炮弹往往被无目的地放射出来，有的响也不响，便像年老的哑巴人一样沉默地横在刚收获过的田野里了。

战场还没摆脱完夜的荒落与寂寞，深秋的风饥饿地从山隙里往外面扑。村庄里一个人也没有了，没一丝能跳能叫的东西。黎明缓慢地带着灰色的光从森林上面往这里爬。黄河还是在挤开着两岸荒芜的大山，用万马奔腾的凶势忧郁地向下冲击。徐排长跳出阵地，由山凹里向黄河瞭望，脸上的泥巴衬托出几天的疲劳，而皱着的眉头却告诉人他难言的沉重的愁苦与忧郁。

黄河的淤泥一样沉着的浑厚的声音，很有节奏地传到这面来，像是告诉我们一些发生在原始时代的野人的故事，接着几个人影一步一步地从山崖那边闪过来，河里现出一只张着灰白的破帆的逆流而行的渡船，那是要驶过对岸去的，上面坐着几个押船的人。逆着黄河的意旨的船只是这么触怒着黄河，它冲激它，用浪打它，用吼声去惊骇它，用各种方法去阻止它的前进，恨不一下把它吞下去。但它艰苦地行进着，半靠着风，半靠着人力，这样配合着在山里进行着敌我血的战争，河傍也有一幅力与力搏斗的大画。一切都是艰苦的哟，死亡与毁灭躲在你一千次慎重中的一次疏忽里。

作战来，天没好好地晴朗过一次，每个山层里都有无尽止的云层垂在低空，把地球一层层裹起来，谁都不能想动它一动，久雨未收的谷穗、绿豆、荞麦都发霉了。

一个炮弹落在沙滩里，一阵荒沙的飞腾。敌人是想毁灭这只船的，但船仍迟迟地行进着。

风静止了一下，马上又倒转过来了，河增加了威力，山里的森林也在嘶鸣着。在刚要入山的时候，力的均衡被打破，绳被扯断，船迅速地顺着波涛往下流，像发疯的水怪一样狂暴。拉船的船夫发出尖锐的充满着惊惧的狂叫，在沙滩里回转头来向着船狂奔着。

徐排长不由自主地抖了一下，但那只失去本性的船还是无可救药地冲向那块耸在河里的青石块上，在一个短促的冲击之后，它便可怜地解体了，帆倒在河面上，板子很快地淹没在水里，船上的人有的在泅水，有的被黄河卷到它的肚子里。河还是像原来一样若无其事地流着，怒吼着，分开群山，向着辽远的地方……

“啊！”

他像是得了启示一样，半天才从深心里透口气，背着手迅速地来回走动了几步，然后又咬着嘴唇，锁紧眉头，陷入沉思里。难言的耻辱和冤枉在他身上火把一样燃烧着，但由于他天生的温和的性格，他总吼不出声，这样反使他更苦恼了。想起去年忻口退却时，乱山丛中一营只能成一行在夜色里摸索着行军，因为前面张连的掉队，他这一排和别的几部分都被拉下了。在一星期后重找到队伍的时候，营长见面就申斥，他要当着众人把他枪毙掉。

“总要有那么一天的。船是勇敢的，毁灭在抵抗黄河的暴力的斗争当中，人也应该……”

敌人一个炮弹落在战壕前的山坡上，一块石头被炸得粉碎，他随着这可怕的声音爬下去，随即侵入阵地。使他生气的是班长在炮声响过后又在靠着战壕的掩体打盹了，用力踢他一脚。

“还要这样干下去吗，他还想活不想活啦。”

但给他骂醒的不止班长一人，同样的疲乏同样的饥饿的十个没有血色的脸一齐向他望望，用手托起自己的枪来，无力地望一下敌人的山头。

他感到一种重压，灵魂像是给潮湿掉了，猛一回头，滴下几滴泪来。已是三天了，爬山过河到处奔波，没吃过一次饱饭，没睡过一次响觉，但换到的只是脱也脱不下的为人所不耻的屈辱——

“噫！”

二

一个人滑倒了，两腿朝着十几丈深的料峭的山崖，两手用尽最后的力气，把指甲抓着滑得发油的地皮，张着大嘴发出一个人在生命要毁灭时特有的恐怖的骇人的惨叫。在他前后走着的两个人慢慢地手扶着草，两只脚试探一样，半天一步地挨近他，把他挽起来，大家才轻轻地呵口气。

上面的山峰插在阴森的浓云里，下面的山崖埋在不知多深的黄河里。雨把附近的山林、村舍、河流蒙上一层雾，使它和人们的视线隔离了。生长了几千万年的黄河！是一丝不放过它的机会的，无情地冲击着山崖，波涛鼓荡着，旋转着，发出大地在崩溃时的狂吼，威胁着在半山里不满一尺宽的崎岖的小道上行进着的十一个人的小队伍，使他们每一移动心脏的各叶便厉害地发起抖来。

每个人身上都背着一只枪，几十发子弹，几个炸弹，和一条满是泥巴的军毯。雨把他们的衣服都打湿了，紧紧地贴在自己的身上。深秋的寒冷逼着这群战士耸动肩头，但他们得强打精神，红粘土的地皮落雨后是像油一样滑哟，底下黄河正挺着胸膛狰狞地等着你。

前面有一个窑洞，里面尽是马粪和马尿臭。走在前面的一个人进去了，后面的跟着，并没有徐排长的命令；奇怪的是徐排长自己也进去了。窑洞对他们真有不可思议的魔力和甜蜜，他们愿意坐在马粪上，把生命了结了。有的从怀里掏出假风车牌香烟吸起来，有的只用手拿着烟卷，还没用火柴点着的时候，头一摇一摇地已经发出粗憨的鼾声入梦了。

从皋落退却到现在已经三天了，整天爬在战壕里，被连绵的秋雨浸着，两腿埋在水里，入夜时秋风刺骨，逼着人揪成一团。甜蜜的睡眠对他们只成了传说，他们是能在阵地里打盹，但敌人的炮弹往往逼着他们睁开眼望望。敌人不时的进攻，又逼着他们壮起精神把身上的手榴弹掷出去。三天从后面只送来一次馒头，余下的只有把阵地旁边几棵番薯扒吃了，但那合起来还饱不了两个人。在一次反攻里，六个同志牺牲了，换到的只是一个小小的山头。

徐排长也坐下来，但他只挨了一下地皮，就又站起来，用两手揉一下满是眼屎红筋高涨着的眼睛，看一下表，已经快一点了，他恐惧地强打起精神来。

“同志们，快起来！命令是要下午一点叫我们到达旅部，现在你瞧只差七分了，我们却还有五里地。”

他一个个把他们拉起来。除了落雨的声音和黄河的吼叫，山里再没一些声音。大家起来看一下天色，伸了一个懒腰，便走出窑洞，像骆驼一样迟缓地前进了。中间没有一个人发出一声响笑或是像野牛一样乱嚷乱骂，这些对他们这群战士都是多余的。

旅长住在法家山底下的一个窑洞里。对他们的迟到半个钟头他并没有见怪，只像兄弟一样慰问他们，检查他们的枪支和子弹的数目。当听到他们讲三天还没吃过一餐饱饭的时候，他马上令副官给他们造饭。

前天因为某支队员缺乏战斗经验，敌人用强烈的炮火压迫我们，由大山上退下来，只凭着一个小山和它对抗。班家河的水从未有过地暴涨着，大部队伍都给水隔在对岸。三个老百姓试探水性，结果都被水卷着冲进黄河里去了。旅长只率着第三连、第五连、迫击炮连和一部分游击队在正面支持。一个旅长的卫士讲旅长这几天没睡过一眼，有时往往独自一人跑到赵家岭村头那所大瓦屋里。长官过度的辛苦与身先士卒的精神，像一把火一样把他们从极端的疲惫里燃烧起来。

饭做成了，是金黄色的玉蜀黍糊涂。老百姓都逃到深山里去了，班家河那边又没法子送东西过来，就连旅长也是天天靠着玉蜀黍过日子的。这群饥饿的战士嗅到糊涂从锅里发出的香气时，大家再也安静不下来，便拿起刷牙缸子喝起来，情形全和饿了几天的凶狼一下捉住一个山羊在狂吞时一样。

敌人的重机关枪和山炮直向我们的阵地打来，旅长用电话指挥黄河对岸我炮一旅的炮兵连还击。但局势还是非常危险，因为敌人有三千多名的战斗员，我方却一共合计起来不上六七百人。

在旅长的命令之下，这个转战数天没有得到休息的一支小队伍，便由徐排长率领着重新加入阵地，人配备得非常稀落。敌我的阵地对峙形势是太悬殊了，我们可以仰着脸看到对方的机关枪掩体。五行山五个山头，敌人已占了三个，我们现在扼守着的还是小的。

敌人的炮弹落到左面的阵地里，那里一只步枪的主人永远长眠了，另一个由担架兵抬出战壕，头上的伤痕被雨水冲击着，红色的血水在阴天里非常暗淡。

“同志们，我们应该当心，后门是旅部，法家山后面又是总部，责任是非常大的。疲劳吗？你看打旅长数起，谁还不是一样？”

徐排长的话使他们振作了一下，中间有一个弟兄拉下枪栓，做着射击姿势，把枪拖起来，但向哪里瞄准呢？对面只是一座生满乱草的山，看不见一个鬼子的影子。地势把他们限制着，使他们只能耐着心扼守和防御。

郑营附打发传令兵送给排长一个命令：敌人有进攻企图，我们应竭力防守并抵抗，除非万不得已，不能退却。

黄昏在战场里降落了，群山和战士一样都穿上夜的衣裳。雨停了，天刮着风，黄河凶猛地流着。敌人警戒的炮火透过夜色在长空里划条红线，落在荒野里。

排长恍惚听见谁在打鼾，他跑过去巡查，没有一个人是挺直腰的，这位熟睡的士兵像中了魔术一样头上下摇晃着，夜色里还能辨认出他的枪是笔直地放在战壕的上面。他揪一下他的耳朵。

“死鬼！”

战壕里死一样的沉寂被冲破了，大家都揉一下眼睛站起来，风掠过群山，卷着夜色向这里扑，人们不由自主地发起抖来。天空的云隙里有几颗米一样大小的星星。

“报告排长，我们什么时候交班呢？”

“鬼也没有一个，谁来接你的班？”

“可是，报告排长，三天没合一眼……”

“谁不一样！”

这几句交谈都是非常低而沉着，大家的话里都有点不耐烦。三天来他们已被过度的疲劳俘虏了，生命成了一滩黄河边上的淤泥，再没有一点筋骨，再没有一丝力气，像是如站在平原上就要被风吹倒的醉鬼一样。

营附又派人送来一道命令：小心敌人摸营，看看阵地里是不是有睡觉的。

他感到一种痛苦。平素在连里他是像哥哥对待弟弟一样对待士兵的，他想尽办法为每一个士兵解决痛苦，不使一个人受委屈，一个人滚一滴伤心的泪。他和他们像血肉一样亲密地生活在一块。这几天他和大家一道受着责任和生命的威胁，一次次战胜疲劳提起枪来，和敌人苦斗，但生命的活力是有限的，他们都已疲惫地像上了年纪的老牛，鞭子和危险对他们都已失去了作用了。

可是在这种我军处于极不利的地带的情势底下，敌人确实有时间向我袭击的可能，冲破一环是要全数歼灭的，这样每个岗位都关系到几百条生命的存亡，关系到全线的进展和溃退。

“由我自己来吧。”

他靠在战壕里张大眼睛向前面的敌人阵地瞭望着。他要让大家睡一会儿，自己独个担当起警卫的责任。在发见敌人确实向我进攻的时候再叫醒他们。

但他的体质是不比任何他的弟兄好一点的，疲惫也毫不放松地俘虏了他。眼睛里再没有一丝光油的水液，干得像抹了辣子一样发痛，边瞭望边就闭上了。但责任心又把他从梦里抛出来，他再上前面望一下，打一个呵欠，可是一切像全已失去他的掌握，他又滥醉在瞌睡里了。

直到天快明了，他才被一个炮弹惊醒过来，看看自己是在阵地里，不禁急得抖起来。

“多么侥幸！”

他走过去挨着一个个叫，有的睡得可真像死猪一样昏沉。他忽然像被谁抽了一鞭子一样跳了一下，他用眼睛仔细地向阵地那边望着，轻轻地但着急地喊着，可是没有一点应声。

“他们向哪里去了？”

“报告排长，不知道。”

“你们的班长呢？”

“报告排长，我——睡着了。”

敌人一个燃烧弹打进赵家岭的村子里，一棵大槐树被烧着了，给黑夜投下一堆可怕的火光，附近的黑暗被撕得粉碎，整个阵地都一时被照亮了，大地穿上红的衣服醒过来，战士们都用两手托着自己的枪。

就在这个时候，徐排长看见六个人影由后面走过来，那正是他要找寻的弟兄，每一个人挟着自己的枪。

“你们是怎么一回事呢？”他发气地问。

他们都笔直地站在那里。

“看枪弹打断你们的腿！”

他们迅速地侵入阵地，他拉着班长的衣服。

“快讲，谁教你把弟兄们带下去的？”

“报告排长，……弟兄们请求……”

“徐金鉴！”

他猛回头看见营附已走下战沟来，声调里充满从未有过的愤怒。他恭恭敬敬地站在那里。

“徐金鉴，我问你，是谁给你命令说是哪里打哪里退？”

“报告营附……”

“你说，队伍要都像你这样，我们还打不打仗啦，想退就退，战线动摇了要谁的头！作战不比平日，你这样吊儿郎当可真是拿我营附的脑袋耍着玩！营长命令，如果这里有好歹，就先拿你枪……”

“报告营附，旅长有电话！”

营附走了半天，班长和那五个弟兄才万分委屈带着衷心的羞惭喃喃的说：

“报告排长，该枪毙的是我们，我们对不起排长，我们撒谎，实在瞌睡，饿，报告排长，我们……”

排长和他的十个弟兄都低下了头。

三

康副官给徐排长带来旅长的命令：在上午十一时半率便衣队从山南沟里绕过去，到敌人后方攻占高高山核桃树下，扰乱敌人后方，牵制敌人前进。

敌人的火力网非常旺盛，几十架机关枪十几门大炮不停点地向我们阵地射放。赵家岭的房屋继续在倒坍，山上几十丈的石块都被炸裂。整个阵地左右的群山和山野都在火力下失掉原有的平静，慌乱地喧荡着。

像是天空某一块裂了口啦，雨毫无节制又狂妄地落起来。康副官传过命令后，就沿着山根往回走，很快就消失在白茫茫的雨足里。

排长又一个人站在山凹面向着黄河，一只船正刚由河底村离岸，满载一船受伤的弟兄到对岸去。他想起早上给黄河吞蚀了的那只船，脸上激动地浮出一种微笑。

“是时候了，像那只船……”

但脸上的微笑很快地给收敛回，忧郁又锁住了他。他接到的是要拿生命去完成的任务，而他只有二十八岁，在他前面还该有一条遥远的有浓厚颜色的多变的有趣的路，他现在方走了一个开端。闲暇时，他曾幻想过自己六七十岁时的世界和情景，希望是一条很长的金线，而现在这条金线就要给斩断了。从民国十七年入伍到现在，在十一年的军队生活中，他结交下许多生死与共亲同骨肉的朋友，大家的生命连在一块过着，现在他却要被抽出来了。平素的长官待自己是多么好哟，大家相处像一个家庭……

“可是我已变做弱怯的化身了哟！”

另一个思想又像把利剑一样在他脑际里放出银一样的光芒，他感到刚才的想法是像女人一样弱怯充满着羞辱的，会带他到深不可测臭不可闻的罪恶的深渊里，成为永远为民众为朋友所不齿的罪人，他将连乞丐不如的为人唾弃，生命成了一个污点，怕死成了他的符号……

摆在他面前的路是狭的，但可以走上无上的光荣？生命剩给他的也许只有一点钟了，但那是最光荣的一点钟。生命也许就要灭绝了，但那将是永生的开端。他会活在战友的心里，千百万人们的心里。他一个人的牺牲，将换得无数同志的生存，他们将会接着他奋斗。一扫昨天班长假造自己命令退却的耻辱，自己将满身光彩遍体无瑕地站在那里为他们称颂。

“人究竟为什么活着呢？我是一个军人，应该感谢长官给我这么一个好的机会！”

他掏出自己的记事册，用头遮着雨，给长官们写下了一封遗书，挥笔时脸上浮出一种微笑。

三连派人来接他这一排的防线。他把十个兄弟集合在左面的山谷里，给每个人一卷纸烟，看看表离十一点半还差二十分。

“弟兄们，休息一下吧，迟一会我们有大的任务。”

“报告排长，昨夜实……”

“过去的事提它干什么呢？我们现在已有新的任务，这会雪去我们昨夜的耻辱。这次抗战当中，我们当军人的不成功便成仁，咱徐金鉴跟大家在一块已好几年，咱们都是在一个锅里耍稀稠，一条线上拼命的好朋友，现在长官命令咱们去绕道抄敌人后路，咱们谁也不准恼。”

“报告排长，我们什么时候去呢？”

“马上，咱都是男子汉，人活世上图的就是一个好名气，能替大家做点事情，夹尾巴狗活着可不胜死了干净。这次任务长官教咱们担负，是长官瞧得过咱。咱们可一个不能马虎。”

“报告排长，咱随排长吩咐。”

“报告排长，咱不恼，可是我家是驻马店的……”

一根烟卷帮助每个人挣断疲惫的锁链，年轻的心又像熟练的车夫驾驶他的马一样掌握了自己。血在他们身上流着，生命要开花，眼睛突然呈现出从未有过的山泉一样明朗的光泽。大家都认清了自己的路：拿自己的生命去毁灭敌人的生命，拿自己的生命去捍卫同志们的生命，牺牲小我去光荣地保存大我。

这支转战数日被饥饿与疲倦俘虏过的十一个人的小队伍又由徐排长率领着出发了。每一个人一只步枪，子弹袋被塞得鼓囊囊的，腰间带了一圈手榴弹，连一点最小的力气都用出来了，把没有活完的几十年的精力都提前集中在现在的身体上。在他们身上有自己生命的结晶，中华民族优秀文化的结晶，人类伟大的理想的结晶。满身的精华，却没有一丝废料，任何人在梦里都没见过这么洁净的有宗教的光泽的光芒四射的队伍。他们发出一种微笑，而那微笑也只许在他们脸上出现。

雨不停地落着。山上面是敌人，山下面是人一看就要发昏的深谷。

这条小道上只能容下一个人走，路还是油一样滑，而这队伍却迅速地勇敢地由此地挺进。他们得不使自己的枪因为碰着石块发出一些响声，他们不准交谈，不准咳嗽——一个同志因为要咳嗽了，就自己拿一块泥吞下去压住它。敌人随时都可发现他们，用机枪和大炮把他们消灭了。而他们却巧妙地机警地闪躲着。

排长忽然停下来，令全体趴下，大家都托着自己的枪准备着应付当前的事变。排长在迅速地判断之后，就马上命令两个弟兄去把那躺在前面的一块石头底下的敌人用刺刀刺掉。但视察的结果，那却是一个被我军挤下山坡的死尸，大家都轻轻地呵口气。

他们又冒着雨向前进发。敌人的炮火还是雨点一样不分个地向我阵地射击。

已过高高山到核桃树下，由这里爬到山上要经过好几层梯田。他们已听到上面敌人讲话和那笨重的牛皮靴在石块上走动的声音。排长招呼大家一下让每人当心以后，便绕着山根带着队伍往山上爬。

由最后一层梯田，凭着一蓬蒿，排长清楚地看到山顶的情形：几百个黄色的部队就着凸起的山形向我射击，机关枪射击手两眼向前瞅着，两臂在不息地来回摆动。敌人的大炮架在最后的大山上，时时发出震撼山岳的野雷一样的声音；几个人扛着子弹筒由交通沟跑向前方了。隔河我炮兵连向敌人的炮兵阵地发了一炮，没有中，在半山里炮弹开花了。

“王克成，赶快去占领那右边的低凹里，大家跟着上去，当心。”

但作战就像扑虎，当我们刚刚上到山上三个人的时候，这毒虫已经知道了。敌人的全线开始在像秋风中狂乱的落叶一样骚动起来，把枪口扭向里面。

“爬下，射击。”

在这群战士准确而迅速的射击下，许多敌人应声而倒。每个人都毫不惊慌地瞄准着敌人，把手榴弹掷出去，敌人把枪支往空中一抛，惨叫一声长眠去了。

这突然的像神一样玄妙的袭击，把敌人骇得再鼓不起勇气来。他们不知道究竟在这里上来了多少独立团的劲军，将来的战局要起什么变化。一个前敌指挥官想在败乱之中收拾局面，但被排长当心一枪击毙了。

风在雨里呼啸，黄河更凶猛地咆哮着。在这祖国阴云密布千里无光的长空下，这群战士在完成他们光荣的杰作，无情地去扫荡这群可恶的退步的侵蚀我们祖国的毒虫，让敌人的血迹裂尸洒遍山头。

“上刺刀！”

在上过刺刀之后，由排长喊一声杀，大家便向着敌人奔去，演着人生最光彩的一幕，拿出最后的一滴血去歼灭那些危害同志们的生命的恶魔。白刀子进去，红刀子出来，血顺着刺刀往下流，眼睛已杀出火，臂膀好似具有了排山倒海的力量，凶猛地向敌人杀刺。

敌人高山上的大炮和重机关枪，慌乱地向着着个神奇的肉搏之场发射，隔岸的我炮兵连也向这边排击。尸体狼藉地扑满山头，雨狂落着，满山都是敌人的红色的血水。

十一个人对着三百多个敌人，战斗的场面这样被苦撑着，毁灭着。看着这群勇敢的子孙和敌人进行无情的战斗，祖国的大地骄傲地狂笑着在抖动。

一个弟兄的刺刀由一个敌人的脖子里拔出来，刺进第二个敌人的腰间，刺刀被肋骨夹住，一时拔不出来，另一个鬼子赶上来，把枪刺向这位战士的胸膛时，他踢了最后一脚，把那个鬼子踢到地上。

排长腿上中了两枪，头上给敌人刺了一下，满身是湿淋淋的发着腥味的血，但他发狂一样毫不痛苦地战斗。他奔向一个敌人，那是一个满有蛮性的鬼子，两个人用刺刀在对刺，突然一个子弹飞来，把两个人的性命都结束了。

雨还在落着。

“排长，排长！”

刘德怀这个尚未受伤的战士，寻个破绽找到排长的尸身，从他的袋中掏出一条手绢，一本记事册。忽然一只牛皮靴飞来，他被踢了一脚，连爬带滚坠下山去。

…………

“亲善和睦”、拉拢百姓

——麦萍:《敌巢观剧记》

1939 年 12 月 19 日

日寇在沦陷区宣讲“亲善和睦”

抗战时期，日寇每占领一地，只要战事稍定，为了“以华制华”“长治久安”，在使用武力镇压的同时，还要对沦陷区民众表示“亲善和睦”。以软硬兼施的手段，达到他们控制民众反抗的目的。

1939 年 12 月 19 日《阵中日报 · 军人魂》上发表了麦萍的《敌巢观剧记》，记述了日寇在山西运城（夏县）沦陷区是如何以小恩小惠收买拉拢当地百姓，从而宣传日本皇军“治绩”的。

麦萍，战地记者，参加过徐州会战，有《随军突围记》收入《徐州突围》一书。

軍人魂
第五二九號
敵巢觀劇記 麥萍
多多河 魏伯

1939 年 12 月 19 日《阵中日报 · 军人魂》发表麦萍的《敌巢观剧记》

敌巢观剧记

麦萍

1939 年 12 月 19 日《阵中日报 · 军人魂》

演剧的地方是夏县火神庙。火神庙在夏县城的西南方，离城有一里路远近。

每年麦收和秋收以后，农民照例要演剧的。一来为要贺丰收，酬谢神明；二来也是农闲时的一种娱乐。倭寇之所以在这时演剧，也不外是因风就俗，想在这时候擦擦屠刀上的血迹，戴上“天官赐福”的面具，来转移转移中华儿女对他们的仇恨罢了。但是，中国人胸膛里装的依旧是一副中国人的心肝。

他们为怕到时候无人光临，事前由宣抚班在附近各村庄极尽威迫利诱之能事：小儿分给糖果，老弱送些仁丹，总是那么一套，并且限令每村至少要有四个人去参加。

我们一行七八人，有三个是山下熟悉路径的老百姓，一个是农救会秘书，两个是县政府人员，一个是行政院非常时期服务团第三队团员，好在脸上多用某种树皮泡水洗过，显出十足的烟容。他们对烟民是相当放心的，投其所好，烟民的化装是必要的。我们混在人群里，到了火神庙。

火神庙建立在大上坡的边缘上，门外右手有一座土黄色的小塔。坡下面有许多农村，水田居多，原来是十分富足的乡村。

庙门口有两个宣抚员，一边一个，见我们来了，就亲切打招呼，“你们来了，辛苦辛苦！”弯着腰，仿佛龙虾的样子，用手指着，让我们进去。

一进门就是第一关，有只长凳南北放着，两个宣抚员恭请我们坐下，我们以为要受盘问，各人怀着鬼胎——千万不要叫他们看出破绽，但他们既然恭请，我们也就只好坐下，手里捏把冷汗，静待命运之神的安排，不料这两位没有灵魂的宣抚员，各人拿出鞋刷，蹲下身子，温驯周到地替我们各人刷去了鞋袜上的尘土，这真有点使我们受宠若惊。刷完了，就又让我们往里进，态度依然那样恭敬。

第二关是两张条桌，桌上有白色台布。左边的桌上有两座大铁筒，筒里有的都是糖果，每张桌旁有两个人负责招待。一看那些毫无表情的死脸，就知道是老牌浪人。他们每人分给我们一把糖果，只是糖果的玻璃纸的外衣里，都有刺目的宣传字句。

剧场的前面就是露天池座，池座里有几排板凳，前几排大概是维持会和宣抚员的眷属吧，装的也还正经。我们来的晚了一点，满院子里已经有二百多位观众了。西边是监视剧务的日本宪兵，荷枪实弹，像煞有介事的样子，看来倒像城隍庙里的角色。后面是大殿，大殿后面才是火神的宫廷。

剧场里的观众，都屏息肃立着，手里拿着糖果，但敢吃的倒不多。我们几位中，有的还挨坐在后排的板凳上，规规矩矩的引颈观剧，目不斜视。戏箱很好，金碧辉煌，演员多半是从太原约来的名角，每一出演完，就有宣抚员登台讲话，说什么“大皇军如何好……如何使地方繁荣”，“如何奠定东亚新秩序”，例如，……，每到“例如”两字，就听不到下文。因为说“大烟馆林立”既不合体统，说“到处烧杀奸掠”又不敢出口。为息事宁人计，就只好咽一口唾沫，岔到别的方面去了！

因为我们来的晚了一点，以前演的是什么剧，也没有过问，我们到了以后，只唱了三出，大概是《查头关》、《战长沙》、《状元谱》吧。到了红日衔山的时候，我们离开了火神庙。为探探城里的虚实，我们随同人家进了城。

县政府的两位人员，是常在城里出入的，由于他们的领导，我们就进入一家大烟馆，躺在烟榻上装作过瘾，耳朵这时却执行着最大的任务。瘾君子进来出去，陆续不断。有个中年妇人在煮茶，墙上贴些红红绿绿的东西，耳朵装进的尽是些红丸白面如何如何的话。

这时，天色有些昏黑了，我们从从容容的出了城，又匆匆忙忙的集结着到预定的地点，所得到的感想只有一点：那就是中国人的胸膛里装的仍然是一副中国人的心肝。

晋西北沦陷区惨状

——华莹:《晋寇暴行又一页》

1939 年 12 月 20 日

山西地势雄固，为华北的天然堡垒，又是拱卫陕甘西北的天然屏障，从抗战初期起，山西就是中日双方争夺的激烈战场，这里是国共军队合作、协同作战成绩最好的战区，同时，随着战事的推移，山西几乎全境沦陷，中日军队在山西进行反复的拉锯战，因此它也是遭日军杀戮毁坏最严重的省份之一。

日军残酷杀害活埋中国平民

1937 年“七七事变”，平津沦陷后，日军占领豫北，1938 年 9 月 5 日向西进攻，9 月 24 日便占领了晋北的天镇、阳高、大同等城市。

1937 年 10 月 1 日，国民政府军事委员会下令调第 14 集团军（卫立煌部）至忻口与日军会战，第二战区司令长官阎锡山在忻口地区组织防御，八路军在敌后配合作战。忻口会战正酣，晋东娘子关失守，11 月 2 日，忻口守军奉命退至太原。

11月11日，太原沦陷。

1938年至1941年中国军队进行了长达三年的中条山保卫战，中条山沦陷后，中国军队仍坚持在山区开展艰苦卓绝的游击战，直到抗战胜利。

据史料统计，抗战8年中，山西全省105个县，有102个被侵占过，被屠杀的山西平民达40.5万人，致伤残者9.8万人，抓走25.9万人，杀绝1842户，这里尚且不包括工矿企业被残害的山西同胞。在日军“以人换煤”的罪恶政策下，仅大同煤矿就有6万矿工被残害致死。较大的“万人坑”就有20多处（见《山西日报》，2005年8月18日，山西省史志研究院樊吉厚、张铁锁、刘辉）

日军训练军犬伤人

1939年12月20日《阵中日报·军人魂》发表了华莹的通讯报道《晋寇暴行又一页》，讲述日寇在晋西北静乐、宁武、五寨、神池、朔县等沦陷区所犯下的滔天罪行。如，用欺骗手段把儿童集中起来，运到日本本土充当奴隶和炮灰；又如训练军犬去识别、伤害中国军方工作人员；尤其令人发指的是把花园的水井作为暗杀投尸之地，使得井水成血水向外溢出，实在是骇人听闻。这篇报道，对于揭露日寇在山西沦陷区所犯的滔天罪行，无疑只揭开了冰山一角，但即使如此，它也是控诉日军罪行的一页真实而翔实的证词。

作者华莹，生平不详。

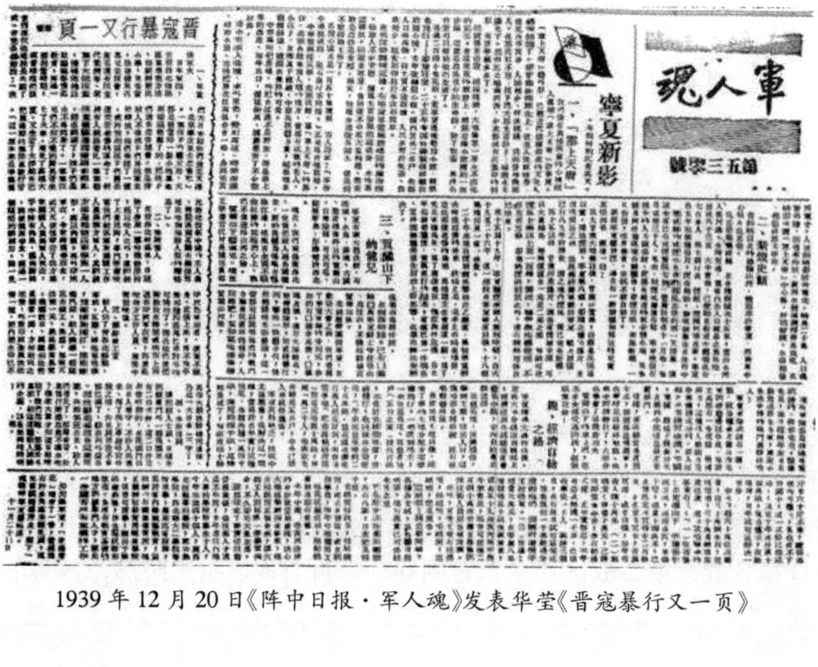

軍人魂

第五三零號

晉寇暴行又一頁

寧夏新影

1939年12月20日《阵中日报·军人魂》发表华莹《晋寇暴行又一页》

晋寇暴行又一页

华莹

1939年12月20日《阵中日报·军人魂》

一、儿童换军火

日本军阀，在晋西北沦陷区里想尽办法，如创办新民小学、儿童会，散发糖果召集儿童开会，甚至还有孩童代养所等，聚集了大批孩童，慢慢地施以欺骗麻醉怀柔教育，再过一个相当时期，或者哄着把孩子们运往他地，说是失踪了，或者竟公然的说："我们大日本给你们送天津、北京学堂里去念书吧。"一群孩子的父母，大都是被当时一点小施恩惠而蒙瞒欺骗了的，把孩子送去念书开会。但是待敌人不准孩子们再回家去的时候，他们像迷了一样，或许预测到孩子们将要遭受着悲惨的运命了。终于有人亲眼看见一群群的孩童被驱进同蒲路车厢里，谜也就破了，孩子们是永不再回来了。一群群孩儿们不知不觉的惊异着坐上了火车，看见了高楼大厦，又坐着了大洋船，在茫茫无边的海洋里行驶着。"这一群本来是幸福无比的建设新中国的主人翁，被装运到某国去做掠夺殖民地和摧毁人类的牺牲品了。"

二、毒狗害人

在晋西北敌区里，日寇除了带来一种特殊的洋狗，用以咬人之外，还训练了大量凶狗，专门准备咬害我们敌区群众团体工作人员与我方军人。其训练方法是，起初以草杆扎一人形，裹以肉类，再外穿灰军衣，令众狗饥争而食，或天天使伪穿着了我方群众团体人员与军人灰衣，手中持有肉果，挪向狗前，狗便扑来争食，经过一个期间的训练后，狗一见穿灰色军服者，便奋不顾身，直扑上来，再不像平常那种狗摇尾乞求讨要的可怜相了。因此他们便把狗散放在乡间或街市上，倘遇有穿灰军衣者，狗便乱咬我方工作人员，无意中常被咬伤。

三、假钞发工资

敌人占了晋西北静乐、宁武、五寨、神池等地后，预备稳扎稳打，开始修筑汽路，敌人调派一般穷民去做工。果然，每两天法币一元，农民欢喜异常。后经数日，经识法币真假者一阅，方知敌寇之法币，外表印刷全与我法币一样，而内面水印已不是伟大严肃的总理遗像，乃是“大日本”三字了。

四、水井埋尸

据朔县人士说，日寇在朔县东门外一个花园里，有二口大井，这二口井是非常暗僻的，在花园门口有日人看守，不许人民进去，到了晚上专做暗杀投尸之地，井里尸首差不多都已满了，鲜血向外流溢出，这些鲜血灌溉在这座花园，向四处流出去，给人们看见了，都惊奇着，井里为什么溢血而不溢水呢？后来大家才知道，日寇暗杀了我们的同胞，都掷丢在里面。敌寇这种杀人灭迹的企图，该是如何残酷啊。

开发大西北

——高天:《宁夏新影》

1939 年 12 月 20 日

宁夏的抗日战士

1937 年“七七事变”爆发后，随着华北、华中和东南沿海的半壁江山相继沦陷，国民政府迁都重庆，西北的地位也日益重要起来，先是被国民政府视为“抗战的根据地”，后来又被宣告为“建国的根据地”。为了保证持久抗战，并创造条件反攻，大力开发西北，使之成为可靠的政治、军事、经济基地，成为当时国民政府的一项重大政治举措。在国民政府的大力倡导下，国统区掀起了开发大西北的热潮。有许多新闻记者也纷纷前往宁夏、甘肃、青海等地考察。

1939 年 12 月 20 日《阵中日报 · 军人魂》发表高天的《宁夏新影》，就是在这样的时局下写成的。当时高天是《新蜀报》记者，《阵中日报》特派记者，曾随考察团前往宁夏考察。

軍人魂
第五三零號
寧夏新影
晉寇暴行又一頁

高天（1917—1994），原名高紫瑜，“青记”“国新社”成员，在《阵中日报 · 军人魂》上发表《鄂尔多斯草原上》（诗，1940 年 1 月 27 日）、《一颗殒星·吊张自忠将军之战死》（1940 年 8 月 5 日）等。

宁夏新影

本报特约记者高天

1939 年 12 月 20 日《阵中日报·军人魂》

一、“塞上天府”

我们怀着异样兴奋的心情，踏上素称“塞上天府”的宁夏。

“塞上天府”的外形，已被近代接续而来的天灾人祸所剥蚀了。从甘肃的固原北上，便进入荒原地带，但见白草黄沙，人迹绝少，村落稀疏，偶尔发现几个人，也都衣衫不整，孩子们大都光着肚子嬉戏在太阳光下。然而比之陇南河西，少女都没有衣裳穿的情形，要算幸福多了。

硝碱没在山腰，铺满地面，大地像罩一层永不溶化的霜雪。在这荒荒的原野上，间杂着极小面积的一些砂田，这便是农民仅有的生命线。除了牧畜，再没有什么可以帮助他们生活了。

通过二百四十里荒原，至宁夏边境的同心县，县原名豫旺——即豫旺堡，二十五年冬因特赦关系转县治于同心城，去年改称同心县，以土质不适耕种，人民多习于牧畜，农产绝少，粮食则仰给于平凉和固原。

在荒凉的县城近边，有宁夏省当局新建设的招待所，给旅人不少安慰，因为土质掺杂硝碱成分，水味苦涩难饮。硝碱在宁夏，目前还不必要大量利用，需要的是农耕是食粮，那么，整理水道、改良碱土，便是刻不容缓的工作了。

出同心城又是一百五十里荒原。古人诗云：“平沙牛过旋成路，乱石泉行不辨桥。”正是为此地写照。

中宁县南接荒原，北面沃野，为“塞上天府”的界口，北面百余里无人烟的地方，竟然有成群的老人、小孩子，在寒风下修路，中华民族的力量，越表现在穷乡僻壤，越显出无限的可贵。

中宁为枸杞产地，枸杞在这里不是野生，而是最上等的农产，每年出口，价值巨万。城里养活了不少药材商。

过中宁渐入佳境，车外景色，变幻甚速，时而沙漠，时而水田，仿佛把塞北江南混合在一起。公路循黄河东走，入青铜峡即折向东北。峡长二十里，入口处窄而险，渐进渐曲折，黄河水被逼挤得发出哀吼。出峡即所谓“塞上天府”中心区。阡陌纵横，水田相接，绝似成都大平原。

二、禁烟史话

青铜峡以北的锦绣山河，精华萃于宁夏，而商业集中则在吴忠堡。

吴忠堡属灵武县，在金积县城北十五里，当山水河入黄河处。水陆交通，为省内出入口贸易之集散地。居民六千三百，大半营商，已登记在勒戒（勒令戒烟）中的烟民有七百多人，而土菸行店，烟馆，烟摊约达百家。宁夏自去年起禁植鸦片，烟苗绝迹，禁吸禁兽也在推行中。

灵武县的戒烟所，在我们到吴忠堡那一天开幕，据说全省已有戒烟医院七所。当局计划自十一月起，每月禁绝三千人，果尔，则烟民肃清有期。宁夏建设有健全的人力做保证，更将有锐进的新姿态出现。且各县及阿拉善族境内自绝种后，存烟有限，来源断绝，一日告罄，吸者售者也就不禁自禁了。

谈到宁夏的禁烟，过去又一段禁种和开放的史实其间因果，颇值一叙：

民九甘肃大地震以后，甘肃省当局，以苏民困为口实，开放烟禁，宁夏的八县，即随之种植鸦片。在这次开放之前，故马福祥将军驻防宁夏，坚决禁种，已有八九年的历史，因之境内烟民，几已完全断续。

民十五年以前，甘肃所产鸦片，因各省烟禁未开，可以大量输出，每两价值在一元至二元之间，每亩可收烟五十两以上至一百两，因此，每年农民的收获，不但生活富裕，即完纳烟亩罚款之外，还有剩余可供自己吸食。

民十五到十九年，宁夏种烟渐渐转入无利时期。自民十九至二十六年，这一阶段在宁夏建省以后，十八县属地担负一省的行政费。

二十年来开放烟禁的影响如此之严重，最初原为解决特殊经济的要求，饮鸩止渴，渴未止而鸩毒爆发，造成那一悲惨的局面。马鸿逵主席看到这一点，为了充足军粮民食，为了肃清毒氛，挽救农村危机，自去年以来禁绝种烟，当成风气的结果，省境已无一株烟苗，至于因禁种而发生财政上的影响，也想出办法来解决了。

三、贺兰山下的健儿

宁夏有广大的沃野，有池塘、水鸟、丛树、古城，衬着雄伟奔放的贺兰山，口塞险固，可戎可屯，纵展平原，形胜于西北。

现在，我们要保卫西北，一定要把敌人赶出国境去，新的长城是在鸭绿江边，建筑在全国不愿做奴隶的同胞的心上。我们不仅凭恃山河之险，贺兰山下的健儿，现在正准备着代替长城担负起保卫西北的任务。

在绥西前线，已有某个师若干万名宁夏骑士守住狼山、乌拉山，不让敌骑接近贺兰山脉。

北路慰劳团到宁夏，在欢迎大会之前，我们看到了宁夏军队的分列式，参加的有某个步兵旅，某个炮兵团，还有大队骑兵，整齐的队形，如直线的行列，响亮一致的步伐，健壮的体格、光彩的脸，这一切都可以说明他们的战斗力和勇往直前的精神。人壮马肥，正和气魄雄伟的贺兰山相衬。

这些军队都是经过长期训练的，干部完整，装备充足，像这样两年来未动用过的生力军，将来必在决定性的战斗里击碎敌人！

宁夏军队训练有一个特点，就是继承着旧日西北军训练的优越作风，每个士兵都有一身铁胆，两臂膂力，这种过人的胆力是平常操练成功的。从入伍起，必须练习跳沟、爬城、攻城、翻杠子几套功夫，在术科中间这是最主要的部门。

这样，从高级军官到士兵，个个都是飞将军，攻时足以粉碎敌胆，抗战中训练的壮丁，大部分也学会了这几套功夫。

贺兰山下的健儿们，差不多全部受过训练，个个愿意杀敌。

四、经济自给之路

宁夏经过大轰炸以后，居民的部分疏散到乡间去，经济建设也就离开省会的集中点，走向自给自足的道路。

放垦荒地，推广种棉，举办工厂，培植人才，这几项都在开始做，都有很乐观的前途。

自从整理土地以后，确定了新的土地分配方案，准备施行。一面限制地主，一面放垦荒地。领垦者每户（五口之家）授田百亩，赤贫领垦缓缴地价，借给种子，收获后再分期偿还。一年来，领垦荒地约二十五万亩，垦荒处并拟定百万人垦荒计划，明春开云亭渠（纪念马福祥所开）（1）附近荒地数十万亩，移植一万二千人。现决定先移难民五百户，中央已派人来视察现场。

宁夏衣料缺乏，抗战中尤为严重，为解决这一问题，当局于去年实行试种棉花。各县共种一万四千亩，冻死约四千亩，其余都长成了，每亩产棉十余斤至六十斤不等，说明各县均可种，且收成不下于关中，这一试验已经成功，决定今年再推广十四万亩，强迫种植，衣的问题，明年就可以解决一部分。

中央的六十万建设经费，以三十万办水利，整理渠道，三十万元办理生产建设。用这款项须办的事业有：（一）牧畜场，在贺兰山下，准备畜牛四百头，马四百匹，羊四千头，经费十四万元，已在鄂托克班买得牛二百余头，正在蒙古买羊，青海买马，成立以后，每年可收入四十万元。（二）纺织厂，经费十万元，已将技师梁□中君，带有纺机式样，正加紧制造。明年可造成纺机一千部，已招收学徒一千人，训练三个月，再有两个月就可以完成，毕业后把一千部纺机分发给他们，到乡村发展手工纺织厂。（三）林场，经费六万元，在宁夏八里桥购地五千亩推广林业，派出五十人沿黄河两岸作冬季育苗，明春可植树二百四十万株，准备在林场训练技术人员到各县推广。

此外，省营工厂有棉织厂、纺织厂、毛织厂、造纸厂、肥皂厂等。

造纸厂：能造新闻纸、各种公文纸，及各种日用纸张，现有产量已可供给全省之用。

肥皂厂分设各重要县份，共有八家，日产肥皂四千条。

毛织厂棉铁厂，棉纺厂，或正在筹备，或在训练学员，明年可相继开工。棉花试种成功，棉纺织业前途颇有希望。

去年中卫一带黄河沿岸的金砂被当局发现，决心大规模举办淘金事业，现在棉铁厂正在制金床，派大批工人到固原一带学习淘金，不久即可大量生产。

虽然确定了经济建设的发展途径，但技术人才还是不够用。去年派往内地入专科学校的学生十人，今年加送四十四人，到西北技术专科学校、武功农学院、西北联大二学院等校求学，将来回省服务，至于省内的技艺教育，以前办的有职业传习所，现在正筹办初级实用职业学校，明春可开学。拨田千余亩做农场，作各级实验和改进。在没有教育基础的地方训练专门人才，就是一件艰苦而有意义的工作。

匆匆过宁夏，“走马观花”地看了一看，当然有许多角落未能见到，这儿仅就观感所及，画下一幅战时宁夏的轮廓。

十一月二十四日（1939 年 11 月 24 日）

注释

（1）马福祥：（1876-1936），字云亭，回族，马鸿逵之父。北洋政府时期任宁夏镇总兵，为宁夏马家军始祖。

近年来，宁夏建立了抗战博物馆，不少研究宁夏抗战的学术著作也陆续问世。

宁夏抗战博物馆中的塑像

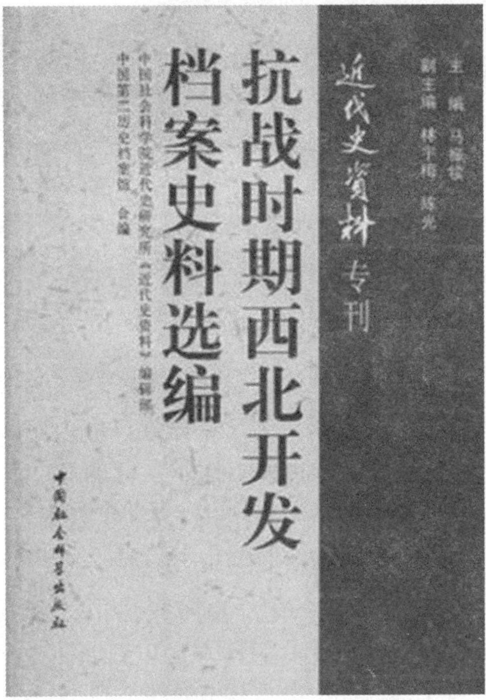

《抗战时期西北开发档案史料选编》,中国社会科学出版社

以攻为守、袭扰敌人

——曹弃疾:《新墙河的新姿态》

1939 年 12 月 21 日

新墙河，古称微水，位于湖南岳阳境内，由东向西注入洞庭湖。1646 年，清兵南侵岳州，南明抗清英雄何腾蛟在微水南岸筑起长城抗清。自此，微水便改名新墙河。

中国军队在新墙河便桥上紧追日军

1938 年 10 月 27 日，武汉沦陷。为了确保武汉周边地区安全，日军于 11 月初继续向鄂南、湘北进攻。11 月 9 日攻陷临湘；11 月 11 日攻陷岳阳，与中国军队在新墙河南北隔水对峙。自此，中国的抗战进入了最艰苦的战略相持阶段，湖南也成为中国抗战的重要主体。

新墙河是日军南下、进犯长沙的第一道防线，（第二道防线是汨罗）从 1939 年 9 月、1941 年 9 月、1941 年 12 月，日军三次以新墙河为据点对长沙发起进攻，都被中国军队击败了。只有在 1944 年 5 月豫湘桂会战中，新墙河防线被日军强大的正面攻势击溃，这年 6 月 19 日，长沙失守。

在长达 5 年之久的 4 次长沙会战中，新墙河守军承担了抵御日军的最沉重的战斗任务，为保卫长沙立下了汗马功劳。

驻守新墙河的中国军队抗击日军

1939 年 10 月第一次长沙会战结束后，由柏辉章率领的 102 师，将日军追击到新墙河南岸后，就地担任了新墙河的防守任务。第九战区司令长官薛岳下令，102 师归属第 4 军建制，任命柏辉章为第 4 军副军长，仍兼任第 102 帅帅长。

在驻防新墙河期间，102 师师长柏辉章采取了以攻为守、过河袭扰敌人的战术，同时展开敌后游击活动。他们曾炸毁新墙河的桥梁与日军的火车，在洞庭湖打击日军武装快艇，深入敌后炸碉堡，使得“敌人处处设防，成为惊弓之鸟，交通运输受我袭击破坏、后勤补给困难，一直处于困守局面。由于第 102 师的战功卓著，在南岳军事会议上，受到蒋介石和薛岳的表扬。”（见《正面战场湖南会战——原国民党将领抗日战争亲历记》，薛岳，余建勋等著，中国文史出版社，2013 年 1 月版，第 55—56 页）

軍人魂

第五三一期

新牆河的新姿態

蒙偽組織的沒落

陣中服務欄

本報徵求讀者意見表

1939 年 12 月 21 日《阵中日报 · 军人魂》发表曹弃疾的《新墙河的新姿态》

1939 年 12 月 21 日，《阵中日报 · 军人魂》发表了曹弃疾的《新墙河的新姿态》，及时地报道了第一次长沙会战结束后，第102师在新墙河南岸驻防的情景。他们以攻为守，变阵地战为运动战，迂回到敌后作战的事迹，是对这段历史史料的印证和补充。

作者曹弃疾，青年记者学会会员。

新墙河的新姿态

本报特约记者曹弃疾

1939年12月21日《阵中日报·军人魂》

从湘北划时期的大捷以后，新墙河淹死了不少的敌人。而且它现在又担负着粤汉铁路北段的第一条火线了。西流的清澈的波涛，日夜不停息，咆哮着，发出了雄壮的吼声，使“惊魄甫定”的敌人听着这宏亮的啸声而颤抖起来！

在新墙河的南岸，那一排起伏着连续不断的一座一座的山峦、葱绿的松树披着了温和的冬阳，益发显着可爱了。山坳处点缀着像血一样红的枫叶，迎着冷风发出胜利的欢呼；我们的英勇卫国的战士，穿上了富有战斗性与革命性的灰色的棉衣，肩着步枪，把握着机关枪，英俊的站在哨岗上、掩体内，以明亮的光辉的眼睛，向着新墙河北岸瞭望着。

“长沙会战的胜利，算不了什么一回事！依我们军队的眼光看，不过是一个极小的胜利；我们不能满足，我们要更加努力，加紧训练，加紧练习，我们要争取第二个更大的胜利！”

我们的英勇战士，在光荣的战斗中锻炼的进步了。知识程度的提高，战斗技术的精良，政治认识的加强，并且每一个人都怀着“抗战必胜”与“败不馁胜不骄”的信念！这一点，是我们的特征，是我们进步的表现，也是值得我们重视的一点！

新墙河，在敌人的炮火下，倔强的挺立着，以新的姿态来掩护着我们的英勇战士，向着敌人作进一步的出击！

生命线的毁坏

我们的英勇战士以轻装的小组，纷纷的渡过了新墙河，从八仙渡迂回的前进，在汤家牌车站与敌人接火了，一阵壮烈的战斗，冲散了敌人的防线，将汤家牌车站夺回来。荣家湾的敌人，拖出了旧式的火炮，“轰轰”的向着八仙渡炮击着，除了白白浪费了四十余发大炮弹，什么也没有得到效果。

敌第六师团的残部，分住在晏家山、荣家湾、枫树桥、青岗驿，桃林、新开塘、西塘、岳阳、麻塘……敌人在长沙会战中受了惨重的打击，兵员的消耗又重，士气的沮丧，战斗能力的削弱，“元气”是不能在短期间恢复的。敌人曾经一再的扬言增援，事实上尚无援兵可增，不过借以兴奋消沉的士气；即或增加一两个师团的兵力，也不过仅足补充长沙会战中的损失而已。

十一月里，敌人从事补修被我两个挺近支队的战士所破坏的公路：岳阳至青岗驿，青岗驿至枫树桥，青岗驿至新开塘，临湘至桃林，岳阳至通山……敌人白天里修筑新的公路，我们的战士却在黑夜摸了过去，以神速的动作去加以破坏，使敌人以“生命”自居的交通线毁灭了，汽车不能够通行，运输接济不上，物质精神都被惊扰的“不安”了。

展开了运动战

在新墙河上，“困兽”一般的敌人，据守着桃林、新开塘、枫树桥、荣家湾……这一线上的小点，征集了一批未及逃避的民众，加速度的修着坚强的防御工事，唯恐我们的战士渡河袭击，又在工事的外面，加了一道、二道、甚至三道铁丝网，思家厌战的士兵，可以借着“多层的工事”而躲到低矮的颇有“东洋风”的房间里去“思家”了。

我某某某师的师长柏辉章（1）将军，曾率领了一队英勇战士，于光荣的十月里渡过了新墙河，就是在粤汉线上的晏家山附近，冒着敌人的炮火，连破坏三道铁丝网，冲进敌人的阵地里，一阵厮杀，打得敌人抱头鼠窜。

敌人一向是骄恣的，不把我们的战士放在眼中；但是，事实上给予敌人的打击太多，使“妄自尊大”的敌人吃了很多的苦头。对于活跃在他周围的我们的英勇战士，不得不重视，不得不戒备，而且怀着了恐惧的心情，深深的知道了我们英勇的战士是如何的厉害了。

新墙河的发源地的上面，通山的敌人，是处在九宫岭一带我们英勇战士的包围中，敌人被牵制了一大部兵力，不能去开展“扫荡”的工作，而我们某某某师的一支挺近队，却迂回的推进到湘鄂公路的两边，设置了很多的埋伏，进行侧击的工作。十月二十四日，大沙坪的敌人的八辆汽车被我击毁，俘了一个敌人，这都是工作的表现。

新墙河的战事，就如关麟征（2）将军所说的：“这新战局的形势，不是阵地战，而是运动战；不是一条线，而是变成了许多的据点，其间有许多空隙；敌人可以渡新墙河南窜，同样，我们也可以渡过新墙河、绕到敌人的后方去游击！”

在十一月里，我们的英勇战士，陆续的渡过了新墙河，向敌人的后方迂回过去，展开了激烈的运动战，以机警的行动，惊扰得敌人“疲于奔命”，我们就抓住机会部分的歼灭敌人！

十二月五日

注释

（1）柏辉章（1901—1952），号建儒，贵州遵义人，贵州讲武堂第二期毕业，参加过淞沪抗战、南京保卫战、徐州会战、武汉会战、南昌会战、长沙会战等战役。长沙会战中，担任第 4 军副军长兼原 102 师长，之后，102 师担当新墙河的防守任务，在新墙河驻防两年。

（2）关麟征（1905—1980），原名志道，字雨生，陕西户县人。国民政府陆军总司令，抗战期间任 52 军军长，参加台儿庄大战有功，升任第 32 军团军团长，1939 年参加长沙会战时，为第 15 集团军司令。

纪念抗战胜利65周年,新墙河宣传画

从看家狗到开路鬼

——季白:《蒙伪组织的没落》

1939 年 12 月 21 日

早在 1927 年，日本首相田中义一在他的秘密奏折中就提出“欲征服支那，必先征服满蒙，欲征服世界，必先征服支那”的基本国策。日本侵略者提出“满蒙非中国论”，就是要以此为依据，制造民族分裂，从而达到他们分裂中国、逐步吞并中国的目的。

德王与日本军人在一起

果然，自 1931 年“九一八”事变以来，日本就首先侵占了东北三省，不久，又侵入热河、察哈尔等地区，而在侵占区扶植傀儡政权，是日寇一贯的伎俩，正如日军在东北扶植满清末代皇帝溥仪建立“满洲国”；在内蒙，他们扶植德王建立伪蒙政权。

德王（1902—1966），即德鲁楚克栋鲁普亲王，字希贤，内蒙王公。1936 年 2 月 1 日，他在日本关东军支持下，成立蒙古军政府，任总司令、总裁。1937 年“七七事变”后，德王、李守信投靠日本，出任伪蒙疆政府首脑，1938 年德王担任“蒙古联盟自治政府主席”。

1939 年 9 月 1 日，在日本人的操纵下，德王的“蒙古联盟自治政府”与“察南自治政府”（最高委员于品卿）、“晋北自治政府”（最高委员夏恭）合并，在张家口成立“蒙疆联合自治政府”，德王任主席，于品卿、夏恭任副主席。

1939 年 12 月 21 日《阵中日报·军人魂》上，发表季白的《蒙伪组织的没落》，记述了德王等三人在日军的操纵下在张家口成立“蒙疆联合政府”的情况。回顾了云继先等率领的白灵庙暴动，绥远蒙古王公皆与之决裂，蒙古学者荣祥不受其收买等例子，嘲笑了德王从为日寇做“看家狗”到做“开路鬼”的可悲可耻，呼唤蒙古同胞觉醒，与日寇展开坚决斗争。

作者季白，生平不详。

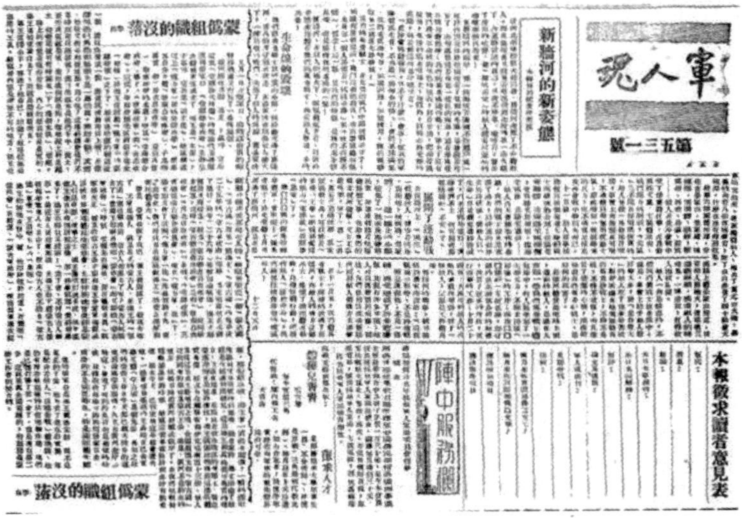
軍人魂
第五三一號
新熱河的新姿態
蒙僞組織的沒落
陣中服務欄
本報徵求讀者意見表

1939 年 12 月 21 日《阵中日报·军人魂》发表季白《蒙伪组织的没落》

蒙伪组织的没落

季白

《阵中日报·军人魂》1939 年 12 月 21 日

九月一日，在张家口，以阴谋自负的敌特务机关又捏制了一幕傀儡剧。

场面倒也热闹，德王、于品卿（1）、夏恭（2）这群“蒙疆防共前驱”的傀儡们都被搬到张家口的“蒙疆联合政府”，堂而皇之的被宣布成立了，德王是“主席”，于品卿、夏恭是“副主席”。敌寇称道，这是“强力单一的蒙团政权”，原来各自分立的“察南自治政府”（于品卿为首）和“晋北自治政府”（夏恭为首），取消政府的名义，变为“蒙疆联合政府”麾下的“南察政府”和“晋北政府”。这样，平绥沿线地区就似乎完全“统辖”于德王领班的“强力单一化”的“蒙疆政权”之下了，敌寇很骄傲的称道这一点。因为除开这一点，简直就没的可以上嘴，在蒙疆傀儡的角色和场面上是一旧仍贯，原封未动，其实，敌寇又何必利用这点夸口呢？这样的机会他们不是时刻可以碰到吗？汉奸傀儡本是他们手中的泥土，要捏成猪就是猪，要捏成狗就是狗，虽然泥土终是泥土，变变花样可暂时满足一下“画饼充饥”的欲望。

脸上的苦笑是强扮着的，内心的悲哀却是真实的。德王退回张家口去了，这就是问题的所在。

德王这傻小子，葬送了他自己，却做了敌寇侵华最适用的工具。敌寇看内蒙是非要不可的地方，德王也就被看做非要不可的人物。敌寇要制造一个“蒙古国”，“蒙古国”需要一个德王。“蒙古国”的鬼梦从二十五年的“蒙古军政府”开始，德王也从此正式做了汉奸。前年（二十六年）底绥包沦陷后，德王立刻被搬迁到绥远，组织“蒙古联盟自治政府”，常驻在绥远。这时“蒙古联盟自治政府”是和“察南自治政府”、“晋北自治政府”并列的“蒙疆政权”，三者联为“蒙古联合委员会”，现在“强力单一化”了，德王却又作了这出“强力单一化”傀儡戏的主角。从这套历史，我们可以看出，敌寇对德王“培养之深厚和寄托之远大”。

但是，事实告诉了我们，德王被毁灭了，敌寇失败了，不单是汉人，就是真正的蒙古人，在德王的“蒙古国”里也难找到。蒙古人哪里去了呢？蒙古人抗战去了。当德王包办百灵庙“蒙政会”而又组织“蒙古军政府”的时候，云继先（3）、白海风（4）（皆白灵庙要员）就率部反正，绥远的蒙古王公立即和德王分家，单独组成以抗日为灵魂的绥境蒙政会。土默特旗总管荣祥（5）是蒙人引以为自傲的饱学之士，德王屡次引诱未成，前年底德王坐日本飞机到绥远后，第一件事就问“荣祥哪里去了？”德王急得只是跺脚！“念了书，不替蒙古人办事。”最近有人从绥东来说，在德王治下的蒙古人，都赶起羊群进入大青山了。原来蒙古人也不愿在“蒙古国”享受“王道乐土”的“恩赐”。

德王的旂地在察哈尔，他却跳梁于绥远，百灵庙“蒙政会”在绥远，“蒙古军政府”率领伪军进攻绥东，绥包沦陷后，德王曾一直住在绥远，一般的汉奸傀儡只替敌寇维持占领地，做看家狗，德王却做了敌寇进攻绥远的“开路鬼”，这是德王和其他汉奸异质的地方。

敌寇在绥远，重点放在政治阴谋的运用上，制造蒙汉摩擦，正是他的惯技。德王就因此而得到这样高的卖身价。绥远有乌兰察布和伊克昭两盟十三旂，敌人认为这是德王的用武之地，企图用德王和“蒙古国”这钓饵来钓取绥远蒙古王公，但是，黄河不是钓鱼的地方，抗战部队把黄河封锁成铁岸了。在我们抗战初期战场混乱的时候，敌寇这个恶毒的计划也许有点希望，但在今天，已判定敌寇必然会遭到失败，一个曾经动摇过的王公现在已宣告德王的“蒙古国”是个鬼影，再加上我们的蒙旂工作在今天都已经大踏步的迈进到沦陷区蒙旂腹地。久立在黄河左岸的敌寇，发现了他的钓鱼计划是绝望的时候，只得收拾起他的钓饵回张家口去，所带的不是满筐的鱼，而是满腔失望。

退回张家口是德王的退堂鼓，但不是真正的下堂，他失去了进攻的意义，但是配合着敌人“以战养战”的阴谋，他仍有替着敌寇维持占领区的作用。我们是已经打胜了第一步了，但是还有第二步，这就是要靠全国同胞的、特别是蒙旂工作者的努力的。

注释

（1）于品卿（1886—1945），本是张家口实业家，1937 年 8 月日军攻占张家口，于品卿被任命为察哈尔治安维持会委员，9 月察南自治政府成立，于品卿为最高委员。1945 年日本投降后，蒙疆联合自治政府瓦解，于品卿被占领张家口的八路军逮捕，同年 12 月被特别法庭判处死刑，执行枪决。

（2）夏恭（1872—1941），山西大同人，晋北自治政府最高委员。1937 年日军占领山西大同，亲日政权组成晋北自治政权，夏恭为最高委员。1939 年 9 月，任伪蒙疆联合自治政府副主席，翌年辞去职务。1941 年过世。

（3）云继先，1907 年出生，其父云亨，是蒙古地区辛亥革命元老，百灵庙暴动的领导者。1936 年 2 月 21 日，在百灵庙指挥了轰动全国的百灵庙暴动，夺取军械弹药，脱离百灵庙，参加抗日。

（4）白海风（1903—1956），1933 年赴百灵庙参加了德王的蒙古自治政务委员会，1936 年在百灵庙一带，与日伪作斗争。

（5）荣祥（1894—1978），蒙古土默特旗人，学者。1934 年任土默特旗总管，1937 年 10 月，日寇侵占归绥（呼和浩特）后，荣祥到伊克昭盟参加抗日。

1950 年初，德王、李守信逃往蒙古人民共和国，后被蒙方逮捕并送至中华人民共和国，政府将德王以伪蒙疆首要战犯加以关押，1950 年囚禁于张家口，1963 年因特赦被释放，并恢复政治权利，被聘为内蒙古文史馆馆员。曾主持编成《二十八卷本词典》（蒙文），著有晚年回忆录《德穆楚克栋鲁普自述》。1966 年 5 月 23 日在呼和浩特过世。

《德穆楚克栋鲁普自述》

“不忘五一四”

——戴广德:《铁蹄下的合肥》

1939 年 12 月 22 日

庐州沦陷宣传画

合肥，在古代称为庐州。

1938 年 4 月初，中国军队取得“台儿庄大捷”后不久，日军便从津浦线南北调集大量军队，对徐州实行了反包围，5 月上旬，中国军队悄然撤出徐州。5 月 11 日，日军从含山、巢县进攻合肥，准备从侧翼包围武汉。5 月 14 日上午，敌军在飞机掩护下，侵入合肥。

日军进攻合肥之前，就以飞机投弹轰炸城区，引起市区多处大火，死伤数百人，毁屋千余间；日军进城后，烧杀奸淫，大街小巷，血肉模糊的尸体随地可见。日军为了便于哨兵瞭望，将城外的房屋烧光，城内的牌楼炸毁；为防止骑兵在石板路上下雨路滑，又将沿街住户的门板卸下，为骑兵的马垫路……

日军攻陷合肥

日军的马队践踏在合肥市区的街道

自此，一直到 1945 年日本投降，合肥人民开始了长达七年备受蹂躏的沦陷区生活。

日军投降后，据粗略统计，日军侵占合肥的七年间，合肥人民被杀者逾万人，财产损失达5000多万银元。

1939年12月22日，在合肥沦陷一年零七个多月后，《阵中日报·军人魂》发表了戴广德的通讯报道《铁蹄下的合肥》。对合肥沦陷后日军的暴行，以及合肥人民的反抗，做了翔实可信的报道。

戴广德，原贵州《中央日报》战地记者，“青记”会员，新中国成立后为上海市文史研究馆馆员。著有《缅甸之战——随孙立人刘放吾将军远征纪实》一书。

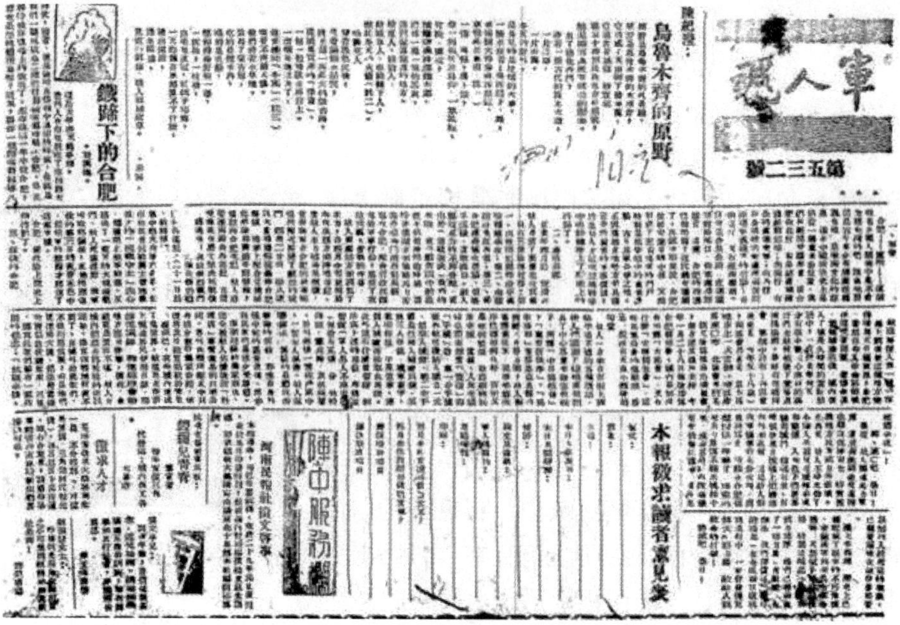
軍人魂
第五三二號
烏魯木齊的原野
鐵蹄下的合肥
陣中服務
本報徵求讀者意見
徵求人才

1939年12月22日《阵中日报·军人魂》发表戴广德的《铁蹄下的合肥》

铁蹄下的合肥

戴广德

1939年12月22日《阵中日报·军人魂》

这是去年春天的事情。

当敌人在台儿庄吃了空前的大败仗，接着，便是徐州在胜利中退却的时候，也就是我们一期抗战第二阶段行将结束的时期，合肥，也在那时候作战略上的撤退了。然而，沦陷一年半的合肥，现在是怎样的面目呢？这里，将作一个简略的报道。

一、形势

合肥——庐州——这个地名，在国人脑海中是不会怎样生疏的吧？谁也知道，这是古今多少英雄豪杰的诞生地，是淮南文化的源泉。她在中国政治史上是占着一个重要的位置。我们再翻开地图来看，从合肥向北行，有公路直通津浦路的蚌埠；向南行，有公路直达安庆；向西行，有公路经六安过河南潢川而达平汉铁路的信阳；再向东行，又有淮南铁路（以前是合巢公路），直达芜湖的裕溪口，和京芜路衔接着。这样，合肥的四周已经具备了近代的交通网了。再就地形来说，合肥位居安徽的中部，天然形成了左右皖省的门户，特别是扼守皖中的重要据点，古今兵家必争之地。

正因为它在地势方面具备着非常重要的军事价值，于是敌人在这次侵略战争中也给它涂上了历史上的污点了。

二、沦陷追记

在去年四月底，狡猾的敌人看清了要想进攻武汉，只有三条途径可寻：第一、由徐州犯郑州，沿平汉线组织南攻；第二，由芜湖沿长江西进；第三，从合肥经商城攻信阳，切断平汉线，直取汉口。敌人因为兵力的不够分配，更由于“速战速决”战略的失败，在万般苦闷中，于是便在占领徐州的时候，同时往芜湖方面集结兵力，首先沿淮南铁路西犯巢县，进攻合肥，配合着沿江跃进的军事行动，展开了我敌“武汉大会战”的序幕。

敌人从芜湖方面调集了主力，自四月中旬，便开始向我巢县方面阵地进犯，当敌人主力越过巢县后，曾与我军在合肥的炯炀河附近展开了剧烈的战斗。四月二十日，敌人更以大量飞机轮流轰炸合肥县城，地面上配合着机械化部队和几个步骑联队，猛烈向合肥进犯，敌人沿着淮南路向西进犯，在遭受我英勇将士坚决抗战后，通过两天两夜的激烈战斗，遭到重大损失后仍继续向西进犯，二十一日晨，敌人集中炮火向城内轰击，而我英勇抗战将士皆抱最伟大的“抗战守土”决心，继续阻止敌军前进。又经过了一整天的大规模战斗，敌人死伤盈野。我军因战略关系，在徐州撤退后的第三日的黄昏暮色中，侵略军的兽蹄才踏进了这座空城。

合肥，从此染上历史上的污点了。

三、劫后的合肥

敌寇每侵入我一个城市，马上就要使这个地方变成暗无天日的世界，合肥，当然也和其他的沦陷的城市遭受着同样凄惨的命运。当县城沦陷后，城内便进入了很长久时间的紊乱状态中，一直到去年秋天，才有很少数丧心病狂的汉奸们，在敌酋唆使下，登台表演傀儡戏。汉奸有维持会，群丑中计有：西区会长史某，（现年五十八岁）；南区会长某某（本为地方上一大劣绅）；东区会长叶某卿；北区会长龚某。旋又改为伪自治委员会，系方逆某某所主持。今年一月二十八日始改为伪合肥县知事，城内最初设有所谓“大民会”，又有什么“安乡同济会”，这群乌合的伪组织，都是一般没有天良的小丑干的勾当。

敌人一方面在市面上张贴半通不通的各种标语，使人们认清了侵略者别具了中心思想来做他的幌子，所谓“中日满亲善”、“东亚新秩序”、“民众协和”等，都是最具体的例证。在另方面，敌人因为需要民众，说市内的秩序已经如何良好，市面又是如何繁荣，欺骗四乡民众进城。当然，人民进城时也需要相当“费用”和“手续”的。第一步手续，要向敌伪缴纳入城费一元，领取入城证；第二步手续，是领取入城证以后，须找三人作保，填单签字，载明住址，甲长盖章，连同入城证再换取良民证。此外还有什么居留证，办法与上述的相似。所谓居留证（单人男人不准进城），每份有五张，分发敌特务班、宪兵队，及伪县署，另外两张，一留住户家中，一留本人佩带。敌人这种做法，无疑的是怕我游击队的活动，和他自身外强中干的露骨表现。然而，我民众们是很少受骗的。

市面残余的几家商店，完全被敌人占据，改设“料理店”，专卖毒品的白面公司，另外在颓垣断瓦中，只有很少数几家饭馆、纸烟店及日妓官娼馆的零星营生而已。夜晚城内便成了鬼世界。敌伪在市面上强迫居民使用日钞、韩钞、伪满钞，和伪维持会的地方流通券等，因此，金融更是紊乱不堪。敌人在城内虽然在施展他的搜刮能事，但在四乡情形便不同了，在城外的民众们，不但拒用伪票，而且他们更深明大义，把法币当做珍宝似的收藏起来，这是因为民众都有一个共同的信念：“抗战必胜，建国必成”！

四、灭亡吧，暴日！

最近，敌人四周的兵力军备，连淮南铁路的交通线也难以保障安全，时常被地方民众武力所破坏。

在白天，敌人不时出动了小队人马到附近城郊示威和骚扰，入晚鬼子们便都关起城门，躲藏起来，有时候故意在城楼上把机枪向外面乱射，这是敌人怕我军袭击的充分表现。到目前为止，敌蹄在合肥虽然占据一年多了，但他的统治力量还不能出城郊十里，淮南铁路的两段断线，至今仍然没法通车。这些足以致敌人于死地的现象，已经普遍地在敌后发展着。

淮上多英雄，历史上已经记载了很多的不朽伟绩，安徽民众向来具有革命精神，天然赋予他们以历史任务，特别是皖北民众，武力雄厚，他们已经献出了一切力量，有组织，有办法，我们深信“铁打的皖北”在全民对日寇抗战过程中，一定会发挥更伟大的新力量，给敌人以致命的打击！

灭亡吧，暴日！

合肥沦陷的 1938 年 5 月 14 日，正是阴历的四月十五日，为了不忘国耻，近年来，合肥人编成顺口溜："五一四，四一五，合肥人请记住。"并于这一天举行纪念活动。

合肥人民纪念沦陷日"五一四"

日机误投军用物资

——孟平:《天上掉下来的礼物》

1939 年 12 月 23 日

1938 年日本飞机轰炸西安遗址

在抗战中，日本凭借着他们的空中优势，在战场上，对他们认定的军事目标，进行了无数次的狂轰滥炸。抗战进入相持阶段后，西北的重镇洛阳、西安、重庆、成都等，都是日本飞机重点轰炸的城市。

从 1937 年 12 月 12 日，到 1944 年 5 月，日军共出动 469 架飞机轰炸洛阳。其中仅 1940 年 2 月 20 日这一天，就出动飞机 108 架，从清晨到傍晚，不断轰炸洛阳老城区，房屋被毁无数，市民死伤甚众。

从 1937 年 11 月 13 日到 1944 年 12 月 4 日，日军轰炸西安累计 145 次，出动飞机 1106 架次，炸死炸伤人数达 3489 人，炸毁房屋 6781 间。1939 年 10 月 10 日这一天，西安的标志性建筑——钟楼被日机炸毁。

更不要说 1939 年“五三”“五四”重庆大轰炸中惨绝人寰的场面了……

在战场上，日机向他们的地面部队空投战略物资，使地面部队的给养和军火及时得以补充，也是使他们保持战斗力的“得天独厚”的优越之处。

日本飞机在战场为陆地部队空投战备物资

河南洛宁位于洛阳之南，是一个贫瘠的小县城。它不属于日军侵略的军事目标，因此抗战以来，这里一直没有遭到日机侵扰。但不知是什么原因，1939 年下半年，洛宁也被划入日机的航线，日本飞机一天数次从这里飞来飞去，并且在某一天下午，无的放矢地在洛宁投掷了 11 颗炸弹，以及大量的食物和军备物资。

1939 年 12 月 23 日《阵中日报 · 军人魂》发表了孟平《天上掉下来的礼物》，讲述了日本飞机专程来给洛宁民众送礼物的故事。“天上掉馅饼”，让洛宁民众开了一次眼界，饱了一次口福。这在抗战中无疑是一场匪夷所思的喜剧。它说明日本空军并不“精准”，误判、误投的事情也时有发生。最后作者不无嘲讽地说，洛宁民众虽然收到了“天上掉下来的礼物”，但日本飞机没整个地掉下来，还是令人永远惋惜的。

作者孟平，生平不详。可能为第一战区的工作人员。

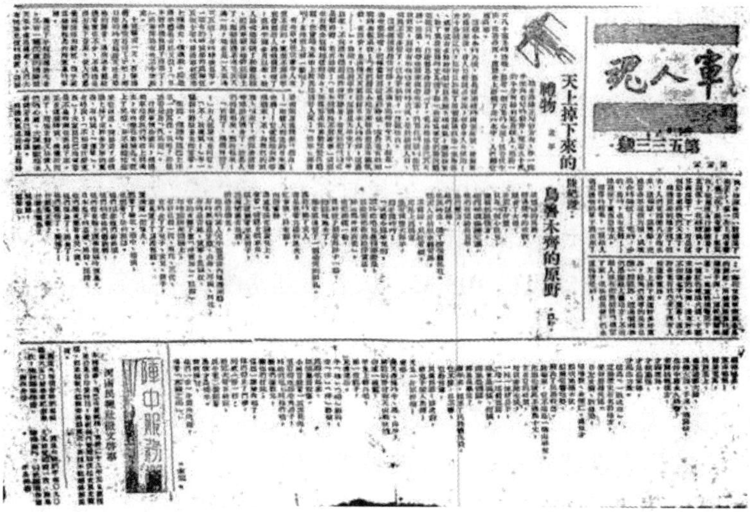

1939 年 12 月 23 日《阵中日报 · 军人魂》发表孟平《天上掉下来的礼物》

天上掉下来的礼物

孟平

1939 年 12 月 23 日《阵中日报 · 军人魂》

站在洛阳正南的方向，作一个半面向右转的动作，望着九十度的平分角线的延长线上，相距一百八十华里的尽端，躺着一个古老的小城，偎着伏牛山，傍着洛河，用历史上沿袭下来的名字，人们称它为洛宁。

这个小小的古城，要是从面积的广袤来说，从商业的盛衰来说，从人口的疏密来说，那会令人失望的！在十分钟之内，你可以跑遍了这个县城的每一个角落，或者还有多余的时间，可以出城去叹叹气。讲到商业，除了几家投机的文具铺子，和一些专为军官们开设的菜馆以外，什么都是冷清清的了。老百姓却要三五天赶一回集，你带些盐来我带些米，我买你的盐你买我的米，倒很有些物物交换的古风。至于谈到人口，那用不着多提了，扳起手指头，一算就明白。

那个县城虽然怪可怜，不过在战时的今天，倒是一个安乐窝哩！记得当初到这里的时候，有位老百姓和蔼的告诉过我："你们到这小地方来干公差是有福气的，在西安，在洛阳，天天要提防日本人的炸弹，这里……"的确，讲到平安，这里是太平安了！半年以来，不但没有听到过炸弹的声音，看见回把飞机也是难得的。老百姓说："日本飞机找不到洛宁。"这倒也有几分值得相信的地方。因为要是你喜欢登高的话，你会站在高山上惊异地问着人家："洛宁在哪里呢？在地面上哪一点呢？"

有些事情往往会令人意想不到的。意想不到洛宁竟会被敌人的飞机发现！眼前半个多月以来，敌人的飞机开辟了新的航线，把洛宁划在他的航线上了。起初敌机不过三五天过一回，现在是一天要过三五回；有的时候都排成队伍，五架十架的从洛宁的低空上飞过去，飞过来。于是洛宁的老百姓又说："日本的飞机找到了洛宁了！"洛宁开始有些不平安起来。

十号那一天，打警钟的人恐怕打痛了手吧，那口喑哑的古钟整天吐出恐怖的声音，过来过去的敌机也着实不少，不过总是没有生下蛋来，使人们感到疲倦和厌腻，几乎认为躲警报是件没意思的事情。

将近下午四点钟的光景，又有一种沉重的机声从天空中传布开来，人们大有司空见惯的态度，迎接着那架远远飞来的铁鸟——一架意大利造的日本轰炸机——它低低地向洛宁飞拢来，不，向我们的头顶上飞来了，炸弹清清楚楚地挂在机身下，于是人们惶乱起来，颤抖起来。

"冒烟了，飞机冒烟了！"有人低声地在叫着。

“不，放毒气！”有一种颤抖的声音在回答着。

果然，飞机的尾巴上冒出一股黑烟。我呢？却疑惑是放“汽油屁”。

什么事情也没有，飞机和平地从我们的头上飞过去，有些变色的脸孔又泛上了笑容，目不转睛地送着它前进。突然间，从飞机上掉下来许多方形的东西，有的说：“传单。”有的说：“不知道是什么东西。”大家眼巴巴地望着是不是炸弹也要掉下来。正在这时候，飞机折回来了，恐怖立刻又占据人们的心房，大家默默地在祈祷着自己的命运。

飞机快要飞近头上的时候，炸弹像雨一般倾泻下来了，第一枚？没有响，第二枚？依然没有什么声音！直到第十一枚的时候，才算轰然响了一下，可是这个声音离得我们太远了。

飞机从来到地方飞了回去，人们从四面八方跑出来，议论着，谈笑声充溢着洛宁这个古城，成群乌合的队伍——老的，少的，男的，也有女的——赶到掉下东西的地方。

搜寻的结果，一张敌人送来的礼物的单子开出来了：一箱匹斯堡牌的军用饼干，两箱完整无缺的机关枪子弹，一箱崭新的钢盔，一个重机枪的架子，一个红色的灭火机，十颗未爆炸的炸弹……还有许多不知名字的东西，还有许多老百姓拿去了没人知道的东西。

天上掉下来的好东西，给我们洛宁的民众也开一开眼界，这是值得我们感谢敌人的地方；不过，敌人没有把整个的飞机留下来，这依然是使我们永远惋惜着的！

神奇的土地、巩固的后方

——陈纪滢:《乌鲁木齐的原野》(诗)

1939年12月22日—24日连载

抗战时期，新疆由于远离前线，成为全国的大后方。国民政府新疆省主席盛世才在苏联的推动下，与中国共产党建立联合统一战线。1937年8月，八路军驻新疆办事处成立，陈云任第一任党代表。中共曾抽调百余名干部，参加盛世才政府的工作，并担任重要职务。大批优秀的人才来到新疆，使新疆充满了活力，为抗日战争作出重要贡献。

1938年8月,新疆民众捐款152万元购买10架战斗机,命名为“新疆号”,支持武汉大会战

自抗战爆发以来，新疆民众发起了普遍的抗日募捐活动。从1938年到1940年，反帝会共接受新疆各族人民捐款222万大洋。1938年8月，新疆各族民众捐款152万元法币，购买了10架战斗机，命名为“新疆号”，从乌鲁木齐东郊机场飞赴前线，参加“保卫大武汉”的战斗。

抗战中新疆还是重要的国际交通线，保障了盟国军援物资的运输。苏联提供给中国政府的军事物资、先后派出140名军事顾问、来华志愿空军2000多人等，基本上都是从新疆这条国际交通线通过的，英国有19000吨援华物资，也是借道苏联中亚共和国经过新疆运输的。

新疆抗战时期利用水力碾磨粮食的水磨

1941年，德国发动侵苏战争，国际风云变幻，盛世才公开与苏联和中共决裂，捕杀中共党员，抛弃六大政策，破坏新疆抗日统一战线，新疆的政局遂不断恶化。

2005年，"一炮成功"炮台前的广场上耸立了清军大将左宗棠的塑像

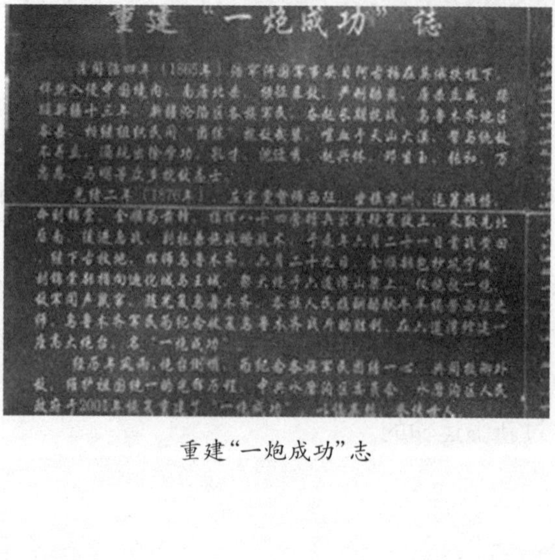

重建"一炮成功"志

陈纪滢（1908—1997），中国现代作家，本名陈奇滢，河北安国人。1935 年创办《大光报》，抗战期间，在武汉和重庆主编《大公报》副刊《战线》，曾任《大公报》驻新疆特派员，多次去天山，著有《新疆鸟瞰》一书。1949 年赴台，任《中央日报》董事长等。

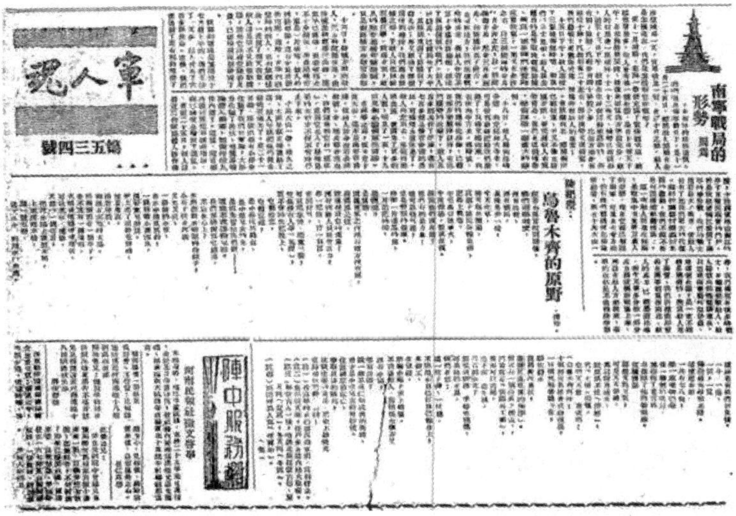
軍人魂
第五三四號
南寧戰局的形勢
烏魯木齊的原野
陣中服務

连载于 1939 年 12 月 22 日—24 日《阵中日报 · 军人魂》上陈纪滢的长诗《乌鲁木齐的原野》

陈纪滢熟悉抗战中新疆的政局和民情。1939 年 12 月 22 日、23 日、24 日三天，陈纪滢连载于《阵中日报 · 军人魂》上的长诗《乌鲁木齐的原野》，宏观地勾画了由 14 个民族融合的新疆面貌，描写了新疆的绮丽的异域风光，富庶的土地、丰富的矿藏，回顾了新疆人民抗击异族侵略的历史，热情歌颂了新疆民众为支持抗战而运输战备物资、组织武装力量、建设兵工厂等重大贡献，呼吁民族团结，“这一粒子弹，一枝枪，不能用在自己打自己的身上”，是抗战诗歌中独具特色的篇章。

乌鲁木齐的原野

陈纪滢

1939 年 12 月 22 日—24 日《阵中日报 · 军人魂》

原野是乌鲁木齐的风景线，

原野是乌鲁木齐的大库仓，
它织成了天山脚下的美丽，
它蕴含着无穷尽的宝藏。

它是十四个民族汇合的铁流，
它是四百万民众雄伟的塑像。
出了迪化西门，
沿着一条古代的黄土大道
一片高原，
一片山岗，
冬天的野外，
最常见的是拉煤的大车，
一辆车套着十几匹骡子、马，
车轮阔大得像两匹骆驼，
车轮高出车厢，（1）
一辆，两辆，几十辆，
像一列起伏的乌山，一群黑蛇，
穹隆，广𡁙，
预备穿过沙漠的大道，
把那一块块的黑炭，
送到辽远辽远的地方。
给富人，给穷人，
给城里人，也给乡下人，
燃红冬天的火墙。（2）

哈萨克人，
穿着黑色皮袄，
长着满脸的胡髭，
胯下是一匹高大的蒙古马，

从城里买来的“洋货”，
一包一包地驮在马背上。
一溜烟儿跑回去了，
他要赶回“冬窝”，(3)
乘着不没的太阳。
他们沿着水草地，
扎起了蒙古包。
吃的是羶羊肉，
喝的是乳酪。
剽悍得像野狼一样。
一匹马，一枝枪，
白毛儿皮冠，红绸子褡裢，
一天跑几百里路算不了什么，
逢山开路，逢水开道，
见东西就抢，杀人如同砍草。
这剽悍的民族，
经过几年的政教，
顺从了大道，
丢弃了野蛮，
只有一个心眼儿，
巩固抗战后方。
他们知道保护交通，
他们夜间骑马巡哨，
他们献枪，
他们献炮，
民族的血，开了灿烂的花苞。

蒙古人的姑娘也骑着马，
不备鞍，只拉着缰，

马尾上用绳索，
拴着几条大绵羊，
临走随哼哼：
“我的小绵羊儿啦，
谁叫你毛儿长得那么长，
姑娘要把你送给洋货店，
好换几件好衣裳”。
她把缰绳一勒，
长统靴子朝着马肚子一踢，
“哒哒”地跑去了，
临走时还留下一个微笑的面孔。

汉族的乡下女人，
还是存着古朴的风光，
红布袄，绿布裤，
胭脂香粉，
浓重地搽在脸蛋儿上，
坐着一辆骡子轿车儿，
腿上还垫着羊皮褥子，
想到城里去串亲，捎带着观光。

他们的家人大半都是从内地迁来的，
有的原籍是甘肃、山西、河南、河北，
有的是吉林、辽宁、黑龙江，
有的在乡下当“呼尔加”，(4)
有的服务在机关上；
有的已经一代、两代、三代，
有的生了儿子、女儿、孙子，
并且置下了房产田庄。

卢沟桥一把烽火，
燃着了华北、华中、华南，
也燃着了新的新疆。
他们惦念他们的祖坟，
他们惦念他们的故乡。
他们常在报上读着故乡的消息，
日本鬼子的奸淫、凶杀、掠掳，
他们简直觉得身受一样。
他们明白了，明白了！
他们觉悟了，觉悟了！
什么是正义？
什么是强暴？
越惨痛，
越难忘，
听得越多，
意志越强！
国家至高，
民族至上，
保护国际大路，
运输大炮、子弹、机关枪，
保持中苏永久联盟，
巩固抗日后方，
才能雪耻，
才能图强，
才是保家乡，
才是出力量。

越过“一炮成功”，
这个历史有名的地方，

从前清到民国，
自左文襄，刘锦堂，
杨增新、金树仁、盛世才，
几次围城大仗，
都称它因地势，
解决了民族杀伤。
说起来，
它不过是一个山坡儿，
比迪化城高不过几十丈，
立在它的头顶，
可以俯瞰全城，
一栋一栋的房子，
一堵一堵的围墙，
哪里是汉城、回城？
哪里是机关，哪里是学堂？
四年来，结束了民族的仇杀，
它不声，也不响，
它的预备，
只为防匪、防虎豹，
防鬼子闯入新疆！

又是一片原野啊！
看哪，
漫天漫地的牛、马、山羊，
骆驼的脊背和天山起伏，
随山峰一模样，
羊身上的白毛，
像一领毡子，
比雪还亮。

牛“姆”、“姆”的叫，
羊“咩”、“咩”的号，
马嘶吼起来，
如同到沙场。
小马倌骑着一匹雪花马，
歪着嘴吹那牛角哨子，
叫它们吃，叫它们唱，
让它们撒花儿，
让它们打仗。

猛然一声号角起了，
他们停止了斗争，
列成一排一行，
骆驼大哥在前头，
马牛老二紧跟着，
最后才是矮羊。
整齐极了，
它们一步一步的向前进，
唱着“暮归之曲。”
跟着小马倌回到圈场。
它们相亲相爱，
没有仇杀，
没有嫉妒，
真像兄弟一样。
今天吃草，
明天跑出圈场，
高个子骆驼运输重械，
肥马上战场，
羊毛出口换军火，

牛皮做鞋，制成皮囊。
谁说它们没有用？
它们有的是力量！
它可以换外汇，
也是币值的保障。

前面一片漆黑的田，
一片茫茫的地，
是盐池，
是煤矿。
因为百里之内没有地方没有盐，
到处都是煤，
谁还统计它的产量？
没有钱的人只要肯出力，
拿一把铲，背一只筐，
走到野外，
可以随意儿挖，随意儿装，
保管没有人拿“私盐”，
更不会叫你把税上。

它的丰富，
它的宝藏，
是中华民族的血，
是中华儿女的光。
是祖先留给我们的——
这群不成器的儿郎！
我们哪能因为它路远，
不放在心上？
水磨沟的水明澈得像镜子，

小石子伏在河底
又光又亮。
一丛丛的水草，
在水中随风摇动，
一条条的小无鳞鱼，
惬着意儿游荡。
岸上秃了头的老柳树，
披着蓑衣，
浴着晚霞，
和没在山坳的太阳。
梧桐树围着一个亭子，
走不远有一个温塘，
火焰从地缝里呼呼地冒，
可以煮水，烧饭，
天然的一个灶房。
把河水隔上几个木闸，
上面搭起木楼，
摆一盘石磨，
通上水斗，利用水的急流，
碾碎老百姓们的食粮。
一斗，一担，
一袋，一筐。
输送到南疆和北疆。
这样的水磨，
一共有七八个，
像一座座坚强堡垒，
像一个个的乳房，
她喂饱了老百姓，
也保障了他们的健康。

这种机器，
虽然又粗又笨，
可是天天转动，
这股长流水，
纵然抵不住“洋磨”，
比“土磨”则强。
它们天天歌，夜夜唱：
“乌鲁木齐呀！
十四个民族汇合成的铁流，
一支抵抗强暴的力量，
愿你的水
流到黄河长江，
流到更遥远的海洋。”
附近有一个高高的烟囱，
门首写着“新疆兵工厂”，
里面可以造炮，
造子弹，造步枪，
三百个小伙子，
都受过训练，手艺也精强。
可是他们在思，
他们在想，
这一粒子弹，一枝枪，
不能用在自己打自己的身上，
多做工，
多储藏，
准备全疆子弟上战场。
不杀退敌人，焉能保全后方？
没有中国，
哪有新疆？

做一个不成仁则成义的英雄，
那才是中华儿女的好榜样。
挽救国家的危亡，
争取最后的胜利，
抗战建国的责任，历史上的荣光，
也归功我们的新疆！

原注：

1. 沙漠地的车轮都高过车厢，以利行走。

2. 新疆因天寒，住户多在墙内烧火取暖。

3. 和蒙古人一样，哈萨克族住蒙古包，夏天叫“夏窝”，冬天叫“冬窝”。

4. 回语称农人为“呼尔加”。

注释

（1）左文襄，即左宗棠（1812—1885），字季高，谥文襄，清朝大臣。清同治九年十月（1870 年 11 月），中亚浩罕汗国军官阿古柏率兵侵入乌鲁木齐，清光绪二年六月（1876 年 8 月），左宗棠督饬西宁道刘锦棠会同乌鲁木齐都统金顺所部收复迪化（今乌鲁木齐），只用一炮，轰坍城垛，马到成功。写下了新疆人民反异族侵略的光辉一页。2005 年，在乌鲁木齐建立了“一炮成功”纪念炮台，并耸立了左宗棠的塑像，作为爱国主义教育基地。

《陈纪滢文存》

晚年陈纪滢

失落的战场

——周为:《南宁战局的形势》

1939 年 12 月 24 日

抗战时期，南宁是西南边陲的重镇，也是中国政府取得外援的主要通道。为了截断中国的国际交通线，并夺取中国内地航空作战的基地，1939 年 11 月 17 日，日军第 21 军在海军的协助下，于钦州湾登陆，分 3 路北上直扑南宁。

1939 年 11 月 24 日，日军攻占南宁

1939 年 11 月 24 日，南宁第一次沦陷。

自 1938 年开始，日军的飞机就对南宁进行过 30 次狂轰滥炸。据统计，南宁第一次失陷后，全市人口由原先的 11 万人锐减到 5 万人左右，所有的市政设施几乎全遭破坏，不少民房被日军炮火夷为平地。仅邕宁、武鸣两县，死亡人数 11148 人，负伤 2161 人，失踪 3986 人，官民财产损失 10425.3 万余元法币；南宁第二次沦陷时，损失就更为惨重。

1939 年 12 月 24 日《阵中日报・军人魂》发表了桂林通讯社特约记者周为的《南宁战局的形势》，及时地报道了南宁第一次沦陷的情况。

作者周为，生平不详。

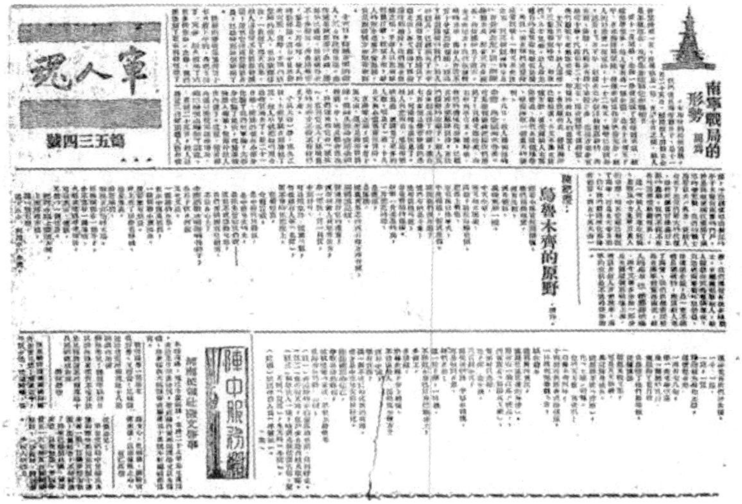
軍人魂
第五三四號
南寧戰局的形勢
陣中服務欄

1939 年 12 月 24 日《阵中日报 · 军人魂》发表周为《南宁战局的形势》

南宁战局的形势

本报特约桂林通讯

周为

1939 年 12 月 24 日《阵中日报 · 军人魂》

我们退出南宁的日子，是十一月二十五日，离开敌人开始在企沙登陆的那一天，首尾恰是一旬，在这十日之间，敌人是怎样进攻，我们是怎样和它作战呢？

从十一月开始，北海一带便充满了紧张的空气，敌舰愈聚愈多，敌人曾有过一个企图，是在十日那天下午，在北海开始登陆，但后来因为我方准备充分，敌人的幻想便一度破碎，十一、十二两天，情势已趋缓和，迨至十三日下午，敌舰在企沙对面海面发动的，共有四十艘，汽艇亦有二十余艘之多，北海方面亦有敌舰十余，汽艇则有二十左右，因此情势又复转紧，我们的战士更严密戒备，预备奔赴敌人的血宴！

十五日下午，敌人选择了三点钟那个时间，和我们的战士见面。敌人最先的目的是夺取钦县与防城，所以一面在龙门港登陆威胁钦县，一面又在企沙之右，以三个纵队的步兵，在企沙之左，以一个纵队的步兵，配合三百多骑兵，向防城伸出了馋舌。在这些地方，我们依照战略的要求，与敌人作着不算十分猛烈的接触，经过了两个钟头的战斗，敌人的骑兵，已损失了大半，其余则进到了防城以下的光坡；再又经过了四个钟头的相持，我们遂在防城之郊，予敌人以比前较烈的打击。钦县方面，敌人的兽步进展非常迟缓，只是对防城方面取着牵制。

十六日，防城方面的敌人，死力向钦县推进。由防城至钦县那段公路，虽然早已破坏，但破坏得并不十分彻底，而公路两旁，都是一片平地，敌人的轻装部队，还有少量活动的可能，同时，在龙门登陆的敌人，也向钦县猛攻，一直到了那天夜里，敌人还是望不见钦县的城墙，虽然它登陆的兵员，已经增到两个师团了。

钦县的巷战，是展开于十七日的上午的，我们支持了一天多，敌人付出了六百多条生命。之后，我们便退到了更有利的地带了。自钦县向北，离开海岸已经较远，而又不像在防城方面，要受到敌人右翼的胁迫，我们在这个地带，准备获取一个重大的胜利。

十八日，敌人用尖锥的姿态，向左插向大寺去，可是锐利的锋芒给我们磨钝了！只得又缩回来，向右伸向平吉去。那时候，我们的机械化部队，已经在那方面严阵以待，在我们优势的攻击下，敌人五百多骑兵作了俘虏，还有七百多个是怀着敌国的愚狂，可怜地永远休息了。敌人向左向右，都碰得头破血流，便调集了更多的人数，喘息了一夜，十九日又向小董与东崖冒险（此处两字不清，待考）。

在南宁之南，横亘着十万大山，这本是南宁的屏障，但敌人拼命沿着公路用骑、步、炮兵联合进攻，我们避免和它打“硬仗”，直到它进入了桂境邕属的大塘，才不得不暂时停止下来。

十万大山一带，很久之前，土匪就在那里结了窝，敌人早就把他们用金钱收买过去了。从二十一日起，匪徒们便有小部分化装了我们的军队，大部分化装了民伕，伪装运输队潜入南宁，预备替敌人作内应了。

南宁的桂南战役阵亡烈士纪念碑

这样，随着那些汉奸匪类的逐渐增加，南宁的情况也增加了混乱。

直到二十五日，敌人以将近三个师团的人数作后援，才敢谨慎地由对江的亭子在窥伺南宁的门户，于是我敌便隔江展开了南宁的争夺战，我们的战士用着最大的英勇，使敌人付出了比我们更大的代价，但终于因为背后汉奸土匪的蠢动，我们不能不再另外选择歼敌的地区。

这一次敌人的进攻桂南，是取集中力量单刀直入的姿态，现在它虽已盘踞了南宁，可是在大寺方面，仍有我们的机械化部队活动着，而在十万大山一带，我们还留有很多的战士，在组织截击敌人。敌人虽欲向武鸣、宾阳进攻，以造成南宁的外围堡垒，但这个企图，是一定不能轻易达到的。所以敌人进了南宁，我们的铁蹄却竖起在南宁的东西南北，敌人的兵力已经感到枯竭，而今又要多分散一部分兵力到这新战场上来，所以在敌人方面说来，南宁的攻占是不值得庆幸的。

为什么说1939年12月24日南宁的沦陷是“第一次沦陷”呢？原来，南宁被日军侵占之后，中国军队组织了桂南会战，在昆仑关一带与敌人进行了殊死激战，取得了昆仑关大捷。1940年10月，日军开始撤离广西，中国军队于11月17日收复南宁。至此，广西境内无日军。

日军第二次入侵南宁是1944年9月，日军发动了强劲的“湘桂豫会战”，沿着湘桂线南下，中国军队连连失利，11月24日，日军再次占领南宁。

南宁也是较早光复的城市。1945年上半年世界反法西斯战争胜利前夕，中国军队乘机大举反攻，在广西民团和地方绥靖部队接应下，很快将南宁、桂林、柳州等城市收复。

武汉沦陷之后

——蕙琳:《汉口魔影》

1939 年 12 月 26 日

断壁残垣上插着日本国旗

被日军焚毁的建筑物

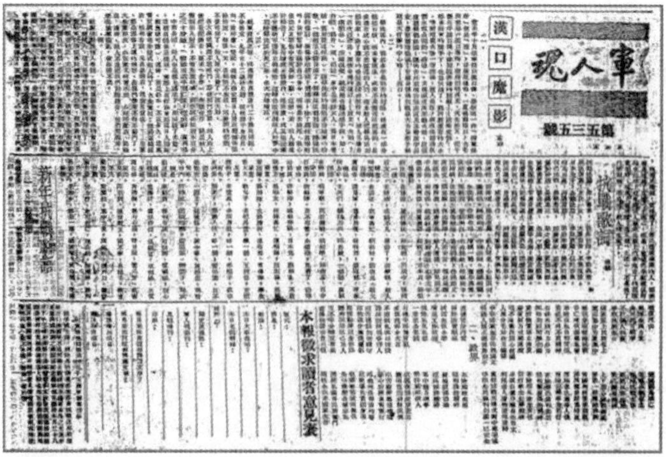

軍人魂

第五三五號

漢口魔影

抗戰歌曲

本報徵求讀者意見表

1939 年 12 月 26 日《阵中日报 · 军人魂》发表蕙琳的《汉口魔影》

汉口魔影

蕙琳

1939 年 12 月 26 日《阵中日报·军人魂》

一

当去年十月敌军侵占汉口后，暴敌头一件“得意杰作”便是“烧”，从后花楼起，一直烧到硚口，古老而繁华的汉口旧街，烧得烈焰万丈，火光冲天，把千百年汉口几十辈同胞所积的精华——建筑文物，都在敌军的魔手下，化为灰烬了。襄河翻滚着的大水，悄悄地从火场一旁溜过，汇入长江，而没法经过既济水电公司的“磅浦”，去扑灭着万恶的火焰，救援这被难的祖国！让火舌任意地吞噬由近及远的屋宇房舍，想整个地毁灭了曾经发挥过抗战最大力量而予敌寇最大打击的中心地——汉口。

二

难民区内，固然多半是穷苦的同胞，但还有一部分虽然有钱，而未曾撤退，或来不及搬进法租界的。甚或还有成心就不想搬迁的人们，现在敌人把难民区封锁起来，除了必有的抢掠奸淫的兽行外，敌人又想出一条毒杀难民、压榨金钱的诡计——设立“大和俱乐部”，所谓俱乐，就是用各种诱惑手段，如，白面、鸦片、赌、娼妓（多半是朝鲜女人，为日本营妓，负有间谍任务），让难民区的同胞不待敌军的杀戮，一个个都自毁自灭了。而难民区的同胞，离开祖国的保护，沦为暴敌铁蹄下的绵羊，除了听任其宰割外，只好暂时去麻醉自己身心，明知是去找死，但心想总比在恐怖中等死要好一点，这么一来，敌人的毒计得售了，凡是隐藏在墙壁内、地窖里，或其他秘处不曾被敌军搜劫去的法币，这时仍然飞到敌人的手中，同时难民区的死亡率，也大大地增高。

三

敌军侵汉之初，叫汉市未及撤退的二十几万同胞，不分男女，凡年在十二岁以上的，统统照半身相片，向“维持会”登记。由敌人指定的日人开设的照相馆给拍照，每张一元，否则概不生效。这里面的把戏，不想可知，敌人从中又发了一注大财。

各大商号固然不敢开门，即便开门营业，敌人马上便把老板请去，要求“合作”。所谓“合作”，就是敌人强制加入股本，不管生意好坏，到季就要按股本百分之三十分账，（譬如在北平同仁堂、瑞蚨祥、东兴楼、中原公司，敌人也是用上述法子，来侵蚀了去的）这个店铺要是赚钱（实际上百行商业都为日人垄断，绝无钱可赚）还好，要是亏本，不要多久，这座买卖就会完全变成敌人的了。大生意如：谦祥益绸缎店、怡和布庄、元昌参药店，义生百货店……，都是因为上述的情况，先开门后来不得不关门了。大生意如此，小生意又何尝不然？小如理发店，裁缝店、澡堂，敌人不是把我们同胞赶走，他们开起来，便是故意捣乱，使你开不成。

四

敌人对法租界恨入骨髓，但究为顾忌法兰西的实力而不敢一鼓侵入，这又要迁怒于我们无辜的同胞了。

当敌军对法租界封锁过了半个月以后，租界里的主要食物，都告缺乏，尤以肉类为最，供应上完全由敌军统制，价目的高昂，是可想的。在界外同胞，有时偷偷地送一点食物或菜蔬，如果被敌兵看见，轻则给一刺刀，重则丧命。

有一天，从集家嘴方向来了一只轮船，大约有三十多只猪，和五个腰里束了围裙、手里拿着竹竿的汉子，预备把猪赶到岸上来卖，被敌兵把船截了，五个猪贩子，被推上了汽车，拖到民权路，便枪毙了。从民权路通过的人，都知道是枪毙了五个“土匪”，但是，当他们与半点钟以前站在江岸上看见运猪人被敌兵装上汽车拖走了的同胞会面时，他马上便明白这五个“土匪”，不是抢了什么财物，而是抢了敌人的生意了。

遭遇皇协军

——谢东平:《夜宿兰封》

1939 年 12 月 27 日

抗战时期的华北，凡是被日军占领地区，都会出现“皇协军”，这是日军在沦陷区扶植的汉奸傀儡武装，又称“华北治安军”。皇协军的衣着与日本军人不同，老百姓称他们是“二鬼子”。这些人中既有死心塌地为日本人效劳的，但也有不少是被抓丁的贫苦农民，为了活命被逼去当兵的。

兰封会战的失败导致黄河决堤

兰封，是民国时期的河南兰考县和仪封县周边地区，1938 年 5 月 21 日，中日军队爆发“兰封会战”，这是徐州战役的一个支战场，15 万中国军队企图围歼孤军深入的日军土肥原贤二的一个师团，但计划落空，中国军队反被打败。

5 月 22 日，兰封被日军占领。6 月初，中国军队在郑州花园口扒开黄河大堤，“以水代兵”，虽一时阻止了日军东进，但给百姓的生活造成了巨大灾难。蒋介石称兰封会战为“千古笑柄”。

那么，在兰封沦陷后，那里的情况是怎样的呢？

1939年12月27日，谢东平发表在《阵中日报·军人魂》上的《夜宿兰封》，记叙了他从山东到洛阳途中路过兰封时的真实经历。

沦陷区的皇协军

从中我们可以看到，在“皇协军”中，也有些人是“白皮红心”的。

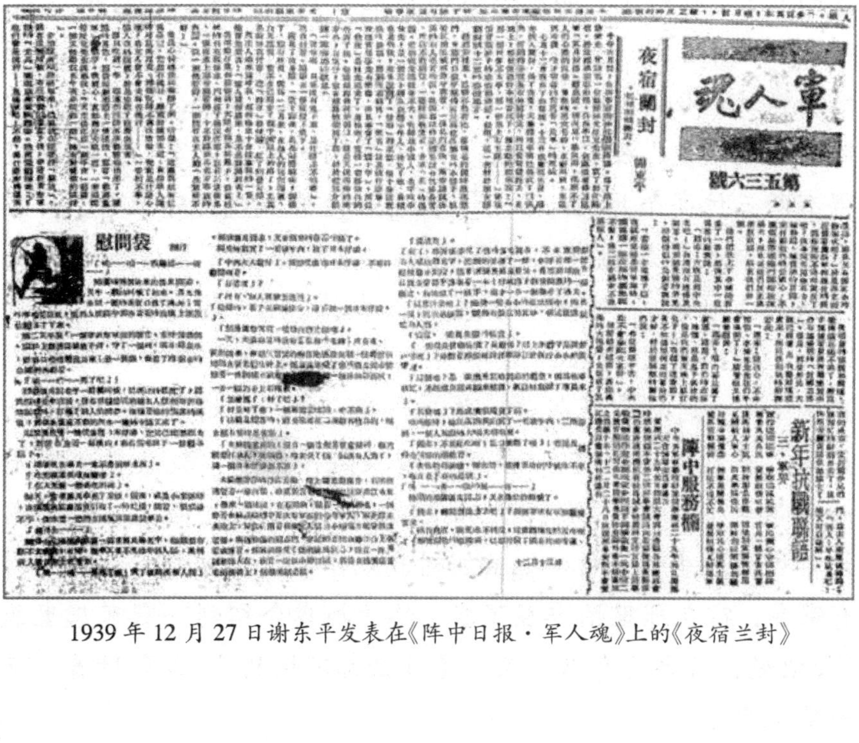

軍人魂

第五三六號

夜宿蘭封

謝東平

慰問袋

新年抗戰聯語

陣中服務欄

1939年12月27日谢东平发表在《阵中日报·军人魂》上的《夜宿兰封》

夜宿兰封——战地回忆断片

谢东平

1939年12月27日《阵中日报·军人魂》

今年六月间，我因事从鲁南化装到洛阳。为了路上的安全，曾请求一位德国神父拉克先生，写了封介绍信。沿途经过泰蒙山地、鲁西平原，到处还看得到寇军“五月扫荡”的血迹。那炎夏的暴风雨，洗刷不了人们心里的仇恨。无数的男女老幼，在新坟前，在乱灰堆里，咬牙切齿的咒骂着“皇军”的死灭。

七月十二日我出了山东境。十三日由东明出发，越考城入兰封，过了枣营，太阳离地平面已经成了圆弧角。打听得姜楼集有美国教堂，所以紧紧的赶去，在路上，那位领道的本地苦孩子，极中肯的指示我：“那一个村庄不太平，那一个集上有土匪……”使我怀着满肚子的恐怖和神秘。然而，这一夜终于宿在离兰封城十二里的姜楼集了。

赶到姜楼集，已经暮色苍茫，与老乡们同时混进寨门。在寨门口似乎觉得有两三位高个儿的小伙子，执着红枪很威武的守卫着，一条北门直街，两旁疏疏落落的有人乘着晚凉。我因为问得姜楼集设有伪区公署，所以不敢浏览，一径投奔教堂去，希求“主”的保护。这个教堂范围并不大，牧师是中国人，名字叫李楚生，是一个三十四五岁的中年人。我见了他，自称也是教徒，并且说明“借宿”的来意。他十分注意我的谈话，问到我的籍贯，“圣名”以及做什么事，我总算为事先有准备，而且学会了“画十字”，所以“教徒”是冒充过去了。其他呢？索性一切都坦白地告诉了他。他虽然对我表示同情，但是又说明他的地方小，有家眷，宿在那里怕委屈了我，终于把我介绍到一家客店里歇息。

“管他呢，只要没有鬼子来，是什么都不怕的。”我自忖着，随即在一张板凳上坐下。

疲累了的身体，一歇下脚来，真是遍体酸疼。脚破了，腿有些僵。因为一二月来，在敌人的包围圈里，白天黑夜，差不多已经走了四千里以上的路了。尤其是胸前与背脊，遭烈日的侵蚀，红地方发着疼。

店主人过来招呼我，然而他也十分注意我的一切，他首先问我："客人从哪里来，是不是到开封去？"

我开始打量那个客店，大概有四五间屋子，但直统统的只有两张床，门前搭了个凉席棚，放着三张板桌，一张板桌上还堆满着馍，十足的显示出北方客店的典型。我一面洗着脚，一面问着店主人"生意好不好？"

但是心情却无法平静下来。暗想："这里既然有伪区公署，当然有汉奸，离兰封城那么近，自然敌人随时可以来巡查，那个牧师不与我借宿，究竟是什么心境？店主人会不会去报告汉奸……"一切的不幸，堕入我的脑膜，于是忘记了疲劳与痛苦。

饭吃到一半，四边疏疏落落的响起枪来了。朦胧的月色，照清楚对面墙上的一张标语，写着："欢迎皇军"几个字，我的心，真如应付大战一样，一面追记着拉克先生祝福我"天主保佑你一路平安"的话，一面又鼓励我在今夜必须做一个"极有警觉性的侦探"。

步枪声渐渐密起来，机关枪也跟着打"点放"。就在这个时候，有三四个提着盒子枪、穿着新青布军服的"士兵"，冲进店来查询旅客。我直觉的猜定："他们是汉奸——皇协军吧！不然，为什么穿得这么漂亮，而且又有那么小巧的家伙呢？"于是我立刻捉摸着应该如何对付的话，假如掩饰不过而说反了呢？我必须要用极有力、极动听、极愤激的言词，来打动他们的爱国心，不仅仅是希望他们能够放我过去，而且要他们反正过来救祖国，站在我们的一面。

他们把我上下仔细的打量了一番，然后其中一位为首的对我说："同志，大概是到中央去吧？"我还没有赶得及回答，而那个长脸的弟兄，却傲慢似的先对我说：

"当他一走进寨子墙，我就断定他是干军队的，因为第一，他的衣服的穿法也就不对，第二，他走路并不像庄稼人。"

我越发的怀疑和惊慌，觉得瞒也瞒不过了，所以正预备着发表我的简短而有煽动性的“救国道理”。但是那位弟兄，大概已经看出我的惊慌态度来，所以很和气的解释说：“同志，请放心，不必害怕，李楚生先生我们早会过面了！”接着他又很严肃的说：

“同志，我们都是为了救国，虽然，我们的衣服、枪弹，都是鬼子供给的，但是我们每天晚上都打鬼子！”我听了这番话，真不知道如何来回答他们才好，终于很诚恳的对他们说：

“各位都很辛苦，中央是不会忘记大家的。”

枪声越来越密，轰隆轰隆的大炮声，也划破了黑夜的星空。查店铺的弟兄们很匆忙的辞别出去了，长街两旁的店铺也都关上了门。店主人来催促我说：

“客人，早点歇息吧，明天可以赶路。”

晚年谢东平

谢东平，1913年出生于浙江农家，家贫，靠自学成才。青年时辗转于南京，在南京师范大学当一名旁听生。1937年“七七”事变后，他投笔从戎，奔赴山东抗日前线，加入当时国民党吴化文部队，担任政治部主任。后险遭时任山东省主席沈鸿烈的杀害，死里逃生辗转洛阳，进入第一战区政治部工作。抗战期间他为各大报纸写文章，并主编《青年正论》《北战场》等刊物，坚持以笔抗战。

由于他撰文揭露国民党河北部队贩卖烟土的事实，引发国民党当局的迫害，他又不得不前往重庆。当时重庆在大轰炸过后，却到处是灯红酒绿、歌舞升平。享乐主义与国家危亡的鲜明对照，引发谢东平对人生的哲学思考。他认为：“人生该有一种责任，那就是对社会应该有所贡献，而不应以享乐为目的。”于是，他在重庆写了《新生论》《新社会》等探讨社会前途和人生价值的书。

1948，谢东平从南京奔赴东北解放区。在那里，他见到了从苏联回来的贺子珍和她的两个孩子——毛永寿（毛岸清）、毛姣姣（李敏）。贺子珍让他帮毛永寿学习中文，他则向毛永寿学习俄文。在东北解放区，他任辽西省中苏友好协会总干事，抗美援朝时，他兼任辽西省抗美援朝协会分会宣传部长。

1957 年被错划“右派”。“文革”中遭受批判。新时期得到平反，恢复工作，并担任铁岭市政协领导职务。在他 85 岁那年，加入中国共产党。

谢东平耄耋之年撰写的《新国家》一书

谢东平耄耋之年写了《新国家》一书。由于视力问题，他计划中要写的第四本书——《新世界》不能写了，他说：“《新世界》应该由那个时代历史的主人——人民去写。”

军队帮农民抢收粮食

——力扬:《收获》(诗)

1939年12月28日

从1937年抗战爆发，一直到1940年，由于气候的风调雨顺，加之国民政府也出台了一系列促进生产的政策，如征用难民从事生产劳动、运用现代农药，以及对农业的集体贷款等，国统区的粮食产量基本保持稳定（见拉纳·米特《中国，被遗忘的盟友》，新世界出版社，2014年7月第1版，第178页）

力扬，中国现代著名诗人

俗话说："抢收如抢火"，尽管粮食丰收，但由于农村许多壮年劳力被征兵，到了收获季节，不能及时收割，仍会造成严重减产，加之邻近敌领区的农村，日军常常突袭，抢劫粮食。1939年，中国的大城市纷纷沦陷后，中国军队大多驻扎农村，到了收获季节，他们就派人帮助农民抢收，既保护了农民利益，又巩固了驻地，解决了给养，是一举多得的好事，也是从未有过的新鲜事。

1939年12月28日《阵中日报·军人魂》发表著名诗人力扬的《收获》，讲的就是驻扎在南方农村的中国军队帮助农民收割稻谷的事情。"丰收的岁月，却因劳力成为荒歉了"，"兄弟，我们是来替你们收割稻谷的。"

力扬（1908—1964），原名季信，字汉卿。浙江青田人。1929年入国立西湖艺术学院学习绘画，组织过提倡革命美术的一八艺社，后因参加抗日救亡活动，被校方开除。到上海两次被捕。抗战爆发到重庆，担任《文学月报》编委。后来在重庆《新民报》文艺副刊任编辑。1947年赴香港教书。1948年3月加入中国共产党。同年冬到晋察冀根据地。

新中国成立后，在马列学院教国文，后调中国科学院文学研究所任研究员，1964年逝世。

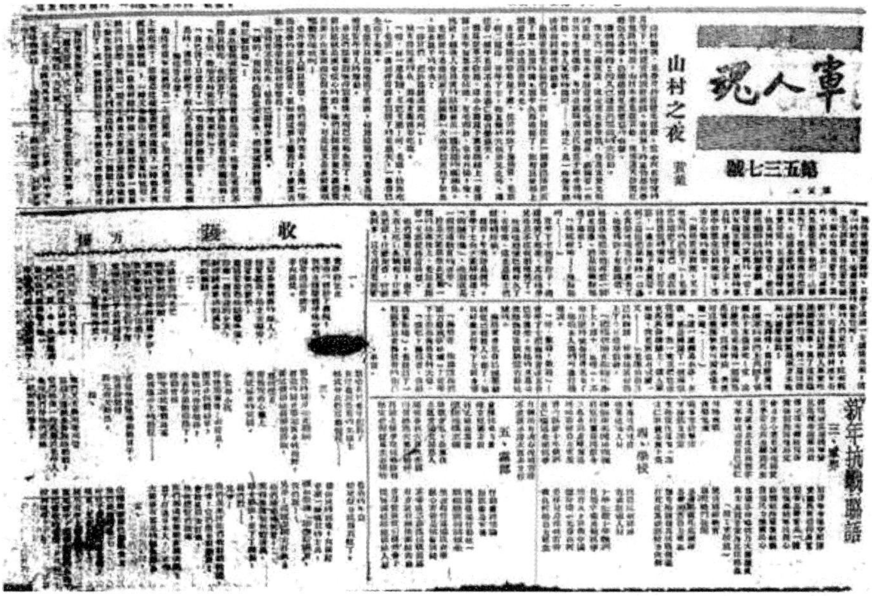
軍人魂
第五三七號
山村之夜
收獲
新年抗戰聯語

1939 年 12 月 28 日《阵中日报 · 军人魂》发表力扬的诗歌《收获》

收获

力扬

1939 年 12 月 28 日《阵中日报 · 军人魂》

一

当原野正在
黎明的轻纱下苏醒，
我们在鸡声的呼唤中起床，
提着闪亮的镰刀，
走向田间。

玉蜀黍像亲密的邻人，
披着露衣，站立在路旁，

迎着我们欢笑；
戴插着紫色珠颗的高粱，
却像一个怕羞的少女，
对那绕过草坡的溪流，
沉默无语……

二

太阳新生的光芒，
吻着初秋的田野，
无垠的颗粒像辉煌的金沙，
我们欢乐地走入田地，
像握着久别老友的手臂，
紧握着自己手栽的稻杆，
——长得多么结实呀，
摇着它，尽情地抚爱。

我们刈着，我们歌唱，
歌唱我们伟大的劳动，
对于风、雨、水，旱的抵抗，
歌唱我们希望的种子，
在汗血所养育的土壤上，
结成如此丰富的颗粒……

三

银色的镰刀亮在稻根，
打谷的声音响彻黄金的田野，
从这个田垄到那个田垄，
都喧嚷着，

从愉悦的心上，
所泛出的笑语。

少女和小孩，
都卷起裤管，赤着足，
搬运成捆的谷草，
母亲们抱着婴孩，
坐在茅屋的树荫下，
挥动竹枝，
防止那成群的鸟雀，
偷啄场坪上的谷粒……

在这快乐的劳动的日子，
生活的旋律，
高亢而又激昂。

四

我们天天的刈着刈着，
田野上还满是待收的稻谷，
它们恰像一些高寿的老年人，
等待我们替他们安排，
一个安逸的憩息。
丰收的年岁，
却因劳力成为荒歉了。

从山坡的那边，向田野，
走来一群健壮的士兵，
没有带枪，却带着镰刀，

我们说——
兄弟，这样怎能去打仗？
他们晴朗地笑着，
笑得像这初秋的清晨，
褪下绑腿，走下了稻田，
他们说——
兄弟，
我们是来替你们收割稻谷的，
你看，它们躺在田地里，
会给风雨去打坏，
快些把它们送进
你们那温暖的谷仓里去吧，
为了打退日本人，
大家要有富足的粮食呀！

五

收获的季节已经过去，
我们于辛勤中
吁吐了充沛的生命。
现在，老农又开始了劳作，
在刈田中
驾起耕牛，划破肥沃的土地，
再把丰收的希望
投向明年
…………

关注战争中的弱势群体

——田涛:《逃荒》

1939年12月29日

战争文学，题材是丰富多样的。由于作家不同的关注目光、价值取向，也会有不同的写法。通常战争文学，着力于正面战场的战斗，枪林弹雨，战争的胜负，歌颂战场上英勇无畏的战士；而另一些作家则关注普通人在战争中的命运，写战争给他们带来的巨大痛苦与灾难。

田涛：（1915—2002），原名田德裕。河北望都人，家境贫寒。青年时代在北平入师范学校读书，并开始尝试写作。1934年在天津《国闻周报》上发表短篇小说，1936年10月在《文学》月刊发表短篇小说《荒》，被沈从文选入1937年出版的《二十人所选短篇小说佳作选》。“七七事变”后，赴华北战场及第五战区进行抗战救亡工作，曾担任第五战区《阵中日报·台儿庄》副刊主编。其作品表现了对战争环境中人的命运的关注，对底层人民生存状态的同情。

右起：田涛、臧克家、姚雪垠、碧野在老河口第五战区

由田涛主编的第五战区《阵中日报》副刊《台儿庄》

1939 年 12 月 29 日发表在《阵中日报·军人魂》上的《逃荒》，作者的目光关注到战争中毫无抵抗力的弱势群体，“轻伤、病号、难民”，他们手无寸铁，又饥又渴，漫无目的地走在硝烟未熄的战场上，走在烈日当头的荒凉的山地中，到处是流弹和敌人的搜索队，搜到了可疑者就要枪毙。随时都可能丧失生命。他们是挣扎在死亡线上的人们，作者描写的，正是抗战时期大量存在的真实生活。

軍人魂

第五三八號

逃荒

山村之夜

本報徵求讀者意見表

新年抗戰標語

1939 年 12 月 29 日《阵中日报·军人魂》上发表田涛的《逃荒》

逃荒

——长篇子午线之十二

田涛

1939年12月29日《阵中日报·军人魂》

赤秃干燥的大山丘，蠕动着被丢弃的一群——轻伤，病号，难民，这破破烂烂饥饿干瘦的一群。

母亲们的奶子干涸得发着皱，挤不出一滴乳汁，怀里的孩子瘦得像柴炭，露出骨骼，哭的声音很低弱……

暑热的太阳晒得没有草树的山丘发亮，腐蚀成红土或黄土的山顶上像沙漠一样发出热气，衣服都给身上的汗碱结成树皮一样僵硬的皮壳了，变成油腻污秽的颜色，鞋底磨透了大洞，迟滞疲惫的眼睛望着山尖上一朵朵白云，悠远的游移着。自从他们和军队脱了节，这一群杂乱的人群便拐进了一条崎岖的山径，到处都听见枪声，像野兽一样叫着从他们的头顶飞过去，这声音都使他们的耳朵感觉麻木了，天天都听到枪弹穿射过空气吼叫声，前面有这种声音，后面、左面、右面，都有这种声音，可是现在也并不感觉恐怖了，大家都在这样想：

“哪有这么巧的事，手指头一样小的东西就碰到我身上呢？”

但是，年老的妇人和男人始终在心里祷告着：

“阿弥陀佛，保佑，保佑，阿弥陀佛，还要保佑我的儿子……”

病号和轻伤的士兵弟兄们，都把军服换了便衣，装饰成难民混在破烂、污秽、饥瘦的人群里，用破布条系了胳膊上的伤口，血凝结成紫黑颜色，把胳膊用绳子套在脖颈上；腿部受伤的士兵，撑了棍子和树枝移动，有的头上包着一块蓝布，红头金苍蝇成群的跟随着他们的伤处飞绕。人群中又几个没有换便衣的病伤号，路上遇到一次敌人骑兵，给敌人用绳子捆去，用马载到村镇里去焚烧了。还有些路上患了疟疾的人，现在怎么样了？谁都不晓得。有被流弹击倒的人，也便被人群丢弃在后面……敌人的枪弹时常从他们背后击过来，有时间忽然从山坡上竖起一群端枪的敌人，许多黑林林上了刺刀的枪口瞄准着他们的胸脯：

“不准动，都举起手来！”

于是，这群毫无抵抗力的人群，胳膊像树林一样的都竖起来了，头上戴了绿色钢盔的鬼子们，旋动着他们那对鬼祟的眼睛，手里的马刀闪出光，端详他们每个人的面色，命运不济的人就被拉了出去，在草地上排成一行，用机关枪吐吐开了花……

“嘘……”东庄老头子又在人群里吐出一口长气：“阿阿弥陀佛，阿弥佛也不灵啦，东洋鬼子这么不讲情理呀……”

他仍旧在思念着故乡里那几间草房子……

噼啪，噼啪，……

背后那嗡嗡的刷过空气的飞叫的声音传过来，这人群的脑子便什么都不想了，阳光也不放光了，人们像旋风似的飞跑，绕过田径，尘土飞扬着。

东庄媳妇的头缠着一块黑布，两只眼睛哭得像红桃，她也枯瘦得露出骨胫。

“水塘里有水，快弄一点来灌灌这老婆儿吧！”

一个难民说。

四十岁光景的一个男人，从一棵古树旁的死水坑子里去弄水，死水坑子里有鸽子粪、鸟屎，腐朽的布和腐烂的草根，给太阳一蒸晒发出臭气，这四十岁光景的男人用两张厚厚的手掌伸进臭水塘去，捧了一点污秽的泥水回来，往晕倒在路旁的老婆子嘴里灌进去，老婆子居然醒过来了，有个人把她抬到树荫下去，再灌她一点，她咳嗽起来，脸上挂着泪珠：

“我死也不走了……”

“不走，这里没有饭吃，你没有看见四面都是大高山呀！山上还有豺狼……”

四十岁光景的男人是老婆子的丈夫，胡子痉挛地咆哮着。

树荫里又坐下一个妇人来，用衣襟扇着脸上的热汗，也叫苦连天的说：

“哎哟，阿弥陀佛，让我走到哪里去？就死在这山里算啦……”

黄色灰尘弥漫下的人群蠕动了，零落在后面喘着气的人便又赶了上去。就连那中了暑的老婆子也被四十岁光景的男子携住手，在阳光烤晒得像火焰一样闷燥的山湾里移动着。

道路，就是一道山坡，又伸进山谷里，再翻上了一座高大的山岭。

人群顺了小路经过山岭，山上忽然一阵红头金苍蝇被他们惊动了，嗡嗡地叫着飞起来，墓里爬着两条死尸，被太阳蒸晒出臭气。人群被吓住了，不敢再走，每个人的头发都彷佛竖直起来，绕道另一旁的山下去了。

山下又是沟路，两旁都是高得骇人的峰壁，山上又是那些看厌了的松树，该诅咒的茅草，山沟里是干涸了的水道，有黄沙，青岩块，圆滑的石路……

松树林里忽然发出嗡嗡的声音，从一株松树背后闪出一个人影子，这人背着一支枪，两只眼睛像野猫一样发出光：

“你们别走啦，前面有鬼子！”

大家都睁着惊愕的眼睛，望着那个人，后来那一只野猫眼睛的人自己介绍是游击队员，人群里才彷佛寻得一条生路似的，每个人的心里都闪出一条光辉。

松树林里又走出几个游击队员来，满脸露出和蔼的颜色走来，把他们引上另一条小路，翻过两座山岭，发现一个篱垣倒坍的小村庄，满目疮痍，房屋里没有一个居民，墙壁上写的标语，也是用黄泥写的。草屋子的顶子和剩余的墙壁到处都是洞口，树下堆积着马粪，苍蝇们在粪堆上缭绕着，进了村庄，发现更多的游击队员，他们每一个人的身体都像野虎一般健康结实，眼睛像狼一样发出锐利的光。

暮色渐渐苍茫了，破破烂烂的难民群今天夜间就宿在这个村庄里，山影的颜色变黑了，村里郁沉沉的，什么都被黑暗吞埋了，只有从山头吹送下来的风摇动了树木和荒草。

火把燃起来了，照见了拿枪的结实的小伙子们和难民们谈着他们那些兴奋的游击故事，他们的眼睛在黑夜里闪光，但是那些千辛万苦跋涉而来的难民们，早已沉沉在疲倦的酣睡里了。

夜，在黑夜，火把还在燃烧着。

关于田涛家庭遭遇唐山大地震的报道

新中国成立后，田涛在中南文联工作，任《长江文艺》副主编。1953 年在湖北从事专业创作，1964 年调河北文联任专业作家，“文革”中遭到不公正待遇。1976 年在下放唐山时遭遇唐山大地震，在地震中不幸失去妻子与次女。

新时期曾任河北省文联副主席，中国作协河北分会副主席，名誉主席，顾问等职。

中条山上的游击战

——蒂克:《拂晓歼敌》

1939年12月30日

1939年4月11日，高桂滋所率第17军第84师由太岳山开赴垣曲县朱家庄，他们刚刚一到，就投入了晋南反攻作战。

6月20日—28日，第84师担任垣曲西北一带的防线，在山地与日军激烈血战，转移阵地，回旋包抄，最终粉碎了日军妄图肃清中条山的中国军队的企图。

第17军在中条山抗日前线

8月8日，王礼锡、宋之的领导的重庆“作家参观团”来到中条山，曾到第17军第84师驻地采访，第251旅旅长高建白与他们进行了座谈。“作家访问团”成员之一叶以群，专门写文章记载了这次座谈会的情况，题目为《中条山——游击》，文章收入《我们十四个》一书（见《正面战场·晋绥抗战》，高建白《第八十四师在中条山战役中》第290页）可见，当时中国军队在中条山上开展的游击战，已被总结为成功经验。

1939年12月30日，《阵中日报·军人魂》发表了蒂克的《拂晓歼敌》一文，写的就是一支小分队在中条山开展游击战的事迹。队员们趁着天没破晓就悄悄在中条山上的弯弯曲曲的壕沟里布防，潜伏在伪装之下面，然后对日军发起突然袭击。这一仗，敌人遭到重创，中国军人也有牺牲。文中张班长负重伤被抬下阵地，老李代理班长，在击退日军第二次进攻后，身负重伤，用最后一颗手榴弹与敌人同归于尽。

作者蒂克，在 1939 年 10 月 2 日《阵中日报 · 军人魂》发表过《月夜战斗》，与《拂晓歼敌》一样，都是写的第 17 军 84 师的战斗故事。

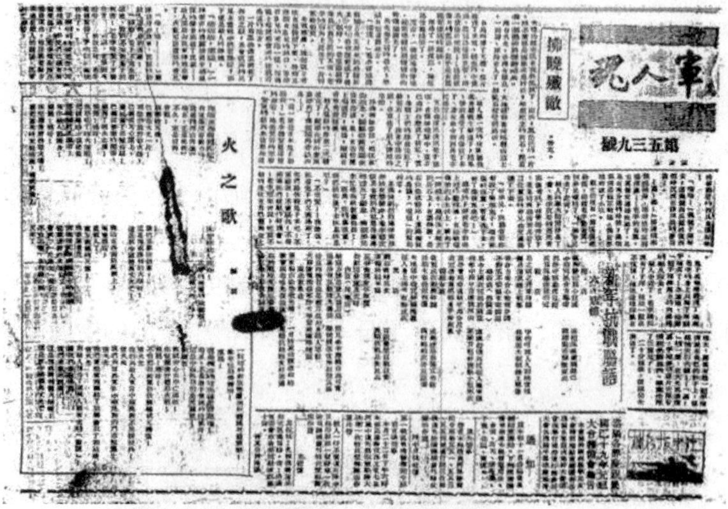
軍人魂
第五三九號
拂曉殲敵
火之歌
新年抗戰獻詞

1939 年 12 月 30 日《阵中日报 · 军人魂》发表蒂克的《拂晓歼敌》

拂晓歼敌

蒂克

1939 年 12 月 30 日《阵中日报 · 军人魂》

大地仍然安眠在夜的黑翼下，山坡，黑茫茫的一片，辨不清哪是树林或是村庄，悄然屹立的岩石，简直像一个精神抖擞的哨兵。

没有火光，也没有声息，大队蠕动在崎岖的山道上。一拐弯，部队走入了一个乱石崚崚的斜坡。

小鸟叫破了天晓，云片卷没了晨星。巍峨的中条山，黑鸦鸦地耸立着，辨不清它的面貌——它倨骄伟大的黑影，似乎是在监视着倭寇的踪迹。

爬过了一条深沟，队伍迅速的疏开了。

黑影，一个个地机警地，秘密地躲伏到弯弯曲曲的战壕里去了。

火光像柔弱的萤火，明灭在辽远的敌方。

“哒哒！”老李从壕沟里顺着火光射来的路线射去，嘹亮的枪声震灭了微火，顿时，一切都静寂得像长夜黑黑的天空。老李的嘴角上泛起了一片得意的微笑。

在战壕里，每个战士潜伏在伪装的下面，像猫儿蹲踞在鼠儿的洞口，等待着鼠儿来临一样，每个战士都聚精会神的注视遥远的敌方。

一片乌黑的浓云压住了西山之巅，未曾沉落的星星，在云缝中挤着眼睛，山下便是敌人的阵地。

“咕咕咕，哒哒！”一阵密密的机关枪同步枪混杂的声音冲破了沉寂——敌人开始向我军阵地攻击了，火苗可以清楚的看见。

“咯！咯！……”严阵以待的我军，沉毅的给敌人以致命的速击！

“妈的，老子不完全消灭它，它就不知道老子的厉害！”老李咬紧了牙齿，自言自语的说，在张班长吩咐他要快放之前，老李已经紧握了手中的来福枪快放了。

子弹“嗖 的从老李的耳边飞过，弟兄们已经有两个受伤了，老李完全没有觉察这些,他注视着对方冲过来的敌人的踪迹,沉着的射击着。

敌人第一次的攻击，被我英勇的战士击退了，结果，张班长受了重伤抬下去了，连长命令副班长老李代理班长。

天色由深灰淡灰至于微明，在几阵枪声中，东方已由肚白变成了绯红。云，像战士们的鲜血染红了的征衣，挂在中条山之巅，也罩住了敌人阵地的空际。

绿油油的麦田，起伏在山坡上，点点的黄花杂在绿草丛里。风，在古松梢上呜咽着，战壕，隐藏在青草与荆棘里……

敌人猛烈的作第二次的进攻了。对面山坡的麦浪里浮出了几颗能动着的西瓜！

“这一定是日本鬼子的脑袋！”老李聪慧的这样想着，他微笑着的面容，紧张的筋肉，急速的向这些移动的西瓜目标射击！

“咯！咯！”几个子弹射去，这几个西瓜样的东西顿时沉没在绿油油的麦田里了。

“轰！轰！”接连飞来几颗炮弹，炮弹恰巧落在壕沟里——老李的右翼，右翼的交通壕炸塌了，足足有两分钟的时间，浓烟与飞尘笼罩着战壕。几片麦地炸成了小坑。

战士们没有一个慌张或动摇，虽然老李的班里一个弟兄牺牲了，一个弟兄炸去了左臂。

敌人的炮火稍稍停息了一会儿，老李沉着的将死者与伤者的子弹、手榴弹取下，并且叫两个担架兵抬了这位重伤的兄弟，由交通壕退了下去。

“好弟兄，我眼看着你射杀了两个鬼子，现在你的伤很重，暂且退下去，好了伤后再来吧！”

机枪的子弹从老李的头上嗖嗖的飞过，在他战壕后面的小土坡上，击起了一阵飞土，炮弹落在竖立的岩石上，在浓烟里，岩石炸裂成粉碎！连这树林的乌鸦，“喔喔”的惊起，叫着。

在几阵剧烈的炮弹与枪弹的交响声中，老李的左腿及右臂的衣服都湿津津地渗出了鲜血，两个弟兄急忙地向前救他，说：“班长，你的伤很重，我们扶你退下去，休息休息吧？”

“不要紧——我的伤，你看鬼子们又冲过来了，你们赶快杀鬼子去吧！不要顾我！不要顾我！不要错过你们杀敌的好机会！”老李坚定的说，屹然不动的埋伏在自己的岗位上。

鬼子兵如潮般涌了过来，老李的身上只剩下两颗手榴弹了，急速地，他将一颗手榴弹用力的向逼近的敌人投去！

敌人走近了，老李虽然没有了子弹，他却一点也不慌张，他迅速地仰卧在地上，将最后的一颗手榴弹放在自己的肚子上，猛然抽去引火线，“轰”的一声，在火光与浓烟里，手榴弹的破片夹杂着李班长的血肉，毕竟炸死了三个鬼子！

二十分钟后，日寇完全溃退了。

湘北人民遭受浩劫

——郑照球:《寇军的暴行》

1939 年 12 月 31 日

1939 年 9 月至 10 月的第一次长沙会战，是中国军队反击日军所取得的一次重大胜利。但由于其作战方针是“后退决战”，即诱敌深入，消耗敌人力量，再进行反攻，日军在 9 月下旬已逼近长沙附近，占领了金井、桥头驿、社港市等乡镇，仅距长沙市 60 里～80 里。当时正值农历中秋节（公历 9 月 27 日）前后，来不及

日本军人正在杀害中国平民

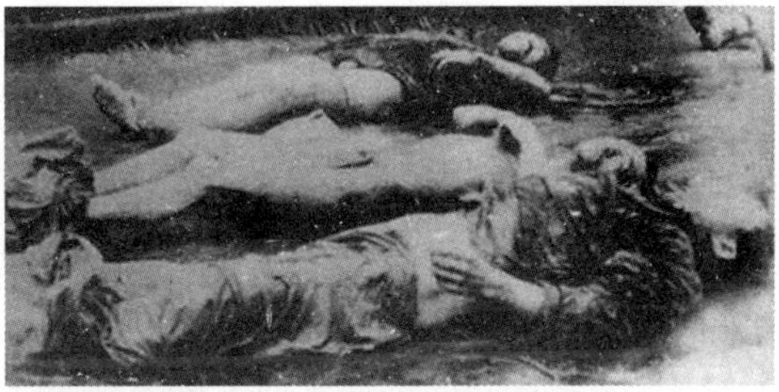

被日军残害的中国同胞

日本军人杀人后在血泊中狞笑

迁移的湘北民众惨遭荼毒。据史料记载：“单就湘北上杉市、福临铺、麻林桥、青山市、栗桥、高桥、金井、长乐街、新市、汨罗、营田、长寿街、龙门厂、瓮江等处而言，被日军烧光的市镇村庄就有二百七十多个，被惨杀的民众达八千多人，

被强奸的妇女不计其数……湘北民间所遭受的浩劫充分说明了日本帝国主义者的野蛮和残暴。”(《正面战场湖南会战》，薛岳、余建勋等著，中国文史出版社，2013年1月版，第22页)。

1939年12月31日《阵中日报·军人魂》发表了郑照球的《寇军的暴行》一文，记述了他在长沙会战后回到家乡——湘北金井梭倚塘，亲耳听到乡邻们讲述日军入侵后所发生的几件骇人听闻的惨案。文章以文言文的书信形式，写给他的弟弟。仔细阅读，可以看到它记述了日军禽兽不如的凶残暴行。作者对此切齿痛恨地说：“余诚不解倭寇亦有人心否？他日若毙寇兵，可为余剖视其腹也。”

此信后面有附记，报刊原件落款处墨迹太重，辨识不清。估计是作者郑照球(即郑炎)的弟弟廉泉收到信后，转给《阵中日报·军人魂》发表的。他说，金井居民仅遭受了几天的沦陷，就蒙受了如此的浩劫和耻辱，而长年在沦陷区生活的同胞，所受的迫害当万倍于金井民众。日寇在金井的暴行，正是全国沦陷区日军暴行的缩影。

这封信是日军对湘北人民所犯下罪行的一个铁证。

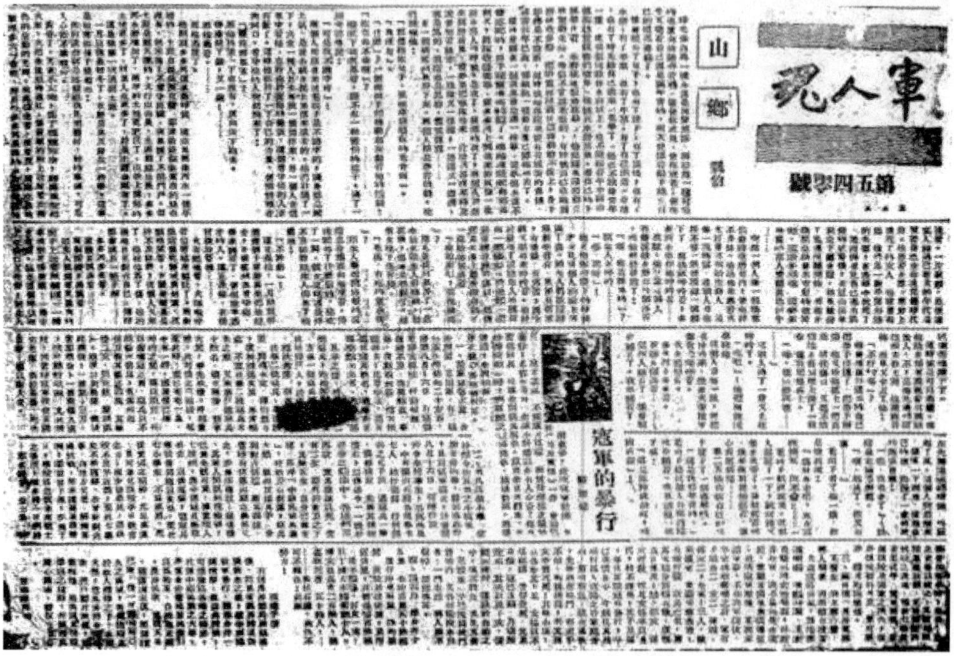
軍人魂
第五四零號
山鄉
寇軍的暴行

1939年12月31日《阵中日报·军人魂》发表郑照球的《寇军的暴行》

寇军的暴行

郑照球

1939年12月31日

廉泉弟：

此次寇军犯湘，金井（长沙东部）一带，曾沦陷三天，寇至之处，不独庐舍为墟，而焚杀淫掠之种种暴行，尤古所未有，余诚不解倭寇亦有人心否？他日若毙寇兵，可为余剖视其腹也。兹将余日前归里（金井梭倚塘）时，所耳闻之惨痛故事，摘述数则，用应清听。余固知吾弟正关心吾乡情形耳。

一、范家屋场上屋，金井附近，某田家，有一媳二女，年幼，均二十左右。农历八月十六日，有寇袭至，妇女胆怯，行动较迟，趋避不及，遂被轮奸，事毕，复翻箱倒箧，搜索细软而去；比至中道，遇其同部寇兵数名，彼等亦正为猎艳而出者，乃告语，且示之径，于是第二批寇兵，均相率而至，方第一批寇兵走后，此姑嫂三人，于疲劳中相扶逃匿，奈出门即遇到此第二批寇兵，业已蹴至，惊魂未定，撑拒无力，复被掳返其居，再度轮奸。不意此第二批寇兵未去之际，又来第三批寇兵十余名，环立两旁，鼓掌大笑，争先纵欲，并相催促。此可怜之三姑嫂，延至此时，盖已奄奄一息，中有一妇，因羞愤已极，呻吟之间，杂以诅咒，并以齿啮寇之肩，寇兵以不能畅所欲为，负痛而起，拔刀裂其躯为四块，其余二女，睹此状，声泪俱下，寇复禁勿出声，尽情蹂躏后，一被戮十三刀，当即殒命，一被杀伤九处，次日始行气绝。凡此情状，因当时寇军役使其邻右老妪，供给茶汤，均所目击，转以告人者。

二、第八高级小学，位于离金井五里之斗焕里，因金井街市，被敌机轰炸，且以寇军逼近，于农历八月十六日，暂时停课，并令全校学生，各返故里。中有团山石湾各地学生七人，结伴同归，行抵涧山之瓦子坡，遇寇兵一队，几经检查，先将其财物搜去，然后迫令一一跪于道旁之稻田中，各以刺刀掷砍，意其凌迟以死。当有二生，即死于乱刀之下，其余五生，自忖分已无生望，高呼“中华民国万岁”，并拾刀石对掷，寇兵大怒，执而反接其手，分别割舌剖腹，断其四肢，当时有伏匿山巅之农民见之，亦无法驱救，寇退后，其家人闻讯前往殓葬，已无全尸可觅。据当地人士推测，谓必系倭寇断取而去，以供庖餐，疑寇兵常杀吾同胞以食也。至此七小学生，不为威屈，死从爱国之精神，尤足嘉佩，且可想见该校平日教育之力。但少数愚民，谓学校不及早放假，至此七学生不幸罹难。余曾针对此事，向地方父老解释：吾国抗战，如未获到最后胜利，即世世子孙，亦无了结，学校为造就未来战士之场所，多得一日训练，即多增一份力量。唯七学生未至成年，竟为国殇，诚系该校及国家之损失，并非该校初料所及，不可厚非。闻者均能领悟。

三、麻林桥（长沙东部）某医生，在乡下行医，乡人称便，因而稍有积蓄。去岁寇陷岳阳，该地密布战线，风鹤时惊，某对长期抗战素抱乐观，并断言敌军决不易向长沙进犯，常劝其邻里无须迁徙。此次寇军压境，某因未谙军事，不知我军设伏，早定诱敌聚歼之计。家有子媳各二，女二，孙四，孙女二，全家十三人，故示镇定，意图从容逃避。甫检行装，寇兵已至，将其女媳分别轮奸后，复强奸其仅及十龄之孙女，孙女呼救，经其女媳求以身代，终不获准。其子及孙，平日耳闻寇军暴行，早已痛愤在心，今亲见其残酷行为，竟施之于家庭骨肉，旧恨新仇，灭此为快，先后前往格斗，奈赤手不敌，均被枪毙。而其孙女卒被奸死！其余小孩，各断其手足，女媳以不堪蹂躏，当皆昏绝，比及苏醒，寇已远飏，乃环视左右，其夫以及子女，皆纵横俯仰，偃卧于血泊之中，痛不欲生，及见其翁“某医生”早已淹毙于门首塘内，又各自相继投水自尽。一门忠烈，乡人无不敬悼，然殊惨耳。

四、鹤霞冲，离金井十五里，全冲房屋五十余栋，仅存村尾两屋，余均被焚，炎故居梭倚塘，及附近房屋，共被烧毁百余栋，猪羊鸡鸭，打食一空，壮丁掳去未归者数十人，妇女被奸者二百余人，被奸致死者五十余人……

海枯石烂，此仇不可不报也！

此祝努力！

照球手启

右系长沙郑炎转战过后，回里省亲再转致余之信，信中所述寇军暴行，虽系金井一隅情形，但以此例推，可谓沦陷各地之缩影，此系中华民族之大辱，并非金井当地居民因引以为耻耳。自湘北大捷，长沙民众，重睹天日，虽疮痍未复，而腥膻已除，唯一反思沦陷已久之区域，吾同胞窒息于敌人蹂躏之下，水深火热，当万倍于金井民众。兹将郑君来信，刊载报端，用供阅者明了倭寇之残酷，并以此惊心励志，收复失地。

在血泊中壮大的孩子

——荒煤:《童话》

1940年1月3日

抗战中的中国儿童

1940年元月3日《阵中日报·军人魂》上，荒煤发表了一篇《童话》，他所讲述的不是什么“童话”故事，而是他在晋东南地区的一段匪夷所思的见闻，这篇令人发指的“童话”，是日军残忍迫害中国儿童的铁证。

荒煤:（1913—1996），原名陈光美，笔名荒煤，生于上海。祖籍湖北襄阳，20世纪30年代初，先后在武汉、上海参加左翼戏剧家联盟活动,后转入中国左翼作家联盟。1938年秋赴延安，在鲁迅艺术学院戏剧系、文学系任教。曾带领该院文艺工作团赴华北抗日前线采访。

青年陈荒煤(1913—1996)

新中国成立后，先后任中南军区文化部部长、文化部电影局局长、文化部副部长等职，“文化大革命”中遭受迫害。新时期任文化部副部长、中国作家协会副主席、中国电影艺术研究中心主任等职。

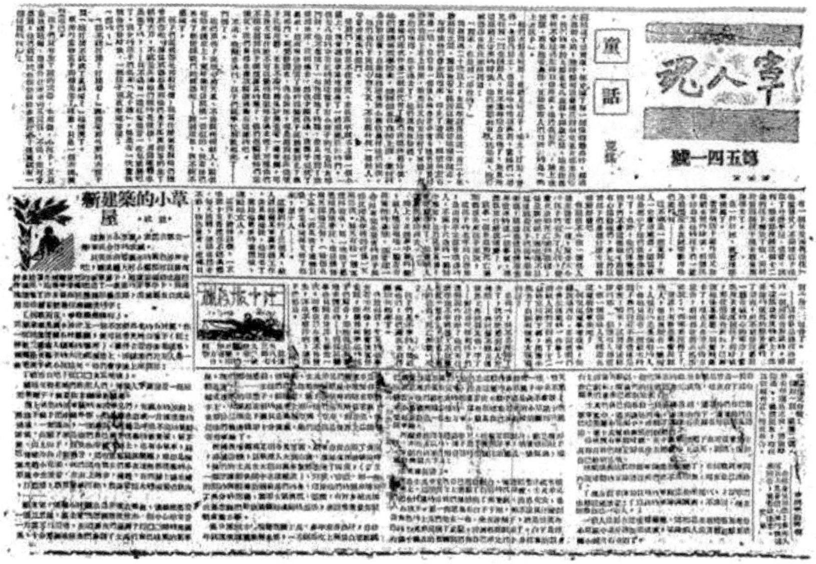
軍人魂
第五四一號
童話
新建築的小草屋

1940 年元月 3 日，荒煤在《阵中日报 · 军人魂》上发表随笔《童话》

童话

荒煤

1940 年 1 月 3 日《阵中日报 · 军人魂》

踏进了晋东南，你走遍了每一个偏僻的农村，经过大道和小路，随时都可以发现三四个儿童在那里放哨。他们的年龄大都在七八岁到十四岁之间。站在你的面前不会超过你胸口的高度，他们的衣衫褴褛，脸上很肮脏，而且拖着鼻涕，正如都市人们口头说的，是“街上的孩子。”

他们大都在玩耍，在路上玩石子，堆土，打架，弄得一身都是尘土，但是嘻嘻哈哈地很高兴。当他们一看见任何一个生疏的人，在不远的地方出现了，并且向这条路上走来的时候，他们便即刻有人站起来，抱着武器迎在你的面前问道：

“同志，你是哪一部分的？”

我被问过二十次以上，在高平到长治这一百二十里的路程之间。因为我着军装，所以被亲切地称作同志。

有时候，他们会全站起来，停止了游戏，四个向左右两旁一站，常常有一个很小的带着非常有趣的严肃的态度的孩子走上前来，熟悉而又拘束地行了军礼，然后讷讷地问。你走过去了，他们还向你敬礼。

当他们的伙伴第二批来代替了他们的职务的时候，他们还需要回学校去，请那个在日夜校上课、兼任村公所的秘书、自卫队指导员的小学教员替他们补课。

他们用孩子的细心和天真，不放松任何一个敌人，守着晋东南的铁门。

提到门，我忍不住想笑。走出高平县不远的一个小镇上，我曾经很幸运地经过了一路那样庄严的门。一个七八岁的穿着红的开裆裤子有小辫子的儿童站在那门前，他不仅问了一句我听熟了的话，并且还问了我从哪里来，往哪里去，然后才让我过，我几乎要笑了起来，然而两旁绷紧了脸的四个孩子的严肃制止了我出那门，亲爱的读者，我告诉你，那是用四根高粱梗子扎起来的呀，正在不凑巧的风沙里歪着一边要倒。可是我又为什么不可以觉得骄傲地走过去呢？可惜你们不能看到那孩子俨然认真的样子，他们很骄傲他们的岗位。我们自然也应该骄傲岗哨有这样的吧。

不过，我刚走过门，孩子们就手忙脚乱起来了——门倒了。

他们用孩子的细心和天真，不放松任何敌人，骄傲地站在岗位上，竟好像可以阻挡一切似的。假若他们再有了新的能战斗的武器呢——说到这里，我不能不感叹了。

孩子们的武器都是那般可恼！我为什么要老说他们抱着武器呢，因为那武器都是和他们身子高度相等的生了锈的大刀，再不就是高过他们头的长梭枪，那同样的也是生了锈的——只不过有一缕红布衬着一些儿威严罢了。很少的孩子也有“盒子枪”。但是有一次当我问他们的时候，一个孩子很直率地回答道：

“假的！”

“能不能打开？打开看！”我指着那外面的木壳子问。

“能打开不就成了真的吗？”他倒笑了。

原来外盒的盒子和枪是生了根的，只是一个木头模型而已。

孩子们只有生了锈的武器，本来的，小孩子，又只是放哨站岗，用得着什么新的好武器？不过，你可曾想到，他们就这样也捕获过许多汉奸么？这里就有一个这样的故事：

有一个儿童团员捉住“他的舅父”。不论那汉子采取了什么手段，威胁、利诱、恳求，都没让这个十二岁的孩子放过他，而终于被四个孩子唤去的自卫队捕去了。

是一个奸细，被当地驻军枪毙了。

当那个孩子的外祖父和母亲在哭的时候，那个孩子却和其他的孩子一样，不恐惧地在血尸旁欢呼他们的胜利……

这不过是一个童话，有人一定会这样想。因为事情是超乎了他们的想象以外了。也许，他们会觉得孩子们不会这样做，而别有心肠的他们，甚至于以为孩子们是被什么指使得这么野蛮吧？

我虽然不必和一个伪人道主义者一样，惊奇太小的孩子丧失了人性，竟会在血和死亡面前欢跃，但是我要说，我也不以为这就是孩子的快乐和幸福！难道血债仍需要血来偿还的这一个事实，还应该要什么说明么？

就拿一个在血和死亡里刚翻滚出来的孩子来说，这孩子的名字叫白春生，是山西平定县景庙沟的人，不满十六岁的一个初中学生，他被敌人带到训练班里去。

晚上，在睡梦中被叫醒，敌人强迫他喝一种含有兴奋剂的汤药，逼着这一个没有完全发育的孩子与橡皮淫具作性的行为，一天两三次。每天有给一种淫烟叫他吸，头一次吸了感到头异常昏眩，但以后每两天能抽三包（每包有十五支），而且吸了以后，便觉得精神又好了起来，想女人……

这样训练了三个月，敌人派他到某军里来做工作，并且对他说，他回去了，将给他更多的淫烟给他吸，还给他女人。

老年陈荒煤

这孩子被捕以后，一天吸十支香烟都不能过瘾，每天流精，连路也走不动，脸色发青，瘦得只剩一层皮包骨了。

——这件事是总政治部的一个同志告诉我的。那天漆黑的起风的晚上，我从他的低沉的声音里听到了恐怖，而不禁使我感到一种奇异的心的寒冷，当我去想见这孩子的时候，那位同志告诉我，已经送他到很远的一个医院里去了，现在正在设法施力救治，然而那位同志却痛惜的说："那已没用了。世界上有的是会说话的人，但他只能有一张嘴；人类有的是最聪明的人，但他只能有一个较大的脑子。我们设若不相信这是事实，那么，试问这谎话能叫哪一个聪明人相信？哪一个聪明人又能想出这样的故事呢？"

何况这故事还很多，你听说没有？在辽河战斗中发生这样的一件事。一个敌人用刺刀戳了十二岁女孩的下部，用清水洗去了血迹而后再去强奸么？

足够了，我不忍再写下去了，我们除感到敌人的残酷——我们不能在这世界上再找到其他的字了——对于那受难的孩子们，还能说些什么？他们有什么理由不拿起武器，不放走一个敌人，不为敌人流血、死亡而欢喜呢？

孩子们是不错的，他们到底在血污里壮大起来了。

我敢相信，今天的故事在若干年后，都会被当作童话，而那些幸福的孩子们会惊奇、恐怖，但是兴奋地去读着的——因为这种事件只能在世界上发生一次，而且也将永远不再发生，谁都不允许的，连孩子们都是。

神秘藏匿、歪曲报道

——张煌:《汉奸报馆参观记》

1940 年 1 月 4 日

抗战期间，日本除了对中国的军事侵略外，也丝毫不放松其文化侵略。他们不仅在世界范围内，美化其侵略行径，宣传“大东亚共荣圈”，而且在中国的占领区内，扶植汉奸政权，创立汉奸报刊。天津的《庸报》，就是其中的一个。

天津沦陷后,《庸报》沦为汉奸报纸

20 世纪 30 年代初，天津《庸报》是仅次于《大公报》《益世报》的一家享有盛誉的民营报纸，发行量近 2 万份。但抗战中，却被日本特务机关收买，成为日军发声的传声筒，由汉奸代理办报。于是《庸报》变得声名狼藉，经常遭到进步青年的毁坏。这就逼得报社摘了招牌，隐匿起来，派兵把守。它已不像是一家报社，倒像是一个特务机关了。

那么，隐藏很深的汉奸报馆内部情况究竟是怎样的呢?

旧式的报馆排字间

1940 年元月 4 日，《阵中日报·军人魂》发表了张煌的《汉奸报馆参观记》，作者由于认识《庸报》报馆的主持人何海鸣，得以进入报馆，进行了一番参观。作者从“秘密的馆址”“编辑桌上的红字”和“黑暗的排字间”三个方面，揭开了汉奸报馆冰山的一角。

軍人魂

第五四二號

漢奸報館參觀記 張煌

冬夜

婦工會工作的展望

陣中服務欄

1940 年元月 4 日《阵中日报·军人魂》发表张煌《汉奸报馆参观记》

汉奸报馆不仅神秘藏匿，而且报纸主编可以随意篡改新闻稿，任意夸大事实真相。从何海鸣口中，我们可以知道，日本的新闻稿，是不惜花大价钱，收买各国新闻记者，去做虚假宣传的；与之相反，他们对排字工人的待遇却非常严苛，敲骨吸髓，限制自由。这些排字工人，大都是天津沦陷后，被日本人从各个报馆抓来的，日本人不让排字工人去坐牢，却把他们关在汉奸报馆里排字，也算是煞费苦心，“才尽其用”了。

汉奸报馆参观记

张煌(1)

1940年元月4日《阵中日报·军人魂》(天津通讯)

华北有张最大的汉奸报纸叫《庸报》(2)。记者因为与该报主持人之一何海鸣(3)认识(他的笔名叫“求幸福斋主”),因此有机会到这个汉奸报馆去参观一次。

秘密的馆址

按照该报所载的馆址,记者来到法租界蓝牌军车道的“庸报馆”。推门入内,不料四瞧无人,叩了一下“传达室”的板门,半晌才有个干瘦的老年看守走出来,问道:

“你找谁?”

“找编辑部的何海鸣先生。”

“编辑部早就不在这里了,这里已经变成客房子,你去日租界宫岛街山丰栈房去找吧!到那里可以找到他的。”

记者别了老年看守,心里很是纳闷,于是急急地走到“山丰栈房”来了。这里是一座不小的楼房,一共三层。门前没有《庸报馆》的牌额,只挂着“山丰栈房”的铜牌子。有一个日本警察在门前挺胸而立,记者上前问道:

“《庸报》社是这里吗?”

“是啦,你找谁?”

“何海鸣先生。”

“好,你叫什么?”

我告诉他之后,他又吩咐门房的伙计打电话问何逆是否认识我,等何逆回复之后，方准入内。“编辑部”原来是在二楼。

见了何逆，我便问他：

“为什么迁到这里来了？”

“啊，你不知道，在法租界太危险了，常有些浮躁的青年投弹，一连七八次，毁了架切纸刀，还炸伤了川口顾问，到今天他还躺在松崎医院里。”他感伤的摇摇头，“好险，好险。”

这个奇怪的谜立刻在记者心里解开了。

编辑桌上的红字

记者随手在何逆的编辑桌上拿起一份“同盟社”（4）的通讯稿，上面油印着“荒鹫部队昨袭重庆……击毁敌机八架”，油印的“八”字被红笔勾掉，改为“十”架。看罢就向他问道：

“你连通讯稿也加以删改吗？”

他笑笑，得意的一耸肩部：“你知道，日报的宣传手法是别的国家应该仿效的，你觉得这有什么不应该吗？告诉你，一月前我在东京见到大阪《每日新闻》的山本君，他告诉我，夸大宣传在战时不仅应该，而且必需。收买各国新闻记者尤其重要；在某国，日本每月出着不知多少万元，养着几十个某国的记者……呵，很少有几个国家没有作为日本心腹的记者的。日本肯花钱，对这层是不吝惜的呵。”

“那么，同盟社通讯稿上的‘八’架也不可靠了？”

他轻藐的瞧一下记者，笑了笑，然后给个总的答复：

“这是一定的新闻手法呀！”

黑暗的排字间

看过编辑部，接着去参观他们的“排字间”。“排字间”在地下室，一连八间，全由排字工人在忙着。巡视一遍后，发现他们排的不单是《庸报》，还有着什么《播音日语的授课教程》啦，《新民主主义论文选萃》啦，《新民小学读本》啦……

记者问何逆：

“你们的排字工人真够忙呀，一天做几个小时工呢？”

“早上六时到夜间三时，都要做工的，午间有两个小时的午睡，苦一点呀，他们每人每月管吃外给四元大洋。”说着，摆出一副高傲的样子，“他们是受苦的命啊。”

走出“第八号”的排字间，迎面又发现一间如拳大的铁锁关紧着的“排字间”，记者问：

“这里面也作为排字间的吗？”

“对啦，这里面是排机密文件的，不准外人入内，工人们是事变后从各报馆抓来的，日本宪兵队不让他们坐牢，要他们在这里工作呢。”

“他们大小便怎么办呢？”

“里面很大，有厕所的。”

“他们也有工钱吗？”

“一样的。”说罢，他看了一下腕表。

记者不便再和他搭讪，就向他说了声“再来看你。”走出报馆。

一九三九、冬

注释

（1）张煌：现代作家，出版家。抗战时期曾任大型文艺刊物《创作月刊》主编，著有《北方的故事》（创作出版社）等书。

（2）《庸报》，抗战前天津的一份很有影响的报纸，为仅次于《大公报》《益世报》的第三大报。报名取“中庸”之意。1926年创办，发行近2万份。1935年被日本特务机关“茂川公馆”收买，1937年“七七事变”后，日本军部将《庸报》变为“北支派遣军机关报”。1944年4月，报社内的日本人相继撤出，改由伪华北政务委员会情报局领导，成为汉奸报纸《华北新报》的地方分社。1945年日本投降后停刊。

（3）何海鸣（1887—1944），本名时俊，湖南衡阳人，笔名“衡阳一雁”“求幸福斋主”等。“鸳鸯蝴蝶派”的重要作家，先后办《爱国晚报》《民权报》《侨务》杂志等，汪伪政府成立后，曾任宪政实施委员会委员，《庸报》主持人之一。

（4）“同盟通信社”：1936年，由日本新闻联合社和日本电报通讯社两家合并而成，是二战期间代表日本政府发声的传媒机构，当时在世界范围都很有影响。1945年日本战败后，“同盟通信社”被解散。

率部进入太行山

——方之中:《踏进游击区》

1940 年 1 月 9 日—10 日

我国自古以来就有不少名将兼诗人，如唐代的王昌龄、岑参，宋代的陆游、辛弃疾等，由于他们既能带兵打仗，又富有文学才华，描写军旅生活格外真切。

抗战中，也有许多将军兼作家，他们在戎马倥偬之中留下带着烽火硝烟的文学作品，在抗战文学中独树一帜。方之中就是这样一位作家。

方之中将军(1908—1987)

方之中（1908—1987），湖南华容县人，1925 年入黄埔军校第四期学习。1926 年参加北伐战争，1927 年加入共产党，任湘鄂西秋收暴动总指挥。大革命低潮时期，他为寻求党组织到上海，进入群治大学，1930 年加入上海左联，与鲁迅、田汉、阳翰笙等著名作家来往，著有小说集《花家冲》(1934 年上海龙虎书店),《速写集》(1935 年上海天马书店)，1933 年编有《生存》月刊，1936 年编有《夜莺》月刊。

抗战爆发后，他投笔从戎，1938 年国共合作，他奉派到国民党第一战区教训处工作,曾任教导大队军事总教官，1939 年 9 月调任第二战区训委会编审委员。他发表在《阵中日报 · 军人魂》上的《踏进游击区》《第一步跨过黄河》等，就是这一时期带兵上太行山打游击时的纪实文学。

在解放战争和抗美援朝中，他从师长晋升为兵团参谋长。1955 年被授予少将军衔，获二级八一勋章、二级独立自由勋章、一级解放勋章。从抗美援朝战争回国后，一直到去世，他近 40 年定居天津，潜心于文学创作。1982 年当选为天津市文联名誉主席。1999 年 5 月，《方之中文集》，由天津百花文艺出版社出版。

1940 年 1 月 9 日—10 日《阵中日报 · 军人魂》发表了方之中的《踏进游击区》，生动记述了他在国共合作期间，率领一群学生兵从山西沁水进入太行山的情况。方之中作为领导者，不仅指挥若定，身先士卒，而且善于做战士的思想工作，用“太行老人”的“三不主义”鼓励战士勇敢前进，是寓教于乐的典型。文中对于太行山的描写也非常精彩。

軍人魂
第五四七號
踏進游擊區（上）
方之中
淘金沙

1940年元月9日—10日《阵中日报·军人魂》发表方之中《踏进游击区》

踏进游击区

方之中

1940年1月9日—10日《阵中日报·军人魂》

“我们的运气真不坏，将来打鬼子也一定像这样顺利。”

在雪地里集合的时候，大家瞪着费了无限力气才从山沟内爬上来的朝阳，这样说。

因为我们先一天休息，落了整天的雪，现在出发时，天又晴了。但当我决定休息一天的时候，我的直觉是一连行军五日，官兵都感疲劳，以疲劳之师而当精锐之敌，必败无疑。不料第二天清晨起来，像一座天堤的太行山，满披起白皑皑的雪衣了，雪花如同一个新寡的孀妇的哭泪漱漱地落着，同时敌情报告也纷纷地飞到我的案头，原来我敌的距离只有十五华里，公路是已破坏的，但他的骑兵只需半个钟头便可冲入我们的宿营地。一天的休息，如果招来相反的全军的危害，那悲惨结果的责任，别人是没法来替代的。于是，我让雪花紧偎着我的大氅，脸旁搏斗着寒气，在村的四周去侦查。沁水在足底下潺缓地流着，仿佛一条带子，把我们紧紧地缚在太行山的脚上。这条带子是这个村庄的天然壕堑，后面即是入山的五山口。当我站在唯一的通路那座桥梁上，从迷蒙的低空中直到远方的天地交际线，小心地寻觅抵抗线、支撑点，像一位阴阳先生分析山势的来龙去脉，终于，我决定了这样指示各部：

"报告悉。某连应向沁博公路以东地区警戒，与左翼某连切取联络，如有敌袭，则由桥梁退回本部，但渡河后即将桥梁破坏。某连应向通白村之道路警戒，右与某连切取联络，如有敌袭，则竭力抵抗，非奉本部命令，不准撤退。"

但政工人员却没有休息，他们一队一队地提着红土桶，在墙上写标语，半天工夫，全村的街巷墙壁上斑斓地涂满了。村民眯着眼，冒着纷飞的雪站在墙脚边阅读。胜利的信念，渐渐把他们的眼珠充亮起来。

明天是晴还是落雪呢？这个谜在每个人的心中盘桓着。但这不是决定走不走的因素，而是焦虑着好走不好走的问题。因为我们还有几个女学生，出发以来，虽然她们处处显示出男子的英雄气概，并不曾落伍或患病，然而背着行李和枪弹，还要走着崎岖的山道，那就更增加她们的困难了。可是傍晚的时候，我仍决然地下了继续前进的命令。

直到第二天夜里二时许，还是无止息地落着雪，可是五时集合的当儿，突然天幕上浮上一颗鲜艳的火球，金光灿烂地把整个宇宙变成了淡褐色的透明体，因此人们脸上全展开褐色的微笑。包裹填在雪地上，学生们就坐着休息，只等隔河第二连到来，便开始前进。

似乎是惯例，出发时要将昨天的缺点和今天的注意对学生训一番话，但历来的效果，用古语是"言之谆谆，听者藐藐。"因为一训示，都是命令的口吻，板起脸教训人，是没有插科打诨使人心悦诚服，所以一篇批评论文没有一篇讽刺小说的力量大。而人们却像习惯了这种公式，特别是军队中上级对下级，开口便是命令。我不做这愚蠢事，我明白了青年学生的心理，死板板的讲抗日理论和行军规则，远不如张竞生博士讲性事动人听闻。

“第二连还没有来，我趁这个机会讲个故事给你们听。”我这样打开了场子。

“好，好，好！”一阵炸豆子似的掌声，把锅灶什么的碰撞声淹没。

“昨天晚上我梦见一位身穿魁梧、道貌岸然的道人，……”我继续说：“当我走到一个山的谷口，他挡住我的去路，吼道：

“你上哪里去，冒冒失失，慌慌张张？”

“上山去，请你让开，我要赶路。”

“但他像一个有威望的老者对待小儿，屹立不动，我疑心他是‘胡子’（注，即土匪），从他的头上打量到脚边，布袍大襟卷鼻鞋，颇有些古风盎然，当时我便否定了他是‘胡子’，即刻想到书上说的什么‘隐士’之类了；国破家亡之时，还在独善其身，回头鬼子来了，瞧你的脑袋是否铁铸的——我暗暗地骂他，我明白他并且是抗日前途的障碍，要不铲除他是没法前进的。”

“那简直有汉奸嫌疑——阻止抗战的前途，应当铲除他，应当！”一个学生附和着说，还有力地挥了一下手臂。

“于是我决定铲他了，虽然在梦中，我没有忘记抗日的任务，我双手用力架住他的左肩向右一推，想将他摔在山坡上，同时斥责他，‘你这老头子太无聊，你自己不抗日，还阻碍抗日的道路！’但他尚骄傲地立在那里，我的推他，如同一粒细沙投在大海里，连泡沫也没起一个，隔会儿，他才固执地蔑视地说：‘你想通过我这山口，你要发誓奉行我的主义。’”

“主义？什么主义？我到愿领教领教。”

“孙总理的是三民主义，我的是三不主义。”

这时学生们有的口水淌在衣服上也没有去拭抹，有的把斜倚在肩上的枪扶起来，同时整一整精神，似乎怕两耳休假，不闻外事，特别把一只耳扇迎着风，同时发出着急的语气追问我：

“三不主义？嗯，嗯，……哪三不？”

当时，被千余双眼睛盯着的我，连一口涎水也没有吐得清楚，便接下说：

“自然我比你们现在更着急，但他捋了一下胡须，持重地说：‘说来也很简单，第一，不贪财，第二，不怕死，第三，不落伍。你可知道，现在我这里的都是些民族英雄，但凡是来这里的都得奉行我这主义才允许他通过。’”

“当时我很快就与他和解了，他不单不是前途的障碍，而且是黑暗里的一盏明灯。但他又很严厉地迎我高喊：‘到底怎样？你快说，要想打这里通过，违反这主义是不行的。’”

于是我便恭敬地先立正，然后注目地向他说：

“我们老早就是先生的主义的实行者，第一，我们学生每月只有三块六毛钱，官员最高的薪水也没超过六十元，连菜金也在内；第二，我们是一班最富热情的青年，现在开到最前线和敌人拼命去的，怕死还来吗？第三，从出发到今天，足有六天，路也走过六七百里，连脆弱的女生都没有落过伍，患过病！”

“我直率地一口气说完了，但还没有稍息，怕他还有教训。果然他接着说：‘走路都落伍，还能打仗？不是这意思，我说的是不做时代的落伍者。’”

“老先生，请放心，决不做时代的落伍者，我们的最高领袖已这样告诉我们，日本军阀威胁我们国家民族的生存，不打倒他们，我们是活不成的！”

“你们那一群呢？他们可有坚决的意志？”

“他们比我更年青，志愿比我更坚决。”

“那么，你走罢。”

“这时我才放开脚走了。现在我的故事也讲完了。”

可是有一个学生，也许看的旧小说不少，他觉得缺少了姓名，他说：“他没有说姓名吗？”

“是的，我问过他，他说他姓太，名行山。”

“哦，哦，太行山。哈哈哈……”

“哈哈哈，妙，妙！”又是一阵笑声。

先头的我已经跨进了山口，老队长突然在我的肩上一拍：

“你讲的故事妙极了。”

“人们是不欢喜听板起脸孔的教训的哟！”

山口约莫有二十来丈宽，中间一条山沟，割开了两旁梯级似的同屁股或衣襟那么大的许多田，对峙的田身，有如癞皮狗疏落地挂着几根黄毛，我们走在右边的山径，忽而瞧见几间小得可怜的房屋墙壁上的大字标语，山水拐过狭道从屋旁直冲下来，溅在下面岩石上喷射缭乱的飞箭，我们越过那条水沟，转到左边山路去，鞋袜全给水沫喷透了。白雾把两山搭成一道天桥，太阳用它火热的锋芒，向这无边的天桥上刺着，结果也只能显出隔着布幔的一缕灯光。

积雪鸡雏般地在脚下发着叫声，起初还有凉意，渐久渐感到热腾腾了，石路上雪未融化，虽没有泥浆，然而甚滑，今天没有空袭和敌情的忧虑，唯一担心的是，一滑脚，便会跌在万丈的深渊里去。

溪涧内水潮好似倾倒下来一样，山势愈陡峭，潮势愈湍急，夹道里响起春雷，在你眼前整个世界是山和水。这时山把太阳遮没了，迎面冲来的是一股冷风，向上一望，两山的距离很近，仿佛只一步便可以由东山尖转到西山尖，拐弯处便觉得两山在前一刹那实行合壁了，顿生“此路不通”之感，然而一抬头，似乎从山涧里爬出来三个担米的老百姓，和一匹驴子，两足忙忙的从上而下，毫无颠簸和疲乏的神情。“走不来路还能打仗吗？”我想起太行山老人的话，我觉得连一个老百姓都不如啊！那担子足有八十来斤，干枯的小米饭放在担子的一旁，据说那就是他们的中饭。在我们南方人看来，那是没法下咽的。

“老乡们，你从哪里来？”老队长问。

“梨川。”

“离梨川还有多少路？”

“不多远，过了十里坡就要到了。”

“十里坡？”老队长眉尖一皱，并着我的肩说：

“还有一个坡有十里，老总，真是山上有山，真吃不消！”

“吃不消也得吃，你这样要算是三不主义的叛徒了。”我笑着。

拐了多少弯，爬了多少山隙，也没法计清，只有谁用粉笔在路旁岩石上写下“攀猴洞”三字，那两座山算是最高的了。起先学生们一踏进山涧，雄浑的歌声把水声都压平了，但这时却只听得出他们在惊叹山的险峻，路的崎岖，照规矩我们应当休息了，可是满野都是积雪，角落里间或有一二家人家，连站的地方也不够。老队长咕叽起来，仿佛在说这要他一条老命，但我像没有听见，因为那是没法解决的难题。

十里坡终于横在我们面前了，从下方爬到山顶，山顶上是白茫茫的一片。蚂蚁似的动物向这面蠕动着，我知道这又是老百姓了。路总是旋转上去的，越近山峰，旋转的距离越小了，老队长煞住脚步，发出议论：

“要是这种地形，任凭鬼子的千军万马，我们少数人也可把他消灭得干干净净！”

“所以这是我们的战区的最坚固的堡垒！”我鼓励他们。

但我旋了几个弯的石路，回头一瞧，不但没有老队长，连队伍也不见了，跟在我后面的，只有几个传令兵和号兵。我怕他们走错了路，一面命令号兵等他们前进，一面找块石头坐下来，歇歇我酸痛得很厉害的双脚，我不是神仙，能腾云，也一样地得用两脚在石路上踯躅着，只是因为了我发表了太行山老人的主义——而且又是一个指挥者，自然得与士兵同甘苦，所以只好忍痛地走，似乎谁也赶不上我的勇敢耐劳，但我的一直牵在身旁的那匹白马，也走出遍身淋漓的汗水了。

到达山顶，已是午后两时了，距离梨川，据老百姓说还有四十里。在我们瞭望中的宿营地，还遮在太阳和白雪的淡紫色里。

方之中（1907—1987），湖南省华容县人，1925 年入黄埔军校四期学习，1926 年参加北伐，1927 年加入中国共产党。1930 年加入上海“左联”。抗战期间，他在国民革命军第一战区政治部任编委，在国民革命军第五军教导大队任军事总教官，为宣传国共合作、共同抗日做了大量工作。建国后参加过朝鲜战争。少将军衔。著有《方之中文集》。

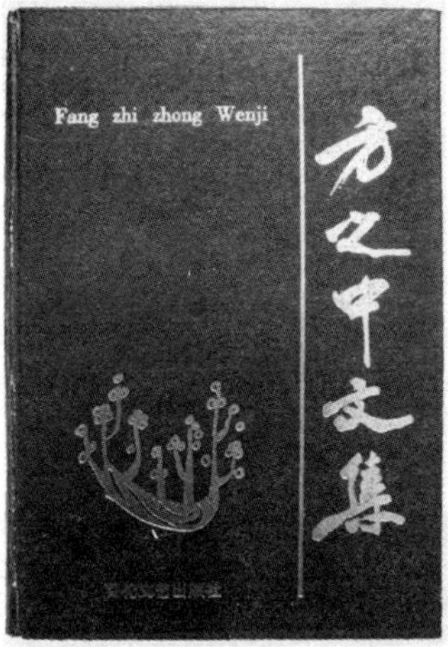

1999 年 5 月由天津百花文艺出版社出版的《方之中文集》

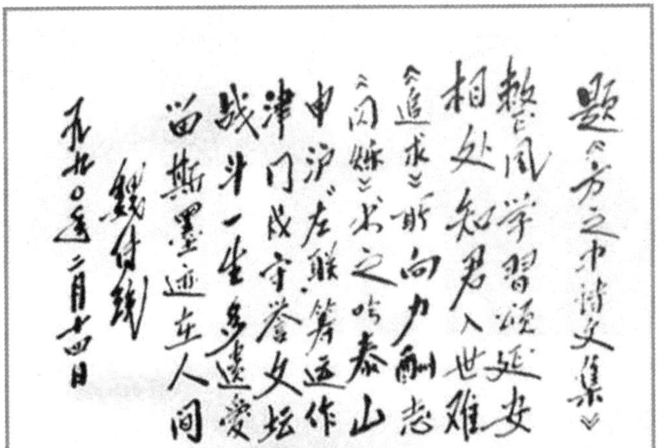

1990 年 2 月军旅作家魏传统为《方之中诗文集》题诗

可能由于方之中在军队中的地位太高，反而掩盖了他的文学成就，2001 年 8 月，门岿在《湘潭大学社会科学学报》上发表论文《一位不该被遗忘的作家——方之中》。

严惩汉奸

——罗林:《晋东南敌特务机关破获经过》

1940 年 1 月 10 日

在抗战中，日本侵略军在华人数上只是极少数，他们之所以能维持在占领区的统治，并且进一步扩大侵略，一个惯用的伎俩，就是“以华制华”：不仅扶植伪满和伪南京汉奸政权，豢养伪军、皇协军，而且利于一切机会，收买各地的大小汉奸，为他们卖命，成为他们在华统治的基础。

1946 年 6 月，汉奸梁鸿志被判处死刑，图为梁鸿志被押赴刑场，其女在后面大哭

堡垒是最容易从内部攻破的，汉奸们甘当傀儡，为虎作伥，卖国求荣，屠杀同胞，犯下了不可饶恕的罪行。人民对汉奸极其鄙视，切齿痛恨，到处都有“锄奸队”，对他们进行严厉惩处。

1938 年国民政府订有《惩治汉奸条例》，抗战胜利后，1945 年 11 月 23 日颁布了《处理汉奸案件条例》，1946 年 3 月 13 日，又正式颁布了《惩治汉奸条例》。中共领导的各抗日根据地，也都参照国民政府的条例，颁布了惩处汉奸的法规。据统计，战后全国共有 14932 名汉奸被判刑，其中死刑 369 人，无期徒刑 979 人。

一大批汉奸卖国贼得到了应有的下场。

抗战胜利后惩处汉奸场面

1940 年 1 月 10 日《阵中日报·军人魂》发表了罗林的《晋东南敌特机关破获经过》，该文讲述了 1938 年 10 月，晋东南壶关城常平村的大仙庙的一伙颇具名望的人，被日本特务机关收买，利用迷信、假托看病和帮会势力，蛊惑、拉拢、威胁群众，发展汉奸组织，一年之间便扩展到数县。到 1939 年 11 月该特务机关被破获时，他们已经形成了一个相当规模的汉奸集团，主犯从犯不下百余人。

令人深思的是，这些汉奸，“都是一些相当有社会声望和社会地位受到了国家优异待遇的人物”。至于他们为什么要当汉奸，“大抵不外昏庸腐败，认不清形势，同时妄想保全一己的生命财产，乃不惜去勾结敌人进而破坏抗战。”

作者在文章结尾大声疾呼：“这正是中国社会还存在的一些落伍黑暗、迷信腐败分子的缩影。而这些落后的现象，也必定要在抗战烘炉中消融！”

据研究，抗日战争时期，汉奸数量达到中国历史上之最（见李秀清点校、王宠惠属稿《中华民国刑法》）。中国的长期不统一，政治腐败造成的社会矛盾，文化教育的缺失，是产生汉奸的社会土壤。

这一切，同样是值得今天的人们深思和警惕的。

作者罗林，生平不详

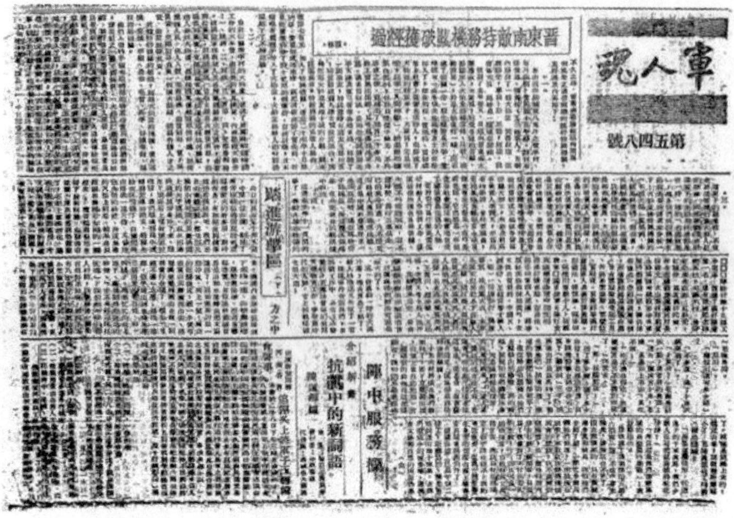
軍人魂
第五四八號
晉東南敵特務機關破獲經過
陣中服務欄
抗戰中的新詞語

1940年1月10日《阵中日报·军人魂》发表罗林《晋东南敌特务机关破获经过》

晋东南敌特务机关破获经过

罗林

1940年1月10日《阵中日报·军人魂》

不久之前，晋东南破获敌寇利用无知民众之迷信组织的汉奸特务机关，其经过及内幕如下：

一

在山西壶关城东八里许之常平村，有吕仙庙。当民国十五年时，该村有张怀德、张海松、王三龙等人，在庙内并设了一个大仙堂，焚香设坛，诵经静坐，专以卜卦、巫医、修道、救世为宗旨，纯粹是一种迷信组织。

但到了去年春天，日寇向晋东南大举进攻，大家为了怕受到日寇的灾难，都愿加入大仙堂诵经念佛，以祈“接福消灾”，于是大仙风行一时，简直成了壶关一带一般生灵的真主宰。常时就有一些冬烘先生和地方绅士也都加入了，如袁和松、贾荣科、贾初成等在社会上素著名望的人，也都成了大仙爷的得意弟子。大家为了堂皇庙宇，以求“人乐神欢”，于是发起修筑白云洞，估计只需价千余元，不料落成之后，竟超出了预算二千多元，致工资无法开销，只有到处设法求布施。

过去贾初成、袁和松等就常到北平、天津及东三省等各地去过，结识了一班朋友，加以当时有道友王丽川者，叫贾初成到天津去卖蛋黄蛋白，因得邯郸大仙道友陆十诚的介绍，就在邯郸与日本特务机关的负责人接洽，领洋七百元，加入了特务机关。这是二十七年（1938）十月间的事。

当贾初成回来时，就把这事告诉了贾荣科，并且给贾荣科带了封土肥原的亲笔信。自此以后，日本侵略者的魔手伸入了大仙堂，大仙堂与敌人的特务组织结下了不解之缘。

二

自此壶关常平村的大仙堂，便成了晋东南敌寇特务工作的大本营。由贾荣科负其总责，内部组织大致分：一、总务；二、财政；三、宣传；四、交际等四股。总务股掌理与敌人及各附属机关来往之信件，由袁和松负责；财务股掌理一切收支账目及经费来源，由韩书则负责；宣传股为宣传大仙道之如何如何灵验，诱人参加大仙道，然后相机宣传敌寇如何好处，如何爱护人民，使人入彀，逐渐蛊惑，由贾初和、贾子佩负责；交际股专员负责如何扩大组织，网罗各种人才之责，由雷振声负责。

此种特务机关的组织，利用大仙堂的掩护，便在潞城、黎城、平顺、长治、屯留、高平、晋城等县，遍设附属机关。

他们入道的手续和组织间的联系相当荒谬而严密的，据主犯之一的王某口供：“大仙以仁义道德为口头禅，谈行善去恶等语，倘不能引人深信，最重要者是以看病拿妖，能引人信仰。方入道后，传给规矩礼节，坐功法，抱丹田，切子午，盘膝而坐，并跪在堂前诚心接受真言，传毕后当堂发誓‘上不信父母，下不传妻子，如有泄露此事，五雷轰身！’到了这地步便算入了彀，以后一切行动，都要听从师兄的话，所谓‘净遵师兄的话，等我大和，无论何人不敢不信’。”师兄权威高于一切，因此师兄的吩咐，替日本人做事，就不敢不做了。他们彼此之间也没有横的联系，只有纵的关系。

三

这案子的严重性，不仅在于这案情的重大和人犯的众多，而主要地还在于这案子的主犯和株连，都是一时一地的“名流宿耆”。现在我们依据几个主犯和主要株连者来分析一下：大仙堂总特务机关的“主理大臣”贾荣科，本人就是前清的一个拔贡，民国初年当过两任省议员，以后历任壶关的财政局长和商务会长；大仙堂交际股长和事实上训练汉奸的主要负责人雷振声，本来是山西省政府的视察员，长治负责人王丽川是长治县银号的经理；赵连璧是五区专署抗日消费合作社的总经理，并历任长治商会会长多年；王廷甫曾任长治职业学校的校长，其他如贾初成、王锡侯等皆为壶关大绅士，所牵及的高平负责人李闻天，亦为高平的巨绅，曾任京议员，至于其他各县如贾永禄、贾修文等，也大都是一些村长和老财，他们都是一些相当有社会声望和社会地位受到了国家优异待遇的人物。

至于他们为什么要当汉奸，替敌人做特务工作，据案破获所获各首要供认，大抵不外昏庸腐败，认不清时势，同时妄想保全一己的生命财产，乃不惜去勾结敌人进而破坏抗战，这正是中国社会还存在的一些落伍黑暗、迷信腐败分子的缩影。而这种落后的现象，也必定要在抗战烘炉中消融！

四

这是去年十一月间的事了，我驻在豫北洛阳的某某县锄奸队十九个工作同志，抓获了汉奸陈诸云一名，持有开国纪念铜币五枚、毛笔六支，身穿红色卫生衣衫、红兜肚、红裤带，为其汉奸记号，并有壶关县清流镇村村长杨修文，大山南村村副贾永禄为陈所开设考中央军校的假护照一纸，据供系住豫北一带，刺探我军军情，所携护照纯为掩护作用，曾在雷振声处受训二月，并供出雷振声、雷声旺、贾殿宝、贾殿祥等汉奸首领多人，及汉奸张希顺、彭通法、张怀德、韩书则、杨建川等数十人，旋经我军某独立游击支队行文五区专署公署会同兜捕，将汉奸张希顺、彭通法、韩书则等四人捉获，经审讯除所供与陈相同外，并又供出贾荣科、李晓天、赵连壁、王廷甫等十余人，经一一捕获扣押，几度审讯，始全案大白。

本来全案主犯从犯不下百余人，不难一网打尽，但因我当局念其多为愚民，受奸人蛊惑而入歧途，故除雷振声一名在逃，并将贾荣科、王丽川、赵连壁、王廷甫、李晓天等十余人拘押外，其余概未追究，使由壶关县政府出示号召自首，这案处理的办法可说是宽大的了。

这一件轰动一时的大汉奸案，现在算是了结了，敌人的阴谋又失败了一着。但这件事告诉我们，在抗战工作中，必须提高警觉性，更应该普遍的展开宣传教育工作，争取旧时代的人物，走上抗战建国光荣大道！

内蒙古抗战

——高天:《鄂尔多斯草原上》(诗)

1940年1月27日

内蒙古在抗战时期并非统一的自治区，而是分属于绥远、察哈尔、热河等省。内蒙古自治政府成立于1947年5月1日。

驰骋在草原的抗日骑兵师

内蒙古人民的抗日斗争，不是8年，而是14年。

1931年“九一八”事变后，日军不仅占领了东北，而且侵占了内蒙古的东部和西北的部分地区，胁迫各盟、各旗的上层人士接受日伪统治，扶植傀儡政权，但除了德王、王守信等少数贵族被收买外，不少盟旗的贵族也投入了抗日斗争。抗战14年，由于汉蒙一致、国共合作及与内蒙古上层人士形成了抗日统一战线，内蒙的抗日救亡斗争取得了重大成果。

1933年5月，爱国将领冯玉祥在中国共产党协助下，组建了察哈尔抗日同盟军，在方振武、吉鸿昌率领下，收复了察哈尔北部重镇多伦；

1936年8月，日军进攻绥远，11月，傅作义将军率领绥远驻军对其迎头痛击，收复了百灵庙据点，取得绥远抗战的胜利，被称为“全国抗战之先声”；

1938年2月，乌拉特中旗女王爷奇俊峰率领王府的卫队摆脱日伪的控制，投奔抗日将领傅作义，在内蒙古西部坚持抗战，被国民政府授予中将军衔和“抗日女英雄”称号；

从1938年起，中国共产党指示八路军120师贺龙、关向应等，在内蒙古北部组织了大青山游击根据地，坚持了艰苦卓绝的抗战，一直到胜利。

…………

内蒙古从东部的呼伦贝尔到西部的鄂尔多斯，到处燃烧着蒙汉各民族抗日的火焰。

内蒙古前后14年抗战斗争的历史，给后人留下了宝贵的精神财富，蒙汉各族坚持统一抗战，是内蒙古抗日斗争的宝贵经验。

收复百灵庙的抗日名将
傅作义（1895—1974）

抗日女王爷奇俊峰

大青山革命根据地遗址

1940年1月27日《阵中日报·军人魂》发表高天的长诗《鄂尔多斯草原上》，诗中热情歌颂了鄂尔多斯人民的抗日斗争，从中读者也可以看到日军侵入内蒙给人民带来的苦难，内蒙的民风民俗，以及蒙汉人民联合抗敌的情景。

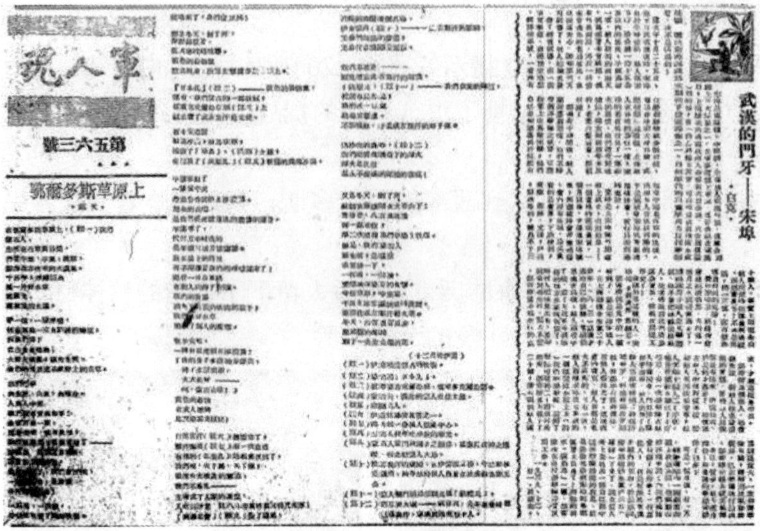
軍人魂
第五六三號
鄂爾多斯草原上
武漢的門牙——宋埠

1940 年 1 月 27 日《阵中日报·军人魂》发表高天的《鄂尔多斯草原上》

鄂尔多斯草原上

高天

1940 年 1 月 27 日《阵中日报·军人魂》

在鄂尔多斯草原上（1），
我们蒙古人，
生活在白草黄沙间，
伴着牛群，羊群，马群，
和西北方吹来的大漠风。
千百年来，没离开过，
这一片好水草，
这阳光，
这无边的土壤。

手一扬，一声呼啸，
牲畜群像一支有训练的队伍，
向我们脚下，
自由自在地跑；
大野在唱歌，阳光在笑，
金色的光波流洒原野上的荒草。

我们斗争，
向生活，向风，向寒冷，
人与人中间，
我们只有爱与和平。
全世界像一家，
没有侵略，没有仇恨，
…………
一匹马，一支枪，
守住毡房下的牧群。
侵略来了，我们会反抗！

那是冬天，封了河，
原野动荡着，
黄河冰喳喳地响。
黄色的动物群，
窜过河来，散开在鄂尔多斯的草原上。

“日本孔”（2）——黄色的动物群，
还有，我们蒙古的一群败类，
从东北克尔沁草原（3）上，
就出卖了成吉思汗的光荣。

百十支毒箭，
射进沙漠，射进草原，
摧毁了“格尔”（4）土屋，
也摧毁了“叶莱孔”（5）新种的几块沙田。

牛被宰割了，
一张张牛皮
带血带骨头扔在沙漠里。
绝命的哀鸣，
是我们从没听到过的悲惨的声音。
羊圈空了，
代替羔羊叫唤的，
是羊圈外屠刀霍霍声。
放在场上的马儿，
再不能应着我们的呼啸归来了，
眼看一日百里路，
在别人的胯下奔驰，
我们的牧场，
消失了牲畜的依依的影子，
我们的好水草，
喂肥了别人的马群。

牧羊女呢，
一阵狂风卷倒在沙漠里，
“你的身子多么美多么壮，
眸子多么明朗，
大大的好——
呵，蒙古姑娘！”

黄色的动物，
在女人面前，
比野兽还要疯狂！

什尼吉汗（6）被搬空了，
察汗陶洛（7）来一次血浴，
有枪的“叶莱孔”站起来反抗了，
我们呢，失了马，失了枪，
但没有失去钢铁的意志。

我们不忍见——
王府成了人家的寮窟
人吃的炒米（8），在马槽里有几尺来厚；
“门前剑杆”（9）拴了驿马。
召庙的围墙东倒西塌，
伊金霍洛（10）——成吉思汗的陵寝，
王公们傀儡的会盟，
王公背后蹲踞着魔影。

我们不忍见——
魔鬼搅乱成吉思汗的幽灵，
“铁帽兵”（11）——我们自家的队伍，
把魔鬼赶出境。
我们吐一口气，站起来誓盟，
不怕强敌，才是成吉思汗的好子孙。

桃林庙的轰炸（12），
我们记清飞机泻下的弹火，
弹火是仇恨，

是永不磨灭的记忆的血痕！

又是冬天，封了河，
敌骑依旧践踏在大青山下；
等待着，八百里冰桥
那一点空隙，
第二次溜到我们草场上牧马。
但是，我们蒙古人
要生活，是猛兽
也要拼一下。
一匹马，一枝枪，
爱听枪弹拨着朔风响，
守住草原，守住家，
千万支冰雪里练成的铁臂，
要撑住成吉思汗的光荣。
冬天，白雪盖着黄沙，
用武装的马蹄，
刻下一朵朵自卫的花。

（十二月于伊盟）

注释

（1）鄂尔多斯草原：伊克昭盟，蒙古的牧场。
（2）日本孔：蒙古语“日本人”。
（3）克尔沁草原：辽宁蒙古克尔沁部，伪军多克尔沁族。
（4）格尔：蒙古包，汉化的蒙人也住土屋。
（5）叶莱孔：蒙语，汉人。
（6）什尼吉汗：伊盟旗兵营之一。
（7）察汗陶洛：桃力民一带汉人垦区中心。
（8）人吃的炒米：蒙古人终年吃烧热的糜米。

（9）蒙古人家门前的树立之剑杆，为崇拜武神之标记，侮之犯蒙人大忌。

（10）伊金霍洛：成吉思汗的陵寝，在伊盟郡五旗，今已奉移至兰州。前年敌特的人员曾在此活动各旗王公。

（11）铁帽兵：蒙人叫门炳岳部骑兵为"铁帽兵"。

（12）桃林庙：郡五旗大庙。去冬集会时被敌机大轰炸，蒙汉同胞死数十人。

百灵庙抗日武装暴动纪念碑

巡回战区、慰问伤员

——谢冰莹:《游卧龙冈》

1940年2月14日

中国第一女兵谢冰莹(1906—2000)

在中国现代史上，谢冰莹是一位颇具传奇色彩的女子。她是受“五四”运动影响最早奋起争取独立解放的新女性之一，她不仅外出求学，而且从20岁起，就开始了从军生涯，写下了许多战地文学作品，被称为“中国第一女兵”；她一生的婚姻家庭、生活道路，经历了无数的艰难坎坷，却活了93岁，留下了80多部、2000多万字的著作,为中国的革命战争史留下了珍贵的资料。

谢冰莹（1906—2000)，原名谢鸣岗，字凤宝，出身于湖南新化大同镇谢铎山（今属冷水江市）一个书香门第。从小随父读四书五经，1922年秋考入湖南省立第一女校（又名湖南第一女子师范)，1926年冬考入中央军校第六期女生大队，次年开赴北伐前线，在汀泗桥服役参战。此期谢冰莹写了《从军日记》，由林语堂译为文语，在孙伏园主编的《中央日报》副刊上发表，得到法国大文豪罗曼·罗兰的称赞。

1927年谢冰莹出版《从军日记》

1927年国共合作破裂，军政学校女生队解散。她先后入上海艺大、北平女师大学习，她记叙参加北伐战争的《从军日记》，由春潮书店出版。

1930年9月18日，北方左联成立，谢冰莹作为发起人之一，与段雪笙、潘训、台静农、刘尊祺、杨刚、孙席珍等九人被选为执委；

1931 年谢冰莹回上海，她以稿酬作学资，赴日留学，与胡风、任钧、以群等 4 人参加中国左联东京支盟。因参加追悼东北死难同胞大会，被日方限令回国；

1931 年上海“一·二八”事变，她和鲁迅、茅盾等左翼作家发表《上海文化界告世界书》，反对日军侵华，并动员妇女参加抗日救亡运动。她回到湖南后，写下长篇《一个女兵的自传》，回顾了在黄埔军校武汉分校的生活。

1935 年 5 月，她改名谢彬，到日本早稻田大学文学院学习，1936 年 4 月，因坚拒出迎满洲国皇帝溥仪访日，而被日本特务逮捕，在狱中受到酷刑，后在日本友人的帮助下，才逃回祖国。

1937 年“七七事变”后，她从家乡独赴长沙，组织“湖南战地妇女服务团”，自任团长，随吴奇伟的第 4 军奔赴淞沪前线，在火线上救助伤员，做宣传鼓动工作，并写了大量战地通讯。上海沦陷后，她的足迹遍布运河、苏皖一带。写下 100 多篇战地通讯，

1938 年 3 月，徐州会战打响，她又直奔徐州，以战地记者身份采访了李宗仁、白崇禧等，写下了许多报告文学和战地通讯。仅仅在 1938 年，她就出版了《在火线上》（生活书店）、《第五战区巡礼》（广西日报社）、《新从军日记》（天马书店）等三个反映抗战的通讯散文集，得到广大读者的赞誉。

1938 年谢冰莹的《新从军日记》由天马书店出版

1938 年 6 月，谢冰莹第三次奔赴前线，率领湘雅医学院的 12 名女生，到第五战区和第一战区慰问伤员。她在《抗战日记·新序》中回忆这段经历时说：“……那是后方勤务部、和基督教负伤将士服务协会合办的‘伤兵招待所’（1）。负总责的是范定九（2）先生，总会办事处设在重庆。首先登报，招考有志赴前方，为负

伤将士服务的大专或高中男女学生若干名，录取后，集中宜昌训练一个月，即分发至沿公路设立的伤兵招待所服务。主要工作，是为伤兵换药，招待饮食茶水，安排担架，慰问……”谢冰莹得知这个消息后，“自动找到范定九先生，他那时正愁考取的女生，没有人率领指挥，于是就很高兴地将十二名女生，由我带到宜昌参加受训。”

1938 年 6 月，谢冰莹在当阳长坂坡前

1938 年 5 月 15 日，谢冰莹带着一群由湘雅医学院女生组成的战地服务团，从宜昌出发，到当阳，拾回桥，老河口，邓县，南阳，所到之处，都设有伤兵招待所，她们查看那里的情况，为伤兵提供医疗服务。

1940 年 2 月 14 日，《阵中日报 · 军人魂》发表了谢冰莹的《游卧龙冈》，这是一篇写于 1938 年 6 月的旧文。在此文中，作者说自己从老河口一直走到南阳卧龙冈，却没有心情游名胜，她重点描写了当地青年会军人服务部和伤兵招待所的情况。她认为，南阳的伤兵招待所办得很好，不但环境整洁，有阅览室，而且有老百姓常来常往，十分热闹，是“最使我满意的一个”。

軍人魂

第五七三號

遊卧龍岡

謝冰瑩

陣中服務欄

1940 年 2 月 14 日《阵中日报 · 军人魂》发表谢冰莹《游卧龙冈》

游卧龙冈

谢冰莹

1940年2月14日《阵中日报·军人魂》

提起南阳，就马上想到孔明隐居耕种，刘备三顾茅庐的史实来。三次经过襄樊，却没有机会一游隆中，常引为憾事，这回来南阳，为着候车住了十一天，也曾三顾茅庐，每次都恋恋不忍离去。如果不是抗战时期，真想也在这里隐居一下。

这是很奇怪的。抗战以后，对于风景，我总没有心情欣赏，要在平时也许我能写出一篇卧龙冈游记，或者写几句打油诗，然而此刻，我只感觉这只是一个历史的古迹，没有什么值得特别描述的，倒是那些字画吸引我爱好。诸葛亮的《出师表》是非买几份不可的。“吃亏是福”、“难得糊涂”，含义太深了，我也各买了一张。在人间我，已经吃了许多亏，只因为不糊涂的缘故，所以常常感到痛苦，此后如果凡事看糊涂一点，那么就可以高枕无忧了。

究竟是抗战时期，风景区都被武装同志驻扎了，青年会军人服务部设了一个军民俱乐部在这里，每天有不少的士兵和民众在这里阅读书报、下棋、打乒乓。墙壁上，画满了暴露敌人残暴、宣传抗战的漫画和标语。在小虹桥拍了几张照片纪念茅庐，可惜因为光线不好，都没有洗出来。

游罢卧龙冈，就去参观伤兵招待所，这是一所新盖不久的茅屋，伤兵的寝室里，陈列着十二床整齐洁白的被窝，阅报室里摆满了杂志和小册子，人老是那么挤得满满的。在我看过的招待所当中，这是最使我们满意的一个。洋车夫常常跑来看壁报，儿童歌咏队的歌声，吸引着行人倾听。在南阳的一角，这的确是个很热闹的地方。

（完）

抗战后期谢冰莹在西安创办《黄河》月刊，曾任北平女师大、华北文学院教授。

1948 年 10 月，她受台湾师范学院之邀，到该院教授国文。她本打算“到台湾看看”，没想到此后国内政局急剧变化，她再也没能回到大陆。

1966 年“文革”中，她与前夫符号所生、时在中央戏剧学院任图书管理员的女儿符冰，因生母在台湾而遭到迫害，后自经而死（3）。

1972 年，谢冰莹因右腿跌断，1974 年从台湾师范学院退休，移居美国旧金山。

1981 年，台北东大图书有限公司为她出版了《抗战日记》，收集了《新从军日记》、《第五战区巡礼》和第三次上前线的日记等等，基本包括了作者抗战前期的作品，同时也收入了《游卧龙冈》。

1981 年 6 月，谢冰莹的《抗战日记》由台北东大图书有限公司出版

2011 年 1 月，谢冰莹的故乡冷水江市已被列入“省级文物保护单位”，目前正申报“国家重点文物保护单位”。冷水江市还成立了谢冰莹研究所。

注释

（1）伤兵招待所：是抗战时期由军人主持的新村建设实验区。创建人为国民政府后方勤务部主任段绳武。“伤兵招待所”设立在备战区，从作战前线每15里设一个，向后一直延伸到后方医院；同时成立政治大队，派人到各“伤兵招待所”慰问演出、代写书信；并建立“荣誉军人职业协导会”与“伤兵之友”，解决伤兵退伍的生存问题，并设立监理员室，防止后方医院、残废教养院的贪污、剥削、医疗事故等。故此，段绳武被誉为“荣誉之父”。

（2）范定九：社会学家，湖南湘阴人。1924年毕业于南京金陵大学文学院，随即赴美留学，入美国耶鲁大学，后转入美国芝加哥大学文学院，获硕士、博士学位。1929年出任中国基督教会全国总会执行干事，抗战时期在重庆任基督教负伤将士服务协会总负责人。

（3）关于符冰自杀一事，中央戏剧学院教授孙家铨写有《忆符冰》一文，叙述甚详。

给日本战俘以人道主义待遇

——济济:《审讯俘虏旁观记》

1940 年 3 月 10 日

1939 年八路军 359 旅在五台山俘虏 10 余名日军，旅长王震正与日俘交谈

给战俘以人道主义待遇，在 1927 年 7 月 27 日的《日内瓦公约》中早已提出，它标志着国际人道法的普及。抗战时期，中国政府虽尚未参加日内瓦公约，但对日本战俘的态度，完全符合国际公约精神的。国共两党对于日本战俘，都采取了宽容的人道主义政策。

1937 年 10 月 25 日，八路军总部发出《对日军俘虏政策问题》的命令，内容为：1. 对于被我俘虏之日军，不许杀掉并须优待之；2. 自动过来者，务必确保其生命安全；3. 在火线上负伤的，依阶级友爱医治之；4. 愿归故乡者，应给路费。据统计，八年抗战中，八路军新四军共俘虏日本官兵 6213 名（见《中国人民解放军全史》，军事科学出版社 2000 年版，第 8 卷，第 865 页）。1941 年 5 月，延安成立了以教育日俘为目的的“日本工农学校”，由日本共产党领导人野坂参三担任校长。

国民政府没有公布抗战期间俘虏日军的具体数字，但当时建立了两个俘虏收容所：第一收容所始建于陕西西安，后迁往宝鸡，先后收容俘虏 500 余人；第二收容所初建于湖南常德，后迁往贵州镇远、重庆巴县，收容俘虏 603 人。两个收容所总计收容日军俘虏约 1100 多人。1941 年，日本反战作家鹿地亘、池田幸子夫妇曾组织收容所中觉悟的日军战俘成立了“在华日本人反战革命同盟会”，到前线开展反战宣传，起到瓦解日军士气的积极作用。

1940 年 12 月第三次长沙会战中被俘的日本士兵

1945 年 8 月日本投降后，国民政府曾将数百万日本战俘、日侨遣送回国。

中国陆军总司令何应钦在《日军侵华八年抗战史》中说，“抗战胜利伊始，举国满目疮痍，百废待举，对于遣返数百万日俘、日侨，无论陆运、水运、空运，以及其他补给行政支援等，都是极大的负担，可是我们仍然排除万难，迅速安全地把他们遣送回国。”

连“中国战区日本官兵善后联络总部”部长、著名战犯冈村宁次也承认，中国人是友好的，没有采取歧视与报复。

经国务院批准，2007 年贵州人民政府将贵州镇远县“和平村”旧址作为全国重点文物保护单位

然而，与之相反，日军公然违反日内瓦公约，对中国战俘进行了肆意杀戮、

奴役和虐待。抗战时期，日军将数十万华北作战的中国战俘送往伪满洲国当劳工；战后被掠到强掠到日本的中国战俘劳工约 4 万人；他们还在中国设置“战俘劳工集中营”十多个；在各地制造上百个“万人坑”，除了掩埋残酷屠杀的平民外，相当数量是掩埋被日军直接屠杀的战俘，或惨死在集中营中的战俘，以及被奴役而死的战俘劳工（参见洛河《日本侵华战争与战俘问题》，《抗日战争研究》1997 年第 4 期）。

中日双方对待战俘态度的强烈反差，是抗日战争中一个值得关注的热点，也是清算日军侵华罪行的一个重要方面。

在中国抗战文学中，以日军战俘为主要描写对象的作品很多，如张天虚的报告文学《两个俘虏》，沈起予的报告文学《人性的恢复》，都是写日本士兵在中国工作人员感召教育下，逐渐转变立场。1944 年林语堂发表《日本俘虏访问记》，真实地展示了日本俘虏在战犯营中仍然坚持“武士道”精神、冥顽不化的情景。1939 年冯雪峰评论日本作家石川达三的《活着的士兵》中，指出：“日本法西斯军阀在毁灭生命、文化之余，又怎样在摧毁它自己国民的人性，这小说就又是一个小小的真实的例证。”（参见王向远《“笔部队”和侵华战争》，北京师范大学出版社，1999 年版）

軍人魂
第五九四號
審訊俘虜旁觀記
運糧河
陣中服務欄

1940 年 3 月 10 日《阵中日报 · 军人魂》发表济济的《审讯俘虏记》

1940 年 3 月 10 日，《阵中日报 · 军人魂》发表了济济的《审讯俘虏旁观记》，这篇纪实文学，写了日军中的一个工程技术人员北三郎，在豫北率领工人修筑新

（乡）开（封）公路时遭到游击队袭击而被俘，他刚到中国军队政治部被审讯时，情绪十分紧张恐惧，但在工作人员的宽待和启发下，他逐渐思想放松，变得健谈起来，不仅道出了日军一些真实情况，而且表示反对战争，希望能以所学专长为中国建设而出力。通过这个日军俘虏的谈话，可以了解到日军当时兵源的匮乏，物资的短缺，以及中国游击队在沦陷区活跃的情况。

审讯俘虏旁观记

济济

1940 年 3 月 10 日《阵中日报·军人魂》

是在晋城的一个上午，雪下得很大，整个大地，又装点得全是白银似的。

军部的传令兵来告诉我们，“今天第某游击支队送来一个俘虏，请毛秘书——日文秘书——去帮助审讯”。大家高兴极了，马上冒着雪片匆匆的向军部去。

走了五六里的长路，雪花落在帽子上、衣服上，堆积起来了，恐怕因为太高兴吧，到了军部时，才发觉自己变成了雪人，大家相视而笑。

坐在军政治部的会客厅里，休憩了一会儿。

“报告，俘虏带来了。”跟着，两个士兵押着一个异国人进来。

他——日本人——首先向壁头上的总理遗像很庄重的行了一个礼，然后向我们打招呼。由毛秘书一一介绍了，让他坐在椅子上，倒茶给他喝，拿烟给他抽，并且把他认为最不便利和羞怯的拴他的绳子解掉了。他频频地客气，但又像在怀疑，大概现实告诉他：中国人决不像日本军阀欺骗他说的中国人那样残忍，那样可怕。

他也似乎认清了环境，说话松弛了起来，他对毛秘书说他还没有吃饭。

…………

日本人的身体，上身长，下身短，满脸胡须，眼睛和鼻子有点像西洋人。最奇怪的是他穿上了中国士兵的棉军服，又拿了一顶“皇军”式的呢帽，好奇的同胞们问他，他说自己愿意做一个中国士兵，把日本军阀给他的黄呢褂子早脱掉了，他要我们也给他这么一个军帽——他用手指着我们帽子上的党徽，两个眼睛放出希望的光芒。

“你叫什么名字？”毛秘书问他。

“北三郎。”他一边答道，一边用笔写在纸上。

“你有多少岁数？什么地方人？”

“四十一岁，四十一岁，日本石川县人。”

“石川县金泽市小学校六年级毕业，又自修三年。”

“你的家庭情况如何？”

“父亲太政郎于我十九岁时亡故，母亲去年才死掉，兄早亡，只有一个已经出嫁的妹子，妻子和儿子在八年前给烧死了。”

“你干的什么事？何时入伍的？”

“自从离开学业之后，曾在辎重兵营当过特务兵员，后来研究土木工程，能造房屋和筑路……事变前山西同蒲北的四户口、朔县、宁武之间的几条路就是我们修的。那时还是华北某某株式会社帮助我很多钱来的，随后又在南满州株式会社哈尔滨修过桥，现在任‘新开路’（即敌人新修的从新乡到开封的公路）组主任，月薪二百二十元。这是自由职业，没有入伍。”

“那么你是怎样被俘的呢？”

“一天我同几个同事率领中国工人二百八十余名，在修新乡开封路，遇见了中国游击队，当时我们以为是某将军煽惑工人暴动，并不在意，及到被俘后才知道，遇到了‘敌人’，可是这时，几个同事已经打死了，我亦无法逃脱。”他边说边写，还带着羞愧的样子。

“你对这次中日战争的感想怎样？”

“我是劳工，我很同情中国的抗战，我希望中日间立刻停止战争，恢复真正的和平。”

“你对战争的看法怎样？”

“中国是伟大的，不可征服的，不过现在日本国内一般人民还不能深切了解中国的伟大。”

“你们国内情况如何？”

“作战两年多，我们士兵的饷已由十八元减低到九元多了，厚生省对于物资实施总动员，尽量向国内宣传，可是人民实在难以负担，故亦不大努力，而且对军部普遍的不满意，他们也无法反对。就像兵役吧，现在征集来的兵多半是幼小和老弱的，现在军事配备上，大半第一线壮年的多，第二线和后方，往往用这些幼小和老弱的。”

“你们军部还有别的企图吗？”

“不死心的军阀，还准备在今年五六月把晋南、豫北的中国军队压迫到黄河以南，然后渡河，会合信阳、郑州各路攻占洛阳，进取西安。”

“华北的指挥官是谁？新乡驻的什么部队？”

“多田骏中将（1），新乡驻的是前田治师团（2）。”

…………

停了好久，他在纸上写着：“人间到处有青山，生死与我不关心，心境常如镜……”讲给我们听，说他对生死已经不在意了。我们安慰他，让他安心，决不会被杀害的。后来他又点头说：“来到中国生活与在石川县也是一样。”

我们拿了许多宣传品给他看，抗战二年插画里，有许多俘虏生活写真，他指着问：“这些都在什么地方？”

“四川重庆和平村（3），专为日本人设的。”毛秘书告诉他。

“今后怎样处置我呢？”他很怀疑和希望地望着我们。

“送你到洛阳去。”

“洛阳危险啊！日本兵来了，我是不会活的！”

“那么到四川去呢？”

“四川日本兵不会去的，我也想去溜达溜达。”上句写在纸上，下句他学着半生不熟的北平话说给我们。

大家哄笑了，拍拍他的肩膀，他也眯眯的笑。

给他洗过了脸，晚饭恰好摆上来。

刹那间，光洁的灯光下，不同国家的两种人，坐在一起吃饭，欢洽的谈话，充溢着真正的中日和平。

饭后，他又写了“死有重于泰山，轻于鸿毛，现在呢？我以为必死而不死，只好置之一笑，但我将以不死的心愿，望东亚获得真正的永远的和平，来答谢贵国将官对我亲切的待遇，我是学土木工程的，虽然没有特别的技术，今后我很想为中国工作，把这关系治安、教育及一切的土木工程事业，在广大的中国原野上，用丰富的资源和人力，修建十万其罗米突（4）的铁路，五百万其罗米突的道路，三万其罗米突的水路，和其他河川的发电设备，或者有人会笑话我吧！但是只要专心一意，无事不成。如果把两年来战争环境下消耗的人力物力财力都用在这些建设上，我想没有不会成功的。所以今天我依旧希望中日双方的政治家明了这点，早些把这场战争停止下来，在平等的立场上，建立起真正的东亚和平。”

注释

（1）多田骏（1882—1948），1936 年任陆军少将、日本陆军参谋本部次长，中日战争爆发后任华北方面军司令。

（2）前田治，中日战争爆发前来华，1937 年 10 月参与山西忻口作战，后又配合步兵攻占太原。1939 年晋升为陆军少将，任第 35 师师团长。1939 年 5 月赴山西晋城战场途中，遭卫立煌部截击，当即被歼一部，激战中，前田治负重伤，战后送往北平日军医院医治。1940 年 5 月死于医院。

（3）四川重庆和平村：抗战时期国民政府建立了两个日本俘虏收容所，一个在西安（距离文中所说的洛阳不远），另一个本部在贵州镇远，在重庆巴县设有分所。日本反战作家鹿地亘写过《和平村——俘虏收容所访问记》。

（4）其罗米突：英文（kilometre）的音译，即公里。又译作基罗米突。

新唐御敌纪实

——臧克家:《活跃的唐河》

1940 年 5 月 12 日

1939 年 5 月和 1940 年 5 月，南阳战场上出现了两次“新唐御敌”，它们分别为“随枣会战”和“枣宜会战”的组成部分，因为河南的唐河、新野是主战场，故称。它们是抗战进入相持阶段初期的两次重要会战。

在 1940 年 5 月“新唐御敌”中为国捐躯的钟毅将军

第一次“新唐御敌”，是在 1939 年 5 月，日寇调集 10 万兵力从湖北襄阳一带分路向北进犯，在这次战役中，宛属民团发挥了巨大的作用。镇平民团王金铎、内乡民团吴定远、尤其是宛属民团首领别廷芳密切配合孙连仲第二集团军作战，迅速收复被日军攻占的新野、唐河等地。

这次战役，共歼敌 3000 余人，打死战马千余匹，摧毁敌坦克 25 辆，俘虏 120 人。战斗结束后，宛西民团名扬全国。蒋介石将别廷芳由少将提为中将，授予他陆海空一级勋章。

1940 年 5 月 1 日，日军故伎重演，再次发动“新唐战役”，分两路由信阳西犯，5 日攻陷桐柏，8 日攻陷唐河，9 日攻占新野，但南阳地区的军民，再次奋起反击。敌人在唐河、新野“席不暇暖”，我军于5月10日即收复了唐河、新野。

1940年5月9日，173师长钟毅在保卫唐河的战斗中英勇牺牲。

1940年5月12日，跟随部队进行战地采访的作家臧克家及时地在《阵中日报·军人魂》上发表了《活跃的唐河》一文，这篇战地通讯，还带着战火的硝烟，生动具体地记述了唐河刚刚被日军占领即被我军收复的情景。

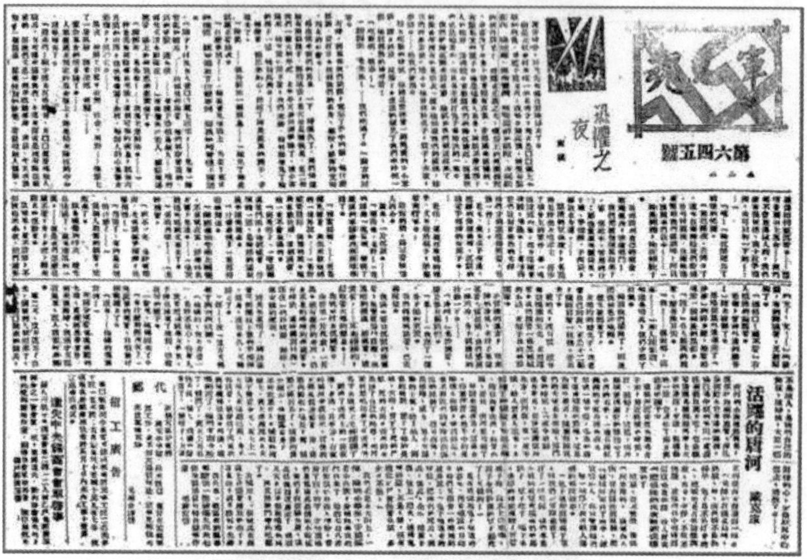
军人魂
第六四五號
恐懼之夜
活躍的唐河

1940年5月12日《阵中日报·军人魂》发表臧克家《活跃的唐河》

活跃的唐河

臧克家

1940年5月12日《阵中日报·军人魂》

唐河的水浪掀起波涛，滚滚的向南奔流着，挣扎出挤压着它身边的岗岭，畅流过中原的平川，一度倾注到襄河之宅，它象征着豫南与鄂西襄河岸上大军的联络、交融，与机动的一致，它连起了南方与北方的握手。

这条河流，从东面摆过身子来，临近县城的时候，打一个弯子，这样，唐河县城便搂到它的怀抱中了。河的右手，一道石岗从东南向西北，形成一个半环，遥遥的做了座城池的屏障，这是西岗。

最近，随着前线我们的大军正同敌人搏斗着的时候，一部分敌骑，也有步兵，从张家湾窜向北方，唐河县，这一座空城，敌人便闯入进来，在拆残了的城根上架起大炮，炮口向着唐河，向着西岗，从此，唐河便呜咽了。

敌骑企图渡过这条水，得意洋洋的用手中的皮鞭指着南阳，策马前进，想不到我们的军队浩浩荡荡的赶到了，凭着西岗，用枪炮的威力，用不可撼动的士气，给了敌人一个血的教训，留下了他的长枪、大炮，留下了死的尸骸，死的大马。唐河的水洗净了自己的耻辱，唐河从此怒吼起来了。唐河的名字在战史上光辉灿烂了。

踏过了唐河的一条板桥，走过一片平沙，有意叫城垣躲藏起来，背后的土山高低连接着，像一条筋肉突起的长长手臂。城墙已经拆去了，城里的房舍树木，像裸露着身子、不好意思的人。城墙的残根上，黄土岗湿润的在太阳下发光。岗上一大堆人在扬锹，扬镢，身子起伏着，驮声借了寒风的广播传得很远。飞机“嗡嗡”的近了，他们立刻分散了，躲藏了，黄土上再也找不到一个人，飞机声远了，一声哨，大家立即从四方聚集到一堆。

“某师长的计谋真高明，扒城，好，唐河城不是扒得早，鬼子是不易打垮的。”扒城的是老百姓，被征来，出力、辛劳，不但不抱怨，从他们口中还得到这样珍贵的话。敌人替我们把愚昧的民众教训成聪明的了。

城里，并不繁荣，像我们所想象的。一条东西大街，从西关扯到东关，把一个城垣切成了两半。做买卖的人，你只管问他们，每一个都会说出敌人进城的那段故事。

“鬼子退却到城南下住，叫我们的军队截住了，打了一地死尸。他们拿百姓的黄豆，死填他们的马肚子，豆子吃了，喝上水，退却的时候用鞭子抽着马子跑，跑不上几里地，马子全叫肚里的豆子胀死了！天杀的！”

老百姓说起鬼子败退的故事来，用着嘲讽的口吻。他们又指着一些烧残的房屋说：“鬼子临败退的时候，把他们的死兵、病兵、伤兵，全堆进一间房子里，放上一把火，烧得鬼哭神嚎，不是人声，没有烧化的尸首散着臭气，多少日不散。”

我们正走在大街上，一队一队的小学生，手里摇着小白旗，分明向商店的门口去了。他们七口八舌、打架似的向商人争吵，看清了旗上的字，才知道他们是为伤兵募捐的小队伍。我们正向信阳出发，伤兵已运到这里来了。飞机天天在顶空盘旋，“嗡嗡”的叫，唐河又发出斗争的吼声了。

出城来，一排哨兵在西岗上合奏着雄壮的曲子，这支曲子就是胜利的先声。

1940年3月，为纪念第一次“新唐御敌”的胜利，河南省教育界在新唐县建立了“新唐抗战胜利碑”，碑文由国民党元老于右任书。

于右任（1879—1964），陕西三原人，中国近现代政治家、教育家、书法家，早年同盟会成员，国民政府高级官员。

于右任还为纪念第一次“新唐御敌”写了《仙吕·寄生草》一词：

> 持节求民瘼，寻诗访战场。眼见那，黄河滚滚翻新浪。眼见那，中条巍巍呈奇状。眼见那，新唐惨惨无名的英雄葬。惜则惜，少陵挡驾武侯忙。惜则惜，江山寂寞何人唱。

（《于右任词选》）

1940年3月，为纪念第一次“新唐御敌”的胜利，唐河县教育界建立了“新唐抗战胜利碑”

于右任(1879—1964)近现代著名政治家、教育家、书法家

陪都掠影

——芜愚:《四月的重庆》

1940 年 5 月 18 日

重庆是抗战期间（1937 年 11 月—1946 年 5 月）中华民国的陪都，所谓陪都，也就是战时首都。作为战时首都，自然也成为当时的政治、经济、文化中心，集中反映着中国社会的面貌。

陪都重庆概貌

1940 年，在抗战爆发后的第 3 个年头，重庆的社会状况是怎样的呢？芜愚发表在 1940 年 5 月 18 日《阵中日报·军人魂》上的《四月的重庆》一文，对此有生动的概述。

同时从文中我们可以看到，当时中国社会的许多痼疾，如官商勾结，囤积居奇，如请客成风，酒食征逐，“在前线，有什么，吃什么；到重庆，吃什么，有什么”，在抗日前线将士浴血奋战的艰难时世中，陪都上层的腐败犹屡禁不止，这种现象，值得今天的人们沉思。

作者芜愚，生平不详。

1941 年建筑在渝中城区的标志性建筑“精神堡垒”

四月的重慶

1940 年 5 月 18 日《阵中日报·军人魂》上刊登芜愚的《四月的重庆》

四月的重庆

芜愚

1940年5月18日《阵中日报·军人魂》

一、不平凡的四月

四月的重庆，充满了一些什么呢？总括地一句话，在沉着的天空中，充满着活跃，充满着律动。整个中国就像在巨浪猛潮中挣扎的一只船，而重庆像是一把舵，它在肩起中华民族所托付的使命，把准了风向，驶，驶，驶！

重庆是不平凡的，而今年四月的重庆，更显得它的不平凡性。

四月劈头的第一天，第五届参政会如期开幕了。大家的目光，都集中在这一会议的身上，宪政、统一、团结、政治结构的刷新，物价问题的探讨，怎样对付汪逆伪组织，大家都希望能有集思广益、互相讨论的机会。

十天的会期，把重庆人士的神经，弄得相当紧张，从商业界、银行界、政界以至教育界，都感到相当关切。参政会议不能解决问题，但它却能提供问题。

是的，我们今天需要把全部问题提出来，供政府解决问题的参考。有的人以为在抗战期间，我们不应该过事暴露，其实与其掩饰，不如暴露，这正和有了病的人，硬装壮汉一样地无济于事的（当然，涉及国防军事机密的，自又当别论了。）

蒋议长在参政会的闭幕词里说：“这次参政会最大的收获有三点，一、精诚团结。二、支持抗战。三、树立民治楷模。”的确，十天会议的共叙，有形无形的得到了蒋议长所指示的三个决议。这三个决议，也充分说明了中国目前以及将来时局的动向。中国决不屈服于日寇的暴力之下，中国的政制非德意式的政制，亦非英美式的政制，而是三民主义、五权宪法为本位的政制。

可是，另一方面，蒋议长也指示了另外一个值得我们十分警惕的结论，即，“近三年来的抗战，证明了敌人已不能消灭中国，可以灭亡中国的，倒是我们自己。”这几句话的意义是深长的。

二、孙夫人来重庆

孙夫人突然由港飞渝了。重庆的各方面都带着热烈的情绪，盼望一睹孙夫人的丰采。尤其是妇女界，对于孙夫人是怀着无限热望的。

当孙夫人刚到渝的那几天，为了想见一见她的面，忙煞了女记者和一般领导妇女工作的干部人物。七日蒋公馆的盛会，十五日嘉陵宾馆的盛会，各处的参与，也忙煞了孙夫人，始终没有机会和渝市记者作报告，这真是一件遗憾的事。记得幽默大师林语堂先生曾经说过这样的话：“宋家是今日中国政治势力的缩影。”祖国需要统一，抗战需要支持，宪政需要推进的时候，孙、孔、蒋三夫人的一块飞渝，给全国人民一种新的观感。

孙夫人抵渝不久，重庆新闻界忽然传出了一个惊异的谣传：“孙夫人要出任驻苏大使了！”

“真的么？真的么？”记者就有许多朋友，向我问起这件事，尤其是女性的朋友们，是最关心的，她们高兴得跳起来了，满以为这消息是真的，有几位女记者们快乐得举起手来了。

“拥护孙夫人出马！替妇女界争一口气，开个盛大的欢迎会！”

重庆妇女界的热诚和她们对于政治上的要求，单从这件事上，就可以看出来了。

时间证明，这一消息并非确实，出使苏联的是邵力子，而非孙夫人，妇女们空欢喜了一场。欢送邵力子的，却临到重庆新闻界和赴日同学会了。

三、物价飞涨，投机商人活跃

目前重庆有句流行话：“货品无市价”，货品为什么会没有市价呢？

就是由物价的刻刻上涨，甚至有一日内涨价数次的，而黑市盛行，价格高低悬殊，熟悉此中门槛者，因容易得到便多买，不然，也得硬起头皮来买。

根据重庆市的统计，重庆的物价水平，如以民国二十六年六月为100，至二十九年一月涨至三倍半，(249.1)，至二月上月，又涨至374.3。自四月初起，重庆市价的上涨状态，已成飞跃的趋势。即以必需的日用品而论，袜子每双两元四角还是单线的，三星牙膏每支一元六角，再过些日子，说就要到二元了，樟脑丸每角钱一颗，布的衬衣十一元至十五元，连买双布底鞋子也要化三元多，香烟有卖到二十元一听的，雪茄有卖到一百三十五元一盒的。四川素称天府之国，物产丰饶著名，然这天府之国，米一项也要卖到三十元一石了。四川出产的三峡布，每市尺要卖到一元三角，火柴每盒二角。

重庆私货多，钱可通神，要什么，有什么。当然，熟悉此中门槛的，如汽油有私油，食盐有私盐，因此物价除了市价以外，还有黑市的私价。黑市有时会比官市便宜些，如汽油一项，政府严禁私卖，规定官价，但私价比官价还是便宜。

物价愈上涨，愈使投机商人囤积居奇的花样繁多了。目前，重庆的游资，一刹那间会集中在棉纱，而另一刹那间又集中到某种物品上去了。因为银行家、商人和巨公们结成了一种事事囤积居奇的集团，所以，无论你规定价格也好，或用其他方式也好，都是细枝末节。他们可以操纵市场的有无，因而依然可以规定市场的价格。目前重庆许多大商人，许多银行家，只要赚一晚，而可以获得巨万者不知凡几，苦煞了薪水阶层的小公务人员。

在四月参议会议开幕的前后，因各方面的攻击，许多银行、钱庄、大商号虽然一度小心翼翼，多方设法疏通，并拿出数万元的广告费，否认囤积居奇的事实，疏通自疏通，辩解自辩解，而囤积依然自囤积，他们的方法多，手腕巧妙。

四、请客，聚餐，便饭

“重庆似乎看不见战时气象”，记者在没有到重庆以前，总有点不大相信。然而，到了重庆一看，的确没有战时的气象，“在前线，有什么，吃什么；到重庆，吃什么，有什么。”这简单的几句话，说明了前线忠勇为国浴血抗战的士兵的生活是如何苦，而后方都市的人们是如何的舒适！这应叫我们惭愧死了。为什么后方都市的人们要这样舒服，而前线的生活又这样苦呢？这真是当前的一个严重问题。我们要使前线的将士也享受些，而后方都市的人们过得更苦些，这才算合理。

的确，重庆的生活太奢靡了。其实，酒食征逐者，并不限于公务人员，金融界、商界以及私人团体、机关，也相率请客成风。因非如此不足以表示感情，巩固门系也。重庆许多用语，是含义颇为深刻的，如“指示，指示。”“联络，联络。”“拉拢，拉拢。”“打个招呼”，“敷衍敷衍，”“交换交换意见和消息”，表示敬意，“随便谈谈”，“想点办法”等等，真是举不胜举。这样一来，即使最清苦的小学教师，每半年也得把腰带束紧些，省下一点钱来，交际一番，说不定借此可以“抛砖引玉”呢！

“请客”已经成了一种风气了。最高当局痛心疾首，曾一度限制公务员“请客”，只能“聚餐”，而不能“时常请客”。每限定每席价格，以崇节俭，用意本属善，但实行以来，就毛病百出。明明是大张筵席，而饭馆老板挖空心思，加以掩护，在账单上所以开成聚餐，动逾百金的酒席，可以开成数张账单，美其名曰“聚餐”，实则“请客”如故也。

自“南洋侨胞慰劳团”陈嘉庚先生等抵渝后，目睹重庆酒食征逐的热烈，乃在报端大登启事，辞谢应酬，以省靡费。严禁公务人员宴会，并对饭店主人与请主的勾结行为，亦加以严密的检查。这样一来，“请客”、“聚餐”之风，一变而为家里吃便饭了。

五、南侨带来的温情

四月，这春光明媚的时候，在有些地方，它是含着温情与热烈的。南洋侨胞回国慰劳团，在陈嘉庚先生领导下，先后分两批抵达重庆了。一种伟大的爱中华祖国的热诚，在抗战快满三年的今日，更显得使人感动。重庆人士不消说，是空前欢迎的。每条马路上，都悬着布制大幅欢迎标语，墙壁上也贴着无数的标语，欢迎“南侨慰劳团”的空气到处飘溢着，慰劳团为了参观赴宴，仍应接不暇，他们的饮食、行动，都由欢迎委员会代为布置的。

“树胶厂”、“纸厂”、“侨声日报”，都在侨胞财力经费之下开工复印了。献金，献旗，悬赏百万奖励克复广州首先入城的部队，给予前线将士无限的鼓励。现在，侨胞慰劳团不日将赴各线慰劳了，他们要将温情与热烈送给前线二百万正在英勇斗争的战士，我们相信，南侨慰劳团此行的意义是非常重大的。

六、戏剧月与考古热

四月在重庆可以说是戏剧月，重庆的话剧、古装剧在这个月特别盛行。政治部的《中国万岁》剧组，《国家至上》博得不少赞许，国家戏剧学校的《岳飞》中外巡回。当国民外交协会在国泰剧院招待英法国大使等外宾的观摩时，能安排在上午而座无虚席。

曹禺的《蜕变》，在技巧上也甚为成功，一度曾获观众满售，《木兰从军》经过一番纠纷后，也顺利上演了。王泊先生演出的《岳飞》，在中东剧院招待“南侨慰问团”时，曾感动了许多观众掉泪。且新剧运动，国剧运动在重庆是盛极一时的，虽在警报声中演出，还是场场客满。

考古的工作，在四月也引起了一般人们的注意，郭沫若的考古热又高涨了起来。于右任院长、中委张继等数十人，对此倍感兴奋，江北出现了汉墓，他们忙于发掘工作了。一次，二次，发掘所得公开展览，参观的倒是甚为踊跃。但这事又引起了古物保委会的注意，认为郭沫若等手续不合，应早请示保管委员会批准这件事。已搁置起来了。

七、由安闲到紧张

敌人飞机的来袭，使重庆的民生已经过了七个月的安闲之后，又回到紧张了。疏散疏散，当局已鼓吹了许久，但收效甚微。经过四月二十日两天三次的警报以后，疏散工作居然做得相当成功。三五天内离重庆城内的，据估计不下十万了。

总之，四月的重庆是活跃的，是浮动的，它表现了中国今日的真面目，给我们认识，给我们改进。

受国人爱戴的宋庆龄

著名爱国华侨领袖陈嘉庚

“妈妈行动”

——林风:《战时儿童保育院》

1940 年 5 月 23 日

1938 年 5 月 1 日,“中国战时儿童保育会”常务理事及部分负责人在汉口合影,中有宋美龄、李德全(冯玉祥夫人)、邓颖超(后排右一)、史良、孟庆树(王明夫人)、郭秀仪、曹孟君、唐国桢、陈逸云、刘清扬、黄卓群等 23 人

1938 年 3 月 10 日，为了拯救在日寇铁蹄下亲人被害、无家可归的受难儿童，为保护中华民族未来人才，“中国战时儿童保育会” 在汉口创立。

“保育会” 是国共两党真诚合作的产物，是抗日战争时期中国妇女运动的杰出成果。它首创了中国历史上没有先例的战时教育事业，由于保育会的负责人和教员大多是妇女，这一工作也被称为 “妈妈行动”。

保育会理事长是宋美龄，副理事长是李德全（冯玉祥夫人），常务理事有邓颖超、孟庆树（王明夫人）、史良、曹孟君、沈兹九、安娥、张蔼真、陈纪彝、郭秀仪、唐国桢、陈逸云、刘清扬、黄卓群等人。

抗战 8 年间，保育会在十分艰苦的条件下， 先后成立了 20 多个分会、60 多个保育院， 拯救、培养、教育了近 3 万名难童，为抗战建国做出巨大贡献。

战时儿童保育会总会之下设有：四川、成都、广东、广西、湖南、江西、浙江、贵州、福建、陕西、山西、陕甘宁边区、香港等 13 个分会，各分会下又辖有数目不等的保育院收容难童。

中国战时儿童保育院负责人合影,前排右二为邓颖超

战时儿童保育院的儿童生活照

武汉沦陷前夕，武汉战时儿童保育院师生在赴四川的江轮上

战时儿童保育院的儿童在操场运动

朱德与陕甘宁边区战时儿童保育院的孩子在一起

1940年5月23日，《阵中日报·军人魂》发表了林风的通讯报道《战时儿童保育院》，生动具体地讲述了中条山区某战地服务团所办的战时儿童保育院的情景。

在这个保育院中，“妈妈”们不但保证儿童的生活，还对他们实行战时教育，并让孩子们与当地民众建立亲密关系，由儿童担任“小先生”，进行抗日宣传。这些“妈妈”对下一代负责的高度责任心，是令人钦敬的。

作者林风，生平不详。

軍人魂

第六五四期

戰時兒童保育院

陽光

陣中服務欄

1940年5月23日《阵中日报·军人魂》发表林风的《战时儿童保育院》

战时儿童保育院

林风

1940年5月23日《阵中日报·军人魂》

一

当你一走进保育院所在的某某村，便可以看见一群一群的儿童在作着各种活动。这些打从各地来的孩子，他们是有着同一个不幸遭遇的。他们有的来自敌区，有的家乡正处于火线，大半都是临近于战场的地方，也有的是来自敌寇占据过的城镇。他们差不多都经历了敌人炮火的洗礼，受了残酷的践踏。现在他们回到了祖国这一片安静的土地上，虽然一大半人都没有家了，而且父兄家人都被屠杀，但在这里得到了国家的养育，便安心的、记下深深的仇恨，用最大的努力成长起来。

保育院的编制近于一所小学，但完全是一个适应战争环境的编制。儿童完全过着一种集体的生活。在日常生活上，寓有教育的意义，把教育和实际生活紧紧的配合在一起。教育方式注重启发儿童，尽力去避免注入式的讲课，并且很好的实行了小先生制，发扬自我学习的精神，儿童自觉自助的阅读课本，讨论问题，年纪大的帮助年纪幼小的，能力强的领导能力弱的，养成了一种良好的团结互助的习惯。

目前课本供给困难，为了彻底实行战时教育，在教材上，部分使用编的材料，尽量引用与抗战切肤相关的现实问题，并特别注意在儿童中间树立了坚强的抗战意志。在与儿童本身有关系的晋南的以及山西的抗战形势，他们都格外注视。在一般年纪较高的儿童中间，对时事问题异常关心，认真地去了解抗战时局的发展。在中条山，因为交通困难，村中只设有一个邮政代办所，后方报纸寄来的非常迟缓。全院只订有一份洛阳版的《阵中日报》和西安出版的几份报纸。重要的消息，除了教师及时向儿童报告，还用红笔圈出，张挂出来，让年纪大的儿童自己阅读。

全院儿童按文化程度的高低，共分九个班，教师实行分班指导制，分别负责指导每一班学生的生活学习。儿童年龄最幼者五六岁，最大者十五六岁，比较年纪大的占多数，这是因为年纪到达十六岁上下的儿童，特别为敌人注目，危险性最大的缘故。

儿童中间成立有自治会，负责管理关于自身的事情。并且包括了儿童教师全体，另行组织了一个“战时工作队”，内分宣传、服务、卫生……等许多支队，儿童自任队长，由教师作指导，儿童参加某队皆系自己选择，而后经过公开讨论来决定，队长也是从儿童中间公意选举出来的。这是一个非常大面且严密的组织，一切工作都在工作队的决定之下迅速执行，工作完了还要召开工作检讨会，检查执行的程度与是否确实。在日常生活中，常常举行互相批评和自我批评，去发现人的错误而加以改正。并经常的举行讨论会、演讲和辩论的竞赛，歌咏话剧的公演，定期出版墙报，稿子都由儿童自由投来，编辑人员便是工作队中的墙报编辑委员会轮流担任，墙报内分社评、时事问题讨论等栏，还有文艺和漫画。一个六岁的女孩子投来了一张漫画，画了一只狗在吃日本人投来的骨头，狗身上注明是汪精卫，骨头上注明是四千万元。

服务团除了帮助年幼儿童，担任院中劳动外，还经常替民众帮忙，把工作区域扩展到十里地的村庄以外，四月四日儿童节，保育院扩大举行纪念，开了一个游艺会，几十里远的村民的孩子都坐了牛车，全家大小一齐赶来参加了。保育院这个庄子周围，院中的儿童结识了所有的儿童，而把他们组织了起来。

在战地，一切工作，得不到民众帮助，是不容易实行得很好的，而保育院和民众的关系却非常密切。儿童的服务和宣传工作，在民众中间发生了很好的影响，民众也给了保育院很大的帮助。保育院的全部宿舍教室，都是借住民众家里，村中的一所祠堂借给保育院做了办公的地方。保育院在村中设立了一所夜校，给民众上课，还利用“小先生”们在民众中间积极推行识字运动，进行抗战宣传。通过儿童的家庭关系，发动民众，组织民众，这是一个非常成功的办法。在中条山的部队当中也都迅速推广了。

二

在中条山里，一切物资条件是非常困难的。因为山中房屋的缺少，保育院不得不将全部教室宿舍零星的散布于全村的百姓家中。这些教室，在空气和光线上讲，都是很少会合用。又因为木料的缺乏，教室的桌椅都是临时借来拼凑而成，高矮多不能适用。一个宿舍要住几十个人，在铺了少许稻草地面上休息睡眠，几个人才能共有一条棉被。儿童的衣服被褥，全系院中供给，冬夏两季，每人可以领到一身棉衣、一身单衣。每月很少的伙食费，使他们只能吃几根豆芽菜。

使人最感到苦恼的，是疥疮无情的侵扰着这些新中国的主人，而且传染极其迅速，使一批少年学生都被送入了间离病室。住宿的拥挤和衣服的少洗少换，使病菌异常猖獗。院中设有医疗所，仅有的两位医师，差不多一整天都留在他的诊所里面。院中的医药费太少，只够购置一些外科药料，内服药不得不用中药替代。医师把自己的薪金全部捐作药费，他为了儿童疾病的职责，感到十分不安。他希望后方能够帮助他们一部分医药。

书籍的来源不易，课本便不能每人齐全。文具、纸张等，也不能充足够用。为了彻底实施战时教育，他们是非常迫切的需要后方能常常供给一些书报杂志。一份新刊物，到这里常会被视为珍宝，即使翻到破折，也还小心的保存着。我们用报纸包东西，在他们看起来是一种无比奢侈的，保育院只订阅了很少几份报纸，重庆的《大公报》，要等到半月之后才能看见，他们说，这样几乎是在读历史了。一份报纸在这里会发挥最大的效用，报纸的最高作用也只有在这些地方，才更明显地表现出来。报纸组织了很大数目的读者，还由此组织了许多不识字的听消息的民众，常常有人不远从几十里外跑来，打听这几天的新闻。

由于某种关系，保育院的教师是由某某院服务团里面的人兼任的，有些人因为怕吃苦，多不肯来前方实地工作，所以院中感到教师的不够。在抗战进入最艰苦阶段的今天，这是一个非常不良的现象，希望热心的教师，多多到前方来，加强保育儿童的工作。

通过儿童的关系，保育院在民众中间进行了深入的动员工作，树立了良好的影响。这对于工作的开展，得到了无限便利。最初院内儿童尚有想家而私自逃跑的现象发生，现在则根本不会再有相同的事情了。不仅如此，每天还有人从远的地方送儿童回来，私自回家的儿童，都受到了家长的严厉申斥而亲自把他们送了回来。一个白发婆婆，把她仅有的一只母鸡拿来送给保育院的主任，要求将来她的孙子留在那里。这一面是保育院实施了战时教育，同时是民众中间有了信仰。

随着敌人对我沦陷区民众的加紧欺骗，而老乡们却冒着危险通过敌人重重封锁，将儿童送到保育院来，他们常带来很多关于敌人方面的难得材料。敌人正一天天败落下去，我们却是一天天强壮起来，这一批儿童，将是一个无比的力量，会给予敌人以严重打击的。

在敌区有千百万的儿童还正处于敌人的蹂躏之下，等待我们去援救，如何救他们出险，如何把战地儿童保育院的工作更加推广，如何把儿童保育院的工作深入敌后，是有待我们的更加努力的。在持久抗战的过程之中，只要能好好培植了下一代新生的力量，便会确切地保证，最后胜利是握在我们手中的。

（完）

抗战胜利后，“战时儿童保育会”完成其历史使命，于 1946 年 9 月 15 日宣布结束。

几十年来，广大“保育生”受到国家的良好教育，成长为国家栋梁之材，他们中有工、农、医工作者，诗人、作家、艺术家、理论家……保育生们还相互联系、共同出版了《保育生通讯》、《摇篮》等刊物。

2008 年 4 月 15 日，全国人大常委会副委员长、全国妇联主席顾秀莲与百余位年逾古稀的“保育生”代表欢聚一堂，共同纪念“中国战时儿童保育会”成立 70 周年。

21 世纪初，年逾古稀的“保育生”欢聚一堂

附：

战时儿童保育院院歌

安娥词　张曙光曲

我们离开了爸爸，我们离开了妈妈，
我们失掉了土地，我们失掉了老家。
我们不依赖爸爸，我们不依赖妈妈，
我们失掉了土地，我们失掉了老家。
我们的大敌人，就是日本帝国主义和他的军阀，
我们要打倒他，要打倒他。
打倒他，才可以回到老家，
打倒他，才可以见到爸爸妈妈。
打倒他，才可以建立新中华。
我们的好朋友，来自日本军阀的轰炸下，
我们要帮助他，要帮助他。
帮助他，一起来打回老家，
帮助他，一起去看望爸爸妈妈，
帮助他，一起来建设新中华。

从太行山返回总部

——香圃:《前线归来》

1940 年 5 月 24 日

太行山雄姿

山西南部，太行、太岳、中条这三条山脉之间，有一块号称“脚盆地区”的平原，那里土地肥沃，物产丰富，是山西的粮仓。它是阎锡山过去闭关自守三十多年的物资基础之一，1938 年春，国共军队在晋南协同合作，进行游击战、运动战，粉碎了日军的“九路围攻”和多次扫荡后，国民党军队和八路军力量都得到发展，分别驻扎在这里。

1940 年 5 月 24 日，《阵中日报 · 军人魂》发表了香圃的《前线归来》，从文中看，作者一行人是第一战区政治部的工作人员，曾在太行山生活近一年，生活条件非常艰苦，吃的小米粥，是“米与沙石的锅巴”，他们从太行山下来，就到了丹河一带，经过晋城、沁水，准备到白坡渡口，渡过黄河，就是河南孟津，很快就能回到洛阳第一战区司令部。

作者写到了他们在晋南“脚盆”平原享受到的一顿久未品尝过的美味饭菜，

描述了隐藏在无际麦田里的中国军队战壕和守军，以及沁水县民众生动讲述的中日游击战争。“你看，各战场不都在胜利里反攻吗？敌人尽是吃败仗，岂止咱这一处哩！‘老日’已经不行了”。这些谈话，真实反映了抗战进入持久战时期，中日双方军事力量对比的变化。

作品充满了对抗战胜利的信心，热情歌颂了太行山和黄河——这天赐的中国抗日的防线。

作者香圃，生平不详

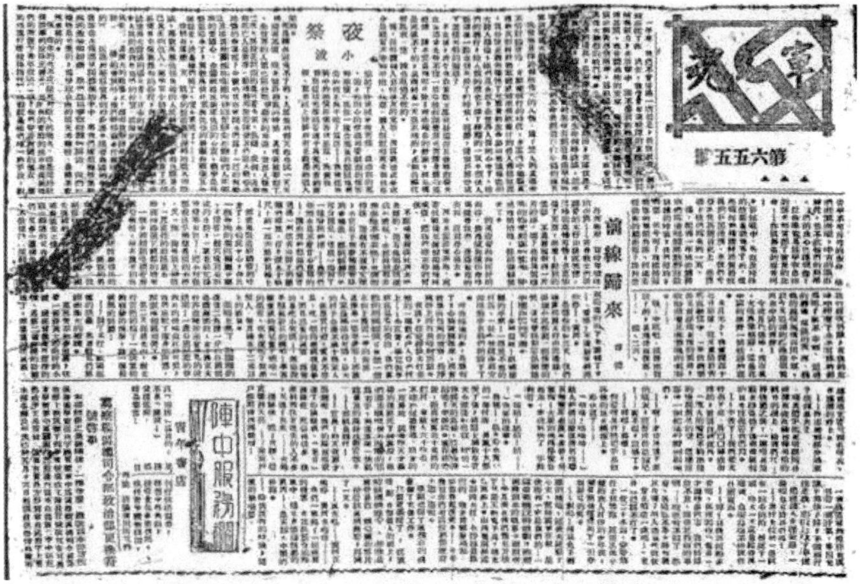
軍人魂
第六五五期
夜祭
小波
前線歸來
香圃
陣中服務欄

1940 年 5 月 24 日《阵中日报 · 军人魂》发表香圃《前线归来》

前线归来

香圃

1940 年 5 月 24 日《阵中日报 · 军人魂》

丹河（1）两岸，迎峙着峻峭的山屏——英勇战士们活跃着的太行山脉的群峦，这峰头高得可怕，它直插进了天空。你看！铅灰的云彩，不是被它划得一片片的碎了吗？也有几絮聪明的怕受到创伤的云彩，警戒地悄悄地，都绕道躲开去了。

丹河的风沿着曲曲折折的山谷，像是疯狗样狠命地追随着我们，浸透我们的衣衫，凉到骨心里去。

河水在澎湃的奔跑，宛若抗战健儿振臂冲锋的叫喊样，把我们撇在它的背后。

不断地看到横杜河水去路的、用石块和麦秸砌成的坝梗。水都拥挤起来，再也跑不那么快了。清澈得很，虽然有不到半丈深，水底石子和麦穗样碧绿的车轮藻，都颗颗鲜明的可以瞧见，堤底一端开了一端狭窄的槽——农夫们知道水是不会甘心屈服的——让急焦的怒流呐喊着，通过一所建在山脚下的简陋的破屋，打在深井十余尺上的一匹木制的巨轮上。

那便是制造祈祷香（2）的地方了；水轮底中心，伸出一根合抱的梁柱到屋子里，支撑着一盘六块巨石扣成的水磨，一家老幼忙碌地侍奉着它——把小枝条都截成手指头长短的小棒，又一掬一掬地放上磨眼，一尺直径的磨眼里去，磨的四缘流下轻松的屑末，一个少妇频频地绕着磨将它收起，堆在屋子的角落里。

自从祈祷香制作诞生以后，无数的男女到林中，杀削条枝，穷山僻壤里又多了一种赚钱的方式，不似从前，必须艰难的到遥远的山下去赚钱了。

看哪，天边躺着银亮的带子——黄河。

是启程的第三天，我们总算爬到太行山底边缘，个个心底都藏着一颗无声的笑，眺望着、指点着卧满绵羊般的白云的天边。

——多美丽呀！祖国辽阔的平原！一眼望不尽的村落，一抹一抹疏落而安闲地散步在我们的脚下了。

呼吸畅适的多，是胜利了，心胸广阔起来，没有被群山包围的怆窘，洗净精神上所有灰暗的斑点。

夜里，住宿静卧太行北麓的一个数百户人口的村上——小五营。毕竟到平原的温柔的怀抱，我们喜欢的相视默笑了。

想一想在山上将近一年的生活，真像是一场春梦哟！那里人家是稀落得可怜，最大的村子也还不过十几家人，你想买什么，实在不容易，吃一顿饱饭就很费事，而且昂贵的厉害，经常吃的是小米粥——毋宁说是米与砂石的锅巴！拿苦盐煮成的黄豆当下咽唯一的菜肴，伙食价呢？说来惊人，每月在十二元以上的数目。

菜端上桌了，热腾腾的，仅仅二角钱一斤的白馒头也摆到面前，在中条、在太行奔波时所未尝见的美馔哟！一盏口流涎惹的炒肉片的美味与红的可爱，我们忘记了浑身的疲惫，默默地相视而笑了。

第二天底晨光中，对太行苍茫的笼了一层淡霭的轻纱的情形，致一个最热烈的别礼：

——别了，太行，祖国底铁的堡垒，英勇战儿们慈祥而伟大的母亲。

茁茁青翠的麦田里，伏着一条条黄土的曲折的小线，线底背后的是可腰的沟，是第二道训练的防御壕了。寒凛凛的风里，雄武地立着三四名哨兵，在壕沟的畔上。

——同志，从哪部分过来？往哪里去？

哨兵把手比在明洁耀目而插有修长锋利的可怕的刺刀的枪上，给我们行了一持枪礼之后，一个哨兵用戴在钢盔缘下温和而锐利的目光注视着我们问。

——辛苦了！我们从太行山下来，是某某团政治部的，要到白坡（3）渡河。

一群人的嘴巴不约而同的张开焦灼的双唇，这样回答，一面把通行证给他们。

——啊，才从前线下来的战友，到营房歇歇腿吧……对不起，麻烦了。

——哪里，哪里！

对着哨兵，我们把手出前落后的放在帽缘上。

沁水（4）近了。

“咯哒！咯哒……”

敌人的机枪声清晰地响在每双耳朵里。多使人兴奋啊！大家的情绪都紧张起来，步伐加快了，手舞动着。

“咕咕！咕咕！咕！”我军的还击。

血楮——卧在沁水东面的一个村落，房屋十九都受了伤，砖墙上满散布着大小深浅的疤痕。村郊一株插天的高杨，已被炮弹削秃了半个头。老百姓们说，距血楮东北十里路的魏村，有敌人六十余名，不时向这边发炮，前方的一座房坎，就是昨天才轰塌的，还压死了一个寡妇，他们还忠朴地伸出袖着的粗黑的右手，向远远这一抹视线所及的黑影指划着说：

——那就是魏村！

——官长！前天夜里才热闹呢，我们的队伍摸进了沁阳县城，“老日”没防住，死伤得很多，后来终因我方进来的人不多，又退了出来……大炮，机关枪，燃了火鞭一样一直响到天亮……家家户户都惊得没睡觉哩！

一个挑菜卖的短胖老汉，冒着一头汗气，将担儿摆下，用袖子掠下子额头汗珠之后，就扪上一袋旱烟，把烟塞入烟袋里，一边喘息着给我们说：

——我村上住的一连，就有一班去的，活捉了一头儿，昨天一天直是给连长磕头，“乌阿乌阿”不知说些什么东西。

——哼，以后活捉的多着呢。你没记得“老日”才到时多厉害，我们防都防不及，谁还敢找他的事啊……现在可不同了，你看，各战场不都在胜利里反攻吗？敌人尽是吃败仗，岂止咱这一处哩！“老日”已经不行了。

一位二十多岁、穿着阴丹士林罩袍、戴顶瓜皮帽的商人打扮的少年说，撇着两片嘴角向下一引，作出鄙夷的笑。

——对啦，这是鬼子倒霉的开端，只要大家耐下心去，帮助国军作战，最后胜利一定是我们的……这位老乡说得很对，你看湖南、湖北的战事多激烈啊！半月来在我们这儿，刀枪下见阎王的鬼子兵，总在数万以上。山西东南部近来虽没大打，小胜总是我们的。我才从那边过来，知道的挺清楚……今年后包你们可以回到怀德府去逛一逛呢。

德刚把握了这难有的机会，做了宣传工作。

灰云更浓暗了，沉重地压在每个人的头上，时候还没有晌午，却像是黄昏景色。鹅毛般的雪片，伴着狂风飞舞着，荡满了一天。

——风在吼……黄河在咆哮，黄河在咆哮……

我们一群，拖了一头两肩的积雪，在冰肌透骨的寒风中，鹄立在波涛汹涌的黄河——是天赐，中国的防线。

——盼候渡河的时候，这样的歌唱着。

注释

（1）丹河：黄河北岸支流沁河的支流，发源于山西省高平市赵庄丹朱岭，流经晋城市区，京城泽州县和河南焦作市、沁阳市。丹河是晋城境内第二大河，被誉为晋城和焦作人民的“母亲河”。

（2）祈祷香：祭祀的焚香。可以用有香味的木材经过磨碎、炒制等加工而成。这里描写的是村民使用水磨把香材磨碎。

（3）沁水县：隶属于山西省晋城市，位于山西省南部，沁河中游，太行、太岳、中条三大山系的衔接处。

（4）白坡渡口：河南洛阳吉利区的一个行政村，地处黄河北岸，南与孟津县白鹤村隔河相望，是黄河上著名的古渡口，也是洛阳的戍守要塞。1938 年，日军侵占白坡渡口，八路军不断组织游击队对日军进行偷袭。1938 年夏，八路军在该村秘密设立驻白坡渡口办事处，主要负责太行山至洛阳间的人员往来安全，及物资渡河事宜。朱德总司令赴洛阳与国民党第一战区司令长官卫立煌会晤，就是从白坡渡河的。

权迷心窍、尔虞我诈

——苍剑:《"汪""王"两逆争宠纪实》

1940 年 5 月 26 日

1939 年伪华北汉奸首领王克敏(右一)与维新政府行政院院长梁鸿志(中)在南京集合上

"七七事变"以来，日军侵占平津及华北大片国土，为了加强统治，他们采取了"以华制华""分而治之"的政策，1937 年 12 月 14 日，日军华北驻屯军在北平扶植汉奸王克敏，成立了伪"中华民国临时政府"；稍后，南京沦陷，由日本海军省扶植汉奸梁鸿志，成立了伪"中华民国维新政府"。在汪精卫投日之前，这一南一北的两个汉奸傀儡政权，又组成伪"中华民国政府联合会"，由资格最老的王克敏任"联合会"主任委员。

鉴于汪精卫在国民党内的地位和影响力，汪投日之后，日本内阁决定由他出面，在南京成立伪"中央政府"，汪精卫想将王克敏的伪"临时政府"和梁鸿志的伪"维新政府"置于自己的统治之下。但王克敏这个老资格的"第一傀儡"，不愿放弃在华北的既有权力和利益。在华北日军的支持下，他与汪精卫展开了一场尔虞我诈的权力角逐。

1940 年 3 月 30 日，汪精卫的伪"国民政府"在南京成立，王克敏的伪"临时政府”，换了一块牌子，改作伪“华北政务委员会”，他们名义上属于汪伪国民政府管辖，实际上仍是华北“小朝廷”的头号傀儡。由于有华北日军撑腰，汪精卫对此也无可奈何。

1940年5月26日，《阵中日报·军人魂》发表了苍剑的《“汪”“王”两逆争宠纪实》，详细叙述了1940年4月8日至10日，汪精卫在他的伪“南京政府”刚刚成立，就匆匆来到北平，他此行的目的，一方面，“是向华北的寇军叩头请安，恳请他们压一压华北反汪的空气”，另一方面，俨然以“第一傀儡”自居，来干预华北伪政权的政务，不料却受到了王克敏及其帮凶的冷遇和抵制，只好在王克敏“招待不周”的讽刺声中，灰溜溜地回到南京去了。

作者苍剑，生平不详。

1940年5月26日《阵中日报·军人魂》发表苍剑《“汪”“王”两逆争宠纪实》

“汪”“王”两逆争宠纪实

苍剑

1940年5月26日《阵中日报·军人魂》

汪精卫在他的伪组织成立不到十天，便于四月八日由南京飞到北平来，从北平飞到张家口，在十号那天，又悄悄的飞回南京去。

他来干什么？为什么匆匆而来，又复匆匆而去？这值得我们来检讨一下。虽然所说的已是明日黄花了。

汪精卫的出任伪府傀儡，在华北的寇军根本上不赞成，不过由于所谓"国策"，他们没有公开的发表其反对的言论。而在实际上，华北的寇军们，早已把定了华北是自己的所有物，任何人都不能染指的，他们所御用的工具，便是最近在名义上解消的伪临时政府，御用的傀儡就是以王克敏（1）为首的这一批老而不死的国贼。

王克敏是一向具有很大野心的人，在北洋政府时代，在黄郛（2）的政委会时代，即有不少的实例可以证明。敌寇也正利用这一点，才把他安放在第一号傀儡的位子上，敌寇的意思是：无论王克敏有多大野心，反正逃不了自己的手心，用个"精干"的人，总比笨蛋好些。

然而，王克敏对于整个的解决"中国事变"上，并不能有多大的帮助，东京方面，为"遂行国策"计，所以又把汪精卫给冠戴起来，希望汪精卫以"国民党"元老的资格，来招降中国的民众，并在细末小节上，允许汪精卫小部分的要求，把第一号傀儡的位置，由王克敏转给汪精卫。王克敏当然会感到酸溜溜的。

所以当他从南京出席最后一次伪政府会和伪中央政治会议以后，他便在北平发表了不赞成"国民党"在华北活动以及华北政务不准南京地区傀儡干预的谈话。王克敏的话，也正是华北寇军所要说的。

除王克敏这一批老国贼之外，华北寇军所御用的，还有一些小汉奸，如目前失意的政客官僚和无耻的商人们，都随时可为敌寇利用的工具，其中最显著的就是这次利用伪"青年党代理总裁"刘绍琨发表对时局的宣言。这宣言是针对着汪精卫而发的。宣言中开头便说，对于"和平运动"的"殷期"无如艳电至今的和平理论阐述甚详，具体方案殊鲜提出，"其表现于事实者，六中全会之召开，中政会议之举行，五院十四部之设立，以此谓能实现和平，令人终难置信，若曰达成和平之手段，而进谋亦多不臧……"，所以他便公开的攻讦汪精卫了。

第一，痛诋汪逆以"修正三民主义"为指导原理，第二，指摘汪氏之组织"因人设制，组织过大，取民脂膏，摆些排场。"第三，不赞成不伦不类的国旗（3），讥其为"增布托文，开古今未有之先例"，第四，对汪逆“和平运动”本身加以毁谤，谓“不仅无人响应，而以事实证明，只见高、陶（4）出走，未闻党人来归，镜花水月，空此点缀而已。变生肘腋，罔论取信于国人……”

宣言于四月六日发表，七日的北平《新民报》便首先刊载出来，跟着天津的《庸报》和《东亚晨报》也一字不减的刊出，而《东亚晨报》更著论加以赞扬，认为是“至理名言。”

汪精卫的伪组织，成立才不过七天，便收到这样一份“厚礼”，这充分的证明了汉奸之间的倾轧，同时更证明了华北的寇军对于所谓“国策”，意见不一致，尾大不掉的华北日本驻屯军，气焰万丈，大有“将在外君命有所不受”之势。过去的寺内如此，杉山如此，于今华北军司令多田骏也是如此。

伪青年党的宣言，如果只凭刘绍琨本人来放一炮，也许没有多大的反响，而刘绍琨的背后，有华北寇军的促使，这使汪精卫难安于南京，不得不飞到北平了。

汪精卫这次来的目的，直截了当的说，是向华北的寇军叩头请安，恳求皇军老爷高抬贵手，稍压一压华北反汪的空气。他在北平曾进谒多田两次，除请多田不要让华北的各党派公开反对他以外，据说还向多田请示华北区域的划分问题。然而多田主张华北区域应将陇海路以北全部划入，决没有让步的余地，因此汪精卫的两次进谒，却没有达到任何的结果。只有在叩头请安任务完了之后，便在王克敏“招待不周”的欢送词中，悄悄的回到南京去了。

“招待不周”以做地方长官送“上司”时的用语，似乎有失“官礼”，王克敏口里说出这种话来，真所谓司马昭之心，路人皆知了。

王克敏的野心，并不只在谈话的态度上表现出来，同时在他的“政治措施”上——当然这种措施是寇军的授意——无一不表示他和汪精卫的矛盾。最显明的实例，就是在本年三月一日伪“新民会”的大改组而由王自任会长这件事。

自敌军占领华北后，为笼络华北人心计，便随军组织了“宣抚班”（5），同时并在汉奸组织内成立了“新民会”等，同做收买民心的勾当。起初，"新民会"（6）的组织，并不甚大，自从日本允许汪精卫的"国民党"存在的条件成立后，它的机构，即决定组织扩大，本年二月一日与"宣抚班"合并，开支预算，今年增进一千六百五十万元。这样巨大的开支，在华北的任何组织中，没有再能和它抗争的。

"新民会"扩大的机构的用意所在，显然的是向汪精卫的伪"国民党"示威，在这种有力的压迫下，汪精卫还能做什么？他只有坐在南京城里，独唱傀儡戏罢了。

注释

（1）王克敏：（1879—1945），浙江杭州人，字叔鲁，1937 年 12 月 14 日任日本扶植的傀儡政权"中华民国临时政府（北京）"行政委员长，1940 年 3 月"中华民国临时政府（北京）"与"中华民国维新政府"并入汪精卫的伪"南京国民政府"后，王克敏改出任华北政务委员会委员长，名义上王克敏归汪精卫管辖，事实上自成体系。后来王克敏又出任南京国民政府的内务总署督办，中央政治委员等要职。二战结束后，王克敏被重庆国民政府以汉奸罪名逮捕，1945 年 12 月于狱中自杀身亡。

（2）黄郛：（1880—1936）民国时期著名政治人物。日本东京振武学校毕业，结识蒋介石、张群等，国民政府成立后，历任外交部长、教育部长、上海市长等职。1933 年秉承汪精卫授意，在华北推行对日屈辱妥协的外交方针，1935 年与日本人签订《塘沽协定》，后遭全国民意指责被迫辞职，避入莫干山"隐居"，1936 年复任国民政府委员，同年 12 月 6 日病死于上海。

（3）不伦不类的国旗：指汪伪政府的国旗，仍用国民政府"青天白日满地红"的国旗，上面有个黄色的小三角，写着"和平反共建国"字样，而王克敏的华北"临时政府"和梁鸿志的"维新政府"用的都是 1912 年孙中山成立南京临时政府时用的"五色旗"。所以说汪伪政府是"不伦不类的国旗"。

（4）高、陶：指高宗武（1905—1994）和陶希圣（1899—1988）。高宗武，早年留学日本，抗战前为国民政府外交部官员；陶希圣，抗战前为北大教授。高、陶二人一度参与汪精卫投敌叛国活动，但在伪南京政府即将成立前夕，逃往香港，1940 年 1 月 22 日在香港《大公报》发表宣言，脱离汪伪集团，披露"汪日密约"内容，给汪精卫卖国逆流以沉重打击。"高陶事件"是中国抗日战争史上一个有重

大影响的事件，可参见陶希圣之子陶恒生所著《高陶事件始末》一书。(湖北人民出版社，2003 年版）

（5）宣抚班：日军用于在占领区进行奴化宣传、安抚民众的组织，隶属于日军特务部，以演说、唱歌、演剧及散发传单、办报纸等手段，宣传日军侵华的合理性。

（6）新民会：此指华北新民会。1937 年 12 月 24 日，日本华北方面军特务机关长引导下，成立了日军操纵的“民众团体”——华北新民会，会长为汉奸王克敏，新民会宣传“中日亲善”和“大东亚新秩序”，推行奴化教育并从事特务活动。

艰苦生活、磨练意志

——曹聚仁:《访问蒋经国先生》

1940 年 5 月 27 日

青年时代的蒋经国

蒋经国：(1911—1988)，又名建丰，俄语名字叫尼古拉，浙江奉化人，蒋介石的长子。1925 年赴苏联就读于莫斯科中山大学，不久加入苏联共产党。1927 年，蒋介石发动“四一二”政变，公开反共反苏，使 17 岁的蒋经国被贬到严寒荒凉的西伯利亚当列兵。

“四一二”反革命政变以后，蒋经国发表声明，声讨蒋介石背叛革命。1928 年秋天，他又回到莫斯科，在列宁格勒托玛卡红军军校学习。1935 年，蒋经国在苏联与矿场女工芬娜结合，芬娜后来改名叫蒋方良。1937 年中国抗战爆发前夕，他被获准回国。从 1925 年—1937 年，蒋经国在苏联生活了 12 个年头。

“八一三”上海沦陷以后，蒋经国先在南昌做些一般的工作，1938 年，被任命为赣县县长。1939 年以后，他曾经历任江西第四行政区督察专员等职。

1949 年，蒋经国随父亲飞往台湾。在台湾，他历任国民党台湾省党部主任委员、台湾国民党“国防部”总政治部主任、“国防部”副部长、部长、“行政院”副院长、院长等职。

蒋介石病逝以后，1978 年 5 月 20 日，蒋经国就任台湾第六任“总统”。1988 年 1 月 13 日，在台北病逝。

我国领导人对蒋经国的不幸逝世深表哀悼，并在 1 月 14 日发表了谈话，肯定了蒋经国先生坚持一个中国，反对“台湾独立”，主张国家统一的立场，表示要为两岸关系的缓和作出努力。

1940 年 5 月 27 日，著名记者曹聚仁在《阵中日报 · 军人魂》上发表《访问蒋经国先生》一文，对蒋经国在苏联度过的漫长的不为人所知的艰苦生活，和他在艰苦环境中磨练出来的意志品质，有生动的描写。

訪問蔣經國先生
曹聚仁
軍人魂
第六五八號

1940 年 5 月 27 日《阵中日报 · 军人魂》发表曹聚仁《访问蒋经国先生》

访问蒋经国先生

曹聚仁

1940 年 5 月 27 日《阵中日报 · 军人魂》

一

中央训练团第二期学员中，有两个众所注目的人物，蒋公子经国，和 K 公子某某，这两位公子的作风迥然不同。蒋公子自己挑水洗脚，一个月只用三五块钱，K 公子却化了三万多元，这真是极为有趣的对比。蒋公子去年春间在临川训练新兵时，某队长常是浪用清水，公子告诫他：“要体恤伙夫的劳力，不要浪费！” 那队长漠不关心，依旧浪用很多，公子就罚他挑一个月的水，让他明白劳力如何值得珍惜。记者说一句并非阿谀的话：蒋公子知道物力维艰，处处爱惜物力。

记者和蒋经国先生，第一次相晤于南昌。那时，他刚担任保安的职务，筹划牯岭的游击工作。此次重晤于赣州，他已担任赣南第某区行政专员的职务，成为政治上的重要人物。

闲谈中，他提到苏联时期的生活。他到苏联去，刚在大革命后，社会秩序初定的当儿，全国为饥饿所普遍侵蚀，食物缺乏，三五日领不到面包，乃是常有的事。他每天把一方黑面包，分成四截，一餐吃一截，留一截准备第二天绝粮时的万一之需。这样在饥饿线上过了二年生活。那二年时间，他只领到一方肥肉；用沙擦手，当作洗涤污脏的常课。跟着苏俄的长成，他的精神肉体都长成了。他眼见苏联饿着肚子的中央委员，在农民的面前绝气，眼见主席加列宁排在队中领仅有的袜子，眼见市民饿毙倒在街头，他懂得民族生存的基本条件——坚韧吃苦，他引史达林所引用的俄谚告诉记者："最后一个的笑才是真正的笑。"他说："中国现在真不够吃苦。"

他在苏联十年，曾在铁工厂学过冶铁，他的夫人便是那工厂中的女工。他曾在军队中服务，那军队开到高加索沙漠中，白昼在百度以上的沙漠上行军，晚间又宿在零下二三十度的风沙中住野外。风雪中，他们裸着上下身，用雪擦身更是常课。他曾到过零下五十度的芬兰边境，也曾在列宁格勒度过冬天。他能骑马刺剑，如一般军人的英勇，可是他能驾驶机械汽车及坦克车，又是一个专门技术人才。他，能接连着每天走百里长途，经一个月不已，有游击队全副技能，可是他训练士兵，旋转士兵的心理，又是一个将才。他，几乎是神话中的人物。高素明先生对记者说："我和经国虽是同学，他的吃苦精神，那是我所万万不及的。"把经国先生当作留俄学生的典型人物，再把 K 公子当作留美学生的代表，两种精神都具体表现出来了。

记者细心地静静地看他的行止，他和劳苦民众相接近，并非矫情而为之的。他懂得生活的意义，劳力的价值，他自然而然亲近那些用自己血汗挣饭的人。他有光，有火，有力，吸引着一群有血性的青年。

二

旧除夕下午，蒋经国先生以行政专员的名义邀请赣城贫儿家庭聚餐。贫儿食堂，成立于去冬十一月间，其时赣州各县募集资金，蒋专员说："凡得五千余金，奉命组织贫儿食堂。收集百六十多家，十三岁以下的儿童，每天施食两餐，并予以军事管理和识字教育。"

记者除夕下午前往贫儿食堂，已见成群衣衫褴褛的老妪少年。这些训练的贫儿，自己管理自己，秩序也颇不乱。经国先生到场时，只见拖儿带团的妇女，追随着他，口口声声称他为"老师"，向他诉苦，他招呼她们先去吃年夜饭，如处在乡亲中，以温情的笑招待贫苦的家属。记者眼中，正浮起了苏联著名影片——《生路》中的景况。

记者走出贫儿食堂，在不远的街角上，听到两位绅士在那儿谈论"他们说：'蒋专员全部力量用在救济事业上'，其实他是曲解的，蒋专员比较注意一般民众的生活，关心他们的疾苦。除夕那天，他先访问出征军人家属，让他们揩干眼泪，来承受一个'民之父母'的关怀。又调查城中赤贫之家，在这绝望的一天，予以生活上的扶助。这都含有积极作用，使赣州治安能够如常维持。"街市上，流氓和乞丐之少，记者所经各城市，以此为首选。

蒋专员最有力量的战时处置以安定赣州物价为最可称述(自然有一部分人在诅咒他，也有一部分操纵市场的人，正在设法垄断市面，想造成混乱局面，来破坏他的战时处置)。

去冬，赣州城中闹过一度煤油和食粮荒，商人们把煤油隐囤在乡间，故意把市价飞涨了又飞涨，他即紧急处置，派警查出私囤的煤油有三千多箱之多，并扫数给还国准油价，改由交易公店集中发货，食盐也改归交易公店发售，扫除盐商垄断的积弊。若赣州四境的城市都把物价问题处置得好一点，记者相信蒋专员的紧急处置，会更有成效些。目前，一部分奸商，正在用囤积粮食及恫吓农民的手法来造成米荒，大家相信蒋专员定能显出更大的力量来。

记者在赣州，看见各地所没有的由血性青年所造成的朝气，许多政客想利用青年，许多政治家惧怕青年，许多绅士，在嘲笑青年，蒋专员斩钉截铁地说："国家需要青年。"他知道青年会犯错的，但是世间并没有生而知之的圣人，青年们的错误并不比绅士多，"让青年们去干，从工作中去求经验，去求应付现实的学问，"这是他不相信关在玻璃屋子里的花草能够成长，他要青年们自己到社会上去磨练。他的专员公署中的人员，都是三十岁以下的青年，但他们的工作效率比那些年长的要好，而且要好得多。

蒋专员任职以后，雷厉风行的戒烟戒赌，一个社长的老太爷因为吸烟被拘了，一个贩仇货的土豪遁迹了，一个大绅士在牌局上被捕了。希望地方官吏同流合污的绅士们自然头痛得很，但一般民众正爱戴“若有辣味”的民之父母。赣南有两家农民，因为绅士们从中挑拨，为了一条水塘，积讼二十多年，尚未解决，蒋专员下乡巡游，二小时间便替他们排解掉了。此类为民众福祉着想的事件处理法，不知断绝了多少绅士们的把持机会，无怪绅士们，看见了专员公署的民众问事处而摇头叹息的！

三

旧历新正，蒋专员邀记者同往瑞金参与中央军校的集团入党典礼，途中记者得便询他种种方面的作为，他认定今年这一年，将决定日人的命运，日人确已进入他们的末路。他久住苏联，对于苏联有深切的理解，记者因问他对于苏联的观感。他说：“世界各国的外交，可说有同变戏法，但变戏法也有他的一定方式，只能红变黑、黑变红那几种花样，不能随随便便变。苏联立国以来，对于中国，一直取善意的互助态度，没有坏过，决不会因为日人的献媚，就改变原来的外交态度。我们且看苏联的新闻界，对于我们的抗战，自来以热烈的同情来记载，直到现在，并未改变过。”

蒋专员对于苏联社会有深层的看法，他说：“在苏联文化圈中，大家可以免费尽量喝汽水，坐火车便宜五分之二，说来好像是奇谈，其实在社会中，财富集中于一部分人手中，自然可使一般民众有着享受的机会。苏联社会，杜绝了一切投机取巧发财的心理，人人只能依靠自己的才能去过活。在苏联东部某城（记者偶忘）中，有一回某中央委员到市里调查，遇有一个市民不曾分配着工装，那市长便受了处分。这在欧洲人看来，也许以为是奇谈。”因为谈及苏联社会，记者连带问及苏联的共有财产制度，他说："在苏联，由于工作的努力，积有财富的人并不很少，但没有人可以用他的财富去生利金，你可以花很多的钱去买一所大住宅，但只能自己住在那儿，不许把住宅的一部分出租。"

…………

蒋经国在赣南升堂断案

老年蒋经国

曹聚仁

曹聚仁：（1900-1972 年），字挺岫，浙江兰溪市人。中国著名记者、作家。

1937 年"八一三"淞沪抗战爆发，曹聚仁奔赴前线，作为"中央社"战地记者，出色报道淞沪战役，台儿庄大捷和"皖南事变"真相。1941 年，他受在江西赣南的蒋经国之邀创办《正气日报》，任总编辑。抗战期间，他巡游东线战场江西、福建、浙江等地，写下了大量的新闻报道。

抗战胜利后，曹聚仁重新回到上海，过起编报、教书的生活。1949年拒赴台湾留在大陆。

1950年，曹聚仁赴香港任《星岛日报》编辑，并担任国共特使频繁往来于海峡两岸。

1972年7月23日，曹聚仁在澳门逝世，周恩来总理盖棺定论称赞他为“爱国人士”，并指示“叶落归根”。骨灰送至南京，安葬于雨花台侧望江矶。后移葬于上海福寿园陵园。

日寇的经济进攻

——郑西鸣:《新黄河畔的故事》

1940 年 5 月 28 日

抗战期间宣传画“敢卖仇货,就是供给敌人军费的汉奸,该杀不赦”

日本侵略者对中国的侵略方式，除了军事进攻外，还有“以华制华”、扶植汉奸和傀儡政权的政治进攻，以及“以战养战”的经济进攻手段。

1940 年，抗日战争到了相持阶段，日本在国内的劳动力和资源已严重不足，为此，他们采取“以战养战”的政策，即强制沦陷区民众或战俘为他们做工，以补充人力的不足，或在中国倾销日货，让中国民众大量购买，以解决他们在财政上的困难。

为了反对日寇的经济侵略，中国政府和广大民众发起了“抵制日货”（当时称“仇货”）的运动。

民众抵制“仇货”的运动(在二战爆发前,“仇货”包括英国在内)

1943 年宋美龄在美国参议院用英语讲演,号召:“请抵制日货”

“提倡国货”瓷盘

1938年6月初，日军攻陷开封、中牟之后，蒋介石为了阻挡日军西犯，密令军队在郑州花园口炸毁黄河大堤。汹涌的黄水向东南奔腾而下，夺淮入海，造成了5.4万平方公里的土地被淹，89.3万人丧命，1200万人流离失所的惨祸。

到了1940年，陷入敌手的黄河以东地区，早已形成黄沙弥漫，饥荒连年，饿殍遍地的“黄泛区”。面对黄水不断改道的恶劣地势，日军无法进行军事侵略，于是便改变了进攻方式——采用不流血的经济侵略。他们利用中国无知百姓的好利之心和奸商的贪欲，以及国统区关卡检查人员的敷衍塞责，通过各种手段进行走私，使日货源源不断地流入国统区——河南、陕西、鄂北等地。

1940年5月28日，郑西鸣发表在《阵中日报·军人魂》上的《新黄河畔的故事——记敌人的经济进攻》一文，就以铁的证据，揭露了日寇在黄泛区大肆开展经济侵略的罪恶行径。

作者郑西鸣，生平不详。他在文中所写的“敌人炸毁花园口”，是由于当时国民党宣传花园口炸堤是日本飞机所为，事件真相还未揭秘之故。

新黄河畔的故事
郑西鸣
第六五九号

1940年5月28日《阵中日报·军人魂》上发表郑西鸣的《新黄河畔的故事》

新黄河畔的故事
——记敌人的经济进攻

郑西鸣

1940年5月28日《阵中日报·军人魂》

前年五月敌人炸毁了花园口后，黄河便摆脱了旧堤漕的束缚，千万匹野马般的向郑州东南的大平原直泻奔流，但事情全出敌人意料之外，无际的洪波不曾阻断豫东我军的归路而为敌消灭，相反的倒阻碍了敌军的前进。在三十里到百里宽窄不一、沙滩无定的黄流之前，敌人的橡皮船都要皱起眉来，重炮坦克车及其它重武器更要望洋兴叹了。

军事的进攻既遭到了空前的难关，敌人的首脑部立刻改变方针，发动不见血的经济进攻——以大量的生产品，通过这一块被人忽视的地方，尽量向河南、陕西、鄂北广大的地区倾销，倾销！

为着达到上述的目的，上海和青岛几十个日本纱厂重新转动了马达，其他日本国内的毛织品、纸张、橡胶、化妆品、西药、烟、糖、电器材料等工业老板，也纷纷在上海、青岛、济南设立行栈，专门经营倾销事宜。

“中国政府肯放过吗？中国人民肯用日货吗？”当实施大规模的经济进攻之前，这两个问号已在敌人脑海中盘旋好久了。终于，敌人用伪装的方法克服这个困难。在对于伪装的技术上，我们不能不承认敌人是具有天才的。从口中吃食的炒米，到身上服着的阴丹士林布，以至于疗治梅毒的六零六，他们全有披着英美货或国货外衣的伪制品。

这些大量的伪装的敌货——经济攻略战的便衣队，有的先从上海运到蚌埠，然后循水路以至沈丘县的界首，有的则系由青岛、济南、天津循铁路运至开封，然后再向内地转运。他们壮大的行列，不仅畸形的繁荣了皖北、苏北和豫东许多炮火啮食过的城镇，而且把每一寂寥的公路河流织成了车水马龙的闹市。

在由花园口至界沟六百里的新黄河畔，我们的勇士曾以敌人的血染红了黄河的流水，但是这在经济攻略战下，我们的经济防线却不够坚强，敌人遂乘虚而入了。

黄河改道的初期，仅有一部分难民，为换取一点糊口之资，顺便带一些敌货过河。后来贩运敌货的丰厚利润，红了奸商们的眼睛，他们便开始到蚌埠等处作大规模的贩运，后来这一经济漏处，不久便引起当局的注意，中央和战区及省府当局立刻严令沿河军队及地方当局，绝对禁止非必需品的敌货的输入，而且为了执行这一经济对策，曾于沿河各口设立战区物品供应检查处，专负各口检查责任。

但这些措置的实施过程中，遭遇到许多意想不到的困难，并没有达到预期的结果。

首先，哪些是敌货呢？敌货上又没有“日本制造”的字，而且，它的商标还在不断花样翻新！

其次，奸商神通广大，惯用假冒“公用”、“军用”的名义，来做自己的买卖。而且……

负责检查的人员呢，论其地位者，无异于疆场杀敌的将士，大时代课给他们的责任是严肃地和敌人作经济的肉搏战斗，实际上能够如此工作的固然很多，但只把它当作一个普通职业来应付的，确也不少。

于是敌货便如水银泻地，无孔不入的涌进来了。

漯河、郑州，每天有从东边来的长蛇一样的布匹车、火柴车、纸张车……驶入这两个城镇，同时又有无数的商贩，把这些货物带到“自由中国”的广大地区。不过，由于地理位置关系，两地货物发散的路线也不完全相同。郑州汇聚的货物，多半倾销于豫西一带，由漯河汇聚的货物，却远销于豫西南、鄂北和陕西。

由于奸商的媒介，敌货普遍的散播到后方的城镇中。许多地方的城堞街头，尽管有千百种不同，但有一种现象却是一致的，便是同样充斥着安安色布，忠心牌火柴，团塔香烟……千百种的敌货，走私像一阵风吹遍了黄河东西两岸，所有的城镇都奇怪的暴发起来，漯河便是许多暴发城的一个。这个位居平汉线郾城县西临着小河流的小镇，在两三年前，不过是河南一个二等小商埠，但在今天却一跃而为华北一等的商业重镇。在这镇中，你能听到汉中、西安、洛阳、南阳、襄樊等地不同的方言，他们都是远道而来采办货物的商客。漯河现在有多少人口呢？因为人口的流动性很大，无人能够具体的回答。我们只知道，专供众多的远道客商娱乐的妓女，已经差不多有一千多人了。而且房价也在一天天飞涨。两年前，一间每月赁不到五块钱的破市房，现在非一百五十元莫能问津了。

在许多发财的人中，自然大多数原来就是富商，他们本钱大，关系多，发财也更容易，但其中也有若干的暴发户。

我们的眼光且从黄河这热闹的市镇，向豫东广大的农村挪移，那里没有繁荣，而是一幅凄绝人寰的图画。

滔滔的浊浪给他们的田地铺上了一层厚厚的沙砾，麦子长不出来，由此再不养活他们了。

难道他们不能也做点买卖吗？但今天，走私又使高利贷涨到年利五分，鬻地吧，地价从七十元跌落到四十元一亩，还找不到买主。有钱的人都走私去了，谁还买地呢？

明天应当怎样有效地将敌货禁绝呢？笔者认为，消极方面是将所有走私路线一律封锁，禁止一切敌货入口，俾免除真假不分产生出一切弊端，这样虽然亦有所失，然而所得比所失要多。积极方面，除健全政治上级机关，更应当建树重轻工业，奖励手工业，并努力于国货运销网的建立。

明天哪，明天，我们应该健康起来的。

为了家乡，为了亲人

——李广田：《在黑暗中前进》（诗）

1940 年 5 月 28 日

中国现代著名作家、诗人李广田

李广田：（1906—1968），山东邹平县小杨家村人，出身于贫寒的农民家庭，他本姓王，因过继给舅父，改姓李。1923 年考入济南第一师范后，1929 年入北大外语系预科，开始发表诗歌、散文，并与同学卞之琳、何其芳出版三人诗合集《汉园集》。

全面抗日战争爆发后，他流亡于西南各地，辗转河南、湖北，到达重庆，以流亡生活为题材写了《西行记》。1941 年到昆明西南联大叙永分校任教，与朱自清、闻一多、冯至等过从甚密，积极参加抗日救国和反内战的民主运动。

李广田与碧野是文友，1940 年 5 月 28 日他发表在《阵中日报·军人魂》上的诗歌《在黑暗中前进》，通过战士在黑暗中行进时看到人家温暖的灯光，寄托了对家乡亲人思念之情。

在黑暗中前進

李廣田

1940 年 5 月 28 日李广田发表在《阵中日报·军人魂》上的诗歌《在黑暗中前进》

在黑暗中前进

李广田

1940 年 5 月 28 日《阵中日报·军人魂》

太阳落下山，
江上的红光已换作深蓝，
我们
背负着沉重的行李，
弓着腰
在黑暗里穿，
像一条沙漠中的骆驼线。

我们又渡过水，
我们又翻过山，
我们行过荒村，
行过人家的门前。
有灯火从人家门缝里射出来，
有灯火从人家窗上射出来，
有人在窗子里，
用手指在窗纸上演着影戏，
一阵沉默，又一阵笑语声喧：
有母亲向小娃子催促：
“睡吧，乖乖
听好大的风声，快合上你的眼！”

一圈灯光

画一个黄金世界，
那里有爱，有和平与温暖。
但我们
我们还必须向前赶，
冒着北风，
冒着深冬的严寒。
但我们又不能不想起：
在数千里外的故乡，
在家园的灯前
也曾度过了多少幸福的夜晚。
但此刻
也许冰雹正压着门前的枯枝，
也许年老的母亲
在那变得惨淡了的灯光下
正计算着日子，长叹：
“唉，两年，已过了两年，
他同着他的伙伴，
为了自由，为了战斗，
在到处的辗转，
但是，他们何时才能回来呢？
他们现在什么地方呢？
她也许正用迷离的泪眼，
凝望着结了双结的灯花，
空想着占卜一句预言。

是呵，我们几时才能回去呢？
我们是在什么地方呢？
就让这案头的灯光告诉你吧，
我们是在祖国的深山中，

我们是在祖国的江水边，
而当我们看见人家窗上的灯光时，
我们就把我们的祝福交与北风：
“你好哇，母亲，但愿你永远康健，
而且更应该告诉你：
我们就要归去，
当祖国的旗帜重与故乡相见。”

抗战胜利后，李广田先后在南开大学、清华大学任教。1948年加入中国共产党。新中国成立后，任清华大学中文系主任。1949年参加全国第一次文代会，当选为文协理事。

21世纪初，云南大学为两任校长熊庆来、李广田在校内的故居进行了保存和修葺

1952年调任云南大学副校长、校长，昆明作协副主席。他先后创作了诗歌散文小说数十种，并整理出版了彝族叙述长诗《阿诗玛》。

1959年在党内反右倾中，李广田被划为“右倾机会主义分子”；“文化大革命”中遭到批判，被监禁拷问，挂牌罚跪，1968年11月2日夜里，他突然死在昆明市郊外的莲花池内，头部被击伤，满脸是血，脖子上有绳索的痕迹，待人发现时，他已直挺挺地站立了好几小时，死而不倒！

1978年李广田的冤案得到平反昭雪。云南大学80周年校庆前夕，校方修葺了熊庆来（陈景润的老师）、李广田两位老校长的故居，学生捐塑了两位老校长的铜像，作为永久纪念。

旧居中陈列着由云南大学学生捐塑的熊庆来、李广田铜像

链接

如今，李广田 1933 年创作的诗歌《地之子》，已选入高中新课标课本。李广田作为“乡土作家”，作为“地之子”，永远受到人民的怀念。

地之子

李广田

我是生自土中，
来自田间的，
这大地，我的母亲，
我对她有着作为人子的深情。
我爱着这地面上的沙壤，湿软软的，
我的褪褓；

更爱着绿绒绒的田禾，野草，
保姆的怀抱。
我愿安息在这土地上，
在这人类的田野里生长，
生长又死亡。
我在地上，
昂了首，望着天上。
望着白的云，
彩色的虹，
也望着碧蓝的晴空。
但我的脚却永踏着土地，
我永嗅着人间的土的气息。
我无心于住在天国里，
因为住在天国时，
便失去了天国，
且失掉了我的母亲，这土地。

1933年春

豫北抗战留影

——李蕤:《悼》

1940 年 5 月 29 日—30 日

抗战八年，河南始终处于战争的前线。

早在“七七事变”以前，国民政府就将河南列为国防重点，在豫北、豫西、豫东等地构筑了 1200 多个钢筋水泥的永久性工事。“七七事变”后，日军侵占了北平、天津，以 20 万兵力进攻华北，其中一路沿平汉线南犯，进攻豫北。

豫北抗战中的红枪会

1937 年 10 月中旬，日军抵达漳河北岸，宋哲元第 1 集团军奉命驻守在豫北，与敌展开激战，拉开了中原抗战的序幕。中共中央北方局军委书记朱瑞于 1937 年 9 月到达新乡，任八路军驻国民党第一战区司令长官部联络处主任，与国民党豫北师管区司令张轸合办军政干部训练班。当时，民间武装组织如雨后春笋；豫北的红枪会（农民自卫组织），也积极配合正规军，在抗战中发挥了作用。

1937 年 11 月 4 日，日军率先攻占了豫北最北部的安阳。此后，日军因兵力不足，无力线继续南下，于是减弱了攻势，中国军队和广大抗日民众在豫北与敌人顽强地斗争着。

1938 年 2 月，日军发动平定作战（即豫北作战），中国军队节节抵抗后撤至晋东南地区，至 2 月底，豫北全境沦陷。

从 1937 年 10 月到 1938 年 2 月，豫北抗战虽然只有短短的几个月时间，但在这里留下了许多军民奋力抗日的事迹，和可歌可泣的英雄人物。

抗战前李蕤正在河南大学读书，1937 年抗战爆发后，他放弃学业，当上郑州《大刚报》的一名战地记者，同年 10 月被派往豫北新乡采访，当时武安已沦陷，《悼》是他为一个在敌后战斗的游击司令所做的画像。

1940 年 5 月 29 日—30 日《阵中日报 · 军人魂》发表了李蕤的《悼》，文章既歌颂了朴实平易、善于联系群众的史副司令，也寄托了作者对沦陷近 3 年的豫北的思念之情。

李蕤生平，见《指印》一文

1940 年 5 月 29 日—30 日《阵中日报 · 军人魂》连载李蕤的《悼》

悼

李蕤

1940 年 5 月 29 日《阵中日报 · 军人魂》

（一）

一九三七年十月初间，我住在新乡一家小旅馆里。那时我的职业是战地记者，那个小旅馆是我的基本落脚地，隔几天我从那旅馆里出发到前线去，过几天，我又从远处回来了。

我们旅客的名字，经常被旅店主人写在账房对墙的一个小黑板上，走的时候擦掉，回来的时候再添上。那个旅馆，在那时候可以说是战地记者的集散地，各自从四面八方的地方出发，但却习惯性的集拢在一处。因之，脑子那小黑牌上，长时间不凋落的名字，几乎全是战地记者。

但后来，在黑牌上我们又发现了一个经久不拭去的名字：史副司令。

副司令？这当然就是官衔了。官衔，我们因为过去的习惯，看看便淡然过去了。

有时候，我或许也这样想一下："一个副司令为什么会住在这么小一家旅馆里？门口为什么没有汽车也没有马车？院里从来也没有听到过整队的皮靴马刺磕着地的响声呢？"但却也没有认真的研究过这事。

有一次，谈到这疑问的时候，一个朋友说："这时候，司令多了，东也是个司令，西也是个司令，什么民军司令，游击司令，在这里我保能替你找到很多……"

"……啧，也是司令呢？"说着，他指着对墙油漆剥落的黑牌，这轻蔑的态度，不知为什么却使我反感。

"你认得他么？"我淡淡的说。

"不！"他的头轻蔑的摇着。

"那便不应该这样说。一切的事都不能一例而论的。"

不久，我就有机会认识这位副司令，这位是现在我追记的战士了。

（二）

有一天，我去拜访民众动员委员会，负责的人招待得很热情，牵着我的手拖我到楼上，把一堆组织条例、工作纲领摊到我的面前。

就这样，战争的面前，他好像拆卸机器似的，指给我那个广大组织的机构，"宣传股"，"民众武力发动股"，"国防资源调查股"……再，便是各股的负责人……机关上主要的螺丝钉，那是闻名甚久的、社会上有声望地位的人。

"还是请你说说各部门工作推动的情况吧！"我忍耐不住的要求着，

我想知道这部推进机器各部门的工作推进到什么阶段。

负责的人似乎略微受着一点震动，我们各人向前移了移椅子，各自聚精会神。我们中间，放了厚厚的一叠毛边纸裁成的便条，各自用着笔，且画且说——生怕主要的事物漏出了记忆。

在笔尖触到“民众武力发动组”的时候，拿笔的人，却皱眉头了。

“这是件棘手的工作，谈何容易：我们离民众太远了，不拘生活、言语以及习惯。民众他们不懂什么花头，但大半都是纯朴而善良的。他们要兑现的东西：工作要做，饭他们总得吃的，所以要发动他们，不能是一味地把美丽的名词和大帽子压在他们的头上，他们一点也不需要那一套。要他们关心，先得真关心他们。这不是简单的事。不拘宣传、训练或组织，不能和他们的生活打成一片，是难生出真实的力量的。”

在这时，勤务推开了门，说：“史司令！”

我心内由于过去的习惯，微微感到不安。平常，不要说是司令，一个上尉以上的脸孔我都怕看的。于是，我动手去拿桌上的帽子。

“不妨的，”那位先生用力按住我的手，“最好听他谈谈”，“一个非常有趣的人物”。

话未说完，人已到门前了。

在他们互相热烈的招呼握手时，我迅速的打量来客的相貌和行装。他人略有些矮，但体魄看来非常结实。脸紫棠色，宽大，上面稀疏有几个麻点，但在他和善的眉毛和明朗的眼睛衬托下，反而显得朴实雄浑。他的衣服，真再简单也没有，短裤短袄，全是浅蓝色粗布做成的。除了一条皮带之外，他的全身找不到一点“官气”。左臂上缀着很不小的一个“游”字，左上方的口袋上，插着两支粗大的铅笔，一红，一蓝。

坦直的介绍后，大家便随随便便的坐下来，几乎很少寒暄，话很快到正轨里去。他是两天前才从敌人后方武安回来，一两天还要回敌人的后方去。

“我现在急需一个电台……真的，我现在是万事俱备，只欠电台……敌人后方，顶困难的是联络，游击队不能互通声气，是非常讨厌的。”

“这我一定竭力帮你的忙。通讯社的老于，我跟他商量商量，最好他能连人和机器一路跟你去——你拿政训处长给他做呀！”

“好，好的！政训处长、参谋处长、秘书长，什么都可以，只要有电台，反正电台是我的祖宗！”说着，他粗野的、孩子似的大笑起来。

饭送来了，馒头、稀粥和鸡蛋青菜。因为太简单，大家便毫不谦让的坐下来。吃饭的时候，他的面前，特地放了一盘碎盐，他一壁把盐屑沾在馒头上大嚼着，一壁说：

“成了习惯了，在山里老百姓吃糠屑、柿子皮，菜哪里去寻哪！有一次，我的勤务兵能干极了，从哪里给我找到几头大蒜，这就算是顶舒服的了。所以现在每一顿，总是嚼点碎盐了事。现在肠胃已经弄成习惯了。”

“你们的接济还够么？”我插上一句问他。

“运输自然是困难的，哪里能够运输？但我们吃的并不成大问题，大部分全是老百姓供给我们的。老百姓穷苦，但只要你能够和他共甘苦，爱护他们，他们总都拼命供给。在那里，我们领到大米的时候，总分给他们，因为他们好些人终生不曾吃过大米。实际上，分出去的，只不过几十包，回来的却是几百包，这可不是巧取诈夺，而是他们乐意捐输。”

“民众真是顶好欺负又顶欺负不了的。你对他好，就得到助力，对他不好，就得不到。”

“豫北的红枪会厉害吗？”

“厉害，”他答道：“这力量，如一头没缰绳的牛，用得好是抗战中的大力量。”

“你们的枪支呢？没有问题么？”

“没有什么问题，不过子弹有点缺。民间的枪，好像春前的草一样，就是没有露出地皮。许多所谓游击队，到一个地方就收老百姓的枪，他们的枪是买来自卫的，当然反感得很。强悍的，和枪一道上了山，怯懦的，把枪埋在地下。但靠枪没有用呀，枪是人放的，许多人却只知道向老百姓夺枪。”

“我的队伍到一个地方，第一是先和他们的生活卷在一起。至于枪，是这样的：人不离枪，枪不离地。老百姓的枪绝对不收，不但不收，而且还可以无条件的替他们打收条，在名义上作为我已经收了。这样，别的军头，当然也不再来搜夺了。这，老百姓是感激的。不要他们的枪，反而保护他们，他们当然感激（他反复着说）。因此，他们有一根枪便现出一根枪，人也有，枪也有，保卫和守护的力量还不一样么？不止这，附近的铁路城市，他们还一样的可以游击，将来离开的时候，有好多人因为已经有了感情，同时明知日本人到了以后没有好日子过，都肯跟着走……”

和某先生，我俩都兴奋的听着，点头微笑了。

“总而言之，一句话，民众是米也有，枪也有，力也有，这是一个取不尽、用不竭的泉源。但要欺负他们，米也没有，枪也没有。哈哈……”伸着懒腰，这位插着两只粗铅笔的司令格格大笑了。

随后他很有趣的给我们叙述夜间折铁路和摸到敌人飞机场烧飞机的事，随后又随便给我们讲骑马的经验。

“脚踏入镫的时候，只能踏入一个脚尖，全脚都踏进去是危险的，如果马把你掀下来，你会倒挂着被拖死。”

“跌下马的时候，切莫用手按地。一按，手除了折断外是没有二途的。要抱住胸滚下来，一点也不要紧。”

后来，又谈到敌人后方的通讯联络，他说：

“你们听吧，看我的办法妙不妙？环境是随时随地可以利用的，用化学制品来秘密通讯，固然妙得很，但常常被敌人破获，所以有时候求巧不如求拙。举个例子吧，我用药单，药名代表军头，钱分的分量代表数额，引子代表方向。这种‘信’，完全可以公开传递。这通信，连送信的人自己也不知道，在他是正正经经的被那方面派他来找医生开药方的。即令他们被捕，也泄露不了军机。”

正谈得起劲，钟忽然敲了十一点。他突然抬起头，爽直的伸出手来。我问：

“后天一定回武安么？”

“后天一定，”一声简捷的回答，“我这一去，不成功便成仁，决没有什么顾忌！”

“哪里会？胜利是随处迎候着你们。”我们一齐欢声说。

…………

再以后，到旅馆里看到那方小黑牌，看到粉笔写的史副司令的名字时，我的印象是另一种了。

（三）

后来，我从前线回到后方，白昼的工作，改成了夜晚的工作，除了间接的从报纸上谛听到四面八方的消息以外，不能目睹前方的英勇的厮杀。但对于华北的广漠的原野，屹立万仞的太行山的雄姿，以及那山里活动的人群，我是不能忘却的。

天气已到初春了，但残冬的威势却仍然不肯灭杀。一阵暖和，紧接着便是一阵严寒。在一个天空满是浓雾的早上，我正要出门的时候，偶然翻翻报纸，看到一方启事：

“为追悼史某某同志……”

这方启事如一块黑帕，蒙住我的眼睛，虽然再下面是他的劳绩，但我已没再往下看的心情了。

“这一次我是不成功便成仁……”耳边隐隐听见这声音，眼前仿佛还有那张宽大赤红的脸。

后来打听到，他是在汜水渡口殉国的。他和一群战斗人员渡河到中途，遭了敌机关枪的扫射，身中十余弹，情形十分凄惨。

在几年来的战斗里，在绵亘数万里的通南扯北的大战线上，何止有万千的英勇战士流血！这些血，这些站在四万万人前面先倒下的身躯，都是值得默默的追悼的。史先生也不过是他们中间的一个。

难忘悲壮保卫战

——靳以:《忆哈尔滨》

1940年5月30日

提起东三省，众所周知的是，1931年“九一八”事变后东三省全境沦陷，但鲜为人知的是，1932年1月到2月间，在东北最重要的城市哈尔滨所爆发的一场悲壮惨烈的抗日斗争——哈尔滨保卫战，在这场战斗中，涌现出了许多可歌可泣的英雄。

1932年2月5日哈尔滨沦陷，日军坦克入城

20世纪30年代，哈尔滨已发展成中东铁路枢纽和北满最大的国际贸易市场。其政治经济军事地位十分重要。当时，国民政府在此设立了“东省特别行政区长官公署”和“东省护路军总司令部”，由张景惠任特区长官和护路军司令。

但1931年“九一八”事变后，张景惠却暗中投敌，1932年新年，张景惠发表独立宣言，宣布黑龙江独立。同时，在吉林，出现了由国民政府任命的主张抗战的吉林省临时政府和日本扶植的伪军的对峙。这时，哈尔滨成为“三不管”地区。

日军企图迅速侵占哈尔滨，但又担心苏联的干涉。可是苏联于当年11月明确声明“采取严格中立主义”，从而打消了日本的顾虑。

1932年1月中旬，日军指使伪吉林“剿匪”司令于琛澄，率军向驻舒兰、榆树一带的中国军队进攻，守军张作舟、冯占海奋起抵抗。张作舟不幸被俘，冯占海击退伪军进攻舒兰之敌，但榆树失守，冯占海侧背受敌，退往阿里、宾县一带。

1月27日，伪军于琛澄部进攻抵达哈尔滨市东南郊，中国军队李杜、邢占清、冯占海一齐出击，将敌击溃，并击落日军飞机一架。驻守双城的中国军队护路军赵毅部也歼灭伪军一个旅，哈尔滨保卫战初战告捷。

日军关东军见伪军不能获胜，遂亲自出征。1月28日，日军第3旅团沿哈长路北犯，与从齐齐哈尔方向来的第4旅团对哈尔滨进行夹攻，驻守哈尔滨双城的东北军赵毅部，得知敌人来犯情报，出其不意，重创日军。关东军后续部队到来之后，未及撤退的中国军队，遭到日军野蛮报复，他们将伤者刺死，尸体剖腹挖心，并不准老百姓收尸，手段极其残忍。

在日军大军压境、兵临城下之时，1月31日，中国抗日军队李杜、丁超联合各部队在哈市成立了吉林抗日自卫军总司令部，李杜任总司令，丁超任护路军总司令，冯占海任副总司令兼左路总指挥，并发表抗日讨逆宣言。国民政府满洲省委1月30日发表了《为反对日本帝国主义进攻哈尔滨告士兵群众书》，号召士兵和群众严阵以待，保卫哈尔滨。

为了支持哈尔滨保卫战，哈尔滨各团体、市民群众纷纷捐钱捐物，慰劳军队，市民还组织了公民救护队，开赴前线，救护伤员。

2月4日，日本关东军第2师团兵分两路，在伪军的配合下，向哈尔滨发动全面进攻，整个哈尔滨炮火连天，弹如雨下，守军将士奋力抵抗，李杜亲临战场，激励战士，多次击退敌人进攻。

2月5日，日军发起更猛烈的进攻，战机轮番轰炸，抗日将士仍顽强坚持战斗。中午以后，丁超部的中央阵地被敌人突破，各部遂难以维持。到了下午，哈尔滨沦陷。这一天正是除夕。

哈尔滨沦陷后，吉林自卫队转移到延寿、宾县、巴彦一带，继续开展游击战争。

这场发生在1932年初的英勇悲壮的哈尔滨保卫战，是东北军民英勇抗战的辉煌一页，也是中国抗日战争史上的辉煌一页。

1940年5月30日，《阵中日报·军人魂》发表了靳以的《忆哈尔滨》一文。从文章内容看，作者当时正在哈尔滨，他和一群青年朋友一起，躲在阴暗的小屋中，通过无线电收听“哈尔滨保卫战”战况。他们听到了喧天的锣鼓，感到欢欣鼓舞时，显然是中国抗日军队取得暂时胜利的欢庆；而当日军的报纸用特号字排出令人难以置信的消息，一个同伴当场哭出声来时，显然是指哈尔滨终于沦陷。此外，文中所提到的“丁（超）、李（杜）、宫（长海）、冯（占海）”都是哈尔滨保卫战中的重要中国军队抗日将领。由此看来，靳以的这篇散文，不仅是一篇抗战文学作品，也对 1932 年 2 月的哈尔滨保卫战这段历史，提供了一个珍贵的佐证。

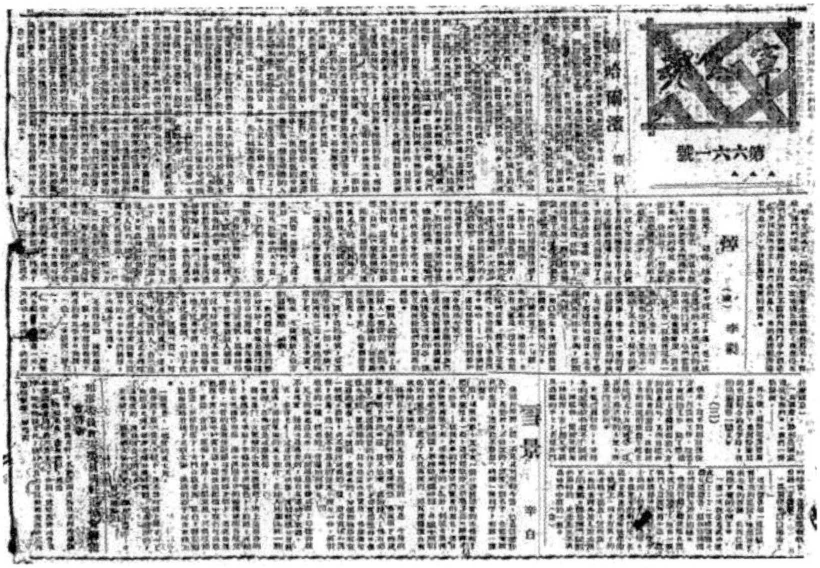

1940 年 5 月 30 日《阵中日报·军人魂》上发表靳以的《忆哈尔滨》

忆哈尔滨

靳以

1940 年 5 月 30 日《阵中日报·军人魂》

一面怀着爽快的心情过着晴朗温和的冬日，一面又来自担心着过度的干旱和燠热会影响今年的农作物。一夜间，就什么都改了样，先是为寒风侵袭着，独自在眠床上醒了来，窗外没有弥漫的雾，阴沉的，灰色的，几乎像间不容发地塞住整个的窗口，用来遮夏日太阳的竹席，正自淅淅零零地响了雨点“滴打”的声音。

像往常一样，小镇上的石径早涂满了泥污，小心地低着头行走，看到那上面竟然有倏忽就消失的雪花，这是值得诧异的。仰起头来，真的觉得落在脸上的比雨点更寒冷的东西，虽然是那么飘忽、稀少，被我这来自北方的人，很敏锐的感觉到了。

说起北方，我想到那遥遥远远的城。

怎样来记忆那个城呢，必须先在我们的回想中，铺满了一片无垠的冰雪，那还不足以说出那边是怎样寒冷的，我还得说出原野中僵硬的黑土地，生生地给冻得裂开缝隙，而且那终日驮了列车的铁轨，会像铸铁一样地断了……但是这一切，都还没有使一个人直接地感到它的寒厉。我要说，那边的街路上有许许多多断肢的乞丐爬着，他们的手脚是生生冻掉的，只要五分钟不行进或伫立，你就懂得冷入骨髓这句话该怎么讲，而且你的鼻子是又麻又痛。

在这样的情况之下，人们仍旧有沸腾的热血，那时候已经沦陷了，我又到了那边，松花江好像表示它的冤屈，猛然间淹流了半个城。鬼子们失掉了魂，一面防着江水，一面防着谣传随时都会冲进来的义勇军，那时候，我记得他们是由丁、李、宫、冯统率着，在江北的东线，在南线，带兵与鬼子们周旋。

许多消息在私下里传着，说是有多少尸首从上江运下来了，再即是佳木斯、绥化河，双城堡、蔡家沟、安达站的一些神奇的战斗故事，而由于“诞”的安慰，也不觉得那些话的不足凭信，尽着是一个有知识的人，也不知不觉地把那些消息和故事远远地传开去了。居然有一次是那样说，日本人真是山穷水尽了，打算放弃北“满”，以长春为界，先把妇孺撤散，然后再撤退士兵和人民。

这是可能的，当时我们想。果真在街上就像看见日本妇孺是逐渐地减少了，而且，那相同的狡猾的脸上，居然被我们找出一层阴云来。可是我们的心也不是没有疑问的，鬼子狡猾极了，那么他们怎样去守那个傀儡的首都呢？可是一面我们又在忘情地幻想着一支大军从热河，穿过奉天的率部，直扑长春……

但那时候日本人不但没有撤退，而且养了更多的供他们奴役的豺狼，帮助他们杀害善良的人。

那时候我们时时躲在漆黑的一间小屋子里，把门窗堵得极严，许多人轮流地谛听一架无线电收音机，那几乎是我们唯一获取祖国消息的所在，我谛听到模糊的战事报告，和锣鼓喧天的欢乐，还有那恣情畅快的歌唱。有一次我记得有一个极使我们诧异、极使我们气愤的消息，在日本的报上用特号字排出来，我们不相信，于是从那遥远的空中，居然带给我们那不快的消息，有个年青的热血的孩子，当场哭了出声来。

虽然没有什么鼓舞人的好消息，那几个热血汉子们却尽了他们的职责了，他们有的打游击去，有的还潜入城市里，穿上各种不同的装束，时时会来一次不及防的袭击，也许他们是轻举妄动，可是恰好使一些人为了祖国，成为祖国的不屈的战士。

如今又度过了一段时日，当着全中国的热血男儿，和敌人搏斗的时候，他们也一定会趁机出动吧？我想得出他们有的早就牺牲了，有的该在不断的肉搏斗争中练成一只凶猛的勇士，我们有的是人，有的是那颗沸腾着热血的心，早想回应这战斗的号角。

靳以

靳以：（1909—1959），现代著名作家。原名章方叙，出生天津，幼年随父母在东北生活，12 岁回天津读中学，毕业于上海复旦大学商学院。1936 年在上海与巴金合编《文学月刊》，创办《文丛》月刊，抗战时期到重庆复旦大学任教，兼任《国民公报》副刊《文群》编辑。抗战胜利后随校迁回上海，任国文系主任。新中国成立后，1950 年接编《小说月刊》，1953 年任上海作协副主席，1957 年任中国作协书记处书记。1959 年入党，同年因心脏病在上海去世。终年 50 岁。

抗战中的巾帼群星

——丁一:《重庆妇女界》

1940年5月31日

1938年5月,中国战时儿童保育会常务理事及部分负责人合影,后排自左至右:孟庆树、刘清扬、唐国桢、沈蕙莲、曹孟君、郭秀仪、史良、邓颖超;中排自左至右:张蔼真、安娥、庄静、宋美龄、谢蓝郁、杨崇瑞、吴贻芳;前排自左至右:黄卓群、吕晓道、陈纪彝、沈兹九、徐镜平、钱用和、陈逸云

自辛亥革命以来,中国妇女的解放运动,有着突飞猛进的进步。妇女不仅抵制缠足、包办婚姻,争取读书就业的权利,而且造就了一批留学海外,学成归来报效祖国的知识精英,在抗战的烽火中,许多妇女更显示了“不让须眉”的勇毅与才能,她们或投入火线上的“妇女战地服务工作团”,或服务于后方的“战时儿童保育会”“伤兵之友”等组织。她们保护难童,救助伤员,支援前线,宣传抗日,起到了不可估量的作用。与此同时,还有一些妇女踏入政界,成为国民参政员,为推动中国政治民主法制建设作出贡献。

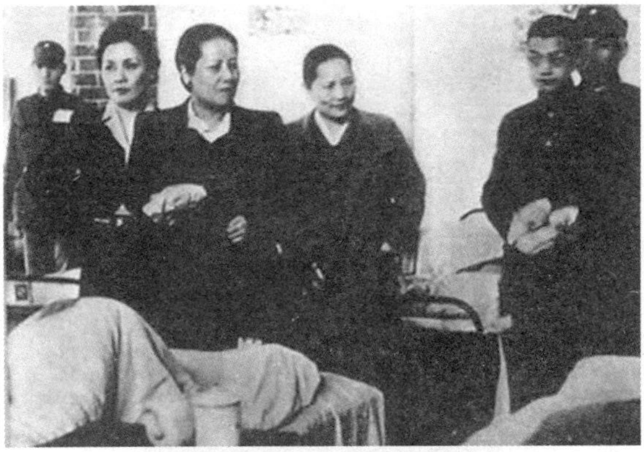

1940年4月8日,宋氏三姐妹赴"伤兵之友"社总医院——重庆第五陆军医院慰问伤兵

吴贻芳(1893—1985),国民参政会参政员,连任23年金陵女子大学校长,1945年出席联合国成立大会,成为在《联合国宪章》上签字的第一位女性

史良(1900—1985),法学律师,国民参政会女参政员,历史上著名的"七君子"之一

刘清扬(1894—1977),中共早期党员,周恩来的入党介绍人

奇俊峰(1915—1947),内蒙乌特拉前旗女王爷,因抗战有功被国民党军政部授予少将军衔

巴云英(1899—1966),土特默旗女首领,被授予少将军衔的"抗战女王"

赵洪文国(1881—1950),夫姓赵,本名洪文国,毁家纾难帮助儿子建立游击队,被称为“双枪老太婆”

胡兰畦(1901—1994),抗战时期组成妇女战地服务团,被国民政府授予少将军衔的7位女性之一

绿川英子(1912—1947),日本世界语学者和作家,抗战时期参加国民党中央电台对日播音

抗战时期的国民参政会，是抗战时期各党派参政议政的国家机关，为国共两党第二次合作的产物。1938 年 7 月 6 日，国民参政会在汉口成立，在 149 名参政员中，有 10 名是女性。1940 年 4 月 1 日—10 日，第一届五次国民参政会在重庆召开，9 名女参政员到会。这些女参政员，不仅都带有关于国计民生、妇女问题的种种提案，而且呼吁政治民主，积极推进宪政运动，这在当时是难能可贵的。

1940 年 4 月，持不同政见的宋氏三姐妹齐聚重庆，象征着抗日统一战线的团结巩固。如当时《大公报》评论所说：“孙夫人此次到重庆来，无论其任务有无或大小，都是团结的有力象征”。

除了政界要员、社会名流外，当时到重庆的，还有驰骋疆场、叱咤风云的巾帼英雄——内蒙古的两位女王爷奇俊峰、巴云英，此外，在战地服务团工作三年的女作家胡兰畦、被称为“游击队之母”的赵老太太，冲破日军的封锁向守卫四行仓库八百勇士献旗的童子军杨惠敏、日本反战女作家绿川英子、池田幸子，美国作家史沫特莱等，这时也都齐聚重庆。

1940 年 5 月 31 日《阵中日报 · 军人魂》发表丁一的《重庆妇女界》一文，以简练的文笔，勾勒出当时妇女界群星辉耀的盛景。

由于历史的原因，此文中所提到的女性，除了少数人为今天的人们所知，大多数人已湮没不彰。但她们为民族解放所作的奉献是不可磨灭的，她们的奋斗和业绩，也把中国妇女解放运动提升到一个新的高度。

丁一，孙福熙的笔名。简介见《动摇与没落》。

軍人魂
第六二六號
重慶婦女界 丁一

1940 年 5 月 31 日《阵中日报 · 军人魂》发表丁一的《重庆妇女界》

重庆妇女界

丁一

1940 年 5 月 31 日《阵中日报·军人魂》

四月的重庆，妇女界特别活跃，若干女界的先进在这时候都集中在重庆，运用她们的力量，筹划与推动今后的妇女运动，这是一个可以纪念的时期。

参政不落后人

四月一日开幕的参政会，到会参政员一百五十三名，被认为参政会空前热烈的一次。这中间有九位是女参政员，那是史良、伍智梅、罗衡、张肖梅、刘衡静、陶玄、邓颖超、吴贻芳和王立明，参政会所有女参政员一共十位，其中一位是在武汉被暗杀的俞维华，所以事实上“女参政员”全数出席，虽然邓颖超和吴贻芳因故迟到，但她们都赶到了讨论议案的大会。

开会期间，重庆妇女界十二个团体联合举行茶会，招待参政员，她们要求女参政员要力争妇女们的权利，特别是作为百年大计的宪法，非据理力争不可。她们要求在宪法——关于人民权利的各项应明确“不分男女”，她们要求发展妇女生产事业，她们要求国民大会增加女代表，她们要求取缔买卖妇女、纳妾蓄婢、童养媳制度……

在会议期间，刘衡静、伍智梅、史良、王立明等都有关于妇女问题的提案提出，为了“不分男女”这一点，史良更是与罗隆基先生剧烈舌战，在整个参政会中，女参政员是异常努力的一部分。

推展宪运

参政会闭幕后，妇女界关于宪政运动益发积极了，这里有各种不同的活动，一种以国民大会将于十一月十日举行，国大代表妇女当选的非常之少；因此主张进行竞选，另一种认为宪政运动是长期的，我们现在不是争取男女平等的时候，而主要的在进一步争取在法律上扶助妇女，因而主张继续推定妇女宪政运动，使全国妇女统统了解宪政的重要，真实地推行起民主政治来。

前者系由沈慧莲、刘衡静、朱纶、唐国桢、庄静、吕晓莲、陈逸云等主持，四月间已正式成立“国大妇女代表竞选会”，选出理事，一面分电各省市，请即成立分会，他们具体地要求政府于二百四十名指定代表中，多选妇女充任代表。

另一种活动的主要的人物是史良、刘清扬、曹孟君、张肖梅等，她们还在进行宪政座谈会的工作，为了希望使宪政运动更扩大而深入，决定组成一个“妇女宪政促进会”(1)，负责推动，已推定筹委，在进行中。

军政要人

放开整个社会生活不谈，我们现在可以记述几个政治上的重要人物的活动，那是适逢其会难得的时候。

首先是三夫人的来渝。由于孙夫人的亲临战时首都，使妇女们都很兴奋起来，孙夫人虽然没有在政治上负有重要责任，但她是多年来民族解放运动的领导人，她已深深地抓紧了青年们的心；孔夫人是个理财家，她的经营于中国经济财政都有很大的影响；蒋夫人更不消说，是今天中国重要和最有权力的人，一手培植着中国幼年的空军。

在重庆，三夫人到处奔忙着，参观工厂、参观保育院、主持“伤兵之友”运动（2）、对美广播，在报纸上三夫人的新闻不断刊载着，这时期除了参政会，三夫人成了最引人注意的人物。有她们，重庆妇女界像孩子见了妈妈般的高兴。

除了孙夫人她们以外，重要的从没见过面的女宾，该是两位塞上女将军齐俊峰与巴云英了。

转战绥西两年余，血溅荒漠，领导万千民众与敌人死拼的女英雄，就是她们两位。奇将军是蒙古乌拉特前旗石王夫人，自从石王于民国二十五年逝世之后，她便代理整个乌拉特前旗的军政，中央二十七年正式任命为女王，这位女司令才二十六岁，二年多的游击战中间，她从没让敌人占过一次便宜；同样另一额王夫人巴云英也是与敌人苦斗的健儿，额王于民国二十五年逝世，因此由她代理要务。当敌骑踏上绥西蒙疆草原的时候，巴云英也不让于其他各王公，便戎装驰骋在战场了。她们两位都为了向当局报告绥西蒙旗一部分的战况，远道而来，她们对于政府都怀着忠诚无比的信心。

将有一次盛会

假使还需要举出其他显著的妇女领袖的话，那么率领劳动妇女服务战地三年的胡兰畦，主持广西妇运的郭德洁与黄绍竑夫人，“游击队之母”的赵老太太，向八百孤军献旗的女童军杨惠敏，日本反战女革命者绿川英子、池田幸子，热烈同情中国、声嘶力竭地替中国呼吁的史沫特莱，最近都聚首在重庆。

有了这么优秀的妇女界代表，所以说四月重庆的妇女界，是一个不平凡的时期。

孙院长四月十一日在妇运高级训练班讲演《妇女在今日的地位》，他说，中国妇女在辛亥革命之后，已天天在进步，到今天虽然事实上比不上苏联，在某些方面也比不上英法，但在今天大战的大时代，进步得更快了。是的，抗战加速了中国妇女的进步，而妇女的进步对于抗战的意义是很大的。

注释

（1）宪政促进会：1940 年前后，在国统区兴起了要求国民党实行宪政，结束一党统治的民主运动，并陆续成立了各类宪政促进会，目的是推动中国民主政治的发展。

（2）“伤兵之友”运动：随着抗战的不断推进，全国出现了大量伤兵，由于他们在精神和物质方面得不到应有的关照，成为很大的不安定因素。湖南衡阳的一部分人士，首先创立“伤兵之友社”。1940 年 2 月 19 日，新生活运动六周年纪念日上，蒋介石昭告国人，积极参加“伤兵之友”运动，同日，“伤兵之友”总社在重庆成立，宗旨是唤醒全国民众爱护受伤将士，志愿抗战。之后，全国各地纷纷响应，至 1944 年，国内共成立分社 141 处，并选拔优秀伤兵义务服务员开展工作。

腐朽家庭的叛逆者

——卜宁:《家》

古城篇之一

1940 年 5 月 31 日

北平的“大宅门”

家，通常是爱、温暖、避风港的代名词，但在有些特殊情况下，家却成为腐朽、罪恶和令人窒息的牢笼。

1931 年，巴金写了长篇小说《家》，以四川成都的高家为背景，把“家”描绘成中国专制社会和家族的象征。作者控诉了“家”对生命的摧残，歌颂青年一代反专制压迫的斗争。书中主人公觉慧最终冲出家庭，去寻找新生活，表现出“五四”以后青年思想的新觉醒。

抗战以来，无数家庭毁于战火，千万人经历着家破人亡，妻离子散的痛苦，人们渴望着亲人的相聚，家庭的团圆，然而，也有极少数的家庭，仍然令人厌恶，充斥着腐朽的气息，是青年人希望摆脱的地方。

1940 年 5 月 31 日《阵中日报・军人魂》发表了卜宁的《家》，这是一篇“微小说”，只有短短几百字，却表现出了与巴金的《家》异曲同工的主题。这个家，是坐落在“古城”中的一个“大宅门”，当时，古城已经沦陷，但在这个“家”中，虽然斗贵的母亲也抱怨着世事艰难，生意难做，但从文中的描写可以看到，家中的主人和客人们仍然过着豪华的生活，这里灯红酒绿、歌舞升平，高谈阔论，牌声阵阵，丝毫也感受不到抗战的火光硝烟。

斗贵向母亲要了一些钱，毅然离家出走。他要寻找的，是真正符合时代要求的生活。

作者卜宁，生平不详。

軍人魂
第六二六號
家
古城篇之一
卜寧
重慶婦女界
丁一
旅途車上

1940 年 5 月 31 日《阵中日报 · 军人魂》发表卜宁的《家》

家

卜宁

古城篇之一

1940 年 5 月 31 日《阵中日报 · 军人魂》

一座庄穆的小门第，箕坐在某某胡同的中段，垂柳两株，谦虚的恭立在门口，门上钉有“朱宅”的长方形白铜牌，一切是端正的。他轻轻推开虚掩的黑漆大门，经过穿堂，直跨入右边的大院落，迎面而来的是一曲无线电的京剧，荒荡的音乐，猛烈鞭挞他的神经，他差点没蹲下去。从对面大厅里不断传来响亮的牌声，音调近于枝头麻雀的轻言碎语，他的心里痛楚起来。

他掀起了青色的棉布帘子，迈入院落右面的一列西式平房，一共三间，中间布置成小客堂，左右两间住人，通过客堂，他走到靠左的寝室——

“回来了？今儿是——”一个着黑绸袍的白发夫人迎着他问。

“星期四，没放假……我有点事……”他的言语有点支吾，但随即横下心，坚决地说下去：“妈，我要赴一个宴会，你给我打的两支金戒指得施一施……教科书还不够，你有零钱，给我一百……”

“唉，又是钱，年辰多艰啊……比不得往年啦，处处得撙节点，该省就省。……这一晌，生意挺棘手的。鬼子和高丽棒子（1）一步步逼……劫啊……”妇人颤巍巍的数落着，慈祥的目光里揉和着茫然的怨恨。

他不断哼着，是，没开口分辨，老妇人终于慈和地说了。

“就要吗？……明儿一起给你吧！横竖今晚你得在家憩一宿。”接着捏了捏斗贵的右臂，“冷了吧！该穿呢大衣了。……我叫李妈就给你预备饭！”

他愉快的摇摇头，说不冷也不饿，还要到附近去访问一个人。再搭讪几句，他向客厅走去。

客厅是另一座世界，太平的世界，欢笑声如流泉，淙淙不绝的从人们口里流泻出来，时空观念，在这里已不复存在。奶白色宫灯悬在奶白色的天花板上，滤下奶白色的光，随着温静的光辉，一缕绵柔的带点甜味的气氛悠悠缭绕着，增加了人们心头的“和平”意念。

一个角落里是牌桌，另一个角落里是无线电音乐，第三个角落里，两个青年男女试着狐步舞（其中有一个是他的堂妹），末一个角落里，几个中年人坐在沙发上聊天，不时啜口棕色液体，盛在高高的白瓷盏里的，神情像是在法国沙龙里。

见他来，大家都没有说什么，只有牌桌上的哥哥，投来冷漠的一瞥，跟着是一声“回来了？”

他愤愤哼了一声，想退出去，从沙发里来的声音又止住他的足步：

“喂，用功的朋友，来加入我们的小沙龙，好吗？我们正在讨论人类的前途与世界的归宿哪！……”说这话的是一位西装笔挺的中年胖子，笑起来，眉毛眼睛鼻子挤成一团，腮边上的肥肉沉甸甸的垂下来，足足有两磅重——大厅门口的青年人，知道他是“文化人”，兼“某某家”。

“对不起，我有点事，恕不奉陪。”

他倨傲的走出来，深深吸了一口夹有绿叶芳香的清新空气，背后爆起一阵榴霰弹似的笑声，笑得那么慷慨，那么从容，仿佛是在使一宗美不容辞而又不花本钱的事。他有点抖颤，又有点晕眩，宛若暗蓝色的中天就要坠落一颗大星在这院落里，他的面前。

“哼，这也是生活！”

注释

（1）高丽棒子：是中国人对朝鲜人和韩国人的一种贬称。抗战时期，朝鲜是日本的殖民地，一些朝鲜籍士兵随日军入侵中国。

关注战时儿童读物

——茅盾:《从〈有眼与无眼〉说起》

1940年7月15日

中国现代著名作家、评论家茅盾

抗战时期，中国的少年儿童流离失所，饥寒交迫，连生存都很困难，只有极少人能得到读书的机会。然而作为教育工作者，对于儿童教育，无论在多么艰难困苦的时代，都不应该无视，使之荒废。因为儿童成长需要精神食粮。他们读什么书，往往决定了他们一生的发展方向。中国现代文学大师茅盾，恰恰在这个战时鲜有人关注的问题上,提出了独到的见解。

1940年7月15日，茅盾在《阵中日报·军人魂》上发表了《从〈有眼与无眼〉说起》，在这篇文章中，他认为，中国的儿童文学，除了少数翻译国外的童话外，最为流行的还是自古流行的“夸狐说鬼”“九天仙女和冬瓜成亲”之类神话，至于普及科学知识的儿童读物，几乎是没有的。当时，苏联的玛尔夏克已出版了《十万个为什么》《在你周围的事物》《人怎样变成巨人》等著作，被称为“苏联科学文艺的巨匠”；法国籍波兰科学家居里夫人对镭的发现，又将自然科学知识向前推进了一大步，而这些，都是中国儿童所应该了解的。从小学科学、爱科学，就能变得“有眼”，而一味迷信，因循守旧，就会变得“无眼”。因此茅盾提出要多翻译，把国外的儿童科普书籍“拿来”为中国的儿童所用。

十年树木，百年树人。今天中国的战时儿童，就是明天新中国的建设者。茅盾不愧为中国新文学的大师，具有高远的文化视野和前瞻性，他在《从〈有眼与无眼〉说起》中提出的问题，给正在艰苦抗战中的人们打开了一扇儿童教育的新窗口。

茅盾（1896—1981），原名沈德鸿，笔名茅盾、字雁冰。浙江嘉兴桐乡人。中国现代著名作家、文学评论家。出生在一个思想开明的家庭里，从小接受新式教育。后考入北京大学预科，毕业后入商务印书馆工作。

抗战时期，茅盾任中华全国文艺界抗敌协会理事，主编《文艺阵地》，1939年在新疆学院任教。1940年抵延安，在鲁艺等处讲学，同年10月抵重庆，任郭沫若主持的文化工作文员会常委。

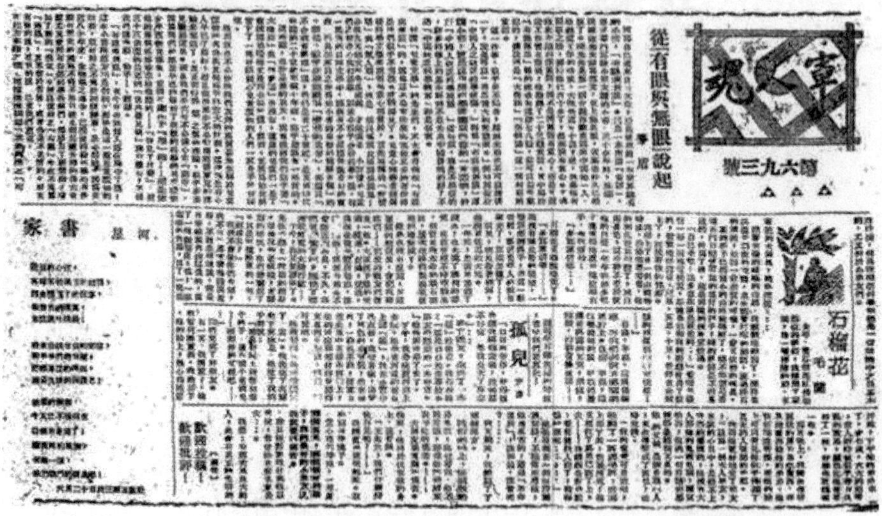
從《有眼與無眼》說起 茅盾
軍人魂
第六九三號
家書
孤兒
石榴花

1940年7月15日《阵中日报·军人魂》发表茅盾的《从〈有眼与无眼〉说起》

从《有眼与无眼》说起

茅盾

1940年7月15日《阵中日报·军人魂》

因为自己近来目力欠佳，于是便想到一本世界驰名的小说，《有眼与无眼》，这是一本所谓“童话”，便是专门写给小朋友读的小书。三十多年前，无锡陆毓修先生译为汉文，在上海出版，近来也许久已绝版了。陆先生是第一个介绍西欧童话来中国的人，他做这工作的时候，大概将近五十岁了吧，我与他有同事之雅，那时他已六十多岁了，然而犹有童心。不过他之介绍西洋童话，倒不是因为犹有童心，而是感到这工作实在需要，他翻译了二十三种童话，其中属于“有眼无眼”类的总也有这么七八种，最可以最受欢迎的，据说是《大拇指》、《无猫国》这一类幻想的童话。

这一件事，似乎并不稀奇，然而未始也不可以夸张一下，说是可以“看出重大的意义来。”例如归源于“中国人之缺乏科学头脑”，因为《有眼与无眼》这种小书，更是以自然科学常识为内容的一本读物，什么“中国人缺乏科学头脑”这句话，我是不相信的，许多科学上的基本原理不是先由中国发明的么？不过，“中国缺乏科学教育”即是事实。

好读《儿童文学》的先生们，不大会看得起《有眼与无眼》的，因为这不是安徒生或格林兄弟的著作，但是我们似乎不应该有这种偏见了。儿童心理学者虽然从科学立场来说明儿童心理发展，首先须经过“野蛮期”与“原人期”，但是，倘以为因此须夸狐说鬼——必须九天仙女和冬瓜成亲，才能满足小野蛮的儿童们之好奇心与幻想欲，则未必似乎合于科学的吧，每一民族的口头文学中，诚然有不少这样怪诞奇幻的东西，而且历来以之作为幼小者的最初的“精神食粮”的，但是，似乎亦应该视为“惯性的东西”，而谥以“不合教育原理”吧。我们是在二十世纪，是在新时代降临的二十世纪第四十年头，似乎应该有一些新的。

这些话，也许是无的放矢，因为眼前我们似乎连《大拇指》、《无猫国》也没有，这里的儿童们一长了齿，就开始啃他父母所必需的馕，然而，正因为如此，倒留下了一块好让关心儿童读物的人们一试身手的好园地。

我想我也不必抄录我们友邦高尔基先生关于儿童读物的名言，与其规模空前的宏大的计划，这应该是有心人早已了然的。而且我想来亦不必引用玛尔夏克（1）的理论来絮聒了，反正安得里兰之类的理论，似乎亦未见顾到这里。而且我们亦大可不必操心去“创作”，因为我们的邻居早已给备好了无数的科学的儿童读物和少年读物在那里。从四岁孩子“用”的——这是使他的母亲或姐姐念给他听的——《我见了什么》，到三十三岁读的最近的《世界发见史》，应有尽有，不过我们总得动一动手——翻译。

《有眼与无眼》，在今天也该归入落伍队中了罢！这本小书虽然方法是对的，而早是这一类儿童读物的前辈，但材料之不免于稍嫌陈旧，是必然的，因为在近八十年来，生物学之进步，已经使得动物学的有些颇有历史的理论不得不加以修正，而居里夫妇的伟大贡献，尤其使所有自然科学各部门，都提出了新问题，增加了新的“假定”。所以从前之“有眼”，今或不免为“无眼”，其不置于书林，或者也是不足惜的。好在有新的眼，更巨的眼，已在我们左近。

在此方多难之顷，拉拉扯扯谈道“不念万务”之“可谓于阔”，但是我相信科学知识是一切知识中之最基本的，尤其对于小朋友们。

注释

（1）玛尔夏克：（1896—1953），苏联科普作家，全名为伊利亚·亚科夫列维奇·马尔夏克，创作过《十万个为什么》《在你周围的事物》《人怎样变成巨人》等，被称为“苏联科学文艺的巨匠”，1939年荣获前苏联劳动红旗奖章。

晚年茅盾仍坚持写作

新中国成立后，茅盾为中国作协第一任主席，文化部第一任部长。

茅盾一生著作甚丰，其代表作有小说《子夜》《春蚕》和文学评论《夜读偶记》等，并创作过十多篇儿童文学作品。1997年，人民文学出版社出版了茅盾38卷本《茅盾全集》。

两度失陷、两度克复

——邵萍:《劫后枣阳》

1940 年 7 月 16 日

枣阳，是鄂西的一个小县城。但在抗日战争中，它又是一个战略地位非常重要的城市。

1938 年 10 月武汉失陷后，抗战进入相持阶段。华中腹地之随县、枣阳、襄阳、南阳，成为抗战的最前线。李宗仁所率的第五战区驻扎老河口，坚守大洪山、桐柏山、汉水一线，防止日军进攻川东要冲，担负着巩固国民党中枢门户和待机反攻武汉的任务。第五战区遂成为华中战场的主要战区。

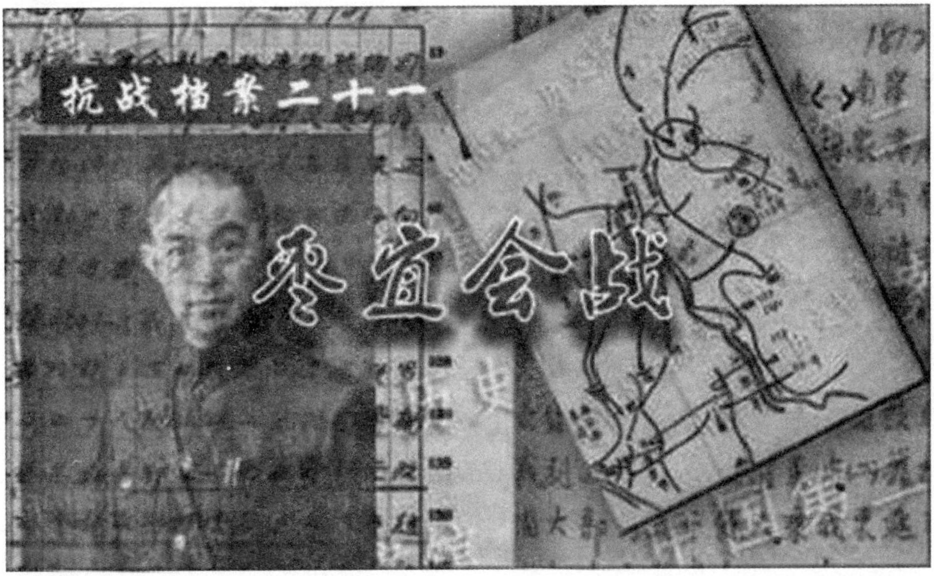

1940 年 5 月 16 日张自忠将军在“枣宜会战”中壮烈殉国，是集团军总司令督战殉国的唯一的一人

日军为了“扫荡”第五战区的主力，1939 年 4 月 30 日沿襄花公路西犯，拉开了随枣会战序幕，5 月 8 日攻陷枣阳，之后又攻入桐柏、唐河，中国军队于 15 日发起总反攻，6 月 2 日克复枣阳。这一次，日军丢下了 5000 多具尸体，马匹器

械无数，狼狈退回原地。

1940年5月1日，日军再次到随枣地区来“扫荡”，枣宜会战爆发，5月8日，日军再度攻陷枣阳，与中国军队173师发生激战，就在这次战役中，173师师长钟毅殉国，33集团军总司令张自忠东渡襄河阻击敌人，5月16日在宜城南瓜店壮烈牺牲，为抗战以来集团军总司令督战殉国的唯一一人。

6月1日，中国军队开始反击，6月3日连克襄樊与枣阳，但日军于6月14日侵入宜昌，距城死守，宜昌终被敌人占领。

若比较枣阳在两次会战的情况：1939年的“随枣会战”中，5月8日被攻陷，6月2日被克复；1940年“枣宜会战”，5月8日被攻陷，6月3日被克复。在这相隔一年的两次会役中，“枣阳”两度失陷、两度克复，从时间上惊人的一致。日寇入侵的方式也都是从襄花公路向鄂北进攻。故而有人称“枣宜会战”是“随枣会战”的“再版”，说明“敌之攻击的重心仍为枣阳地区”（见尚奇翔《枣宜会战纪略》《正面战场——武汉会战》，中央文史出版社，2013年1月版，第257页）。

枣阳在1939年至1940年的两度沦陷和克复，说明在抗战相持阶段，保卫鄂北的斗争相当惨烈，枣阳处于中日双方拉锯战的中心，始终是日军进攻的重点目标，枣阳民众在两次会战中遭到了血洗，蒙受了极为惨重的代价。

枣阳的地方政府和广大民众，对于日军的侵略是坚决反抗的。据记载，枣阳的县政府和乡保基层组织，“一般都能配合部队作战的需要，动员群众进行侦察敌情，担任各种军需品的运输，以及伤员的抢运等工作。”（莫树杰《枣宜会战纪实》，出处同上，第268页）

1940年7月16日《阵中日报·军人魂》发表了邵萍的《劫后枣阳》，详细具体地记述了“枣宜会战”期间，从1940年5月7日到6月2日这20多天，枣阳“第二次遭了魔手的污辱”的情景。

日军占领枣阳后，将100多个劳工（“伕子”）抓起来，逼迫他们运输军用物资，然后将他们押到滚河边，三人一组地进行屠杀，将死尸埋进事先掘好的土坑中；日军在撤退前，放火烧毁枣阳民房的三分之二，使劫后的枣阳一片瓦砾，这些都是日军侵略者滔天罪行的真实记录！

而枣阳民众的不屈反抗精神，也处处表现出来。不仅当地的游击队、庄稼汉，拿起武器和日军搏斗，就连被侮辱的妇女，也以死相拼；恶贯满盈的汉奸，最后落到了被处决的可耻下场。受到日军两次血洗的枣阳民众，更加增添了抗击日寇的意志。

作者邵萍，生平不详。

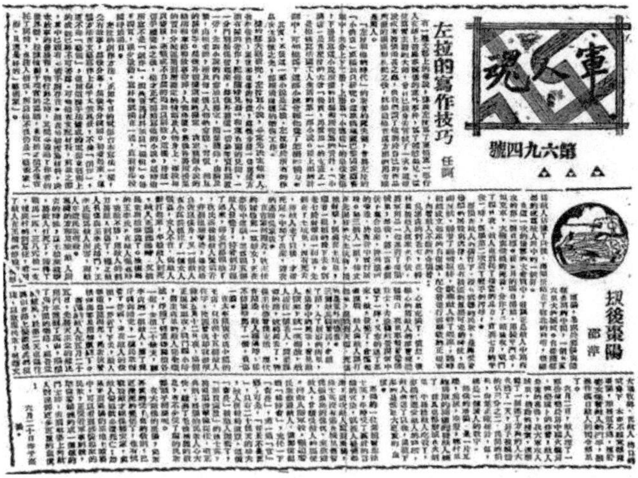
軍人魂
第六九四號
左拉的寫作技巧 任鈞
刼後棗陽 邵萍

1940 年 7 月 16 日《阵中日报》发表邵萍的《劫后枣阳》

劫后枣阳

邵萍

1940 年 7 月 16 日《阵中日报 · 军人魂》

枣阳，是处于襄阳与随县公路的中间，一个有五六里大的城垣。自从随县为敌人占据了以后，枣阳便站在了鄂北的前哨，很显然的成为敌人眼中的一个钉。

在这一次的豫鄂的大会战中，枣阳正是敌人中路西攻的第一个目标。从五月的四日开始，用装甲车、坦克车、大炮与飞机的掩护，分作了三路猛攻，战斗了四日夜，敌人也消耗了相当的兵力，直到七日的午后二时，枣阳第二次遭了魔手的污辱了。

枣阳在敌人的横行下，没有武器的民众，是饱受着残酷的屠杀与虐待，也有被逼的无路可走的时候，起而反抗，握着了锄头棍棒，就和敌人干了起来；临时组织成立起来的自卫团，配合着进行游击战的正规军，向着敌人不断的奇袭着。

吴家店的刘老七，在乡村里被敌人抓来当伕子，他们把军用品一起运到了枣阳城里，然后，敌人将一百多个伕子集合起来，押到滚河（1）的旁边，于黄昏实行屠杀。每三个人一组，排立在先掘好的大土坑前，用枪射击，倒毙在土坑里，继着一组组的杀下去。刘老七于射击前的一刹那，先倒在了土坑里，没有死去，待敌人走了以后，才从死尸中爬了出来，连夜的逃回吴家店。

在吉家河附近，耿主任的侄媳妇与一群妇女，正在麦场中聚谈，忽为四五个敌人发觉了，持着刀赶了过来，妇女们都四散了，耿氏落后，被敌人紧追着，奔到池塘旁边，遂投塘自尽以保身。又一个敌人在小高庄抓住了一个女人强奸，女人不肯，与敌人对打起来，卒被敌人刺死。敌人正图逃逸时，又被民众用枪击毙了。槐树岗的王李氏，在敌人强奸时，乘敌不防，用敌人的刺刀将敌人刺伤了，继之敌人负伤与王李氏搏斗，王李氏虽为敌人所害，而敌人亦遭民众所杀。

集湾的方和星，乘敌人回去的时候，以土枪来截击，将敌人打死了，获得了战马一匹，三八式枪一支。楼底村的刘宽捷，看到了敌人在王桥的烧杀情形，心里充满了愤怒，很细心的将敌人的部署探听明白，夜里率领着几个壮士，去偷袭敌营，摸索中杀了一阵，又从容的退了出来。敌人发觉了，仓皇起而应战，敌人与敌人误打起来，混战到天明，死伤的是意外的惨重。

三个敌人骑着马，走错了路，入了新市的街里，在集会中的民众，看见敌人窜来，就一哄而散。敌人捉住一个老人，问至村头的路，就转马去了，联保主任带着几支枪，埋伏在路边，敌人绕过时，猛不防被击毙了一个，负伤一个。

在太平镇与草店中间的王店，只有四十五个敌人住着，掩护着退却的我游击队于五月十二日夜，协同正规军围攻，战斗四小时，将王店里的敌人完全歼灭，缴获了轻重机关枪各一挺，步枪二十余支。陈李店的一个敌人，携了几斤酒向回走，一个民众握紧了斧头，走在敌人的后面，一斧斫了下去，敌人头破血流而死，民众挟着枪弹与零日用物凯旋了。

枣阳的敌人在五月二十五日，先将天主堂的难民用汽车运到了厉山，隔离了与民间的联系，福音堂的难民，于第二天也运往厉山，在路上装作运兵的模样，以欺骗民众。英籍文大道牧师，在敌人枪口的威胁下，本来不愿意离开枣阳，却被逼不过，携着妻女乘着敌人的汽车，被送往汉口敌人的司令部里了。

六月二日，敌人埋了一部分弹药于房中，纵火烧房，弹药“碰卜”的炸着，敌人急速的逃逸。我大军攻入城里，机动的搜索，还击毙了一个迷了方向的日兵。大火烧了一天，房子被烧毁的占三分之二。民间的损失，尚无正确统计，但，总是一个惊人的数字。

劫后的枣阳，是一片瓦砾、焦灰、空废，乡村里的房屋，同样的被敌人烧毁了，耕具也都毁灭在火焰里，牛猪被敌人吃杀了，麦稻都遭受敌人的践踏，敌人撤退以后，遗留下来的是更大更重的血债。

枣阳的一位无赖医生徐士英，平时受了汉奸的言论宣染，就被人怀疑起来。这次敌人窜到枣阳，徐士英没有逃，在城里领着几个无赖的家伙，来欢迎敌人，甘愿受敌人的驱使，替敌人服军役，强迫着民众欢迎敌人，还筹备组织“维持会”，充任一下“会长”，过一过“官瘾”。可是，“好景不常在”，只有二十几天的工夫，敌人便纷纷溃窜，这个“会长”被敌人抛弃了。恶贯满盈的徐士英，被枣阳游击队捉住，明正典刑；枣阳的民众人心大快，听到了老徐被枪毙的消息，有不少受害的民众都加额称庆呢。

在大劫后的枣阳，民众再度受了血的教训，已更深深的觉悟了，唯有抗战杀敌才能保乡安家，与敌人妥协就必遭死亡！如果走到枣阳的空地上，旷场中，可以看到武装起来的民众，正受着军事训练，准备着锻炼得成一个铁的斗士时，去到战场上向敌人讨还那更多更重的血债！

六月二十日寄于枣阳

注释

(1) 滚河：汉江支流唐白河的支流，发源于湖北枣阳市的大阜山，流经枣阳市、襄阳市，注入唐白河。

中国“马其诺”

——张高峰:《豫鄂战区的橡皮防线》

1940 年 7 月 16 日

第五战区军事会议。右起,张自忠(右三),李宗仁(右四),孙连仲(右五),汤恩伯(右六)

“马其诺防线”，是法国在第一次世界大战后，为防止德国入侵而在其东北边境构筑的一条绵亘 390 公里的综合工事群，以法国陆军部长马其诺的姓氏命名。后来，它遂成为防御工事绵长而坚固的一个代称。

自 1938 年 10 月武汉、广州相继失守后，中国抗战进入了相持阶段。在第五战区司令长官李宗仁的辖区，在华中鄂豫边区，出现了一条号称“中国马其诺”的绵长而坚固防线，这条防线并没有坚固的防御工事，它是靠着丛山耸立的地势、司令长官的出色指挥、军队的英勇作战，和民众地方自治武装的密切配合等因素，长期地巩固了这条防线。

1939 年 5 月，日军向随（县）枣（阳）地区的第五战区发动进攻。由于第五战区部队采用灵活机动的运动战，诱敌深入，成功对日军实行了反包围。5 月 15 日，第五战区部队发起全线反攻，先后收复新野、唐河、枣阳、桐柏等地区，日军被迫退回平汉铁路沿线和鄂中地区。

1939年冬，华中日军又在武汉外围集中，国民政府军争取主动，发起了“冬季攻势”，第五战区奉命出击，反攻武汉外围的随县、浙河等据点，破坏了日军的交通线和内江航运。

枣宜战役中的战士

1940年5月，日军又发动了枣（阳）宜（昌）战役。枣宜会战是继武汉会战以来，华中正面战场上规模最大的一次战役。战役历时两个月，大小战斗500余次，中国军队毙伤日军69000余人，张自忠将军就是在此战役中殉国的。日军虽然占领了宜昌，但企图消灭第五战区部队主力、解除武汉外围威胁的计划化为乌有。

《大公报》的年轻战地记者张高峰，1940年7月16日发表在《阵中日报》上的《鄂豫战区的橡皮防线》一文，概括地总结了上述三次战役的战绩和经验，他巧妙地使用“橡皮防线”一词，说明这个防线不是由钢筋水泥筑成，它有“弹性”，失地可以克复。它是由广大抗战军民用不屈的战斗意志、团结奋战的精神筑成的。

《大公报》记者、《阵中日报》特约记者张高峰

张高峰（1918—1989），原名张之俊，天津市宁河县芦台镇人，《大公报》战地记者，1938年春采访过台儿庄战役，加入范长江领导的“国新社”和“青记”，

1940 年考入迁入四川乐山的武汉大学政治系，同时兼任《大公报》通讯员和《阵中日报》特约记者。他写这篇通讯的时候，才 22 岁。

1943 年 2 月，张高峰因在《大公报》上发表首次披露河南大饥荒真相的《豫灾实录》，而闻名于世。

中華民國二十九年七月十六

豫鄂戰區的橡皮防線

本報特約記者 張高峯

地區的重要性

敵人的刼路鬼

鐵鋼式的保甲組織

1940 年 7 月 16 日《阵中日报》发表张高峰《鄂豫战区的橡皮防线》

豫鄂战区的橡皮防线

本报特约记者张高峰

1940 年 7 月 16 日《阵中日报》

有人称豫鄂战线，为中国的“马其诺”，实在谈起来，它比“马其诺”还要坚强几倍。世界上“正有名的强国”日本，曾三次进攻这条防线，但是三次都是大败而归。这条防线并没有钢筋水泥的工事，更没有半座防御的碉堡，只是一片经不起炮弹的丛山，几十万中国的人民，那不过是软得如橡皮的防线，日本军阀曾用什么闪电战术吧，不管它闪电也好，快电也好，终击不碎我们这条橡皮防线。

地区的重要性

我所说的这条防线，在河南是由信阳起，经桐柏山、唐河县到南阳止；在湖北是由广水起，经小洪山、枣阳到襄樊止。连起来差不多是一个长条四边形，两个总点南阳与襄樊，就是敌人进攻的目标。不论南阳或襄樊，都是陕川的屏障，任其一被敌入侵占领，马上可以截断我们某与某两战区的联络，威胁豫鄂两省的军政中心，由南阳可以突荆紫关直袭西安，两路由襄樊可以西犯扰乱川北，这一个重要性，敌人是认识得非常清楚，在我们，对自己的这条生命线也把握得很牢靠。

敌人的劫路鬼

信阳往西往南多山地，山地上我们就可以建立游击队。不错，我们在桐柏山与小丛山中，从去年随枣战役之后，建立了某个游击纵队，这些游击队与其他游击队有不同点，它专任某某附近的游击，永远配合着正规军战斗，必要时也可以担任正规军的任务，是敌人西犯的劫路鬼。它的指挥部就在某某城下，站在山顶上，某某城全景看得很清楚，时常有便衣队，顺着大路走进某某城里去探索敌情，当天不能赶回，就住在破庙里，第二天照样平安返回。敌人增兵或有新的企图，都是由他们很正确的传递出来。某某的伪军经他们的诱导之后，也多反正过来，“维持会”一度被捣毁，一年多他们发挥着很大的效能，原因是民运工作的成功。

铁钢式的保甲组织

豫鄂边区的保甲组织，严密得像铁钢，每一区或每一联保都有一副联通的电话，就是接近敌人二三十里的地方，也常有电话，敌情的变动，在这里传递得非常快，自然在军事上是不会失掉戎机了。中国兵调动的神速，也出乎日本意料之外，这里为防范汉奸、敌探的活动，编好居民证与出入证，居民证带在身上，出入证是放在区里或联保办公处，有居民想往他乡，非经许可，不得自由出入，执居民证来换取出入证，才能得到出入的自由。如有意外发生，可以很快查出原因，在这种铁钢底下，汉奸是有点不敢轻易混进来，就是早有汉奸混进在内，因为出入的惹人注意，也就只可卸职不干。

三个前哨县

桐柏、随县、枣阳是与敌兵毗连的三个县份，这三个县份担任前哨的工作，三位县长都是政府特任的人材。他们深明军事政治间进攻的重要，每个县份有一个地方干部训练班，分妇女与青年两组，一个月训练一次，每一区或每一联保都有一位指导员，每位指导员率领一个战时工作队，担任组训民众、除奸、宣传等工作，尚未服兵役的壮年，编成输送与担架队，输送队的人尽量编入，担架队每联保至少二十五副至三十副。所输送的路程以联保之间的距离为限，每人每三天值班一次，当战时就不一定了，可是每人每值着一次，发工洋三角。在这里没有请伕不到的事，也没有听说过伤兵或子弹发生过停运的现象。如果过境军队不按规章行事、胡乱抓伕，那么指导员站在第三者的立场，立刻劝解。此外，民间多余下来的食粮，也被县政府保管统制起来，敌人来了赶快移到安全的地方去。国军购米不到时，县政府或区署可以筹划代购，这样坚强的组织，敌人用尽他的战术，决打不开军民这铁环。

敌人三次进攻的失败

敌人对这条防线，曾三费苦心，最费苦心的一次，要算五月间的大会战。敌人的兵力是七个师团，配合着机械化部队，以分进合击的战略，进犯南阳。不管他们兵力如何，战略如何，他们的进攻路线仍为那条旧路线，两股主力一由信阳西犯，一由枣阳北进，这两条线的要点，就是敌人进犯没多时的南阳。任敌人向西向北伸长，我们的主力不在这两条线上，而是在两条线之中间地区，聪明的敌人常以为就这样中国兵算是被包围着了，其实我们的主力，每次都是埋伏在敌人的心脏，随时可以致敌死命。敌人所谓“包围网”愈紧缩，他自己愈崩溃得快些。大会战敌人的溃败就是这个原因。由于橡皮防线的存在，敌人不能由随枣用突出的态势向南阳进攻。

（完）

1939年，李宗仁将军将第五战区司令长官部迁至鄂北重镇老河口。

21世纪初，湖北省政府在此建立了第五战区李宗仁长官司令部旧址暨老河口市博物馆，如今此处已成为爱国主义教育示范基地。

2002年湖北省建立重点保护文物——国民政府第五战区李宗仁司令长官部旧址

第五战区司令长官部旧址、老河口博物馆保留的枣宜会战形势图及军事会议现场

第五战区司令长官部旧址、老河口博物馆展板上的《阵中日报》

直斥知识界的腐败现象

——孙福熙:《"动摇"与"没落"》

1940年7月27日

青年孙福熙

1940年，抗战到了相持阶段，也是到了最考验人的时期。在这一时期，中国知识界的分化也非常明显。有的人投笔从戎，成为勇敢的战士；有的人在前线以笔为枪，写出鼓舞人心的作品，有的人到大后方宣传抗日、教书育人；也有的人，忍耐不了长期艰苦的生活，用他们的所谓"知识"，去做一些损人利己，丧失人格、国格的事情，例如，怎样利用机会发国难财，日本人打来后如何表示"亲善"等等，"贪污，走私，贩仇货，做汉奸"，已经成为屡见不鲜的事了。

1940年7月27日《阵中日报·军人魂》发表孙福熙的《"动摇"与"没落"》。在这篇文章中，作者直斥知识界的腐败，他列举了所见所闻的种种怪现象，感到与这样的"智识者"为伍是一种羞耻。他说，"我于羞愤之余，仍然不想怪智识与教育之害人，我只怪那些人之智识与教育的不足。"

作者提出，"富贵不能淫，贫贱不能移，威武不能屈"，这既是传统士大夫的理想人格，也是抗战时期知识分子所应有的人格和骨格。而能做到这些，并非易事。

孙福熙（1898—1962），中国现代著名散文家、美术家。字春苔，笔名丁一，浙江绍兴人，孙伏园之弟。1915年毕业于浙江省省立第五师范，1919年，去北京任北京大学图书馆管理员，结识鲁迅和许多进步教授，曾参加"五四"运动。次年赴法国工读美术专科。1925年回国，在鲁迅的帮助下出版了第一本散文集《山野掇拾》。1928年，到杭州任国立西湖艺术学院教授。1930年，再去法国攻读，1931年归国，续任杭州艺术专科学校教授。1934年至1937年，先后在上海、南京、广州、北京等地举办全国性美展。

孙福熙(后排左一)与鲁迅在一起

抗日战争爆发后，到武汉参加中华全国文艺界抗敌协会，先后到武汉、衡山、绍兴、昆明等地分展抗日美术作品。1938年后，曾任昆明友仁难童学校校长，国立东方语文专科学校国文及法文教员并兼教务主任，浙江大学文学院、中山大学教授等。

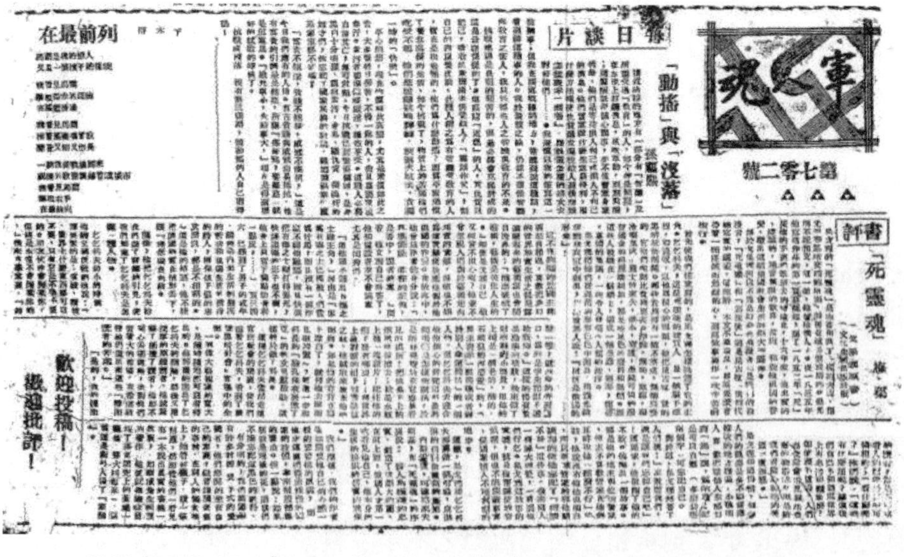

軍人魂

第七零二號

每日談片

「動搖」與「沒落」

在最前列

書評

「死靈魂」

歡迎投稿！

歡迎批評！

1940年7月27日《阵中日报·军人魂》发表孙福熙的《“动摇”与“没落”》

"动摇"与"没落"

（每日谈片）

孙福熙

1940年7月27日《阵中日报·军人魂》

接近前线的地方，有一部分有"智识"及所谓受过"教育"的人，如今伸长颈脖，在水面上打听消息，风吹草动，刻刻惊醒；这惊醒既非关心国事，亦不仅留意身家性命，他们是等待损人利己或损人不利己的消息。他们留意做什么生意最得利，用什么方法能使仇货漏查漏税，敌人到后应该怎样表示"亲善"，应该选怎样的妇女去讨好他们……我羞愤以我的笔写这一类丑事，但我在接近战线的地方，常听到说这种话，看到做这种事的人。我于羞愤之余，仍然不想怪智识与教育之害人，我只怪那些人之智识与教育的不足。

抗战建国是长期的艰苦的，但是必然会克底于成的，这是毋庸怀疑的了。但眼睛"近视"的人，卖仇货以肥己，吸收民众脂膏去供养敌人，"认贼作父"，割自己的肉以养虎狼，此种人称之为有智识受教育的人，实在是很勉强的。他们为什么动摇？因为平素过惯了养尊处优的生活，如今抗战了，物质上的苦痛他们吃受不起，他们想脱离抗战阵线，跳到火坑去，贪图一时的"快乐"。

平心细想，现在物价如此高涨，尤其是米价如此之贵，大多数终日劳苦、不得一饱的人，尚且为国家流血汗。贪污者却还饱暖纵淫，极尽享受，这种人必将自速其亡，无可救药。今日抗战已到紧要关头，是非黑白十分明显，眼前贪污、走私、贩仇货、做汉奸的奴才们，你忘记了国家民族的前途，难道连祖宗的庐墓、家室都不要吗？

"富贵不能淫，贫贱不能移，威武不能屈。"这是今日我们应有的人格。自古贫贱与威武尚易抵抗，唯有富贵的引诱最是难熬，所谓“痛好熬，蜜难熬”，就是这个意思。“饿死事小，失节事大”，现在是得到很好的实验的时候了。

抗战或没落，没有第三条路，请动摇的人自己选择吧！

老年孙福熙与他所画的菊

新中国成立后，孙福熙参加中国作协，中国美协，历任人民教育出版社高级编辑、北京编译社高级编辑等。

2009 年 1 月，《孙福熙散文选集》由天津百花文艺出版社出版。

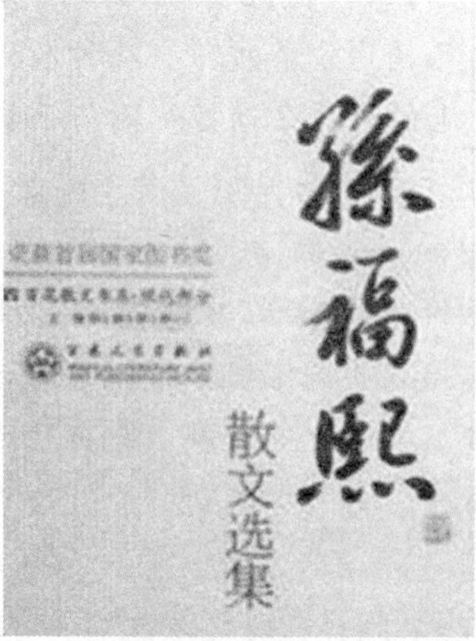

《孙福熙散文选集》，百花文艺出版社 2009 年版

揭出病痛，源于对祖国的爱

——梅梁：《死魂灵》（书评）

1940年7月27日

果戈理的《死魂灵》，1935年由文化生活出版社出版，鲁迅译

《死魂灵》，1935年版内页

《死魂灵》是俄国十九世纪文学大师果戈理的代表作。1935年，鲁迅将《死

魂灵》译介到中国，由文化生活出版社出版。鲁迅之所以赏识这部批判现实主义的巨著，与他认为文学应该“睁了眼看”，其作用是“揭出了病痛，引起疗救的注意”的精神是一致的。

李蕤从学生时代就喜欢读鲁迅的文章，崇拜鲁迅作品的战斗风格。1936 年 6 月 5 日，他就在上海《大公报·文艺》上发表过《死魂灵题材的选取》，在 1940 年 7 月 27 日《阵中日报·军人魂》的“书评”栏目上，他又化名“梅梁”，重新发表了经过删改的前文，并未提该书为鲁迅所译。

作者指出，一般读者认为“艺术是美化人生的”，都喜欢看美好的故事，“有德之士”作为主角，从而得到精神安慰，而果戈理却不去满足他们，在《死魂灵》中，他偏偏描绘出一幅“群丑图”，“他宁愿使政府烦厌，但也不能蒙蔽事实，使国家堕入不可救药的地步。”

李蕤最后说：“我们深信，我们的作者，是如同爱自己的心脏一样的爱着他的祖国，而他才这样把精赤条条的国家的肌体，拿来剖腹刮肠的诊治。俗一点说，如果新俄是璀璨的花，则我们不能忘记这黑色的肥料。”

在最前列
軍人魂
書評
死靈魂
歡迎投稿！

1940 年 7 月 27 日《阵中日报·军人魂》发表梅梁(李蕤)的书评《死魂灵》

《死魂灵》(1)

(果戈理原著,文化生活出版社版)

书评

梅梁(2)

1940年7月27日《阵中日报·军人魂》

果戈理的《死魂灵》是抱着和但丁一样的大志，用光明和黑暗交织的两面，剖析并超升俄罗斯的。但光明不能预支，这一面，他留给后人。从一八三五年他写这作品的第一页草稿起，到了一八五二年“死”从他的手里把笔夺去的时候止，十六年来，他忠实的、虔诚的，用着无限的欣喜、苦痛，和对他祖国的眷爱，塑出这幅俄国社会生活的巨大的图像。

关于果戈理何以不仅是幻梦的浪漫者，而是战斗的浪漫者，《死魂灵》和《巡按史》(3)同是尼古拉一世时代极写实的图画，这理解，本文不愿论及，那须要读者带着一颗虔诚而热烈的心，到这故事里做一次辛苦的旅行。

首先使我们注意到的，是果戈理怎样挑选了他的主角：乞乞科夫，这位“死魂灵”的购买人，是一个骗子恶棍，和流氓，以他为核心的四周，他把尼古拉一世的黑暗统治剖开。那些贵族没有一个不空虚、无聊、猥亵的，官僚们呢，则比贵族更甚。浮躁、无耻、欺骗，和冷嘲集成的罗士特来夫，渺小、空虚、愚钝可怜的泼留锡金和科罗潘契加，都是些足色的废料和无赖。而这些人被织在一个网上，构成一个愚蠢、邪恶、庸俗、寡情的集团，一些令人发呕的人类的渣滓。

果戈理把他们从混淆的形形色色中剔除，用滤光镜从勋章衣冠中剥出，指给世界人说：“这便是俄国的形象！”

这不仅狭隘的爱国主义者要怒目相视，喜欢把梦幻的世界和实生活之间用雾遮蔽起来的艺术家，也会闭目掩鼻的：“丑恶破坏了艺术，艺术是美化人生的。”即便果戈理自己，他又何尝不担心呢？他并不曾忽视人民对于艺术走向现实的责难，但他也不愿为这责难便放弃他对于祖国的眷爱。在故事中，他曾以作者的身份说：“我很怀疑，这书的主角，是否中读者的意。”问着，他立刻自己回答了，他知道读者并不会满意，尤其是闺秀们。

但他还不“选出有德之士做主角”，理由是：“因为有德之士已经被人们当为竹马，而且没有一个作家不骑它驰趋，而且快要把有德之士鞭打得要死，快连道德的影子也不剩，他身上只留下几点肋骨和一点皮……”（页三四六），“已经到了男子的成年，锻炼过内面生活的严肃的苦功和孤独生活的清净的诗人，倒像孩子似的忘其所以，那是不相称的。”这是他的结语，他不能把俄国的实在情形丢下，让“理想独自向前。”

随后，他把乞乞科夫给我们作做了详细的引见，使我们知道了乞乞科夫是怎样一种人物。

乞乞科夫幼小的时候，他的父亲便教训他说：“顶要紧的是，省钱，积钱，世界上什么东西都可以不要，只有它是不能不要的。朋友伙伴会抛弃你，但钱是永远不会抛弃你的。”后来在学堂里，“铃声一响，他就没命的奔到门口，为的是争先把帽子递给老师。”这样的得到教品励学的奖状，后来做了财政厅的小职员，但他的上司是一个“老的、丑的、石头似的没感觉的，从未表示一点兴趣或者对于别人命运同情”的一个人物。但乞乞科夫去迎合他，细心的研究这科长的鹅毛笔是怎样的削法，于是削好并放在他容易看见的处所，把他桌子上的烟灰吹掉掸去，给墨水瓶上换一块新片，记住他的帽子挂在哪里——一个世界上最讨厌的帽子，每当散值之后，他就取来放在他的面前。如果他的脊背在墙上摩白了，就替他刷而且很赶紧，更进一步和科长的“脸孔像夜里撒了豆”的女儿献殷勤，这样终于做了科长。

这样，乞乞科夫当然走进官僚社会的网里，使我们跟着乞乞科夫，看到了俄国的黑暗社会的，官场中的全面。

一个伟大艺术家的宽大，是随时随地都可以看得出的。他那样的掘出了乞乞科夫的丑陋，然后又用深厚的原谅给读者，他说惊吓了冲撞了读者，他却不忍心丢弃这些，他对他们留着大的希望，在希望他能替他们道出这些“直面读者的苦处。”

“是的，我的体面的读者，你是不喜欢看人的糊涂和可怜相的。”“看什么呢？”你们说，“这些有什么用呢？”“难道我们自己不知道这世界上有卑污和糊涂么？即使没有这书，人们也常常会看见无法自慰的物事的。还是给我们看惊心动魄的美丽的东西吧。”

果戈理知道得清，知道人们的眼睛都是多不愿从应该修改的地方经过。小聪明的人喜欢把整个人生都幻到“无”里，为的是，这样可以自慰（多么排场的两个字），忘记自己。

对于这，果戈理回答了人们说的“来帮助我们，还是让我们忘掉自己吧”，对这要求，他敬谢了他的不敏。他点出一个故事，那是他的地主和他的管家，地主不喜欢管家在他的耳畔说他“经济不行”的话，他说没有他（管家），他也明白，所以要求管家和他谈谈别的，使他忘记了“经济不好”这件事。后来两人一齐睡大觉，一直到他们行乞。果戈理这故事的意义，就是他宁愿使政府烦厌，但也不能蒙蔽事实，使国家堕入不可救药的地步。

这样，果戈理从乞乞科夫那里做一个劈缝，血淋淋的切开俄罗斯的断面。

内斯妥尔·珂德略来夫斯基在《死魂灵》的序言里说，“作者用极深的忠实，创作了这巨大的图，在这上面，俄国人才第一次看见了自己，他本身的生活的狼狈的信实的映像。”

我们深信，我们的作者，是如同爱自己的心脏一样的爱着他的祖国，而他才这样把精赤条条的国家的肢体，拿来剖腹刮肠的诊治。俗一点说，如果新俄是璀璨的花，则我们不能忘记这黑色的肥料。

有分明的，我们祖国还有许多村妇爱子式的爱国者，他们悠闲地坐在自己的家里，做着随随便便的事情，在别人的粮食堆上，抽着好签子，积一笔财产，然而当他们一看见有一本说出真实的书籍一出版，如《华威先生》（4）那类的著作，他便就像蜘蛛发现了落在网兜上的苍蝇一样，扬声大叫起来，以为这是对外人揭了“家丑”。

注释

（1）《死魂灵》，是俄国十九世纪批判现实主义作家果戈理（1809—1852）的长篇名著。乞乞科夫是其中的主人公。他是一个投机钻营的骗子，通过与官员勾结，向地主购买已经死去了的但未注销户口的农奴（“死魂灵”），把他们当做活人抵押给监管委员会，以此骗取大量押金。后其肮脏行径被揭穿。

（2）梅梁：李蕤的化名。此文最早发表在上海《大公报·副刊》1936 年 6 月 5 日，题为《死魂灵题材的选取》。此文对前文有删改。

（3）《巡按史》：又名《钦差大臣》，是果戈理的早年的讽刺喜剧。

（4）华威先生，中国作家张天翼在 1938 年发表的短篇小说《华威先生》中的主人公。华威先生是一个国民党官僚，打着“抗战”旗号，整天忙于开会、演说，吃饭，企图操纵一切群众活动，其所作所为遭到人们的鄙弃和抵制。

真实是文学的生命

——流萤:《"美化"与"粉饰"》

1940年7月30日

李蕤(1911—1998),中国现代作家

抗战时期,洛阳《阵中日报》作为第一战区的军报,属于第一战区政治部主管,它的要求是只宣传光明面,不表现黑暗面。要求把抗战写得通体光明,英雄辈出。但社会生活是复杂的,往往是光明与黑暗并存,真善美与假恶丑同在。如果一个文学家或新闻工作者,对于亲眼所见丑恶的事物视而不见,充耳不闻,只以美化和粉饰为能事,则丧失了起码的职业道德,也成了被当权者所御用的文人了。

作为《阵中日报》的文艺副刊,"军人魂"尽量做到以歌颂抗战中的光明面为主,对于中国军队每次战役的胜利,抗日将领的战功,抗日英雄的故事,民众对军队的支持,以及对日寇暴行、汉奸罪行的揭露等等,只要是真实的反映现实生活的题材,都会尽量刊登。

但细心的读者不难看出,"军人魂"发表的文章中,在"歌颂"之余,也不乏对现实中黑暗现象的委婉批评。如李蕤在《指印》(39.9.21)对村镇联保主任在乡间贯彻《国民公约》时走过场的批评,在《文学作品与詹天佑》(39.9.27)中对张天翼塑造的"华威先生"的肯定;王天一在《西京一瞥》(39.9.29)中对战时西安依然灯红酒绿、歌舞征逐的不屑;芜愚的《四月的重庆》(40.5.18),写重庆公费请客,一席百金,连最高当局都不得不下令限制公务员请客;田涛的《逃荒》(39.12.29)写乡村凋敝、民不聊生的惨状;孙福熙的《"动摇"与"没落"》(40.7.27)中批判"智识"界"贪污、走私、贩仇货、做汉奸"者的丧尽天良;郑西鸣《新黄河畔的故事》(40.5.28),谈到日寇通过对中国奸商及国统区关卡检查人员的利用,将日货在黄泛区大肆倾销;倪受乾在《大时代的小人物》(39.9.22)暴露了后方医院对伤兵的遗弃,等等。

更令人发指的，是国民党顽固派对进步青年知识分子的迫害。碧野是“军人魂”的编辑，先是无故被捕入狱，继而又上特务的黑名单，无奈只好逃往第五战区。此期碧野的中篇小说《三次遗嘱》（载《抗战文艺》1941年第7卷第4、5期合刊）、短篇小说《灯笼哨》（载《文学月报》1940年第1卷第4期）等，都以自己的亲历亲见，揭露了狱中生活特务的悲惨，以及洛阳高官暗中走私、贪污腐化的丑行。

1940年7月27日，李蕤化名“梅梁”，在《阵中日报》发表了对19世纪俄国作家果戈理的名著《死魂灵》的书评，他以《死魂灵》和《钦差大臣》为例，认为果戈理之所以如此尖锐地批判俄国的现实，塑造出乞乞科夫那样卑鄙无耻的人物，正是基于他对祖国的挚爱。

7月30日，李蕤又以“流萤”为笔名，在《阵中日报·军人魂》的“每日谈片”上发表了《“美化”与“粉饰”》。他指出，文学的作用，并不是“一味歌功颂德，粉饰太平”，“使为政者和社会的实况隔离起来，直至社稷倾覆而不自知”；相反，由于抗战事业是正义的事业，当政者应不惮于有益的批评；文学应真实反映社会现实，有时也要像X光镜一样，照出自己营垒的弱点，从而纠正它，治疗它，由虚弱走向坚强。

当然，“真实反映生活”的文艺思想，不可能被《阵中日报》及当局所接受。自1940年春碧野逃离后，李蕤接替他继续编了几个月的“军人魂”，1940年10月10日，他也以“共党嫌疑”罪被捕入狱，关进洛阳西工的“劳动营”。此后，他便被《阵中日报》解聘，离开了和碧野先后辛勤耕耘一年多的“军人魂”。

正是出于这样“写真实”的文艺观，李蕤在1942年河南大饥荒中，敢于冲破国民党当局的禁令，写出了真实报道河南大饥荒的《豫灾剪影》。

夜雨中
每日談片
「美化」與「粉飾」
軍人魂

1940年7月30日《阵中日报·军人魂》“每日谈片”发表流萤的《“美化”与“粉饰”》

"美化"与"粉饰"

每日谈片

流萤

1940年7月30日《阵中日报·军人魂》

普通说的"粉饰",不是"锦上添花"的意思,大半是指用美丽的外表,挡着人的眼睛,使人看不到事物的实体而言的。

譬如我们盖一座房屋,屋基既然非常巩固,梁柱又很坚牢,风雨既不会侵入,又没有突然倒塌的危险,在这种情况下去,涂上雪亮的石灰,画上精致的图案,张上华丽的顶棚,这种装饰,不但无妨,而且是有益的。

但如果屋基已经腐蚀,梁柱已经倾斜,……那如果不去想法修补,同时不愿知道腐蚀的真正情形,一味从外表裱糊,做遮人眼睛的工作,那结果是,危险到来的前一秒,还一点也不知道。

据说在袁世凯要称帝的时候,全国讨袁声已经沸腾,但他周围那些谗谄媚谀之徒,却还给他上表,假装着民意"劝进"。结果呢?事实是粉饰不了的,袁世凯最后只好忧惧而死。

文学——一般人给它的使命,是"美化人生的",所以古代许多宫廷文人,一味歌功颂德,粉饰太平,用文字把任何东西都镀上一层幻色,使"为政者"和社会的实况隔离起来,直至"社稷倾覆"而不自知。

但是,事实上,文学所负的"美化人生的责任",是使人类更理想、更合理的活下去,而不是在丑恶的现象上镀上一层假的颜色。

因此,文学不但是"表现人生",而且"批判人生",因此文学在不同的时间空间,它负有战斗的任务。

也就在这一理由之下,我们的新兴文学在战斗中展开最强有力的一翼。

我们的战斗文学，当然大半是歌颂光明的，因为我们抗战本身，便是无比美丽的诗篇。它的整体是光明的，而前路有光明召引着，当然应该歌颂。

然而，我们是闭着眼一味的歌颂么？换句话说，我们的文学需要“粉饰”么？我们的回答是否定的，我们不需要“粉饰”，相反的，只有日本军阀才需要粉饰。

我们的抗战是一条长路。这条长路上，有崎岖的山石，有复杂的歧路，也有可怕的陷阱，然而越过它们，我们的终点是光明自由的彼岸，我们的文学，有什么理由把这歧路、这陷阱蒙起来呢？把它蒙起来，倒是有害的，那会使人莫名其妙的跌几个筋斗，便会两眼漆黑，看不到胜利的前途了。

日本军阀的黩武的战争，是只有破坏性，没有进步性的。我们的抗战则相反，我们纵然间有弱点，间有缺隙，间有疟疾病菌，也是无足惧的，因为我们战斗的血液中，赋有这种克服的机能。

所以，我们的文学，希望它不仅是一声悲壮的愉快的行进号角，不仅是穿破敌人面幕的火箭，而且要做 X 光镜，检视我们的自身——指出从虚弱到健壮的里程。

战地文艺园地的坚守者

——李蕤:《编者的话》

1940 年 8 月 1 日

《阵中日报・军人魂》是全面抗战爆发后蒋介石亲自下令并题写报头在各战区创办的军报。《阵中日报》的“东战线”、“西战线”由于战局的变化均已夭折，只有“北战线”几经辗转，从信阳迁到西安，又迁到洛阳。这个报纸为四开四版，在第 4 版，文艺副刊“军人魂”占主要版面，由此可以看出，当时对副刊的重视。

1939 年初，卫立煌调任洛阳第一战区司令长官，迫于蒋介石“限共”政策的压力，他解散了在山西招募的“战地工作团”。1939 年 1 月，魏伯（穆毅）与碧野到西安，乘《冀东日报》的车奔赴延安，途中碧野因病留在三原，魏伯奔赴延安，到鲁艺学习；碧野病愈后又回到西安。（见《魏伯文集》第 435 页；《碧野文集》第 4 卷，第 229 页）

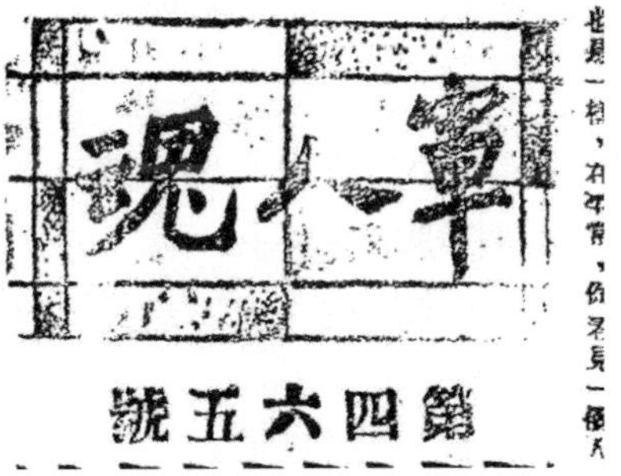

《阵中日报》的副刊“军人魂”刊头

1939 年春，碧野在西安《阵中日报・军人魂》上连续发表了《被凌辱了的十字架》、《采棉女》等作品，不久报社由西安迁到洛阳，急需副刊编辑，碧野就到该报应聘，担任了副刊“军人魂”的编辑。

当时国共合作仍在继续，第一战区司令长官部设在洛阳西工，十八集团军（八路军）办事处设在在南关贴廓巷。八路军的将领，可以在洛阳公开招待记者，报纸上宣传的，主要还是抗日的文章。

赵荣声仍担任卫立煌的机要秘书。据他在《回忆卫立煌先生》一书所述，卫立煌在洛阳，虽然是第一战区司令长官，但只是蒋介石“嫡系中的杂牌”，由于他在山西抗战中与中共军队密切配合，蒋对他是有戒心的。卫立煌在洛阳的权力并不是很大，尤其是第一战区政治处，直属国民党重庆政治部领导，对卫立煌处处监视，甚至唱对台戏。

《阵中日报》归洛阳政治部主管，政治部对《阵中日报》的编辑，自然也要严加控制。碧野在抗战之前，就在北平参加了“左联”，在“左联”机关刊物《泡沫》《浪花》上发表文章，这一切，都为他后来的遭遇埋下了伏笔。

1939年5月，碧野因“退过第一战区政治部少将秘书长的旧体诗，又不肯去给干训团政治处少将处长吴渤海的夫人生日拜寿”等细故，得罪了政治处少将处长吴渤海，遭到逮捕，被关押在监狱中几个月，被捕后他还带着未写完的长篇小说《南怀花》，在狱中坚持写作。（见《碧野文集》第4卷，第232页）

1939年7月，王礼锡为团长的重庆“作家访问团”要到洛阳访问，当卫立煌询问赵荣声接待工作情况时，赵荣声趁机说，洛阳还关了一个作家，也是“文协”成员，若是访问团来了不好交代。卫立煌立即派人将碧野释放。

1939年秋，碧野介绍李蕤到该报“国际新闻版”任编辑，不久，李蕤又介绍了孙良田等到该报工作。李蕤是魏伯的汜水同乡、开封师范同学，1935年由魏伯、孙席珍介绍参加了北方“左联”。同时，他还是范长江领导的“青记”“国新社”成员。他在编“国际新闻”稿之余，常给“军人魂”撰稿，一年下来，发表各类文章20多篇。碧野与李蕤密切合作，广泛联系全国的作家、记者和各地通讯员，把副刊办得有声有色。从1939年9月到1940年9月的一年中，《阵中日报·军人魂》出现了佳作迭出、繁荣一时的局面，“军人魂”副刊上刊登了一批全国知名作家、记者和前方战士等撰写的及时反映现实斗争的通讯、报告和文学作品。

树欲静而风不止。1940年5月，碧野又得到消息：集中营又要逮捕他。他感到处境危险，决心离开第一战区。此前，远在重庆的“文协”理事孔罗荪曾给他写信，叮嘱他若有困难可以到第一战区苏联军事顾问部找他的弟弟孔柯嘉。这时碧野找到孔柯嘉，由孔柯嘉安排，搭乘苏联军事顾问柯留耶夫的军车，逃到湖北老河口第五战区去了。

碧野临走之前，曾把自己的打算偷偷告诉李蕤，劝他也早日离开洛阳《阵中日报》。当时《大公报·文艺》副刊编辑萧乾已到英国讲学，他是李蕤的好友，曾推荐李蕤去香港接替他编《大公报·文艺》副刊，但李蕤因老母、妻儿都在家乡，同时自己还担任着“洛阳站”的站长，故而不愿离开洛阳。

这样，碧野走后，《阵中日报·军人魂》无专人负责，在1940年6月—7月，副刊出现停办的情况。

1940年8月1日，李蕤在《阵中日报·军人魂》上发表《编者的话》，说：“两月以来，因为没有专人负责，不可讳言的，许多事都堆积下来，读者和作者与编者之间也失去了密切的联系，这是使我很疚心的一点。”

李蕤决心重振“军人魂”，重新安排栏目，把过去欠下的稿费付清。当然，这些工作只能由他兼职。1940年8月，《军人魂》重新出现在《阵中日报》上，刊登了 20 多期，使这块园地回黄转绿。

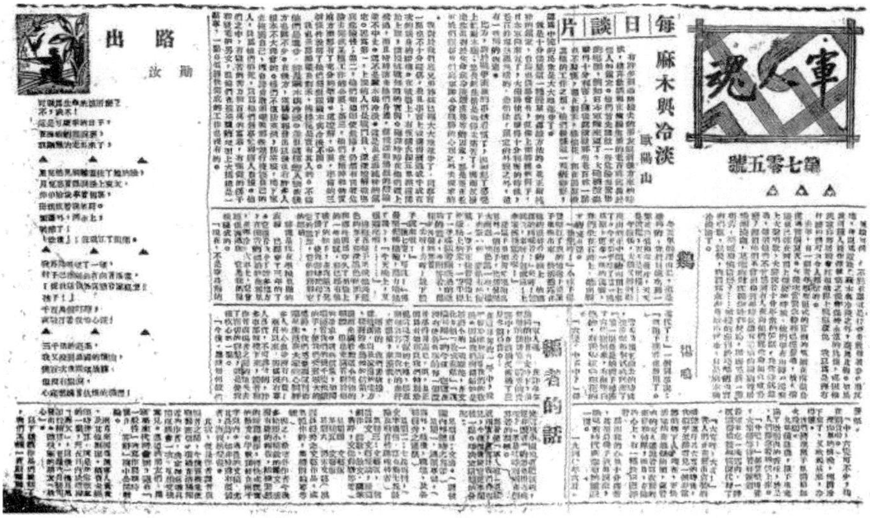
軍人魂
第七零五號
每日談片
麻木與冷淡
歐陽山
出路
編者的話

1940 年 8 月 1 日《阵中日报 · 军人魂》发表李蕤（未署名）所写的《编者的话》

编者的话

李蕤（未署名）

1940 年 8 月 1 日《阵中日报 · 军人魂》

“军人魂”在许多热情的作者的支持下，和无数关切它的读者的爱护中，在洛阳又度过了三百多个晨昏。

在这匆匆的一年中，我们很惭愧地计算着我们的收获。因为我们所耕耘的是这么小的一块园地，在文化食粮“收成荒歉”、“运输困难”的今日，它实在没有使各角落的每一个读者都得到满足。但，也正因为此，所以我们特别珍视这块瘠薄的土地，愿意朝朝暮暮，用我们的血汗，来垦殖，来灌溉！

经常的，我们从前线、从敌后，以及辽远的地方，接到许多热情的信札，里面充满着对这小刊物的称赞，但也充满着对于它的希求。这些信札，如同环绕着我们的几千只饥饿的手，使我们受到很大的感动。我们感觉到这刊物还是生长在大家的心间，许多人的心血并没有白费！

两月以来，因为没有专人负责，不可讳言的，许多事都堆积下来，读者和作者与编者之间也失去了密切的联系，这是使我很疚心的一点。

“今后，应该如何设法使这块小园地更肥沃些，更和读者的需要相近些呢？”这是时时刻刻在盘算着的问题。

为着使“军人魂”更接近现实，更富于战斗性起见，今后准备使它更多样性一点。现决定这样的分配：

星期日：文摘（选拔国内外应时之名著）。

星期一：通讯专号（海外、敌后、战地，及各种优秀之通讯）。

星期二：士兵周刊（文字通俗，富有对士兵鼓励及教育性、趣味性者）。

星期三：文艺版（包括杂文、文艺短论、短篇创作、诗歌、散文、书评、文化动态等等）。

星期四：文艺版。

星期五：文艺版。

星期六：周末文艺（挑选最优秀之文艺作品，或集体创作评论、集体讨论等）。

因之，希望各作者今后多给短小精锐的杂文，活泼有趣的报告，结构谨严的短篇创作，轻快或沉实的散文。字数顶好在两千字以内。过长的文稿，尤其长诗，如非特殊有价值者，概没法登载。

其次，便是作者、读者与编者之间，今后要尽量使联系密切，环绕在洛阳附近的作者，决定在两周召开座谈会一次，互相交换意见。远道的朋友们，用笔墨来代替会面，遇有“一般性”的写作问题时，愿在“答辞”栏中公开讨论。

两月来因为无专人负责，及其他原因，稿费未能即时清算，这是非常歉意的一点，三五日内决清扫“稿欠”，以后一个月底即行结算，至迟次月初旬发出。请执笔的朋友“放心”。

以下该让作品们说话了，我们不能一直敲锣打鼓。

战争中人性的病态

——欧阳山:《麻木与冷淡》

1940年8月1日

欧阳山(1908—2000),中国现代作家

在大地震中，失去家园失去亲人的幸存者，可能会变得木讷抑郁，在大饥荒中，卖儿卖女的母亲会失去应有的母爱，仿佛心如铁石。残酷的环境不但会毁掉人的正常生活，也会毁掉人的正常精神。

鲁迅十分关注国民的精神。在他的作品中，不乏描写弱国子民精神悲剧的警言。他曾说:“(残)酷的教育，使人们见酷而不觉其酷，例如无端杀几个民众，先前大家就会嚷起来的，现在却只如见了日常茶饭事，人民真的被治得好像厚皮的、没有感觉的癞象一样了。”(《南腔北调集·偶成》1933年)

1940年8月1日《阵中日报·军人魂》的“每日谈片”发表了欧阳山的《麻木与冷淡》一文。这篇文章提出了在抗战的持久阶段，国民精神状态普遍存在的问题：麻木与冷淡。例如，明明看到敌人的飞机来轰炸，老百姓也不躲避，仍然在田里收割庄稼，明明拉响了防空警报，青年人却在溪边大声唱歌说笑……有人认为这是人民变得冷静、勇敢了，是进步的表现，而作者却认为，这是冷淡与麻木，是长期战争给人性造成的病态。

冷静与勇敢，冷淡和麻木，表面看来好像差不多，实际上截然不同。前者是主动、积极的，后者是消极、被动的。

作者举例说，如果有一些战斗员，必须要去执行某种危险的任务，他们会在精神上物质上做好充分准备，斗争要有目标，牺牲要有价值，这就是冷静与勇敢；相反地，如果并无非完成不可的任务，面对危险，也毫无精神和物资的准备，只是听天由命，不知道害怕，这就是冷淡与麻木了。

有了这种态度，对于人的生命、财产，都会毫不珍惜，对自己、对同胞，都会毫不负责。它当然不是一种人性的进步，反而是一种退步。

欧阳山的文章，呼吁人们在长期的战争环境中保持健康的精神状态，珍爱生命，躲避危险，减少不必要的牺牲，只有这样，在需要牺牲的时候才能勇于向前。这种类似心理医生的忠告，对战时的人们是很有裨益的。

欧阳山（1908—2000），现代作家，原名杨凤岐，笔名凡鸟、罗西等。生于湖北荆州。抗战时期在广州、长沙、沅陵、重庆等地开展抗日救亡文化活动。1941年奔赴延安。新中国成立后，曾任中国作协广东分会主席、广东省文联主席等。长篇小说《三家巷》《苦斗》是其代表作。

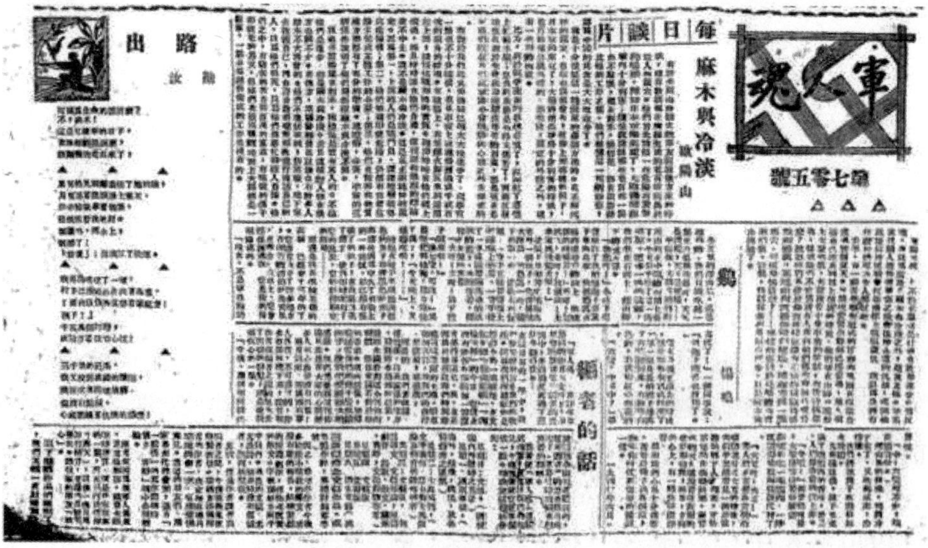
軍人魂
第七零五號
每日談片
麻木與冷淡
歐陽山
出路

1940 年 8 月 1 日《阵中日报 · 军人魂》发表欧阳山的《麻木与冷淡》

麻木与冷淡

欧阳山

1940年8月1日《阵中日报·军人魂》

有许多到过前线的朋友回到后方来的时候，总喜欢谈起在前线生活的老百姓底异于常人的镇定。他们首先讲叙一些危险而紧张的场面，例如日本军队来近了，大炮、机枪轰击得十分厉害，随后就讲叙那些老百姓一点也不惊慌，还在割禾，摘棉花，和在田里做其他的工作之类。他们根据这一类的观察，认为中国的民众是大大地进步了。

我是十分怀疑这一种简单的认识方法的。真正而纯粹的镇定，自然也偶然会有，但像上面那样的例子，日本军队来近了，大炮、机枪轰击得十分厉害的时候，老百姓还熟视无睹的，恐怕除了镇定的外貌之外，还有一些别的因素。

比方，对于战争流血的事件看惯了，因而犯了感觉上的麻木症；悠长的生活是过得太痛苦了，因而反拨地生出对于生命底冷淡态度等等的因素，都是要在老百姓们确信我们底军队必会战胜的心理之外去探求的。

我对于我们底兄弟姊妹已经大大地进步了的这事实，一点也不十分确信，并且事实上我还得到过成千成百次的亲身的证明。在战场上，有仅离火线五里路还开始上课，讲授抗战知识的实例。炮弹时时在他们头上飞过，而且时时落在他们身边，但授课和热烈的辩论并不中止。这不是麻木与冷淡，这是真正而纯粹的镇定。因为第一，上课的人们是战斗员，深深了解战场底危险性；第二，他们知道即使危险，仍然有冒着危险去完成某种工作的必要；第三，他们在精神和物质两方面都有了充分的准备。这了解、必要、准备的三个条件，说明了他们绝对跟麻木与冷淡不同。

我也承认那样在割禾、摘棉花是实有其人的。不论他们是进步，抑

老年欧阳山

或是麻木与冷淡，并且这样的人物在后方也就不少。在后方，空袭警报发出以后，也有许多人根本不大理会的。他们不进防空洞、防空壕、地下室去掩护自己，还自夸勇敢，而嘲笑那些进行掩护自己的人，以为他们怕死，以为他们无事忙和庸人自扰。他们之中，有穷苦的苦力和百万的富翁，有强健的汉子和衰老的男女，但他们在被空袭的地面上大抵总是一点事、一点必须赶快完成的工作也没有的。

无论如何，不能承认这是什么勇敢和进步，相反地，我以为这除了麻木与冷淡之外，毫无其他。如果说这种人被炸弹击伤之后，会保持永远的仇恨，或因他底宗族被屠杀，会扛起枪杆上战场复仇，我以为是没有什么根据可以令人相信的。

去年，有一个青年学生组成的官办的集团，在南温泉度过整个夏天，有几次当紧急警报已经发过，敌人飞机也已经在头顶上盘旋的时候，他们却在山脚的溪岸上大声唱歌，大声说着十分平常的笑话。我当时就想过，难道他们不会感到有人在向他们的生命加以威胁么？难道他们不会想象到，那时候总有某地的同胞被屠杀而流血，某地的财富被炸毁和焚烧，因而感到一点痛苦、悲戚和惋惜么……那样的忘怀于残酷的现实而唱歌、说笑，我认为并非勇敢和进步，只是麻木与冷淡罢了。

川陕公路与抗战

——王亚平:《蜀道不难》

1940 年 8 月 2 日

抗战时期的川陕公路是连接西北和西南的大通道。它始于四川绵阳市梓潼县(文昌镇),经过陕西汉中市宁强县、勉县、汉台区、留坝县,连接了成都与西安。川陕公路修通于 1936 年 6 月,1937 年 2 月全线通车。它是在极其艰苦的条件下,由千千万万的民工用血肉筑成的。在抗战中,这条公路发挥了十分重要的作用。

四川剑门关

从川陕公路的剑门关到宁强县的五丁关、再到秦岭山间的留坝路段,是公路中最为险峻难筑的路段。唐代大诗人李白脍炙人口的诗篇《蜀道难》,所描述的正是这些地方。“剑阁峥嵘而崔嵬”写的是剑门关,“地崩山摧壮士死,然后天梯石栈道相钩连”用的是五丁关之典。诗人曾慨叹“尔来四万八千岁,不与秦塞通人烟”,自古以来川陕之间不通道路,而随着川陕公路的建成,古代诗人所想象不到的奇迹,终于被顽强不屈的抗日民众化为现实。

四川剑门关李白《蜀道难》壁题

1940 年 8 月 2 日的《阵中日报 · 军人魂》“每日谈片”栏目上，发表了王亚平的短文《蜀道不难》。“每日谈片”带有政论性质。作者对李白的诗《蜀道难》反其意而用之，描写了他们一行乘着长途汽车由川入陕，经过剑门关、五丁关、秦岭，一直来到大西北所见所感。这篇作品不仅是赞美了修筑川陕公路的伟大，还蕴含了对抗战胜利的坚定信念。

位于今陕西省汉中市宁强县境内的五丁关

自从 1938 年 10 月武汉失陷，抗战中心由武汉转移四川重庆，“蜀道难”也被赋予了新的含义，预示中华民族将走更艰苦之历程（见曹聚仁《中国抗战画史》405 页）。抗战之初，日军曾狂言“三个月灭亡中国”，曾一度占了压倒优势，中国军队被迫步步退却，大片国土相继沦丧，面对这种情形，不少人产生畏惧情绪，把战胜日军看做是“难于上青天”的事，然而，直到作者写文章的1940年，抗战已经坚持了3个多年头，进入相持阶段。中国人民修筑川陕公路的伟大力量，也坚定了作者对抗战必胜的信念。显然，“蜀道不难”是具有双关意义的。

王亚平(1905—1983)，中国现代作家，诗人

王亚平（1905—1983），现代作家、诗人、戏剧家。原名王福全，生于河北威县一个农民家庭。1926年读河北省立第四师范时开始写诗。1932年与蒲风等在上海组织“中国诗歌会”。1937年抗战爆发后，在上海任《救亡日报》记者，“青记”会员。1939年抵重庆，办春草社，编《春草集》。新中国成立后，曾任《人民日报》副刊主编、《新民报》任总编辑，北京市文艺处处长、市文联秘书长、全国曲协常务理事等职。

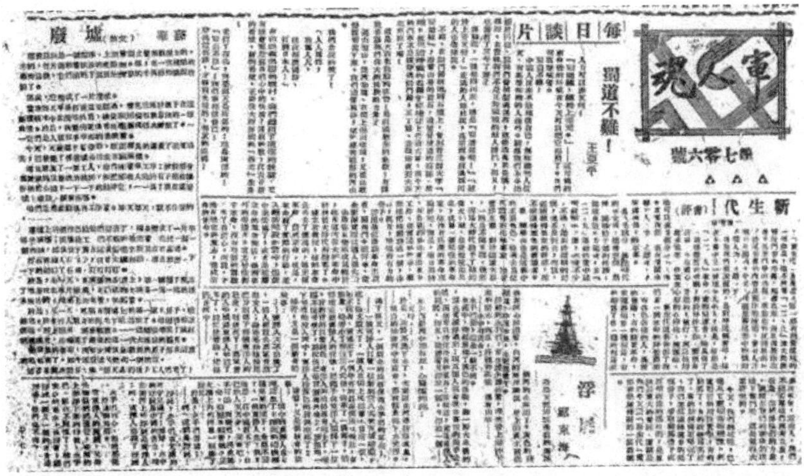
軍人魂
每日讀片
蜀道不難！
王亞平
新生代
廢墟

1940年8月2日《阵中日报·军人魂》发表王亚平的《蜀道不难》

蜀道不难

（每日谈片）

王亚平

1940年8月2日《阵中日报·军人魂》每日谈片

人力可以胜天呵！

“蜀道难，难于上青天。”这可怜的宿命性的叫喊在今天可以把它踢开了。我们要高声喊着：

“蜀道不难！”

中国人从来不敢相信自己，无知识的人信天，有高等知识的人崇外。纵然我们不必沉湎于回忆，说我们会开凿过运河，建筑过万里长城，然而，在当前我们不是正和顽强的敌人搏斗，而且，也将打了三年了么？

无论谁，一提起四川来，总是“蜀道难啊！”“难于上青天啊！”走过的人如此说，甚至没有到过四川的人也这样说。

不错，在剑门关前面的石壁上，曾刻着三个大字：“蜀道难”，沿着山层的岩石，还留着栈道的痕迹。然而，在三国时期的名将曾从栈道上行过大军，而今天的汽车不是横穿过剑门关、五丁关、秦岭，而直到大西北草原了吗？

这是大西北跳动的脉管！是祖国新生的象征！有谁敢否认我们伟大的民族的力量？

遇山凿石，逢河架桥。车爬上崇山峻岭，又从山巅盘旋着滚下来，我们迎着风沙，望着雄秀庄严的河山。

我们含泪的笑了！

人人为我，

我为人人，

建设经济国防，

打倒日本人！

在山坡与僻静的乡村，我们听到了这样的歌声，又有谁会意想到我们心中的快活？这新的歌，代表着新的希望，新的希望，正从伟大而辽阔的“西北”生长！

走到了西北，我感到天是高远的，地是广博的！

“蜀道不难！”我们要相信自己！

穿过这条路，才能到光明的、明天的祖国！

摧毁与重建

——华嘉:《废墟》

1940年8月2日

华嘉,原名邝剑平(1905—1996)

华嘉（1915—1996），原名邝剑平。广东南海人，自幼家贫，随母亲流落广州，参加了“广州文总”领导的秘密读书会开始写作，1935年参加“左联”。抗战爆发后，深入农村、前线，曾在日机大轰炸中负伤，1938年加入中国共产党，担任广州《救亡日报》战地通讯员，“青记”会员。1939年在桂林担任《救亡日报》、香港《华商报》记者；“文协”桂林分会、香港分会理事。

1940年8月2日，《阵中日报·军人魂》发表了华嘉的散文《废墟》。

《废墟》虽篇制短小，却富有象征意义，它歌颂了面对敌人的狂轰滥炸的镇静勇敢务实精神。作者写的是一个小市场从毁灭到重建的过程。废墟的建设者们，“勤恳工作，默不作声”，既无牢骚，也不悲观，不久，一个新的市场在他们的手中建起了，它“嘲笑了疯狂的破坏者，也嘲笑了绝望于一次大屠杀的弱者”。

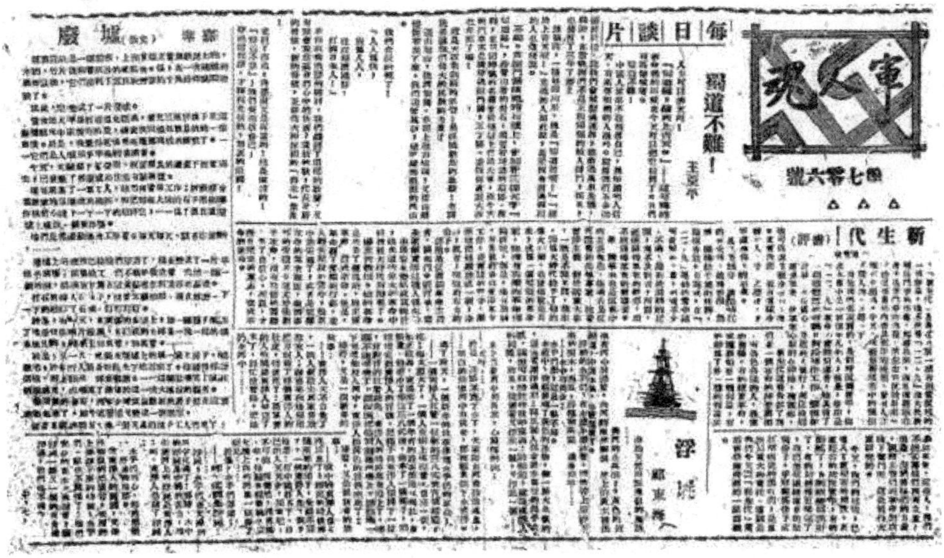
廢墟
軍人魂
每日談片
新生代

1940 年 8 月 2 日《阵中日报·军人魂》发表华嘉的《废墟》

废墟

华嘉

1940 年 8 月 2 日《阵中日报·军人魂》

这里以前是一个闹市，上面曾树立着无数泥土的、木的、竹片混合着灰沙的建筑物。但，在一次残酷的轰炸以后，它们消耗了疯狂的野兽的千万磅炸药而坍毁了。

因此，它变成了一片废墟。

当我每天早晨打从这儿经过，看见三两野孩子在这断壁颓垣中贪馋地拾荒，总使我回忆起数月前的一笔血债。于是，我觉得更恨那些毫无理性的野兽了。——它们是人类和平幸福的破坏者。

今天，天虽然下着微雨，我从雨具的遮盖下面望过去，已发觉了那废墟和往常有点两样。

这儿聚集了一群工人，他们冒着雨工作：拆毁那曾为野兽施以暴虐的残迹，和把那些大块的石子用软藤作柄的小锤子一下一下的敲碎它，——为了要在这废墟上建设一个新市场。

他们是那么勤恳的工作着。每天每天，默不作声的……

废墟上的渣滓已给他们扫清了，现在变成了一片平坦的广场；广场给工人们不断的改造着，先挖一个一个的洞，然后放下将在这广场建立新闹市的基础。

打石的妇人和孩子，冒着太阳和雨，还在那么一下一下的敲碎了石头，“叮叮叮叮……”

于是，有一天，在广场的基础上，如一颗种子冲出了地层，生出两片嫩叶，砌成的土砖是一块一块的很有规律的，在地面上加高着。

于是，又一天，建筑在废墟上的第一家土房子，骄傲地在许多行人惊奇的眼光下站起来了。它显得那么倔强，那么粗壮，那么骄傲——这骄傲嘲笑了疯狂的破坏者，也嘲笑了绝望于这一次大屠杀的弱者。

像雨后的春笋，没多少时候，无数新的房子都在这里建筑起来了。如今这废墟又变成一个闹市。

望着新的闹市，每一个天真的孩子，工人们笑了！

新中国成立后，华嘉（邝剑平）历任《南方日报》副刊主编、华南文学院教授、广东省文化局党组书记、广州市文化局党委书记、局长，广州市委宣传部长，广州市文联主席等。出版长篇小说、散文、评论集多种。

日寇嚣张气焰的衰退

——祁东海:《浮尸》

1940年8月2日

卫河经天津入海河

1937年7月30日，天津沦陷。自此以后，一直到抗战胜利，它始终在日本人的统治之下。据《沦陷时期天津大事记》记载："1939年7月以来，天津市被大水包围，全市有78%的面积被淹，灾民达万人，民房倒塌不计其数，加上物价上涨，瘟疫流行，浮尸漂荡，惨不忍睹。"

在灾荒年，穷人暴死野外的事是经常发生的。路有饿殍，河漂浮尸。浮尸顺流而下，时有发生，有的浮尸被水泡胀，人们称之为"元宝"，司空见惯，也就失去了同情心。

1940年8月2日《阵中日报·军人魂》发表了祁东海的《浮尸》，讲述的却是另外一种故事：1939年下半年的天津，在阴雨连绵、卫河涨水之时，撑船的水手们为了生计，下河打捞从上游冲下来的物什，却意外地发现了日本军人的浮尸，这种事还不止一次。

日军本在天津是耀武扬威的统治者，他们怎么也会变成"浮尸"呢？

原来，在沦陷区，仍然有着中国人民不屈的战斗，有着弱者对强者的抗争，而且随着战争时间的推延，日本士兵中的厌战、思乡情绪不断蔓延，轻生的事也时有发生。

“浮尸，水手在天津的河中见过了。那时，水中的浮尸是中国的苦力，现在卫河上的浮尸是东洋人。啊，东洋人也变了浮尸……”

文中透露出的信息是，抗日战争到了相持阶段，日本侵略者最初的嚣张势焰已渐衰退，他们已陷入战争的泥沼难以自拔，这种颓败，会随着时间的推移日益凸现。

作者祁东海，生平不详。

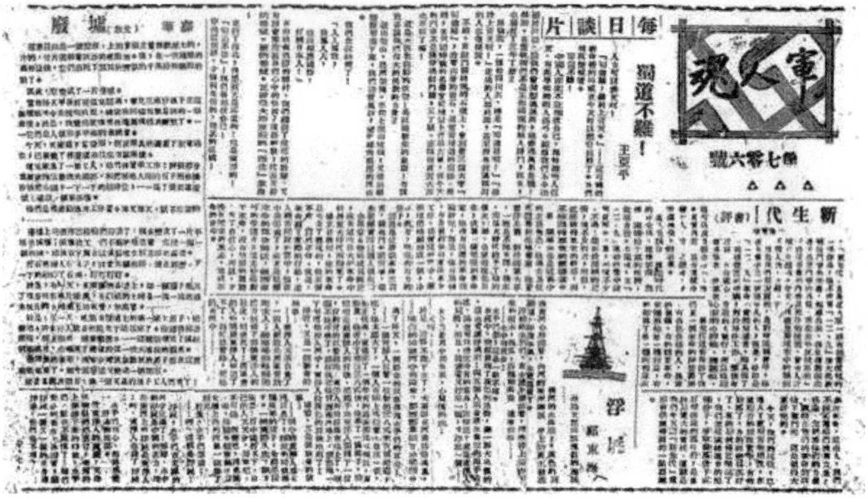
軍人魂
第七零六號
每日談片
蜀道不難！
廢墟
新生代
浮屍
祁東海

1940 年 8 月 2 日《阵中日报 · 军人魂》发表祁东海的《浮尸》

浮尸

祁东海

1940 年 8 月 2 日《阵中日报 · 军人魂》

弥漫阴天，淫雨瓢浇似的洒落……

卫河（1）的水高涨了，黄色的波浪在河心汹涌着，向河的两岸翻滚，岸上的黄土被洗刷过，冲进水里，水更浑浊了。

撑船的水手们，在水流上游泳着，捞拾着从上游冲下来的树木、西瓜、谷穗和高粱，还有山羊……

——水中有黄金。

水手们想，这是一点不错。

水流中，突然发现了黄色的怪物，像一条大鱼似的，滚流着漂浮过来，四五个人泅着逆水喜悦的用手去抓，满想可以捞住珍贵的东西，谁知道，竟是东洋人的尸体，而且，接连着又浮来一个，又浮来一个……

水手们从河中爬出来，心惊肉跳的：

——天呀！

于是，谁都不敢下水了，大家蹲在河边彷徨叹息。……明明知道河中有黄金，都没胆量跳下水去捞。

过了两天，一个新奇的故事传进水手们的耳朵：

——一个东洋人扛着一支新的三八式去吉城捉鸡子吃，他太胆大了，一个人在街上招摇着，目空一切，他正往西，东边来了个年青的庄稼汉，凶猛强壮，有胆量，他看中了那支三八式枪，他拿了一根绳子，悄悄地走到东洋人的背后，把绳子向东洋人的颈脖上一拉，背对背的扛着就跑，东洋人的枪掉落到地上了，喉咙不能呼吸了，庄稼汉把他背到卫河堤上,狠狠地一下儿把他投入河中,东洋人给黄色的波浪冲跑了……

接着，又是一个新奇的故事：

——东洋人太不自量了，一个人硬敢去马家营欺压女人，做婆婆的和媳妇用镰刀割破了那个东洋人的肚皮，他便死了；马家营的人怕城里东洋人知道了不了，赶忙抬着他，把他扔在河里……

接着，又是个新奇的故事：

……城中的东洋人也太没出息了，跟来的时候那种凶恶的样子，全然不同。一个东洋人生了气，他想，打中国打不下，自己的人天天少，回家吧，不可能；叛变吧，没勇气，唉，他糊里糊涂地，从大桥上向卫河里一跳，寻了短见……

于是，水手们想道：

啊，这就是浮尸。

浮尸，水手在天津的河中见过了，那时，水中的浮尸是中国的苦力，现在卫河上的浮尸是东洋人，啊，东洋人也变了浮尸……

水手的心，起始感觉到舒适和坦然。

当东洋人的尸体，又像怪物似的漂流着，从卫河的上游漂浮下来的时候，水手们一点也不惊慌了。他们安心地在水上泳游着，让浮尸一个又一个的在身边浮过，他们也不理会……

十，七

注释

（1）卫河：发源于山西太行山，流经河南新乡、鹤壁、安阳，沿途接纳淇河、安阳河等，至河北馆陶与漳河汇合称漳卫河，再流经山东临清入南运河，至天津入海河。

对丑类的极度鄙视

——张天翼：《不够做题材》

1940 年 8 月 3 日

1942 年 12 月 20 日汪精卫等抵达东京羽田机场，受到日本首相东条英机的欢迎

日寇自发动侵华战争以来，占领了大片中国领土。为了“以华制华”，他们相继扶植了几个伪政权，如东北溥仪的“满洲国”，蒙古德王的“蒙疆联合自治政府”，华北王克敏的“中华民国临时政府”，华中梁鸿志的“中华民国维新政府”。但其中只有 1940 年 3 月成立于南京、由汪精卫任主席的“国民政府”，是最为日本侵略者苦心经营的“中央政府”。

汪精卫（1883—1944），本名汪兆铭，号精卫。清末曾考取公费赴日留学，加入孙中山的革命组织，辛亥革命前一年因谋杀清摄政王载沣入狱，辛亥革命后在国民党内地位崇高，数度出任要职，成为地位仅次于蒋介石的人物。抗战爆发后，汪精卫认为中国没有与日本一战的资本和能力，主张“和平运动”。1938 年武汉大会战失败后，国民政府迁往重庆。同年 12 月 19 日汪精卫从重庆飞往云南，再到越南河内。12 月 29 日发出“艳电”（电报代码），公开宣称接受日本首相近卫文麿的对华声明，背叛国民政府。1940 年 3 月 20 日，他在南京组建日本扶持的“中华民国中央政府”，任主席。成为抗战时期被国人唾骂的头号的汉奸。

1942 年冬，汪精卫与东条英机愉快交谈

中华抗敌协会的领导人老舍，在他所著的长篇小说《四世同堂》中斥汪精卫为“汪逆”，评价说：“他的投降，即使无碍于抗战，也足以教全世界怀疑中国人，轻看中国人……比敌人还要可恨”。

不够做题材
张天翼

一二天

反對自由主義

文藝新聞

1940 年 8 月 3 日《阵中日报·军人魂》发表张天翼的《不够做题材》

张天翼是抗战时期的著名作家，1938 年曾写过短篇小说《华威先生》，讽刺

一个在“保卫大武汉”时到处挂职、开会、请吃、演说，而对抗战的实际工作毫无作用的官僚华威先生，一时“华威先生”成为官僚形象的共名。大约有人建议张天翼也来讽刺一下伪“国府主席”的汪精卫，张天翼写了这篇《不够做题材》，作为回答。在这篇文章中，作者以嬉笑怒骂的态度，认为汪精卫“不够做题材”，言下之意是他根本不配做人类，连畜类也不如。

这篇杂文，发表在1940年8月3日的《阵中日报·军人魂》上。

不够做题材

张天翼

1940年8月3日《阵中日报·军人魂》

我的职业，使我对种种人物都发生兴味，为的想要加以观察、概括，于是怀着种种情感，试着把他表现出来。但，提到那个叫汪精卫的，我对他可一点兴味没有。因为要是拿来当作文艺作品里的人物的话，那个汪精卫还不够格。

这并不是说，关于那个汪精卫的材料太少。材料其实是足够了的，并且还可以很形象地去捉摸他。我们从一些外国报纸上，找得到许多汪精卫的肖像，他笑嘻嘻招待敌酋的照片，他很驯服地站在“出云舰”甲板上的照片，他跟他的前辈王克敏、梁鸿志谈判的照片，诸如此类。文字方面呢，一些外国记者曾描写过他长得后生。日本杂志上还记载了他叩见近卫的时候，吃过一顿“支那料理”，流过一点受宠若惊的眼泪，而后那位花花公子的近卫一往情深的想念起，说那个汪精卫竟温柔的像个黄花女一样。那么我们可以想象到，他去年在广州吃安藤钉子之际，他那处女似的脸上，是怎样一副可人怜的尴尬样子；而他跟日本强盗订卖国密约，向日本强盗请求帮他成立什么“新政权”的六条的时候，他又是怎样一副温柔连软骨头都没有了的媚态，诸如此类。

可是这些形象有什么用呢？

要写的话，首先要确定这描写的对象是个什么东西，要说得出一个名堂。人就是一个“人”，有人类的一般的特征。并且他属于一定的民族，属于一定的生活圈，而有种种的特征。他有他的生活、思想，有他的做人的方式、态度等等。这些都可以写进作品里去，我们可以用各种人对人的情感去表现他。

即使退一大步，说畜类吧，畜类也各有它的品格、典型性。畜生也有资格当作小说之类的题材。

然而那个汪精卫——却不够格。

问题在这里，就是说不出那个汪精卫是个什么家伙。你无论把那个汪精卫归到哪一类去看，都不像。人类历史里从来没出现过这样的东西。当然不能把他归到动物史里去，除非是开玩笑。而且一般地说来，一切生物是向前发展，由低级到高级的，那也不是那个汪精卫所能比拟的。

有些日本军阀的奴才作家，极力设法把那个汪精卫描写成一个“人”的样子，就创造出古怪的句子，来说那个姓汪的是“为和平而奋斗”，而且是“代表大部分中国人”的意见，这种描写，其肉麻当有趣的程度，实在不在“温柔如处女”的笔法之下。敌寇们当然明白那个汪精卫是一注什么货，那个汪精卫也一定明白他自己的“奋斗”是怎么回事。如果那个姓汪的看了那些肉麻当有趣的拙劣的描写，而也有一丁点儿——真的不要多，只要一丁点儿——害臊的话，那就可以说他也有一丁点儿“人”气了，那么如果要把他当作人物写进作品里，也就不妨来写他这一丁点像人的方面了。然而没有，他倒是越发加劲来作敌寇的播声筒，像煞有介事地在扮演，仿佛“和平”也真是他的一种政治主张似的。这正如人家说他温柔，他就更加装作娇滴滴的样子，只是越发肉麻而已。

所以他跟各种汉奸都不同，他比各种汉奸更卑劣，更可鄙，更可憎可恨，从人本位说来，他比任何汉奸更低一级。

像这样一个极其特殊的东西，你无从概括起来，无从创造典型，那么描写出来有什么意义呢？

如果说是要拿这作品去使那个汪精卫知道羞耻，那你就把那个姓汪的估计得过高了，太看得起他了。

值得写作题材的，倒是那些直到现在还错把汪精卫当“人”的人物，那些惑于汪精卫式的“和平”的人物。写出他们为什么会相信那一套无耻的谎话，写出他们发生了些什么影响，让他们明白明白他们自己的错误，也让大家认识认识他们，批评批评他们，同时使大家也有所警惕，不去上当。……

但这些关于题材的话，在艺术至上主义者看来，是可笑得很的。或者又会斥为“抗战八股”。他问：为什么一定要选有意义的题材啊？在象牙之塔的窗口向外一看，汪精卫这个人是十分有趣的，他很温柔，怎么不在“审美”观点上去欣赏他呢？

那——我无话可答。象牙之塔我没有到过，我生活在抗战的中国，这篇文字也是写给生活在抗战的中国朋友们作参考的。如果有个有福气的人要去“审”那个汪精卫的“美”，让他去“审”他的罢。

张天翼

张天翼（1906—1985），当代著名作家，学名张元定，字汉弟，祖籍湖南湘乡，出生于南京。1927年参加中国共产党，1931年在上海参加左联。抗战时期，积极投入抗日宣传，1938年发表短篇小说《华威先生》，讽刺了抗战中到处挂职、开会而不务实的政府官吏，影响很大。1939年任中共湖南省委机关报《观察日报》副刊编辑，长期在长沙等地从事抗日救亡工作和文艺活动。新中国成立后，历任中央文学讲习所副主任、中国作协书记处书记、《人民文学》主编等。著有《大林和小林》《宝葫芦的秘密》等儿童文学作品。“文革”中被打成“走资派”，下放湖北咸宁劳动。80年代平反昭雪。

吊张自忠将军之战死

——高天:《一颗殒星》

1940年8月5日

张自忠将军(1891—1940)

张自忠，中国国民党爱国将领。1940年5月在湖北宜城南瓜店前线同日军激战时牺牲。是二战中同盟国阵亡的最高级将领。

张自忠（1891—1940），字荩忱，生于山东临清。父亲张树桂曾任前清赣榆知县。1911年，就读于天津法政学堂，秘密参加同盟会，1916年投奔冯玉祥，后成为西北军名将。

1933年，29军奉命投入长城喜峰口抗战，张自忠与冯治安在距喜峰口30公里处设立前线指挥所，与赵登禹协作，组织大刀队对日军进行大规模夜袭。

1937年“七七”事变后，全国上下一致要求抗日。当时，国民政府的高官中唯有北平市长秦德纯在平主持工作，任29军38师师长的张自忠在北平卧床治病。29军军长宋哲元因南京政府“应战不求战”的基本方针，认为事变尚有就地解决的可能，与日方签订了停战协定，并命令张自忠留守北平，缓冲中日关系。这样，张自忠便被误认为是“主和派”代表人物。平津舆论界乃至29军中都流传着“37师打，38师看”的说法，透露出对张自忠的不满。

1937年8月6日，张自忠发表声明，宣布辞去所有代理职务，9月3日在部下的帮助下逃离北平。

1938年的临沂战役中，张自忠奉调率第59军以一昼夜180里的速度增援庞炳勋部。张自忠与庞炳勋原是宿仇，但他以国家、民族利益为重，摈弃个人恩怨，率部与庞协力作战，张自忠率59军与敌鏖战七昼夜，击溃了日军号称“铁军”的板垣师团。粉碎了日军向台儿庄前线增援的战略企图。

不久，张自忠又率部参加了武汉会战，重创日寇于河南潢川，随即被晋升为第33集团军总司令，进驻鄂西荆门县，在汉水两岸与日寇展开周旋。

从 1938 年 11 月到 1939 年 4 月初，短短 4 个月里，张自忠指挥所部接连进行了 4 次中小规模的战役，歼敌不下 4000 人。国民政府主席林森签发命令，授予张自忠宝鼎勋章一枚。1939 年 5 月 2 日，国民政府又颁布命令，为张自忠加授上将军衔。

1939 年 5 月 1 日，中日两军在鄂北地区展开了随枣会战，战至 6 日，日军发起第四次进攻，我军阵地终于被突破。8 日拂晓，张自忠率幕僚及总部人员冒雨渡河，向东疾进。5 月 10 日，该师伏击日军辎重联队，一举歼灭其 1000 余人，并缴获军马、运输艇、弹药给养和药品一大批，日军渡河攻击襄阳（原襄樊）的计划因之落空。

1939 年 12 月张自忠率领右翼兵团参加全国性冬季攻势。据统计，冬季攻势中第五战区歼敌 30804 人，俘敌 36 名，是战绩最大的战区；而第五战区又以张自忠之右翼兵团战绩居首，歼敌 1 万余人。在后来召开的一次军事会议上，蒋介石说：“冬季攻势以张自忠主持之襄东战场收获最为可贵，实为各战场之模范。”

1940 年 5 月，日军集结 30 万大军发动枣宜会战。当时中国军队的第 33 集团军只有两个团驻守襄河西岸。张自忠作为集团军总司令，他不顾部下的再三劝阻，坚持由副总司令留守，自己亲自率领 2000 多人渡河作战。

1940 年 5 月 7 日拂晓，张自忠东渡襄河。5 月 14 日，双方发生遭遇战。15 日，张自忠率领的 1500 余人被近 6000 名日寇包围在南瓜店以北的沟沿里村。敌我力量极其悬殊，激战到 16 日拂晓，张自忠部被迫退入南瓜店。到下午 2 时，张自忠手下只剩下数百官兵，他将自己的卫队悉数调去前方增援，身边只剩下高级参谋张敬和副官马孝堂等 8 人。

通訊專頁
軍人魂
第七零八號
失而復得的襄陽
白克
一顆殞星
高天
吊張自忠將軍之戰死

1940 年 8 月 5 日《阵中日报 · 军人魂》发表高天《一颗殒星——吊张自忠将军之战死》

不久，大群日兵已冲到面前。1940 年 5 月 16 日下午 4 时，张自忠将军在战场上壮烈牺牲。

一颗殒星
——吊张自忠将军之战死

高天

1940年8月5日《阵中日报·军人魂》

常胜将军画像

张自忠将军殉难的消息，像一声巨雷，在人们的心上震荡。天外飞来的噩耗，把人的神经片片撕裂了。

这不幸的消息是和襄阳克复的捷音相伴而来的。当时我曾以哀伤无比的心情，写出长长的悼文，吐泄我一腔悲感。文甫杀青，而敌机来扰行都，这文在大轰炸下成了我住所的殉葬品。从此，变哀伤为愤怒，每天只有单纯的思念，怎样用行动纪念这颗巨星的陨落！

然而，另一个思念盘旋着，这殒星的影子是应该落在每一个人的心上的。因此，我重新执笔为常胜将军描下这一幅记忆中的画像——

标准的山东大汉，朴质而洒脱，体格和风度是道地的北方型，而性情之敦厚温和，则绝无地方色彩。作战时英勇果断，坚韧不屈，待人处事肯牺牲自己，有不可及的克己功夫。记得两年前徐州会战结束时，他担负掩护退却，以所指挥的其他部队先行，直属部队殿后。他自己则徒步于殿后部队的尾梢，且战且走。这不过是千百中之一例。

对部下后乐先忧，以身作则，战斗则身先士卒，遇难则疾苦与共。

他重视军民关系，无论到什么地方，首先与民众接触，留下良好的印象。这良好的印象，他部下的士兵都知道永远保持的。在大洪山，他时时策马巡行，访问民间疾苦，荒山僻野的村民，无人不识张将军。

他注重干部。十五年前他在冯焕章（冯玉祥）部下任干部学校校长，从那时起，他无时不在培养干部，倚重干部。这次豫鄂会战之初，他曾问人："是让长官督促得好呢，还是干部督促得好呢？"回答是："干部督促得更好。"因此，他不顾一切地和部下并肩战斗，出死入生！

他好学，因之，他有惊人的进步。戎马倥偬中，永远不忘读书。秘书们的大部分时间，是和他一起读书研究的。

他从来不说一个"难"字。他勇往直前的精神，保证了不断的胜利。

知耻，是他一生的美德。古来英雄之成功惊人事业，多数是有这两个字在鞭策着的缘故。他在平津混沌时期，忍辱负重，苦撑危局，虽然国人不谅，他也不以一语自明。直到抗战发动，才用决死的战斗，用胜利来表白自己。

从他结实倔强的面孔上，可以看出一个坚韧不屈、英勇无畏的巨人，他能以其精诚使环绕在他周围的人们，一样在暴风中挺立！

中原的哀念

两年前，在徐州突围的路上，我曾随着张将军的部队，冲过敌人的封锁线，那是生死线上最紧张的一段，因此，那一段生活最亲切也最难忘。

黄维纲将军领导的某某师从陇海路北侧急行军，踏破敌人封锁的路上，虽然在万分紧张的时候，对民众的良好关系，官兵间兄弟一样的情感，还能保持如常。宿营时，往往是露宿在天井里，屋子仍然留给老百姓。黄将军说："我们军团长（指张将军）自己也是这样做啊！"

突围以后，我沿着中原烽火场的边缘，绕道郑州，南下访问张将军。那一天，正是黄河决口，中原紧急。敌人袭扰新郑黄河桥附近，威胁平汉路，敌骑破坏新郑铁桥前一小时，一列军用车闯过来，载着我到了许昌。

踏着山洪流过的中原的泥浆，到历史上有名的八里桥，会见了张将军。

他在徐州转移中间，担任了掩护退却的长期苦战的任务，刚刚开始休息和整理，火线又渐渐向他面前推移了。

阅兵归来时，他向我微笑的说：“我们的队伍还可以打，只要不泄气，剩下最后一个兵也要打下去！”

我们分手时，他在准备着保卫中原的战斗。

而今，中原在张将军的保卫下，依然是一片干净土，中原的保卫者已战死于襄东的山野。追怀往迹，引起人无限的哀思！

胜利,第一

张将军一生的历史是战斗、胜利和第一。

在抗战史上，长城抗战也是光荣的一页。那时，他在喜峰口之役苦战歼敌，造成抗战胜利的先声。全面抗战中，首先在津浦南段一战而克小蚌埠，再战于鲁南，创造了第一次伟大胜利的纪录。

闻名世界的台儿庄战役，张将军也担负了重要的任务！战徐州，他亲率大军掩护退却，使敌无力扩大其战果。

其后，转战豫南，使武汉左侧几度转危为安。

去年春季随枣之役，他曾轻骑入敌后，以奇兵姿态截断敌主力军的联络，然后从容部署那一次战斗胜利的战局。

冬季攻势的结果，也以张将军主持的襄东战场的收获最为可贵。某次重要会议中，被誉为各战场之模范。

随枣战后他来重庆，见到冯焕章先生，他说：“不管枪不如人，炮不如人，人不如人，我总拼命的干一场！”

这次豫鄂会战，他果真拼了命。结果他胜利和第一的光荣的一生。

血洗英雄心迹

敌人在豫南豫北发动的新进攻，那是在五月初。张将军早已料到敌必由襄东进犯，乃手谕所属各将领准备应战，并表示“渡河一拼”的决心。

五月七日，他亲率卫队过了襄河。这时敌主力正通过大洪山区，遭遇开始了，接着便是五昼夜的追击。

襄东山地的大旋回，自南向北，把敌人成千地埋葬在山谷中间。

张将军指挥下的某集团军，乘胜向枣阳合围，襄东战场自此为一大转机。

敌左翼兵团在遭受巨大损伤后，十六日晨突围南窜，张将军自率某师一部及其卫队奋力追击，不料被敌回师围困于方家集附近之南瓜店一带。其时，我军一部正与敌鏖战，不及回援，傍晚，我大军攻枣时，将军正战至最后十二个人，裹创奋战，卒以伤中胸部要害，自知不救，乃用国民政府颁赐的“军人魂”短剑自裁，为左右所夺。将军倒地不起，说：“我对国家，对民族，对长官，对个人，良心都很安慰，从此大家要更努力杀敌复仇。”言毕遂死。我们从此失掉了一员大将，像夜空陨落了第一颗巨星。

在江汉之交，雨蒙蒙地落着，似为将军之殒落而天亦下泪。

将军渡河之前，曾亲笔留书致冯治安将军，略谓：“因战区全面关系，及本身之责任，均须过河与敌人一拼，如不能与某师取得联络，即奔着最终之目标——死亡迈进。无论作好作坏，但求良心得些安慰。”他终于奔到“死”的最终目标了。几年来笼罩在他心上的暗影，从此洗刷一清。

都门吊国殇

将军遗骸，曾被敌人做过夸张的宣传，但就在第二天，黄维纲师长，率哀军猛扑张家集，逐退了敌人，将军遗骸为我夺回，护送到后方。战船溯江而上，经过宜昌万县等地，民众万人空巷赶来致祭。过宜昌时，民众抬棺游行，巨大的哀伤笼罩着群众，无人顾虑正在头顶上盘旋的敌机。

将军灵榇抵渝时，将军二十年老友熊振滂先生抚棺痛哭，冯副委员长泣不成声，与祭者莫不黯然泪下。

将军灵榇过渝，运北碚暂厝。嘉陵江畔，烟雨凄迷，将军携着殊荣安息在这里，为峡上江山增其不灭的光辉。第一颗殒星将在一切不愿做奴隶的人们心上，留下永恒的哀念。

张自忠将军墓，位于重庆北碚梅花山

2015年3月25日，湖北襄阳宜城市张自忠抗日纪念园落成

作者高天，原名高紫瑜，江苏淮安人，早期在郑州上学，17岁进入郑州《华北日报》任编辑和记者，1935年任郑州《通俗日报》总编辑。抗战爆发后，他任武汉《扫荡报》和《时事新报》战地记者，采访台儿庄，1938年参加中国青年记者协会，并参与发起创办“国际新闻社”，1940年为重庆“国新社”办事处负责人。历任重庆《新蜀报》代总编辑、昆明《扫荡报》总编辑。抗战胜利后到香港任《华商报》编辑部主任、“国新社”香港分社负责人。

新中国成立后，历任《光明日报》社编辑部主任、副总编辑等。新时期任民盟中央副主席等职。

1938 年 5 月 16 日，采访台儿庄战役的战地记者在徐州突围行军途中合影。后排右三为高天，右四为石燕，右五为王西彦；后排左三为陆诒

枣宜会战之一瞥

——白克:《失而复得的襄阳》

1940 年 8 月 5 日

第五战区枣宜会战前高级将领摄于老河口。右起:韦永成,黄琪翔、张自忠、李宗仁、孙连仲、汤恩伯、郭忏、王鸿韶、刘汝明、高永年、吴仲直

自从 1938 年 10 月武汉失守后，抗战形势进入新阶段。李宗仁所辖第五战区向鄂北撤退，1939 年秋，第五战区司令部从襄樊迁入老河口，任务是死守桐柏山、大洪山区，与驻守大别山区的廖磊所率 21 集团军相呼应，利用崇山峻岭连绵的有利地形，实行保卫大西北、坚持持久抗战的战略目标。

日军为了进攻重庆和四川，迫使中国政府屈服，多次策划进攻第五战区，但因深入内地，补给线长，兵力不足等原因，无力展开全面进攻，只能对各战地作间歇性攻击，每次作战时间不超过一个月，大有势穷力竭、捉襟见肘之势。（参见李宗仁《武汉弃守后之新形势与随枣会战》《欧洲爆发后之宜枣会战》等文，《正面战场——武汉会战》一书，中国文史出版社，2013 年 1 月版，第 211 页、251 页）

1939 年 4 月 30 日，日军发动了随枣战役，以十万以上精锐部队，对桐柏山、大洪山及襄阳、樊城、南阳发动攻势。第五战区以张自忠的 33 集团军守卫大洪山，孙连仲的第 2 集团军和孙震的 22 集团军守卫桐柏山，经过 1 个月的苦战，日军阵亡 5000 余人，马匹器械无数，狼狈而逃。

1940 年 5 月 1 日，日军再次发动对第五战区的“扫荡”，张自忠奉命率领部队渡过襄河，于南瓜店一带抗击日军，不幸于 5 月 16 日壮烈殉国！

就在这次枣宜会战中，6 月 1 日，日军攻陷襄阳、樊城，因中国军队在外线反击，敌人不敢死守，于 6 月 2 日向南窜撤，6 月 3 日，中国军队收复襄阳与樊城。6 月 14 日日军攻入宜昌，据城死守，宜昌遂沦陷。

日军虽然占领了宜昌，但始终未能突破襄阳、樊城和大洪山一带。第五战区军民在抗战的相持阶段，一次又一次地顶住了日军的进攻，由于敌我之间激烈的拉锯争夺，当地民众也蒙受了巨大的灾难和损失。

在枣宜会战中，从 6 月 1 日到 6 月 2 日，襄阳城仅仅被日军占领了一天，而在这一天当中他们就已犯下了滔天罪行。

1940 年 8 月 5 日，《阵中日报 · 军人魂》发表了白克的《失而复得的襄阳》，作者以战地记者身份，对刚刚光复的襄阳进行了一番实地考察，揭露了日军对占领区丧心病狂的毁灭性的破坏，日军不仅在襄阳烧杀抢掠，无恶不作，而且在临撤退前有计划地在襄阳城内放起熊熊大火，不仅烧了 5000 多间民房，还在无线电广播中造谣，说放火的是中国军队，用心极其恶毒。

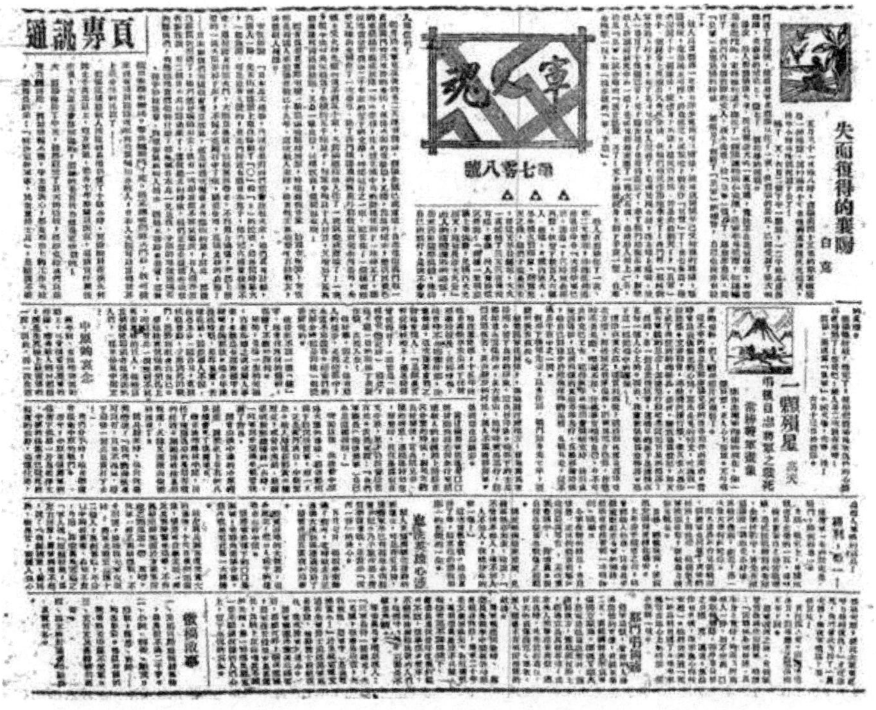
通訊專頁

軍人魂

第七零八號

失而復得的襄陽 白克

1940 年 8 月 5 日《阵中日报 · 军人魂》发表白克的《失而复得的襄阳》

失而复得的襄阳

白克

1940 年 8 月 5 日《阵中日报·军人魂》

五月三十一日晚八时，襄阳南四十五里的欧家庙响起一阵炮声，同时隔河十五里地的东津湾火光烛天，但半小时以后就沉寂下去了！

隔了一天，六月二号下午一点钟，一二千敌兵从西门进了襄阳城，虽然敌军在襄阳只住了一夜，但襄阳的居民，已经受到了很大的蹂躏，在襄阳的历史上，镌上了一个耻辱的斑痕。

据说，敌人对襄阳很失望，因为那么大的一个古城，竟找不出花姑娘来，好容易在北门街一家姓林的屋子里找出了一个四岁的病小女孩，“皇军”奉为至宝，加以轮奸了。西门内有个跛脚的女人，没有逃脱，给“皇军”强奸了，她越想越气，趁“皇军”奸完熟睡的时候，她用刀子割断了“皇军”的喉管，自己也投井自杀了。

敌人以为襄阳一定有许多东西可以掳掠，谁知道满城早已受敌机的蹂躏，颓墙残垣，毫无油水可捞，于是或三五成群地下乡去作“买卖”了！在七里店，他们捉到了十一个难民，硬搜身上的钱，难民们反抗，于是全被刺死了。“皇军”在十一个尸身上仅搜出八角五分钱，但他们得意洋洋地拿走了！西门外一个叫刘家营的小村子里，有个老头儿给敌人捉到了，老头儿没有钱，跪在地上磕头，敌人一连打了他十几个巴掌，儿子躲在屋子里看得眼红了，拿了粗门杠冲出来，对准敌人的脑袋就死命的一杠，老头儿爬起来搬了一块大石头，也朝敌人头上一丢，于是“皇军”就作他的“无言凯旋”去了！父子俩从尸身上剥下手表一只、自来水笔一只、和一块多钱的“军用手票”。

敌人在襄阳住了一夜，第二天黎明，敌机低飞掷退却命令，“大部敌军已到，速退。”三时，敌全部西窜，但留下数百人，六个人一组，在城内放火，等全城火焰四窜、烟雾熏天之后，他们才扬长而去。从这天早晨烧起，大火一直延烧了三天三夜还没有熄。事后，敌人无线电广播说：“我机一架飞襄阳上空侦查，见城内火光烛天，宛如长沙大火云”，敌人的这种无耻的污蔑，想来混淆国际视听，掩饰自己的兽行，是决不会有人相信的！

记者于我军克复后的第二天赶到襄阳，襄阳全城已成废墟，自北进临汉门起，一直到南门的三里许的长街，两旁所剩的仅断墙、瓦砾、焦黑的梁木、变成灰黄色的破铁锅和烧成灰烬一堆的麦秆，往日耸立城中央的鼓楼，仅剩下一堆碎瓦了，凄凉地俯望着襄阳二千年来的留下的文华，叫倭寇付之一炬。记者花了一个钟头，踏着瓦砾向全城作了一次凭吊，除了西门城墙边的两座外国教堂尚完全无恙外，全城未受火神光顾的还不到五十家，大襄阳只给敌人住了一夜，就变成废墟了！一夜之间，凭空叫禽兽烧尽了全城约五千栋屋子，每家平均以十人计算，又增加了五万个无家可归的流浪难胞，又是一笔血债，这样沉重，这样狠毒啊！

记者为想更实际明瞭一点襄阳沦陷时的情形，特地到福音堂访问安牧师，安牧师是美国人，来襄阳传教已十九年，这次敌人来时，他在教堂里收容了百余教友，未被敌人践踏。

安牧师说：“日本兵太残暴，我没有想到他们竟会放起火来，他们真有计划，六个人一队，先在街头墙壁上用白粉画了‘0’和‘X’的记号，然后同时点火，一起跑开。可是也有太傻的，在北门附近有个日本鬼子，他把火烧着后还不走，用屁股去推撞大门，大概想进屋去抢点东西带走，不料用力过猛，把门上挂着的一块大匾弄掉下来了，不偏不歪刚打中了他，脑浆涂地，莫名其妙的自杀！……日本对我们美国教会还算客气，只是好几次强要在我临街的屋子驻兵，都被我严厉的拒绝了，他们只好喃喃而去；但有一次，却居然不客气起来，有人飞奔来来告诉我，有两个日本兵爬墙过来了，当我赶去的时候，他们正想去搜那些收容的难民们，我严峻地责问他干什么，那两个日本兵一见是我，才讷讷地说要喝茶，做手势给我看，我很客气的叫人烧水，让他们在客厅里坐着，这两个日本兵没有办法，等水烧开喝了走，我正送他们到大门口，我可从来没有看到过跳墙进来向我要喝开水的人。日本人大概可以算得世界上最奇怪的民族了……”

襄阳这样被敌人轻易地占据了十余小时，焚毁的财产损失何止千万元以上！地方元气，恐怕再十年都难以恢复。这个责任应该谁来负？大家是都会知道的。襄阳的老百姓自然是更知道的！

襄阳沦陷了半天，虽然蒙受了巨大的牺牲，但却也给我们以最宝贵的经验，例如情报不准，守土无决心，都是政治上的工作失败。

委员长训示：“政治重于军事，民众重于士兵”，是颠扑不破的真理。

襄阳虽给敌人烧光了，但却把襄阳民众仇恨的心烧得更热了！等着吧，敌人第二次敢再来时！

襄阳，要成为“皇军”的蹈火场，火葬地！

六月十三日于襄阳

白克（1914—1964），字明新，出生厦门。1933 年就读于厦门教育系，参加了校内的“反帝大同盟”，曾创办学生话剧团，创办文学刊物。1934 年遭到国民党当局逮捕，后经营救出狱。1935 年，白克到南京中央摄影场学习，1937 年考取国家公费赴莫斯科电影学院深造的资格，适逢抗战爆发，白克应白崇禧电招，到第五战区文化工作委员会，负责电影戏剧宣传工作。“青记”会员。（见范苏苏《范长江与青记》一书，第 399 页）在第一战区《阵中日报 · 军人魂》和第五战区《阵中日报 · 台儿庄》上发表大量文章。

1945 年，白克随第一批接收人员到台湾，负责接收日本人留下的电影器材、设备和厂房。1945 年 10 月 25 日，白克受命在台北市中山堂举行的“中国战区台湾省受降典礼”，率领一批留用的日本和台湾籍摄影师，拍摄日本总督签署受降书仪式及台湾首届光复节群众狂欢的场面，作为台湾新闻纪录片第一辑《台湾省受降特辑》，送往南京、上海及南洋各地放映，反响强烈，白克被称为“台湾光复后新闻片和纪录片摄制的第一人”。

1961 年代，白克已在台湾拍摄台语电影 10 多部，事业处于巅峰时期。突然台湾警卫总部因他接受一位南洋华侨资助拍片，以“海外通牒”“共产党资助拍片”的罪名，将白克夫妇下狱，屈打成招。1964 年 2 月 22 日将白克枪决。

经白克的后人多方努力，2001 年，白克的冤案得到彻底平反。2003 年 3 月，台湾亚太图书出版社出版了黄仁主编的《白克导演纪念文集暨遗作选集》一书，诚挚缅怀了这位白色恐怖下的牺牲者。

《白克导演纪念文集》，台湾亚太出版社，2003 年版

彪炳史册“八一三”

——纪念淞沪抗战3周年特页

1940年8月13日

参加淞沪抗战的中国军人

淞沪抗战，是1937年8月13日在上海爆发的一场中国军队抗击日本侵略者的战争，又称“八一三”抗战。这是中日双方在正面战场上第一次大规模交锋。中国军队在淞沪抗战中投入了大量精锐兵力，有人称之为“倾国之战”，表现出义无反顾的抗战决心。

淞沪抗战从1938年8月13日爆发，至同年11月12日中国军队撤离上海结束，历时3个月之久。

在此期间，日本先后投入海军陆战队和陆军队十四个半师团兵力，共约28万人，动用军舰三四十艘，飞机四百余架，战车三四百辆，狂妄宣称一个月内占领上海。中国军队先后调集中央部队，广东、广西、湖南、四川、贵州、云南等地部队，和税警总团、中央军校教导总队，以及部分省市保安团队，总计约70余师，有75万兵力投入战斗。战斗结果，我军死伤33.5万人，毙伤日军4万多人（参见《正面战场·淞沪会战》，中国文史出版社，2013年1月版，第2页）

淞沪会战中投入激烈战斗的抗日将士

带领800壮士4天4夜死守四行仓库的谢晋元团长

女童子军杨慧敏把国旗裹在身上，冒着生命危险冲过火线，把国旗献给守卫四行仓库的壮士

淞沪抗战虽然失败了，但这是中国军队在抗日战争中打的第一场硬仗，是弱国靠着血肉和勇毅抗击强国的英勇战斗，它打击了日本“不战而取东北，小战而

取华北”的嚣张气焰，粉碎了他们“三个月灭华”的狂妄梦想，表明了中国政府和军队抗击侵略的能力和决心，从而也打击了国民政府中的亲日派，鼓舞了全国人民的抗日信心，成为中国由局部抗战走向全面抗战的历史转折点，

在淞沪抗战中，广大中国抗日将士，以劣势的装备去迎战具有现代化装备、陆海空联合作战的日军，中国军人前赴后继，不怕牺牲，战斗之惨烈，将士们精神意志之顽强，俱足惊天地泣鬼神，彪炳史册。

1937 年的淞沪抗战是中国抗战史的光荣。此后的抗战时期，每逢“八一三”，全国各地都要举行纪念活动，借以振奋与日寇血战到底的民族精神。

1940 年 8 月 13 日，《阵中日报 · 军人魂》出了“纪念“八一三”三周年特页”，在同一版面发表了华弓（李蕤）的诗歌《颂》，以及龙森《八一三前的上海》，倪狄秋《我离开上海的时候》两文，记述了上海在淞沪抗战爆发前夕“山雨欲来风满楼”的紧张情景。

軍人魂
第七二四號
「八一三」三週年特頁
「八一三」前夕的上海
頌
華弓
我離開上海的時候
文壇簡訊

1940 年 8 月 13 日《阵中日报 · 军人魂》纪念“八一三”3 周年特页

华弓的诗歌《颂》，热情歌颂和高度评价了淞沪会战划时代的意义：“七月七日的烽火，只是我们抗战的一声号炮，到八一三这一天，我们才算掀起全面抗战的大潮”，“这是一个历史的分水岭界，我们离开了屈辱，奔向自由；而敌人，也从这一天开始，走向他们的墓地。”

颂

华弓

1940年8月13日《阵中日报·军人魂》

“八一三”，
这是个光辉的日子，
我们四千万五千万双铁拳，
在这一天同时举起！

“七月七日”的烽火，
只是我们抗战的一声号炮，
到“八一三”这一天，
我们才算掀起全面抗战的大潮！

从这一天起，
才震怒了沉睡数百年的狮子，
从这一天起，
全国的弟兄们才切实挽起膀臂！

像涌泉一样，
东、南、西、北的英勇健儿——
他们如耶路撒冷的朝山者一样，
用刀用血，围起了我们自由的国旗！

从这一天起，
敌人才破了“不战而胜”的残梦，

才被绝望与愤怒推着，
把泥足跃进中国泥沼——
这无边无际的深池！

这是一个历史的分水岭界，
我们离了屈辱，奔向自由；
而敌人，也从这一天开始，
走向他们的墓地！

三年的血斗中，
我们的胜利已打下了基石，
我们要用更勇敢的战斗和更大的热情，
来歌颂这庄严的日子！

龙森的《“八一三”前的上海》，记述了1937年淞沪会战爆发之前，作者亲历目睹上海日军紧张的备战情况，上海市民期待中国军队与日本侵略者决战的强烈愿望，在上海经商的日本人对本国军阀挑起战争的怨恨情绪，以及8月9日“虹桥事件”的爆发，事态的逐渐扩大等等，倪狄秋《我离开上海的时候》，则是写一群上海复旦大学的学生在“淞沪抗战”爆发之前，如何冲过日军设立的关卡，逃离上海的。这都是反映淞沪抗战的重要纪实作品。

“八一三”前的上海

龙森

1940年8月13日《阵中日报·军人魂》

“八一三”我们发出了第一次的枪声，我们就已经获得了整个的胜利了。因为敌人的一贯的“不战而胜”的威服政策开始遭受到致命的打击。

“八一三”前夕，我还住在上海北四川路的高施塔路，过往的尽是日本人的邻居，他们在日本军阀疯残嚣张的行动下，失却了平日的笑容，每人都是愁容满面的焦苦着，仿佛他们是在忧虑着他们的“国运”，更担心“一·二八”后的苦难生活的到来。

早上从施高塔路到北四川路的电车站，从电车站到南京路，在路上，在电车上，学生们，工人，商店的小徒，姨娘……都是谈着卢沟桥杀东洋鬼子的事情。什么“杀千刀的东洋兵”，“倭鬼真可恶”、“非打倒日本不可”种种的话，带着兴奋、刺激、愤怒的口气，一串串的在各角落里哄谈着，流传着。有些人看见报上载着战事缓和的消息，只在电车中叹气，有些顿着脚独自愤愤地说：“为什么不冲过平津！”

大批的日本兵舰、陆战队，继续地运到上海来，从北四川路日本兵营到杨树浦日本轮船码头和日本纱厂，许多日本兵来往不停，有的装满了倭兵，有的载着粗长的木料和铁网。有时在一大早还要来一次示威演习，甚至高射炮、平射炮、装着轻机关枪的摩托车、装着小钢炮和重机关枪的铁甲车、大型小型的坦克车，都一齐出动了，把这条北四川路占去三分之二。每个中国人心里都焦急着，为什么还不抗战，还不赶跑这帮耀武扬威的日本鬼呀！

这样紧张的景象，继续了好多天。好消息传来了，是八月五日全国各军事将领云集南京，请缨杀敌。这个消息给全国人民无限的兴奋，这时的日本军阀，还美梦未醒，他们准备把战争从平津扩展到上海，梦想由上海威胁南京，压服南京政府，使我们屈膝。但是愚蠢的日本军阀决没有想到，我们国家已经举国一致在我英明伟大的领袖领导下决意抗战到底了！

于是“虹桥事件”在日本狂焰底下，竟于八月九日下午五时半爆发了。最初是全副武装的日本军官一人、士兵一人，驾着摩托脚踏车直撞入我们的警戒区域——虹桥飞机场，只这一点事已够证明是日本故意挑衅了。第二天一早，消息发表在报上，每个中国人都觉得痛快，因为保安队的弟兄能够尽他们的职守，把那两个日本官兵一齐打死了。

“虹桥事件”发生以后，上海的形势更为紧张。日本军阀当然是依照他们的计划，一面主使他们领事假装提出交涉，一面便积极的策动军事。战争是不可避免的了，我们的军队布防。光荣的历史演进到了这里，每个在闸北的同胞，都充满着兴奋和抗战的愿望。他们有些决意不迁居，迁居的也没有一点埋怨，只有责备我们军队布防太迟，没有更早些歼灭倭寇。在北四川路，在宝山路，这两条平行的马路上，同样的挤满了人、行李、黄包车、汽车，由北往南，再折往西。我站在北四川路老靶子路角上，只听到大批大批的妇女们，一路走，一路骂：“杀绝日本鬼！”“真要杀绝他们！”

日本的侨民当然也不能安居乐业了。我的邻人的日本人家，进进出出的都带着恼恨他们军阀的神气。有些懂上海话的婆子走到她们中国朋友面前，会问：“奶奶，哪能那样子了，阿会打仗？为什么事体许多人都搬场？你搬吗？要搬的时候告诉我啊！”他们说话的神态，都会叫人看见他们的人意识到她们心里对日本军阀挑衅的厌弃和怨恨。有一个日本小商人曾亲口对我埋怨他们的军阀，他说：“没有道理，我们好好做生意多么好，为什么要这样搅七搅八，弄出许多事件，生意也不能做，有什么好处。”

八月十日下午，事情更严重了。日本领事，仰着他们军阀的鼻息，对我上海市政府提出严苛而可笑的条件。我们当然不能接受，于是战争的空气，便紧张得无以复加了。

日本军阀下令，叫他们的侨民撤退，他们有许多禁不住一走一落泪，他们血汗经营多年的商业，一下都给他们的军阀的战火烧掉了。

北四川路、狄恩威路上的日本浪人倒增多起来，他们的面孔正和一般日本侨民相反，都是狞笑着的，觉得他们劫掠的机会又已到来。

闸北虹口一带的我们的同胞，当然不愿受敌人的残暴的践踏。同胞们大规模的搬场了，施高塔路，北四川路，共和新路，狄恩威路，宝山路，宝兴路，虬江路，新疆路，蒙古路，六通路，挤满了各种搬场的车辆，由北往南，由东往西，简直像黄河决堤一样的在流荡着，呼喊声，喇叭声，车轮声，就像暴风雨的前奏曲。

八月十二日，闸北虹口的居民差不多搬空了。北四川路一带，已经成了死市，只看见来来往往的都是日本兵或浪人，加堆沙袋，架铁丝网，南京路一带却满街是人，一切事业都停顿了，整个上海都蜷伏在战神的翼翅下。夜半，战事开始了，敌兵开始从北四川路底向我进袭，但是很快都被我们歼灭了。这却不过是敌人虚心的试探我们有没有抗战的决心。

八月十三日的早晨，敌兵开始大规模的向江湾路、八字桥、宝兴路、虬江路、北车站分头进犯。我神勇的战士们第一次接触，就把大部敌人歼灭了。

从这一天起，全面战争才展开，全国各处的军队，都潮水似的汇到一道，和敌人展开了殊死的战斗！

我离开上海的时候

倪菼秋

1940年8月13日《阵中日报·军人魂》

一

一九三七年八月九日的前几天，南京路上的商店虽然依然很热闹，但宝兴路、天通庵、虹口一带的居民，却早已在“谣言”的空气下开始搬家了。

八月十日，“虹桥事件”接连着又给予这些“谣言”一个证明以后，虹口方面的日本陆战队的“巡逻”区域突然扩大，“巡逻”的次数，也突然频繁起来。

二

日本的上海司令兵营，就是天通庵右侧的第一座圆顶的三层大楼。

通过天通庵西去上海市政府所在地的中心区，要经过一条修长的翔殷路。两江女子体师和东南女子体师平躺在翔殷路的北侧，我们学校——复旦大学就在翔殷路的南面，和这两个体师校址的当中。

市政府因为马路直达，无险可守，两天前已经把重要文件暂迁安全地带。天通庵是日兵把守，在这虹口紧张空气逐渐蔓延扩张的时候，我们深感到是已经自陷于西去不可、东去不通的维谷中。所以，校方也决定向徐家汇方面既定地点，做最后的迁动。

三

贾某某先生，事务组的同志，吴、崔、小陈、我和白丁，押着三十二件笨重的行李，一辆校车，开始东行。

陈先生在人行道上深有感触地摘了一枝“万年青”，从车窗里回头指着仙舟图书馆的屋顶说：“‘一·二八’，敌人把这儿驻了大兵，那弹穿的痕迹，还依然未加修葺，这要又来一次，这房屋恐怕都很难保持了！我们也不知道什么时候再回来啦！”陈红红的眼睛，流下一滴热泪！

四

校车一过洋桥，眨眨眼已经过了两江体师。我们总嫌太快了似的，陈两只手攀着后脑，两只眼老盯着窗子外些什么，贾和我都默然无语。我们在打算着通过天通庵——这个死路口的情形。

“嘣！”

车猛地停下来，大家都歪倒了一下。接着，车门被一种什么硬质的东西撞得“喝琅喝琅”的狂响起来。陈脸色忽然有些苍白，我们已经感到什么厄运的突临。

“哗啦……”

车门上半部的玻璃已由破碎而落下，我在逆想敌人该怎样施展他的劫掠行为，这一瞬间，我们又控制了惊骚离乱的情绪，反而非常的镇静。

贾：“开门！让他们进来搜查好了！”

他高朗严正的音调，平添了我们无限的勇气。

"喝琅琅！……"

陈紧紧地捏着我和贾的衣裳。黑色的魔影，一个，两个，一共走来三个，手里刺刀发着雪亮的闪光。

最先被检查的是我。他很快地马上从我的衣袋里抽出一张玻璃纸的卡片。

…………

我不能知道他对我说了些什么，但是那粗凹汗毛眼闪皱的脸皮，那宽厚满生着毛草胡子的嘴，凶焰逼人的眼睛，可以猜到他的话，一定是怎样的毒恶！

陈躲到我背后她的座位上去，贾还没来得及过来，那野兽已经举起右手，狠狠地打了我一耳光……

在那样漆黑蛮横的地方，我们没有任何自卫的力量的，一瞬间，为了躲避造成更不堪设想的局面，我自己深深地抑压着内心火烧一般的愤怒，知觉似乎麻木了。

又搜查着事务组的同志，检去一百八十二元完事。吴、崔都很安然地过去，最后轮到陈——他们要她下车检查，叽里咕噜半天，要翻译给我们：他们的理由是最近女间谍很多，非下车细细检查不可。而且又有我那一张带名字和相片的玻璃卡片，更是嫌疑重大的证明。显然地，他们是有着更凶暴的企图，根据我们以往的经验，这次小风波是会弄到更复杂的。而且他们又认得这样的卡片：只有南京放来的警察厅或宪兵司令部的侦探才有。

当然我们希望能利用流利的日语交涉出一个结果，贾说先把这个卡片弄清楚好些……

另外一个野兽，却已经拖着陈和我下车去。车门口一个兵，除陈、我和会说日语的贾，谁也不准跟着下来。

贾重复地说明那卡片是学生证。并且是恭维的口气说："你们都是认识它的，这上面不是写明是学校的吗？有中文也有英文……"

另外一个家伙，像日本人也像中国人，他们接过那卡片去，点了点头，表示是认识的，这卡片事件才弄清楚，可是一百八十二元并没提起，陈还是非检查不可。

“就检查吧。”陈很坚定地望着我们说。她坚毅懂事，为求生的希望受辱的愤怒所激成暴烈的情感，已经变成复仇的高度的决心！

两只手用劲地多次抚摸着她的腹部、腰和腿的全部……愤怒、羞辱，陈的容色惨淡的一如一个受着酷刑的人，呆呆的盯着我的眼，她已失去了知觉。

转过头来，遥望着江滩，长江，南京，黄河，我们三十年的母亲和一万个同学，望着祖国茫茫的原野，崔、吴都紧紧地握着陈和我的手。校车开驶声中，我们中间卷起来一片悲愤的哭声。

…………

几小时后，陈忽然惊呼着：

“看！又看见我们的国旗了！”

我们一齐孩子似的，徒然落下热泪，一齐发出欢呼的声音。

2000年上海建成了淞沪抗战纪念馆

少年强则中国强

——毛兰:《江岸上》

1940年8月14日

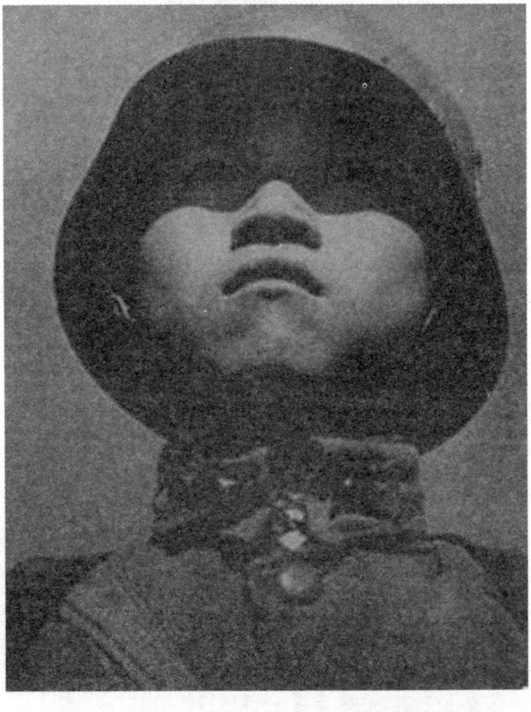

中国抗日小战士上了美国《生活》杂志封面

自古英雄出少年。在抗战中，经常可以看到许多“娃娃兵”的身影。他们之中，年龄小的才十多岁，大的十四五岁，他们的童年，或是流离失所，无家可归，或是父母双亡，孤苦伶仃……他们在艰难困苦之中，在战争的烈火中，成长为比成年人还要勇敢、坚强、富有智慧和活力的钢铁战士。一个中国抗日小战士的照片曾经登上美国《生活》杂志的封面，说明他们已成为抗战中的一种奇观，他们也自然会进入抗战文学作品，成为作家们讴歌的对象。

1940年8月14日《阵中日报·军人魂》上，发表了毛兰的散文《江岸上》，作者就刻画了一个可敬可爱的小战士，他年龄十四五岁，却经历过徐州会战，武汉会战，亲手用枪杀过日本鬼子，后来到了汉江的上游，第五战区所在地老河口，成为一位抗日军官的勤务兵。作者以素描的笔法，刻画了“一个矫健的小战士和一匹俊美的棕色的战马的影子”，为抗战文学画廊留下了一个鲜活的小战士形象。

抗战中的八路军小战士

作者毛兰，生平不详。

軍人魂

第七一五號

每日讀片

侵略魔王的夢

江岸上

毛蘭

1940 年 8 月 14 日《阵中日报 · 军人魂》上发表毛兰的《江岸上》

江岸上

毛兰

1940 年 8 月 14 日《阵中日报 · 军人魂》

春天，风轻轻地吹拂着。

汉江，南岸展延开微浪的沙丘，北岸躺着一片坦平的原野，不远的地方，盛开着艳红的妖冶撩人的桃林，柳，摇摆着纤细的枝条，随风飘舞。

树干上，是一匹棕色的马，像一个顽皮的孩子似的，前蹄扑打着，后蹄又开始蹬腾着，看着主人不见的当儿，偷偷地用嘴抽拔几根陌头的麦苗咬嚼着。

“妈的！”主人一露头，溺爱的轻轻地在马屁股上拍两下，马撒娇似地轻声嘶鸣着。

主人，十四五岁的一个孩子，脸孔圆圆的，两颊绯红，全身的服装，是那样不相称。军帽的“簸箕”，几乎连他一双水灵灵的眼睛都给遮住了。在“簸箕”的阴影里，却更显得眸子的有神，上衣大得把屁股都给包住了，腰间紧紧地束起一根窄皮带，稍有些弯的两脚，穿着一双编得很精致的草鞋，鞋尖上竖着两朵麻线的红疙瘩。

最叫人注意的，是他腰间的那支盒子炮，斜挂在左肩上。

他一边哼唱着：

河里水黄又黄，

东洋鬼子太猖狂。

昨天烧了王家寨，

今天又烧张家庄，

…………

一边却弯下腰去，捡起石片打“水漂”，左手小心地把着盒子枪，不使它碰着地。

“同志，到哪里去？”我好奇地走拢过去。

“西县——马，踢着你！”他把马嘴里的嚼子用力地拉一下：“马怯生，同志。”

马驯顺了，屁股耸着，那有弹性的腿，挺直地站在那里，他又面对着我：

“到西县多远？同志。”

“一百多里路——就你自己吗？”

“不，主任有事到城里去了，我在这儿等着他。”

一边说，他一边把头微仰一下，向古城门的大路上瞭望，有点等得发急的样子。

“你敢……放枪吗？年青的同志。”我看着他腰间的盒子炮，试探而好奇地问。

他好像有点惊异我的发问，稍停一下，说：“敢么！”

也许为了要证明给我看，左肩向前微倾，枪随着这姿势向前滑动了一下，他打开木盒子，把乌亮的枪身拉出来，夸奖地说：

“大机头，同志。”

还没有等到我猜出他要做什么的时候，保险机很熟练地被扳开了，右手向江心伸过去，扣了一下：

“砰！”

正在江面上游动着的水鸭，沙滩上蹦跳着的野鸟，惊恐地扑打一下，“呀——呀”地飞向远方。水面上荡漾起波纹，这波纹一圈套着一圈扩散着……

他把枪装进木匣子，兴奋地说：“同志，别小看它，它结果了几个鬼子的性命哪！”

“你参加过战斗吗？”

“参加过，在某山。当时我在营部里当勤务，有一次，鬼子攻一个山头，他妈的，好险！”

“山头没失吧？”我关心地插嘴问。

“几乎退下来，同志们一火地把手榴弹都丢了出去，他们才夹着尾巴跑啦。就在这时候，同志——”他指一指盒子炮，“它才换来了几个鬼子的狗命。你看，我也挂了彩。”他卷起右臂的袖子，露出了一个光滑的伤疤。

“真棒，真棒！”我不禁地称赞出来。

他的面孔更加红晕了，脚趾不自然地扣挖着，像一些粗短的虫儿在蠕动，停了一小会儿，他感慨似地说：

“同志，在后方我真呆不惯，站也不是，坐也不是。”

马也许和他的主人有了同感，忽然鼻子张缩两下，仓促地打着喷嚏，接着悲愤的嘶鸣起来，棕色的身上，一阵细微的颤动滑过去。他继续着：

“就跟着主任这儿走走，那儿住住的，不是主任人还好，教教我歌，讲讲抗战大道理，我简直待不下来。不管怎的，再呆下去，我……”

“你哪儿人，同志？”

我怕煽起他更旺的急于去战地的火焰，灼伤了他天真的心灵，趁机把话题转过。

“南宿州，同志。”他随嘴解释：“徐州最南边，靠津浦路。”

“家里有什么人？”

“没人啦，连窝都教鬼子给炸得精光。”他好似有一段很悲惨的历史要对我说，却怕提起似的，又打住了。

“多会儿出来的？”

“问我多会儿出来的吗？同志。”他特别喜欢把“同志”两个字说出来，叫得那么亲切。“徐州突围出来的，那时我当看护兵，同志。白天黑夜走，不知道啥时候睡倒在麦地里，‘掉队’啦……”

“后来呢？”我想也许有一段可歌可泣的故事发生，他刚停下去，我便问。

“后来吗？同志，做了鬼子的俘虏，在涡阳被捕的，他妈的，他硬问我是哪里人，我说‘中国人’，他使劲打了我两个耳光，一块儿还有十几个受伤的同志，他当我是小孩子，没有绑我，后来我便在夜里偷偷跑开了。”

“没吃饭，肚皮饿得直叫，再也走不动了，同志，我拉下脸皮，在车站上向一位老头要了两毛钱。”

马拖着长长的尾巴，安生地一动不动，像关心着主人过去的遭遇似的。天空也静静的，蓝得欲滴。在绿茸茸的地毯似的麦地上，山雀侧着身子微点一下，又拉开了轻快的翅膀离开了。他的薄薄的嘴唇又张合起来：

“后来跟着一次伤兵坐车到武汉去啦。车子真慢，到汉口，走了他妈的五天多，蹲在没顶的铁皮车上，夜里又下雨，天无绝人之路，同志，同来的一位开封逃难的老太婆，她可怜我，叫我坐在她的伞底下，还给些锅饼给我吃……”

船夫们“哼——哈”的吆喝声，把他的视线给拉了过去。“同志，汉江是流到汉口去的吧？”

“是。”

他沉默着，似在自语：“顺着这汉江，要是能攻下汉口——主任回来啦！”

我随着他的视线望去，一位年青的军官走过来，从金黄的肩章上，我知道了他是一位中校。急于赶路的样子，急忙地走过来：“走！”

“事办妥啦？主任。”

他问着，把马从树干上解下来，拉着往码头那边走了，回过头来，笑着向我摆手：

“再见，同志！”

“同志，再见！”我依依地也向他摆一摆手，军官莫名其妙地回过头来向我望了一下。马高兴似的不安生地走着。

“老乡，开船吧！”当等船的渡者，都上了渡船以后，我听见小战士这样的喊问着。

渡船和码头的距离拉长了，小战士玩弄着手里的缰绳，同那位军官在谈论着什么，有时向我这边掠视一下。

很久地，我停立在江边，向南岸呆呆地瞭望着。一个矫健的小战士和一匹俊美的棕色的战马的影子，沿着汉白公路渐渐地远了。

一直消失在苍茫的林木里。

两个小战士

黎文

1940年10月9日《阵中日报·军人魂》

蓝钢皮特快车为了要避免给敌人炸，火车司机突然关上了气门，于是车开始慢慢地在铁轨上，小声的向前推进。立即车厢里就骚动起来，这时，隐约地可以听到稀疏的炮声，我们知道——已经到了邻近潼关的某某村了。

軍人魂
第七五五號
登陸前夕的兵隊
兩個小戰士
黎文

1940年10月9日《阵中日报·军人魂》发表了黎文的《两个小战士》

从西安到洛阳的火车，在潼关这一段，为了要越过黄河对岸敌人炮火的封锁线，需要步行到潼关南面的某某镇，才能上火车。

我们二十一个，都是到敌区去的。我和老赵、小陈是初次上前线，还有十八个同志是伤愈或病好了回到战场上去的。除了一个少尉排长，其余都是列兵和勤务，里面还有两个十三岁的小勤务。

我们从火车上下来，因为老赵、小陈和我的行李太多，就得雇一个骡子，可怜这匹骡子驮了两份的重量，且前左脚还有一点跛，那骡夫细心装卸着，很为他的骡子担忧，所以别人简单的背篓不能再加上去了，两个小勤务也只好背着自己的行装走。

整队出发了，踏上松厚的黄土大道前进，侥幸未刮大风，我们低声地哼着进行曲，偶尔回头，看到躺在杨柳丛里的一列绿色的巨蛇似的火车渐渐地在后面消失了，远处的山岗被白云罩住了高峰，山脚下流着宽阔的一片黄水，隐约的可以听到急流的怒吼。

看到潼关了，庄严地城楼和古旧的城墙，还是依旧竖立着。走近古旧的城墙，上面有许多被炮弹击伤的痕迹。城门口站着武装的哨兵，禁止行人从城内通过，于是我们需要翻过城外的大山。

我和两个小勤务在前面走着，不做声地向上爬，到了山顶，我们坐下来稍歇，俯视着潼关城内，房屋还是很密，偶尔有几个武装同志在那里走动着，一切好似静止的，其实活跃的勇士们都隐藏着呢，间断地，对岸响着炮声……

我问坐在旁边休息的两个小勤务："怕不怕？"

一个小勤务抠了一块黄泥，反问我说："这有什么可怕呢？"

我们觉得不好意思起来，脸上发着热。当然他们是不会注意到的。便偷看另一个，他用小手托着下巴，两只睫毛粗长的小的眼睛凝视着对岸山上。我提议，走吧，他才好像醒了一样站起来，我们又翻越了一个山，看到了平坦的铁轨躺着，他们都兴奋地跑下山去，在铁路的枕木上跳跃着向前走去。

走了一段，我们坐在铁轨上休息了，一个小勤务玩着石子，没有一点倦意。我就同他们闲谈起来，知道他们一个叫黄逐东，另一个叫张兴民，都是在某某县某某团某某营某连里当勤务，名字是连长替他们起的。

"加入军队多少时候了？"我问。

"敌人打到山西，某某师开来抵抗的时候加入的。"

"上过火线吗？"

小战士塑像

“跟着队伍打过几次敌人，我们还到敌人阵地里去侦查过一次。”那个最小的张兴民骄傲的说。

当然，他是可以骄傲的。一个刚满十三岁的孩子，已经把整个生命献给了国家，献给了民族解放事业，几年了，他还是活泼的在这伟大的时代里生长着，这是多么值得夸耀的啊！

他家里有父母，还有一个哥哥，哥哥已经参加了游击队，父亲和母亲在家乡种地，同时也参加村里的锄奸团和妇女救国会。他还记得，当他父亲拉着他的手，送他远走高飞的时候，父亲感动得哑着声这样说：“我的大儿子已经参加了游击队，现在我把这个宝贝的小儿子，也交给你们，你们好好教教他，使他也成为赶跑日本鬼子的一份力量。”

黄逐东是不满十四岁的孩子，他也有着爸爸妈妈，还有一个哥哥和一个姐姐，他们住在沿铁路线的小城里，一天夜里，日本鬼子来了，他们就逃散了。他同姐姐一起逃的，日本鬼子紧追在后面，他看着姐姐被鬼子抓去，他一个人逃跑了，后来连长就收留了他。

他们现在是很坚强的了，不想家，当然更不会哭，老是活泼地笑着，他们学会了识字，读书，学会了跳舞，什么“儿童舞”，“海军舞”，“双人舞”……还会唱各种抗战歌曲。

我们继续地前去，火车在田间等待着我们。第二天的中午，我们已经到了某地，经过街道的时候，店里的老板和伙计们都笑着喊着：“看，小兵！”

他们的笑不是喜欢，也不是冷嘲，不过是相当的好奇心而已，按照他们的常例，这样小的孩子，那是在父母的保护下送到学校去读书的时候。

他们哪里会知道，这两个小战士，已经在军队里成长了两年多了。

伦敦大轰炸

——萧乾:《战神翼翅下的伦敦》

1940年8月17日

萧乾:(1910—1999),原名萧秉乾,蒙古族,现代著名作家、记者、文学翻译家。1935年燕京大学新闻系毕业后,任《大公报·文艺》副刊编辑,抗战爆发后,萧乾写了《刘粹刚之死》《血肉筑成的滇缅路》等反映国统区抗战的通讯报道,1939年春受英国伦敦大学东方学院邀请,赴伦敦任教,兼任《大公报》驻英记者。不久,第二次世界大战爆发,萧乾成为西欧战场上唯一的中国战地记者,奔波于欧洲大陆采访战局。1939年秋到1940年5月,他正赶上了纳粹德国对伦敦的大轰炸。

青年时代萧乾

伦敦大轰炸后的废墟

伦敦大轰炸后的火车站

伦敦大轰炸中流离失所的居民

萧乾在1935年在《大公报·文艺》副刊任编辑时,就与李蕤结为文友,李蕤常在《大公报·文艺》上发表文章。1939年萧乾到英国前,曾推荐李蕤任《大公报·文艺》编辑,但李蕤因为寡母和妻子都在河南,不愿离开故乡,便由杨刚接任《大公报·文艺》。萧乾到英伦后,一度李蕤失去联系,直到1940年8月,两人才恢复通信(见1939年8月16日发表在《阵中日报·军人魂》上的"作家书简")。在信中,萧乾说:"我怕你这盏灯也黑暗了,还好,又亮了"。

与这封信同时寄达的,是萧乾给《阵中日报·军人魂》的一篇战地通讯《战神翼翅下的伦敦》，这篇文章描述了伦敦大轰炸刚刚开始时的情景。

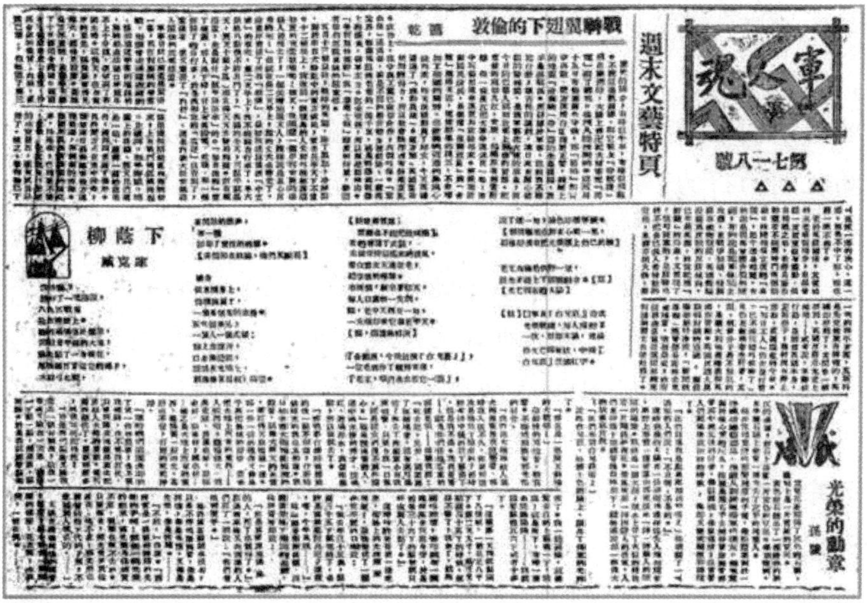
戰神翼翅下的倫敦　蕭乾

週末文藝特頁

軍人魂

柳蔭下

光榮的勳章

1940 年 8 月 17 日《阵中日报 · 军人魂》上发表萧乾从伦敦寄来的战地通讯《战神翼翅下的伦敦》

战神翼翅下的伦敦

萧乾

1940 年 8 月 17 日《阵中日报 · 军人魂》

历史的脚步，有时似牛车，有时似飞艇。不说这通讯到达，即使它载上“帝航机”飞出欧洲时，大陆上的“卐”记大赌客兜“闪电”到了哪儿，也没人能推测的。

从五月十五日布鲁塞尔失守后，那“箭头”即东穿西戳，双方广播台互相更正着，报纸上的地图“沿海峡一带”画的全是虚线，表示的是混战区。所以关于军事，眼前我不能写什么。很古怪的讽刺，连日夹在惊心破胆的警报间，是我军鄂北大捷的消息，而今日的巴黎人，就如放弃上海后的首都。记者住的宛如九江、安庆，相隔原有相当距离，但一条长江把大家命运连在一起，空中玩意把这命运更加密缝起来。当晚莱诺对国民演说，最后把“法国救民”的“奇迹”用得太近，这修辞学的疏忽，不但增加了法国的惊悸，也使海峡近边的岛民心跳起来。

昨天法国动员了妇女，今天英国通过了《总动员法》。这方面，英国当局统制的得力，所以社会秩序没有丝毫紊乱。政治上，保守与工党已密切合作，共御外侮。“紧急法”通过后，政见不同的组合势力才被铲除，一般舆论界，都认为眼前的老希一泻千里，纯是战器与战备上的优良，联军主力，迄未受挫，所以无悲观理由。《学哲斯特卫干》与《泰晤士报》态度较持重，劝读者切勿忽视目前的严重性。

五月十三号以前，战时的英国，除了黑点、冷静点，对于来自大动乱中的东方侨民，实去升平天下不远。十二日晚上，我还同一个懂鸟的人去野外树林里听初夏的夜莺歌唱呢！头天，我隔壁一个亚利安族的德籍人被捕去了，一个尖嘴的犹太人，谁能说是真心反希的呢！但就在第二天早上，她的丈夫也带走了，沿东岸肃清了所有的“敌侨”。最初我还以为没“中立侨”的事呢，第二天早上，我不能骑自行车了，早六点到八点后不许出门了（英国的冬天，三点半就黑天，夏天十点钟才黑），而且得天天去警局报到。所有这措置，全是对付“航空降落伞”的。《每日捷报》登了个图，那人降下时，背上有无线电、干粮，和一辆拆开了的自行车，于是我和我的“莫逆”以告别了，紧跟着，便又肃清了“内奸”，还是内政大臣安德森入阁后的闪电措置。

军事目前已演至最紧张一幕，英吉利海峡的争夺战，每个曾走过这段路的，都知道这争夺的权威性，海峡船由法国口岸开出不上十分钟，便望到了英国土地。这几天，住在东岸的居民，隔海都望得见炮火，听得见杀声。旧账是算不完的，法国已撤了十五个司令的职。德国有三条路可走：向东，抄马奇诺的后背；向南，直捣巴黎；但他选了第三条，用机械精锐直向海峡杀来，上有战斗机低飞掩护。

上礼拜，每早睁眼，地图上的虚线，都艾尼们过岛一站，礼拜一到的墨尼丹，礼拜四便到了海岸。目前双方正在空中拼命，联军连日轰炸德军后方运输要道，和调动的部队。德国新型的飞机、坦克车、降落伞，已经数不尽，还有什么的法宝发出，只有拭目以待了。总之，希特勒已下了孤注一掷的决心，这一掷，如果不中了彩，他也将一蹶不振了。

至于英苏关系，其实始终未至破裂地步，自然曾经一度远东似有骚动，但自开战之始，老劳易乔治即嚷着不能同时斗两个劲敌。敌陆相倍立的“内阁”，迄今还是哑谜，有的说是因为军需合同的隐秘，有的说是因为他坚主攻苏，在战争初期，特别苏芬冲突期间，英国舆论漫画界反映的反苏倾向，已至最高潮，前世纪那“野熊”的印象，又重现了，但可注意的，是苏联始终不把自己混入希特勒的帮凶，且苏芬开火后，第一次的和平方案，莫斯科是先交伦敦再转德的，英国却拒绝了。其间另一种原因，英国反苏并未走上极端——或者说，未变成行动，是因为英国本身，左翼分子，始终没有停止活动，直到临危的今日，《每日工人》仍在发行着，（已不准往国外邮寄了），且仍在对政府攻讦着，其间，亲苏分子最不服气的，是意大利明里暗里和英国作着对。英国反派人员谈判封锁的通融，对苏联却始终冷淡。《新闻战事报》嚷着劳易乔治去克林姆宫，嚷到最近，政府派新由远东游历回来的纳克利浦斯爵士出使赴苏了。

…………

老年萧乾

1946 年萧乾回国，在上海复旦大学任教。新中国成立后，从事报刊编辑和文史研究，1957 年被错划为右派，“文革”受到迫害，80 年代平反昭雪，1989 年被聘为中国文史馆馆长。一生著述、翻译甚丰，有《萧乾全集》。而这篇《战神翼翅下的伦敦》一文，是《萧乾全集》中的佚稿。

1994 年 10 月，李蕤到老友萧乾家拜访时合影

台儿庄抗日英雄侧影

——臧克家:《柳荫下》(诗)

1940年8月17日

1938年4月10日李宗仁在台儿庄南站留影

1938年春，著名的台儿庄大捷，是中国军队自抗战以来，在正面战场上取得的第一次重大胜利，它打破了日军的嚣张气焰，极大振奋了全国军民的抗战信心。

1937年10月，李宗仁被任命为第五战区司令长官，驻守徐州。1938年3月，日军急欲打通津浦路，夺取徐州，然后沿陇海线西进，取道郑州南下，进攻武汉。台儿庄地处苏鲁交界处，是进攻徐州的必经之路。国民政府军事当局决定在此地阻击日军。

青年臧克家

李宗仁指挥的部队在藤县、临沂、台儿庄等地举行大规模会战。从 1938 年 3 月 23 日至 4 月 7 日，战斗历时半个月，其中最为惨烈的是台儿庄巷战，中国军人用大刀、血肉之躯与日军搏斗，战场上尸骨枕籍，血流成河。中国军队以牺牲 3 万多将士的代价，消灭日军 1 万多人，缴获大量大炮、装甲车、各种战车、轻机关枪、步枪等。

臧克家（1905—2004），中国现代著名诗人，他的诗文出版很多，但在过去几十年中，对他在抗战时期正面战场上创作的诗文，却鲜有提及。实际上，臧克家在台儿庄会战中，与第五战区司令长官李宗仁有着亲密接触，对台儿庄会战有相当珍贵的战地报告。这一切，是今天的文学研究应当“重新发现”的。

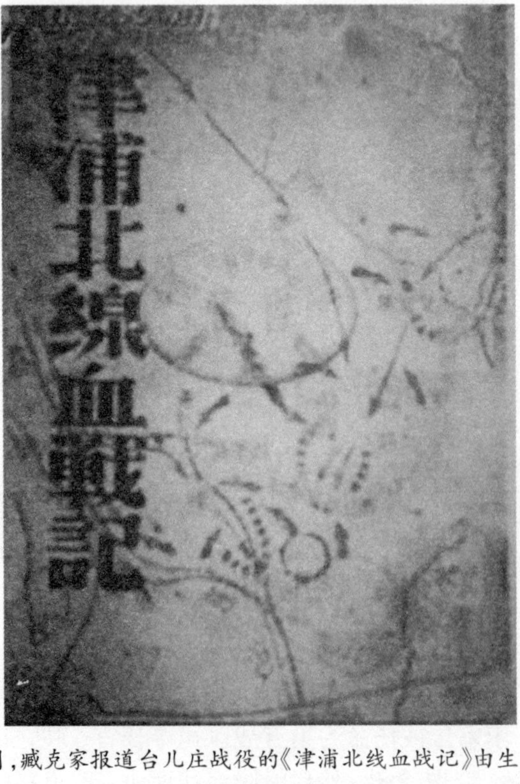

1938 年 5 月，臧克家报道台儿庄战役的《津浦北线血战记》由生活书店出版

1927 年初，臧克家考入中央军事政治学校武汉分校（黄埔 4 期），参加过

讨伐杨森、夏斗寅的北伐战争。这使他从青年时代就培养了军人气质。抗战爆发后，他重新穿起了戎装。1938 年元月，臧克家在第五战区抗敌青年军团宣传科从事文艺宣传，同年 4 月初，台儿庄战役刚刚结束，臧克家就随同李宗仁等军事长官一行奔赴台儿庄，他“不顾台儿庄战场硝烟未尽，敌机每日前来轰炸的危险，三进三出，对血战台儿庄的主力部队——第五战区三十军孙连仲部下的三十一师、二十七师、三十师等进行了实地采访，会见了孙连仲、池峰城、张华堂等著名将领”，在十多天时间内，就完成了报告文学《津浦北线血战记》，5 月初，该书由生活书店出。

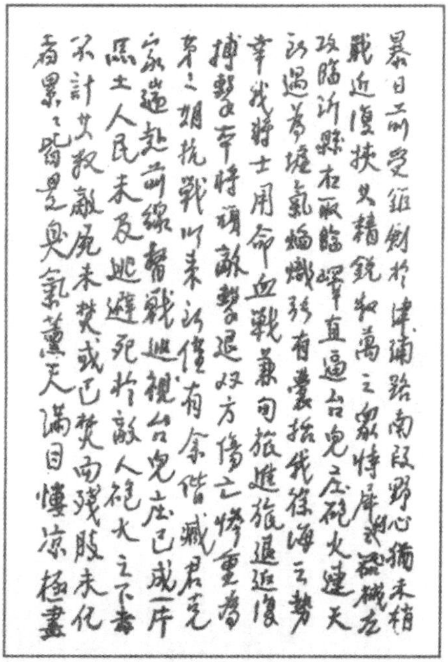
暴日前受鉅創於津浦路南段野心猶未稍
戢近復挾其精銳數萬之衆恃犀利之器械左
攻臨沂縣右取臨嶧直逼台兒莊砲火連天
所過為墟氣焰熾張有囊括我徐海之勢
幸我將士用命血戰兼旬旅進旅退反復
搏擊卒將頑敵擊退双方傷亡慘重為
第三期抗戰以來所僅有余偕臧君克
家遄赴前線督戰巡視台兒莊已成一片
焦土人民未及逃避死於敵人砲火之下者
不計其數敵屍未焚或已焚而殘肢未化
者累累皆是臭氣薰天滿目悽涼極盡

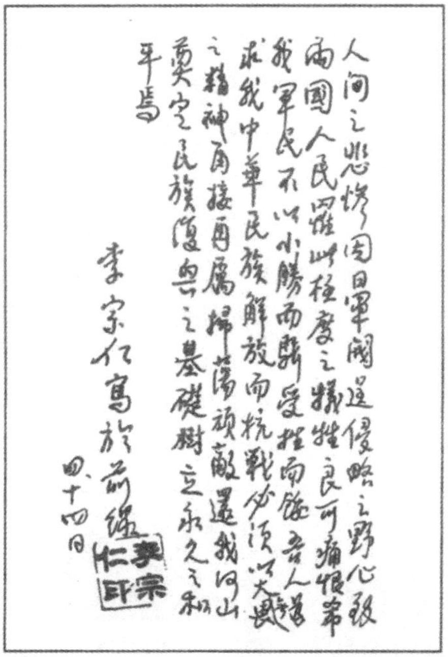
人間之悲慘因日軍閥逞侵略之野心致
兩國人民罹此極度之犧牲良可痛恨常
我軍民不以小勝而驕受挫而餒吾人深
求我中華民族解放而抗戰必須以長期
之精神再接再厲掃蕩頑敵還我河山
奠定民族復興之基礎樹立永久之和
平焉
李宗仁寫於前線
四、十四日
李宗仁印

在 1938 年 5 月臧克家的《津浦北线血战记》中李宗仁题词

李宗仁特地为《津浦北线血战记》作了长篇题词，他写道：

暴日前受巨创于津浦路南段，野心犹未稍戢，近复挟其精锐数万之众，恃犀利之器械，左攻临沂县，右取临峄，直逼台儿庄，炮火连天，所过为墟，气焰炽张，有囊括我徐海之势。幸我将士用命，血战兼旬，旅进旅退，反复搏击，卒将顽敌击退，双方伤亡惨重，为第三期抗战以来所仅有。余偕臧君克家，遄赴前线督战。巡视台儿庄，已成一片焦土，人民未及逃避，死于敌人炮火之下者不计其数。敌尸未焚或已焚而肢体未化者，累累皆是，臭气熏天，满目凄凉，极尽人间之悲惨。因日军阀逞侵略野心，致两国人民罹此极度之牺牲，良可痛恨。希我军民不以小胜而骄，受挫而馁，吾人为求我中华民族解放而抗战，必须以大无畏之精神，再接再厉，扫荡顽敌，还我河山，奠定民族复兴之基础，树立永久之和平焉。

李宗仁，写于前线，四月十四日

李宗仁的长篇题词，既表现出他对臧克家的器重，同时是自己对台儿庄大捷的感想，是十分珍贵的抗战史料。

克家在台儿庄写有《红血写过的战场》一诗，凭吊为国牺牲的抗日将士，他写道：“台儿庄，红血洗过的战场，一万条健儿，在这里作了国殇……”

诗人自有诗人的思维。臧克家的战地诗歌，即使是急就章，也少有公式化概念化，标语口号式的，而是时时闪耀着诗歌的意境、哲思和美感。

1940 年 8 月 17 日《阵中日报 · 军人魂》发表了臧克家的《柳荫下》，这首诗，堪称歌颂台儿庄会战英雄的又一佳作。

诗歌展示了五六个运输弹药的战士完成任务后，在垂柳下小憩的恬静画面。它描写了战士们卸去责任后的酣睡，两个战士“烟样清淡”的对话，并没有渲染与老王对话的战士形象，结尾处却用画龙点睛之笔：“老王向他的伙伴一望，眼光正好碰上了那个勋章——‘光芒四射的太阳’！”

诗人用烘云托月、含蓄蕴藉的手法，侧面表现获得台儿庄英雄勋章的战士，足以引起读者遐想。英雄战士质朴、平实而伟大的人格便跃然纸上了。

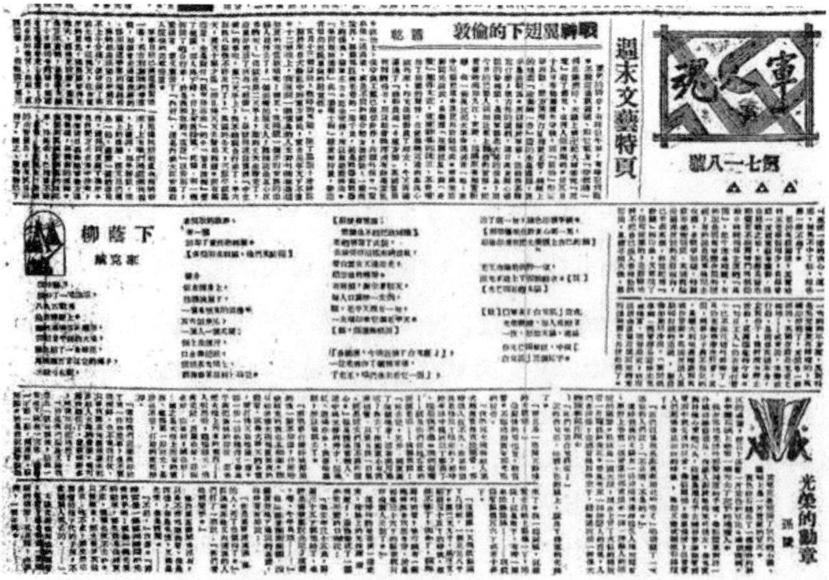
軍人魂
週末文藝特頁
第七一八號
戰神翼翅下的倫敦
柳蔭下
臧克家
光榮的勳章

1940 年 8 月 17 日《阵中日报 · 军人魂》发表了臧克家的《柳荫下》

柳荫下

臧克家

1940年8月17日《阵中日报·军人魂》

几株垂柳，
铺好了一地荫凉。
八九匹战马，
拴在柳腰上。
驰骋过疆场的铁蹄，
闲敲着平静的大地，
阳光贴了一身银花，
尾后驱打着逗它的蝇子，
木鞍弓起腰，
在闲散的做梦。
有一种，
卸却了责任的轻松。
（弹药卸在前线，
他们又回程。）

栖身
依在树身上，
仿佛找到了，
一个惬意的依傍。
五六个弟兄，
一个人一个式样，
额上生薄汗，

口水像馋涎。
甜睡在光地上。
就像睡在母亲的胸膛。
（鼾声惊雷霆，
雷霆也不能把他叫醒。）

有的解开了戎装，
去接受柳扇扫来的清风，
看白云在天边游走，
听悠扬的蝉声。
有两个，对坐着聊天，
每人口里衔一支烟，
话，老半天没有一句，
一支烟却吸它老半天。
（话，烟样的清淡）

老年臧克家

“公园里，今晚放映《台儿庄》(1)”，
一位老的作了义务宣传，
“老王，咱们也去看它一眼”，
说了这一句，脸色却很平淡。
（那个场面也许在心头一晃，
可他却没有把光荣摆上自己的脸。）

老王向他的伙伴一望，
眼光正碰上了那个勋章。（原注）
“光芒四射的太阳”！

注释

（1）电影《台儿庄》，是台儿庄大捷后电影工作者在现场所摄。臧克家在《津浦北线血战记·再吊台儿庄》中记述：“一堵瓦墙的大缺口的麻袋堆上立着几个电影师，手持镜头在向东对光，旁边立一个呢衣军人正在指挥着摆阵势……镜头上留下了这雄壮的一幕，这一幕将映到每个中华儿女的眼中。”

（原注）中国军队在《台儿庄》造成光荣战绩，每人得勋章一枚，形似太阳，边缘作光芒四射状，中间“台儿庄”三个红字。

台儿庄战役敢死队勋章之一

台儿庄战役敢死队勋章之二

给伤兵以尊严

——孙陵:《光荣的勋章》

1940年8月17日

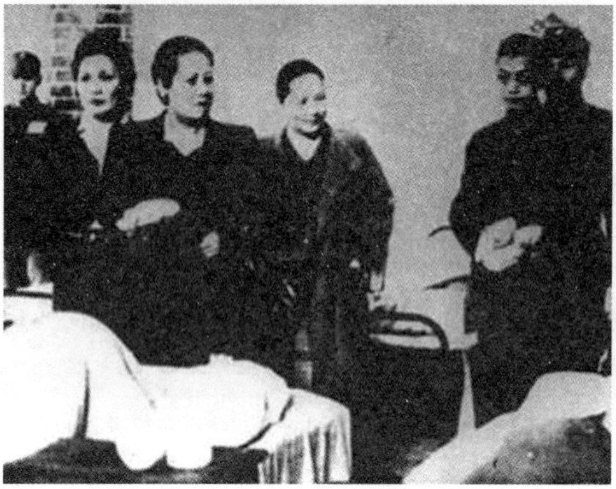

宋氏三姐妹在重庆看望伤员

自古征战几人回？战争像巨大的伤亡流水线，每一场战役打下来，敌我双方的死伤数字都那么惊人。死者已矣，而伤者还要活下去。

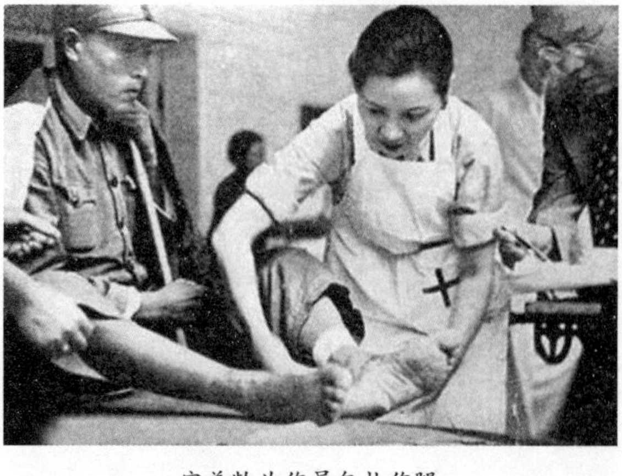

宋美龄为伤员包扎伤腿

在战场上，伤员所经历的痛苦，是难以想象的，他们中间，有的要自己艰难地爬回阵地，有的要在临时医院进行救治，有的要经过长途跋涉被抬往后方医院，有的因缺乏救护条件而被抛弃……

担架队用担架运送伤员

据统计，抗战八年，国民党军队官兵负伤人数 176.13 万人，而每一个冰冷数字，都代表着一个有血有肉的人。当时的后方民众，出于对前线为民族解放而负伤的将士的敬意，认为不应以“残废军人”名之，而应称之为“荣誉军人”。1940 年 5 月 1 日，国民党军政部为了鼓励士气，颁发命令，将“残废军人”一律改称“荣誉军人”(《近代史研究》2012 年第 4 期)，抗日将士的负伤，成为一种永远留存的光荣纪念。

救护队从水路运送伤员

孙陵（1914—1983），山东黄县人，原名孙虚生，早年居住哈尔滨。“九一八”后开始文学创作，淞沪战争中亲眼目睹了日军对我同胞的大肆杀戮，投笔从戎，1940 年在老河口第五战区司令部从事文化工作。

孙陵发表在 1940 年 8 月 17 日《阵中日报 · 军人魂》上的散文《光荣的勋章》，描写了一个在台儿庄战役中负伤的普通士兵。文中借他当过秀才的哥哥之口，说他的伤残之处，“就像一枚光荣的勋章，那光荣是花钱买不来的，哪个也夺不去的。只要他在，那光荣便与他同在；他不在，那光荣也能留给他下代的子孙，不会被别人夺去的”。

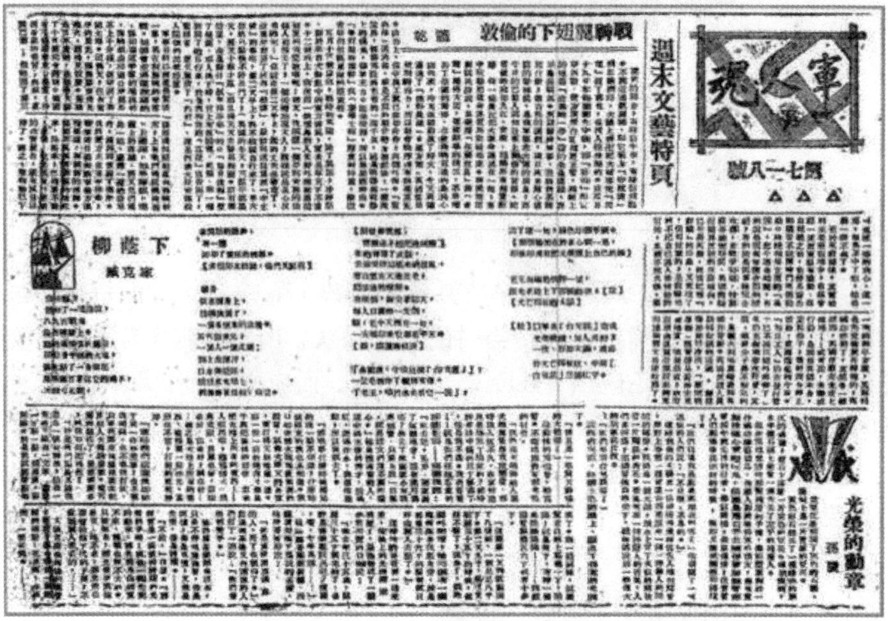
軍人魂
第七一八號
週末文藝特頁
柳蔭下
臧克家
光榮的勳章
孫陵

1940 年 8 月 17 日《阵中日报 · 军人魂》发表孙陵《光荣的勋章》

光荣的勋章

孙陵

《阵中日报 · 军人魂》1940 年 8 月 17 日

紫豆花蔓爬满了灰色的石墙，墙壁上是一片青葱的豆荚。

黄色的卵石铺出了一条迂曲的狭窄的通道，卵石上落着一片紫色的豆花，通过夹道，在半个石碾上坐着一个失去了左手的残废人。

他非常地爱惜他那只残废的手臂，像雕塑家对于一件成功的艺术品，像猎人对于他得意的枪支，像儿童对于他心爱的玩具。他这时用右手去摩抚着那半截光裸的肘骨，像似回忆，像似痴情，但当着人们经过他的门前的时候，他却又变成骄傲和矜持了。

“你们认为我是生出来如此的吗？”他环顾了一下周围的人们：“不是啊，不是的。”

这时秋后的太阳在一排柳树后边炙人地照耀着，原野上春雷一样从远山那边滚来一阵一阵吓人的隐隐的炮声。眼前是一个大湖，湖水上着了火似的开放着一片耀眼的荷花。微风吹来一阵阵醉人的香气，人们在柳荫下围绕着他就地坐下，听他讲述那一个伟大故事底片段。

“你们知道台儿庄吗？”

说起台儿庄，他那土色的脸上，显出了得意的光辉。

“那真是一场惊天动地的大战哪！”

他动情的回忆着，叹赏着，不断地抚摸着那光秃的肘骨。

“我们底大炮和敌人的大炮无昼无夜地响着。那时我入伍不久，你家知道，我是抽壮丁抽来的？那时许多抽中签的壮丁都逃了，但是我不逃。我底哥哥——就是你们住他房屋的那个老头——他对我说，‘你去吧，兄弟，国家到了这个地步，还有处可逃吗？你去了，你底家小有我来照管，只要有我一口气，侄男侄女们用不到你操心。’他是读过书的人，还中过末榜的秀才，披过红，游过泮水，我真信他的话，所以我就去了。

“那战事什么时候开始的，我一点不知道，什么时候结束的，我也不知道。我只知道那大炮总是无日无夜的响着，就像大雨天的惊雷，要打得天崩地陷一样。那一排一排的炮弹，又像是千万把无情的扫帚，想要把大地上所有的东西——人啦，马啦，鸡鸭鹅犬，飞禽走兽，房屋也好，庄稼也好，山也好，城也好……总之是大地上所有的东西，它都要一扫而光，什么也不留，打扫得干干净净。

“这时我们底团长却给了我一件差事，也不要我冲锋，也不要我打仗，只要我蹲在战壕里，去计算敌人发炮的次数. 这可把我难住了，次数那么多，叫我如何记得住？

“于是我们团长又给我想出一个好办法，给我一些纸，又找一支笔，炮响一下点一下，打几炮，点几点，于是我就顺着点起来了。我一听到炮，就赶紧在白纸上点它一下，‘隆’、‘隆’，就是两下，有时一连串‘隆’、‘隆’、‘隆’、‘隆’……我就连着点它五六下或者十多下。”

“这样第一天我就点满了八张纸，一数足足八千下。第二天九千，第三天，点到三十五下的时候，忽然不响了，我急了，就跑到外面看，恰巧就有一个炮弹飞到我底身旁，于是那第三十六下的点，就只好由别人去点了。”

这时，他的哥哥从一边走来，他脸上的光辉渐渐消褪了，最后变成了一个非常忧郁的口气说：

“我去年三十五岁，点到三十五下就完结了，也许是寿命的征兆吧，这样，唉，今年是该……”

他的声音渐渐模糊，没听清楚他下边说的什么。他的哥哥却说：

“你是为国家流过血的人，死了也值得了。”回过头来，他又向四周的人打了一个恭，说“你们看他那只手。”

他仍然什么话也没有，只是不停的摩抚着，像是回忆，像是惋惜，又像是光荣，像是夸耀……

“不错，”我想，“那确实是一只值得夸耀的光荣的手啊！就像一枚光荣的勋章，那光荣是花钱买不来的，哪个也夺不去的。只要他在，那光荣便与他长在；他不在，那光荣也能留给他下代的子孙，不会被别人夺去的……”

太阳在树林后的围场内投下长长的影子，远处隐隐听到一阵阵的炮声；花在笑，水在笑，一切在笑……

另一位诗人萧拓，1940 年 3 月 30 日在《阵中日报 · 军人魂》发表了《伤兵颂》一诗，诗中写道："你们那可爱的身影，（身披着灰色布大氅，臂拄着木质粗手杖。）将永远印映在全中国人的心上。"

萧拓，生平不详。

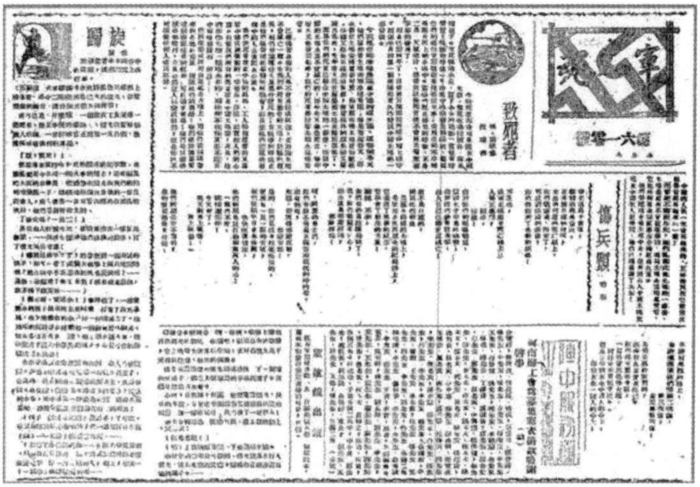

1940年3月30日《阵中日报·军人魂》发表萧拓的诗《伤兵颂》

伤兵颂

萧拓

《阵中日报·军人魂》1940年3月30日

穿走过几千里地，
翻越过几万重山，
在民族自卫的前哨，
在血肉飞迸的死亡线上，
你们战斗着，回来了，
为救济祖国的创伤，
你们带回来了光荣的创伤！
不是吗，

祖国正飘摇在死亡线上，
人民正流离，
颠沛，
彷徨
由于你们的坚强战斗，
这国土才幸免于沦丧，
由于你们的勇敢进击，
敌人自己已经走近灭亡！
血不是白流的，
因为你们的血，
是流在祖国的土地上。
是涂抹在民族历史的纪程碑上，

它灌溉了民族的幼芽，
它孕育了新生的力量！
虽然，不幸，
你们有的肢体残缺了，
但你们战斗着的心，
却永远是那么磅礴，
那么辉煌！
啊，亲爱的勇士们，
你们有的不免是在痛苦而低沉的呻吟着，
而有的呢，
你瞧，却笑得那么沉毅，
那么安详！
是的，你们是没有丝毫悔恨的，
更没有一星一点的奢望，
你们但愿早日走出病院，
快快恢复健康！

你们的话足以打动几万万人的心，
“我们不死，
就得还要干！
今天好了，
明天就再上战场，

再上战场！”
我们的路是走不完的，
血的债要用血去付偿，
在胜利来临的路上，
也许还须要你们受第二次伤，
第三次伤，
甚至数次伤！
光荣属于你们的，
祖国将永远爱戴你们。
你们那可爱的身影，
（身披着灰色布大氅，
臂拄着木质粗手杖。）
将永远印映在全中国人的心上，
印映在全中国人的心上！

抗战老兵的敬礼

袭击开封战斗

—— 一萍:《汴城西北角》

1940 年 8 月 19 日

日军占领开封后在城门上狂呼

开封，简称汴，位于豫东平原，它有着悠久的历史文化，是中国的六大古都之一。抗战爆发前，它是中华民国河南省府的所在地。

1938 年 5 月兰封会战爆发，6 月初日军攻陷开封、中牟，为了阻挡日军西进，蒋介石密令在郑州花园口炸开黄河大堤，让滚滚的黄水“以水代兵”，夺淮入海。中国军队退至郑州一带。泛滥的黄河，将相距只有 80 公里的河南两大城市——郑州和开封劈开，一边是国统区，另一边成为沦陷区。

处于黄泛区以东的开封人民饱受沦陷之苦。一直到 1945 年 8 月日本投降，开封才得以光复。

那么，在这漫长的七年多沦陷期间，开封是否发生过中国军队袭击日军的战争呢？回答是有的！

自 1938 年春开封沦陷、花园口决堤后，占领开封的是原田熊吉的第 35 师团，其司令部设在河南大学；而与日军隔着改道“新黄河”遥遥相望的，是驻扎郑州的孙桐萱第 3 集团军，总部设在郑州陇海花园。中国军队经常派人过河打探敌占区情报，对开封的情况了如指掌；抗战两年多来，由于中国军民的英勇抗战，日军遭到了惨重伤亡，士兵普遍消沉、厌战和恐惧情绪与日俱增。总部经过周密研究，决定抓住时机，奇袭开封。

1940 年 4 月中旬，第 3 集团军在郑州陇海花园召开了奇袭开封的战前预备会，会议由孙桐萱总司令主持，周遵时师长宣布了混合师组成的决定。混合师的主力为第 20 师，辖步兵 3 个团（第 58 团、第 59 团、第 60 团），炮兵、工兵各一个营，骑兵、通讯兵各一个连；配属部队为第 22 师 65 团和炮兵、工兵各一个营，骑兵、通讯兵各一个连，总兵力约 1.2 万人，周遵时为作战指挥部指挥官。

身背攻城软梯的中国士兵

因我军在新黄河以西，渡河后距开封还有 60 多里，若仅提前一天渡河，时间太紧，经研究决定，提前两天出发，渡河后就潜伏在距开封 40 多里的村庄里。

各部队的作战目标是：第 58 团袭击南门和南关，第 59 团袭击火车站，第 60 团袭击城东面和东北角，第 65 团袭击城西面和西北角，并阻击来自新乡、商丘两个方向的援敌。

1940 年 4 月下旬，由 1 万多人组成的混合师在周遵时师长率领下，提前两天渡过新黄河，趁着夜色抵达开封城下，于次日凌晨 4 时对开封发起进攻。

汴城西北角是进攻开封的关键阵地，担负着攻城和阻援的双重任务，担任这一任务的，是第 22 师 65 团团长李勋甫亲临指挥的第 3 营。在攻城过程中，敌机不断轰炸，商丘、新乡的日军增援部队纷纷前来，都被英勇的中国军队击败。这次战斗一直打到傍晚 6 点。中国军队毙伤敌人近 800 名，击落敌机一架，击伤战车 6 辆，汽车、装甲车 10 余辆，缴获三八式步枪 10 余支，作战地图 20 余张。

1940年5月上旬,第3集团军总部在郑州陇海花园召开了奇袭开封的庆功会,孙桐萱总司令对参战官兵慰勉有加，还颁发了国民政府军政部奖给参战部队立功官兵的5万元奖金。外国通讯社称，“此为华军对日军已占重要城市第一次有效攻击。”（参见第22师第65团团长李勋甫的回忆《奇袭驻汴日军亲历记》，引自《正面战场—中原抗战》一书，中国文史出版社，2013年1月版，第346—349页）

1940年8月19日,《阵中日报?军人魂》发表了一萍的《汴城西北角》，及时报道了在这次袭击开封的战役。文中叙述中国军队是如何在深夜冒着倾盆大雨、“默默的渡过黄河，越过几道的小黄河的支流”，向开封城进攻的。他们围着开封城的西北角放下数不清的独木软梯，趁着黑夜爬上城墙，挥动大刀，与日军展开激烈肉搏、终于“越过垛口向里杀去了”，“在汴城的街道上，挺进着队队的健儿……”暴雨、雷电、黑夜、攻城和厮杀，构成了一幅令人惊心动魄的战争画面。

《汴城西北角》不仅是抗战文学作品，而且对1939年4月1日中国军队成功袭击开封这一鲜为人知的战史留下了珍贵记录。

作者一萍，生平不详。

士兵園刊

第二六期

最必要的服务品

獻給將士

我底願望

慶營長擺智脫險

小小日本

汴城西北角

一萍

1940年8月19日《阵中日报·军人魂》发表一萍的《汴城西北角》

汴城西北角

一萍

1940年8月19日《阵中日报·军人魂》

夜深了，雨并没有因为夜的来临而停止了它的飘洒，相反的加大了。由点滴的雨滴，变成矗立的水柱了。突然的急风，卷起根根矗立的水柱，幻化成一片弥漫的白露，在空隙随着风的定向缥缈着，给深深的夜空加了一层轻微的白纱，确实点缀尽了雨夜的美。

闪电疾雷加速了天空的急雨，倾盆似的下降着，雨的白色，掩盖了深夜的一切罪恶。在火龙似的闪电过后，刹时明亮了的旷野上，一行行的武装健儿向前挺进着，肩膀的枪在背后斜背着，没有放在肩头，也没有托在手里。大雨淋着的衣服，紧贴着身体，呈露着身体的任何部分，肩膀，扛着独木系成的软梯，高高的向上翘着。他们没有感到急雨的骤打，他们也没有注意到雨天道路的泥泞，只是兴奋的前进着，向那古老的汴城前进着。

这是第某军的某师，在后防养精蓄锐的训练了两个多月，他们领受了孙总司令（1）不少的教训和周师长（2）的督促，他们趁着这夜，这雨天的黑夜，跟随着周师长，默默的渡过黄河，越过几道小黄河的支流，怀着新的使命，向着开封进攻了。

这雨天的深夜，切实给了我不少的方便。在敌人没有察觉的时候，我们的健儿已经满布在城下了。借着闪电的光亮，往南你可看到逶迤的城墙，和那矗立的烟筒，往东你可以看到东西横陈的大堤，和堤下低矮的草屋。所在的方向，并不用怎样的分别，你就可以明白的知道，这是汴城的西北角了。

围绕着汴城的西北角，放着数不清独木软梯，在梯的下层，都蹲着一个健儿，时刻的准备着，爬到梯子的最尖端，跳进那古老的汴城。

从城墙上下流的水，虽然没有瀑布大泉那么高大的响声，但是在闪电过时，你会看到白色的水，像瀑布般的倾着，直流到城墙底最下层的那层砖，才会停止它的奔流。

“什么的！巴格牙鲁？”半通的中国话，这证明着敌人在巡城了。从上次的攻入开封，敌人破胆了，他们时刻的在巡城，生怕我健儿再攻入城里，让他们作了无头的鬼。无论深夜白昼，都在轮流的巡查着。别管是疾风暴雨的夜，别管是月明星稀的夜，他们也从没懈怠过。今夜虽有这样大的暴雨狂风，他们仍旧巡行着。

巡城的敌人过去，蹲在梯下的健儿，沿着独木的软梯爬城了。他们像猫似的向上爬进着，并没有丝毫的回顾和留恋，在蒙着白色雨纱的夜里，看不到爬城壮士的长枪，只能看到借着电光发亮的砍刀，和腰间突起的手榴弹，着是他们的武器，这是他们的生命线。

因为电光的发亮，使敌人发现爬城的健儿，他们发出不同的警告、相互的交响着。巡城过去的和到场的敌人，对于爬城的健儿形成了夹攻势，敌人机枪的火网向着爬城的健儿伸卷，光亮的砍刀，借着电光，发着刺人眼的寒光。在这汴城的西北角，激起了这雨夜的残杀。

“冲呀！某某某某团的弟兄们，是时候了，是我们报国难家仇的时候了！”喊声过后，随着湫湫的积水，跨过倒在梯下的尸身，后继者又重新的往上爬了，任它敌枪的横扫，没阻住前拥后挤的健儿，终于爬到梯的最尖端，城垛的边缘了。

“轰通！轰通！”接二连三的响着，一阵光亮后，“轰通”的响声，震荡着这暴雨的夜空。火光闪电，照耀着古老汴城的西北角，城墙上的人在恶斗着。

“啊！哟！——”撕扯着的人，从城墙上，双双的滚下来了，跌倒在城根下，没了半点声息，他们忘记了这是战争。

在城头厮杀的健儿，脸泛着铁青色，从裸露着的筋上滚滴着浓红的血滴，两手不住的在挥动着大刀。他们忘记了腰间的手榴弹，只是在刀刀的砍着。

闪闪的电光，条条的火网，织成了这雨夜的残敌，失了人性的战士，疯狂似的奔驰着，嘶喊着；城下的健儿也跳上城墙，越过垛口向里杀去了。

巡城的敌人，在什么时候跑去的，谁也不知道。也许都葬在这荒凉的城郊了吧！

雨，仍在加劲的下着，在雨光里，你可以看得到在汴城的街道上，挺进着队队的健儿。赤着背，光着脚，手里握了带血条的大刀，疯狂的前进着，在汴城西北角的枪声，转移到汴城的市心了，西北角再也听不到震耳的枪炮声，只能听到遥远的枪的响声。在这里只遗留这无数的独木梯子，梯子下蹲着的人，却换成堆积的尸身了。

…………

注释

（1）孙桐萱（1895—1978），字荫亭，河北交河县泊头镇人，1925 年在冯玉祥部队任团长，参加“五原誓师”后，历任十五师、二十师师长，十二军军长。抗战时期任第三集团军总司令，率部参加台儿庄战役，在郑州驻守河防。1943 年被蒋介石以“通敌有据”罪名下令扣押，1946 年退出军界前往北平。新中国成立后，任全国政协委员等职。

（2）周遵时（1900—1971），号景侠，山东即墨人。1939 年任第三集团军第 12 军 20 师师长。1939 年 4 月攻打开封时为混合师作战指挥部指挥官。

“慰劳总会”与“前线慰问团”

——老舍等人的慰问信

1940年8月19日

“全国慰劳总会”所制赠给前线将士的奖章之一:“民族光荣”

“全国慰劳总会”所制赠送前线将士奖章之二:“祖国光荣”

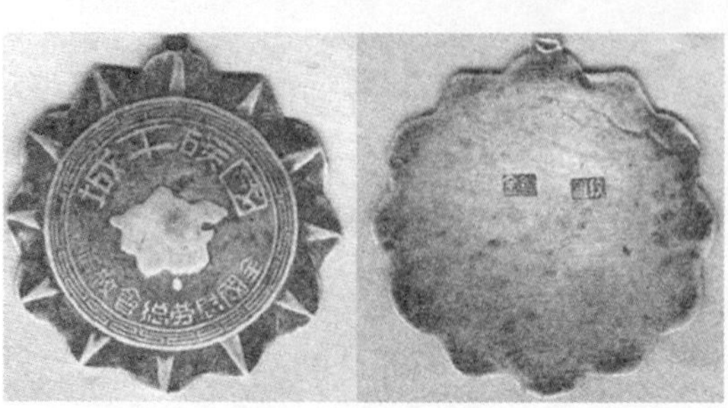

“全国慰劳总会”所制赠送前线将士奖章之三:“国族干城”

“全国慰劳总会”会刊《慰劳》半月刊，刊名为蒋介石所题

自抗战爆发以来，全国各界掀起了一场慰劳抗战将士的捐献、慰问活动。这一运动在国民政府和民间力量的共同协作下一直坚持到抗战胜利。1938 年 7 月在武汉“七·七献金”活动后成立的“武汉各界慰劳抗战将士委员会”，后来迁到重庆，改名为“全国慰劳抗战将士委员会总会”（简称“慰劳总会”），在抗战的劳军运动中起到了重要作用。

早在“保卫大武汉”时期，“慰劳委员会”就发动了征求 30 万个慰劳袋和 30 万封慰劳信的运动，将慰劳袋中放置毛巾、草鞋、牛肉干、搪瓷碗、明信片等，通过慰劳团分发到前线将士手中；在长沙，“慰劳总会”发动了大规模慰劳伤兵运动，组织长沙民众到伤兵医院慰问；1939 年，“慰劳总会”发动了征求 50 万封慰劳信的运动，慰劳信要求通俗易懂，表达对前线战士的敬意，鼓励抗战情绪，并进行了征集慰劳信数量的竞赛。“慰劳总会”还出版了《慰劳半月刊》，由蒋介石亲自题写刊名。后来由于条件困难，只出版了 7 期就停刊了。

1939 年初，“慰劳总会”发动了征集书报杂志运动，并组织了南北两路“前线将士慰劳团”，分赴全国各战区去慰问。他们函请“中华全国文艺界抗敌协会”（简称“文协”）派人参加。“文协”推举老舍参加北路慰劳团，姚篷子、陆晶清两人参加南路慰劳团。

北路团以张继为总团长，自 6 月底出发，12 月初始返，以张继为总团长，历经陕、甘、宁、青、豫等七省，行程 2 万余里，慰问一、二、五、八、十各战区；南路慰劳团以马超俊为团长，自 6 月 23 日由重庆启程，至 10 月底始返，历经川、黔、桂、湘、赣、闽等九省，行程也有 2 万多里，慰问第三、四、六、九各战区。

两团每到一处，都要对战区高级将领和全体将士举行隆重的献旗典礼，并举行座谈会，同时对一般将士及沿途伤病官兵加以慰问，所到之处，备受欢迎。

老舍（1899—1966）

老舍当时是“文协”总务部主任，他随北路慰问团于1939年6月28日从重庆出发，途径成都、绵阳、剑阁、广元、汉中、宝鸡、西安、潼关、洛阳、南阳、榆林、延安、平凉、兰州等地，路途18500里，12月8日返渝。老舍一行到7月中旬抵达洛阳第一战区时，恰好碰上王礼锡“作家战地代表团”也在洛阳，第一战区司令长官卫立煌对北路慰劳团成员设宴招待。老舍还随北路慰问团到陕北延安，与毛泽东主席会面，他的部分见闻写入长诗《剑北篇》。

陆晶清（1907—1993）

陆晶清，原名陆秀珍，云南昆明人，白族，1922年考入北京女师文科班，1926年与石评梅共同编文学杂志，参加过女师大风潮。1931年与王礼锡结婚，与王礼锡流亡英国伦敦期间，协助丈夫投入国际反侵略援华运动。1938年10月回国，1939年当选为“全国文艺界抗敌协会”理事，参加“全国慰劳总会南路慰劳团”到前线慰问。同年8月26日陆晶清的丈夫王礼锡去世后，她强忍悲痛千里奔丧，为了赡养婆母和丈夫前妻的三个孩子，任教于重庆。新中国成立后在国立上海商学院任国文教授，政治运动中历遭坎坷。新时期恢复名誉，任民革上海市委委员等职。一生著作甚丰，曾冒死保持了王礼锡遗著《笔征日记》。

胡秋原（1910—2004）

胡秋原，原名胡业崇，湖北黄陂木兰山下胡家湾村人，著名史学家，政论家和文学家。中国国民党员，台湾资深“立法委员”，中国统一联盟名誉主席。生平著作达100多种，3000余万字。1989年美国传记学会将胡秋原列入《国际著名领袖人名录》并颁发奖状。2004年5月4日，94岁的胡秋原获“中华文艺终身成就奖”。

在中国文坛20世纪30年代关于“民族文学”的论争中，胡秋原曾被鲁迅批判为“第三种人”，但从他一生来看，是一个坚定的爱国主义者。1937年抗战爆发后，他毅然回国参加抗战，被任命为国防最高委员会秘书，《中央日报》副主编，是“文协”的发起人之一（见《中华全国文艺界抗敌协会史料选编》第17页）；1949年他去香港，1951年去台湾，历任台湾“立法委员”、台湾师大教授等职。胡秋原寿长，最值得称道的是晚年：1988年他发起“中国统一联盟”，任名誉主席，首访大陆，与李先念、邓颖超等共商祖国统一大计，回台湾后即被李登辉开除国民党党籍，限制出台两年，因此被誉为“两岸破冰第一人”。

2007 年，湖北人民出版社出版了由张漱菡所著的《胡秋原传》。

1940 年 8 月 19 日《阵中日报 · 军人魂》的“士兵周刊”，刊登了老舍、陆晶清、胡秋原写给前方将士的慰劳信。这几位著名文化人的慰问信，篇制虽短却情深意真，是抗战时期千万封劳军慰问信的一个缩影。它们见证了抗战时期“全国慰劳总会”所进行的一次规模盛大、影响深远的劳军活动。

士兵周刊 第二六期

最必要的慰勞品 老舍

獻給將士 陸晶清

我底願望 胡秋原

1940 年 8 月 19 日《阵中日报 · 军人魂》专栏“士兵周刊”刊登了老舍、陆晶清、胡秋原给前线将士的慰问信

最必要的慰劳品

老舍

1940 年 8 月 19 日《阵中日报 · 士兵周刊》

慰劳前线战士所最必要的慰劳品，无疑的应该是慰劳者本身的精神。慰劳者总要有前线将士那样的决心，受着政府的呼召，随时都可以奔赴前线，以血肉生命奉献于国家民族的那种决心，慰劳者要切实地以

前线将士为自己的模范，置生死于度外，作为他们的后继者而前进。

人能置生死于度外，我看凡是自己所有的东西，无论是力或钱，没有不能拿出的。各种慰劳的业务和物品，也就不会感觉人力或财力的缺乏了。事实上，前线将士们如在前线看见了后方去的慰劳者，他们已经感受着无上的安慰，每每看作自己的兄弟骨肉一般，他们常说："我们在前线服务是应该尽的职守，你们到前方来慰劳，实在是令人感激。"故而，在前线慰劳的人，反而常受前方将士的慰劳。这，也就是精诚相感的最值得欢欣的现象。

在大后方的人，如全体都有以前方将士为模范的决心，不仅慰劳工作可获得切实的效果，即其它的工作，如兵员的补充，国防生产的建设，锄奸运动乃至戒烟戒毒运动等，都是毫无问题的。

我自己愿以必死的决心来担负目前的慰劳工作。

（1939年）六月十日

献给将士

陆晶清

1940年8月19日《阵中日报·士兵周刊》

你们是今日中国的长城，
你们是万众景仰的巨人，
你们神勇，你们牺牲，
你们用生命，用力量，用血和汗，
保卫四万万黄帝子孙，
保卫中华民族的永生！
你们是人类的火，
你们是人类的光；
你们的烈焰烧焦了侵略的毒苗，

你们的光芒普照着大陆与海洋，
你们为维护人类的和平流血、苦战，
人类将永远为你们歌唱！

全中国的人和你们共一条心，
全中国的男女跟随着你们苦干。
你们在疆场拼命，
他们在后方生产。
你们的火线上永不会寂寞，
成千万的男女，
将不断的前来做你们的伙伴！

全世界的人们已经燃烧着反侵略的火炬，
全世界的人们都磨快了刀，肩上了枪，
为了人类的安宁，
他们的血要共你们一齐流，
他们牺牲的决心和你们一般坚强。
不要恐惧侵略者的残暴与猖狂，
全世界反侵略的阵线，
有足够粉碎敌人的力量！

二十八年（1939年）六月于重庆

我底愿望

胡秋原

1940年8月19日《阵中日报·士兵周刊》

战争发生以来，我一直在后方，做着一点文化工作，虽然在后方也时常受到敌人底轰炸，有时甚至每天都看到我们非武装的同胞，尤其是那些妇女和孩子被敌人残暴地焚杀，但和前方比较起来，当然要平安得多了。

从文章上，从朋友底口头上，我知道了前方的将士们怎样英勇地和敌人搏战，但我没有亲身接触过；从朋友的口头上，我知道了前方的将士们是遭受着怎样的艰难，但我也没有亲身接触过。我是多么希望能够到前方去呵。

但现在居然有了这样的机会，我怀着激动的心情，期待着和诸位将士们的会面。

我愿望把后方民众对于诸位将士的关怀，对于诸位将士的信赖报告你们，千千万万的心在向你们感谢，为你们祝福。

我愿望把后方民众努力生产、支持抗战的情形报告给你们，后方的同胞决不会辜负诸位将士底希望。

我愿望把政府和最高领袖底不完全打退敌人誓不中止的决心报告给你们，出卖祖国的汪精卫那些汉奸败类决不能妨害诸位将士们底神圣的战斗。

我愿望能够知道诸位将士底英勇战绩，向后方的同胞报告，使他们艰苦奋斗的决心更加坚固。

我愿望能够明瞭诸位将士底艰苦状况，向后方的同胞报告，使他们知道应该做些什么，才能对前方更有帮助。

在被侮辱被屠杀的处境下面，中国一定要站起来，中国人一定要站起来，但这须得前方将士和后方民众，在最高的国旗下，团结成共生死共苦难的一体，慰劳代表团就是前方和后方中间的信差，和传递两者间骨肉相连的情爱。我是这里面的一人，愿意在这个愿望里面献出微力。

新文化运动与抗战

——沈从文:《"五四"二十年》

1940年8月24日

在辛亥革命之前，几千年来的皇权统治，使中国人能"登大雅之堂"的书面语言都是晦涩难懂的文言文，它和大众生活相隔千里，因此只属于少数统治者和贵族文人的专利。

沈从文(1902—1988),中国现代文学家

"五四"运动，既是政治运动，也是新文化运动。胡适、陈独秀等作为新文化运动的主将，率先提出用白话文代替文言文。胡适在《新青年》上发表《文学改良刍议》，主张文学不模仿古人，去除滥调套语，不用典，不讲对仗，不避俗语俗字，提倡文学语言应与生活语言接近，创造语体文，并使之成为"中国文学之正宗"。这些主张，成为新文化运动的先声。

自五四新文化运动之后，中国社会一直处于大动荡大变革中，随着反帝反封建运动的不断深入，广大民众在文化上的不断觉醒，语体文（白话文）逐渐取代文言文，成为中国人普遍使用的书面语言。抗战是全民族共同参与的斗争，"人不分男女老少，地不分东西南北”，人们在拿枪的同时也纷纷拿起笔来，书写自己的斗争生活，抒发个人的思想情感，这使抗战文学中的白话文更为畅行。

1940 年 8 月 24 日沈从文先生发表在《阵中日报 · 军人魂》上的《“五四”二十年》，从新文化发展的角度，充分肯定了抗战 3 年来的文学成就。他说，“五四运动把明白易懂的语体文来代替旧有的文体，……成为社会变迁的主要动力”，抗战三年来，中国人民能不解体、不屈服，团结奋战，发扬民族精神，一个重要的原因，要归功于语体文（白话文）这个工具的运用。

共同的语言是凝聚人心的基础。沈从文先生的上述观点是颇具独到见解的。

与此同时，沈从文还提出不要“滥用”和“误用”白话文，要使它“从市侩的商品和政客的政策”中摆脱出来，而与促使它诞生的五四精神——“天真”和“勇敢”融合在一起。

沈从文（1902 — 1988），原名沈岳焕，字崇文。湖南凤凰县人。中国著名文学家和考古学家。1924 年开始文学创作，撰写出版了《长河》《边城》等小说，1931 年— 1933 年在青岛大学任教。抗战爆发后到西南联大任教，1946 年回到北京大学任教。

新中国成立后，在中国历史博物馆和中国社会科学院历史研究所工作，主要从事中国古代历史的研究。

軍人魂
第七二三期
「五四」二十年 沈從文
孩子之家
搶渡黃河

1940 年 8 月 24 日《阵中日报 · 军人魂》发表沈从文《“五四”二十年》

"五四"二十年

沈从文

1940 年 8 月 24 日《阵中日报 · 军人魂》

"五四运动"是中国知识分子领导的"思想解放"与"社会改造"运动。当时要求的方面多，就中对教育最有关系的一项，是"工具"的运用，即文学革命。把明白易懂的语体文来代替旧有的文体，广泛运用到各方面去。二十年来的发展，不特影响了年轻人的生活观念，且成为社会变迁的主要动力。民十六年的北伐成功，民二十以后的统一建设，民二十六年的对日抗战，使这个民族从散漫萎靡的情形中，产生自力更生的幻想和信心。且因这点幻想和信心，粘合了这个民族各方面向上的力量，成为一个观念："不怕如何牺牲，还是要向建国目标迈进！"

三年来，从被日入侵势力逼迫离开了沿海各省份，还依然不解体、不屈服，能集合全中国优秀分子，在一个组织、一种目的下，一面抗战，一面建国。这种民族精神的建立与发扬，分析说来，就无不得力于"工具"的能得其用。

对语体文的价值与意义，作过伟大预言的，是胡适之先生。二十年前他就很大胆的说："语体文在社会新陈代谢工作上，将有巨大的作用。二十世纪的中国文学史，语体文占重要的努力。"这种意见于二十年前说出，当时人都以为痴人说梦，到如今，却早已成为事实了。但二十年前胡适之先生能够自由大胆表示他的意见，实得力于主持北京大学的蔡子民老先生，在学校中标榜"学术自由"。因学术自由，语体文方能抬头，使中国文学从因袭、陈腐、虚饰、俗套、模仿中，得到面目一新的机会，培养思想解放、社会改造的因子。

蔡老先生不但明白学校中学术自由的重要，且对语体文也有过良好的意见。他以为古文自有它的伟大过去，至于流行末世半通不通的死文字，实在是社会“愚昧与顽固”、“虚伪与陈腐”的混合物。社会的进步不可免要受这种有腔调无生命的死文字掣肘，有时且引起社会退化现象。正因为它不仅徒存形式，还包含许多保守堕落观念。国家求发展，想改革，这些观念便常常成为障碍物、绊脚石。

老年沈从文

可是文学革命运动，从建设方面看，固然影响大，成就多；从破坏方面看，也不可免有许多痛心现象。“工具”既能广泛普遍的运用，由于“滥用”与“误用”结果，便引出许多问题。“学术”或“文化”两个名词，近十年来，在唯利是图的商贾和似通非通的文化人手中，被弄得非驴非马。由于误解、曲解，分布了万千印刷物到各方面去，这些东西的流行，即说明真正的学术文化的发展，已受了何等不良的影响。所以纪念“五四”，最有意义的事，莫过于从“工具”的检视入手。惜当能事做镜子，如何计划来“庄严慎重”使用这工具，是一件事。从这种庄严慎重与作家人生态度有关。我们在文运上如何为作家来建设一个较新的坚实健康的人生观，又是一件事。

世人常说“五四精神”，“五四精神”的特点是“天真”和“勇敢”。我们若能保留了这份天真和勇敢精神，再加上这二十年来社会变动、文运得失、成败的经验，记着“学术自由”的意义，凡执笔有所写作的朋友，写作的动力，都能从市侩的商品与政客的政策中脱出，各执宏愿和坚信，由人类求生的庄严景象出发，来表示这个民族对于明日光明的向往，以及在向上途中必然遭遇的挫折，承当应有的牺牲置若命定。相信未来存亡必然将由意志决定，再来个二十年努力，决不是无意义、无结果的徒劳。

二十年的时间，在个人生命史上，好像已经很长久了，在一个民族复兴历史上，却并不算久。我们应该用“未来”来纪念这个“过去”。

（完）

逃离突发战事现场

——厂民:《抢渡黄河》

1940 年 8 月 24 日

黄河是中华民族的摇篮，在抗日战争中，这条母亲河成为阻挡日寇深入进犯中国国土的天然屏障。

木船在黄河大浪中颠簸

抗战到了相持阶段，很长一段时期，中国军队的防线，是以黄河天堑为界的，尤其是在黄河自北向南劈开山陕两省，流经过潼关的“大拐弯”处，又由西向东直奔豫西一带。黄河以北、以东大部分地区已被日军侵占，黄河以南、以西，则成为中华儿女抗击侵略者的大后方。北渡黄河，是上前线，或到敌后；而南渡黄河，是回到安全区。

这样，黄河渡口上大小的民船，也成为救助千万难民生命的“诺亚方舟”。

1940 年 8 月 24 日《阵中日报 · 军人魂》发表厂民（严辰）的《抢渡黄河》一文，真实生动地描写了一群晋南根据地的学生青年，突然得到日寇入侵消息后，仓皇南渡黄河，向安全区奔逃的情景。

厂民，又名严辰（1914—2003），现代作家。本名严汉民，武进人，1935 年毕业于上海正风文学院。曾任国立编译馆编审。1941 年到延安，历任延安文艺抗敌协会、鲁迅艺术文学院研究室和中央党校四部创作员，教师，华北联合大学文学院教师。1946年加入中国共产党，1941年奔赴延安。

軍人魂
第七二三號
孩子之家
搶渡黃河

1940年8月24日《阵中日报·军人魂》发表厂民(严辰)的《抢渡黄河》

抢渡黄河

厂民

1940年8月24日《阵中日报·军人魂》

在山西高原下，二月末的寒风肆意的捲旋着，人们都耸着两肩，想让头颅缩到了颈脖子里去似的蜷缩起来，这样，不仅是行动滞迟，而且连愿想也像凝冻不化一样。战争如一条放肆的毒蛇，不息地舐伸着尖长的舌子，我们这一群却还不曾得到一点消息。

直到一个朋友从某某跑来，才把我们糊涂的浓影一下子廓清，于是蜷缩着的都探出颈脖来，滞迟的都变得跃动，大家焦灼地商量着应定的路。但是对于本地情形不大熟悉，所以最后还是决定大家一同渡过黄河，再想办法。

各人收拾着随身可带的，交通已经呈现混乱的状态，火车什么时候开来，谁都不知道；站长被人千百次的追问着，他只重复着他茫然的答复："我也说不准——快啦！"

车子在深夜十一点半钟才来，那么紧张，而又像偷偷地开到的，人们蜂似的抢着涌上车去，尽可能地使用勇猛的力气，尽可能的迅速，也尽可能地收缩着自己，俾随处可以容身。

火车是小型的，车厢是敞开的，原来用以载煤铁或骡马之类，而现在却载了人，挤轧着，煤一样堆叠着。由于竞争，就起了纷扰的声音。

我们在较小的轨道上滑行，不断地打起冷呃，车外的一切像飞过了的土丘，闪烁着被掉落在后面，而东方远山顶上，也开始露出了朝阳的红光。

在热切的盼望中，到站了，我们都感到微微的轻松，不仅是挤得麻木了的身子可松散一下，而炮火的威胁成分也减少多了。

但是，接着来的是渡河问题，我们从车站步向河滩时，明明看到岸边桅樯林立，心想渡河定然有点办法，哪知走近一看……

其实不用问是没有船，但我们为急于渡河的心所鼓动，在一时想不出别的办法时，仍然虚怀若谷的去打听：

“老乡，你这船趁不趁客？”

“不搭客。”

绝望中，大家显得非常焦躁，唯恐以后所有的船都开到别的地方去了，这儿再找不到一只过渡的船。

成群的人在河滩上呼叫。

有一只船可载重，然而不准坐太多人，因为船是破的，水不住的渗进舱里，虽然两个船夫用大瓢舀着，但人载得太多，船吃水愈深，水就渗得更快。

想要过渡的人不管船在漏水，只各自抢着安身的位子，一些人沿着船舷钻到艄公那儿较为干燥的后舱去，一些人则杂乱地在积水的舱里架搭木板，所有的被铺，箱笼，为了无处可安放，全给抛到了水舱里。水立刻浸蚀了它们，终于无可奈何地看着自己心爱的东西遭劫。

船家开始把船撑开河滩，有人像得救了那么喜慰地轻舒着气，似乎在表示行李浸湿也不惋惜，只要早早渡过河去，但是我们同伙中的一个伴侣却因行动迟缓被掉在岸滩上，等我们发现，船早离了岸，他看看我们乘到了船向南去，只让他掉落在后面，着急得他在岸边发跳，像是一只被弃的羔羊，他以啼哭声音嘶叫着："喂！某某，……我怎样办哪！"

我们和船夫交涉，要他重傍拢岸去趁那个伙伴，可是船夫怕拢了岸有更多的人挤上来，而同船的客人急于过河，也不赞成再多耽误时间，我们无可如何，只得安慰着掉落的同伴：

"你别着急，停会儿有船，你再来不迟。我们在某某的岸滩上候你。"

但是同伴终于伤心的掉着泪了。

船实在负载过重，水流得太快，即使用木瓢连连舀着都不中用，渐渐的有沉落的样子，于是，客人们惶恐起来，船夫也没有那种可以安抵对岸的把握，遂不得不掉转船头，重新傍近岸去，行李被水浸得更湿了，人们又复纷乱起来，重花了背负了的代价回到岸上。这时大家像忘了战火的逼迫在身后，而急于渡到对岸去那回事了。使人的庆幸真快超过了惶恐。

二小时以后，一艘更大的木船从南面划过来，这一次，所有的过渡的人都被载了上去，经过十多条剽悍的船夫对翻腾的黄浪一小时的搏斗，我们算是平安地到了某某目的地。

左起：严辰、茅盾、郭小川

新中国成立后，严辰历任《人民文学》编辑部主任、人民文学出版社现代部主任、《新观察》主编、中国作协黑龙江分会副主席、《诗刊》主编，中国作协第二至四届理事、中国文联第四届委员。

晚年的严辰与夫人逯斐,逯斐也是现代作家

抗战中的文化战线

——白菲:《拿起笔来》

1940 年 9 月 5 日

1938 年 3 月 27 日中华全国文艺界抗敌协会在武汉成立

1938 年 5 月 27 日,《新华日报》社负责人(中排左四为王明、后排左三为博古,中排右三为潘梓年)欢迎徐州突围的战地记者范长江(右一)、陆诒(右三)、黄薇(右五)等从前线归来

中国文化人在抗战中的表现是可圈可点的。最可贵的是抗战初期，国共合作抗日，全国文化人得以团结一致，这一时期文化界的抗战组织如雨后春笋一样涌现出来。

1937 年 11 月 8 日，由范长江、胡愈之发起的“中国青年记者学会”（简称“青记”）在上海成立。1938 年 3 月 30 日，又在汉口召开了第一次全国代表大会。同年 10 月，在此基础上成立了“国际新闻社”（简称“国新社”）。青年记者充满活力，活跃在各条抗日前线，有些在战场上牺牲了生命；

1938 年 3 月 27 日，由国共两党主要领导人发起的“中华全国文艺界抗敌协会”（简称“文协”）在武汉成立立，并在全国多地设有分会，创办了会刊《抗战文艺》；

1938 年 4 月台儿庄大捷，全国各地记者前往报道。不久，徐州失陷，数十位记者随军队日夜兼程，突出重围；

1939 年初，“文协”组织了“作家战地访问团”，由王礼锡为团长，14 人从重庆到洛阳、中条山，在艰苦的环境中写作，王礼锡在采访途中不幸病逝；

1942 年，日军在山西的“铁壁合围”中，包围了八路军总部，《新华日报》华北版社的何云、乔秋远、高咏等新闻记者惨遭杀害。

1945 年抗战胜利后，著名诗人郁达夫在苏门答腊，化名赵廉，给日本宪兵做翻译，掩护了许多流亡的文化人，侨胞和当地华人，最后被日本宪兵队杀害。

抗战时期，无论是正面战场的各个战区，还是八路军的敌后根据地，都办有军报，设有战地文化服务团、宣传队等。不仅作家、记者们在写作，而且连普通士兵、普通民众也拿起笔来，描写沦陷区的悲惨遭遇，述说身边的所见所闻。共同构成了抗战时期中国人民波澜壮阔斗争生活的历史画卷。

…………

1940 年 9 月 5 日《阵中日报·军人魂》发表了白菲从“北战场”（山西）寄来的《拿起笔来》一文，呼吁全国的爱国文化工作者以笔为枪，投身到空前伟大的民族战争中去。这样不仅能及时记录抗战时期的生活，而且能够鼓舞人们的斗志，戳穿汉奸的谎骗麻醉，与醉生梦死的昏沉作斗争……虽然，拿笔写作的不一定是作家，但这是民族革命斗争的需要，是每一个中国人应尽的责任。

白菲，又名方白非，“中国青年记者学会”会员。

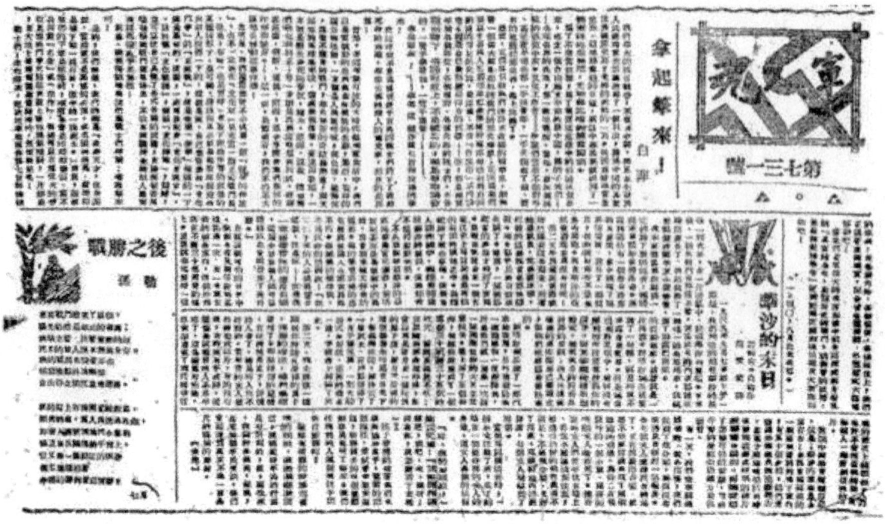
軍人魂
第七三一期
拿起筆來！
白菲
戰勝之後

1940年9月5日《阵中日报·军人魂》发表了白菲的《拿起笔来》

拿起笔来

白菲

1940年9月5日《阵中日报·军人魂》

我们伟大的抗日战争，不仅在中国，而且在全世界人民底现实生活里掀起了一个巨浪，将为中国的甚至世界的历史写下光辉的悲壮的一页。但因为侵略者是世界上最凶恶毒狂的日寇，所以中华民族被逼到了一个空前的生与死、光明与黑暗的严重关头。

为了不想当奴隶，为了将这危难中的祖国拯救出来，建立一个自由独立幸福的新中国，她的子民们——各地各界的民众，都一致地觉醒、奋起，参加到抗战的洪流中来。文化工作者——作家们当然不能例外，甚至更早地也都一手挟着笔，一手去握起了枪，更有的干脆把笔丢掉，跑上前线了。

然而，正因为目前我们沐浴在血腥的战争里，面向着一个伟大而且悲壮的战斗的历史关头，正因为我们要以千百万人及时地来记录和描绘这部辉煌的用血泪创造的恢弘的史诗，我认为，不仅“作家们”不应该完全抛弃自己最熟练最得力的武器——笔，而且还要呼号各个岗位、各个田野、各个角落的战士们，在各种情势下，各种程度上，不是职业的，而是争取机会的，一手拿着枪，一手还要——

拿起笔来，拿起这个作为匕首和投枪的笔来！

我这呼号，不是要为促使千百万的战士们扔下了致敌死命的枪炮，拿笔去抵抗敌人的坦克车，相反的是因为：

首先，在这可歌可泣的大时代的现实生活中，我们以真实跳动的血肉与生命构筑的生动、热烈，复杂的图景与场面，一方面是人民底呼喊，底仇恨，底热情，底奋不顾身的战斗，如火如荼的奇迹的创造，震天撼地的英雄底面貌，需要我们传播、交流与歌颂；一方面是醉生梦死的昏沉、麻木、萎靡、混乱，需要我们教化和纠正；另一方面是民族底败类的狂吠，奸细的谎骗、麻醉、逆流、阻碍、退步等，需要我们无情的抨击和驳斥——这一切，是紧迫着，我们不得不大胆地去挥动这笔杆哪！

其次是，我们虽然尽管不必成为一个“职业的作家”，也不一定要在“文化军”里充当一个正式的战斗员，但是，有时（也是暂时）在放下铿锵作响的武器的某种情形下，是可能、应该而且必要拿起笔这个投枪，向敌人投掷一下的。这就是说，自己尽管并非“文化斗争”的“正规军”，但是乘机“游击”他妈的一下该是最好的。这样，一来可以配合“文化正规军”，以加强“文化战线”，巩固“文化阵地”，同时，还可以使自己具备了各式各样的武器，在险恶艰苦万分复杂的战斗底风暴里，不致在装备齐全的敌人面前眼花缭乱、手足无措！

因此，我要热诚地向我们的战士们呼号：拿起笔来呵！

是的，我们知道，我们的确是“并非天才，也非豪杰，当然更不是高楼的尖顶，或名园的美花，然而却是楼下的一块石头，园中的一撮泥土”。所以，虽然我们手笔是粗糙的，喉咙也会是喑哑而微弱，写不出所谓“名著”或“杰作”，但总可以在这伟大的争取真理的斗争史诗底巨制上涂抹几点酸泪，一片鲜血，在大地上传出几声痛苦的呻吟，热情的怒吼！

战士们！拿起笔来，坚决地拿起这作为匕首和投枪的笔来！在各个角落，各个田野、各个岗位上，我们正视着血的现实，配合着各种战斗、各种样式，大胆地行动吧！

让我们把这伟大的现实生活中亲身经历或亲眼看见的“真实的生命，生龙活虎的战斗，跳动着的脉搏，思想和热情”，更广泛地更深刻地呈现在大众的面前吧！

一九四零年八月北战场

響應一個新的期待

軍人魂

第五二六號

一個鐵的行列

消滅它

獻給文化工作者

・天軍・

1939 年 12 月 16 日《阵中日报・军人魂》发表天军的诗歌《消灭它》

1939年12月16日，《阵中日报·军人魂》发表过天军的一首诗《消灭它——献给文化工作者》，也高度评价了文化工作在抗战中的作用。

消灭它
——献给文化工作者

天军

1939年12月16日《阵中日报·军人魂》

抗日的烽火里，
你们执着文化的枪刺，
向敌人进攻！
有如前线弟兄那样英勇，
更像高尔基底笔的高傲：
“敌人不投降，就消灭它！”

是你们对工作的热情，
表示了中国人民对祖国的酷爱，
在文字和话语上，
你们扫荡了敌人的阴谋，
刺破了汉奸的无耻！
并且向全世界高呼，
“中国是为正义而战，
全人类的和平
都希望在
这次我们英勇的斗争！”
热爱文化工作的朋友们哟！

群众多需要你们，
你们是他们的呼声，
你们是抗日的播音。
在后方要你们说出
中国军队战斗的活跃！
在前线要你们报告
后方的安全。

你们紧守着你们的岗位吧！
因为中国人民在“抗战”中“建国”，
因为中国人民在铁血里斗争。

86岁的抗战老兵仍在书写抗战回忆

文字随时代而变化

——郭沫若:《文言文是古人的白话》

1940 年 9 月 7 日

吴国最早的青铜器——者减钟,其铭文是四言韵文

自从“五四”运动以来，新文化运动的主将陈独秀、胡适等提出用白话文代替文言文，三十年代瞿秋白等又提出“文艺大众化”，随着抗战的爆发，打破了固有的教育模式，许多大中学校纷纷迁徙，许多知识青年投身抗日，他们深入到战地、农村，与广大的民众打成一片，使白话文得到极大的发展。沈从文高度评价抗战中白话文的作用，他说：“抗战三年来，中国人民能不解体，不屈服，团结奋战，发扬民族精神，一个重要的原因，要归功于语体文（白话文）这个工具的运用。”（《“五四” 二十年》，发表于《阵中日报·军人魂》1940 年 8 月 24 日）

公元前7至6世纪徐国青铜器——徐王鼎，其铭文也是四言韵文

郭沫若（1892—1978），四川乐山人，原名开贞，现代著名文学家，历史学家，新诗奠基人。抗战时期担任国民政府军委会第三厅厅长，后改为文化工作委员会主任，团结进步文化人从事抗日救国运动，并创作了《屈原》等大型历史剧。

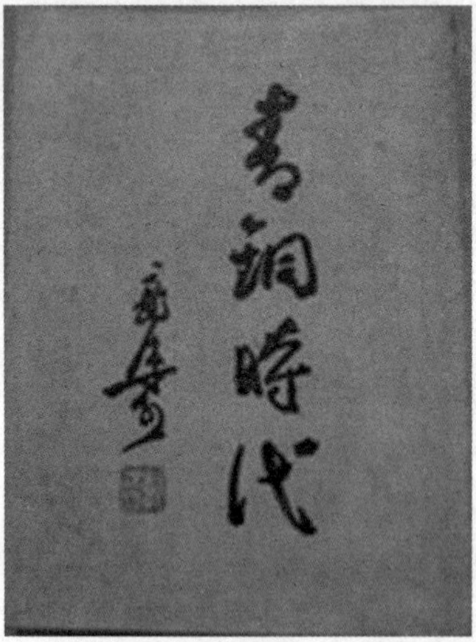

《青铜时代》，郭沫若著，1945年3月，文治出版社初版

新中国成立后，当选为中华全国文学艺术会主席，历任中国科学院院长、中国科学院哲学社会科学部主任，历史研究所第一所长，中国文联主席等要职。当选中国共产党第九、十、十一届中央委员，第二、三、四届全国政协副主席。著有《郭沫若全集》38卷（1982年，人民文学出版社）。

郭沫若(1892—1978)中国现代著名文学家,历史学家

郭沫若抗战时期对甲骨文和金文有深入的研究。《青铜时代》中包含了对钟鼎彝器的深入研究。1940 年 9 月 7 日《阵中日报 · 军人魂》发表他的《文言文是古人的白话》一文，作者从对远古青铜器铭文的考证中，找出文字发展的趋势和规律，说明文字自古以来都是随着语言变化，随着时代生活发展的。这一论点，既是对文字发展规律的探讨，也是对抗战以来文学大众化运动的肯定，是有其积极意义的。

文言文是古人的白話

郭沫若

軍人魂

第七三三期

週末文藝特頁

這一代的孩子們

1940 年 9 月 7 日《阵中日报 · 军人魂》发表郭沫若《文言文是古人的白话》

文言文是古人的白话

郭沫若

1940年9月7日《阵中日报·军人魂》

中国的文学乃至一般用文学方式写出的东西，曾经经过二次伟大的变革。一次是廿年前的“五四运动”，由文言文改变为了白话文，由“之乎也者”改变为了“啊呀吧吗”。现在这改革是相当彻底了。死守着文言文的旧垒的，除“等因奉此”（1）的官样文章之外，大约也尽是些“等因奉此”的官样文人了。听说有好些学校的国文教员，近来还在排斥白话文，这样的人，真是落后得“可悲也矣”。那些先生们，他们在固执着文言文，以为这是中国之粹，他们何尝懂得，就连“之乎也者”的文体，本来是二千年的白话文运动的产物，他们根本就不知道。

文章是语言的记录，是毫无问题的事实。人类最初只有言语，没有文字，到了有文字的发明，才开始用文字来记录言语，便成为所谓文章。文字和言语比较起来，可以说是落后的东西，它倾向于定型化，没有言语那样自由、流动，像有生命的活物。自有文字以来，无论世界上哪一种系统的文字，都是跟着言语追，而每每总追不上。定型化的文字和流动性的言语，在人类社会进化到一定的阶段上，总要形成乖畸的现象：文字甚至成为言语的桎梏。到了这样的阶段，或早或迟必然的要来一次革命，便是文字打碎既成为定型的，挣脱去了桎梏的言语急起直追，向言语的新形式去追求，去反映，而让言语的旧形式像桑树脚下的蝉蜕一样，被顽固大夫们拾去。

中国的头号古人，并不用“之乎也者”。殷代的甲骨文，殷周青铜器铭文尚不用说，就把《尚书》中比较常用着的几篇如《洛诰》、《酒诰》、《康诰》、《无逸》、《君奭》等，那里面虽然偶用“之”字，但“之乎也者”实在找不出来。“之乎也者”的崭露头角，是在春秋末年，而其大出风头时期则在秦汉以后，那个时期在文学史乃至文字史上，实在是一个革命的时候，能沟通古音的人，他会知道，“之乎也者”读古音和当时的口语，相差并不多远。例如“也”字，古音读如“呀”，知道这个古音的读古文，有好些还是和白话文差不多，例如“天之高也，星辰之远也”，其实也就是“天的高呀，星辰的远呀”，这是“之乎也者”的二号古文，在春秋战国当时是很摩登的东西，先秦诸子就是这种文字的创始者，他们是使没有“之乎也者”的四号古文，和当时的口语接近了，晓得这一段历史，也就可以了解屈原何以是革命诗人。

中国的诗，在屈原手里是起了一次大革命的，屈原以前的诗，成了四言的定型。这在中国的北方是这样，南方也是这样。那时所知道的四言古诗，多半属于北方的，如《雅》、《颂》所代表的形式，旧诗的人以为是北方所独有的，《楚辞》所代表的形式便以为是南方的特征，就是根本错误了的。《楚辞》之前的南方韵文，近来在青铜器铭文中发现了一些，体裁和北方的并没有两样。例如，吴器的“者减钟”（2），那有韵的铭文是：“不帛不骍，不濼不彫，协于口灵龠，俾龢俾平”。徐王鼎（3）的“用菜用腊，用飨宾客，子子孙孙，世世是若”，不仅和铜器的铭韵相同，而且和《雅》、《颂》体亦无二致，明白了这一点的时候，便可以知道《楚辞》所表示的革命性是怎样强烈了。

楚辞的体裁风格是多用“兮”字，或者用于较长的句读之间，如“帝高阳之苗裔兮，朕皇考曰伯庸”，或者用在“读之间”，如“吉日兮良辰，穆将兮愉上皇”。古时不懂这个字的读法，颇以为一种奇异，其实是毫不足为奇的，仅是表示一种言语的口音而已。这种秘密，首先是清代学者孔广森所发现，他说“兮”字，古音说如“啊”，根据是“兮”字有与“啊”字相通之地方，“猗”的古音读如“柯”，我看这是毫无可疑的。晓得这个“兮”字的读音，《楚辞》的秘密便迎刃而解了。读它那每一个“兮”字，都读作“啊”字吧。例如“吉日啊良辰，穆将啊愉上皇”，例如“帝高阳之苗裔啊，朕皇帝曰伯庸，摄提贞于孟陬啊，惟庚寅吾以降”，那简直是口语体了。懂得这一点，你也可以知道那部《诗经》里面，为什么出自民间的《国风》多见“兮”字调，而纯粹的庙堂文学《雅》《颂》便少兮字调，几乎等于没有。这是民间体与非民间体的不同，屈原的文学革命便是直接用了民间体，放大了民间体，而形成了一种特殊的形式。《楚辞》的所谓“骚体”，在后代的士大夫是十分文雅视之，而且“骚”之一字几乎为雅人所独占，雅人谓之“骚人”，殊不知它本来才是古时俗语。

屈原所创造出来的骚体，和“之乎者也”的文言文，就是春秋战国时代的白话和白话文，在二千年前的那个时代，也是有过一次“五四运动”的，屈原是古“五四运动”的健将。

凡意识形态的改革，总是跟着经济制度的改革而来，由奴隶制转移到封建制，有“之乎也者”，由封建制转移成资本制，便有“啊呀吧吗”。文学总在跟着时代走，而且在跟随言语追。不走不追，“等因奉此”而已。

注释

（1）等因奉此：“等因”，旧公文用以结束上文，“奉此”，用来引起下文。“等因奉此”泛指文牍，例行公事，官样文章。

（2）者减钟：是现存吴国最早的青铜器，者减钟铭文是现存最早的吴国金文材料。

（3）徐王鼎：公元前 7 至 6 世纪徐国的青铜器。

在战区茁壮成长

——臧克家:《这一代的孩子们》(诗)

1940年9月7日

李宗仁将军和战区的孩子们在一起

儿童是祖国的未来，民族的希望。抗战以来，成千上万的儿童流离失所，有的成为孤儿，有的家庭贫困，养活不起，有的甚至被日军骗走抓去，拉回本土进行奴化教育……这种情况引起了中国妇女界的高度关注。

1938年3月，在国共两党负责人的支持下，由政界和社会各界女性名流组成的“中国战时儿童保育会”在汉口成立。随着沦陷区的不断扩大，“保育会”的范围也日渐扩大。例如，1938年4月徐州会战中，战火纷飞的徐州，便是“保育会”抢救儿童的重点地区，“保育会”理事曹孟君等在烈火硝烟中寻难童，经过八昼夜的艰苦奋斗，始得脱险，把100多名孩子带到汉口。

1938年10月武汉沦陷后，李宗仁将军的第五战区司令部辗转到襄樊、老河口一带。早在武汉沦陷之前，由于武汉形势日趋紧张，汉口“战时儿童保育会”派了20多个青年教师，带领500难童疏散到均县（现属湖北十堰）草店遇真宫。

据均县战时儿童保育院院长罗叔章回忆，她曾为解决难童生活问题，找过第五战区司令长官李宗仁，李宗仁的夫人郭德洁本身就是广西“保育院”分会理事，李宗仁对“保育院”的工作十分重视，请罗叔章把必需品列出清单，及时批拨了布匹、棉花、医药和粮食等（见罗叔章《均县战时儿童保育院的难忘岁月》，2010 年 6 月 22 日《十堰周刊》）。

当时，华北、华中各战区收容的难童纷纷向第五战区所辖范围靠拢，据《战时儿童保育大事》记载：“李宗仁责令襄樊、老河口，以及河南南阳、邓县一带将士协助抢救儿童。被抢救的豫西和鄂西北的数百名儿童，全部在襄樊郊外集中，由李将军派出汽车直送宜昌。”

抗战时期，“战时儿童保育院”共抢救难童 3 万多人，不仅对他们收容、养育，而且将他们教育成国家的有用之材。这里不但倾注了“妈妈”们的伟大母爱，也凝聚了“回眸时看小于菟”的抗日将士对下一代的责任担当。

1940 年 9 月 7 日《阵中日报・军人魂》发表臧克家的诗《这一代的孩子们》，讲述了这些从战火中抢救出来的、在战地保育院过着集体生活的孩子们的生活。他们的年龄都只有十岁左右，都是无家可归的孤儿，然而，在战区人们的关怀和呵护下，他们像“旺生的枝条舒展开腰身”，得到健康的发育与成长。诗人满怀热情地描写孩子们蓬勃向上的精神面貌，对他们寄予无限希望，“按照民族需要的样子，他们将成为新中国的基石。”

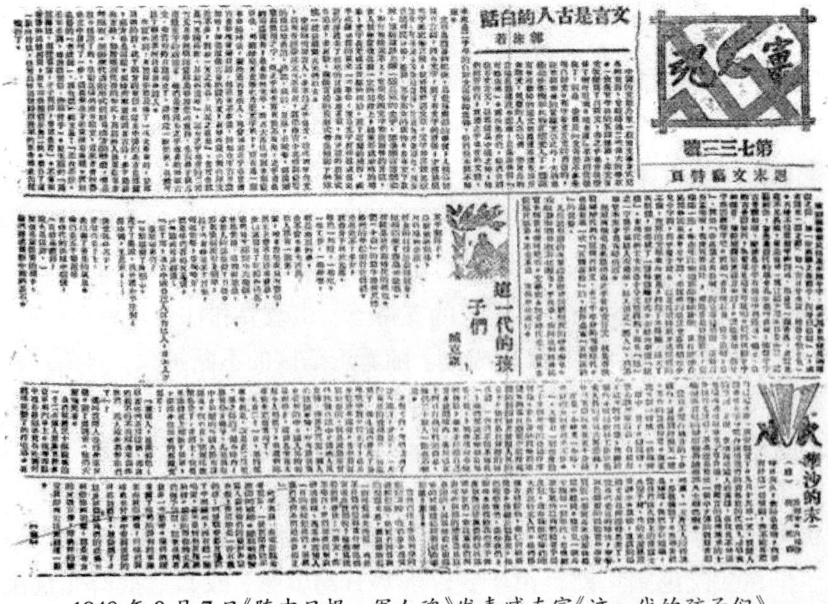
軍人魂
第七三三期
文言是古人的白話
郭沫若
這一代的孩子們
臧克家

1940 年 9 月 7 日《阵中日报・军人魂》发表臧克家《这一代的孩子们》

这一代的孩子们

臧克家

1940年9月7日《阵中日报·军人魂》

五千个孩子，
像新植的园林。
向战地的春阳，
旺生的枝条舒展开腰身。
枝头引来了春鸟的歌唱，
那就是他们对时代的颂扬。

把“十岁”的数字做个尺标，
他们的年龄围着它缠绕。
差也差不了多少，
就像身子彼此比高。

他们一起睡，一起吃，
一起工作，一起学习。
就是夜里的梦，
也不会有多大差异。

每人都有一个家，
家，现在想起来只有害怕。
焦土上春草也许在发绿，
血泊里开出了红嫣的桃花。

他们每天到野外去游戏，
竹马当枪，坟头做堡垒，
拿敌人的据点做了目标。
斜起眼睛练习着瞄准。

孩子们有时免不了打架，
列起架势，切齿咬牙，
就是他们打得再厉害，
一句话就可以解开：

“忘了吗，过去中国自己人打自己人，
日本人才敢欺负咱们？”
一句话触痛了两颗心，
流下了眼泪，彼此把小手拉紧！

蒋建国，王思京……
我爱这些名字，
从这些名字上，
我嗅到了新生的气息。

他们是五千个泥坯，
在时代的烘炉中锻炼，
（灾难是铁锤，
炮火是煤炭）
按照民族需要的样子，
他们将成为新中国的基石。

兵连祸接，蝗灾初现

——田涛：《蝗》

1940 年 11 月 2 日

1942 年惨绝人寰的河南大饥荒，饿死 300 万人。河南老百姓把大饥荒的原因归纳为四个字：“水、旱、蝗、汤”。而这“四害”，是天灾人祸互相影响的结果。

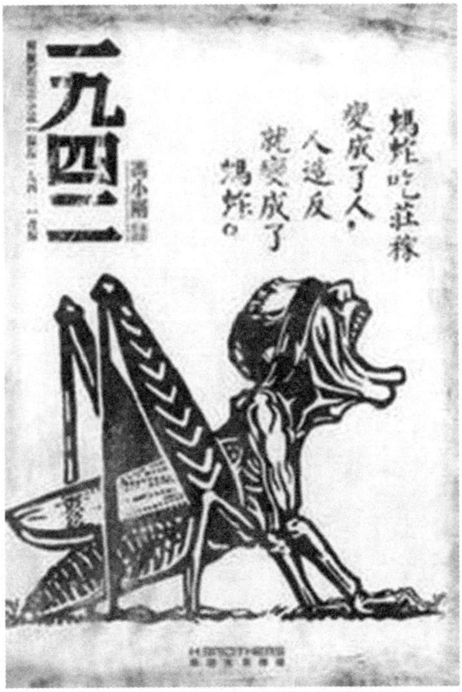

“水、旱、蝗、汤”是造成 1942 年河南大饥荒的“四害”

自 1938 年 6 月，蒋介石为了防止日军沿陇海线西进，下令炸毁了郑州花园口黄河堤坝，滔滔黄水朝着东南方向滚滚而下，形成了大面积的黄泛区，豫东平原的万顷良田变成了沙滩河汊；而黄泛区长期撂荒的土地，加上持续的干旱气候，成为蝗蝻迅速滋生的温床。

蝗虫，河南农民称它为“老飞头”“大蚂蚱”，能成群结队地长途飞行。它们成千上万地在天空飞行，能遮天蔽日，几里外便听到呼啸声，遇见禾苗，骤然降落，顷刻之间，便“沙沙”有声地把庄稼吃得只剩光杆。

遮天蔽日的蝗虫

旧时代的农民，认为蝗虫是神虫，所以在修建“龙王庙”的同时，还修有“虫王庙”，专门为祭拜“蝗虫爷”，烧香磕头，祈求“蝗虫爷”不侵害自己的庄稼。但当他们发现祷告无效时，为了生存，只好起而扑打，消灭蝗虫。

軍人魂

第七八一期

週末文藝

文藝中的「手槍」

蝗

1940 年 11 月 2 日《阵中日报 · 军人魂》发表田涛的短篇小说《蝗》

田涛是一位在抗战时期深入民间、关心民瘼疾苦的作家。他于 1940 年 11 月 2 日发表在《阵中日报 · 军人魂》上的短篇小说《蝗》，通过农民邱老恒家及邻居在麦田里发现蝗虫后的态度和行动，反映了蝗灾初现时农民的迷信、惊慌失措以及捕蝗方法的落后，小农经济面对灾害的无奈等真实生活场景。这是反映中原地区蝗灾的最早的文学作品。

抗日战争的重担，说到底，是肩负在农民身上的。在抗战中，国民党当局片面强调“军事第一”“胜利第一”，不重视民生，造成国统区农村经济大崩溃，引发河南大饥荒，这一严重的灾难也引发了后来一系列恶性循环。这是值得今天人们沉思的事。

田涛（1915—2002），原名田德裕，河北望都人。其生平，详见本书“关注战争中的弱势群体·田涛的《逃荒》一文”。

蝗

田涛

1940年11月2日《阵中日报·军人魂》

假如在秋冬季节，田野割收得精光的，从邱老恒家这荆条栅栏门口，便可以望见平原里一切景物，树丛、山影、遥远处的蓝天与黄地接连着，空中的飞鸟落在田畦里寻食物，铁路上给火车轮轧得发亮的铁带闪光。如今，这荫密的禾丛和圆肥的大豆叶，把整个大平原都占领去，变成植物、蝗虫、蜜蜂和青蛙的世界。火车从那铁带上通过时，却只听见“隆隆”声震着地下发颤。

慈悲的老天，连落下两场大雨，这两场雨便可以把田里一切庄稼保到秋熟。田里听不见一点辘辘和火车响，老天救了他们一场血汗，要不然，正是在暴日下流着满背的汗珠、拧辘辘拉水车呢。因为人们闲散，田里都是拔草和放牛的，村庄郊外的河沟里也淹满了水，传出一片喧嘈的青蛙叫声。

邱老恒一向养成勤劳的习惯，如果有一天没事作，他自己心里便不安起来，他叫儿子小贵到河边上去放牛，他自己便背着粪筐，腰里拴着旱烟袋，手里拉着一枚粪叉，一路不断拾着粪球，一路上看着田里一块一块的金谷，望着别人家的谷子，和他田里的做个比较。显然，他自己的田地，比较别人家都肥沃些，谷杆子比人还高，生着满杆子肥硕的叶子，一尺多长的谷穗子吊着颈子，已经显得很沉重的样子了。田地里，“呜呜鸟”（1）的叫声传过来，他以为是自己田地里发出的声音，心里更高兴，便仔细的听，这不是“呜呜鸟”的叫声，却是在田那头的人们震着竹筒一样的嗓音在“呜嘟呜嘟”的叫，仿佛是惊吓着吃他们庄稼的什么动物，他觉得很奇怪，正在这个时候，又在他谷田附近发出很大的恫吓声：

“嘟呜——吓——嘟呜——吓！”

吓声后接着便听见一阵“噼喳喳”的飞虫在空中拍着翅翼，太阳下弥漫着一片小黑点子，有些飞的低的就撞着了邱老恒的头，这是什么东西？原来是蝗虫呀！

像“呜呜鸟”一样的喊叫的吓声渐渐没了，一个手里拿了一根长竹竿的汉子，把谷丛拨得“刷刷”的叫，竹竿上绑了红鸡毛绿鸡毛，在空中挥摇着渐渐走近了，邱老恒这才看出那汉子是陈老云家的大儿子大采。

“邱二爷呀，你家谷田里‘蚂蚱’多不多？”大采慢慢从谷丛中钻出来，两个精灵的小眼珠滴溜溜地旋转着，手里拴有红绿鸡毛的长竹竿停止了挥动，望着邱二爷那多愁的脸孔：“老天也真是，好好儿的庄稼，为什么叫蚂蚱吃呢？”

邱老恒心里像压下几块石头一样沉重，他走进他的谷丛中，用手捧起谷穗子来看，每一条谷穗子上都爬满了一串串的蚂蚱，这些蚂蚱又是那么大胆，用手摸它们的头，它们都不动，他禁不住也吆喝了一声，用手拍着他的谷穗上，忽然一声“噼噼啦啦”的声音，飞起来了，像旋风一样，一片稠密的小点子遮盖在天空上。

“大采，你把你们田里的蚂蚱都轰到我田里来了。”他几乎咆哮起来。

他想：“你们这一家自私自利的人，只顾你们自己，却不管人家，把蚂蚱轰到人家田里就不管。”接着他便把粪筐放下，也抡起了粪叉，在自己的谷田里轰驱着蝗虫了。

远处近处都响起了轰蝗虫的叫声，到处都传起了“嘟呜嘟呜”的竹筒一样粗喉的叫吓声，也有烧香烛和放鞭炮的，田野里一时喧嘈起来，田头的路径上还有继续不断的慌慌忙忙拿了竹竿到田里来的人，这些情况都使邱老恒的心里十分慌乱，心里失望的叫着：

“完了，今年的谷子都被蚂蚱吃光了，还添置他妈的什么田地呀！”

他一时觉得揪心，便背起他的粪筐，匆匆的跑回家去。一进栅栏，便生气的把粪筐往猪圈旁边一扔，粪筐滚了几个滚，便仰天躺着，粪球撒了一地，他用力踢了一下门板，直踢得那门板发出“吱呀”“訇”的叫声，门板上的尘土被震得飞扑着，他向着堂屋里大声喊叫着：

“都出来，都上地里打蚂蚱去！”

他从来没有过这样的大声，连堂屋里那挂了红布条的神像都被他震得不安，盘着脚坐在炕上摸念珠的老婆子被惊动出来，坐在厢房宁静的做针线活的两妯娌也给他惊吓了一跳，都伸着耳朵静听。老婆子在堂屋里同他吵着：

“你又发啥脾气啦？有什么话好好说呀，还犯上摔锅子打瓢的，把门神爷都惊动了呀！”

“什么他娘的门神灶神呀，都是狗屁不香，谷穗快给蚂蚱吃光了，可没有神来救你……”

“什么？阿弥陀佛，地里生了蚂蚱呀？”邱二奶奶的心也沉重了，她耳朵唇下那两个银圈圈晃动着，翻着红烂的眼睛，被手摸得油滑发亮的念珠又在她手里旋动了。

“你可还修道呀，你可还念佛呀，谷穗上都爬满了蚂蚱，神仙都不保佑你？可靠的还是自己的两只手，我才不信那些神呀鬼呀的哩。走吧，都上地里打蚂蚱去吧！别在家里烧香磕头啦！”

老恒那枯槁的脸皮和往日的颜色全然两样，邱二奶奶看他是真的生了气，便不敢再啰嗦。

小贵也被叫醒了，揉着眼皮从中间屋里出来，俩妯娌也从厢房里走出来，富贵媳妇拉着孩子的手，每个人都拿着破鞋底和拴了红绿鸡毛的长杆子，一家人都往谷田里走去，邱二奶奶手里摇着一把大蒲扇，在后面锁门。

村公所里也有人敲锣，叫全保的人都出动捕蝗虫；

“铛……铛……”

铜锣在沉寂的村庄里敲着，一直把村子里的人们都敲空了，才不再敲。田野里绿禾丛中，到处都发出“噼啪”声和吆喝声，人们都在用木板和破鞋底扑打着，用长竿哄吓着，用手掌拍，用脚踩，用种种方法消灭着山野里的蝗虫。

使老恒生气的，就是和他邻田的陈老云一家男女，只是震高喉咙叫，却不扑灭一个，把他们田里成群的蚂蚱都赶到邱老恒的谷田里来，因为素日他和陈老云是极要好的邻居，虽然他装满了一肚子气，可没有发出来，他记得第一次到田里，所有那么多的蚂蚱也是他们的大采轰来的。

嘟呜……嚇……

嘟呜……嚇……

他那一家泼辣的女人们，都挥舞着竹竿，恐怕人家田边的蝗虫会到他们田里去。他的气实在忍耐不住，便开了口：

“陈老云，你们这一家子人只管轰，都轰到人家地里来了。”

陈老云那紫红的脸上立刻感到不快，他也是个气量狭窄的人，肚里装不下一点黄连：

“你听，谁家都有哄的声音，也不光是我一家哪！”

“大家伙都哄起来，把蚂蚱哄到谁家地里去啊？妈的，这些人真不讨采，光哄就把蚂蚱哄完了吗？”

“……”陈老云没做声，气闷在心里。

邱老恒自从发现了他田里的蝗虫，变得很容易动怒，积了满肚皮没处发泄。陈老云那一家“泼辣”的女人们还像一群野兽的遍地跑，有老云的老婆，儿媳妇，姑娘，姑子，姐姐，……另外还有他那两个儿子，一大堆的人。

在邱老恒田的另一旁，又发现一个高子，不顾一切的吼叫着，竹筒的一样的喉咙里发出“呜呜”的声音，越来越近，邱老恒的怨气实在遏止不住了，大声的骂道：

“是谁家的狗呀，他妈的把蚂蚱都轰进我们地里来！”

“你别骂，邱二爷，是咱高红儿轰的呀！”

他回头望见绿谷丛中露着光棍高红儿那削瘦的面孔，在歪着嘴对他做着鬼脸儿。

“你光棍儿怎么样了？狗东西，为什么把蚂蚱都轰到我地里来？”

“喂，喂，你的嘴要放干净些，别张口骂人。”高红儿那嬉笑的鬼脸，立刻变了一个样子，像个毫无情感的野兽，瞪出两个充满血丝的眼珠子：“咱家自然怎么比不了你邱老恒，可是咱家光棍就光光到底，蚂蚱我已经轰进了你田里，看你邱老恒怎么样了我？”

“那，那不行，那不行……”邱老恒气的满脸涨得紫红像茄子。

“蚂蚱又翅膀会飞，由它们到处飞去……可别让它们往你地里飞呀？”

“妈那个屁，光棍我也不怕，那就是不行……”

邱老恒一发怒，除了说“那不行”之外，再也想不起说什么好。他抡起他的粪叉怒冲冲的扑过去，高红儿只有在这样的场面里才显出他的光棍气，还没等邱老恒的粪叉落下来，他那飞快的手已在空中握住了邱老恒的粪叉柄。这时候，从附近四面跑过来几个人把他们拽开，这一场争斗才算结束了。高红儿站在路边的高处喊叫着邱老恒的名字，叫他到没有人的地方去决斗。

邱老恒心里还卜卜的跳，回头瞧着他自己一家子人：

“你们观望什么，就不知道下手撕他的皮？”

附近田里的人们都笑了，笑得顶厉害的却是陈老云。那老头子，他心里痛快高红儿替他出了一口气，草帽儿下那个红的脸给夕阳照得发亮，他在一旁冷嘲热讽的说：

“打得好，为什么这样结束了呢？嘿嘿……”

邱老恒心里气得发抖，他在谷地里抡着他的粪叉，大声的叫起来：“呜……吓……呜……吓……”轰着蝗虫。

太阳落下山，西方天空烧了云，直把半块天都烧得发红，这象征明天又准是个火热的天气。远处近处捕捉蝗虫的人们，都在谷田当中准备了一盆毒蝗水，搭起架来放在架板上，水盆上吊着一盏灯笼，到夜间就用这灯光把蝗虫诱惑来，它们一扑落在毒水盆里，便被淹死了。

原注：

（1）雨后有一种长嘴鸟，把嘴插进湿土里叫，发出宏大的呜呜声，如吹水笛，北方乡间叫“呜呜鸟”，“呜呜鸟”在田间叫，证明田地肥沃，庄稼旺盛。

太行新闻烈士遗作

——高咏:《柳州行》

1940年11月11日

在中国抗日战争中，数以千计的记者，奔赴前线，他们不仅用自己的笔，而且以鲜血和生命为代价，向敌人做殊死的斗争。高咏，就是这些战地记者中最为年轻、牺牲最为悲壮的一个。

高咏(1920—1942)

高咏（1920—1942），湖北人，诗人、作家，“国际新闻社”（简称“国新社”）成员。1939年以“国新社”特派员身份来太行山，在《新华日报》（太行版）采访，写出许多篇通讯和文艺作品，并写出万行长诗《漳河牧歌传》。

1942年5月，日寇对山西太行、太岳一带的八路军抗日根据地进行大规模的扫荡，进攻华北《新华日报》在八路军总部所在地——山西长治县以北的辽县（现左权县）麻田村，在“反扫荡”中，由于北方局机关和掩护部队未能及时转移，遭到日寇的残害，仅华北《新华日报》就牺牲了包括社长何云、记者乔秋远、高咏等40多人。据史料记载，高咏“背着即将完成的长篇叙事诗《漳河牧歌传》，身陷重围，被敌刺死，鲜血浸透了黑漆提包里的诗篇”(见《日寇铁壁合围中的新华日报》)牺牲。年仅22岁。

1940年11月11日，高咏在《阵中日报·军人魂》发表通讯《柳州行》，作者描述了柳州遭遇敌机轰炸的情形，称赞了柳州当局防空措施的适当，并指出当时柳州城外已出现倒卖黑市车票的不良现象。表现出一个新闻记者敏锐的观察力和高度的社会责任感。

高咏，1940年春末摄于桂林榕湖

1940 年 11 月 11 日《阵中日报·军人魂》发表高咏的《柳州行》

柳州行

高咏

1940 年 11 月 11 日《阵中日报·军人魂》

夜车中

车在夜色中奔驰，方向是向着柳州。桂柳两地火车是每天都在对开着，但是，每天却互换着不同的消息。尤其是商人们，他们在这一条交通线上，转运着他们听来的消息，像转运着他们新贩的货品一样。

记者坐的是“货车”，这车厢里的同路人，差不多全都是商人。车行十二个小时，我一直听着他们所说的关于桂林柳州的轰炸，便是知道桂林的被炸情形的，可是他们对桂林的轰炸情况描绘得太过分了一些，其实桂林是那样的有生气的一个都市，这个壮大了的城市惊天而起，得到大洋彼岸而来的史沫特莱女士赞扬感慨。这些消息是值得我们注意的。

柳州城外

长久地怀念柳州，这不只是因为桂南战场的开辟，使柳州的地位超过了桂林。敌机无数次的轰炸，更使得人牵挂着战争中的柳州。

我们出站，是在清晨五时天欲明朗的一刻，旅客们匆匆下了车，可是想下榻在柳州城外，一时城外的旅社挤塞了所有的房间，问时间，回答是天明后再看情况。在这里只有不倦工作是休息。这一点是说明中国民众，觉悟已到了相当高的程度。

在这样的清明天气中，柳州却陷在沉寂里。柳州城里的繁荣已渐渐移向了农村。跟着行进队伍，无数的人们都到了郊外。郊外某一些村落，某些戏场，某一些荫凉的路边，就变成了市场，有的已经站满了小商店，形成了小市场的雏形。虽然警报中沉寂了一个柳州城，可是却产生了许多个小集市，朴实的疏散了财产与人口，也就是说朴实培养了抗战的力量。

在柳州城外一日，记者深深感觉到敌人轰炸的无效，中国抗战力量在农村，而在敌机轰炸下，抗战的力量更进一步潜在到农村中去，这一点注定了中国的不可屈服性。

柳州的防空工作

衡阳最后一天被敌机大轰炸后，使得我们更为关切各地的防空设施。记者在多方面考察衡阳被炸之损失的主要原因，是防空情报的不够灵通，以致遭受损失。

在这一方面，柳州的防空工作，值得向全国防空机关与政府提出，以作参考。

柳州的防空分为“疏散”与“警报”二种。当柳州城最高端悬起红旗时，就是上午七点钟的样子，而换上白旗的时间是下午二时，以后便是疏散时间，有这个疏散时间，不必要留在城中的人们避居到安全地区上。这大大地减少了敌机轰炸的效果。在柳州，发出警报是相当灵验的，与桂林一般，它发警报已有警报机，如长沙一样用汽笛说明飞机来袭，还像广东、曲江用防空哨向民众报告敌机行踪、企图与动作。

这不是柳州的创作，可是虚心求是的柳州防空当局是采取了各城市的优点，使得柳州的防空设施走向相当完备的道路。

今后敌机对我不设防的城市之狂轰滥炸的可能是更多了，全国防空当局应密切地关注。尤其是衡阳的防空当局，应该记取血的教训。

可怕的新业务

为了等去贵阳的车，记者在柳州停留了五日，在五日中发现了柳州一种可怕的新业务，正在黑暗动物中滋蔓。

因为柳州成了西南公路的一个转点，这里便聚集了许多因公因私往来的旅客，交通工具缺乏的现实又形成了一种求过于供的现象，所以旅舍中住满了等车的客人。

也为了这，公路交通上发生了票价“黑市”的现象。柳州到贵阳，中国运输公司的票价是每公里一角，计六十三元，而黑市则卖到七十元、八十元不等，这因为一些投机商人经常在公路局登记，而登记来的车票转卖给真正的旅客，从中取一笔相当巨大的利润，黑市便因此形成了。

现在，这现象差不多已经普遍，在那里使它变成一项营业，不过停留在暗地交易的过程中间。

这种现象的滋生对抗战的影响是很大的，而它发展的趋势将会产生更坏的结果，这是值得贤明的当地政府予以重视的。

于柳州河

1986年5月，太行山新闻烈士纪念碑在山西左权县麻田西山脚下建立。碑的左侧镌刻着“一九四二年五月，华北《新华日报》社社长何云等四十多位同志壮烈牺牲”，碑的背后刻着太行新闻烈士的英名，高咏的名字被镌刻碑上。

太行新闻烈士纪念碑前

加强各地作家联系的专栏

——“军人魂”的《作家书简》

从 1939 年秋起，《阵中日报·军人魂》不定期地开辟了一个“作家书简”的栏目，专门刊登外地的知名作家给编辑部的来信。这些信件，有的是写给碧野的，有的是写给碧野和李蕤两人的。虽然是私人信件，但由于其中涉及抗战、文学，以及作家个人生活、行踪等诸方面的信息，“军人魂”将这些书信开头的称呼隐去，以“某某”代之，节选其中内容，公开刊登，使它们起到了加强各地作家联系的作用。

碧野和李蕤在 30 年代就从事文学创作，与很多文友保持联系，但在战乱年代，他们四处流亡，居无定所，如漂萍浮云，音讯全杳。因此，在报刊上刊登“作家书简”，是通过媒体重建朋友圈的好办法，它是文人之间的一个“信息平台”，同时，也为编辑开展组稿工作，提高副刊知名度，起到了积极的推动作用。

姚雪垠(1910—1999)，现代著名作家

田涛(1915—2002)，现代著名作家

姚雪垠、田涛

——《作家书简》之一

1939 年 10 月 19 日

1939 年 10 月 19 日《阵中日报·军人魂》上的“作家书简”栏目发表了姚雪垠、田涛来信，其中“某某”均为碧野。信中谈到了他们在战地的生活和创作近况。这些书信，也为今天的文学研究者考证作家行踪提供了依据。

作家書簡

致本報編[illegible]·一

姚雪垠：

[illegible]兄

聽[illegible]你在[illegible]陽陣中日報，非常高興。久不通信[illegible]想念得很。近日有何佳作？[illegible][illegible]近[illegible]如何？前聞[illegible]兄曾在西安患病[illegible]不知真確否[illegible]兄之文章頗受讚[illegible]歡迎，近[illegible]不見有所發表[illegible][illegible]係在創作長篇[illegible]。我同克家兄現赴大別山一帶旅行[illegible]約兩[illegible]月後回河口[illegible]請給我寫信為盼！

田濤：

口[illegible]

曾寄西安一函[illegible]不知轉到否。老舍到這裏時[illegible]才知道你的近況。陣中日報最近遷洛陽[illegible]版[illegible]嗎？聽由洛陽來的友人講[illegible]刊編得很好，陣中[illegible]報可否贈寄一份？

最近擬將赴陵川山西太行山一帶[illegible]經歷寫成報告[illegible]想寄陣中日報發表[illegible]可以嗎？

聽說你又將出一本書了！

分別至今[illegible]我[illegible]無一封信，始終不知你的行踪[illegible]在這動亂的時代，朋友[illegible]聚也易[illegible]以後只有用寫信作為連繫之工具了。

……………………

哈，歐洲大戰又爆發了，這對於我們是如何興奮呵！

口[illegible]

信于九月二十四日收到，非常高興。

克家雪垠[illegible]係[illegible]官部上校[illegible]孫陵也是[illegible]克家雪垠赴安徽[illegible]孫陵赴桂林籌備[illegible][illegible]版社[illegible]該社係五戰區政治部主任韋永成先生所[illegible]辦的，據說將來規模是挺大的[illegible]還要出大批文藝[illegible]另外的叢書[illegible]前途如何[illegible]那就不敢說了。

小孩子是[illegible]女的，現在已經六個月了，最近在病[illegible]死[illegible]還不保。

1939 年 10 月 19 日《阵中日报·军人魂》中的“作家书简”

作家书简

——致本报编者之一

姚雪垠(1)

某某兄：

听说你在洛阳《阵中日报》，非常高兴。久不通信，想念得很。近日有何佳作？某某况如何？前闻我兄曾在西安患病，不知真确否？兄之文章颇受读者欢迎，近来不见有所发表，似系在创作长篇。我同克家兄现赴大别山一带旅行，约两个月后回河口，请给我写信为盼！

田涛(2)

某某：

曾寄西安一函，不知转到否？老舍到这里时，才知道你的近况。《阵中日报》最近迁洛阳出版了吗？听由洛阳来的友人讲，副刊编得很好。《阵中日报》可否赠寄一份？

最近拟将赴陵川山西太行山一带的经历写成报告，想寄《阵中日报》发表，可以吗？

听说你又将出一本书了！

分别至今，我们无一封信，始终不知你的行踪，在这动乱的时代，朋友相聚也不易，以后只有用写信作为联系之工具了。

…………

哈，欧洲大战又爆发了，这对于我们是如何兴奋啊！

某某：

信于九月二十四日收到，非常高兴。

克家、雪垠都系长官部上校秘书，孙陵也是。克家、雪垠赴安徽（孙陵赴桂林筹备“前线出版社”，该社系五战区政治部主任韦永成先生所主办的，据说将来规模是挺大的，还要出大批文艺及另外的丛书，前途如何，那就不敢说了。）

小孩子是个女的，现在已经六个月了，最近在病，死活还不保。

…………

注释

（1）姚雪垠（1910—1999），原名姚冠三，河南邓县人，中国现代作家。抗战爆发后，从北平辗转到开封，与王阑西等合办《风雨》周刊，并赴徐州前线采访，写成报告文学《战地书简》。1938 年去武汉，不久参加第五战区文化工作委员会，在《自由中国》《文艺阵地》上发表的短篇小说《差半车麦秸》、中篇小说《牛德全与胡萝卜》等有较大影响。

（2）田涛（1915—2002），原名田德裕，河北望都人，1937 年毕业于北平师范，抗战爆发后历任郑州《大刚报》副刊编辑、主编，第五战区《阵中日报·台儿庄》编辑等。

靳以、端木、黑丁、蒋弼与梅林

——《作家书简》之二

1939年10月20日

端木蕻良(1912—1996),中国现代作家

靳以(1919—1959),中国现代作家

黑丁(1914—2001),中国现代作家

1939 年 10 月 20 日，《阵中日报 · 军人魂》刊登了《作家书简》之二，发表了靳以、端木蕻良、黑丁、蒋弼、梅林等五人的书信。信件题头的“某某”先生是指碧野。在这五位作家中，蒋弼于 1942 年 5 月在日军“铁壁合围”大扫荡中，于太行山区被俘，英勇牺牲；梅林是“文协”秘书、理事和《抗战文艺》编辑，在抗战中非常活跃，可惜后来被打成“胡风分子”，蒙冤数十年。长期以来，他们的生平和作品，在现代文学史上鲜为人知。

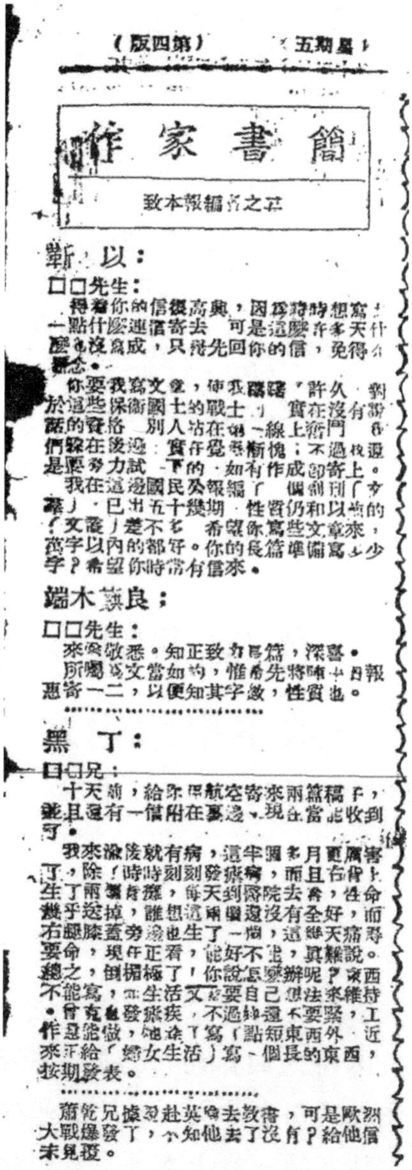

（第四版）　星期五

作家書簡

致本報編者之二

靳以：

□□先生：

得着你的信很高興，因爲時時想寫一點什麼連信寄去，可是這麼許多天什麼也沒寫成，只得先回你的信，免得你懸念。

你要我寫文章，使我躊躇了許久，對於這些保衛國土的戰士，實在沒有說話的資格，別人站在第一線上奮鬥，我們躲在後邊，實在覺得慚愧；不過我還是要努力試一下的，如有作成即寄上。

我在這邊國民公報編了一個副刊「文群」，已出五十幾期，性質仍和以前的「文叢」差不多，希望你寫些文章來，萬字以內的都好。你的長篇準備寫多少字？希望你時常有信來。

端木蕻良：

□□先生：

來函敬悉。知正致力長篇，深喜。

所囑寫文當如約，惟希先將陣中日報惠寄一二，以便知其字數，性質也。

……

黑丁：

□□兄：

十天前，給你用航空寄來兩篇稿子，並且還有一信附在裏邊，現在當能收到了。

我來渝後就有病，這半個多月更厲害了，除了時時刻刻發瘧病，而且右背上生了兩個毒瘡，每天到醫院去看，性命幾乎送掉，誰想這兩個還沒有全好，而右腿膝蓋旁邊也生了一個，這幾天痛得要命，現在正看，能好不能，真難說。總之，倒楣極了！你說怎麼辦呢？東西不能寫，而生活又需要自己想法來維持，曾有幾次發瘧疾，不過卻還不要緊，工作還能做，除了寫一點短東西外，近來正給「婦女生活」寫一個長的東西，按期發表。

……

蕭乾兄據說赴英倫去教書，可是歐洲大戰爆發了，不知他去了沒有？給他信未見覆。

1939 年 10 月 20 日《阵中日报 · 军人魂》发表的《作家书简》之二（上半部分）

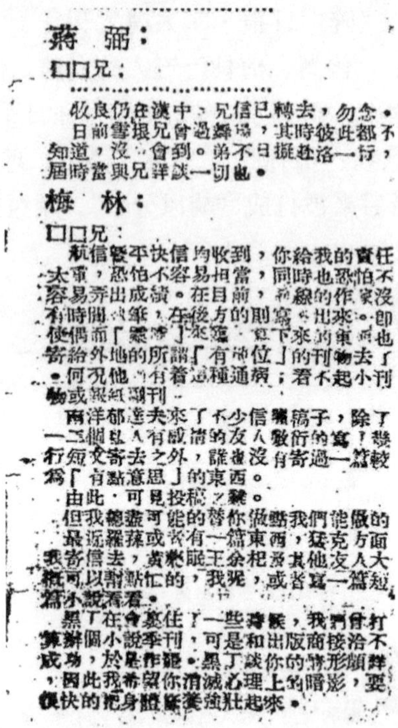

蔣　弼：

口口兄：

收良仍在漢中，兄信已轉去，勿念。

日前雪垠兄曾過[illegible]，其時彼此都不知道，沒[illegible]會到。弟不日擬赴洛一行，屆時當與兄詳談一切也。

梅　林：

口口兄：

航信暨平快信均收到，你給我的責任太重，恐怕不容易担當，同時也恐怕不容易弄出成績。在目前，[illegible]線的作家沒有時間[illegible]筆，在後方的則寫[illegible]出來。即使偶而「[illegible]」[illegible]寫下來的東西也寄給外地的所謂「有地位」的刊物去了。何况他[illegible]有着這種通病：看不起小刊物或報紙副刊。

南洋都達夫來了不少信[illegible]稿子，除了一二個私人有感情的友人敷衍的寫了幾行短文寄去之外，[illegible]沒有寄過一篇較爲「有點意思」的東西。

由此，可見投稿之[illegible]。

但我總盡可能的替你做點我們能做的[illegible]或[illegible]有一篇東西，[illegible]方面我寄信去，黃[illegible]王余杞及其他友人大概可以幫點忙的，我呢，或者寫一篇短篇小說看看。

黑丁在[illegible]住了一些時候，我們曾打算辦個小說季刊，可是和出版商接洽不成功，於是作罷。黑丁談你的情形頗詳，因此我希望你消滅心理上的暗影，要愉快的把身體[illegible]强壯起來。

1939 年 10 月 20 日《阵中日报 · 军人魂》发表的《作家书简》之二（下半部分）

作家书简

——致本报编辑之二

1939 年 10 月 20 日《阵中日报 · 军人魂》

靳以(1)

某某先生：

得着你的信很高兴，因为时时想写一点什么，连信寄去，可是这么许多天什么也没写成，只得先回你的信，免得你悬念。

你要我写文章，使我踌躇了许久。对于这些保卫国土的战士，实在没有说话的资格。别人站在第一线上奋斗，我们躲在后边，实在觉得惭愧；不过我还是要努力试一下的，如有作成即寄上。

我在这边《国民公报》编了一个副刊《文群》，已出五十几期，性质仍和以前的《文丛》差不多，希望你写些文章来，万字以内的都好。你的长篇准备写多少字？希望你时常有信来。

端木蕻良(2)

某某先生：

来函敬悉。知正致力长篇，深喜。

所嘱为文当如约，唯希先将《阵中日报》惠寄一二，以便知其字数、性质也

…………

黑丁(3)

某某兄：

十天前，给你用航空寄来两篇稿子，并且还有一信附在里边。现在当能收到了。

我来渝后就有病，这半个多月更厉害了，除了时时刻刻发疟疾，而且右背上生了两个痈，每天到医院去治，性命几乎送掉，谁想这两个还没有全好，而右腿膝盖旁边也生了一个，这几天痛得要命，现在正看，能好不能，真难说。总之，倒霉极了！你说怎么办呢？东西不能写，生活又要自己想法来维持。曾克也发疟疾，不过她还不要紧，工作还能做。她除了写点短东西外，近来正给《妇女生活》写一个长的东西，按期发表。

…………

萧乾兄据说赴英伦去教书，可是欧洲大战爆发了，不知他去了没有？给他信未见复。

…………

蒋弼(4)

某某兄：

…………

牧良仍在汉中，兄信已转去，勿念。

日前雪垠兄曾过舞阳，其时彼此都不知道，没能会到。弟不日拟赴洛一行，届时当与兄详谈一切也。

梅林(5)

某某兄：

航信暨平快信均收到，你给我的责任太重，恐怕不容易担当，同时也恐怕不容易弄出成绩。在目前，前线的作家没有时间执笔，在后方的，则写不出来。即使偶尔“灵感”来临，写下的东西，也寄给外地所谓“有地位”的刊物去了。何况他们有着这种通病，看不起小刊物或报纸副刊。

南洋郁达夫来了不少信与稿子，除了一二个私人有感情的友人敷衍的写了几行短文寄去之外，谁也没有寄过一篇较为“有点意思”的东西。

由此，可见投稿之难。

但我总尽可能的替你做点我们能做的。

最近罗荪或者有一篇东西，猛克方面我寄信去，黄药眠、王余杞及其他友人大概可以帮帮忙的。我呢，或者写一篇短篇小说看看。

黑丁在会里住了一些时候，我们曾打算办个《小说季刊》，可是和出版商接洽不成功，于是作罢。黑丁谈你的情况颇详，因此我希望你消灭心理上的暗影，要很快的把身体休养强壮起来。

注释

（1）靳以（1909—1959），原名章方叙，天津人。少年时代在南开中学读书，毕业于上海复旦大学。抗战期间任重庆复旦大学教授，兼任《国民公报》副刊《文群》编辑。

（2）端木蕻良（1912—1996），原名曹汉文，辽宁省昌图县人。1932 年考入清华大学历史系，同年加入“左联”。1938 年 5 月与萧红结婚，1938 年至 1940 年在重庆复旦大学任教，编辑《文摘副刊》。

（3）黑丁（1914—2001），原名于敏亦，山东即墨人。1933 年加入左联，抗战爆发后辗转华北战场，参加抗日宣传。1938 年赴武汉，与臧克家等组成“文化工作团”，赴第五战区进行抗日宣传。1939 年到重庆，参加“中华文艺界抗敌协会”，1940 年与妻子曾克同赴延安，历任延安文艺抗敌协会理事、秘书长等。

（4）蒋弼（1911—1942），原名欧阳弼，湖南宁乡人。1931 年求学于上海光华大学教育系，同年参加左联，1934 年北上入北平师范大学读书。参加“一二·九”运动。抗战爆发后，跟随学校到西安，后参加西北军学生队，参加台儿庄大战，为第 31 军第 31 师池峰城部战地服务员，编辑《战地半月》，1939 年进入太行山八路军晋东南根据地，参加文教总会编辑工作，1940 年到晋东南鲁艺，主编《鲁艺校刊》，出任“文协”分会负责人和《华北文艺》主编。1942 年 5 月，在日军对太行山区发起的“铁壁合围”的大扫荡中被俘，押往太原，被敌杀害，年仅 32 岁。

（5）梅林（1908—1986），原名张芝田，广东大埔人。家贫，青年时代在南洋谋生。1931 年“九一八事变”后回国，参加革命。抗战爆发后，梅林到武汉，参加发起“中华全国文艺界抗敌协会”工作，并先后在武汉、重庆、上海等地任该协会秘书、理事以及会刊《抗战文艺》《中国作家》编委。新中国成立后任震旦大学教授，1955 年被打成“胡风分子”。20 世纪 80 年代彻底平反，在上海古籍出版社任编辑。1986 年去世。

穆木天、沙雁、林英强

——《作家书简》之三

1939年11月19日

穆木天(1900—1971),中国现代派诗人,抗战时期“文协”理事

林英强(？—1975),中国现代诗人

郁达夫(1896—1945),中国现代作家,新加坡文化界抗日联合主席,为国捐躯的抗日英烈

1939 年 11 月 19 日《阵中日报·军人魂》发表了第三栏《作家书简》,信仍是写给碧野的,来信的有穆木天、沙雁,林英强等。穆木天、沙雁都是"文协"的理事,林英强信中所提到的锡金、郁达夫也是"文协"主要负责人,由此可以看到碧野与"文协"联系密切。

林英强是个诗人,他与碧野是广东同乡,关系亲密。他的信中详细叙述了自己旅居马来西亚的生活,谈到锡金(蒋锡金)"在沪接办《文艺新潮》",尤其是谈到郁达夫"曾应武汉合唱团之请,偕夫人来吉隆主持《原野》公演开幕礼",以及碧野给郁达夫的约稿信由新加坡转到马来西亚,林英强受碧野之托见到郁达夫后已请他为"军人魂"撰稿、郁达夫也慨然应诺等事实。

虽然编者至今尚未在《阵中日报·军人魂》上发现郁达夫的文章,但郁达夫是中国现代文学史上的重要作家,他在抗战后期旅居南洋,抗战胜利后神秘失踪,生活行动鲜有人知。日本学者铃木正夫曾著《苏门答腊的郁达夫》一书,认定郁达夫在 1942 年化名赵廉,充当日军翻译,暗中救助和保护大批文化界流亡难友、爱国侨民和当地居民,后来被日本宪兵下令杀害的。

1952 年,中国政府追认郁达夫为革命烈士;

2014 年 9 月,郁达夫又被列入经国务院批准、民政部公布的"第一批抗战中顽强奋战、为国捐躯的 300 名抗日英烈和英雄群体"之列。这是中国现代作家中少有的殊荣。林英强的信,谈到 1939 年底郁达夫在南洋的行踪,有着重要的文史价值。

作家書簡 ·致本報編者之三·

1939 年 11 月 19 日《阵中日报 · 军人魂》发表《作家书简》之三

作家书简

——致本报编辑之三

1939 年 11 月 19 日《阵中日报 · 军人魂》

穆木天(1)　　于昆明

某某先生：

弟已于八月里到滇，日后来信，寄报，请寄交昆明市平政街二十六号为盼。弟生活如常，有暇请常通讯。此致

抗战敬礼

弟　穆木天

沙雁(2)　　于重庆

某某我兄：

大示敬悉，所命遵办。究有所得奉之也。

《文艺月刊》稿费，弟已领出分还各朋友。

弟近又主编《时事新报》、《学灯》、《青光》、《文座》(已奉上三份)，请今后多多为写千字左右之创作，或文学的短论，为盼。弟有空先寄上

补白的拙作，应兄命，如何？

另，某某兄处请转达，无论如何，你们也要写点文章，……

专此并颂

你们均好！

弟　沙雁

林英强(3)　　于马来亚

某某我兄足下：

赤道风尘中，念我兄至切，辱赐书，知我兄亦以弟远旅为念，相知相爱，唯足下一人耳。

弟旅马来亚将十个月，足踏遍中南马，六月北来吉隆，就《马华日报》组织（受任编电讯社论文艺版），近况转佳。月入以近今汇水计之，亦有国币四五百元左右（每月个人生活费约用数百）工作虽嫌过多，而环境实不甚恶也。

郁达夫（4）先生上月底应武汉合唱团之请，偕夫人来吉隆主持《原野》（5）公演开幕礼，我兄手书即于是时由新加坡转至，故会郁达夫时，弟即请其再为贵报撰稿，经蒙慷诺，彼回新已旬日，料不日有稿寄来，由弟转呈，可稍候之。

弟生活已经安定，自当继续努力为贵报服务，至其酬赠，现无须寄来。我兄处所存未刊之各地战时报道等稿必多，弟在此编文艺版，乞赐一批，仍望我兄加意帮忙（我兄稿费千字国币五元），彼此间更为密切联系，至于贵社近况，为弟时时形于梦想者，下次乞示及，俾便告知马来亚报界诸同志，尤望将报按期寄下一份，以资参考。因此间甚鲜知《阵中日报》之阵容为如何者。

锡金（6）兄近在沪接办《文艺新潮》，弟今年度诗作，定名为《麦地谣》，则为该社丛书之一，在沪印行，乞我兄为弟作一序文（内多系弟在新加坡时寄呈兄处者），幸勿见却。

洛阳此时，料飞霜雪，此地则长年是夏，常苦热也。欲言不尽，敬盼好音!

弟 林英强 顿首

再者，我兄如得暇便将过去《阵中日报》所刊各家诗歌，编选为《阵中诗歌》一册寄来，弟可代为出版，特奉告!

注释

(1) 穆木天 (1900—1971)，原名穆敬熙，吉林伊通县人，中国现代派诗人。1915 年到天津南开中学读书，1921 年参加创造社，1931 年在上海参加左联，1937 年参加中华全国文艺界抗敌协会，为常务理事之一，主编诗刊《诗调》和《五月》，写了不少关于诗歌的理论文章，并创造了《抗战大鼓词》等 10 余篇宣传抗日的大鼓词。新中国成立后先后在东北师大，北师大任教。1957 年被错划右派，“文革”中受迫害，1971 年 10 月病故。

(2) 沙雁生平不详。为 1938 年 3 月 27 日“文协”在汉口成立时，选出的 45 位理事之一。1939 年在重庆为“文协”候补理事。

(3) 林英强：(? —1975)，广东梅州梅县人，中国象征派诗人，30 年代在上海、北平、香港等地报刊发表大量诗歌，在上海出版过诗集《麦地谣》《沙漠船之旅歌》《骢马驱》等，1939 年后一直旅居南洋，研究南洋民俗和艺术，并编辑报刊，培养文学青年。

(4) 郁达夫 (1896—1945)，原名郁文，字达夫，出生于浙江富阳，1913 年赴日本留学，1921 年与留日学生郭沫若、成仿吾等组织“创造社”，1922 年回国，1928 年加入“太阳社”，1930 年为上海“左联”发起者之一。抗战初期任《福建民报》副刊主编，1938 年赴武汉，参加军委会政治部第三厅的抗日宣传工作，当选为“文协”常务理事，曾赴徐州劳军，在各前线采访。1938 年底携眷赴新加坡，出任《星洲日报》等文艺版主编。1941 年太平洋战争爆发，年底新加坡 (星洲) 沦陷，郁达夫到苏门答腊避难。1942 年化名赵廉，充当日军翻译，暗中援助保护了大量文化界流亡难友、爱国侨民和当地居民。1945 年日本投降后，郁达夫神秘失踪，日本学者铃木正夫经过研究写下《苏门答腊的郁达夫》，得出结论郁达夫是被日本宪兵下令杀害的结论。1952 年中华人民共和国中央政府追认郁达夫为革命烈士。2014 年 9 月 1 日，经国务院批准，民政部将郁达夫列入“第一批抗战中顽强奋战，为国捐躯的 300 名抗日英烈和英雄群体”之列。

(5)《原野》：是曹禺的著名话剧，创作于1937年，通过一个复仇的命运悲剧故事，展示作家对“人生困境”的困惑以及对神秘宇宙的哲学思考。

(6)锡金：蒋锡金（1915—2003），江苏宜兴人。1934年毕业于上海正风文学院国学系，1938年在汉口加入共产党，曾任《抗战文艺》副刊主编，1939年参加江南游击战争，在江南抗日义勇军（新四军）任江南社（新华社）记者，出入抗日前线。

老舍、戴望舒、陈纪滢、臧克家

——《作家书简》之四

1939年11月21日

老舍(1899—1966),抗战时期"文协"常务理事兼总务部主任

戴望舒(1905—1950),1939年"文协"香港分会干事,《星岛日报》副刊主编

陈纪滢(1908—1997),抗战时期"文协"理事,重庆《大公报》副刊编辑

臧克家(1905—2004)"文协"襄阳、宜昌分会理事,五战区文化工作团团长

1939年11月21日,《阵中日报·军人魂》又发表了第四栏《作家书简》,刊登了老舍、戴望舒、陈纪滢、臧克家等给"军人魂"编辑的信。前三封所写的"某某",都是指碧野;臧克家信中的是"某某"、"某某"两兄,则是写给碧野和李蕤两人的。

老舍是中国现代著名作家,1938年3月27日,在武汉成立的"中华全国文艺界抗敌协会"中,当选为常务理事兼总务部主任,同年7月随"文协"西迁重庆,继续担任该职。总务部"分掌文书、会计、庶务、交际等事宜",老舍在信中诙谐地说自己为"文协"的事忙得不可开交、没有时间写作,正是作家在抗战中公而忘私、服务社会的可贵精神。

臧克家在李宗仁为司令长官的位于老河口的第五战区,担任战时文化工作团团长。1939年5月,曾组织"文艺人从军部队",赴随枣战役前线,又出版了散文集《随枣行》,歌颂抗日军民的事迹。他自述"几死于敌火之下"。这样的战地作家、诗人，是值得人们崇敬的。

1939 年 7 月 13 日王礼锡率领的“作家战地访问团”从重庆来到洛阳，原本被第一战区政治部关押的碧野，才得到释放，不久老舍率领的“全国慰劳总会北路慰问团”也来到洛阳。在这两次访问后不久，“文协”的“大总管”老舍，以及许多“文协”成员纷纷给碧野写信问候，1940 年春碧野逃出第一战区也是“文协”理事孔罗荪的安排。由此可见，“军人魂”连续发表的《作家书简》，并非一般意义的作家互通信息，而是“文协”对身在洛阳前线办报刊的编辑的支持和声援。

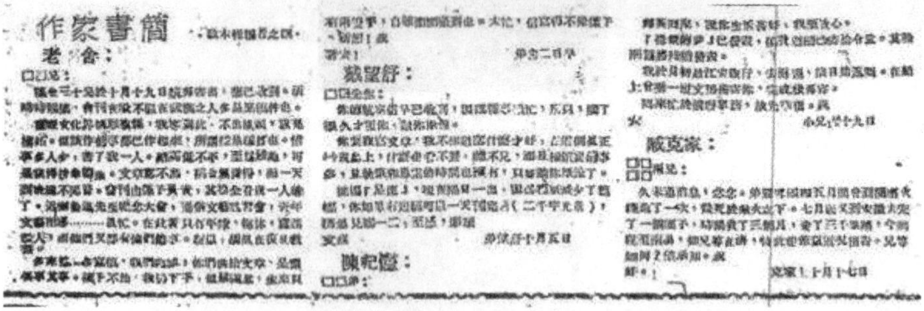
作家書簡

老舍：

戴望舒：

陳紀瀅：

臧克家：

1939 年 11 月 21 日《阵中日报 · 军人魂》发表《作家书简》之四

作家书简

——致本报编者之四

1939 年 11 月 21 日《阵中日报 · 军人魂》

老舍(1)

某某兄：

稿金三十元于十月十九日航邮寄出，想已收到。祈时时赐稿，会刊在渝，不似在武汉之人多易集稿件也。

重庆文化界情形复杂，我等到此，不出风头，以免招妒。但该作的事都已作起来，所谓稳扎稳打也。惜事多人少，苦了我一人。路高低不平，至为难跑，可是我得拼命的跑。文章写不出，稿金无从得，而一天到晚总不闲着。会刊由篷子负责，其余全看我一人的了。近办鲁迅先生纪念大会，通俗文艺讲习会，青年文艺指导……真忙。在此者只有平陵、梅林、罗荪数人，而他们又都有他们的事。靳以、胡风在复旦教书。

多来信，多写稿，我们跑腿，你们供给文章，是谓各事其事。稿子不够，我仍下手，但难满意，生来只有两只手，自难面面顾到也。太忙，信写得不像样子，祈恕！祝

著安！

弟 舍 二日早

（1939 年 10 月 2 日）

戴望舒（2）

某某先生：

你的航空信早已收到，因为杂事烦忙，所以搁了很久才复你，请你原谅。

你要我写文章，我不知道写什么才好，在这个真正的孤岛上，什么也看不到，听不见，而且报馆里的事多，且执笔和思索的时间也没有，只好请你原谅了。

拙编《星座》，现在隔日一出，因为报纸减少了篇幅，你如果有短稿可以一天刊完者（二千字光景），务恳见赐一二，至感。即颂

文祺！

弟望舒 十月五日

（1939 年 10 月 5 日）

陈纪滢（3）

某某弟：

辉英回来，说你生活甚好，我颇放心。

《母亲的梦》已发表，稿费遵嘱已寄给令堂。其余两篇将陆续发表。

我于月初赴江安旅行，去两周，前日始返回。在船上曾做一短文预备寄你，完成后再寄。

回来忙于清理事务，故先草复。

祝安

小兄　滢，十九日

（1939 年 10 月 19 日）

臧克家(4)

某某：

某某：两兄：

久未通消息，念念。弟同雪垠四五月间曾到随枣火线跑了一次，几死于敌火之下。七月底又到了安徽去兜了一个圈子，时间费了三个月，走了三千里路，今回程至南阳，知兄等在洛，特此走笔以近况相告。兄等如何？望示知。

祝好！

克家上　十月十七日

（1939 年 10 月 17 日）

注释

（1）老舍（1899—1996），原名舒庆春，北京满族正红旗人，1913 年考取北京师范学校，1924 年赴英国人伦敦亚非学院讲师，1930 年回国任齐鲁大学教授。抗战爆发后，1938 年奔赴武汉，3 月被选为“中华全国文艺界抗敌协会”（“文协”）常务理事兼总务部主任，同年 7 月随“文协”西迁重庆，全面负责“文协”工作。老舍一生创作甚丰，建国后，1951 年被授予“人民艺术家”称号，1953 年当选为全国文联主席，作协副主席。1966 年被批斗，不堪忍辱自沉于北京天平湖。1968 年，获诺贝尔文学奖提名第一，因人不在世，颁予川端康成。1978 年老舍得到平反，恢复“人民艺术家”称号。信中提到的“篷子”，为姚篷子（1899—1969）；“平陵”，为王平陵，均为“文协”理事。王平陵为国民党《中央日报》副刊主编，1949 年赴台，1964 年去世。

（2）戴望舒（1905—1950），名承，字朝安，出生于浙江杭州。1923 年考入上海大学文学系，1925 年秋，转入震旦大学学法语。1932 年底赴法国留学，1935 年回国后，创办《新诗》月刊，为“新月派”诗人。抗战爆发后，转至香港主编

《大公报》文艺副刊，1938年3月，在武汉发起成立，5月抵香港，主编《星岛日报》“星岛”副刊等。1939年当选为“文协”香港分会干事，同时兼任《文协》周刊编辑委员。1949年回北京，参加第一次全国文代会，后在新闻出版总署工作。1950年病逝于北京。

（3）陈纪滢（1908—1997），本名陈奇滢，河北安国人，北平民国大学、哈尔滨政法大学夜间部毕业。1931年“九一八”事变后，离开哈尔滨去关内，后任《大公报》记者、编辑、驻新疆特派员，驻苏联特派员。抗战时期，任“文协”理事，在武汉和重庆主编《大公报》副刊。1948年夏赴台，任《中央日报》董事长，1993年被聘为国民党第十四届中央评议委员。1997年辞世，享年90岁。信中所提到的“辉英”，为李辉英（1911—1991），东北籍现代作家，新中国成立后定居香港。

（4）臧克家（1905—2004），山东潍坊诸城人，现代著名诗人。1927年考入武汉中央军事政治学校，参加北伐，大革命失败后流亡东北，1934年毕业于国立山东大学中文系，抗战爆发后，1938年参加“文协”，当选为襄阳、宜昌两分会理事，任第五战区司令长官秘书，战时文化工作团团长。曾率第五战区战时文化团深入河南、湖北、安徽农村及大别山区，1939年5月，参加随枣战役，组织“文化人从军部队”赴随枣前线，出版散文集《随枣行》，歌颂抗日军民的事迹。信中提到的“到随枣火线跑了一次”，即指此事。

张天翼、靳以、端木、杨刚

——《作家书简》之五

1939年12月15日

张天翼(1906—1985),中国现代作家

杨刚(1905—1957),中国现代作家、记者

1939年12月15日《阵中日报·军人魂》的“《作家书简》之五”发表了张

天翼、靳以、端木蕻良和杨刚的 4 封信。其中，前三封是写给碧野的，而杨刚的信是写给碧野和李蕤的。

张天翼写给碧野的信，谈到碧野“离湘”，是怎么回事呢？原来，1938 年春，在“保卫大武汉”的热潮中，碧野和许多青年作家聚集武汉，1938 年秋，武汉沦陷之前，碧野和吴强、王淑明一起，乘火车到湖南长沙去。王淑明和吴强通过中共驻汉办事处的吴奚如介绍，南下投奔新四军；碧野则应张天翼之邀，想到长沙《观察日报》担任副刊编辑。

遗憾的是，由于《观察日报》人事变动，碧野空跑一趟未能如愿，张天翼给了他路费，他重返武汉，又乘车到郑州，转陇海线到渑池，渡过黄河到垣曲，找到正在独立第五旅任宣传队长的魏伯，继续他的战地写作生涯。

杨刚是中国著名的女作家、记者，当时与彭子冈、浦熙修、戈扬被誉为新闻界的“四大名旦”。她在燕京大学读书时，曾与同学萧乾一起，协助燕京大学讲师斯诺编过中国现代短篇小说集《活的中国》，向西方介绍中国的现状。1935 年萧乾任天津《大公报·文艺》编辑，李蕤经常给该报副刊投稿，两人结下了“文字之谊”；1939 年秋萧乾受英国伦敦大学东方学院聘请，到英伦讲学，兼任《大公报》驻英记者，临走前，他推荐李蕤接替他的职位，到香港办《大公报·文艺》。但李蕤因寡母还在故乡，不愿远行，萧乾就推荐了杨刚。杨刚的信，就是她在香港办《大公报·文艺》后不久写给碧野和李蕤的，向他们讲述在港办报的不易，同时向他们约稿。

作家書簡
張天翼
靳以
端木蕻良
楊剛

1939 年 12 月 15 日《阵中日报·军人魂》发表《作家书简》之五

作家书简

——致本报编者之五

1939年12月15日《阵中日报·军人魂》

张天翼(1)　　于湖南

某某先生：

收得快函，奉悉一切。

你离湘后，只接到过一封给你的信，已转寄西安了，真是糟糕！信大概会转到了，但转来转去，怕要耽误许多日子。

淑明兄到某某后曾来一信，但他即赴前方，而又无通讯处，无从作复。

稿，我打算写一点，但是否能如期寄到，还成问题。稿以何种为适宜，信中请示知。

我们生活还是老样子，每天总有一两个客来，每天总要写几封信，此外就写点东西。每星期进城二三次。日来身体不适，腹泻腹痛，又似胃疾。没有去看医生，也没有吃药，不理这个茬儿。给《文阵》的小说昨天才写好，在修改中。这篇计费时一月余，剪刀浆糊用了很多次，真是苦得很。这正是所谓难产——不，是打胎！

你身体已复元否？

王西彦先生从某某来此，昨曾来此一谈，是初见。他问起白羽消息，现在朋友中似很少得到白羽的信，令人念念。

祝福

弟　翼上

廿三日

（1939年11月23日）

靳以　于重庆

某某先生：

《黄河的奔流》收到了，多谢。这篇稿子，不久可以刊出，因为我的稿子一发就是许多期，以先的稿子无法调回，所以要等待那刊完了。

《文群》是《国民公报》的副刊，每星期三次，每次有四千字的篇幅，我已经把单张寄给你，不知收到没有？这个小刊物，当然不一定要长稿的，一二千字的，更为欢迎，盼望你随时为我写稿来。……匆复，祝好！

靳以

七日

（1939 年 11 月 7 日）

端木蕻良　于重庆

某某先生：

大示奉悉。

此间复旦大学文摘社在十二月间出文艺副册，惟望能写短篇小说来，如以后方民众为题材，亦极欢迎，因为彼之读者群皆在中级市民故也。

再者，以前贵友托代订文摘事，因时日过久，通讯处遗失，望能补寄一则，最为感谢。

耑此，即请

著祺！

弟　端木

十一月五日

（1939 年 11 月 5 日）

杨刚(2)　　于香港

某某

某某两兄：

收到来信，曾于寄稿费单时寄去某某兄九月刊出一文的剪报，想收到。该稿费恐怕又未能航寄，中国更大起来了。

《文艺》以后按十天有飞机寄去，十月份刊不知收到没有？香港办报真不容易，读者跟在脚边，某某兄一时文被检掉了，不胜气愤！

七月以来，《文艺》篇幅减了一半，我又不才，只有倚兄弟帮忙，同时令《文艺》生些光辉。请常常寄稿来，写稿在三千字以内，可以快用。我是常常望着的。

（以下不清）

注释

（1）张天翼（1906—1985），学名张元定，祖籍湖南湘乡人，出生于南京，在杭州读书。1926 年考入北京大学，1931 年参加“左联”。抗战爆发后，到长沙从事抗日宣传，1939 年担任中共湖南省委机关报《观察日报》副刊编辑。新中国成立后，历任中国作家协会理事，《人民文学》主编等。“文革”中遭迫害，下放湖北咸宁，病至半身不遂。基本治愈后又顽强工作近 10 年，1985 年去世，享年 79 岁。

（2）杨刚（1905—1957），原名杨秀徵，学名杨缤，祖籍湖北沔阳。1922 至 1927 年就读于江西南昌美国美以美会创办的葆灵女子学校，毕业后免费进入燕京大学，1928 年加入中国共产党。1930 年与孙席珍、谢冰莹等发起成立北方“左联”。抗战爆发后，离开北平，在武汉和上海从事救亡运动。1939 年夏，杨刚到香港，接替萧乾任《大公报》文艺副刊主编。新中国成立后任周恩来办公室主任秘书，《人民日报》副总编辑等，1957 年，因精神受刺激自杀身亡。

萧乾致李蕤的两封信

——《作家书简》之六

1940 年 8 月 16 日

1939 年萧乾摄于阿尔卑斯山

青年时代的萧乾

1940 年 8 月 16 日，《阵中日报·军人魂》的“作家书简”栏目发表了萧乾从英国伦敦给李蕤的两封来信。当时碧野已离开洛阳《阵中日报》，到第五战区去了，萧乾和李蕤是同龄人，他在信中所称的“某兄，某弟”，均是指李蕤。

萧乾是遗腹子，自幼家境贫寒，由寡母将他养大，他靠着自己的勤奋努力，半工半读完成学业，1935 年毕业于燕京大学新闻系，毕业后进入天津《大公报》，成为副刊《文艺》的主编。李蕤与萧乾身世相近，也是遗腹子，家庭贫困，由寡母养大。李蕤在投稿《大公报·文艺》时，与萧乾书信往还，倾诉衷肠，一来二去，成为未谋面的知己。自 1935 年起，李蕤在萧乾主编的《大公报·文艺》上发表小说、散文、杂文等十多篇，还参与了全国著名评论家对曹禺话剧创作的讨论。

1939 年 8 月，萧乾准备到英伦求学，他所主编的港版《大公报·文艺》需要找人接替，萧乾首先向报社推荐了李蕤，给他写信并寄去路费，邀请李蕤到香港来办《大公报·文艺》。但李蕤一来考虑他在乡下的寡母不便同行，二来他当时还担任着“国新社”洛阳站站长，责任重大，于是婉言谢绝了萧乾的好意。

于是，萧乾又推荐了他在燕京大学读书时共同协助过斯诺编译中国现代短篇小说《活的中国》的挚友、他称为“姐姐”的杨刚担任香港《大公报·文艺》的编务。

1939年9月，李蕤从故乡荥阳来到了洛阳《阵中日报》，此后的一年多时间，他与萧乾的联系中断。

直到1940年8月，萧乾得知李蕤在《阵中日报》工作，才与他恢复联系。萧乾在给李蕤的信中欣喜地说：“我害怕你这盏灯也黑暗了，还好，又亮了”，“知道你还英勇的在这大戏中唱着，我比什么都快乐”，“你得好好生活啊。你必须连续生活在文章中”。两位青年的深厚友谊和雄心壮志溢于言表。

萧乾与书信同时寄来的，还有他对战时伦敦的报道——《战神翅翼下的伦敦》一文，发表在1940年8月17日的《阵中日报·军人魂》上。

谁知萧乾与李蕤取得联系后不到两月，1940年10月10日，李蕤因“共党嫌疑”罪，被洛阳三青团逮捕，关入西工“劳动营”，经李蕤夫人宋映雪四处奔波、获得释放后，即被《阵中日报》解聘，全家人返回故乡。他和萧乾的关系也再次中断。

建国后，虽然萧乾和李蕤历经坎坷，但他们的友谊一直保持终生。

1985年夏萧乾到武汉参加“黄鹤楼笔会”，与李蕤、宋映雪夫妇在家合影

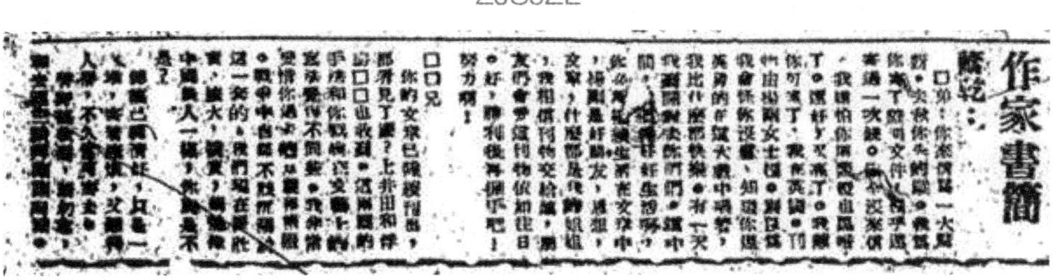
作家書簡

蕭乾：

1940 年 8 月 16 日《阵中日报 · 军人魂》“作家书简”发表萧乾致李蕤的信

作家书简

——致本报编者之六

1940 年 8 月 16 日《阵中日报 · 军人魂》

萧乾（1）

某弟：

你来信为一大惊讶。去秋你失的踪。我为你寄了证明文件，似乎还寄过一次钱，但全没来信。

我害怕你这盏灯也黑暗了，还好，又亮了。我离你可远了，我在英国，刊物由杨刚女士编。别以为我会怪你没管，知道你还英勇的在这大戏中唱着，我比什么都快乐。

有一天，我到开封去找你们，这中间，你得好好生活啊。你必须连续生活在文章中。杨刚是好朋友，思想、文章，什么都是我的姐姐。我相信刊物交给她，朋友们会爱这刊物依如往日。

好，胜利后再握手吧！

努力啊！

某某兄：

你的文章已陆续刊出，都看见了么？上井田（2）和俘虏某某也收到。这两篇的手法和你战前在《文艺》上的写法觉得不同些。我非常爱惜你过去文笔的细致。战争中自然不该沉溺于这一套的，我们现在要壮实、广大、朴实，就像中国农人一样，你说是不是？

转稿已经清好，只是一大堆，寄着麻烦，又难有人带，不久当可寄去。

（以下不清）

注释

（1）萧乾（1910—1999），原名萧秉乾，蒙古籍人。1928 年考入燕京大学新闻系，曾与英文系同学杨刚一起协助燕京大学教授埃德加·斯诺编译中国现代短篇小说集《活的中国》。1935 年考入天津《大公报》，主编《文艺》副刊。1936 年调往上海筹办沪版《大公报》，从此主持京沪两地《大公报·文艺》副刊。1939 年秋，萧乾在香港主编《大公报·文艺》副刊，他接受英国剑桥大学邀请，到英伦攻读硕士，兼任《大公报》驻欧洲记者，写了大量反映欧战的通讯报道，是第二次世界大战中欧洲战场上唯一的中国记者。

1947 年萧乾回国，新中国成立后，任《人民日报》特约记者。1957 年错划为右派，“文革”中遭到迫害，80 年代平反，1989 年被聘为中央文史馆馆长，全国政协第七、八、九届常委。

（2）上井田，为李蕤小说《掘坑人》中专为日军掩埋死尸者，是一个反战日本士兵形象，小说曾于 1936 年发表于北方左联刊物《浪花》。从萧乾信中看，这篇小说和另外一篇“俘虏某某”在 1939 年秋又刊登在香港《大公报·文艺》上，所以萧乾说要把这些刊物寄来。